★ 贵州近代工业的诞生以1886年青溪铁厂建立为标志。图为青溪铁厂旧址，该厂经清政府批准，官商合办，在青溪（今镇远）设立总局，于常德、汉口、上海布置分局。

★ 1935年，党领导下的贵州省第一个工人阶级群众组织——遵义县赤色工会成立。图为遵义县赤色工会成立场景。

★ 1945 年 5 月，贵定县欧亚烟厂 200 余名工人举行罢工，抗议厂方降低工资，延长工作时间，最终斗争取得胜利。图为贵定烟厂撕梗车间手工操作的女工人们。

★ 贵州解放前夕，遵义酒精厂准备撤离时将厂炸毁，工人组织起护厂队武装护厂，把当时遵义最大的一家工厂完整保存下来。图为遵义酒精厂工人护厂场景。

★ 1952 年，贵州省第一届工会会员代表大会的召开标志着贵州省工会组织的正式成立，为贵州省工人运动的发展奠定了基础。图为大会代表合影。

★ 1958 年 9 月，贵阳钢厂生产出贵州省第一批线材。图为早期的线材生产场景。

★ 三线建设时期，创业大军响应毛主席号召到贵州参加建设。图为 1966 年 6 月，011 基地黎阳公司(原 100 厂)基建开工仪式。

★ 1966 年，水钢 1 号焦炉出焦。图为焦炉出焦剪彩现场。

★ 1966 年 12 月，083 基地成功研制出我国第一台晶体管 DJS-121 型电子计算机，通过鉴定投入批量生产。

★ 1975 年 12 月，贵州生产的第一架歼击机首飞成功。

★ 061 基地生产的军品在部队参加演习。

★ 1978 年 12 月，贵州省各级工会组织职工认真学习党的十一届三中全会公报。

★ 1979 年 9 月，贵州 30 多家企业被列为第一批扩大企业自主权试点单位。图为试点单位之一的贵阳钢厂生产车间。

★ 1987 年，贵阳市总工会举办职工技术大比武活动。图为大比武现场。

★ 1988 年，贵阳市举行首批企业承包经营责任制协议签字仪式。图为签字仪式现场。

★ 1996年，贵州省各级工会创办职工消费合作社。

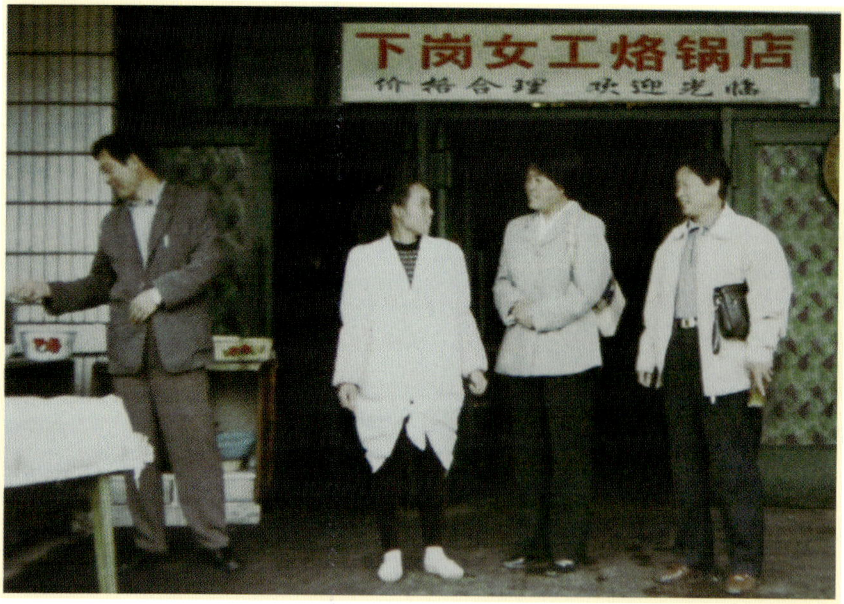

★ 在国企改革的关键时期，贵州省各级工会积极帮助下岗职工开展创业行动。图为六盘水市总工会帮助下岗职工创业的场景。

★ 1996 年，贵州省总工会召开贯彻实施《劳动法》经验交流会。图为会议现场。

★ 2001 年，贵州省各级工会组织职工学习宣传新修订的《中华人民共和国工会法》。

★ 贵州省各级工会坚定不移实施“工业强省”战略。

★ 贵州交通系统职工用智慧和汗水铸就了“世界桥梁博物馆”的辉煌，他们以“逢山开路、遇水架桥”的拼搏精神，创造了多项世界级桥梁建设奇迹。图为目前已建成的世界第一高桥杭瑞高速北盘江大桥。

★ 2016 年 9 月，大国重器——500 米口径球面射电望远镜在贵州省黔南布依族苗族自治州平塘县建成。

★ 2020 年，贵州参加全国劳动模范和先进工作者表彰大会的代表返程。图为部分代表合影。

★ 2020 年 12 月，贵州省劳动模范和先进工作者表彰大会在贵阳举行。图为会议现场。

★ 2021 年以来，贵州省各级工会积极开展“最美劳动者”选树宣传活动。图为第二届贵州省“最美劳动者”发布仪式现场。

★ 2017年1月，贵州省总工会开展“情系农民工 · 五送进车厢”服务活动。

★ 贵州省各级工会组织开展“安康杯”竞赛及各类安全演练活动。图为贵阳轨道交通 3 号线安全生产演练现场。

★ 2020 年 10 月，贵州省手工绣职工职业技能大赛举办。图为比赛现场。

★ 2023 年 6 月，贵州省第一届职工职业技能大赛决赛举办。图为决赛开幕式现场。

★ 贵州省各级工会竭诚服务职工群众，建成一批户外劳动者服务站点（后更名为工会驿站）。图为户外劳动者在工会驿站休息。

★ 贵州省总工会积极开展工会帮就业行动。图为 2023 年金秋线上线下大型就业招聘活动现场。

★ 2021 年 11 月，贵州省总工会启动全省新就业形态劳动者入会集中行动。

★ 2023 年 12 月，贵州省工会第十五次代表大会开幕。图为开幕式现场。

贵州工人运动史

GUIZHOU GONGREN YUNDONGSHI

贵州省总工会◎编

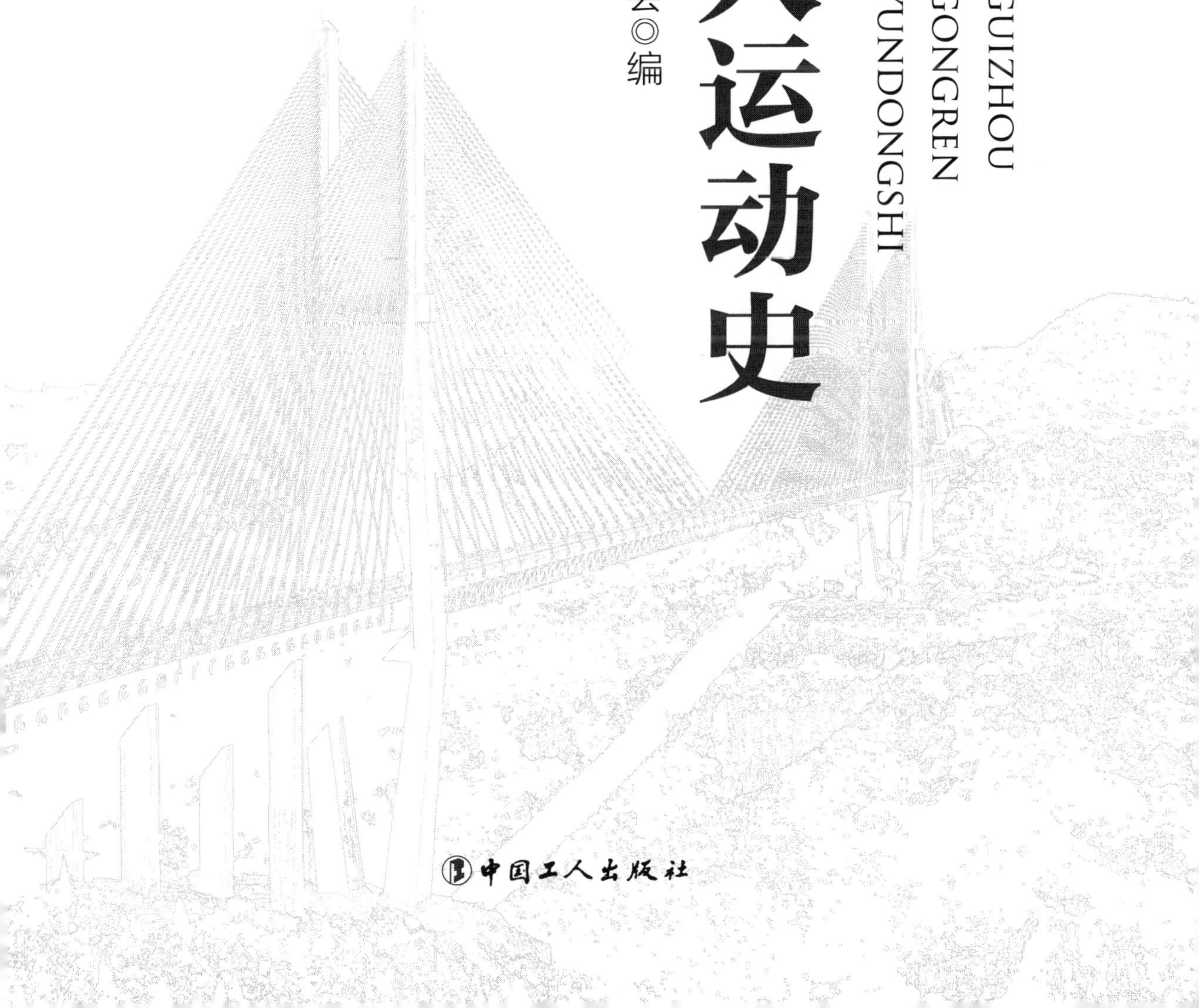

中国工人出版社

图书在版编目（CIP）数据

贵州工人运动史 / 贵州省总工会编 . -- 北京 : 中国工人出版社 , 2025. 4. -- ISBN 978-7-5008-8698-3

Ⅰ . K261.3

中国国家版本馆 CIP 数据核字第 202582YE67 号

贵州工人运动史

出 版 人	董 宽
责任编辑	陈培城
责任校对	张 彦
责任印制	栾征宇
出版发行	中国工人出版社
地 址	北京市东城区鼓楼外大街45号 邮编：100120
网 址	http://www.wp-china.com
电 话	（010）62005043（总编室）
	（010）62005039（印制管理中心）
发行热线	（010）82029051 62383056
经 销	各地书店
印 刷	三河市万龙印装有限公司
开 本	787毫米×1092毫米 1/16
印 张	33.5 **彩 插** 1
字 数	535千字
版 次	2025年4月第1版 2025年4月第1次印刷
定 价	186.00元

《贵州工人运动史》编委会

序

以史为鉴、开创未来。加强工运史研究是深入贯彻落实习近平总书记关于工人阶级和工会工作的重要论述的内在要求，是继承弘扬中国工运优良传统的重要途径，是推动新时代工运事业和工会工作创新发展的基础性工作。为进一步贯彻落实全国总工会《关于加强中国工运史研究的意见》，庆祝中华全国总工会成立100周年，根据全国总工会的总体安排，自2022年起，贵州省总工会成立了本书编委会，本着对历史负责、对未来负责的高度政治责任感和历史使命感，历经近三年的时间，完成了《贵州工人运动史》的编撰工作。

历史是最好的教科书。在红星照耀、波澜壮阔、可歌可泣的中国工人运动的伟大历史进程中，贵州工人运动作为其重要组成部分，值得系统梳理、潜心研究、述评以正，从历史中汲取营养、镜鉴未来。《贵州工人运动史》是第一部较为系统地反映贵州省工人运动和工会工作发展历程的历史类著作，主要记录了从1886年至2023年的贵州工人运动史，特别是1921年中国共产党诞生以后，在党的领导下，贵州工运事业和工会工作一百多年的辉煌奋斗史。

工人阶级是我国的领导阶级，是先进生产力和生产关系的代表，是坚持和发展中国特色社会主义的主力军。贵州工人阶级源起于古代的作坊师徒，承继于明清时期的矿业劳工，诞生于清末贵州的近代工业，经历了拥护和支援红军、投身抗日救亡、迎接贵州解放等“血与火”的考验；新中国成立后，在贵州经济社会发展主战场发挥了工人阶级主力军作用，成为我们党最坚实最可靠的阶级基础。《贵州工人运动史》客观记述了中国共产党领导下贵州工运事业和工会组织的产生与发展，较全面地展现了贵州工人阶级诞生与壮大、奋斗与奉献、创新与担当的伟大历史进程，生动诠释了为实现中华民族伟大复兴而奋斗的我国工人运动时代主题，充分展示了贵州广大职工群众永远跟党走、奋进新征程的昂扬风貌。

工会是中国共产党领导的工人阶级群众组织，承担着组织动员广大职工为完成党的中心任务而团结奋斗的历史使命。红军长征时期在遵义成立的赤色工会，推动了贵州工运发展。1952 年贵州省总工会成立后，始终坚持党的全面领导，始终与党同心、与时代同步、与祖国共命运、与职工同呼吸，始终在忠诚党的事业、竭诚服务职工中践行初心和使命，围绕中心、服务大局，团结动员全省广大职工在推动贵州经济社会发展的伟大实践中奏响了雄浑壮美的劳动赞歌，充分发挥了工会作为党联系职工群众的桥梁纽带作用。

历史赋予工人阶级伟大而艰巨的使命，时代召唤工人阶级谱写壮丽而崭新的篇章。《贵州工人运动史》以珍贵翔实的史料、客观系统的表述，填补了贵州工人运动和工会工作历史系统性研究的空白，为全省广大工会工作者和职工群众提供了学习工运历史、镜鉴未来的有益参考资料，助推贵州工运事业和工会工作更好地向前发展。

回首来时路，春华秋实，不负韶华；迈上新征程，继往开来，再续华章。贵州各级工会组织将坚持以习近平新时代中国特色社会主义思想为指导，深入学习贯彻习近平总书记关于工人阶级和工会工作的重要论述，深入学习贯彻习近平总书记关于贵州工作重要讲话重要指示精神，围绕中心大局、紧扣职能定位、聚焦主责主业，大力弘扬劳模精神、劳动精神、工匠精神，以一往无前的奋斗姿态和拼搏创新的实干担当，团结动员全省广大职工以新担当新作为新形象在中国式现代化贵州实践中展现新风采。

是为序。

本书编委会
2025 年 4 月

目　录

第一编　新中国成立前的贵州工人运动
（1886—1949）

第二编　社会主义革命和建设时期的贵州工运事业和工会工作（1949—1978）

第四编 中国特色社会主义新时代的贵州工运事业和工会工作（2012年至今）

第一编

新中国成立前的
贵州工人运动
（1886—1949）

追根溯源，贵州工人阶级的初步形成与矿冶业的发展密切相关。贵州矿冶业源远流长，明清时期趋于繁盛，专司工匠渐多，可视为贵州近代产业工人的前身。清末民初，伴随着近代机器工业和民办轻工业的建立与初步发展，贵州产生了早期的工人阶级，其斗争处于自发阶段。五四运动和马克思主义在贵州的传播，促进了贵州工人阶级的觉醒。1929 年，赤水兵工厂建立了贵州境内最早的中共党组织，自此，贵州工人运动逐步进入了中国共产党领导下的自觉斗争阶段。

1930 年始，红军先后入黔，宣传革命真理，播撒革命火种，积极开展地方性群众工作，建立地方工会、农会等革命团体和群众武装，建立地方工农民主政权，纠正群众运动中的“左”倾错误，推动贵州工人组织的建立和工运斗争的开展，由此涌现邓云山等贵州赤色工会的早期工运代表。

1931 年，九一八事变后，中日民族矛盾逐步上升为中国社会的主要矛盾。1937 年，七七事变爆发，中华民族进入全民族抗战阶段，西南成为抗战的大后方，东部沿海及其他地区的许多企业、机关、学校等西迁至贵州，促进和带动了贵州民族工业、商业和交通运输业的发展，贵州工人阶级队伍迅速壮大。面对日本帝国主义的野蛮侵略，贵州工人阶级在中国共产党贵州省各级组织的领导下，同社会各界一道，积极投入抗日救亡及同国民党“消极抗日、积极反共”行为作斗争的运动中，为抗战胜利作出了积极贡献。

国民党发动全面内战后，对经济政治实行独裁垄断，大肆出卖国家利益，民族工业受到严重打击，贵州很多民族资本企业减产或倒闭，货币贬值，物价暴涨，工人失业，民不聊生。在中国共产党和平及民主建国主张的影响下，贵州各地不断掀起工人反迫害、反饥饿、反内战及护城护厂、迎接解放的斗争。

第一章　贵州工人阶级的产生和早期工人斗争

清末民初，伴随着机器工业在贵州的出现和工商业的初步发展，早期的贵州工人阶级诞生。早期的贵州工人斗争处于自发阶段，主要表现为反抗洋人侵占矿山，参与五四反帝爱国运动，反抗军阀、官僚及内外资本的奴役盘剥和非人待遇等。1929年，中共赤水兵工厂支部成立，自此，贵州工人斗争进入了党领导下的自觉阶段。

第一节　贵州工人阶级的产生

一、清末民初贵州机器工业的产生与工商业的初步发展

（一）贵州矿冶业的源流与近代工商业发展

贵州的矿冶业早在汉代即有“出丹砂”的记载。唐宋时期，贵州的朱砂、水银已成为向朝廷进贡的主要物品。明朝时迁入大批匠户，从事手艺、佣工的客民，促进了贵州矿冶业的发展。明朝设立了水银、朱砂、金矿、铸铜、军器、皇钱、织造等诸多场局及冶铁所，其中朱砂、水银场局的雇工和产量居全国第一。明代因取云南的铜、贵州的铅铸造铜钱，所以，铅锌的开采盛极一时。主要产地有播州宣慰司、贵州宣慰司、乌撒军民府、思州府、都匀府、普安卫。

汞矿的开采由来已久。清代自康熙年间，贵州铜仁的万山陆续开办朱砂、

水银采炼矿场。开州在明末仅有白马洞矿，清代又开有洋水、热水、白洋林等9处矿场。朱砂、水银厂矿见诸文献记载的达33处之多。在清代，贵州是全国铅的主要产地，铅矿业主要分布在威宁州、水城厅、毕节县等15个州县，其中以威宁铅矿最多，有妈姑、羊角等15处矿场。清雍正年间，铅产量不断提高，乾隆年间贵州铅的年产量达1400万斤左右。贵州产的铅，除了运往京师，主要运销汉口。贵州铜的批量生产始于1727年，威宁州是清代贵州铜业中心，全省21个铜厂有16个在威宁，其中规模最大的致化里铜厂，1741年有厂民2000余人，设有炼铜炉20座。此外，金矿、煤矿和铁矿的开采冶炼也较普遍。

清末，贵州矿冶业的开采、冶炼和经营同以前相比有三个显著的特点：一是部分矿冶开始引用新技术，如英法商人设立的英法水银公司，采用“机器锥孔，炸药轰山”，效率为土法采矿的数百倍；二是采用机器生产，如贵州首个机器炼铁厂——青溪铁厂，设备从英国购进；三是外国资本开始渗入贵州的矿冶业，除了有代表性的“英法水银公司”，还有在贵州开采锑矿的德国礼和洋行、英法立兴公司等，国人经营矿冶业的集资运营方式发生了新的变化，有官督商办或官商合办，民间独资、合资或采用公司形式集股经营等多种形式，并延伸到其他近代工商企业中。这反映了半殖民地半封建社会中国经济畸形发展的现实，既有明清自发传承延续的资本主义工商业萌芽及初步发展的影响，更有“师夷长技以制夷”的洋务运动的官方力量推动，还有西方列强资本渗透和武力威慑下的强势制度变迁。早期的贵州工人阶级就诞生于清末官僚资本、外国资本和民族资本的工商企业中，并在民国初年得到了初步发展。

（二）清末贵州机器工业的出现——青溪铁厂

贵州近代大机器工业的开端，始于1886年青溪铁厂的筹办，其目的是“力敌洋庄，收回铁利”。青溪铁厂遗址位于贵州省镇远县青溪镇上河坝村，距县城东45公里，占地面积约150亩。

青溪铁厂是中国近代第一个官商合办的民族重工业企业，比张之洞在湖北开办的汉阳铁厂还早4年，首开官商合办“股份制”集资的创办方式，在国家民族工业发展史上有着里程碑的意义，为研究清末洋务运动史、民族工业史及经济发展史提供了重要的实物依据。

经清政府批准，1886 年在青溪设立青溪机器局。机器设备从英国购进，经上海、湖南由水路运至青溪。据《东华续录》记载，1888 年 10 月贵州巡抚潘霨奏："上年购办炼铁机器，据外洋装船报单，分三起起解，共重 1780 余吨，每吨以 1680 斤，合计华秤共重 29900 余担到沪。经节节转运，迄今 2 年之久，始行运到，可见创始之难。所幸现在机器及制造工匠均已到青，是开炉有期，似未可专候商款，坐失事机。"《青溪铁厂杂记》记载："机厂大炉一座、高五丈、内径最宽处一丈六尺。吊矿煤机架高七丈。有汽炉五座。大风机两座，鼓五磅风力，由四座热风炉经过，风热一千度入炉。照炉之容积，每日夜熔生铁 25 吨，合中秤 420 担炼生铁。另设炼一吨别包麻钢炉两座，别包麻风机两座，起二吨重机架一座，熔生铁炉一座，炭铁炉一座，两心扇风机一座，双火门钢板汽炉一座。钢轧厂有双大门钢板大汽炉两座，又水机一座，添汽炉水及喷水冷轴减热轧铁。青溪铁化分后，百分中有铁六十二。瓮安县兰家关煤质厚约一丈，煅成焦炭，坚结胜重，此煤未久即竭，或日道远费重也。"[①] 另据《贵州工人运动简史》记载，"青溪铁厂有大炉一座，每日夜应炼生铁 25 吨"，"炼熟铁炉 8 座"，"别包麻炉 2 座，每两刻能炼钢 1 吨"，"轧条机 13 副，轧板机 1 副"，共重 1780 余吨。厂房占地 60 余亩，从上海聘请法国人罗克莱带队的英法工程师 5 人，从江浙雇请一批技帅和工匠来黔。招收冶炼固定技工近千人，加上采矿、运煤、运铁临时工共约 5000 人。经 5 年筹建，炼炉于 1890 年正式出铁。[②] 遂将青溪铁厂全厂图说及铁样呈中央政府，请求"宽筹经费以资周转"。两个月后，潘霨上疏请求"暂行停工"，理由是主办人潘露因煤品位太差，出现"炉塞"，多方筹划无果，积劳病故，无人督理；生产资金奇缺；"欲承领洋款，而无力担当"。同年 11 月派贵州候补知府曾彦铨接办铁厂，经营亏损欠银 2.5 万两。于 1893 年完全停产，曾彦铨被革职查办。继又委上海道员陈明远继"承办该厂，将青溪矿务局改为青溪八寨矿务商局"，因其始终受制于戴玛德，青溪铁厂始终未能恢复正常生产。1905 年，陈明远遭撤职。筹办 5 年，接办 7 年、承办 12 年的中国

① 贵州省文史馆校勘：《贵州通志前事志》，贵州人民出版社 1991 年版，第 790—792 页。

② 林兴黔：《贵州工业发展史略》，四川省社会科学院出版社 1988 年版，第 225 页。

第一家重工业钢铁厂青溪铁厂，终于以失败告终。①

青溪铁厂的技术、设备、人才条件在当年是比较先进的，但由于缺乏地理上的区位优势，瓮安煤品位欠佳，生产成本高企，更主要的是封建官僚体制下落后的管理方式和制度及企业文化与先进生产力不相适应，随着清末洋务运动的失败而告终亦是必然。但它的意义不在于当时生产了多少铁，而在于开了中国近代民族重工业发展的先河，成为贵州近代机器工业的发端，由此诞生了真正意义上的贵州产业工人。

（三）清末民初贵州工商业的初步发展

1887 年，因法国侵略越南，威胁西南边疆，为沟通西南边疆同清政府京都（北京）的通讯，架设宜宾至昆明的通讯线路，途经贵州毕节，从此贵州有了电报。同年 3 月清政府在毕节设立了电报分局，这是贵州最早的电报局。贵州因此有了近代邮电通信，电信工人开始在高原山区出现。同年，贵州巡抚潘霨奏请由毕节分线，架设毕节经大定（今大方）、黔西、清镇至贵阳的电报线 370 公里，并设贵州官电局开展电报业务。后又于 1908 年至 1909 年，修建贵阳至兴义线路 547 公里；1910 年，架设贵阳至晃州线路 410 公里，并延展到铜仁。24 年间，以贵阳为中心向黔西北、黔西南和黔东辐射的三条官电线路建立了，贵州与省外的信息联系加强，这对贵州的发展起到了积极作用。辛亥革命后，至 1936 年，电信方面新建了贵阳至四川、贵阳至广西的电报干线及一些支线；在贵阳及少数县，开始使用座机电话，军队开始安装并使用无线电台。

1898 年，贵州盐商华之鸿开始筹办印刷厂，委托在办理遵义官书局中“成绩甚佳”的田庆霖多次赴日本采购印刷机械。1899 年，在贵阳王家巷（今勇烈路）择址建厂，第二年正式营业。试生产成功后，又派人赴日本采购一套石印设备及 2 部石油动力引擎，并在日本学习影印、制版、雕刻等技术，聘回 3 名日本技工到厂指导生产。1909 年，华之鸿又投资创办贵阳文通书局，全套购进日本印刷机器设备，并派人去日本学习印刷、影印、制版技术，还聘请日籍技工随机器来贵阳，1911 年投产，1915 年职工发展到 400 人。贵阳文通书局是清末

① 《贵州通史》编辑部编：《贵州通史简编》，当代中国出版社 2005 年版，第 164—165 页。

贵州近代民营工业的代表，集编辑、印刷、出版于一体，是与商务、中华等齐名的国内七大书局之一，也是新中国成立前贵州最大的编辑、印刷、发行机构。1914 年，华之鸿出资 60 余万元创办永丰造纸厂，建厂时工人 60 多人，从日本购进设备，至 1918 年投产时有工人 200 余名，日产纸 70 令。

1899 年，英法取得铜仁万山等处汞矿开采权，英法殖民者在万山成立水银公司。总投资 750 万法郎（约为 28 万银元），其中法占 3/5，英占 2/5。1900 年筹建，1902 年正式采矿冶炼。公司的采冶技术在当时是先进的，如手摇钻机（人称金刚钻）可钻矿 30 米深，爆破用黄色炸药（TNT）；运矿有铁轨木箱车，炼汞有两座机械炉等。公司有矿工 1000 多人，并雇有数百童工，管理人员 30 多人。1900 年秋，万山汞矿矿工对英法水银公司的巧取豪夺和残酷盘剥进行武力反抗，联合矿工七八十人举旗起事，赶走守洞的清兵，一度收回了矿洞，英法水银公司请铜仁“总兵”前来镇压而未成。随后，在万山人民不断反抗斗争的压力下，清政府于 1905 年查办了陈明远，1906 年向英法水银公司收回了矿权，英法殖民者被赶出了万山。之后，万山汞矿便经历了 30 多年分散开采的民营时期。1938 年由国民党政府资源委员会和贵州矿务局接管，成立官办企业，1946 年又改为合资经营，直至新中国成立。

1901 年，贵州第一个官办邮局产生，办公地址设在贵州田家巷，营业员仅 1 人。1911 年，全省邮政局发展到 15 处，代办处所 88 处。业务范围由初始时的平信、挂号信、明信片、印刷品、包裹、货样等，陆续增开了汇兑、报刊发行，保险包裹和快信业务。[①] 辛亥革命后，政府裁驿归邮，邮政遂成为传递信息、寄递货物、汇寄银钞的主要渠道。至 1936 年，全省邮局发展到 60 处，代办所 200 处。

1910 年，遵义黄磷火柴厂建立，年产火柴 1000 箱以上，远销四方。1915 年，一些商人集资白银 3000 两，成立了贵阳惠川火柴厂，有切梗机等，工人 80 余人。1918 年，商人集股筹资白银 10000 两，开办协昌火柴厂，有切梗机、推片机各 2 架，工人 170 多人。1921 年，遵义县又办起两家火柴厂。

1911 年，厂商刘少樵投资 5 万银元创建“贵阳皮革有限公司”，从美、日购

① 《贵州通史》编辑部编：《贵州通史简编》，当代中国出版社 2005 年版，第 166—167 页。

进6台机器，雇用工人数十人，主要从事制革和皮鞋生产。后来出现合资创办的贵阳制革公司，有技师徒工数十人。此外，还有大同制革厂和永丰皮革厂等。这些制革企业，多以制鞋为主，兼生产其他革制产品。

据统计，至1911年，贵州共有近代民办工厂120家，雇佣工人1578人，厂均雇佣13人。其中织造厂49家，机械及器具厂4家，陶瓷、造纸、制油、酿造、制糖等行业67家。这些工厂大多还是传统手工生产。清末民初，在贵阳先后兴办了印刷、造纸、火柴、制革、缫丝、织袜、布厂等近代轻工业小厂。在财政金融、商业贸易方面，都有所发展。

民国初期，贵州工商业进一步发展。1915年，仁怀茅村的酿酒师制出酒体丰满的茅台酒，在巴拿马万国博览会上获得金奖。1917年，贵阳商人创办的织袜厂，有沪产织袜机10多架，工人近20人。1932年贵阳兽丰布厂建立，有铁机11架，过纺机2架，输机1架，倒纺机20架，有工人45人。上述近代工厂，有的以机器生产为主，有的机器、手工兼有，或以手工操作为主，但在生产和经营管理方面已具有近代工业的雏形。

贵州电力工业始于1917年，贵阳商界熊静安等34人发起筹建电灯股份有限公司，从上海向美商慎昌洋行订购两套75千瓦直流发电机及锅炉附件，但由于军阀混战搁置镇远。1926年，贵州军阀周西成主持建立贵州电气局筹备处，在贵阳西湖路武侯祠建厂，次年将设备运抵贵阳，招募工人40余人。1928年发电，年发电量30万度。由于机器锈蚀，在安装过程中，工人悉心钻研，攻破道道难关，最后才调试成功，进而造就了贵州第一支电力技工队伍。

1922年4月，习水县土城人士赵述臣，从武汉、重庆等地购来一批机器设备，先后招收工人和技师150余人，在土城地母庙办起了土城兵工厂，生产枪支、子弹、手榴弹等。1923年，周西成为扩充军事实力，会同商民集股承办，在赤水创办兵工厂。机器设备和发电设备、钢材从上海和武汉等地采购，其中车床、铣床、磨床、刨床、蒸汽发电机组，为英、法、日产品。1926年，周西成任贵州省主席时，在贵阳兴办贵州兵工厂，自此赤水兵工厂改为贵州兵工厂赤水分厂，分设7个棚（车间）生产。兵工厂生产有步枪、冲锋枪、手枪、自动步枪、马克沁机枪以及各种子弹、手榴弹等，每月生产枪300—400支，最多每月产量达到2000支。1935年，四川军阀刘湘接管了这个厂，将全部机器设备运往重庆。原厂技术工人被周西成调去贵阳办兵工厂，其余400—500名工人流落社会。

贵州的交通运输业，始于周西成主政贵州的1926年。这一年开始对公路线路进行勘测，到1929年共勘测路线11条，1400余公里。1927年春，开始建设公路。1928年春，贵安段完工通车，全长95公里，这是贵州最早通车的公路。接着贵阳环城公路通车，继而是以贵阳为中心，修建了南至独山、西至黄果树、北至赤水的公路干线。自1929年至1935年，总计修筑公路955公里。贵州的第一部汽车是1927年周西成从香港购进的美制雪佛兰七座轿车。1930年，第一批载重汽车（19辆）在贵州出现，次年增至50辆，并相继建立了汽车修理、汽车配件生产等工厂。1932年，贵阳团坡桥运动场改建为贵州最早的机场。1935年，中国航空公司开辟重庆至贵阳航线成功。汽车厂工人加上造船、航运工人等，形成了早期的交通运输产业工人队伍。

二、贵州产业工人的来源、分布及特点

有别于明清工场手工业的工匠，贵州近代机器工业的出现与初步发展，催生了贵州产业工人阶级。从产业工人的工种、技能结构及人数上看，青溪铁厂有英法工程师5人，以及来自江浙的一批技师和工匠，近1000名冶炼工，采运铁矿和煤炭的人约5000人。英法水银公司有矿工1000多人，并雇有数百名童工，管理人员30多人。赤水兵工厂建厂时，全厂员工共100—200人，1924年将土城兵工厂人马收容，逐步发展到1000多人，还有一批建筑工人负责厂房扩建和维修。后来，又增设硫酸厂、白药厂（炸药），工人达到2000—3000人。这些千人以上规模的大厂或受控于外国资本，或处于国内军阀官僚资本的直接统治之下。

在遵义、仁怀、贵阳先后出现的众多轻工业工厂，主要集中于邮电、印刷、造纸、酿酒、火柴、制革、缫丝、织袜、织布、电力及后来的交通运输、航运、汽修等行业，华之鸿创办的文通书局人数最多时有职工400人，永丰造纸厂200

余人，其他工厂职工人数大都在100人以下。

从分布区域上看，贵州工人阶级主要集中于各矿区或贵阳、遵义、仁怀等少数城镇。其主要来源为无地或缺地农民、城市手工业者及城市平民。核心技术掌握在外国殖民者或官商统治者、资本家及其代理人手中，高级技术工人多引自江浙等沿海地区。贵州本地工人中还包括童工，处于受剥削、受压迫的被奴役境地，处境悲惨，有强烈的摆脱现状的愿望，需要先进思想的引领和强有力的组织，以利于激发斗争意识，团结起来，形成强大的革命力量。

第二节　清末民初贵州工人阶级的政治经济状况

贵州工人阶级一经产生，就处在军阀、官僚和内外资本剥削奴役之下，政治上无任何平等权利，罚跪、体罚、私刑是家常便饭。经济上受尽军阀官僚工头和内外资本家及其爪牙的剥削奴役。劳动条件极其恶劣，薪资待遇极其微薄，军阀欺压、官僚勒索、资本盘剥、把头克扣，工人生活穷苦至极。

一、贵州工人的工薪情况

清末民初，贵州工人的工薪计算分配方式主要包括：计时工资制、包工工资制和计件工资制等。

1890年7月，青溪铁厂建成投产时有职工5000余人，均实行计时工资制度，固定工月银4—5两，临时工月银2两。清末民初，青溪、羊坪、竹坪、邛水等地民营铁厂，天柱、开泰、黎平等民营金厂，也都推行计时工资制度，一般由厂方供应膳食，月资4—5两银元。在黔东南的采矿、冶铁、冶汞、冶铅、冶锑、造纸、纺织、商埠等企业中，普工月资4—5元，技工月资10余元；八寨民营汞矿、榕江均益厂（锑厂）砂工每月5元，炮工每月10元，均由厂方供给膳食。

包工工资制是一种封建性剥削制度。企业主或资本家将工人工资交给封建把头，由封建把头克扣后再发给工人。晚清时期，开泰、古州、清江、镇远、施秉等县木材水运和码头搬运均由封建把头控制。民国初期，镇远、榕江、黎平和黄平旧州建筑业也被封建把头控制，特别是外地工匠来镇远等地做工，工程承接要经过封建把头，工钱结算由封建把头代之。1935 年，包工工资制已扩展到各县建筑业和冶汞业中。

晚清时期，纺织业、小手工业、加工业均实行计件工资制。1881 年，镇远加工一副棺木，工银 1 两 8 钱；碾米 1 石，工银 2 钱；加工 1 只灯笼或龙灯，工银 2 分。1907 年，镇远加工银钏 1 对，工银 3 钱；加工 1 套成人衣服，工银 5 钱；加工 1 顶花轿，工银 2 两 3 钱；加工 1 个手炉，工银 5 钱。

1920 年，石井兵工厂各类月薪差别巨大，厂长月薪加工务费 750 元，书记官长 100 元，收发员、监工员 50 元，匠目领首 33—87 元，工匠 10—36 元，艺徒 4. 5—8. 2 元。厂长与普通工人月薪相差可达上百倍，收发员、监工员与普通工人月薪相差亦是 5—10 倍。

二、在军阀、官僚、资本剥削奴役下的贵州工人阶级

（一）文通书局工人生活状况

清末民初，军阀当政，军政头目经常更换，每更迭一次，拖欠文通印刷费用便不归还，企业和职工深受其害。迫于当时形势，文通书局想谢绝承印也是不可能的，军阀曾派兵持枪强迫印刷，但拒不支付印刷费。而职工一日的三餐和工薪是不能拖欠的，迫使书局借高利贷维持正常运转。随着时间的推移，欠款数额增加，还贷期限延长，书局状况十分艰难，最后只能与职工商议，共谋良策，同舟共济，共渡难关。最后决定工薪不按月关发，对生活实在困难的职工，酌情支付工资。在伙食方面，不提供肉类。民营工商业发展之难，职工之穷困，可想而知。

（二）茅台烧坊工人劳动、生活状况

茅台 3 家烧坊（成义、恒兴、荣和）的劳动条件极其恶劣，没有固定的上

下班时间，厂方采取“工口”（定量制度）的办法逼迫工人干活。比如踩曲，1个工人一天踩1石（600市斤）麦子的曲，酿酒一个灶一天烤7甑酒，每烤1甑最少需要一个半小时，烤7甑酒，就需要11个小时，再加上事前的准备、事后的收拾，一天要做12—14小时的活，有时甚至还要多一些。在劳动组织上虽有分工，但厂方为了尽量榨取工人的血汗，不按照分工办法执行。如看磨工人和割草工人，除了每天要看磨、割草和起早睡晚地打扫磨坊、马房的清洁卫生，还要负担背高粱、晒麦子、洗酒缶等杂活，每天要到晚上10点以后才休息，夜里还得起来喂马。除了生产劳动，还需侍候管理人员。一年到头工人们都为酒厂忙个不停，逢年过节也不得休息。

工人的工资极其微薄。3家烧坊雇工的形式有两种：一是固定工；二是临时工。固定工人的工资早期不可考。在1926年到1936年这段时间，成义烧坊的酒师每月银元7—8元，二把手5—6元，一般工人3—4元。恒兴烧坊在1929年创设后，工资待遇与成义烧坊差不多。以1936年的米价折算，酒师每月只能买米3斗至3斗5升，二把手只能买米2斗至2斗5升，一般工人只能买1斗2升至1斗7升。至于荣和烧坊固定工的工资，比成义、恒兴还要低。在清王朝崩溃以前，成义、荣和两家烧坊以雇用临时工为主，固定工人比较少。清王朝崩溃以后，随着生产的逐渐发展，成义烧坊逐渐以雇用固定工为主，也经常雇用临时工，临时工的工资较固定工更少。恒兴烧坊是在茅台酒生产发展较快的时期创设的，开始以雇用固定工人为主。荣和烧坊在这方面和成义、恒兴烧坊有所不同，它的产量增长不大，老板王氏始终是有势力的地主，可以在佃户中随便叫人来做临时工，因此，该烧坊直到贵州解放时，只有固定工人6人，而每年雇用的临时工都达2500人左右。这种以人身依附为前提的工役制，更便于榨取更多的利润。

工人的生活情况也非常艰苦。家在烧坊附近的工人回家去住，远的就只有住在烧坊里的猪栏马圈，和牲口睡在一起。在烤酒的时候，工人们要到深夜才能把活做完，往往回不了家，就几个人挤在一个斗筐里。绝大部分人铺的是草垫，盖的是秧被，很多工人始终没有穿过棉衣，身上的单衣也是补丁摞补丁的，终年没有鞋穿。

3 家烧坊的工人，在老板和经理的严格控制下，不仅在经济上遭到残酷的剥削，过着极端贫困的生活，在肉体上也备受老板、经理及其爪牙的虐待。恒兴烧坊的经理经常打骂学徒工人，如果碗筷摆不周正、桌子不干净、呼唤不应声，动手就打，甚至把一块斑竹片打烂了还不肯放手，打得工人遍体鳞伤，打完了还要罚跪，有时一跪就是半天。3 家烧坊开除工人也非常随意，工人上工没有任何安全感。

（三）清水江流域木商、工头对工人的剥削

木商雇请工人搬运杉木时，是按树株的大小、运输路途的远近，以最高劳力强度计算必需的劳动日，然后结合当时当地的粮价及杉木销售行情，确定劳动工资标准以根条计量，平均每株给工资若干，包给工头，由其雇请工人启运。由于上述情况的差异性和变化性，木商对运输工人的剥削显而易见。清水江流域搬运杉木的工人，除了工头，其余都是农民，没有什么组织，因此木商启运杉木必须包给工头，由他去雇请农民从事运输。工头向木商承包时，系以个人名义负盈亏，工资包定后，凭他的经验计算必需的劳动日，然后召集他临时雇请的农民，宣布承包工资总额百分之几十，提出他估计的必需劳动日，由大家讨论确定后，按“高箱、低箱、平箱”分等计算每一劳动日的固定工资。在运输工程未完成前，工头只付给雇工的伙食及少量零用钱，结束后，如果在预计日程内完工或超额完工，工头将已经宣布的工资按等级分给雇工，如果不能按预定日程完工，工头或是扣发雇工的工资，或是向木商请求增加工资总额。在此情况下，工头往往是一面向木商请求增加工资，一面扣发雇工的工资，但在木商不加、雇工又非要补清工资的情况下，工头只好把腰包里的钱拿出一部分给雇工，不过这种情况是很少的。在水运过程中，工头对工人的剥削方法也是如此。

锦屏和靖县的码头工人均系专业，同时是有组织的。他们的劳动范围是漂排、下缆及短途运输等，工资金额由木业公会确定。由于上述这些零星工程都是木行、木栈向木商承包的，木业公会里面的当权者又是行栈的老板，因此工资定额一般都比较低，在物价上涨期间，工人就无法维持生活。新中国成立前，锦屏、靖县常有工人要求增加工资的事件发生，工人只是以书面联名向木业公

会申请，多半没有结果，即使工资有所增加，为数也极其有限。据现存石碑碑文记载：1908 年 4 月，锦屏内江的码头工人因生活所迫，曾掀起一次小规模的武装斗争，工人们手执刀、矛、洋炮，把由挂治放下茅坪的木排加以拦阻，声明不增加工资即不许启运。木行老板们看到工人们怒吼起来，只好同意增加工资，但又将工人“闹事”及增加工资的经过上告到黎平府，请其出示“晓谕”，以后不准工人再“闹事”。当时的政府与封建把头是沆瀣一气的，自然答应了木行老板的要求，出示了告示，规定工人今后“不得将木排停止，另行勒索加增工资”。之后，木行老板便把这张告示刊于碑碣，竖立在挂治。

（四）针对万山汞矿工人的严酷私刑

万山汞矿对工人剥削奴役设有 18 种私刑，非常严酷，令人发指。例如，“飞蛾打壁”刑罚就是将人的两手分开悬空高吊，以棍子狠打屁股，人在空中飘来飘去；“灌辣子水”刑罚就是将辣子水从鼻孔灌入；“香熏眼睛”刑罚是用香一把，点燃熏眼睛；“关黑牢”刑罚是将人投入伸手不见五指的黑房或洞内，关上数天。万山汞矿剥削奴役工人的罪恶刑罚，揭露了半封建半殖民地的旧中国矿工，乃至所有生活劳作在外国资本、官僚买办资本及民族资本盘剥奴役下，中国工人阶级不平等的“非人”地位。在中国共产党诞生前，工友们只能在忍无可忍的情况下才做一些零星的、自发的“殊死”抗争。中国共产党诞生以后，他们才找到了方向，逐步觉醒并团结起来，开启了“从前是牛马，现在要做人”的自觉斗争。

第三节　清末民初贵州工人的反帝爱国斗争

一、万山汞矿工人反英法掠夺者霸占汞矿的斗争

1899 年，英法侵略者欲霸占万山汞矿开办英法水银公司，工人杨义泰、卢廷杰等人得知消息后，在一起商议，聚集众人，阻止其进入万山，他们相约盟誓：“卖地给洋人者，断子绝孙。”众人推选杨义泰、卢廷杰为团首，大家坚决抵制洋

人入境。由于铜仁总兵林觉指使省溪吏目田树棠弹压，英人亨利·比利等才强入万山，在万城西郊滑石坡开设英法水银公司。1900年，由杨义泰之三子杨宠光出面，以哥老会为名，组织矿工80余人，于中秋晚上在张家湾举旗起义，收回大硐川小硐，准备将霸占万山汞矿的洋人赶出境。后来由于铜仁知府派兵镇压，起事者撤至湖南省境内。1912年，铜仁知府骗杨家后人主事者杨永和到铜仁议事，以“运动砂丁，谋为不轨”的罪名，将杨永和杀害于铜仁江中门外河滩。

二、镇远工人参加捣毁百货厘金局的斗争

清朝末年的百货厘金局主要负责收税工作，他们搜刮民脂民膏，到处设置关卡，来往船工即使只是捎带少许物品，也无法逃脱苛捐杂税的勒索，船工们很气愤。1909年4月的一天，停泊在镇远城边的数十只木船上的船工和城内工人，在长期积怒之下，齐奔厘金局所在地，将该局的5间房屋推倒焚毁，引发了全城罢工罢市，工人们强烈要求取消厘金局，表示不达目的决不复工复业。镇远太守原拟派兵镇压，后见群情激愤，声势浩大，只得接受工人和市民的要求，撤销了镇远百货厘金局，工人们直到取得斗争胜利才复工复业。

二、贵阳、遵义等地工人声援五四运动，参加反帝爱国斗争

1919年6月1日，巴黎和会中国外交失败的消息传到贵州，贵阳市各学校师生、工人、店员、爱国商人和群众集会，一致要求以实际行动“外争国权、内惩国贼”，挽回外交失败。会后，有3000多人上街游行。6月19日，遵义各学校师生、工人也走上街头，开展各种宣传活动。

1919年6月23日，在学生运动的影响下，遵义方春凡、刘少成两家丝织厂的30多名工人和学徒以及其他手工业工人，自发集会讨论。由于日纱在遵义的倾销，摧残了当地的纺织业，造成了工人失业，工人们对此深为痛恨，宣布罢工。6月24日，全城的布匹、百货、医药等三个行业的大部分商人举行罢市，紧接着全城18个行业80%以上的商店举行大罢市，很快就发展成为学、工、商

各界的反帝爱国运动。6 月 25 日，在工人的带动下，遵义人民在中学堂、陈公祠、府城隍三地举行了工、学、商、市各界代表参加的群众大会。会上宣读了《拒用日货宣言书》，会后进行日货大检查。一般的中小商人，自觉清查日货，交给纠察队，有 12 户中小商人提供了拒日货的“具结书”。万寿桥头一户百货商将“具结书”悬布在店前——“本店经营者系中国人，拒卖日货”。其中，尤以捣毁日制搪瓷盆最为突出，大家说“三天不洗脸还干净，用洋瓷盆洗脸最脏”，在广大爱国群众的支持下，遵义地区抵制日货运动坚持了一个多月，在此后的半年中日本商品在此地绝迹。

四、遵义丝织工人为求生存而进行的罢工斗争

1925—1926 年，黔北地区发生大水灾。遵义、仁怀一带是重灾区，农田受灾面积达 50 万亩，大量住宅、桥梁和道路被毁，加剧了社会动荡。遵义丝织业资本家趁灾荒之年，变本加厉地剥削和压榨工人，以灾荒困难为名，取消了供给工人膳食的惯例，只发少许工资，使工人们生活难以为继。为了生存和生活，1927 年 1 月，遵义丝织业工人举行了罢工，要求增加月薪。资本家们不但不让步，反而勾结反动军阀威逼工人复工，并将参加罢工的 10 多名四川籍工人驱逐出境。最后，由于缺乏坚强的组织领导，罢工失败。这次工人自发的罢工斗争虽然未取得胜利，但进一步展示了工人阶级的力量，发扬了工人阶级为维护自身利益而敢于斗争的精神。

第四节　马克思主义在贵州的传播与党领导的早期工人斗争

1917 年，俄国十月革命为中国送来了马克思列宁主义。五四运动后，以提倡民主和科学为主的新文化运动，逐渐发展成为以传播马克思主义为中心的思想运动。随着觉醒年代的开启，贵州籍革命先驱和进步知识分子顺应历史潮流，通过各种途径将先进思想理论传回家乡，介绍给贵州广大群众，为马克思主义

与贵州革命的实际相结合奠定了思想基础，推动了中国共产党在贵州早期党组织的建立及其革命活动。

一、贵州籍革命先驱与马克思主义在贵州的传播

20 世纪早期，受新文化运动和民主革命思想的影响，邓恩铭、王若飞、周逸群、旷继勋、龙大道、严希纯、饶近庄等一批有志青年，走出黔山，投身到中国革命的第一线。在血与火的斗争中，他们担负起宣传马克思主义和革命思想、唤醒民众、领导工运的重任。这些革命先驱身在异乡，心系桑梓，通过种种方式和不同渠道，将马列主义学说传回家乡，为唤醒贵州民众，走无产阶级革命道路，进而接受中国共产党的领导，建立地方党组织、开展革命活动，奠定了思想基础。

革命先驱、贵州荔波人邓恩铭是党的一大唯一的少数民族代表。他在革命活动中，始终没有忘记向家乡人民传播马克思主义，通过书信、诗赋等方式，向家人、亲友和同学介绍外面的情况，宣传进步革命思想，告诉亲友要关心国家大事、要报国，要干革命，要跟共产党走，唤醒家乡人民觉悟。在牺牲前最后一封家信《诀别》中，他告诉家人，为了革命事业"不惜唯我身先死，后继频频慰九泉"，表达了他对革命事业必胜的信念和甘愿为党献身的高尚情操。

革命先驱、贵州安顺人王若飞，1931 年至 1936 年在监狱中宁死不屈、坚持斗争，写下大量宣传研究马克思主义的著作和革命家书，并将其辗转传出监狱，传回家乡，对贵阳达德学校及贵州教育界起到了积极的宣传作用。被组织营救出狱后，在延安等地任职期间，他结合考察社会情况，钻研马克思主义写下大量理论文章和著述，如《中国农民战争》《中国社会经济结构》《第三国际史》《中国土地问题》《党的建设》等，不仅激励和鼓舞了家乡和中国人民的革命斗志，而且极大地丰富了党的无产阶级革命理论。

革命先驱、贵州铜仁人周逸群、旷继勋，1923 年回到上海组织"贵州青年社"，与胡秉铎等人创办《贵州青年》旬刊，以促进真实的民主政治实现，唤起民众阶级自觉，不持狭隘的地方主义，于解决贵州问题时，企图解决国家问题的办刊政治主张，深受贵州进步青年的赞同和支持。其写下的《贵州青年对贵

州政治应有的主张》《三民主义与贵州》《军人的头脑》《女子的自由在哪里》等文章，结合贵州实际，宣传马克思主义关于阶级、阶级斗争和无产阶级革命思想，既表现了对中国革命强烈的责任感，又是对家乡青年革命意志的召唤。《贵州青年》通过邮寄、托人传带等多种渠道，传回贵州，以其内容新颖、鼓舞人心，得以在贵州广为传播，成为当时最受贵州进步青年欢迎的刊物。

革命先驱、贵州锦屏人龙大道，投身革命后，在与家乡亲友的书信中，极力宣传革命思想，用自己的亲身感受启发家乡人民团结起来反抗军阀统治，体现了对故乡的深情和对革命事业的坚定信念。龙大道在家书中如此写道："各大军阀不为卖国贼便为帝国主义走狗，中国如此，贵州更不堪言。国民革命（打倒卖国军阀）始可有促成之希望。贵州问题也才能可以得到一个相当的解决。"字里行间充满了对反动军阀的仇恨以及对家乡人民团结起来革命的期盼。

此外，一批奔赴外地求学和参加革命的贵州青年，如印江青年严希纯、贵阳青年饶近庄、瓮安青年冷少农等利用各种机会不断把一些革命书刊及宣传品，如《向导》《新青年》《三民主义》等寄给家乡亲友。给军阀统治下的家乡人民带来了冲破封建主义枷锁的精神武器，使贵州各族人民逐步了解到什么是马列主义，并从十月革命的道路中，看到了中国和贵州的出路和希望。

二、贵州进步知识分子在马克思主义传播中的重要作用

在贵州传播马克思主义的过程中，大批进步知识分子和教师接触进步思想，参与五四运动，发挥了积极作用，其中影响最大、最具代表性的是贵阳达德学校的教师们。1918 年 3 月，著名教育家黄齐生率达德学校学生王若飞、刘方岳、谢六逸、李俶元等赴日留学，搜读宣传俄国十月革命和宣传社会主义的书刊。五四运动爆发后，他们愤然回国，投入这场伟大的爱国运动之中。1919 年 11 月，黄齐生又率王若飞、刘方岳、刘崧生等青年赴法勤工俭学，学习研究马克思主义和自然科学等新知识。之后，这些留学归来的知识分子陆续回到贵阳执教。他们带回了新的自然科学知识及马克思主义，并利用这些新思想振兴教育，启迪学生。刘方岳回到达德学校执教后，既在课堂上讲授巴黎公社斗争史，又

介绍俄国十月革命。他还协助中华书局发行教科书和革命书刊，极力宣传马克思主义论著，对青年学生进行马克思主义启蒙教育。梅培筑以马克思主义阶级斗争观点勉励同学们："努力我们的使命，只有采革命的手段，为国际联合去改造中国，建设中国。"① 进步教师田君亮，深受俄国十月革命的影响，抱有"奔走革命，险阻忘却，要把社会，由苦变乐"② 的远大志向，在20世纪20年代末30年代初，曾在多所学校任教，讲授经济学、国文和人生哲学，指导学生阅读《政治经济学批判》《反杜林论》《费尔巴哈论》等马克思主义书籍。

贵州省立一中、省立高中、省立师范等学校保护进步思想的传播，使教师们得以生动形象地向学生宣讲新思想。20世纪30年代初，在贵阳及其他地区的青年学生中，阅读马克思主义书籍，渴求新思想、新知识已蔚然成风。马克思主义的观点和革命道理，也通过学生从学校逐步传播到社会，更多的人了解了有关阶级、阶级斗争、剩余价值、唯物主义等新知识，从而推动了贵州知识青年学习、传播马克思主义，投身到改造社会的革命斗争实践中。

三、中共党组织的建立及其领导的反帝爱国斗争

（一）中共党组织的建立

从20世纪20年代末期开始，在全国革命形势的影响和推动下，一些革命青年如梁业广、汪荃江、金奚生、李卓吾等人在四川合江、贵州赤水一带传播马列主义，进行革命活动，秘密从事筹建基层党组织的工作。在赤水兵工厂、赤水女中、省立赤水二中发展了一批党员、团员。1928年春，经中共川南特委批准，梁业广、李卓吾、金奚生等人建立了中共合江特别支部委员会（简称中共合江特支）。梁业广任书记，李卓吾、金奚生分别任组织和宣传委员。后因赤水党员、团员数量逐渐增多，1929年12月，经中共泸县中心县委（1929年8月，川南特委撤销，建立泸县中心县委）批准，将原中共合江特支改建为中共赤水

① 中共贵阳市委党史研究室编：《贵阳人民革命史》，贵州教育出版社1997年版，第36页。

② 中共贵阳市委党史研究室编：《贵阳人民革命史》，贵州教育出版社1997年版，第37页。

合江特别支部委员会（简称中共赤合特支），梁业广任书记。特支成立前，在赤水兵工厂中发展了罗亦云等人入党，随后建立了中共赤水兵工厂支部（隶属中共赤合特支，后隶属中共赤水特支），罗亦云任书记，王荫南分管工运。1933 年 3 月，中共赤合特别区委成立。10 月，将原赤合特支撤销，赤水和合江两地分别成立特支。中共赤水特支成立后，发动并领导工人罢工，组织工人、学生示威游行，反对帝国主义的侵略。

1933 年冬，共产党员林青、缪正元与进步教师秦天真等在毕节城内女子小学创办了“草原艺术研究社”，该社系中共地下党的外围组织。他们通过绘画、话剧、歌咏、读书等艺术形式广泛传播马列主义，宣传中国共产党及其抗日主张，培养了一批又一批青年骨干，团结了进步力量。“草原艺术研究社”的一系列活动，引起了国民党当局的注意和恐慌。1934 年端午节前后，为了躲避敌人的抓捕、保存革命力量，主要骨干成员向安顺、贵阳等地转移，将革命的种子撒向贵州更广阔的大地。“草原艺术研究社”在毕节进行革命活动的时间虽然不长，但产生了极其深远的影响，不仅激发了毕节人民抗日救国的热情，还发展了进步力量，让更多有志青年走上了党领导的革命道路，为贵州的党组织建设和革命事业作出了不可磨灭的贡献。

1934 年 1 月，中共毕节党支部成立。在支部的领导下，相继建立了反帝大同盟、社会科学研究会、读书会等群众组织，开展革命宣传，组织示威游行，抗议反动当局的倒行逆施。

1935 年 1 月，党中央和中央红军在遵义期间，为推进贵州革命工作，承认了贵州地下党并批准建立中共贵州省工作委员会（简称中共贵州省工委），由林青、邓止戈、秦天真组成，林青任书记，这是长征期间党中央帮助地方建立的唯一的省级地方党的领导机构。中共贵州省工委建立后，对配合红军实行战略转移，促进贵州民主革命，发挥了重要作用。

1935 年 1 月，成立中共遵义县委员会，同时成立黔东南第一个中共组织——中共凯里小组。1935 年 4 月，中共安顺县党支部、安顺县工作委员会相继建立。中共贵州省工委及各地中共组织积极开展革命宣传、壮大革命力量收集敌人情报，传递革命消息，开展策反工作，组织革命武装等。这些活动，有效地配合、支援了红军在贵州的斗争。

（二）中共赤合特支、赤水特支领导的革命斗争

1929 年，中共赤水兵工厂支部成立后，即动员组织工人参加平民夜校学文化，接受革命教育。1931 年 2 月，赤水县赤水至猿猴（今元厚）段船员工人自发组织船员工会，有会员 260 多名。

1929 年 12 月中共赤合特支建立后，一方面派出党员在赤水兵工厂、省立赤水二中、赤水乡村师范、赤水女中等地发展党团员，壮大党组织；一方面在进步人士邹华轩的支持和掩护下，在赤水县城文庙图书馆内（今城关四小）开办文化学校和平民夜校，进行义务教学。向兵工厂工人、进步学生、城市失学青年和城镇青年店员传授文化知识，讲解红军故事和革命道理，教唱革命歌曲，传播马列主义。夜校自 1929 年创办到 1934 年停办，历时五年，不少进步青年和工人在此接受了马列主义和革命思想的启蒙教育，纷纷走上革命道路。

1930 年夏，国民党赤水特派员饶平妄图将省立赤水二中等学校的公民课改为以反共、宣扬三民主义为主要内容的党义课。军阀侯之担也想把省立赤水二中等学校培养成为服务自己的学校。针对这一情况，特支书记梁业广利用贾若瑜家与侯之担家的世交关系，派贾若瑜去做侯之担的工作，使其在省立赤水二中利用公民课时间大讲《孟子》，挤掉了饶平在学校开设的三民主义党义课。

1931 年九一八事变后，为了抵制日货、声援东北义勇军，中共赤合特支以平民夜校为基础，以省立赤水二中为中心，发动赤水兵工厂工人、学生、城市进步青年上街示威游行，搭台演讲，声讨日本帝国主义的侵略罪行。游行队伍高唱：“只有铁、只有血，只有铁血才能救中国……”歌声悲壮激越，感染并唤醒了民众的抗日热情，民众纷纷投身到抗日救亡的洪流中。

1932 年夏，英国传教士与侯之担勾结，意欲在赤水建造教堂。这激起了广大人民群众的义愤。为抵制帝国主义这一利用传教士进行文化侵略的行径，中共赤合特支秘密建立反帝同盟小组，发动兵工厂工人和爱国学生举行反帝示威游行，搭台演讲，宣传揭露帝国主义的文化和精神侵略行径，各界人士纷纷响应，最终迫使英国传教士灰溜溜地离开了赤水。

1932 年 12 月，由于军阀之间的争夺斗争，战祸连绵，而战争的耗费却都摊

派在老百姓头上，加上通货膨胀，铜钱贬值，群众生活十分困苦。在侯之担的支持下，兵工厂老板将铜钱贬值的损失转移给工人，致使工人生活无法维持下去。在中共赤合特支的发动下，兵工厂党员串联了工人积极分子，选出裴银州等 8 名代表直接向厂方交涉，要求提高工资，要求厂方按市面通用标准进行铜银币交换。而厂方在侯之担的支持下，拒绝接受谈判代表的意见，不肯增加工资。这下激怒了全厂工人，导致工人总罢工。开始，厂方对工人意见置之不理，并扬言要开除裴银州等 8 名谈判代表，工人们更加群情激愤，组织了上千人上街游行示威，并高呼“增加工资合理”“反对开除工人代表”“要开除一齐开除”等口号，侯之担见势态扩大，严重影响了征收捐税及军事准备，才授意厂方出面，同意将工人工资从每月 1 锭银子增加为 1 锭半。这次罢工斗争，延续了一个星期，直至取得胜利。

1933 年 2 月 10 日元宵节，由于赤水县城有玩龙灯的习俗，兵工厂的工人也喜欢参加玩龙灯、放鞭炮等辞旧迎新的活动。当夜，当工人们举着龙灯走到县城东门侯之担驻军门前时，士兵们拿出花筒和鞭炮来烧龙灯，烧伤了工人。工人们便以龙灯围困野蛮的士兵，以示反抗。这时，另一些旁观士兵则用枪托殴打工人。于是，早有戒备的刘督清、余天海等 20 余名工人，拿起马刀、铁锤，还击盛气凌人的士兵，因围观群众甚多，士兵不敢开枪，被工人们打得招架不住，只得灰溜溜逃跑了。此后，侯之担授意当时赤水城防司令谢伦书抓捕工人及市民，谢伦书的士兵便依仗势力经常在大街上任意打骂和抓捕工人和市民。中共赤水特支因势利导，经过酝酿部署，于当年底，首先发动和领导兵工厂工人张贴标语、散发传单，提出抗议，反对侯之担和当局打骂抓捕工人和无辜群众，同时提出改善工作和生活条件，又举行了 1000 余人的大罢工。这次罢工，深得市民、学生及各方人士的响应。侯之担见事情不妙，命令谢伦书出面调停，答应工人提出的条件，罢工斗争取得了胜利。

中共赤合特支、赤水特支领导的革命斗争，传播、宣传了进步的革命思想，启发了工人群众的阶级觉悟，培养教育了一大批贵州青年，引导其走上了革命道路，也在一定程度上打击了当地军阀和帝国主义势力。

第二章 红军入黔对贵州工人运动的影响

1930年至1936年，红七军、红八军、红三军、红六军团、中央红军、红二军团相继转战贵州，开展革命活动。曾攻克榕江、镇远、遵义、毕节等31座县城，红军长征的足迹几乎遍及全省。他们传播革命理想，唤醒工农群众，播撒革命火种，宣传反帝反封建的革命道理和团结抗日救国的政治主张，指明了工农大众翻身得解放的道路。他们创建根据地，建立工农苏维埃政权，开展土地革命和武装斗争。他们发布指示信，纠正工农运动中的“左”倾错误，拨正了运动方向。红军在贵州的革命主张，促进了贵州地方工人组织的建立和工农斗争的发展，对贵州革命和工人运动产生了重大而深远的影响。

第一节 红军入黔开展革命活动，工农自发支援红军

一、第一支入黔的中国工农红军

第一支进入贵州的中国工农红军是红七军。1929年12月，邓小平和张云逸、李明瑞、雷经天、韦拔群、陈豪人等发动广西百色起义，创立了红七军。1930年4月，红七军军部及一、二纵队共3000多人在总指挥李明瑞、军长张云逸的率领下，从广西河池经怀远、思恩进入贵州荔波县，向黔东南贵州军阀王家烈的重要据点榕江挺进，4月30日，发起攻占榕江县城的战斗。都柳江边的

船工用27只木船连成浮桥，为红军入城创造了条件。5月1日，榕江城的工人、船工和其他劳苦大众共8000多人，参加了红七军召开的庆祝“五一”国际劳动节及祝捷大会，宣传共产党的主张，没收豪绅地主的财产当众分给贫苦农民，号召百姓支援红军、参加红军。贵州人民第一次见到秋毫无犯、借粮付钱的红军队伍，第一次听到了共产党救国救民的主张，深受鼓舞。5月4日，当红军离开榕江时，100多名船工摇动50多只木船运载红军伤病员和物资驶离。红七军在贵州的短暂活动，播下了革命的种子，使当时十分闭塞的贵州群众第一次知道了红军。1931年7月，红七军到达江西于都桥头镇与“朱毛红军”会合，逐渐成为中央红军的一支劲旅。1934年12月，邓小平、张云逸、李天佑等原红七军官兵随中央红军从距榕江不远的黎平第二次进入贵州，将火种燃遍贵州。

二、红八军转战贵州

1930年2月，驻左江革命根据地的红八军遭桂系军阀袭击，为摆脱追击，保存实力，在红八军第一纵队司令员何家荣的率领下，通过统战工作争取到贵州地方实力派人物王海平的支持，以“受编”之名，于1930年5月上旬被接纳进驻贵州册亨县修整，随后转移至贞丰的蔗香圩。在半年的休整期间，红八军不失时机地向当地的各族群众宣传党的政治主张和政策，传播革命思想，为以后党组织开展活动打下了良好的基础。1930年10月中旬，红八军第一纵队渡过红水河，回师广西。

三、红三军在贵州的革命活动

1928年初，根据中共中央的指示，贺龙、周逸群等人到湘鄂西开展武装斗争，于1930年组成中国工农红军第二军团，规模10000余人，创建了湘鄂西革命根据地。由于执行党内“左”倾路线，红二军团攻打长沙作战失利，于1931年2月，缩编为中国工农红军第三军（简称红三军）。以夏曦为首的政治领导人继续推行“左”倾政治路线和错误的军事路线及“肃反”扩大化政策，导致湘鄂西革命根据地丧失殆尽，红三军被迫转向黔东寻找立脚点。1934年5月，红三军撤离四川彭水，西渡乌江，进军黔东，全军2个师，辖6个团，共3000多人。5月中旬，红三军到达贵州东部的后坪、务川等地，6月上旬，进入黔东沿河、印江一带。在占领沿河县城的西岸时，船工席子彬、张献富等40余人驾20多只木船载红军急渡乌江，攻占沿河县城东岸。8月，在松桃县的麻阳、猫山、天堂、寨地、五官坝等8个乡建立了雇农工会。红三军在黔东为恢复和壮大革命力量，做了大量工作。

一是创立黔东革命根据地。1934年6月19日，贺龙、夏曦、关向应在枫香溪召开湘鄂西分局会议，决定建立黔东特区革命根据地。通过组织干部大队，深入基层发动群众。7月21—22日，湘鄂川黔边区特区革命军事委员会在沿河召开黔东特区第一次工农兵苏维埃代表大会，选举产生了黔东特区革命委员会，沿河县矿工出身的孙秀亮被推选为黔东特区革命委员会主席，劳工部长为孙永臣。到9月份，黔东特区建立了17个区政权，发展到6个县，10万多人。

二是改编“神兵”，壮大革命力量。黔东地区，山多地少，兵匪祸结，民不聊生。1933年初，在印江地区出现了以封建迷信方式、有组织地反抗军阀政府苛捐杂税的“神兵”运动，实质上是广大贫苦农民反抗暴政的群众斗争。1934年6月中旬，贺龙、夏曦、关向应在沙子坡万寿宫会见了各神坛首领，公开宣告：“我们与你们站在一个共同的战线上，我们很愿意与你们作革命的联合。”①接着正式把“神兵”编为黔东纵队，冉少波为纵队师长，各地神兵首领均委以职务，红三军派干部到部队作宣传教育工作，使这支原始落后的农民武装，走上了为革命理想而斗争的光明大道。

三是组织工农武装，开展武装斗争。红三军进入黔东后，还广泛组织游击队、自卫队等地方武装。先后在各县成立了5个独立团。在各乡、村成立游击队和自卫队，保卫家园，支持红军。红三军在地方工农武装的配合下，在与国民党地方军阀和民团的几次作战中取得了胜利，巩固了黔东根据地。正如贺龙所说：“黔东这个时期的工作，是红军一个很大的转变。”贵州是红三军困境中的栖身之地。

① 中共印江土家族苗族自治县委党史研究室编：《红军在印江》，中共党史出版社2013年版，第53页。

四、红六军团西征在贵州

红六军团的前身，是中共湘东南特委于1930年建立的湘东独立师。1932年编为红军第八军，1933年整编为红军第十七师，1934年7月与红十六师、红十八师合并组成红六军团，成为湘赣苏区的唯一主力红军。这支队伍除担负着保卫和发展湘赣革命根据地的任务外，还担负着配合中央红军作战的使命。1934年8月，作为中央红军长征先遣队的红六军团，接到中央军委的命令，9700余人在任弼时、萧克、王震的率领下，踏上了5000余里的西进征途，意在完成中央下达的策应中央红军作战、取得与红三军联系、创立新的苏区的任务。9月上旬，红六军团在广西全州的界首渡过湘江，由黔东的黎平、锦屏一带进入贵州，以后又占领黄平的旧州和瓮安猴场、余庆龙溪一带。10月上旬，接中革军委电令，称红三军已占领印江，红六军团应速向江口前进。在部队进入石阡甘溪镇后，突遭敌军袭击。冲出包围的红六军团一部在李达的带领下，与红三军一部先期于沿河水田坝会合。贺龙听取了李达的汇报，得知红六军团的处境，亲率红三军主力南下，接应红六军团。

1934年10月24日，红三军和红六军团会师于木黄镇五甲村。这也是长征时期主力红军的第一次会师。会师后，红三军、红六军团领导在木黄镇水府宫召开会议。任弼时传达了中央派遣红六军团西征的意图，贺龙介绍了黔东根据地的情况，在认真分析形势和敌情后，大家一致同意东进湘西建立湘鄂川黔革命根据地。至此，红六军团完成了西征的任务，历尽千辛万苦，为中央红军的长征起到了探路和先遣队的作用。会师后，红三军恢复了红二军团的番号，从此，两军凝结成了团结战斗的集体，形成了威震敌胆的红二、六军团，也孕育了红军三大主力的红二方面军。

1936年2月，红军二、六军团转移到黔西、大定（现大方）、毕节之后，工人积极拥护红军，毕节、大定等地缝纫工人，为红军缝制军衣，加工雨伞，并发动妇女为红军做鞋袜。

五、红军通过布告、标语等进行革命宣传

红军在贵州期间，通过发布布告、张贴标语等形式进行革命宣传。针对群众的心理需求，红军使用口语化、乡土化的语言，直指他们关心的问题，让人看了产生强烈的共鸣，促使工农群众更加认同、拥护共产党和红军，为苏维埃的创建、巩固和发展发挥了积极作用。

红军布告用于宣传共产党的革命理念，包括打倒帝国主义、地主阶级和国民党政府，实现工农群众的彻底解放，为老百姓明辨是非指明了方向，起到了组织和动员群众的作用，它号召各族人民参加革命，建立民主政府，并在艰苦条件下坚守革命信念。如中国工农红军第三军司令部发布的布告称①："红军的任务是在川、黔、湘、鄂一带创办苏维埃区域，实现中华苏维埃共和国，向宪法而斗争。"布告中提出了苏维埃的施政要点："推翻帝国主义，驱逐帝国主义出中国，争取中国民族独立。打倒卖国、祸国殃民的地主资产阶级的国民党政权，消灭剥削和压迫民众的保甲制度。建立工、农、兵代表会议的苏维埃政权。没收地主阶级及大财产（主）的土地，为贫农、中农平均分配。取消国民党一切苛捐杂税。增加工人工资，实行八小时工作制。保护商店和往来行商。分给士兵土地和发给回家的工资。解散敲诈民众、剥削民众的国防武装。"

1936年2月21日，中华苏维埃人民共和国川滇黔省革命委员会发布了第四号布告。布告揭示了日本帝国主义并吞华北，侵占中国，使全中国民众遭遇到亡国灭种的大祸临头的严峻现实。布告揭露了卖国贼头子蒋介石公开投降日本，出卖中国，组织（清）一色亲日的南京卖国政府，镇压全国抗日运动与抗日势力的丑恶行径。布告还告诉穷苦百姓，红军二、六军团为挽救中国之危亡，数年来与蒋介石进行不断的流血的艰辛的战争。此次转战数千里进入川滇黔边，担负着扩大抗日反蒋的民族革命战争的神圣责任。在川滇黔边创造抗日的苏维埃区域与扩大抗日的红军，联合一切反日反卖国贼的势力共同挽救中华民族之危机。

中华苏维埃人民共和国川滇黔省革命委员会是抗日救国政府的中坚支柱，

---

① 中共铜仁地委党史资料征集办公室编：《红军在黔东》，1986年，第134—135页。

是川滇黔边省广大民众的临时革命政府，其担负的紧急战斗任务是，发动团结组织全民族一切反日反卖国贼的力量，参加抗日反蒋的民族革命和反封建土地革命，以打倒中国民众当前最主要的敌人——日本帝国主义、蒋介石和封建地主阶级，求得中华民族的彻底解放。川滇黔省革命委员会的施政方针是，立即组织抗日反蒋为民众谋利益的各级革命委员会，吸引工农群众和一切抗日反蒋爱国战士参加各级革命委员会工作，坚决实现工农群众的利益，创造抗日的苏维埃区域，使之成为抗日反蒋的强固的根据地，粉碎卖国贼头子蒋介石的进攻。武装民众进行抗日战争，红军是抗日联军的中坚支柱，本会号召广大工农民众自动加入以扩大抗日红军，争取迅速直接对日作战，并团结广大工农民众及一切爱国志士加入抗日义勇军，号召一切反日反蒋的武装队伍（如不愿受蒋贼压迫而携械散在山林之白军25军官佐士兵及民团绿林与一切反蒋队伍）不分政治派别，不论成分，一致联合起来，组织抗日救国联军，与红军携手，共同打倒日本帝国主义与卖国贼头子蒋介石，以扩大民族革命战争；川滇黔省革命委员会对一切愿抗日反蒋的白军官佐士兵当一律优待。解除民众痛苦，取消一切苛捐杂税，毁灭卖国政府的一切税收机关，如有胆敢继续索取民众财物者定予以最严重的惩罚，过去卖国军声言取消王家烈的苛捐杂税，事实上完全证明是欺骗民众的鬼话，工农群众必须深刻地认识到，只有苏维埃才能真正地取消苛捐杂税。改善民众生活，实行土地政策，没收地主阶级和一切卖国贼汉奸的土地财产分给雇农、贫农、中农、士兵、失业和难民，加紧土地建设，提早春耕运动，实施救灾，培养森林，奖励土地生产，废除高利贷制度。实施劳动法令，增加工人工资，改良工人生活待遇，救济失业工人与保护妇女儿童。为保证红军与民众的物资供给，苏维埃政府奖励工商业的发展，准许民族工商业和资本家照常营业，并提倡增加工业生产、私人投资，不得没收商店和惩罚商人，不得任意要求商家捐款，实行统一的商业累进税，欢迎外地商人与苏区通商和投资，开发矿业工业，并予以生命财产上之保障，恢复一切交通，整理桥梁道路，恢复电报邮务，以发展苏区交通。提高苏维埃的文化教育，恢复与创造各种学校，实行免费教育，消灭文盲运动，增加薪资，救济失业的学生、知识分子。提高民众的政治文化水平，欢迎知识分子参加苏维埃文化教育事业，并优待他们。准予民众言论、集会、结社、出版等自由，反对卖国政府法西斯教育麻醉与束缚青年爱国思想，反对蒋介石镇压学生抗日救国运动。

川滇黔省革命委员会为保障临时革命政府的巩固与抗日反蒋战争的扩大和胜利，以最严厉之手段，惩办一切卖国贼汉奸及甘心附日与勾结卖国贼之反动分子，镇压豪绅地主任何反抗之企图，肃清混入革命队伍中的卖国贼侦探与奸细，镇压一切破坏苏维埃、破坏红军、破坏民族战线的反革命活动，并号召工农民众直接同反革命作斗争，以保障革命的彻底胜利。川滇黔边广大的工人农民劳苦群众与一切反日反卖国贼的民众们团结起来，为了中华民族与自身的解放，在川滇黔省革命委员会的领导下，坚决与日本帝国主义及其走狗——蒋介石和封建地主阶级奋斗到底。

红军在贵州期间还张贴各种宣传标语，宣传革命真理和政治主张。红七军在荔波县的标语是“工农兵联合起来，建立工农兵自己的政府苏维埃!”红三军在印江县的标语是“减少工作时间。增加工人工资。建立苏维埃政权。推翻国民党统治。实行八小时工作制。红军不拿工人农民一针一线!”红三军政治部在湄潭县城内的标语是“反对老板打骂工人，增加工资！工人有罢工自由!”红军二、六军团在石阡县城内的标语是“打倒屠杀贵州工农群众的薛岳!”[①] 这些红军标语以其通俗易懂、深入人心的特点，展现了红军积极的态度和必胜的豪情，精准传达了中国共产党的政策主张，赢得了人民群众的同情和支持，教育和启发群众，提高他们的政治觉悟，起到了凝聚人心、鼓舞士气、教育群众和传播理念等多重作用，是红军在艰难环境下坚持斗争的重要工具之一。

六、群众支援红军，展现军民鱼水深情

老船工张献富渡红军过乌江。1934 年 5 月 31 日，贺龙率领红三军占领了沿河西城，老船工张献富和田荣明从温家坝驾一条木船渡红军一排人过江，受到对岸国民党兵彭镇璞团的堵击，田荣明大腿负伤，渡江没有成功，红军将田荣

① 中国人民政治协商会议贵州省贵阳市委员会文史资料研究委员会编：《贵阳文史资料选辑 第七辑》，1983 年 3 月，第 2—13 页。

明背到医院，拿10元大洋给他治伤。张献富和红军来到司令部，等到天快亮时，红军将门板放下水，人伏在门板上从饿狗堆处渡过江。张献富和张献奇、肖友国、杨昌良等工友也跟着泅水过去，把木船从河对岸划过来。因为红军占领西城，国民党兵逃跑时把所有的木船都拉到对岸去了。船推过来后，大家就划船渡红军过江，开始，只是划“义渡”的几个人，后来的人越来越多，一共有40多名船工、20多条木船，划了一个上午，贺龙亲自站在石梯上指挥。红三军过完后，给船工发了钱，每人发3元、5元不等，几个划“义渡”的，每人给了10元大洋。张献富还在淇滩下面的彭家渡口，多次渡贺龙过乌江。①

茅台镇群众帮助红军渡过赤水河。茅台镇位于川黔交界地区，紧靠赤水河东岸，镇上有百余户人家。享誉中外的茅台酒就产于此地。红军进入茅台准备渡过赤水河进入川南，专门在“成义”“恒兴”“荣和”几家茅台烧坊门口张贴了保护工商业的布告，得到工商业主和镇上居民的拥护。在赤水河上茅台渡口原来有座浮桥，浮桥用铁索贯穿固定在两岸。红军到茅台前，敌人的飞机把浮桥中间几只趸船炸坏了，不能通行。镇上和四乡的群众听说红军要过渡，船工主动把盐船送来，还帮助探测水深浅，群众还卸掉自家的门板或拿出备用的木方帮助搭桥。冒着敌机的轰炸，军民齐心协力，在很短的时间内修复了铁索桥，还在茅台渡口外的珠沙堡和观音寺渡口搭了两座浮桥。有的群众被敌机扫射中弹牺牲，红军怀着悲痛的心情，发给大洋作安葬费。河边街上的唐兴和夫妻，男人为红军搭浮桥，女人为红军煮饭，红军离开时送给他家一床丝绵被酬谢。②

铁匠杨通明帮助红军修枪械。有一个修枪的红军战士，姓尹，30多岁，江西口音，杨通明全家都叫他尹师傅。尹师傅跟杨通明的父亲商量在他家修枪械，杨通明父子高兴地答应了。锻造好的枪支零件送到北门邱家，经过那里的红军战士打磨后安装成枪。有一天，尹师傅告诉杨通明，军长来看伤员了。在杨家不远处的田茂谷家住有红军伤员，杨通明跑去看，正好见到了贺龙。杨通明激动地和尹师傅描述着贺龙：军长身材魁梧，40多岁的样子，穿着青衣，戴着青

---

① 贵州省总工会铜仁地区办事处编：《铜仁地区工运史资料》，1989年3月，第56页。

② 中共贵州省遵义地委党史工作委员会办公室编：《红军在黔北》，中共中央党校出版社1989年版，第535页。

帽，还有几个人跟着一路去了田家。红军在杨家打造了十多天的枪支零件，临走时送给杨家200多斤大米和10多斤菜籽油，还送了一件青衣料、一件衣服和一个油篓。老百姓感动地说：没见过这么好的军队，来家住还给东西、给钱。为了永久纪念红军的深情，杨家将红军赠送的衣料、油篓珍藏了40多年，1975年将上述文物捐赠给了遵义纪念馆。[①]

仁怀县工农群众慰劳红军。红军进入仁怀县城时，仁怀的劳苦群众派了50余名代表（其中一半是工人），抬着3头肥猪、1大坛茅台酒，送到总政治部，以此慰劳红军。他们了解红军在遵义桐梓的情况，知道红军是保护干人（贵州当地对赤贫如洗的人的称呼）的军队，不拉夫，不派捐，不杀人放火，公买公卖，打土豪分田地，改善干人的生活。他们希望红军驻在仁怀，解放仁怀的工农干人。红军总政治部派代表答谢仁怀群众的慰劳，并详细说明红军的主张，随之将肥猪、烧酒连同打土豪收来的东西，分给当地群众，并且抚恤被国民党飞机轰炸的人民。仁怀群众无比感动，欢声雷动盛极一时。[②]

遵义群众踊跃参加红军。据陈云在《英勇的西征》一文中记述，西征的第二阶段——从黔边起程直到遵义的第二个大胜利，就是吸收了当地的新兵加入红军队伍。在遵义，红军战士休息了12天，主要政治工作人员动员招收新战士，一共招了3000名精壮新军。[③]

第二节　建立革命根据地，颁布保护农村、城市工人和雇农工会纲领

一、贵州革命根据地的建立与革命老区人民革命斗争

从1930年至1936年，中国共产党领导的红七军、红八军、红三军（后恢复

① 贵州省总工会铜仁地区办事处编：《铜仁地区工运史资料》，1989年3月，第58—59页。
② 《红星报》，1935年1月5日，中央档案馆复印件。
③ 陈云：《英勇的西征》，《遵义地区党史资料》1985年第1期。

红二军团番号）、红六军团、中央红军（红一方面军）先后转战贵州，开展了一系列革命活动和革命斗争，足迹遍及今贵州的68个县（市、区、特区），创建了黔东、黔北、黔西北和滇黔桂边区革命根据地。在这些革命老区，在中国共产党和红军的领导下，先后建立了中共黔桂边委、黔东工委、贵州省工委、遵义县委、川滇黔省委、毕节中心县委、荔波支部、翁昂支部等党的地方组织；建立了黔桂边革命委员会、黔东特区革命委员会、遵义县革命委员会、湄潭县革命委员会、桐梓县苏维埃政府、习水县革命委员会、中华苏维埃余庆军政委员会、瓮安县革命委员会、中华苏维埃川滇黔省革命委员会等政权组织；同时建立了一大批农民协会、贫民团、工会、共青团、妇代会、儿童团等群众组织。各级中共党组织和革命政权建立后，认真宣传和执行党和红军的方针政策，传播马列主义和革命思想，扩大党和红军的影响，受到人民群众的衷心拥护。在各级中共党组织和革命政权的领导下，进行打土豪、分田地、分浮财的土地革命运动。工农劳苦大众在政治上翻了身，经济生活有了初步改善，革命老区人民发展生产，保卫红色政权和革命成果的斗争积极性空前高涨，推动了革命根据地的建设。

在革命老区，先后建立了红军黔桂边独立营、黔桂边护商大队、红军黔北游击队、赤水河游击队、遵湄绥游击队、赤合游击队、黔东纵队、沿河独立团、印江独立团、德江独立团、黔东独立团、川黔边独立团、黔东独立师、贵州抗日救国军等武装及一大批区、乡游击队，在配合其他革命组织惩治官僚地主、恶霸、土豪、劣绅的同时，积极配合红军作战，牵制国民党军队、地方军阀对红军主力的围追堵截，在保卫苏维埃政权，捍卫革命成果，发展壮大红军等方面都起到了重要作用。

各革命根据地和革命老区的党、政、军事组织，坚决执行党的统一战线政策和党的民族政策，团结争取少数民族地方实力派、贵州知名人士，利用他们在本地的影响，取得支持和帮助，做好少数民族工作。黔东特区制定了《关于苗族问题的决议》，红二、六军团制定了《红军对苗族僮族的标语口号》（僮族1965年改为壮族）。红军在途经少数民族地区时，宣传党的少数民族政策，尊重少数民族风俗习惯，不在少数民族聚居区的村寨打土豪等政策主张深受少数民族同胞的拥护，赢得了他们的帮助和支持。

在革命根据地、革命老区及红军转战所到县、区，红军积极宣传党的主张，传播劳苦大众自己解放自己的道理和办法，通过文字、语言、图画等形式宣传党的路线、方针、政策，宣传马列主义。用通俗易懂的语言和方法，将马列主义关于无产阶级革命和无产阶级专政的理论变成工农运动、武装斗争、土地革命、革命根据地、红色民主政权所要解决的问题，变成与广大工农群众和干人生存和发展休戚相关的事情。

红军主力转移后，国民党军队和地方反动势力向革命根据地及革命老区人民发动了疯狂镇压和反扑，采取了一系列"铲共""清乡""搜剿""缉拿""逮杀""登记"等反动措施。面对敌人的血腥屠杀，疯狂镇压，横加迫害，革命根据地及革命老区人民坚贞不屈，毫不动摇，在地下党组织的领导下，仍然坚持斗争，表现出艰苦奋斗、不怕流血牺牲的大无畏斗争精神。

贵州革命根据地是在中国革命处于困难的形势下，在中国共产党及其领导的各路工农红军先后到来，开展革命活动和革命斗争中创建的。革命根据地的建立，党和红军的革命主张、革命宣传、革命斗争活动极大地鼓舞了贵州人民的斗争信心，也为各支红军队伍创造了休整、发展的条件，壮大了红军的力量。滇黔桂边区革命根据地人民，在边区遭到白色恐怖的恶劣环境下，仍坚信中国共产党的领导和共产主义事业，坚忍不拔地坚持斗争。黔东特区第一次工农兵苏维埃代表大会通过了《没收和分配土地条例》《农村工人保护条例》《关于苗族问题的决议》等6个决议，成立了"黔东特区革命委员会"，开展了以土地革命、巩固政权、发展武装、粉碎敌人的进攻为中心的各项工作，使黔东工农从政治上、经济上得到解放。黔东特区革命根据地为红三军创造了休整、发展的条件，使自湘赣苏区转移后，艰苦奋战、屡遭挫折的红六军团能有目标地向黔东革命根据地进发，实现了同红三军的胜利会师，为湘鄂川黔革命根据地的开辟奠定了基础。黔北革命根据地为遵义会议的召开及中共中央和中央红军成功实施战略转移付出了巨大牺牲，作出了不可磨灭的贡献。黔西北革命根据地为红二、六军团在长征中赢得了宝贵的休整时间和空间，为新的战略转移做了准备。革命根据地军民在艰苦卓绝的斗争中，打击了国民党军队和地方反动势力，牵制、吸引了数十万敌军和地方反动武装，为中国革命积累了丰富的斗争经验。在革命根据地创建过程中，贵州各族人民，特别是革命老区人民为建设和保卫红色政权进行了不屈不挠的斗争。红军撤离后，革命根据地各族人民为反抗国民党军阀的残酷镇压付出了重大牺牲，用鲜血和生命谱写了革命到底的壮丽篇章。

二、颁布工人和雇农工会保护纲领、农村工人保护条例

1934 年 6 月，湘鄂川黔边特区革命委员会纲领规定："增加工人工资，改良工人和学徒待遇。组织工农自卫队，保护身家，组织红军，消灭敌人。保护工人农民集会、结社、言论、出版、信教之自由，帮助雇农工会、农民协会之发展。"① 这一规定明确了工人的权利和义务。

1934 年 6 月，根据湘鄂川黔边特区革命军事委员会关于雇农工会的斗争纲领及其组织方法记载，一年替人家做长工的是雇农，一年大部分时间替人家做散工的也是雇农。由雇农工人自己组织的工会，就叫作雇农工会，亦可与他种工人组织农村工人工会。雇农是被地主或富农雇佣的，受着雇主种种压迫，所以要组织工会保护自己的利益，并且要帮助苏维埃红军的发展。雇农的斗争纲领是，增加工资；平时实行八小时工作制，农忙时增加工作时间，须得额外工资；工资 2 个月或 3 个月交付一次；雇工期需是 1 年；每年发给棉衣等服装用品；雇工吃饭同老板一样，老板供给好的铺盖；雇工有病，医药费由老板担任，不扣工资。苦力的斗争纲领是，规定负担一定的重量；规定每天所走的一定的路程；增加工资。手工业工人的斗争纲领是，反对工头制；增加工资；实行八小时工作制。青年工人的斗争纲领是，反对旧的学徒制，手工业工人缩短学徒期限到 1 年；牧童要发三季衣服，不做牧养牲畜以外之工作；牧童增加工资。工会会员的条件包括：需是雇工、苦力、手工业工人，非工人不能为工会会员；需报名入会，填入会书；需交纳会费，暂时规定每月铜元 20 文。工会的经常生活包括：出报纸，组织俱乐部、工人学校；与雇工订集体合同；参加苏维埃一切建设；参加和拥护革命的阶级战争。

---

① 中共铜仁地委党史资料征集办公室编：《红军在黔东》，1986 年，第 21—22 页。

1934 年 7 月，黔东特区第一次工农兵苏维埃代表大会颁布了《农村工人保护条例》，从工人工作时间、工资、女工青工待遇（安全与卫生）、社会保险、雇工与土地、职工会与劳动保护、劳动保护法令的执行等 8 个方面对工人权益，特别是青工、女工和 14—18 岁未成年人的权益保护进行了具体规定。《条例》第 43 条规定了执行时间，即经特区革命委员会公布后执行；第 44 条规定了制裁措施，即凡违犯本条例者，须受到苏维埃法律之制裁。①《条例》关于 8 小时工作制、最低工资标准、男女同工同酬、劳动待遇、劳动保护、社会保险劳工委员会等规定，对于在黑暗中受剥削、压迫、奴役的工人阶级，真可谓温暖的春风，让他们看到了光明和希望，对涤荡陈旧的社会制度和社会风气也是一声春雷。

第三节　中央红军入黔，播撒革命火种，拨正工运方向

1935 年 1 月，中央红军入黔。红军总政治部号召贵州各行业工人行动起来，与欺压自己的土豪劣绅、贪官污吏进行斗争。红军发布指示信等，宣传革命真理，拨正工运方向。成立以红军和工农为主体的遵义县革命委员会，组织工人游击队和革命先锋队，建立遵义赤色工会，开展革命活动，涌现了邓云山等贵州赤色工会的早期工运代表。

一、红军总政治部发布指示信和告黔北工农劳苦群众书

中央红军进入遵义城的当天，红军总政治部即邀请各行各业的人推选代表到天主堂，召开群众代表会。红军总政治部领导讲明了共产党与红军的主张和各种政策，希望各行各业都组织起来，同压迫剥削自己的人作斗争。群众不断高呼“拥护共产党!”“打倒军阀王家烈、侯之担”等革命口号。会上还散发了

① 中共铜仁地委党史资料征集办公室编：《红军在黔东》，1986 年，第 112—116 页。

《中共中央告民众书》等文件，很多人纷纷酝酿筹备建立各种革命组织。[①]

1935年1月14日，红军总政治部发布了《关于地方工作的指示信》（以下简称指示信）。指示信对红军在川黔边界如何开展群众工作，否定克服“左”倾错误路线，作了明确、具体的指示，成为自大革命失败以来中国工人运动方针历史性转折的标志性文件。

指示信指出，红军的任务不仅是打仗，还必须极大地发动当地的群众斗争，引导群众把这种斗争“发展到分土地与建立政权的方向”，在建立革命政权上反对简单照搬所谓苏维埃运动的模式。

指示信要求“提高工人的觉悟，在工人中组建工会”“教育与领导群众武装起来，组织群众自己的武装”“吸收穷苦人民参加红军，壮大红军”，强调在工作中要“对富农、商人、知识分子等，采取许多灵活的策略”，以便争取中间势力。反对针对民族资本和一般富人的对立打击态度，反对“一切左的关门主义倾向和对富农、商人的刻板办法”，反对在组织上拒绝团结一切可以团结的力量，实行“关门主义”的做法，以便集中力量打击主要敌人。

指示信强调，领导群众斗争的基本方针是武装群众、发动群众以参加红军。因此，在分发土豪东西时，在领导工人增加工资时，一切宣传鼓动中必须教育与领导群众武装起来，组织游击队，发动他们加入红军。以新式、旧式的武器来武装群众，使他们信任可以用自己的武装去反对进攻的敌人，领导他们去消灭国民党地主武装来武装自己。

指示信要求，为了广泛迅速地发动群众，在策略上必须改善工人生活，建立工会，并且在城市圩坊中依靠工人去团结广大的群众，但是必须纠正过“左”的倾向，不直接提出过“左”的要求。[②] 同时，广泛宣传“中华苏维埃的经济政策”，指出“苏维埃对中国资本家的企业及手工业，尚保留于旧企业主手中，尚不实行国有，但由工厂委员会、职工委员会实行工人监督生产。如果这些企业主怠工，破坏苏维埃法律或参加反革命活动，则必须立即没收他的企业，按照具体条件交给工人劳动协作社或苏维埃政府管理”。“左”倾错误的纠正，不论

① 成仿吾：《回忆长征录》，人民出版社1977年版，第43—44页。

② 中共遵义市委党史资料征集研究办公室编：《长征火种》，1987年10月，第29—33页。

对苏维埃政权建设还是对工人斗争，都极为有利。指示信对各方面工作的要点和要求是以毛泽东为代表的老一辈革命家在创建中央苏区时所积累的革命经验的恢复和发扬，是对党内“左”倾错误的群众工作方针、工人运动方针的否定和批判，对“彻底转变”党在白区“群众斗争领导方式”起到了关键作用。

在遵义会议期间，红军总政治部代主任李富春、保卫局局长邓发在桃源洞宴请遵义太平洋大药房经理谌成道、教育界名流刘柏庄，向他们对红军的欢迎和援助表示感谢，建议谌成道在红军离开后办一间医院收治红军伤员和贫苦百姓，谌成道如约照办。革命老人徐特立拜访了遵义赵乃康、朱季瑜等教育界名人，宣传革命道理，要求他们保护图书。这表明红军对商人和知识分子采取的“灵活的策略”取得了良好的效果。

1935 年 2 月 23 日，红军总政治部向遵桐湄黔北的工人农民及干人们发布了《告黔北工农劳苦群众书》（以下简称文告）。这份文告的目的是动员黔北的工农民众积极支援红军，号召他们团结起来，争取永远的解放和自由。这是中国共产党领导下的红军在长征过程中的一项重要宣传工作，它不仅体现了党的群众路线，也展示了党和红军为人民利益而战的决心。文告向群众阐明了红军长征到川黔边地域所做的工作——消灭了贵州军阀侯之担全部白军，推翻了贵州军阀绅粮的封建统治，解放了黔北的工农及一切干人，建立了许多县区的临时工农政权革命委员会，废除了国民党的苛捐杂税，没收了所有军阀官僚绅粮的米谷衣物并分给了农民及一切干人，工人成立自己的阶级工会，农民成立自己的阶级农会，干人成立了贫民联合会，学生组织了红军之友社，真正地获得了集会、结社、出版、言论的自由，成立了工农游击队等。文告最后表态，红军将与黔北工农及一切干人们，更亲密地团结在一起，在中国共产党的领导下，共同创建黔北苏维埃，最后推翻军阀官僚的反动统治，以谋永远的解放和自由！①

文告的发布，对黔北地区工农群众起到了积极的作用。通过文告，红军向黔北地区的工农群众传达了他们在长征中的战绩和成就，包括消灭敌军、推翻封建统治、创建苏维埃政权、成立工会等。这些信息增强了群众对红军的信任

---

① 中共贵州省遵义地区党史工作委员会办公室编：《红军在黔北》，中共中央党校出版社 1989 年版，第 267—268 页。

和支持，成功地动员了当地群众，树立了工农劳苦群众的阶级意识，增强了工会组织的凝聚力，加强了党和红军在群众中的威信，为长征和革命的胜利奠定了坚实的社会基础。

二、成立以红军和工农为主体的遵义县革命委员会

中央红军到达遵义后，得到群众的热烈欢迎与拥护。经过深入的政治宣传与鼓动，广大工农群众认识到红军是工农和一切革命知识分子自己的军队。在工农群众和革命知识分子的积极努力下，很快掀动了全城以及近郊群众的斗争热情，大家群起要求打土豪分田地、组织工会等，并由群众中的代表者发起召集全县群众大会。

1935 年 1 月 12 日，在遵义第三中学操场召开了群众大会。在推举主席团之后，筹备处代表报告了筹备经过，朱德、毛泽东、李富春等红军领导分别进行演说，他们以最清楚而通俗的言辞，阐明了苏维埃红军的主张，揭露了反革命的罪恶与欺骗。红军领导的讲话，使群众深刻认识到“只有苏维埃才能救中国”“红军是工农自己的军队”的真理。筹备处提出了蒙合和（职工）、邓云山（木工）、罗玉顺（铁工）、李金生（学徒）、毛泽民（知识分子）、葛瑞先（女工）、周兴（学生）等 25 名不同身份的同志为革命委员会委员，经全体到会群众举手通过，宣布了革命委员会的成立。遵义县革命委员会是中央红军在长征途中成立的第一个县级革命政权。红军长征期间，在黔北建立的各级政权有 19 个。①

三、组建工人游击队和革命先锋队

（一）组建工人游击队

工人游击队，又名政治部保卫游击队，组建于 1935 年 1 月，其主体是参加

① 罗跃全：《中国工运方针的历史性转折》，《2022 年中国工运史研究会论文集（上）》，2022 年，第 63 页。

遵义赤色工会的各行业工人。为组建这支游击队，红军总政治部特派刘群先抓筹组工作，她一面抓赤色工会的活动，一面深入工厂、作坊和各行业工人中，动员工人参加游击队，拿起枪杆保卫自己的政权。听说要成立游击队，各行业的青壮年工人，甚至部分老工人都踊跃报名参加。在红军总政治部的具体指导下，工人游击队很快组织起来了。这支队伍由老城、新城丁字口、南门关3个片区1000多人组成。老城片区由赤色工会的季松柏、吴相臣负责，以杨炳为首的雕刻工，以李德明为首的石工，以李海清、罗金臣为首的木工共同组成，400—500人参加；新城丁字口片区由木工柯炳权、张仲明组织，100多人参加；南门关片区由泥工潘炳新、廖春组织，数十人参加。同时，原来地主保长组织的壮丁队也加入了游击队，人数增加为600多人。这支游击队成立之初，领导权被地主、保长高福秋篡夺，引起工人不满。经红军总政治部派邵式平科长进行指导，改选泥工潘炳新为队长。在潘炳新的领导下，这支游击队还联合南门关、丰乐桥附近的农民，组织了1000多人的游行队伍，从夔家村出发，敲锣打鼓，燃放鞭炮，手举旗帜，高呼口号，游遍全城，壮大了革命声威。

工人游击队成立后，红军总政治部派红军代表给队员们上政治课，讲解革命道理，并集中在老城高等学堂（今文化小学）操练，在紧张的学习训练3—4天后，各处游击队在新城东岳庙集中，合编为"政治部保卫游击队"，人数达700多人，明确政治部保卫游击队的主要任务是捍卫遵义县革命政权，镇压反革命，保卫斗争胜利果实。当红军撤离遵义时，大部分游击队员补充到红军各军团当了红军战士，政治部保卫游击队由此完成了它的历史使命。

（二）组织革命先锋队

革命先锋队是中央红军到达遵义后，在红军总政治部的指导下，由遵义青年组成的，其中很大一部分队员为城里的苦力和帮工。组织者为苏洪贵和刁光明，苏洪贵是栈房帮工，刁光明是挑水卖的苦力。红军到达遵义后，苏洪贵、刁光明二人聆听了红军宣传员的演说，不约而同地来到红军总政治部，要求参加红军。他们的革命要求得到了红军的赞扬，并指派他们做"扩红"工作。二人满腔热忱地在街上开展招募登记，在不到一天的时间里，便动员了老城各街100多名青年登记参加。这100多人在祝厘寺成立了革命先锋队，将队部设在当时的女子中学，红军总政治部委派苏洪贵担任队长，刁光明担任副队长。革命先锋队成立后，苏洪贵继续带领人员宣传革命道理，号召干人们团结起来同反动派进行斗争。①

四、建立遵义赤色工会，开展革命活动

1935年1月上旬，中共中央率红军长征进驻遵义，红军总政治部在老城杨柳街天主堂召开各行各业代表参加的群众大会，总政治部地方工作部部长李维汉在会上讲述了中国共产党、苏维埃政府和中国工农红军的性质，宣传了党的工商业政策和红军纪律，号召工人、农民、泥匠、石匠、木匠等各行各业的广大工人团结起来，组织自己的政府，同军阀、官僚、豪绅、地主作斗争，夺回自己的胜利果实。会上散发了很多宣传资料，其中有不少涉及工农切身利益的内容，如"必须改善工人生活，建立工会，并且在城市中依靠工人去团结广大的群众""实行八小时工作制，增加工资"等，得到了与会工人代表的赞同和拥护。

大会结束后，胡嘉宾、刘群先等红军干部分别在杨柳街的高等学堂、轿子街的考棚、何家公馆的东岳庙、丁字口的永顺斋、丰乐桥的接官厅等处串联发动工人组织起来，按行业分别召开筹建赤色工会预备会，并选出代表组织赤色工会。

1935年1月10日，工人代表们在老城鲁班庙组织召开了赤色工会成立大会，泥工代表吴相臣带领泥工，缝纫工代表冯树清带领缝纫工，木工代表邓云山带领木工，漆工、石工代表冉树臣带领石工，还有织布工、油漆工、印刷工以及其他工人，300—400人参加会议，红军总政治部派刘群先等同志到会作指导。大会推选邓云山为赤色工会主席，吴万益为副主席，季松柏、吴相臣为主任。大会结束时，刘群先代表红军总政治部向赤色工会颁发了工会印章。赤色工会下设分会，其中有草鞋工会、印刷工会、裁缝工会等，会址设在鲁班庙。②

① 遵义市总工会编：《遵义市工运简史》，1994年6月，第20—21页。
② 遵义市总工会编：《遵义市工运简史》，1994年6月，第14—22页。

随后，各县也纷纷成立工会和各种革命组织，如“抗捐委员会”“红军之友社”“贫民委员会”“青年斗争委员会”等。①

赤色工会成立后，积极开展革命活动。红军来到遵义，广大群众被发动起来，社会上一些宵小之徒乘机混进各种组织，从事盗窃机密和破坏活动，赤色工会的会员们发现后即向红军报告，红军把这些奸细清理出去。会员们还帮助红军宣传、扩红，为红军印刷《中国工农红军总政治部布告》《中华苏维埃宪法大纲》等文件和宣传品1万余份；参与红军召开的群众大会会场布置工作，主动承担搭建主席台、搬运重物等重体力活；发动缝纫工人为红军赶制军服近万套；组织工人碾米、运粮，送到红军驻地和革命委员会驻地。此外，赤色工会和其他革命组织帮助红军渡江渡河，动员穷苦群众达7000余人参加红军，陈云后来说：“此辈加入红军，对红军有莫大的作用。以后毛泽东、朱德之能转战于黔北者，此辈出力甚大也。”会员们还组织300余人的革命游击队开展军事训练，后来与遵义县其他几支游击队合编为“政治部保卫游击队”，组织了声势浩大的示威游行；赤色工会在县革命委员会的领导下，联合农村的红军游击队打土豪、除恶霸、分田地，把清查出来的金银财物，交给红军总政治部。红军离开时，很多会员参加红军随军北上。红军撤离遵义，反动势力卷土重来，遵义赤色工会被迫解散。

作为遵义工人运动史上的第一个革命团体，赤色工会是遵义工人阶级走上政治历史舞台的重要标志，不仅推动了贵州的工人运动，也为红军在遵义领导工人进行革命活动和革命宣传提供了场所和人员，极大地扩大了党和红军的政治影响力，促使工人们开始主动自觉地维护自身权益，发挥了凝聚工人力量、进行革命宣传和组织军事训练的作用，为后续的工人运动奠定了基础，激励了更多的工人参与到革命事业中，为日后遵义地区的革命斗争积累了宝贵经验。它存在的时间虽然很短，但在贵州革命史、工运史上都留下了光荣的一页。②

---

① 罗跃全：《中国工运方针的历史性转折》，《2022年中国工运史研究会论文集（上）》，2022年，第63页。

② 中共遵义地委党史研究室编：《遵义党史通讯》总第105期，1995年6月，第63页。

五、赤水工人群众暴动，万山汞矿工人反压迫斗争

红军长征入黔，推动了贵州工人斗争的进一步发展。1935 年 1 月 16 日夜，赤水兵工厂工人听闻红军已离城不远，即联合城中贫民举行了暴动，武装攻打守城的黔军，迫使外有红军进逼、内有工人武装攻打的黔军弃城逃窜。红军部队抵达赤水，工人和劳动群众在城外高呼口号，热烈欢迎红军入城。兵工厂工人英勇斗争的革命精神，受到了红军的肯定和称赞，为贵州工人运动树立了榜样。

此后，万山汞矿也爆发了群众斗争。1939 年 2 月，万山汞矿岩屋坪分厂新来一名总管班，名叫金忠容，他欺压工人，无恶不作，劣迹斑斑。他向岩屋坪矿工人约法三章：夜里不许点灯，夜里不允许大声说话和小孩啼哭，深夜不准外出，违者非打即罚。一天夜里，矿工杨华同其母亲说话，由于老人耳聋，杨华说话声音大了些，就挨了一顿皮鞭，他的母亲也遭受脚踢，不久后因腹痛去世。又一次，工人杨毛在洞外锤砂子，被金忠容看到时一口咬定杨毛偷砂子，他命人剥掉杨毛的衣服，捆绑吊打，杨毛被打得遍体鳞伤，口吐鲜血，直到交了 80 元罚金才被释放。为了严密控制工人的行动，金忠容下令拆毁工人住的茅棚，修筑围墙和碉堡，架设铁丝网，使 30 多户工人无家可归。岩屋坪矿工人对金忠容残酷剥削压迫工人的种种行径恨之入骨，激起了矿工们的极大愤怒，一些矿工聚集在一起决定除掉他。一天深夜，10 多名矿工进入金忠容的住所将其砍死，为全矿工人出了气，报了仇。这件事震动了万山汞矿，人们奔走相告，用歌谣、漫画等形式颂扬工人们的义举，至今还有两幅漫画保存在万山汞矿档案馆，记录着这一斗争的历史场景。

第三章　全民族抗战和解放战争时期的贵州工人运动

1937年，中国人民抗日战争全面爆发后，随着国民党军队正面战场的溃败，西南地区成了抗日的大后方。东部沿海及其他地区的许多企业、机关、学校等西迁贵州，促进和带动了贵州民族经济的发展。面对日本帝国主义的野蛮侵略，贵州工人阶级在中国共产党的领导下，同社会各界一起，积极投入抗日救亡及同国民党“消极抗日、积极反共”行为作斗争的运动中，为抗战胜利作出了积极贡献。

抗战胜利后，人民想要休养生息，实现国家和平与民主。然而，以蒋介石为首的国民党统治集团，悍然发动了全面内战，使国家民族经济受到极大打击，贵州有不少民族企业减产、倒闭，工人失业，物价暴涨，民不聊生。贵州工人阶级反迫害、反饥饿、反内战，保护工厂，迎接解放的斗争逐步高涨，走向胜利。

第一节　全民族抗战时期贵州工业和工人队伍的发展

一、全民族抗战时期贵州机器工业的迅速发展

1937年10月至1938年12月，国民政府陆续迁都重庆，贵州因而成为连接渝、湘、川、桂、滇的交通枢纽，这一重要的地理位置和山川沟壑纵横阻隔的

地理环境，使得东部沿海及其他地区的许多企业、机关、学校、逃难者纷纷前来贵州，促进了贵州民族工业、商业、交通业的发展，特别是川黔、湘黔、滇黔、黔桂公路沿线的贵阳、遵义、桐梓、贵定、都匀、独山、安顺、镇远、铜仁、毕节等城镇发展更快。抗日战争全面爆发后，先后从外地迁来贵州的工厂有 110 多家，主要是轻工、化工、机械和军工工业，其中有不少是大中型企业，较大的民族工业企业有：1939 年迁来的中国煤气机厂与贵州官僚资本企业——贵州企业公司合并，壮大了实力；国民党资源委员会办的遵义锰厂，由重庆几家公司开采，规模较大，职工在 1000 人以上；在遵义办的酒精厂，职工也有 300 多人。贵州最早运用机器生产面粉的工厂——遵义大兴面粉厂，由当时来黔的上海实业界人士与贵州企业公司联办，职工 140 人。从武汉、广州、长沙、桂林等地迁来的工厂多属民营企业，有西南印刷厂、德兴机器厂、一中烟厂、豫丰纺织公司贵阳纱厂、贵阳制革厂及华侨办的中南橡胶厂等近百家。此后，还有从广东、广西等地迁来的一批国民党军工厂，如迁至贵阳中曹司的国民党军政部兵工署的 44 兵工厂、迁至桐梓县的 41 兵工厂、迁至遵义天台阔的 42 兵工厂、迁至贵阳水口寺的 53 兵工厂分厂、迁至独山的 43 兵工厂（后并入 44 兵工厂）。国民党航空委员会还把中国第一家飞机发动机制造厂从昆明迁入贵州大定县洋场坝。

全民族抗战不仅使贵州成为西迁企业的集结地之一，而且在这些迁入企业的影响和带动下，贵州地方的民族资本企业也得到了较快发展，陆续创办了一批现代工业企业，贵州机器工业进入了兴盛期。全民族抗战前，贵州的工业企业以手工业居多，约占全省工业总产值的 90%，使用机器动力的工厂企业为数不多。全民族抗战后情况骤变，1937 年工业企业发展到 55 家，1939 年后陆续发展到 110 多家，1943 年增至 154 家，出现了以水为动力的贵州第一个水电厂——桐梓水电厂。这些机器工业企业的出现，对改变贵州封闭落后的工业生产发展状况、促进贵州经济社会发展起到了重要作用。

二、全民族抗战时期贵州职工队伍的发展壮大

随着西迁入黔企业的增加及贵州地方民族资本企业的发展，贵州工人阶级

队伍由1937年的约3万人，逐步增加到1943年的约8万人，其中典型的近现代产业工人约1.5万人，大部分集中在贵阳、遵义等地区。同时，职工队伍的结构和素质也大为改善。由于迁入企业生产设备较为先进，因此，工程技术人员和技术熟练工人也大大增加。如中国煤气机厂迁入贵州，随之而来的技术工人就有100多人。据统计，贵阳市1947年全市工程师有265人，其中贵州籍的占12%。外迁入黔的技术工人，除了随厂迁入的，还有从敌占区疏散来贵州入厂工作的工人。他们不仅带来了先进技术和经验，同时也带来了产业工人的好传统和好作风，有较高的民族感情和爱国热忱，其中有一些人还是中共地下党员和工运骨干，对于推动贵州工人阶级觉悟的提高，反对官僚资本、民族资本家的剥削和压迫，同社会各界参加抗日救亡运动和反迫害、反内战斗争，起到了积极作用。

因全民族抗战爆发西迁企业增加而一度繁荣的贵州机器工业的发展，随着1945年8月15日日本宣布无条件投降，西迁企业的陆续回迁走向了衰落。贵州工人阶级队伍的数量也出现了萎缩。1945年秋，伴随着失地收复，国民党的政治、经济重心随着还都南京而东移，大量的工厂、资金和技术人才迁出贵州。到1945年底，贵州省工矿企业由1943年的154家减少到57家，职工队伍的数量也由8万人减少到3万人。军工类企业几乎全部迁走，不少当地工人因而被遣散，造成了大量的工人失业。

三、全民族抗战时期贵州工人阶级的劳作贡献与艰苦状况

（一）贵州工人阶级对抗战的贡献及其艰辛生活

1940年5月1日，《新华日报》刊载了许涤新的文章，描述了贵州抗战三年来的变化和大后方工人对抗战的贡献及生活情况。经过将近三年的抗战，在工界同胞的辛勤劳作下，西南地区的面貌焕然一新。铁路与公路不断延伸，矿山与工厂不断地建成投产，产品一批批供给战时前线，一切归功于胼手胝足的工界同胞，他们的血汗都是为抗战的胜利而流淌的。为了开发交通运输的动脉，他们奋不顾身在危岩峭壁之间，凿山通道。正在建的或已经建成的铁路与公路，

无一不是由工界同胞的血汗建成。为了掘发地下宝藏以供应抗战需要，工人们埋头苦干地深入地底，进行工作。以煤矿工人为例，他们蜷曲着身体，匍匐入低矮的穴道，一面吸着酸臭的空气，一面竭力地掘着煤层。为了国家军事上的需要，为了供给后方市场的需求，各厂的工人孜孜不倦地在从事生产。从重工业的冶炼、翻砂、机器到轻工业的纺纱织布等厂的工人，一般都工作 10 个小时以上。他们有些是从东南沿海迁来的，在战区中冒着敌人的轰炸为厂方拆着机件，长途跋涉地把机件运至后方；到后方，他们又为建造新厂而努力。西南本地的工人，他们一样为提高生产而工作，为国家民族的利益而奋斗。但是，工人们的生活也非常艰辛。当时，物价高涨，工资不涨反降，居无定所，无处安身，忍冻挨饿，国民所应享受的权利常常被厂方剥夺，工作没有保障，战时失业，因为无法维持生活很多无业的工人沦为乞丐。有些厂方压迫工人的救国运动，甚至连看《新华日报》也遭禁止。1940 年 3 月 2 日《新华日报》刊出了一则消息：某青年工人，因请假回家探母不准，告假出走，被厂方卫兵拘捕，交军法司究办，被判 10 年徒刑，其妻子、母亲没有工作，婴儿无人照料，一家人的生活无法维持。

（二）桐梓县 41 兵工厂迁黔基建民工付出的艰辛劳动

1937 年七七事变爆发后，日本帝国主义大举入侵中国，中华大好河山逐渐沦入敌手。在此形势下，国民党政府的军事设施纷纷内迁。1938 年，军政部兵工署 41 工厂于广西融县迁黔桐梓县。该厂当时是比较大的生产武器厂，供给抗日战争需要的武器，电力是生产的动脉，国民党军政部兵工署为该厂向美国订购 2 部水力发电机，该厂随之成立水电工程处，负责水库大坝工程的筹建、设计和施工。1939 年 3 月，整个水库大坝工程由上海、金城等 8 个营建公司承包，招收当地民工在天门河上游筑坝建库，开始了浩大的基建工程。水库仿杭州西湖美景建造，被人们称为“小西湖”，占地数十亩，蓄水 30 多万立方米，湖中修有“三潭印月”，湖周围及湖心岛间植桃树、柳树，堤坝下面的河岸上修有望湖亭、放鹤亭，湖心有湖心亭，湖上备有木船联系湖心岛。拦河坝上修有石坛、石凳及四米多高的方形纪念塔，塔身四面青石镶嵌，北面刻“中正坝”三字，东西两面记叙了造湖建厂的经过，南面刻着陈祖东的长诗《石工歌》，真实记录了当时民工的悲惨境遇，抒发了对民工们艰辛的赞誉和悲惨生活的同情。《石工歌》曰："嗟嗟石工，黄帝子孙，不期而会，众志成城。胼手胝脚，风吹雨淋，夜月继日，无时或宁。或钻隧洞，鸠面鹄形，或涉冰流，彻骨寒心。冬无寸被，夏抗蚊蝇，衣不蔽体，食止酸辛。己帷一饱，妻孥何存？偶为山怒，折肢亡身。来如落叶，去如飘萍，岂免苛虐，胡云功成。君甘劳力，我愧劳心，劳心沾誉，劳力埋名。悠悠溱水，巍巍天门，象尔石工，终古留馨。"①

（三）遵义酒精厂工人"下等人"的生活

遵义酒精厂，在新中国成立前是国民党国防部后方勤务总司令部资源委员会燃料供应署管辖的一个军需生产工厂，1942 年 9 月建厂，主要机械动力设备由英国进口，年产 90 度无水动力酒精 2700 吨左右。

酒精厂管理机构由厂长、课长、车间、班组等生产组织组成，有工人近 300 人、职员 50 余人（均列为军官），是在新中国成立前遵义独有的一个"国营"工厂。生产的动力酒精主要供应国民党军队作代汽油用，产品全部交给燃料供应署分配。厂长虞克洋是留德的大学生，国民党上校军衔，至逃跑时已升为少将军衔。职员中的课长为中校或少校军衔，车间负责人等为上尉、中尉、少尉。工人分为技工和普工两种，工人和职员在政治上、生活上都有明显区别，工人称职员为"先生"，职员呼叫工人直呼名字，工人碰见职员时要立正敬礼。衣食住行也有明显的区别，如食堂挂牌分为职员膳厅、工友饭堂，厕所分为职员厕所、工友茅房，宿舍分为职员宿舍、工友工房。当时，工人与职员的工资待遇相差悬殊，技工月工资 5 元（银元）、普工月工资 1 元，职员按军阶领薪金，少尉至少将 30 元到 400 元不等，实际上不止这个数，除了公开吃空缺，还有集体贪污、私分等。

遵义酒精厂工人多为本地人，职员多是外地人。职员有任意打骂、关押、罚苦役、开除工人等特权。在旧社会反动统治下的工人被视为极其卑贱的"下等人"，过着牛马不如的生活。普工王昭贵进厂时在锅炉房抬煤和煤渣，后因年

① 贵州省国防科工办近代军工史资料征集办公室编：《贵州近代军工史资料》，1983 年 3 月，第 479—480 页。

纪大、身材不高、体力较差，又住在厂内，被调到厂部开水房烧开水，做勤杂工。一天，会计课长少校军官崔某早上上班时将其3岁的小女儿带到厂里玩儿，孩子闹着要回家，崔课长就命王昭贵将其女儿背回家，这期间厂长虞克洋三次按铃要王昭贵去厂外商店买香烟，待王昭贵返回跑到厂长办公室时，被臭骂一顿，王昭贵如实说明情况后，虞克洋的凶相才有所好转。崔课长得知情况后亲自来到开水房，不由分说地臭骂王一顿，并警告说再乱说话就立即开除，同时让王昭贵填写联名保证书，限当天下午交，否则要关“防空洞”。无奈之下，王昭贵只好照此办理，此事才算平息。几天之后，厂里又发生了一起欺压工人的严重事件，职员汤琳养了一条大狼狗，与之形影不离。一天晚上，汤琳去车间查班，走到蒸汽车间门前，狼狗被搬运酒桶的工人踩住爪子，狼狗回头咬伤了工人的手，汤琳见状，对被咬伤的工人拳打脚踢，还把工人带到值班室，臭骂之后强迫让被咬的工人对狗赔礼道歉，并处罚他给狗买5斤肉。诸如此类工人在旧社会悲惨遭遇的例子不胜枚举。

（四）民族与阶级矛盾交织下贵州工人阶级的“下等人”地位

全民族抗战时期，西迁和贵州当地工人阶级的抗日热忱和劳动积极性得到了激发，虽然有背井离乡在大山深处劳作的艰难困苦，但工人们还是为抗战作出了积极的贡献。可恶的是由于蒋介石实行“消极抗日、积极反共”的反动方针，打压迫害共产党人和进步工人，对广大工人的死活不管不问，加之军警监工管班的层层盘剥，贵州工人阶级在政治上和生活上的处境悲惨，阶级矛盾并没有缓和。

工人阶级处于“下等人”地位，没有民主自由可言，工作和生活受到了政府和厂方的严密管制和监控。在一些较大的工厂里，为了严密管制工人，工厂设有大批厂警、矿警、监工、管班监视工人。贵州矿务局民生公司共有600多名职工，设有矿警84人和监工、管班80多人，占比27.3%；遵义锰铁厂职工350人，有矿警50人，占比14.3%；大定航空发动机制造厂700多名职工，其中国民党尉级以上职员和警卫就占30%。工人除了劳动生产，没有任何自由，且劳动时间长，劳动条件差，没有劳动保护。桐梓县41兵工厂的工人，每天早上4点起床，早饭后排队上班，厂长骑着马在厂门巡视，上班时间一过就关门，未进厂的除了扣发工资，还要挨马鞭抽打，劳动时间在10个小时以上。遵义酒厂的工人制曲要用脚踩、手和，在高温下连续操作10个多小时，有的工人累得吐血而死。工人的工资很低，加上货币贬值、物价暴涨，生活十分困苦。警监、管班大多数是外地人，他们任意打骂、关押、罚苦役、开除工人，欺压盘剥工人的例子在各类工厂中比比皆是，在旧社会反动统治下的贵州工人处于极其卑贱的“下等人”地位，过着牛马不如的悲惨生活。

第二节　贵州工人阶级的抗日救亡运动

面对日本帝国主义的野蛮侵略，贵州工人阶级在中国共产党贵州省工委及各地方党组织的领导下，同社会各界一起，积极投入抗日救亡运动中。他们努力生产军需物资支援前线，举行集会示威，进行抗日宣传，参加抗日救亡组织，同国民党“消极抗日、积极反共”行为作斗争。许多感人事迹和英雄壮举，至今仍被传颂。

一、贵州工人阶级积极参加抗日救亡运动

（一）积极参加抗日救亡运动

1931年，日本帝国主义制造了震惊中外的九一八事变，消息传到遵义，工人们义愤填膺，同学生、教师一道走上街头，举行抗日集会和示威游行。1931年10月10日，遵义老三中及其他学校（遵义女中及各小学）的全体师生和遵义工人及爱国商人3000多人举行示威游行，高喊“驱逐日寇出境！”“打倒日本帝国主义！”“收复失地！”等口号，开展抵制日货运动，到丁字口各大商店，将日货进行烧毁。

面对日本帝国主义的野蛮侵略，中共中央向全国发出通电，号召“全民族实行抗战”。贵州工人阶级在抗日形势的感召下，在中国共产党贵州省工委及各地方党组织的领导和影响下，同社会各界一起，积极投入抗日救亡运动中。

1937年全民族抗战开始后，贵州工人阶级更加积极参加抗日救亡运动，全省主要城镇如贵阳、遵义、安顺、毕节、镇远等地的工人、学生、爱国知识分子，在中共党组织的领导下，纷纷组织起来，进行抗日活动，如参加“读书会”“歌咏队”“话剧社”等抗日救亡组织，传播胜利消息，宣传抗日救国。公路运输工人在传送抗日消息、运送物资人员、支持工人学生进行抗日宣传方面发挥了重要作用。邮电系统职工建立了邮务工会，在沈天生、陈法轼（中共地下党员）的带领下，办起了流动图书馆，组织黔邮歌咏队，大唱抗日歌曲，激励群众斗志。1938年4月，中华民族解放先锋队（简称民先）贵州地方队部成立。张益珊任民先贵州地方队部队长，凌毓俊任副队长，以生活书店店员为社会职业，民先贵州地方队部下设区、分队，曾发展到300多人，主要是学生、教师、邮电职工等，积极开展抗日救亡活动。

1938年，在中共邮电支部的领导下，成立了贵阳电机业职业工会，组织职工投入抗日救亡运动，并为维护职工利益进行斗争。遵义县组织“店员歌咏队”，仁怀、赤水、习水、湄潭、桐梓等城镇的职工、店员、手工业工人也建立群众组织，开展抗日救亡运动。其主要活动有：一是劝募寒衣和把慰问品寄往前线，慰劳抗日将士；二是进行抗日募捐，号召人们有钱出钱，有力出力，支援前线；三是鼓励青年参军出征，卫国保家；四是帮助出征者家属解决困难问题；五是组织宣传队，广泛开展抗日宣传。遵义、桐梓等地的工人还积极参加抗日火炬大游行。凯里工人参加抗日救国会，在街上搭台演讲，宣传抗日，激发群众抗日热情。1939年2月4日，贵阳遭敌机轰炸，不少职工家园被毁，无处安身，工人宣传队借此愤怒控诉日寇的残暴罪行，加深了贵州人民对日本侵略者的仇恨。同时，还参加贵阳各界群众讨汪锄奸大会，声讨汪伪集团的卖国行为。

努力生产军需物资，支援前线，是贵州工人阶级以实际行动参加抗日救亡运动的一个重要方面。大批西迁企业职工，为了多生产前方打仗所需要的物资，支援抗日，以高涨的爱国热忱，付出了大量艰苦的劳动。为了更快把西迁工厂建设起来，投入生产，广大工人克服了重重困难。不少企业边安装、边生产，帮助政府参加物资抢运工作。如第41兵工厂搬迁到桐梓县，在山川阻隔、交通不便的情况下，全厂3000多名工人，同心协力，担负机器的拆、装、运等工作。他们肩挑背扛，跋山涉水，历尽千辛万苦，仅用半年时间，抢运物资8486吨。工人为了抢时间，边运边安装，以致开工生产时，尚有部分机器滞留途中。如步枪生产需要热处理，二淬火机尚未运到，工人们就将残缺的淬火炉设法添装，以作应急之用。部件检验时没有硬度计，工人就用锉刀试验硬度。第42兵工厂1939年底自广西迁入遵义县，搬迁中，全厂工人仅用30天即将全部设备器材抢运完毕投产，日产防毒面具200—300套。同属军工性质的遵义酒精厂，1943年在工人们的不懈努力下，酒精产量提高到了历史最高水平，月产酒精6.3万加仑，有力地支援了前线的需要。第41、42兵工厂迁入贵州的7年间，工人们在条件极为艰苦的情况下，全力支援前线需要，生产出大批武器，装备抗日部队，为全民族抗战作出了重要贡献。还有不少工人出于民族义愤，自愿投军，奔赴抗日前线，在国家民族处于危难的时刻，表现出高度的思想觉悟和民族责任感。

（二）贵阳黔邮歌咏队和邮务工会的抗日救亡活动

1938年末，上海、杭州、武汉等地的大批邮工，由于不甘心受日本侵略军的奴役，他们拖儿带女，历尽艰辛，流亡到贵阳。其中，沈天生既是共产党员，又是一位出色的工会工作者。当他来到贵阳以后，立即与贵州地下党取得联系，为开展工人运动及抗日救亡活动积极进行准备工作。1939年初，外来邮工与本地邮工通过接触、互相交流情况，大家都抱有一个共同的愿望：为了开展抗日救亡活动，为了争取解决邮工的切身利益，必须把工会组织建立起来。2月4日，日本飞机大肆轰炸贵阳，不少邮工家庭身受其害，有的住房被毁，无家可归。血与火的遭遇，加深了人们对日本侵略者的仇恨，认识到开展抗日救亡活动的必要性和迫切性。为了解决受难邮工及家属的困难，2月5日上午，由沈天生、陈法轼、曾启周、王泽熏向邮政当局反映情况，要求给予救济。经过交涉，邮政当局同意每人暂借50元救济费。这是贵阳邮工有史以来第一次向邮政当局请愿，并获得了圆满的解决。这一行动，使大家懂得了一条真理：劳动大众只有团结起来，才能取得斗争的胜利。在这次请愿获得成功之后，沈天生、陈法轼、曾启周等人便考虑筹建工会问题。他们的提议得到邮工的支持，并推举沈天生等10余人进行筹备。这些同志来自各个部门和各个方面，为了打好基础，王泽蓂和陈法轼到工人中广泛进行宣传发动工作，组织读书会，开展读书活动，借以提高邮工觉悟。这时，贵州地下党员陶静秋、陶祖铭与王泽蓂、陈法轼等取得联系，对其工作进行指导。

由于工会筹备工作进行得比较顺利，于1939年3月26日召开贵阳地区邮政职工大会，宣布成立贵阳邮务工会，选举沈天生、陈法轼、曾启周为常务理事，王泽蓂、黄德全等为理事。为了更好地开展工会工作，理事会聘请陶祖铭为工会秘书。在此期间，陈法轼和王泽蓂被接收为中共党员，陈法轼的介绍人是陶静秋，王泽蓂的介绍人是陶祖铭。1939年5月中旬，国民党为了分化瓦解工会组织，由当时的邮务帮办（相当于邮局副局长）以个人名义宴请工会理事、监事成员，除了沈天生、陈法轼、黄德全、王泽蓂拒绝参加，其余的全部参加了。事隔不久，刚诞生不久的工会就遭到破坏。沈天生被调往龙里县，陈法轼被调往镇远县，王泽蓂被调往黎平县（王泽蓂因生病未从命，以后被迫离开了邮局）。这些工会骨干被调离后，就由在邮局工作的国民党分子替补，工会便成为邮政当局的御用工具。

在邮务工会成立之前，黔邮歌咏队已经建立，队长是从上海来的张瑶。歌咏队成立后，每天清晨上班前，邮工们都自发参加练唱抗日救亡歌曲。“工农兵学商，一起来救亡”“大刀向鬼子们的头上砍去”“我的家在东北松花江上”的歌声响彻邮局内外，激发了职工们的抗日救亡热情。1939年“五一”国际劳动节，黔邮歌咏队话剧组走向街头，演出街头剧《放下你的鞭子》，演唱抗日歌曲，收到很好效果。

沈天生、陈法轼、王泽蓂等人被调离后，歌咏队的活动并未停止。演唱的歌曲更为广泛，内容更为丰富，如《黄河大合唱》《生产大合唱》《在太行山上》《伏尔加船夫曲》《延安颂》《游击队歌》等。歌曲来自李凌、赵沨合编的《新音乐》和筑光音乐会翻印的歌篇。从齐唱到重唱，从二部到四部，演唱水平不断提高。许多思想进步的青年，特别是筑光音乐会的会员都参加了歌咏队，使抗日救亡宣传队伍得到充实和发展。1940年末，负责邮电工运的陶涵春、孟昭仁相继离开贵阳。1941年初发生了皖南事变，国民党大肆逮捕共产党员和进步人士。在邮局工作的瓦兆鸠、刘元棠等人被捕，黔邮歌咏队也同时被勒令解散。在被捕的邮工中，瓦兆鸠惨遭敌人杀害。

（三）贵阳青光抗战工作团的救亡斗争

在中国共产党全民族抗战的号召下，贵阳人民纷纷组织起来，开展抗日救亡宣传工作。贵阳工商行业的大丰绸布店孔祥文、仁昌祥绸布店朱永康、源盛和糕点店杨福昌、广寒宫甜品店黄立纲、中南绸布店朱志国等人发起组织“青光业余话剧社”（简称青光社），后于1939年3月改称“青光抗战工作团”（简称青光团），他们用话剧的形式揭露日寇残杀中国人民的罪行，描述百姓流离失所的悲惨遭遇，以达到唤醒民众共同抗日的目的。组建之初，由于会员不多，青光社的活动地点以杨福昌的住宅为集中点，结队出发到各地进行演出。

1938年国共第二次合作，全国掀起抗日高潮。当时，有识之士号召抗日大后方的人们，设置献金台进行募捐，支援前线战士努力杀敌。为此，青光社在铜像台（今喷水池）设立献金台，组织宣传队，演唱救亡歌曲，表演街头剧《流亡者之歌》，哭诉日本帝国主义的“抢光、杀光、烧光”等血迹斑斑的罪恶事实。剧中的台词——“日本帝国主义屠杀中国人民的深仇大恨，用南山之竹作笔，以东海之水作墨，也书不尽其残暴的行为，写不完敌人无耻的丑恶”，群众听后感同身受，群情悲愤，激发了群众爱国热忱，大家纷纷走向台前踊跃捐献，不到一个上午，捐献就达1000多元，成为当时各团体捐献之冠，各家报纸均对此事有报道。由于青光社在募捐活动中的积极表现，社会影响良好，贵阳各机关、学校、邮政、新闻系统的青年职工、学生、工商业者以及郊区的青年农民们，不少人要求加入，一时间社员人数达80多人。社内汇集了写作、绘画、演讲、歌唱、相声、话剧等各种文艺人才，宣传工作有所发展。在大十字、中华中路、六广门、小十字、马棚（今新华路）、西湖路、大西门一带，他们广泛开展起抗日宣传活动。各家报纸纷纷对其活动加以报道。

青光社的经济来源，一部分由成员捐赠，一部分由成员朱志国承担，成员曹子光自愿把自家房屋腾出两间房作为排练场所使用。这时青光社有了条件，经多数成员建议，将“青光业余话剧社”扩大为“青光抗战工作团”，以适应抗日救亡的需要。于是“青光抗战工作团”在中华北路（今人民会场斜对面）挂起了招牌。青光团召开首次团员大会，一致公推朱志国为团长、黄立纲为副团长、王蕴瑜为主任秘书，下设组织部、宣传部、戏剧部、总务部4个部，由张朝斌、朱永康、蒋萍、熊志明、姜治文、汤家珍、林子立、朱克可分别负责，于1939年3月20日借颜料业公会礼堂举行成立大会，邀请有关单位及报社记者莅会指导。来宾们提出了很好的意见和帮助，增加了青光团的信心和决心，秘书室草拟了团的组织章程和办事细则，各部在一定的工作范围内有秩序地开展活动。章程规定，凡热心爱国宣传的青年，不分男女，经团员2人介绍，遵守团章，可以填表申请入团，经组织部门登记，可以参加团的一切活动。组成壁报组，每逢纪念、节日，张贴标语，用漫画的方式揭露敌人和汉奸的血腥罪行，每月发行1—2次。利用星期六晚上和节假日白天，组织歌咏会，排演戏剧，以提高团员的理论水平和宣传技巧。组织临时戏剧委员会，排演大型舞台剧，负责道具、导演和剧中人物的安排等。青光团除了在贵阳市郊区新添寨、六冲关、中曹司、大寨、花溪等地宣传，还组织巡回宣传队赴息烽、黔西、大定、毕节县宣传演出，并与合群体育会联合去修文县演出，受到当地人民的欢迎。演出的内容包括：团体大合唱，男女高音独唱，双人对唱、相声、魔术等，话剧有《流亡者之歌》《枪毙汉奸》《茶花女》《放下你的鞭子》《怒火中的吼声》等，演出场场满座，颇受群众好评。

1939年5月，贵州省妇女代表大会召开，青光团利用此机会，邀请妇女代表100多人在大西门社会服务处（今三元宫）礼堂举行茶话会。团长朱志国向代表们汇报青光团工作，请她们提出改正意见。安顺、遵义、都匀、铜仁的代表都发了言，对青光团的工作成绩予以肯定，并表示回去后，一定团结各界人士，做好抗日救亡宣传、募捐和支援前线工作，为抗战胜利作出应有的努力。通过这次茶话会，贵州各地妇女代表经常通信交流经验，相互支援，相互帮助和鼓舞。

随着战争的进行，在敌人的疯狂进攻下，大片国土沦丧，许多同胞和伤兵流亡到贵阳。青光团由朱志国带队到图云关荣军医院进行慰问演出，受到院方负责人和伤兵们的欢迎，伤兵代表深受感动，表示伤愈后一定回前线继续杀敌。八路军在平型关大捷的消息传到贵阳后，贵阳全市鞭炮声响彻云霄，青光团召集全体团员进行祝贺。

青光团在组建后不过一年半的时间里，开展宣传、演讲100多次，在街头和舞台演出话剧30多次，每次演出都受到群众的欢迎。这引起了国民党政府警工人员、省党部特工人员的注意，他们暗中监视青光团。国民党省党部科长周文治经常来团摸底。1939年10月的一个晚上，刑警队趁团员练歌之际，把青光团围困进行搜查，将30多人带到龙井路（今太平路）看守所关了一夜。经团负责人朱志国、黄立纲等出面交涉，在查不出任何证据的情况下，于次日清晨将他们释放。青光团被捕人员受到国民党政府的非法逮捕和侮辱，回家后又受到家长的指责，在这种委屈和气愤情绪影响下，全团团员向国民党省党部请愿、沿街游行，高唱《义勇军进行曲》，高呼“惩办刑警队负责人”的口号。但国民党省党部负责人拒不会面。在团员们的愤怒声中，国民党妇运会主任陈明仙面见青光团，表示不支持青光团的行动，让大家回去，她向刑警队交涉，之后也没有结果。为了“救亡图存”唤醒同胞的抗日情绪，团员们“有钱出钱，有力出力”进行抗日救亡宣传活动，竟遭到国民党的怀疑和无耻的打击，对此感到十分灰心。在一次宣传“爱国从军”的火炬游行后，青光团自行解散了。

（四）教育及媒体界在贵阳的抗日救亡活动

中华职业教育社（简称职教社）是1917年成立的教育团体，主要从事职业教育和爱国民主运动。抗日战争全面爆发后，职教社从上海内迁，总社设于重庆，贵阳也于1939年设立通讯处。许多人家乡沦陷，逃到贵阳的很多，有些机关和企业也疏散到贵阳，要找人找工作的很多。针对这种情况，职教社积极地为他们介绍职业和帮助找人，做了许多工作。曾俊侯与社会各方面有着联系，使这个工作进展得很顺利。共产党员陶静秋倡议办起工人补习班，负责组织学生，并由职教社负责教学。学生都是工人，有汽车修理厂的、公路运输局的、电报局的。教师是救亡团体里的同志，教材是自己编的。在补习班中，还选读了宣传抗战的文章和《新华日报》的社论，并由筑光音乐会的成员来教唱抗日歌曲。

为援助香港《南华》《天演》《自由》三报同行工友反汪（精卫）罢工离职返陆抗日斗争，贵阳分销处响应《新华日报》总馆号召，发布募捐启事，揭批香港汪逆机关三报性质及其投降谬论，讴歌香港三报工人的大无畏爱国精神，开启募捐支援行动。香港三报工友 80 余人，激于爱国义愤，在 1940 年 8 月不顾自身与家室的饥寒、迫协，以大无畏的精神，实行罢工，以工人自己的力量，封闭了三汉奸报纸。这一英勇的行为，直接打击了日寇及其汉奸走狗的诱降阴谋及卖国活动，摧毁了三报反民族、反抗战、反人民、反三民主义的鬼蜮伎俩，表现了中国工人在抗战营垒中的先锋作用与模范榜样。三报工友这种英勇的爱国行动传开后，海内外人士闻之均极感奋，又经《新华日报》总馆之热烈号召，各界纷纷慷慨解囊，热烈响应，未及一日，捐款逾数千元。1940 年 10 月 24 日，将第一批捐款 3300 元汇寄香港，托由宋庆龄转交三报工友。此后各方捐款仍积极踊跃，捐款范围更加广泛，以表明全国同胞对三报工友之亲敬，与汉奸势不两立之伟大精神；截至 1940 年 12 月 14 日，《新华日报》总馆代收捐款已达 6838.06 元。1940 年 11 月 22 日《新华日报》刊载香港三报工友告海内外同胞书，香港反汪离职工友回到祖国战场来直接与侵略者搏斗，誓与寇奸斗争到底。《新华日报》贵阳分销处及时刊印该日《新华日报》，及时分发，支援三报工友的这种爱国行动。呼吁号召《新华日报》贵阳读者工友群众及一切爱国的、同情的人士们，慷慨解囊，踊跃捐输，支援香港三报工友 80 余人早日回到祖国为抗战服务，声明为所有捐助者，给予收据，详表捐情，并在《新华日报》公布，以召信守。

（五）南洋华侨汽车运输工人回国参加抗战工作

1938 年 10 月，广州沦陷，中国沿海港口被日寇侵占，对外交通只剩西北和西南两条线路。西北公路路途遥远、行程艰难，运输量很少。滇越铁路屡遭日寇的飞机轰炸，安全难保。因此，新开辟的滇缅公路便成为当时中国最重要的国际交通运输线，许多抗战物资都从此线运入。由于国内缺乏经验丰富的汽车司机和技术熟练的修理工人，于是，国民党西南运输处便函电南洋华侨筹赈祖国难民总会，请求代募司机和修理工，支持国内军运。难民总会急祖国之所急，立即开展动员华侨青年司机和修理技工回国服务的工作。从 1938 年起，仅数月时间，马来西亚、泰国、印度尼西亚等地就有很多华侨青年积极应募，组成南洋华侨青年技术人员回国服务团；1939 年 2 月至 9 月，服务团 3200 多人分 9 批回国，参加滇缅、滇黔、滇桂公路的抗战物资运输工作。

1939 年 3 月 18 日，南洋华侨青年技术人员回国服务团第二批成员到国民党西南运输处报到。该处下属 20 多个运输大队，大队下辖 3 个中队和 1 个补充队，各中队配备 50 多辆车、80 多人。这批成员在昆明经过短期集训和考试之后，陆续被安排到西南运输处的各运输大队，负责云南到贵州、广西、四川乃至缅甸仰光、越南同登等公路线上的抗战物资运输任务。当时经缅甸公路运进的抗战物资，被分段运到昆明再到贵州，由贵州转运到四川、广西等地。第二批服务团的一部分人被分配到西南运输十处的一个运输大队和复兴公司，这个运输大队在贵州境内搞运输，复兴公司主要负责把贵州的特产物资运输到省外，当时运得最多的是桐油。贵州的公路路况险、路面质量差，在晴隆附近有个叫“二十四道拐”的地方，坡陡弯急，一边是高山，一边是深崖，有几道拐，汽车要进退几次才能通得过，稍不留意就会车翻人亡。经常有运输队的车在那里出现交通事故，服务团成员克服了很大困难。还有部分成员在中国共产党的帮助和引导下，辗转到全国抗战中心延安，如为贺龙驾驶过汽车的黎锡华曾在贵阳市汽车修配厂担任党委副书记。

太平洋战争爆发前后，越南、缅甸相继沦陷，日寇逼近云南边境，国民党军队节节溃退，社会混乱，国民党当局对华侨司机和技工的生活不管不问，伤病无法治疗，服务团成员只能四处流散，白天外出自行谋生，晚上住在防空洞，无家可归，生活异常艰苦。尽管如此，他们中的大多数人仍坚持到抗战胜利。

二、同国民党“消极抗日、积极反共”行为作斗争

（一）国民党当局对贵州新闻、出版、邮电业的检查

据当年参加国民党新闻、出版、邮电检查成员之一张运昌的回忆，1935 年贵州成立了中国国民党贵州省党部，对人民的言论、出版、通讯自由进行严密控制。国民党省党部特务室委派干员牟希禹、刘小鹏、孙庆禄等组成邮电检查所，在贵阳邮电局内设立办事机构，他们对该局收寄和外发的信件、电报进行检查，密切注意往来信件、电报中可疑或进步的内容。对重要的信件、电报直接扣留，对有的信件、电报摘抄原件后，有意将其放走，暗中注意收件人的情

况和复信，继续了解收发信人动态。

1938 年 2 月，国民政府军事委员会为了加强防止共产党在贵州的地下活动，以“防止汉奸活动”为幌子，撤销贵阳邮电检查所，成立国民政府军事委员会委员长行营贵阳新闻邮电检查所，加强对贵州新闻邮电的管制，由行营直接派军统中校李修凯任所长，所长下设邮件检查、新闻检查、电报检查三个组，所址先设立于陕西路陕西会馆内，后迁慈善巷，于 1938 年 3 月正式办公，“新检”在所内办公，“邮检”设在邮政局内，“电检”设在电报局内。三个组的成员除专任人员以外，另由贵州省政府派视察赵振中，国民党省党部派视察张运昌，助干高大璜，省保安处派秘书冯思异，分别兼任审查员和检查员。该所对邮件的检查包括信函、包裹和印刷品。凡经贵阳邮局收发的信件，一般都要经过邮检员逐一检查，按月将检查处理结果呈报上级。对收件人有怀疑的，由该所通知特务机关，随时注意其言行以及与其来往的人。当时有的进步人士被逮捕或失踪，就是由于邮电检查发现可疑而遭受特务机关的迫害。

对印刷品的检查一般包括书籍、报刊及其他宣传品。凡经邮局收发的出版物都要检查。抗战期间，进步思想不断由外地传入，接受新思想的人日益增多，平、津、沪报刊经常通过邮递渠道转入贵州。期刊如《新华日报》《解放》《群众》《生活周刊》《抗战》《世界知识》以及救亡歌曲等，根本不允许邮局发交收件人，一律扣留不发。

除了对邮、电两局所有收发函电一一检查，凡经邮局收寄投递的印刷品，都要送所审查，各通讯社和报社的稿件通过审查后才能送印刷厂排版付印。对出版物的审查，国民党中央宣传部命令各地党政机关，必须严密检查才能发行。在贵州省动员委员会领导下成立了贵州省出版品审查委员会，由省、市有关单位派员组成，会址设在省党部内。该会出台了办事细则，规定了 10 种禁止出版和销售的情形，凡发现与上述规定不符的，一律查扣、禁印、禁售，并视其情节分别处理。

（二）黔特会查封十八集团军贵阳交通站

十八集团军交通站设在西南交通枢纽的贵阳，意在适应抗日军事的需要。但黔特会为了反共，竟对十八集团军贵阳交通站非法查封，明目张胆地破坏国共两党建立的抗日统一战线。据出席黔特会的滇黔绥靖副主任公署中将参谋长王天鸣所言，这一事件，是黔特会根据情行组情报决定查封该站的。

1941 年 1 月的一个深夜，十八集团军贵阳交通站被包围。当时戒备森严，禁止通行，所有中统、军统行动人员及警备部警察局侦缉队长及队员，进入该站，将交通站李站长及其职工共 6 人逮捕。所有站内储存的汽车、汽油、轮胎、汽车零件、枪支及站内一切物资和进步书刊，一律查封。并将枪支、汽车、汽油及其他物资，运送至滇黔绥靖副主任公署、贵阳警备司令部两处封存，汽车零件送贵州省中统室，其他一切物资运送云南会馆“战时青年服务大队”封存。所有查封的进步书刊，则由中统行动队长王伯奇运送到保安处第四科封存。交通站李站长及其职工押送到保安处第四科，先由军统黔站派员侦讯，羁押在保安处看守所内。审讯组正在审理时，接到上级来电令将李站长等6 人释放，李站长等当即赴渝转往延安。这批封存的枪支、汽车，经黔特会决定，赠送滇黔绥靖副主任公署使用。汽油、轮胎、汽车零件及其他一切物资，直至 1942 年才开始陆续拍卖。所有封存在保安处第四科查封没收的交通站书刊，经审查完毕后，派员监视，一律焚毁。书刊焚毁后，此案始告结束。

（三）贵阳汽车站工人配合中共贵州地方组织开展的斗争

全民族抗战初期，正面战场上国民党军队节节败退，一些机关、学校和工厂企业纷纷内迁，使处于边远沉寂的贵州呈现出一片战时繁忙的景象。当时贵州没有铁路，汽车是长途运输的唯一交通工具，贵阳又是全省交通运输的中心，更处于一片紧张之中。在客运方面，由于大量难民涌入贵阳中转，购票甚为困难。中共贵州省工委为了党的工作方便，于 1938 年夏天，决定让共产党员高言志进入交通部门工作。他同后来进入公路局的共产党员丁培聪，以及进步青年刘有章、高言弘、高言诗、丁普等，在交通运输上都做了不少工作。

为了更好地完成组织交给的任务，他们团结车站售票房的沈玉亭、蔺金明和货站、行李房的工人，对党的《新华日报》和进步书刊免费收运，并避开国民党特务的检查——他们将《新华日报》和重要书刊委托给可靠的司机传带；有时就用国民党《中央日报》包裹在外，或剪下报上重要的文章夹在黄色书刊中间带走。

1939年初建立的八路军贵阳交通站，承担着转移中共党政军人员和家属、转运文件资料和物资的艰巨任务。由于交通站车辆有限，也需要交通线上的同志配合。负责和八路军贵阳交通站联系的高言志和站上的人们群策群力，密切合作，使中共党政军领导人徐特立、潘汉年、李克农、张云逸等，通过客运站得以及时安全离开贵阳。

皖南事变前后，国民党进一步推行“消极抗日、积极反共”的方针，政治形势日益恶化，白色恐怖笼罩着贵阳。国民党当局派了一个班的宪兵，长期驻守客车站，检查过往行人，给八路军贵阳交通站的工作增添了困难。这时，中共地下党安排一些已经暴露了身份的党员和党外人士，尽快撤离贵阳。

1940年6月，筑光音乐会有50—60名成员在花溪开展抗日宣传活动，三青团的人进行捣乱。事后，这些三青团员跑到车站，无票也要乘车。花溪车站站长高言诗坚持原则，把这些无票乘客拉下车来，让筑光音乐会会员及时乘车返回贵阳。1941年，贵阳女师的共产党员丁文，被国民党秘密逮捕之后，在看守所中难友们的掩护下，趁看守疏忽的时候，从厕所内逃出，转移到清镇乡间姜家堡隐藏起来，高言弘接受任务后，找到在交通技术训练所的同学杨新，他在交通运输大队当实习司机，是一位勇敢坚强的工人，他们设法躲过了敌人的搜查，安全地将丁文送到重庆。

贵阳公路运输线上这些同志的活动，引起了国民党当局的注意，他们千方百计进行破坏。1941年以后，有的同志因已暴露而转移出去，有的同志被捕入狱，但是运输线上的斗争仍然继续着，他们没有被这种高压政策所吓倒，充分利用各种有利条件，进行更加隐蔽的活动。

（四）贵阳电信局有线报房青年为“米贷金”罢工斗争

抗日战争时期，国民党滥发法币，市场物价猛涨，职工靠工资收入生活逐渐困难，甚至到了生活不下去的境地，工作也不安心。为了维持电信通信工作，交通部于1944年初决定，给职工加发米贴以维持生活，米贴名称叫“米贷金”。

米贷金的核发，按每个职工6斗，有供养亲属的，再按每一供养亲属增加2斗，但最多不能超过1石2斗，并规定按上月15日，调查市场中大米价格折钱发放。按照上述规定，职工一般可拿到1石2斗，但青年职工就只拿6斗，相差一半。由于贵阳电信局报房青年职工多，青年职工的工资低，以三等报务员为例，老的报务员多数已拿200多元最高达280元，而新进局的只有32元，可见差距之大。青年报务员工资还要低。而担负报房繁重通信工作的主要还是青年，因而认为不合理，不能解决青年职工的生活困难问题。于是报房青年职工就向行政当局提出要求，调整提高青年职工米贷金，最初贵阳行政当局以部规定为由说不能调整。在青年职工的坚决要求下，又以需要请示进行拖延，因而激起了青年职工的愤怒，于1944年3月8日采取了罢工行动。有线报房青年职工罢工后，报房工作几乎瘫痪，局长余志明也着了慌，亲自到二桥报房了解情况，同时被迫答应了职工提出的要求，指示电报股代青年职工编造供养亲属名册进行调整，一般提高到1石，罢工才告结束，前后经过四五天才完全恢复正常工作。

（五）贵阳电信员工的反抗斗争

1936年起，罗启珂在共产党员孟昭仁的领导下，参加了党的外围组织——读书会，及贵阳电信局职工抗日宣传队和中华民族解放先锋队贵阳电信局分队，从事抗日救亡宣传活动。据他回忆，七七事变后，贵阳电信职工与全国广大人民一样，群情激愤，同仇敌忾。孟昭仁和读书会的进步青年们，立即在群众中进行鼓动，很快成立了“贵阳电信职工抗日救亡歌咏队”“贵阳电信职工抗日救亡话剧队”，在市内、城郊及农村向人民群众进行广泛宣传。在电信局内，大家互相鼓励申请上前线。有10余人被交通部批准调赴抗日前线各电信局工作。1938年春，曾经参加读书会的电信职工，陶祖铭、黄其云等直接奔赴延安参加革命，留在贵阳的陶静秋、蔡克强、陈芷芳、谢群英、苏茂本、梁彦咸、罗启珂等都加入了中华民族解放先锋队（简称民先），陶静秋参加民先贵阳地方队部的工作，罗启珂担任电信分队队长。每个民先队员又是电信职工宣传队的骨干，他们积极带动电信职工从事抗日救亡工作。1938年8月13日，贵阳民先被国民党反动派破坏。事件发生后，电信局的民先队员被迫分散，电信职工的抗日救亡活动受到一定影响。

1945年8月，重庆电信职工为了争取改善待遇，在中共地下党的领导下，掀起了罢工运动，组织代表团向国民党当局请愿，同时发出通电，号召全国电信职工开展罢工运动。贵阳电信局有线报房首先收到重庆电信局罢工的通电，接着全国各大局响应重庆罢工的通电源源而来，有线报房的同志除了将这些通电张贴公布，还抄送全局各部门。当时在有线报房的罗启珂、何谦、秦天柱等8人，联名写出发起书，邀约大家签名，同时与全局各部门联系，在二桥有线报房所在地开会商讨如何响应重庆职工的号召，何谦推选为有线报房代表，要求代表会议必须解决以下四个问题：一是从各单位代表中选举成立罢工委员会，具体领导罢工运动；二是通知各部门立即罢工；三是拟出罢工通电发至全国各局；四是选派代表向电信局当局说明罢工的意义和要求。最终，何谦被推选为全局罢工运动领导主要成员之一，参与接见记者，发表罢工宣言。罢工坚持了8天，在重庆电信局职工罢工代表团谈判胜利，通报全国复工时，贵阳电信局才宣告复工。

（六）贵阳电机业职业工会的斗争

七七事变后，中共贵州地下党邮电支部（简称邮电党支部）广泛发动群众开展抗日救亡活动，很快组织了贵阳电信职工抗日救亡歌咏队和话剧队，在市内和城郊开展抗日救亡宣传。电信当局对工人群众积极参与救亡活动横加挑剔。为了维护工人的利益和更好地开展抗日救亡活动，在邮电党支部的积极组织下，成立了贵阳市电机业职业工会。

1938年初，邮电党支部对当时工人们所处的环境及其遭遇进行认真分析，决定发动工人群众组织工会，陶静秋负责联系。之后，陶静秋便邀约罗沼青、蒲余镛、雍鸣阶、易木堂等积极分子在线务班工头雷鸣家座谈讨论有关组建工会的问题。大家一致认识到，为了抗战，为了不当亡国奴，为了维护工人的利益，必须团结起来；只有这样，才能对付当局的压制。经过商议，由到会人员分头在机务员、线务员中广泛联系，又邀请了一些同志商量，大家不仅同意组织工会，而且还提出要成立全市性的电机业工会。经邀集电厂、建设厅、防空司令部、省公路局电话总机室和威清至大西门一带的机器修理店等单位的部分工人酝酿后，确定成立贵阳市电机业职业工会，推举陶静秋、雍鸣阶等负责草拟工会章程，为争取合法地位，具文向国民党贵阳县党部办理了立案手续。1938年上半年，经批准，贵阳市电机业职业工会正式成立。

1938年“八一三”事件发生后，陶静秋被电信局开除，罗启珂被调至松坎电信局，刚建起来的电机业工会工作受到一定影响。1939年初，罗启珂回到贵阳交通部电报排工作后，配合在省建设厅电话总机室工作的陶静秋，在邮电党支部的领导下，对工会进行了组织整顿。为健全工会组织，决定召开会员大会，改选理事会、监事会。经过一番准备后，1939年1月12日，在国民党省党部礼堂（今评剧团）召开会员大会。大会由罗启珂主持，罗启珂在会上讲述了为什么要整顿组织，今后工作的任务是什么，如何团结起来开展抗日救亡活动的意见。与会人员情绪很高，不少会员积极上台发言。最后，以民主提名、举手表决的方式产生了理事会和监事会。罗启珂当选为理事会主席，姜少华、傅顺文等6人为监事。工会的组织整顿工作进展得比较顺利，会员从50—60人发展到139人。组织整顿工作完成后，召开了理事、监事联席会，会上讨论通过了由罗启珂、陶静秋、雍鸣阶3人负责修改的新工会章程及理事、监事会工作细则，建立了定期联席会和各区小组的汇报会制度。至此，工会工作逐步走上正轨，在各方面发挥了一定的作用。

工会整顿不久，先后发生几件工人权益被侵犯的事件：第一件是省建设厅厅长室的电话机夜间被盗，厅长不问青红皂白，把当天总机室话务员王汉章抓送警察局。工会得悉后，立即推举陶静秋、罗启珂等人代表工会到龙井巷监狱慰问，并到建设厅找厅长交涉。陶静秋、罗启珂等人据理质问，迫使厅长立即通知警察局将王汉章释放，恢复工作。第二件是电信局的线务员龚家荣被老东门的保长抓去当壮丁。工会知道后，立即推选杨端等人为代表，向电信局局长余志明提出质询，迫使余志明派人把龚家荣要了回来。第三件是军法总监部张副官偷电，电厂派某线务员到该住户前剪掉火线，张副官凭借势力将线务员抓去拘留。厂方不仅不据理驳斥，反而说好话求情，促使对方更加仗势欺人。工会推选周荣华等人向厂方进行交涉，强调若不立即放人，今后厂方的命令将无人执行。这样，厂方才不得不将人要了回来。通过以上三件事，工会在群众中的威信大大提高，会员人数从100余人迅速发展到300余人。

1940年春，在白色恐怖笼罩下，罗启珂经组织批准疏散到重庆，工会工作移交给陶静秋。数月后，陶静秋疏散到广西，工会工作又移交蒲余镛。同年，蒲余镛被捕，工会工作陷于停顿。但是工会积极分子并未因此消沉下去，他们仍投身在战斗的洪流中，积极地参加此后电信局历次的罢工、怠工斗争。

（七）凯里、遵义及公路运输系统工人的斗争

抗战期间，贵州各地工人阶级为坚持抗战，保护民族利益，反对国民党反动派的“消极抗日、积极反共”反动政策，同国民党反动当局及爪牙代表军队、警察、宪兵、特务进行了不屈不挠的斗争。1938 年冬，凯里工人组织游行，宣传抗日，国民党反动当局竟派军警包围游行队伍，逮捕工人和学生。被捕工人、学生和群众代表，不畏强暴，以宣传抗日救国是正义行动来指责反动派的倒行逆施。社会上大造爱国无罪的舆论，迫使反动当局最后释放了被关押的工人和学生。

遵义兵工厂是直接支援前线的工厂，国民党反动当局竟公然破坏抗日支前，到工厂抓工人当“壮丁”，以补缺兵源不足。某日，派军队包围工厂，以给工人检查身体为由，企图把一大批工人抓走。工人们奋起反抗，一些工人挥动大锤，砸开枪支弹药收验房，拿出武器，同反动军队展开搏斗，厂长见势不妙，慌忙逃走，反动军队也慑于工人声威，灰溜溜地撤走了。这次斗争工人牺牲 4 人，伤 10 余人，反动军队死伤 20 余人。事后工人举行罢工，直至厂长被撤职才复工，取得了斗争的胜利。

1940 年，贵州反动当局掀起“反共”恶浪，四处抓捕中共地下党员。公路运输系统的进步工人，利用工作之便，建立“地下”交通，为掩护、输送、资助中共地下党员发挥了重要作用。中共贵阳公路运输支部书记、公路运输职工陈济民不幸被捕惨遭杀害，牺牲时年仅 26 岁。交通部公路运输总局第十运输处青年司机陆永忠受进步思想的影响，倾向革命，在中共地下党交通支部党员的领导和影响下，他们多次利用行车之便转移中共地下党员和革命志士。抗战胜利后，这批进步工人积极参与公路运输系统汽车运输司机要求改善待遇、取消铺保的罢工斗争。他们与重庆《新华日报》取得联系，利用经常来往筑渝的便利，在汽车工人中宣传进步思想和中国共产党的主张，由此引起了中统特务的注意，于 1949 年 10 月在贵阳解放前夕被杀害。

1941 年皖南事变发生后，国民党反动派变本加厉地进行反共。在贵州各地，

他们强行解散抗日救亡团体，加大对广大工人的监控管制，并到处破坏坚持抗日的共产党地下组织，逮捕迫害共产党员和进步人士。

第三节　贵州工人阶级开展反迫害、反饥饿、反内战斗争

1945 年抗日战争胜利后，人民要求休养生息，恢复与发展生产，实现国家和平与民主。然而，以蒋介石为首的国民党反动派，于 1946 年 6 月悍然发动了全面内战，使民族工业受到极大打击，造成不少企业减产、倒闭，工人失业，物价暴涨，民不聊生。在这一时期，贵州工人中反迫害、反饥饿和要求和平、反对内战的斗争不断发生，出现了工人反抗斗争的高涨。影响较大的有：大定（大方县）航空发动机制造厂工人的反迫害罢工斗争，贵阳电信局员工反克扣怠工斗争，以及万山汞矿、茅台烧坊、遵义印刷工人、西南公路局第十运输处工人的斗争等。

一、大定羊场坝航空发动机制造厂工人反迫害罢工斗争

大定羊场坝航空发动机制造厂，是国民党航空委员会与美国华盛顿西永航空公司联合经营，并由西永公司承包修建，于 1940 年办起来的。1946 年，全厂有工人 1600 多人，职员 600 多人，士兵 400 多人。由于它是蒋家王朝一个极其重要的秘密军工厂，因此该厂设置了一套严密的控制系统，特务组织齐备。

国共内战爆发前后，工厂对工人进行严密监视，稍有违犯，就以“红色”帽子对工人横加迫害，关禁闭或开除，甚至送法院“治罪”。工人缺乏起码的自由，往来信件需经训政室检查，日记需经队长、管理员检查。工人生活艰苦，食不果腹，伙食费按最低标准，还经常被管理员贪污、克扣，和军官分开吃饭。由于货币贬值，工人月薪连本人的最低生活标准都难以保证，更谈不上养家糊口，受伤生病不仅得不到治疗，甚至被赶出厂门。工厂管理层也像国民党的官僚们一样贪污腐化、敲诈勒索，他们任意处罚和打骂工人、士兵，克扣薪饷和

物资待遇，贪污伙食费，对厂方的各种专制和压迫，工人和士兵积累了强烈的不满和愤恨。于是，中共地下党员王玉升等人组织发动群众起来斗争。由于士兵队伙食班长贪污伙食费，士兵们吃不饱，怨气很大，中共地下党组织便动员一些士兵上班故意精神不振，消极怠工，官佐责问时，便告之伙食差，吃不饱，打不起精神来。中共地下党组织还动员一些士兵向总务科告发，士兵队长张子恒受到申斥调离该队，伙食班长被撤换。厂里的工人和士兵，每逢星期天都有一部分人进大定城买东西或游逛，常常受到当地保警大队一些兵痞流氓的欺侮，工人和士兵对此也很气愤。王玉升等人联络厂里和城内的"把兄弟"和朋友，寻机狠狠暴打了那些人，从此他们再不敢欺侮厂里的工人和士兵了。通过中共地下党组织开展的一系列工作，不仅加深了工厂与地方势力之间的矛盾，同时也为工人、士兵撑了腰，提高了中共地下党组织在群众中的威信。

1945 年 11 月的一天，工厂发电房发生了柴油机缸盖被击穿的事故，主任王敏求为了摆脱责任，捏造事实，诬陷工人贺章诚搞蓄意破坏，让另一个工人陈玉顺作假证，谎说他看见贺章诚往气缸里放东西。厂方将贺章诚关禁闭，准备押送重庆军法处法办。没想到的是，陈玉顺也被一起关了起来，他十分恼怒，曝光了这一诬陷丑闻的真相，引起工人们的极大愤慨。中共地下党组织决定趁此机会，发动罢工斗争，派王玉升到川南向古蔺县委汇报，听取指示，并请求加派干部来厂领导斗争。同时，以平时联系的积极分子和对此事特别气愤的工人为骨干，在群众中进行串联，以争取更多的群众参加斗争，扩大罢工的规模。他们组织一些有文化的积极分子在《技工旬刊》上发表文章，以贺章诚案为中心，揭露厂方的黑暗统治，推选一些勇敢善说的工人为代表，在中共地下党员王新民的带领下，向厂方示威请愿，要求立即释放受害工人贺章诚，惩办诬害工人的王敏求。罢工之初，参加的工人不多，厂方以高压手段压制，不仅拒绝了工人们的要求，还扣押了 13 名工人代表。见此情况，工人们更加群情激奋，大家义愤填膺，纷纷加入罢工行列，罢工队伍规模迅速扩大。被扣押的代表们不畏强暴，高呼口号，齐唱鼓舞斗志、坚决斗争的歌曲，声音震荡全厂。在工人扩大斗争力量的强大压力下，厂方最后同意谈判，释放工人代表和受冤屈的贺章诚，惩办了发电房主任王敏求。这次罢工斗争持续了 10 多天，取得了反迫害斗争的胜利，扩大了中国共产党在厂区和附近群众中的影响力，提高了工人的阶级觉悟，通过实际斗争锻炼了队伍。罢工斗争的胜利，使工人群众看到，只要团结起来，就能与黑暗势力作顽强斗争，并取得胜利，极大地鼓舞了他们的革命斗志。此后，广大进步工人团结在党的周围，为争取工人的正当权利不断与厂方进行斗争，到贵州解放前夕，工人们英勇地制止了敌人破坏工厂的阴谋，工厂设备完整交到了人民手中。

二、贵阳电信局员工反克扣怠工斗争

1946 年 1 月，在米价暴涨的情况下，国民党交通部电信总局却下令对抗战时期规定的米贴按 1945 年米价八折核发，激起了全国电信职工的愤慨，广大电信职工纷纷向电信当局拍发电报，反对克扣，提出改善生活待遇的要求。2 月 21 日，上海电信职工宣布：由于电信当局对他们提出的要求不作答复，决定从当天中午开始怠工，希望各局职工给予支持。这一行动，在全国电信职工中产生了强烈反响，怠工斗争的浪潮迅速席卷全国。

1946 年 2 月中旬以来，贵阳报房值机人员收到各地发来的声援电报，希望贵阳迅速响应。2 月 24 日晚，贵阳报房共产党员、值班报务员罗启珂等四人缮写《怠工发起书》，值班报务人员纷纷签名，一日之间达 100 余人。2 月 25 日，报务课长徐莹寿把这个名单收去，但仍阻挡不住斗争的潮流。洪钟鼎、赵也颉被推荐为代表。当晚，他们用电话通知电信局各单位，按 15 人左右推选 1 名代表，第二天上午到二桥报房开会，讨论响应怠工斗争问题。2 月 26 日晨，各方代表约 30 人陆续到达二桥报房开会，洪钟鼎当选临时主席。会议决定向贵阳电信管理局提出按照全国各地电信职工提出的六项条件。这六项条件：一是生活补助费请按照邮局例每月照当地生活物价指数之标准核发；二是米贷金在行政院未曾重予改善新待遇之前，请按当地中米市价发给；三是房贴请按每人 2 间租价发给；四是请照 1945 年 8 月全部薪津总数一次发给 8 个月之特别奖励金，以庆千载一时之胜利，其在抗战期间，服务不满 8 年者，按其年资分别递减并普晋三级，以励 8 年艰苦之劳绩；五是年奖金改按当年 12 月份薪津倍数核发；六是滇黔两省生活仍在高涨，将来调整仍请一视同仁。2 月 26 日下午，洪钟鼎及大部分代表集队去电信局，在会议室与余志明（局长）、刘兆祥（总工程师）等谈判。洪钟鼎向他们提出条件，要求答复。他们只说向上峰报告。余志明等退出后，代表们商议，以代表团名义成立一个主席团主持怠工。于是推选洪钟鼎等 5 人为贵阳电信职工代表主席团成员，洪钟鼎为主席团主席。3 月 27 日，《贵州日报》报道了这次谈判的消息，标题是《贵阳电信员工请求改善待遇提出六条要求电上峰解决》。《力报》也发表了《筑电员工要求改善待遇》的消息报道。当天下午，贵阳电信局全体员工已进入怠工状态。除了官方、军队、新闻电报电话，商报商话一律不收不送。

怠工期间，各机关团体、新闻单位和保安司令部、宪警等经常到电信局找代表团询问怠工情况。1946 年 3 月 1 日下午，代表团在电信局会议室举行记者招待会。各报记者计 30 余人到会。洪钟鼎等在会上讲述了怠工斗争情况，散发了书面发言。随后，记者们纷纷提出问题。洪钟鼎等分别作了答复。3 月 2 日，《大刚报》《力报》在显著位置登载了这一消息，并刊登了电信职工向当局提出改善待遇的要求。怠工期间，昔日机声喧闹的报房处于寂静之中。当各机收到外地怠工斗争的消息时，报务员们便兴奋起来，急忙把电码译出来，贴在报房门口专门贴消息的木板上。有天晚班，有线电信股长陈松茂来到报房，给大伙泼冷水，劝大家不要闹，反正别人得了钱大家都会有的。值重庆机的报务员将此情况告诉了重庆。第二天，重庆发来 100 多字的回复，点名把“电奸”陈松茂痛斥一顿。报房译电员把这张长长的回复译了出来贴在木板上。3 月 7 日，怠工斗争传来胜利消息。经过全国电信员工的怠工斗争，交通部不得不同意员工们提出的要求。当天，重庆《新华日报》报道了重庆 2200 多名电信职工请愿团赴交通部请愿的情况，《大刚报》《力报》也登载了复工消息。

三、贵州工人阶级的其他罢工斗争

（一）万山汞矿工人的罢工斗争

1946 年，万山物价飞涨，大洞喇采区矿工们为争取提高工资，于 8 月 20 日由锤户（相当于班组长）们联名向矿方提出停止上班的辞呈：“锤户等以矿为业，在钧厂各洞充当锤工，赖以为生。只因每场（一般是5天）所得工资难付开支，个人与家小难以维生，且长久亏缺，日复一日，无以补还。为此，锤户等不能空腹做工，实无他法。现自即日（8月20日）起停工改业，另谋生路。”

这次罢工斗争，使矿方惊恐万状。在其上报文中提到，全矿炮工、锤工等突然于8月20日罢工，要求提高工资待遇，内情极为复杂，非普通工潮所比，恐有异党分子操纵。为此，拟请黔保安一团派兵来厂镇压，以防发生意外。汞管处回电：工潮部分，须严密查究异党分子，对一般工首则宜以和平缓和办法处置。协商中，矿工们提出每月增加5000元（旧币）的要求，矿方答应每月增加4500元，罢工取得了一定胜利，矿工们复了工。

1946年9月，矿工聂某身患重病，高烧不退，但迫于生活，仍同其叔父聂南清下井作业。快下班时，聂某捡了几颗矿料在洞里的水塘里淘沙。马巡查看见后便抡起木棒对他进行毒打。聂南清见生病的侄儿惨遭毒打，愤愤不平，拿起一根钢钎压住马巡查的肩，并叫聂某逃走。同时，聂南清夺过马巡查手中的桐油灯并将它砸烂，自己提着桐油灯跑出洞来。聂南清知道马巡查及矿方对此不会罢休，当晚便邀约被马巡查打过的矿工们开会，决定第二天罢工，得到了黑洞子坑口全体矿工的响应。矿工们提出了三条复工条件：第一，工人工资每场（5天）一斗米（17市斤）；第二，取消对工人搜身制度；第三，严禁吊打工人。汞管处答复：对工人们的要求同意照办。罢工斗争取得胜利。

（二）遵义印刷工人反饥饿和凤朝门工人反迫害斗争

1948年，国民党打内战连连失败，经济每况愈下，社会动荡，人民处于苦难之中，尤其是工人，生活面临极大困境，因此连续出现了罢工斗争。1948年6月，遵义《民铎日报》社印刷工人举行罢工，要求增加工资。该社负责人以开除戴“红帽子”（共产党员）来威吓工人，把工人代表逮捕送入监狱。这些手段并未动摇工人的斗志，工人连续罢工两天三夜，报纸停刊，迫使报社接受工人们提出的三个条件：一是放回代表，不准伤害；二是工资要米，不要钞票；三是工人每月工资增加为4斗米。

消息传出后，棉织厂工人随即罢工，要求增加工资。厂主勾结卫兵连长强迫工人上班，工人不屈服，罢工3天，厂主只得答应每人每天由一升米增加为一升半米。大兴面粉厂工人采取先向厂方算账后举行罢工，要求增加工资。厂主指使警卫威胁工人上班，工人们团结起来打跑了警卫，厂方被迫允许工人每月工资改为3斗6升米。接着，皮革、缝纫、木器、酱醋、味精、电池、酒精等厂工人，也都用罢工来取得了增加工资的胜利。一些行业还通过工会的渠道要求增加工资。1948年，棉纺业工会选派代表李海清向厂方要求："由于物价上涨，应提高工人工资两倍。"资方代表徐中运答复："物价上涨，可以适当提高工资，但只能提高一倍。"双方为此发生争执，经总工会裁决，作出"增加工资一倍三"的意见，函报县政府核示后施行。

1948年，遵义工人掀起的罢工风潮，使国民党县党部惊恐不安，急忙派出特务进行阻挠和破坏。新城凤朝门的几间茶馆，是工人经常喝茶聚集的地方，特高组的特务天天到这里来侦察，监视工人的言行。工人就指桑骂槐，冷嘲热讽，咒骂特务，工人与特务之间的矛盾日益尖锐起来。1948年8月的一天，皮革工人抓住一个小偷，这家伙声称是特高组组长王琦的部下，工人们恨透了特务，就痛打这个家伙，叫他以后不再害人。王琦得知后，带了100多名特务侦察员，包围凤朝门工人住地，声称皮革工人是异党分子，毒打国家侦察人员，逮捕一名皮革工人，并用枪托毒打其他工人。工人唐经明当时气愤已极，拿起皮鞋刀来和王琦拼命。特务把工人捆绑到公安局，用辣椒水灌，用坐飞机、电刑等来逼供。工人们连续受了一天两夜的折磨皮开肉绽，成了血人。但是，工人们坚贞不屈，使特务们一无所获。特务又逮捕了4个工人，生病很久的皮革工人周阳仁并未参加这件事，但仍遭到毒打，几乎死去。这件事发生后，凤朝门一带的工人罢工，商人罢市，其他厂的工人也向统治当局提出抗议，斥责特务的罪行，要求释放被捕的工人。这次斗争，是反迫害的斗争，教育了工人，要实现和平民主，只有团结起来推翻国民党反动派的黑暗专制。

（三）茅台烧坊工人的调资斗争

1948年8月，茅台成义烧坊看磨工人周绍清同烧酒工人郛大洪、龚德华等商量，要求经理增加工资或改按米价折发工资。几个人一谈，其他工人听到后都很同意，一唱百和，形成了斗争力量。于是向厂方提出了增加工资或改按米价折发工资的要求，并决定如要求不能解决，即采取“交围腰”，全体退雇不干，坚决斗争到底。经理薛相臣对工人软硬兼施，企图瓦解工人的斗争意志，但大家齐心，终不屈服，结果是得到了经理立刻写信请贵阳老板调整工资的保证，取得了初步的胜利。成义烧坊工人发动罢工之后，接着恒兴烧坊的工人起而响应，并得到烧坊经理的同样保证。经过斗争，两家烧坊老板被迫接受工人的要求，都改按当时的米价来折发工资。

这次罢工，荣和烧坊的工人没有参加。原因是荣和烧坊的老板是大地主，所雇请的工人“既是佃农，又是雇工”。凡是佃农生产的高粱、小麦，除了留作种子，必须交给烧坊抵作地租，或者作价由烧坊收购。佃农只许种高粱、小麦，不得种其他粮食。要换米的，也得拿到厂里去换。农民的生产和生活，完全卡在老板手里，无法动弹。

（四）西南公路局第十运输处工人的斗争

陆永忠、黄厚文、徐绍敏三人有着各自不同的经历，驾训班使他们相聚在一起。1940 年秋，他们先后从驾训班提前 2—3 个月毕业，黄厚文分到贵阳二桥保养场，徐绍敏分在贵阳车站，陆永忠与李裕慈、晋凡琪等 10 余人分去昆明汽车总站。陆永忠和徐绍敏都是筑光音乐会的会员，他们从驾训班毕业后，身为司机但不忘“筑光”民主、进步的本色。当蒋介石掀起反共高潮，贵州地下党处于危难之际，毅然接受朋友委托，利用行车之便，多次转移地下组织有危险的同志，默默地为革命作出了无私的奉献。

1945 年抗战胜利后，西南公路运输局接受一批美军车辆，号召原运输系统的驾驶员复职。陆永忠调回贵阳二桥保养场开货车，行驶渝筑线，与黄厚文、徐绍敏等旧友重逢，他们共同参加了西南公路运输系统汽车司机要求改善待遇、取消铺保的罢工斗争，迫使当局对工人们作出让步。

陆永忠驾驶的车几乎每周要跑一趟重庆，到站后，或住二桥保养场，或住罗家坝钟凌云家，西南公路局第十运输处（简称十运处）在西南数省的车站、保养场都有他们的许多不畏权势、不与黄色工会同流合污、不当“派司”（国民党之网通讯员）的朋友。陆永忠的好友杨树峰在重庆保养场搞修理工，订的《新华日报》，陆永忠要他把每天的报纸捡好，车子由重庆返回时便把报纸带回贵阳。1946年，杨树峰调松坎保养场当技工不久，因订阅《新华日报》被特务注目，便离开松坎来到贵阳，跟陆永忠、邱淑镒当助手。1949年，陆永忠、徐绍敏与“新青”团员陈开秀、“新联”盟员杜蓉有了联系，陆永忠从省外带来的进步书刊和歌篇总要交给他们。

1949年4月，濒于绝境的贵州反动当局进行“应变”布置，疯狂捕杀革命志士。当年10月，川滇黔铁路公路调查处的特务头子刁寄萍、梁树模、王伯奇与省党部调查处处长刘苏屏密谋，镇压十运处进步司机，先从省财政厅守捕徐绍敏，接着，绑架到材料库装货的邱淑镒，并密令十运处警务科副科长周敦祜扣押黄厚文。这时，陆永忠已运货去独山，特务机关恐陆永忠闻讯出逃，密电独山县党部书记长周继光在独山车站将陆永忠逮捕。王伯奇随之带特务赶往独山，将陆永忠押回贵阳。川滇黔铁路公路调查处逮捕十运处的这批进步工人后，关押在中山公园秘密监狱，只有邱淑镒趁放风时越狱逃出。

1949年11月上旬，中国人民解放军进入贵阳，但当黑暗即将过去的时候，公路运输线上的这批工人阶级的先驱，被敌人杀害在北郊沙河桥畔，牺牲时年仅二三十岁。他们的英勇斗争和许许多多工人的英勇斗争一起，在贵州工运史上留下了光辉的足迹。

第四节　贵州工人阶级开展反搬迁、反破坏的护城护厂斗争

1949年，国民党政府已面临崩溃的边缘，但仍想依靠云贵川作垂死挣扎。在贵州，他们妄图在中国人民解放军入黔之前对一些工厂企业实行“应变”，能搬走的搬走，不能搬走的予以破坏。

为了保护好城市、保护好工厂，工人群众团结起来，怀着胜利在望的心情，冒着极大的风险，在中共地下党组织的领导下，同国民党地方当局展开了一场激烈的反搬迁、反破坏的护城护厂斗争。

一、大定羊场坝航空发动机制造厂反搬迁斗争

1949年4月21日，毛泽东、朱德发布了向全国进军的命令，中国人民解放军百万雄师横渡长江天堑，彻底摧毁了敌人的长江防线，于4月23日占领南京，国民党统治集团纷纷向台湾仓皇逃窜。蒋介石电令羊场坝航空发动机制造厂迁往台湾。厂长顾光复得到命令后，立即召集全厂头目，向他们传达了蒋介石的命令，密谋先将设计图纸、精密仪器和机器运走，然后再运其他设备，如来不及，就把整个工厂炸毁，扬言决不留下一颗螺丝钉给共产党。

中共羊场特支得知这一情况后，一面派人向中共大定中心县委汇报，一面积极采取行动，依靠党员，发动工人群众开展护厂斗争，阻止敌人迁厂，特支很快接到中心县委的指示：全国即将解放，对敌要害部门、仓库、工矿要设法控制、保护，防止敌人狗急跳墙，进行破坏。接着中心县委又先后作出指示：在护厂斗争中，要充分发动群众和依靠群众，做好统一战线工作和敌人武装的策反工作等。根据中心县委的一系列指示，特支从以下几方面深入开展了护厂斗争。

一是加强统一战线工作，团结争取有爱国思想的副厂长汪福清和一批中上层官佐和技术人员。在执行蒋介石迁台命令上，以厂长顾光复为一派，主张立即执行命令迁厂，把人员、机器、设备迅速迁到台湾之后再建厂。而以副厂长、总工程师汪福清（新中国成立后曾任贵州省政协副主席）为一派，则主张先在台湾把厂房建起来后，再将人员、设备搬迁过去，其实质是不想去台湾，有意拖延迁厂。特支对汪福清的一贯表现进行了分析，决定争取汪福清，支持汪派，坚决反对顾派和分化顾派。在顾光复停发全厂工人工资，遣散大批非生产人员和部分工人之时，特支发动了全厂工人进行了罢工斗争，把顾光复弄得狼狈不堪，急忙带上图纸和几个技术人员，借口安排迁厂事宜飞往台湾去了。全厂厂务由汪福清主持，特支党员和积极分子，发动广大工人群众，公开支持汪福清。当时为解决几百员工的工资、生活问题，汪福清召集员工开会讨论，中共地下党员刘沛民、唐焰林、王锡琪等建议将生产活塞、涨圈等汽车零件出售，清理

破烂器材（如汽油桶等）运往贵阳、昆明变卖，组织汽车运输增加收入。在中共地下党员的帮助下，汪福清很快解决了给工人发工资的问题。1949 年 11 月，当中国人民解放军占领了各大城市并向大西南进军时，航发厂与台湾的联系中断，为防止敌人破坏航发厂，特支党员协助汪福清加强了护厂工作。11 月下旬，大定、毕节已临近解放时，国民党特务加紧活动，并妄图破坏航发厂和绑架杀害汪福清。保警队放火烧了离厂十几华里的乌溪仓库，并杀气腾腾地到厂里借枪借弹进行威胁。毕节专署还打电话要汪福清去毕节参加“军事会议”，汪福清料到这是“鸿门宴”，敌人会威逼绑架他，甚至向他下毒手，他一面安排易水等组织加强护厂，一面决定带胡广家等暂离大定、毕节去重庆，避开敌特的威胁，还可在重庆弄回一笔款维持员工生活。

二是发动广大员工抵制去台。特支将党员和积极分子组织起来，采取各种办法，深入各车间、课室，广泛宣传解放战争的形势，讲解党的方针政策，说明共产党是为工人、农民、劳苦大众求解放谋幸福的，指出国民党败局已定，几百万人逃到台湾孤岛上是没有出路的，而跟随国民党去台湾，离乡背井后果只能是惨痛凄凉的。特支还利用现身说法去教育发动员工抵制去台。当时有先期去台的木工廖丙清和工人李世俊因事返回羊场坝，他们已尝到了去台湾没有出路的滋味，人多地窄，挤在一个孤岛上，很多人沦为乞丐，还要在国民党特务、军警的拳头、皮鞭、屠刀下挣扎。中共地下党员请这两个工人在员工中大肆宣讲去台无出路的事实，在广大员工、士兵中引起了极大的反响，一些犹豫不决的人打消了去台湾的念头。由于中共地下党的教育、宣传和发动，一大批工人、技术人员抵制去台。

三是鼓动工人消极怠工，拖延机器设备的拆卸、装运和搬迁。顾光复去台湾后，一再来电催促迅速将机器设备拆卸装运去台，顾派的一些工头、特务赶着工人拆卸装运机器设备。特支根据这一情况，将党员和积极分子分到各车间班组去做工作，发动工人消极怠工，缓拆缓装缓运。同时特支还布置一些党员和积极分子，将一些精密仪器和机器上的一些主要部件单独装箱，以待时机偷运出厂。这些精密仪器和主要部件分装成箱后，由于特务监视严密，一时偷运不出来，特支又决定将这些单独装箱的精密仪器和重要部件隐藏在厂内的一个不易发现的小山洞里。如此一来，这些精密仪器和部件得以保存下来。由于工人消极怠工，拖延了机器设备拆卸、装运时间，使航发厂大部分机器设备都没有运到台湾。

四是掌握一定武装，进行护厂和在必要时实行武装阻迁。1949 年 6 月，特支在鼓动工人缓迁缓运的同时，研究决定：为防止敌人狗急跳墙，破坏工厂，必须掌握一定的武装，一方面可以护厂，另一方面在必要时实行武装阻迁，破坏去贵阳方向的鸭池河渡船和炸掉去毕节、四川方向的响水河大桥。1949 年 7 月底，余辉返回羊场坝，传达了中心县委的指示：同意羊场特支设法掌握一定武装的方案，但不同意联系绿林武装，除联系金沙、遵义地下党掌握的武装以外，要设法打入敌人的武装队，进行策反工作，掌握必要武装。经过对特务连的策反工作，争取了排长左保华，控制了这支国民党的厂内武装力量，没有对工厂进行大的破坏，而且，在中国人民解放军解放黔西北一带时，在左保华的带领下，这个特务连终于起义投诚了。

中共羊场特支由于坚决贯彻了中心县委的指示，充分依靠和发动群众，认真做好党的统一战线工作，开展了各种形式的护厂斗争，保住了羊场坝航空发动机制造厂的大部分设备，从而为新中国保存下一个较为完整的航空发动机制造厂。

二、贵阳电厂工人的反破坏护厂斗争

贵阳电厂隶属于南京国民党资源委员会，是国民党贵州当局“应变计划”中的重点破坏目标，也是中共贵州地下党组织的重点保护对象。南京解放后，中国人民解放军接管了国民党资源委员会。在这种情况下，受党影响的爱国民主人士贵阳电厂厂长奚长年审时度势，在贵阳的中共地下党员张震声和长期隐蔽在电厂的中共地下党员陈延维积极支持和全厂工人的支持下，想方设法积极准备护厂斗争。1949 年 11 月 8 日，贵阳电厂成立护厂大队，抢修枪支 80 余支，电厂工人拿起武器，实行流动岗哨巡逻，并在工厂四周架设电网，严阵以待。同时将全体职工家属搬进厂区内居住，解除了职工后顾之忧。电厂工人日夜在全市巡查，保证线路畅通，日夜供电。1949 年 11 月 14 日，当国民党第 89 军的 3 辆卡车满载士兵前来破坏电厂时，见工人们荷枪实弹，俨然不可侵犯，也只好悻悻撤走。护厂队成功阻止了国民党当局准备在贵阳解放前夕对电厂的破坏，有效地保护了厂房和设备。第二天，中国人民解放军进驻该厂。贵阳电厂成为全国在当地解放前夕没有停电的 6 家电厂之一。1950 年中央燃料工业部表彰了该厂，誉为“护厂先锋”，并奖励了护厂的有功人员。[①]

三、贵阳矿山机器厂职工团结战斗

贵阳解放前夕，国民党第 31 兵工厂一分厂（即贵阳矿山机器厂前身）的工人们进行了激烈的护厂斗争。该厂坐落在贵阳市中曹司，主要制造手榴弹壳及修理枪械炮弹，是新中国成立前省内少数公营大厂之一，职工 300 多人，工人 160 多人，一半以上是翻砂工，其他为职员、稽查人员、士兵等。1949 年 11 月，国民党逃往台湾、中国人民解放军就要打到贵阳的消息已传开，工人们十分期盼。当时，厂长管毓岱胁迫工人迁往台湾，配合国民党军队策划破坏工厂，并强行扣发工人 3 个月的遣散费。得知这一情况后，工人中的积极分子带头行动，串联发动群众，告诉大家工人离开工厂就没有活路，要团结起来参加保卫工厂的斗争，共同抵制去台湾，他们同时还宣传共产党、解放军的政策和主张。工人们对此反响强烈，表示要组织护厂队保卫工厂，迎接贵阳解放，并一致推选罗杰凯、李如东等 9 人领导护厂斗争。护厂队成立后就向厂长管毓岱提出了 3 个条件：一是工人武装护厂，厂长批条到红岩厂取枪支；二是厂里发给工人 3 个月的遣散费，维持职工生活；三是留下工厂的公章以作备用。管毓岱开始不同意，后见大势已去，只好答应了护厂队的要求，给工人们发放了大米和大洋，并发放了部分枪支弹药。护厂队员认真负责，日夜守护在工厂周围。贵阳解放前 2 天，国民党军队工兵营来到工厂准备拉走弹药并搞破坏，护厂队员当即严正警告，如要炸毁工厂，他们一个都跑不掉。工兵慑于工人们的威力，未敢行动。

---

① 中共贵州省委党史研究室编：《中国共产党贵州历史》（第一卷），中共党史出版社、贵州人民出版社 2020 年 3 月版，第 305 页。

次日，反动派又拉来6卡车的官兵，胁迫工人交枪，护厂队员和全厂工人严阵以待，拒不交枪。反动派被这一场景吓坏了，害怕自身伤亡，只好作罢，仓皇逃遁。当天下午和晚上工厂平安无事。1949年11月14日晚，中国人民解放军进贵阳的消息传来。11月15日下午2点，解放军一个班的军人来到工厂，表扬了护厂队护厂有功，鼓励队员再坚持两天，保护好工厂，等待解放军接管。几天后，该厂被贵阳市军事管制委员会接管。[①]

四、贵阳电信局员工保护通讯设备的斗争

1949年初冬，贵阳临近解放。国民党党政军头目惊慌失措，惶惶不可终日。军令部次长萧毅肃从重庆打来电话，让贵州省主席谷正伦撤离贵阳时把贵阳的通讯设备拆下搬走，截断贵阳与外界的通讯联络，变贵阳为死城。

贵阳电信局的员工得知这一消息后，准备尽最大努力与反动派当局作针锋相对的斗争。电信局员工经常深夜偷偷收听解放区的广播，当他们听到新华社号召大家团结起来，保护机器，迎接解放的消息时，就在一起议论保护设备的问题。之后，他们得到了中共贵州地下组织秘密散发的油印传单，其中一份提出要防止国民党反动派逃窜时进行破坏或转移设备、资金，应在工厂、企业内部及时组织护厂队。员工们知晓这些消息后，十分赞同，一致认为，要保护好局里的重要机器设备，迎接贵阳解放。

1949年11月12日上午，长途台值机员接到中国人民解放军挺进支队从马场坪打来的电话，询问贵阳情况，值机员十分兴奋，激动地告诉对方，国民党军团都逃跑了，欢迎解放军赶快来。当晚，住在电信局院内宿舍和各机房值夜班的员工们纷纷行动起来，将比较重要的机器设备先行拆除，有的藏在宿舍里，有的堆放在房间内。机务站的员工们把美制C4三路载波电话机、VF618822音频载波电报机等设备从机组上拆下隐藏起来。发讯台的员工将2部100瓦发讯机、2部200瓦发讯机、1部400瓦BC601发讯机以及其他重要零件拆下来，搬到家中。无线报房、测修室、长途台的人较多，大家七手八脚，拆的拆、搬的

① 贵州省总工会编：《贵州工人运动简史》，1995年8月，第39页。

搬、藏的藏，整整忙了一个通宵，最终将重要的电信设备都拆下来藏好。11 月 13 日，有线电报房又将备用电报设备全部拆除隐藏。当时有线股长董正保见到后不但没有阻拦还把办公室的窗帘拆下，拿到检修室挂上，以免被人发觉。11 月 14 日拂晓，2 辆满载国民党士兵的大卡车和 1 辆吉普车开进贵阳电信局，端着枪的士兵守在各处机房和路口，在门口的一个制高点架起了 1 挺机枪。国民党第 89 军的参谋长吴行中带着士兵到各机房一看，除了搬不动的设备，机房几乎都空了，便大发雷霆。在场的员工解释称，那些通信设备几天前已拆运到昆明去了。吴行中无可奈何，仍然威逼员工撤搬剩下的机器，员工们就把笨重的重锤式电报收发报机慢慢拆、慢慢装，尽量拖延时间。吴行中一再催促，他们就是在那里磨洋工，拖时间。这时，有人说解放军来了，吴行中吓破了胆，顾不上再要什么设备，赶快爬上汽车，朝三桥方向狼狈地逃跑了。

由于贵阳电信局员工们保护了通信设备，使得刚解放的贵阳与各地的通信联络畅通无阻，保证了军事接管等工作的顺利进行。

五、遵义酒精厂工人的护厂斗争

1949 年 8 月下旬，遵义酒精厂厂长虞克洋在长沙参加了国民党召开的一个策划部署“迁渝逃台”问题的紧急会议。9 月 12 日，虞克洋向全厂贴出布告称：“形势紧迫，工厂奉命关闭，经厂务会议决定，于 9 月 16 日拆厂迁渝。若工友们愿意随同迁渝者，途中一切费用由厂方负责，抵渝自谋出路。”布告发出后，全厂陷入混乱，职员们拼命逃跑，一些家住附近的工人自动回家，52 名无家可归的工友们得知情况后进行了商议，一致认为这是敌人耍的花招，目的是弃厂弃工而安全逃跑，并让工人护送他们，工友绝不能上圈套。于是，他们推选王昭贵等 5 人为代表同厂长谈判，佯装同意随厂迁走，但要求发给枪支以保卫途中的人和车，抵渝后再发给工人半月生活费用，以便自寻生活出路。厂长信以为真，随即答应了。9 月 16 日，这 52 名工人得到了 10 支步枪和 500 发子弹，拿到武器后，他们大声呵斥道：“不许破坏工厂，不许逃跑！我们要生活，我们要保护工厂！”于是，工人们截获厂里向重庆逃跑的车辆，夺得公章和 300 元大洋，组成前门、后门、酒库等3个护厂小组，以酒库为中心，对工厂进行保护，提出了“工厂就是我们的生命”的战斗口号，多次打退国民党的溃退散兵和地方土匪特务。由于每天夜晚都有犯厂事件发生，加之枪支不足，护厂工人们用铁管、铁棒、铁锤等当作武器，同敌人作殊死斗争。他们将汽车旧钢圈在厂内各个岗位上挂起，把它当作迷惑敌人的警钟之用。以前门为起点，如有人来犯，经交涉不听时，前门警钟一响，全厂各个岗位的警钟都响起来，每个岗位敲钟的同时吹响口哨，表示集合队伍。他们还将六英寸的大水管，架于全厂各个岗位和最高地势，佯装成火炮和机关枪的样子，以此迷惑敌人。前门担任站岗的工人打扮成国民党正规部队士兵的模样，逢遇来犯的敌人就说：本军奉国防部命令守厂，任何人无国防部指令不得进厂，违者就地处决。

1949年11月中旬，国民党军队派一个营的兵力前来，企图炸毁工厂，工人连敲警钟，哨声不断，大家迅速集合，怒目而视，将架好的铁管管口对准厂门口和厂外桥头，敌人一看不对头，连安好的炸药包都未引爆，只炸了桥头的一个洞，就拼命地转身逃跑。经过工人长达两个月的护厂斗争，遵义最大的一家工厂得以完整地保存下来，直到遵义解放后人民政府接管为止。

六、遵义大兴面粉厂工人的护厂斗争

1949年11月，贵阳临近解放，遵义解放也已为期不远。为了防范国民党部队逃跑时进行破坏、抢劫，遵义大兴面粉厂决定采取护厂行动。经理姜梦赉经与厂内有关人员商量后，邀请遵义中国银行的陈秉昆、交通银行的王其海、农民银行的罗正闾、贵州银行的秦祖培、盐务局的黄宏顺等人到大兴面粉厂商议防卫护厂的具体办法。姜梦赉建议将上述5个单位的枪支、武装人员、财物及眷属集中到大兴面粉厂，以便集中力量，共同对敌，约定在贵阳解放之日一致行动。

1949年11月20日，姜梦赉召开全厂职工会议，首先表明自己决不临危逃避，誓与工厂共存亡的决心，工厂要用银洋给全厂职工发放1个月的工资作为安家费。同时要求大家值守岗位不准外人或本厂非生产职工进入机房，妥善隐蔽存仓的面粉。果不其然，次日下午，地方军阀柏辉章、吴剑平以前方紧急、部队缺粮为由，向面粉厂要500袋面粉。职员詹以文既是厂内的进步分子，又与柏辉章有亲戚关系，即同姜经理去见柏辉章，好说歹说，最后拿50袋面粉才将此事应付了过去。此事之后，姜经理随即召集全体职工和前述厂外5个单位的负责人会议，商议加强护厂措施，任命厂职员刘敬泽为总指挥、警卫张德明为副指挥，在厂区设4处瞭望台，派人值班，以钟声为信号，各赴岗位护厂。午夜2时左右，值守人员发现约50名逃兵包围了工厂。护厂指挥当即命令各处，按兵不动，严密监视，如果进犯，立即还击。僵持许久后，副指挥张德明高声命令大家准备手榴弹，对方听后既未回声也未动手，厂内始终坚持警惕未懈。此前，大兴面粉厂已向川黔边区纵队进行了报告，纵队派幸必泽率一排武装人员前往增援，逃兵不知底细，发现增援人员后迅即蜂拥逃窜，大兴面粉厂因此得以保护了下来。

七、贵州广播电台和桐梓水电厂等工厂工人的斗争

贵州广播电台由国民党保安部队严密看守。贵州临解放时，反动派决定将电台拆运重庆，并计划组装一台小发射台，作撤离时沿途广播之用。电台职工采取拖延、纠缠和秘密拆下机器中的电子管等措施，进行阻挠和斗争。工人还扣截了电台台长写给国民党保安部要求炸毁发射台的信件，从而做好准备，使敌人破坏阴谋未能得逞。当台长仓皇逃走后，工人组织起来，日夜值班，保护电台。

桐梓水电厂（贵州第一个水力发电厂）在贵州解放前夕也面临被敌人炸掉的危险，由于工人组织护厂队，严加保护，使敌人的破坏未能实现。汽车配件厂则建立了工人纠察队，一面护厂，一面宣传党的政策，使大多数职工稳定下来，保护机器设备的完好。其他如纱厂、印刷厂、煤矿等，均进行公开或隐蔽的护厂斗争。

为迎接贵州解放，贵州全省广大工人冒着生命危险，开展了英勇的护厂斗争，使得大批工厂、矿山以及邮电运输企业的厂房和机器设备得以保存，转到人民手中，作出了无愧于工人阶级的重大贡献。

第四章　贵州籍革命先驱和贵州工运代表对工人运动的贡献

毛泽东指出："知识分子如果不和工农民众相结合，则将一事无成。"① 进步知识分子经过五四运动和建党初期的斗争洗礼，充分认识到了工农群众的重要作用，更加坚定地与工人阶级站在一起，走上了与工农群众相结合的革命道路。他们深入群众，领导工农运动，为中国工人运动以及贵州工运事业作出了重要贡献。

第一节　贵州籍革命先驱组织领导中国工人运动

新民主主义革命时期，贵州籍革命先驱在组织领导山东、河南、上海等地的中国工人运动中发挥了重要作用，涌现了邓恩铭、王若飞、龙大道等工运领袖和胡畏等英雄人物。他们无限忠诚于党的事业，矢志不渝追求进步、追求真理，把满腔热忱投入中国革命、无产阶级工人运动的伟大实践中，不愧为忠诚的共产主义战士、中国工人运动的不朽丰碑，是贵州人民的骄傲。

邓恩铭（1901—1931），男，贵州荔波县人，水族。1917 年，立志救国救民的邓恩铭离开家乡，远赴山东求学。五四运动爆发后，他在山东济南积极响应北京学生爱国运动，被选为山东学生自治会领导人兼出版部部长，组织学生参加罢课运动。1920 年，他参与组织励新学会，创办《励新》半月刊介绍俄国十

① 《毛泽东选集》第二卷，人民出版社 1990 年版，第 559 页。

月革命。1921 年 7 月，他与王尽美作为济南中共党组织的代表，出席在上海举行的党的一大，是 13 名代表中唯一的少数民族代表。参加党的一大后，邓恩铭回到山东做党的工作。他深入山东最大的淄博张矿区的工人群众中进行调查研究，与工人们共同生活。在邓恩铭的大力倡导与组织下，一些工会和党支部先后在淄博张矿区成立起来，矿区的工人运动有声有色地开展起来。1922 年 1 月，邓恩铭赴莫斯科参加远东各国共产党和民族革命团体第一次代表大会，受到列宁的亲切接见；7 月参加党的二大，年底赴青岛建立了山东社会主义青年团和中共青岛支部等党团组织。大革命时期，他亲自领导了在全国工人运动中产生积极影响的胶济铁路工人大罢工和青岛全市工人大罢工，组织成立青岛市各界联合会和市总工会，先后任中共直属青岛支部书记、中共青岛市委书记。1925 年 8 月任中共山东地方执行委员会书记，11 月被捕入狱，后经中共地下党组织营救出狱后，秘密回到青岛，将遭到敌人破坏的党组织重新恢复起来。1927 年出席在武汉举行的党的五大。八七会议后，改组山东省委，任省委委员，不久又调任中共山东省委书记。1929 年初，由于叛徒出卖，再次被捕。在狱中，他与敌人进行了英勇不屈的斗争，先后领导组织了两次越狱，使部分同志得以脱险。1931 年 4 月 5 日，邓恩铭于济南英勇就义，年仅 30 岁。在牺牲前最后一封家信《诀别》中，他告诉家人，为了革命事业“不惜唯我身先死，后继频频慰九泉”，表达了他对党的革命事业必胜的信念和甘愿为党献身的高尚情操。2009 年，邓恩铭被中宣部组织评选为“100 位为新中国成立作出突出贡献的英雄模范人物”。

王若飞（1896—1946），男，贵州安顺县（今安顺市西秀区）人，曾参加过辛亥革命和讨伐袁世凯运动，1918 年初到日本求学，五四运动爆发后，回国参加了反帝反封建的爱国民主宣传工作。同年 10 月赴法勤工俭学，阅读了大量马列书刊，表示要走“苏俄工人阶级的道路”。留法期间结识赵世炎、周恩来等，加入社会主义研究会，1921 年 10 月，他同赵世炎、周恩来等组织成立旅欧中国少年共产党。1922 年 8 月在法国成立中共旅欧支部，同时被批准加入中国共产党。1923 年 4 月，被党组织派往莫斯科东方大学学习，专心研究马列主义和中国革命问题。1925 年回国后不久，担任中共豫陕区委书记，并在李大钊的指导下，在中原地区大力发展中共党团组织，积极开展以工人运动、军事统战为中心的各项工作。同年5月1日，他参加了在广州召开的第二次全国劳动大会，撰文对工人阶级的重要性进行赞扬，呼吁全中国的工农群众站起来支持于五卅运动前夕在上海掀起的罢工运动。在任豫陕区党委书记期间，他亲自到京汉铁路和陇海铁路的工人中间做组织工作，积极宣传马克思列宁主义。1926年调上海任中共中央秘书部主任（秘书长）。1927年3月，他组织领导的上海南市区的工人起义取得了胜利。八七会议后，为准备发动武装暴动，王若飞主办了江北农民训练班。同年10月，他亲自领导了无锡秋收暴动，并协助周恩来等组织领导了上海工人第三次武装起义。1928年参加在莫斯科召开的党的六大。后任中共驻共产国际代表团成员。1931年回国后，任中共西北特委特派员，后因叛徒出卖不幸被捕入狱。1937年获释后，任中共陕甘宁边区宣传部部长、统战部部长。1944年11月起，任中共中央南方局工委书记，负责主持南方局日常工作。1945年，在党的七大上当选为中央委员，同年与毛泽东、周恩来一起作为中共代表赴重庆同国民党谈判。1946年，代表中共方面出席在重庆召开的政治协商会议。1946年4月8日，在由重庆返回延安途中因飞机失事不幸遇难。王若飞以其崇高的革命精神和深厚的理论造诣，被周恩来誉为“中国的布尔什维克的典范”。2009年入选中宣部组织评选的“100位为新中国成立作出突出贡献的英雄模范人物”。

龙大道（1901—1931），男，贵州锦屏人，中共早期工人运动的优秀领导人。求学期间，他在武汉参加过学生爱国运动。受到马克思主义思想的洗礼，积极在上海、武汉等地开展工人运动，促进了马克思主义与工人运动的结合。1924年受党组织派遣赴莫斯科东方大学学习，1925年毕业后回到上海从事工人运动。1926年5月，任中共上海曹家渡部委书记兼工人部部长，9月调到上海总工会组织部工作。1927年1月任上海总工会主席团委员兼秘书长；3月任上海总工会常务委员兼经济斗争部部长；参与上海工人第二次武装起义的组织发动，在第三次工人武装起义时任闸北区指挥，带领工人取得战斗的胜利；四一二反革命政变发生时，指挥工人纠察队进行抵抗，身受重伤，后转移至武汉；4—5月出席党的五大；6月率上海工人代表团参加第四次全国劳动大会，会后留在中华全国总工会和湖北省总工会工作；大革命失败后，化名赵庄去汉阳兵工厂组织工人罢工，不久被国民党军警逮捕入狱，在狱中他坚贞不屈、大义凛然，带领几十个难友越狱脱险。1928 年 3 月返回上海；4 月任中共浙江省委工人部部长；5 月任中共浙江省委常务委员、代理书记；12 月调回上海。1930 年初，任上海市总工会秘书长；8 月后，参与领导浦东日华纱厂和闸北虹口丝厂的工人罢工斗争。1931 年 1 月，龙大道在上海被捕，2 月 7 日于上海龙华被杀害，为“龙华二十四烈士”之一。

胡畏（1911—1943），男，贵州省遵义县人。1927 年就读于省立遵义三中，1930 年毕业后即赴上海求学，后在上海德范小学任教。1931 年九一八事变后，胡畏积极投身党在上海领导的各项抗日救亡运动。1932 年考入大学，并在此期间加入了党，开始从事党的地下工作。1934 年春，胡畏参加党领导的上海工会联合会的工作，担任人力车工人工会的委员长和党组织书记。他根据党组织关于开展地下工作要“社会化、群众化、职业化”指示，亲自去当人力车夫，在他们当中开展工作，建立了斜桥、大木桥、三角地菜场的工会组织，并联络上海各派工会的力量，共同成功地于 1935 年 5 月展开了上海人力车工人总罢工，取得了迫使车主降低车租斗争的胜利。此后，他又组织参与了 1936 年 2 月 7 日日资纱厂工人反日罢工和 11 月上海日本纱厂工人总罢工。1937 年淞沪会战爆发后，胡畏参加上海战地服务团，先后到武汉、山西等地从事抗日宣传工作。1938 年，他回遵义省亲，短暂停留几日后，便带领四名青年前往重庆，而后经重庆、武汉、西安八路军办事处的安排，于 1939 年初到达延安，进入“抗大”三大队学习，并于同年冬，和李肖白等人到晋察冀边区《抗敌报》报社工作，担任国际版编辑，不久又担任国际版编辑组组长。他坚持亲自撰写大部分的国际版评论，及时地把第二次世界大战中各国人民反法西斯斗争的有关消息告诉边区人民，激励边区人民抗战胜利的斗志和信心。1941 年春，胡畏在新建立的报社党总支分管组织工作和党员的思想工作，他把编辑工作和党的工作有机地结合起来，出色地完成了任务，并在 1941 年 11 月被评为报社先进工作者。1943 年 9 月日军发动对晋察冀边区大规模“扫荡”，胡畏等 7 人在突围中不幸中弹牺牲。2015 年 8 月，胡畏被列入民政部公布的第二批 600 名著名抗日英烈和英雄群体名录。

第二节　工运优秀代表对贵州工人运动的贡献

在中国共产党的领导下，新民主主义革命时期的贵州工人运动蓬勃开展，涌现了陈法轼、程刚、邓云山、刘群先、金维映等英雄模范人物。他们以无私奉献、不怕牺牲的精神，践行了对党忠诚和献身革命事业的高尚情怀，为贵州工运事业作出了巨大贡献。

陈法轼（1917—1942），男，贵州贵阳人，中共党员。他先后在贵阳志道小学、贵州省立一中初中部、高中部学习。1937 年 3 月因生活所迫辍学考入贵州省邮政管理局工作。七七事变爆发后，他和许多爱国青年一道参加抗日宣传活动；10 月调镇远县邮局任襄办。1938 年 4 月，加入中华民族解放先锋队贵阳地方队部；返回镇远后于年底与共产党员田伯平、谢速航组成镇远党支部，随后创办了秘密刊物《海燕》，发展了民先队员，成立“读书会”“音乐研究会”等团体。1939 年 1 月，调回贵州省邮政管理局，被正式吸收为中共党员；3 月组织成立贵州省邮务工会并被选为常务理事之一；同年“五一”国际劳动节，邮务工会举行了街头宣传，黔邮歌咏队在民教馆演出了抗战歌曲；6 月，因国民党贵阳县党部和邮政当局对邮务工会深感不安，被调回镇远县邮局；8 月，国民党贵州当局故伎重施，又将他调到赤水县土城邮局任局长。在赤水县土城邮局任职期间，他积极协助土城区委的工作，帮助党组织订了多种报刊，并开设一家西药店周济穷人。他还常到赤水县元厚乡，担负党的交通联络工作，并担任元厚小学义务教师。1941 年 6 月，国民党贵州邮政当局下令将陈法轼调往松桃县，随后仅数月，国民党便逮捕他，并先后押送贵阳、送往重庆、押回贵阳。1942 年 6 月 20 日，特务们向他举起屠刀。陈法轼慷慨就义，展现了共产党员、工会干部大无畏的英雄气概。

程刚（1910—1948），男，重庆万州人，驾驶工人。1938 年，他随重庆汽车运输公司迁到贵阳。自到贵阳起，他就同行业工友们打成一片，很快赢得信任和拥戴，被推选为贵阳市汽车司机职业工会的理事长，后担任贵阳市总工会常务理事兼宣传科科长，成为贵阳工人运动中有影响的代表性人物。由于当时贵阳市总工会是国民党社会局控制的所谓“法团”，一些基层工会也被一些工贼把持，内部斗争极为复杂。为此，1945 年 1—2 月，他充分利用国民党搞市参议会选举的机会，凭借他在广大工人中享有威望、深受拥护的优势，积极参加选举并最终当选为参议员。为了寻求真理和组织支持，同年 2 月他借回重庆探亲之名设法找到中华全国劳动者协会总会（简称全国劳协）理事长朱学范，聆听其教诲并受其委托，以全国劳协组织干事的身份回贵阳筹组全国劳协贵州分会，开展工运工作。重庆之行给程刚思想、信念和领导工运斗争以很大的鼓舞和启发。返回贵阳后，他把参议会作为争取、代表工人阶级利益的讲坛，同国民党反动政权作斗争。他深感在参议会上发表意见作用还不足够大，因此他通过受委托在贵阳成立中共《新华日报》代理发行站，发行报纸。报纸的喉舌、宣传作用启发了他，让他下决心在贵阳办一张工人自己的报纸。后经克服重重阻碍，1946 年“五一”国际劳动节，程刚申办的《贵州工人报》终于创刊。但由于报纸刊载进步文章、为工人说话，引起国民党当局严重不安、遭到蓄意破坏，仅出刊两期后就被迫停刊，后经程刚不畏强权、据理力争并更名为《贵州工报》后才获准复刊发行。这一斗争的胜利，使程刚受到鼓舞，复刊的《贵州工报》连续发表揭露地方官吏恶行，转载《中国劳协》工运文章和工人呼声，深得广大工人群众的欢迎，也引起反动当局的惊恐和仇视。1947 年 6 月，反动当局下令查封《贵州工报》，并秘密拘捕程刚。1948 年 10 月 8 日，程刚在高呼“中国共产党万岁”的口号声中英勇就义，时年 38 岁。从工运优秀代表，到“红色参议员”，进而创办《贵州工人报》《贵州工报》，程刚在贵州工运史上谱写了光辉的一页。以程刚为代表的工报创办发行人的不屈不挠的斗争，充分彰显了贵州工人阶级敢于斗争的大无畏的革命精神。

邓云山（1904—1953），男，四川荣昌人。自幼因家境贫困，靠放牛帮人、赶脚驮盐、做木工为生。1933 年，邓云山因积极参加群众“吃大户”斗争，遭到国民党反动当局追捕，逃亡到遵义做木工。1935 年 1 月，当听说红军即将到达遵义城时，他积极组织工人群众迎接红军进城，后被选为遵义有史以来第一个革命工会——赤色工会主席。他一面积极宣传党的各项政策，清查土豪劣绅和潜匿于工人队伍中的奸细，镇压不法分子的破坏活动；一面组织工人游击队，动员青壮年工人参加红军。邓云山在任遵义县革命委员会副主席期间，除了积极宣传县革命委员会颁发的土地法、劳动法、经济政策，还为红军筹粮、筹军衣、扩红，带领工作队清查土豪劣绅埋藏的粮食财物。红军撤离遵义后，他留下继续坚持地下斗争。由于组织工人反对遵义当地大地主、大豪绅罗徽五在建造私人公馆中克扣工人工钱的斗争，为罗徽五所痛恨，于是罗徽五勾结反动当局，以邓云山贩卖大烟毒品罪为名，将其抓捕入狱，直至 1948 年才被释放出狱。出狱后，由于长期狱中生活折磨，他一直在家卧病不起。1949 年遵义解放，邓云山虽很想为党尽力，做些工作，但因病魔长期缠身，一直未能如愿，1953 年不幸因病逝世，终年 49 岁。①

刘群先（1907—1942），女，江苏无锡人，中共党员，无锡庆丰纺织厂、申新三厂工人，全国总工会女工部长，从事工人运动。长征初期任妇女队长。遵义县赤色工会成立时，受红军总政治部委托主持召开成立大会，并向赤色工会主席邓云山授予印章，帮助训练工人游击队，是指导遵义赤色工会工作的红军主要干部。

金维映（1904—1941），女，浙江舟山人，中革军委总动员武装部副部长。红军到达遵义时，任中革军委总动员武装部副部长。1935 年 3 月 9 日至 12 日，中革军委驻遵义县尚坝乡时，她把花苗田的陶瓷工人和农民组织起来，成立了岗石台武装游击队，并提出“团结工人，积极打游击”“配合红军作战的任务”。刘群先、金维映两位红军女干部，在那艰难困苦的战争年代，巾帼不让须眉，勇于担当，积极作为，为贵州的工运事业贡献了力量。

---

① 中共遵义市委党史工委办公室编：《遵义市党史资料通讯》总第 11 期，1986 年 2 月，第 24—25 页。

第二编

社会主义革命和建设时期的贵州工运事业和工会工作（1949—1978）

1949年12月底，贵州全境解放，工人阶级翻身做了国家的主人。在中国共产党的领导下，贵州工人阶级积极为巩固新生的人民政权而斗争。经过三年的艰苦努力，工业生产全面恢复并有所发展。

1949年11月20日，贵州省职工联络处成立。1952年10月，贵州省首届工会会员代表大会召开，正式成立贵州省总工会。在各级党委和工会的领导下，开启了贵州工人阶级为贯彻党的过渡时期总路线、超额完成第一个五年计划而不懈奋斗的新阶段。

1957年至1958年，反右斗争扩大化和党内"左"倾思想继续发展，使贵州工会从思想、组织到实际工作均遭受了严重挫折。1958年第四季度，全国工会系统刮起工会消亡风，各级工会组织也一度出现停止活动和拆台散伙的现象。随着"大跃进"运动的开展，新建企业不断增加，职工队伍迅速扩大，迫切需要加强职工群众工作。贵州省总工会认识到工会的消亡与形势的发展是不相宜的，于1958年6月6日（在全国总工会正式纠正工会消亡问题之前），省委工业部、省总工会向省委提交了《关于整顿和加强目前工会组织的几点意见》，并经省委批转各级党委执行。

1958年，全国掀起了"大跃进"运动，在生产发展上追求高速度，在建设上追求大规模，客观上推动了贵州工业建设的发展，迈上了一个重要台阶。但"大跃进"以高指标、瞎指挥、浮夸风和"共产风"为主要标志的"左"倾错误严重泛滥，脱离实际，急躁冒进，生产数字包含水分，摊子铺得过大，远远超过了贵州财力、物力所能承受的程度，违反了客观经济发展规律，造成了国民经济的重大损失。

1960年9月，党中央提出对国民经济进行调整、巩固、充实、提高的"八字"方针，贵州采取大幅度降低工业发展速度、停建一大批新建项目、大量精简和减少城镇人口等措施，进行战略调整。为度过三年困难时期，工会组织大抓职工生活，协力渡过难关。1963年1月，贵州省总工会组织全省职工开展增产节约运动，采取有效措施，收效显著，贵州经济全面好转。

“文化大革命”期间，贵州工人运动和工会工作受到猛烈冲击，工会工作的成绩被全盘否定。1971年九一三事件后，周恩来主持中央日常工作，全国各方面工作出现转机，贵州省委开始恢复筹建工会，开展整顿，全省工人运动的混乱局面有所好转，工会工作有了一定起色。但是，“文化大革命”的影响和“四人帮”的干扰仍然存在，因此，这一时期的工会工作具有很大的局限性。

20世纪60年代，国家面临严峻的外部形势。在“准备打仗”方针指导下，全国开启了三线建设伟大工程。贵州的三线建设，从1964年开始至1979年全部建成投产，长达15年。从全国各地、各部门选调到贵州的建设人员达18万多人，三线建设者历尽千辛万苦，为建设贵州现代化国防、铁路和新兴工业生产基地作出了永不磨灭的贡献，取得了令世人瞩目的成就，实现了贵州工业经济发展史上的一次质的飞跃。

1976年，粉碎“四人帮”的消息传到贵州后，全省广大职工纷纷举行庆祝活动。1977年，为深入贯彻党的十一大精神，贵州省总工会发出了《关于整顿和加强工会组织的意见》，各级工会组织作出具体部署，重点从思想、组织和作风三个方面进行整顿，不断深化。至20世纪80年代初，整顿工作基本完成。

1978年，党的十一届三中全会和中国工会第九次全国代表大会的召开，为贵州工会工作指明了方向，贵州工运事业迎来了重大转折。全省工会工作经过拨乱反正，重新走上正常发展轨道，进入了为实现四个现代化立新功的新阶段。

第五章　贵州工人阶级的解放与社会主义改造时期的工运事业

1949 年 12 月底，刚刚解放的贵州面临严重的政治经济困难，贵州工人阶级摆脱了长期被奴役、被压迫的地位，在中国共产党的领导下，翻身做了主人，他们欢欣鼓舞，以饱满的政治热情、积极的工作态度，为促进经济社会秩序的好转、恢复和发展生产、巩固新生的人民政权而奋斗。经过三年的艰苦努力，全省工业生产全部恢复并有所发展，新生的人民政权度过了困难时期。

1949 年 11 月，贵州省职工联络处成立，至 1952 年秋，各级工会组织遍及全省形成网络，全省 14 万职工已有半数以上组织起来，工会工作取得了很大成绩。1952 年 10 月，贵州省首届工会会员代表大会在贵阳召开，正式成立了贵州省总工会，进入了贵州工人阶级为第一个五年计划胜利完成而不懈奋斗的新阶段。

1953 年秋，贵州省工会联合会作出《关于学习、宣传与贯彻国家过渡时期总路线的决议》，在全省职工中形成了学习宣传贯彻总路线的热潮。至 1956 年上半年，全省所有县、市基本实现了“一化三改”的工作任务。全省工会组织广大职工广泛开展劳动竞赛，组织学习贯彻《工会法》，维护职工合法权益，召开贵州省工会第二次代表大会和首届工业劳动模范代表会议，号召全省职工向劳动模范学习，为超额完成第一个五年计划作贡献。

第一节　贵州工人阶级的新觉悟与工会组织体系的形成

一、贵州工人阶级的新觉悟

1949 年 11 月 15 日，贵阳解放；12 月底，贵州全境解放。1949 年 11 月 14 日晚，当中国人民解放军先头部队即将到达贵阳时，工人们已做好准备，热烈欢迎解放军。贵阳电信局职工得到《告贵阳市人民书》后争相观看，又唱又跳，狂欢到深夜；15 日，解放军入城，各行各业的工人们兴高采烈，分几路队伍上街迎接解放军。成千上万的群众举着红旗，燃放鞭炮，高呼口号，表达欢迎共产党、解放军的激动心情。贵阳电厂工人护厂斗争的胜利，保证了贵阳解放时灯火通明，为解放军顺利接管城市创造了有利条件，对保证全市动力用电、恢复生产、维护社会治安都起到了重要的作用。在欢庆解放的日子里，工人们纷纷集会、热烈庆祝，同时自觉地坚守岗位，维护社会和生产秩序，尤其当他们了解了工人阶级是领导阶级、党和政府要“全心全意依靠工人阶级”的精神后，感到无比兴奋和自豪。解放军进城后不久，1949 年 12 月 6 日，中共贵州省委和贵阳市军事管制委员会组织召开了贵阳地区职工代表会议，对工人进行慰问，听取工人对搞好城市接管和恢复生产以及社会秩序的意见。类似这种工人代表会议，在贵州刚解放的一个月内开过 4 次，每次均有 300—400 人参加。1950 年初，贵阳较大型的工厂，如中曹机械厂、马王庙修车厂、贵阳电厂、贵州造币厂、贵阳模范工厂等单位，成立了由军代表、厂长、工人组成的工厂管理委员会，民主管理工厂，体现出工人开始当家作主。1950 年 2 月 6 日，贵阳市召开第一次各界人民代表会议，各行业工人推选了 45 名代表组成工人代表团，同市里党政领导一起共商大事，从此工人登上了参政议政的政治舞台。依靠工人阶级搞好接管、恢复和发展生产、稳定社会秩序，在各种集会、游行示威队伍中工人都走在最前面，这些都充分体现了工人阶级政治地位发生的巨大变化。公营企业和事业单位的职工，主动协助人民政府和军管部门搞好接管，做好清理财产和物资工作，如贵州省邮电局42名工人参加了物资清理委员会，形成群众性清理物资热潮。工人们上班搞生产，下班后利用业余时间搞清理，省有关部门和单位共清理物资价值约300亿元（旧币）。有些职工为了查对账目，清点物资，甚至搬到厂里居住，夜以继日地工作，很多账外遗漏的物资也被查找回来，最终接管工作顺利完成。

贵州刚解放时，土匪特务四处作乱，妄图颠覆人民政权。一些单位职工主动建立纠察和护厂防特组织，协助人民政府维持社会治安，防止反革命分子破坏和捣乱。面对战争的创伤和新旧政权交替带来的混乱和生产停顿，经过广大职工的不懈努力，在短短几个月的时间里，生产得到了恢复，社会秩序趋于稳定，体现了工人阶级的强大力量。

二、贵州解放初期工人阶级队伍状况和面临的形势

1949年11月初，中国人民解放军解放黔东；11月15日，贵阳解放，遵义、安顺、毕节陆续解放；12月，贵州全境解放。接管和工运工作在各地相继展开。当时，贵州仍是一个比较贫穷落后的地区，工人数量不多，手工业和店员多，外省籍人员多，真正的产业工人很少。贵州解放时，全省共有2个市、8个专区、79个县，1100万人口，城市中贵阳市最大，约30万人口。贵阳、安顺、独山、遵义、贵定、毕节共有工人47816人，全省工人不超过10万。以省会贵阳为例，企业具有公营企业少、私营企业多，大型企业少、小型企业多，行业多又零星分散的特点，职工35000人，其中商业、手工业和搬运等系统的工人居多，约20000人。

贵阳市产业工人队伍是在抗日战争中形成和发展起来的，他们对国民党的反动统治深恶痛绝。贵阳解放不久，市总工会筹备处牌子挂出，工人们如同找到亲人，从清晨到深夜，络绎不绝来访，向工会的同志倾诉过去受压迫受剥削的苦难，迫切要求加入工会，提出了改革管理，提高工资、平等、清算斗争资本家等诉求。但当困难到来，市场萧条，资方停厂停工，有失业危险的时候，部分工人情绪变得低落，开始发泄怨言和不满。工会组织着手了解和梳理工人

们的实际问题。1950 年 3 月，贵阳市梳理出亟待解决黄色工会、工贼分子、青红帮等问题，工会采取教育改造的方针，提高工人觉悟。工会在工作中了解到，工人们最大的问题是工资发下来不能买到实物和有了疾病如何解决，劳动保护、物资供应、疾病照顾等切身福利方面的问题以及失业后的就业问题。当时手工业中的失业工人最多，贵阳市手工业分为 17 个行业，贵阳解放前 9600 多名工人，未失业的只有 2000 多人。工人工资收入存在技术工人工资较高、普通工人较低、职员薪金相比更高的工资差距问题。贵阳解放后，公营企业皆发给维持费，私营企业大多数维持原状，劳资纠纷比较多，由于劳动局建立较晚，很多纠纷均由工会组织处理。

贵阳市公营企业（原官僚资本企业）职工待遇表

单位	职员薪金			工人薪金			备注
	高	中	低	技工	一般	学徒	
煤矿公司	4.60	2.80	2.00	1.32	1.20	0.80	时间以月为单位，数量以大米石为单位
贵阳电厂	6.35	3.20	2.50	4.35	3.15	1.25	
豫丰纱厂	35.41	27.15	15.09	8.65	6.05	3.10	
水泥公司	5.83	4.85	3.75	2.82	1.66	1.20	
玻璃厂	6.50	3.40	2.00	2.85	2.00	0.70	
模范工厂	4.50	2.50	1.70	4.80	2.00	0.60	
火柴厂	2.08	1.80	1.66	1.10	1.00	0.75	
企业公司	6.34	3.36	2.35	1.29	1.24	1.17	
修文电厂	8.00	6.00	3.50	3.29	1.40	1.30	

贵阳私营工厂工人工资概况表

厂名	技工工资			普工工资			杂工工资			学徒工资			备注
	最高	一般	最低	最高	一般	最低	最高	一般	最低	最高	一般	最低	
南明烟厂	10.61		1	3.6		0.71	1.4		1.05	1.7	0.7	0.5	①时间以月计 ②工资以大米石为单位 ③员工供膳
一中烟厂	5.5	3.3	0.27	3.2	1.64	0.88	1.75	0.8	0.45	0.56		0.3	
利亚烟厂	4.61	4		1.1	1.9		0.95				0.36	0.56	
安利印刷厂	3.6	2.6	1.2		0.9		1.22	0.9			0.7		
大丰印刷厂	4.7	1	0.6		0.77		0.77		0.45	0.37	0.24	0.19	
时轮印刷厂	11	4.1	1.1	1.4	0.77	0.6	0.9	0.68	0.25	1.3	0.5	0.4	
黔元造纸厂	3	2.7	2.4	2.4	2.1	1.8	2.7	2.1	1.5	1.5		1.5	
欧亚机器厂	1.8	0.7	1.1	1	1								
贵阳铁路业	3.1	2.2	2.2	1.8	1.4	1.2							
华成印刷厂	3.5		2.9	1.4		1.1							

针对这些情况，工会开展了耐心的思想教育，使工人们了解国家当前存在的困难，增强了恢复生产、发展工商业经济的信心。经过组织教育，工人们对所反映的问题有了初步认识，特别是其问题得到初步或部分解决后，情绪很快转向高涨。工人政治觉悟提高了，认清了工人的地位，更加靠近共产党，懂得了劳资两利政策，认识了当前的困难，树立了克服困难的信心，初步端正了劳

动态度，提高了生产效率。工人们注意节约，想出种种办法节省原料，充分利用废弃物，减少生产成本。

1949 年 12 月 5 日，贵州省委书记、贵阳市军管会主任苏振华在工厂职工代表会上讲话，指出贵州解放后工人阶级面临的形势，他说：“中国工人在中国共产党领导下二十多年的反帝、反封建、反官僚资本主义的英勇斗争，现在已取得基本胜利。过去我们工人被压迫剥削，没有地位，现在已成了国家的主人……目前蒋介石虽已快彻底灭亡，但他不会甘心，要设法作最后挣扎，我们只有坚决、彻底消灭国民党残余力量，才能巩固我们既得的胜利。为此，工人阶级就要组织起来，支援解放军，解放全中国。”苏振华向到会代表提出了三项任务：“由于国民党在撤退前的各种破坏，使大家目前遇到许多困难，工人们协助政府共同克服这些困难；国民党的企业今天已为人民所有，工人们协助政府接管过来，迅速恢复生产，将贵阳建设成一个生产的城市。在私营企业内，大家根据劳资两利、公私兼顾、发展生产、繁荣经济的原则，积极进行生产；贵州地区还残留有反革命力量，扰乱社会秩序，工人们发扬过去的斗争精神，组织力量，巩固胜利，建立稳固的革命秩序。”①

三、成立贵州省职工联络处

1948 年 8 月 1 日，第六次全国劳动大会在东北解放区首府哈尔滨隆重召开，出席大会的代表有全国各地区、各大产业部门和各种工会组织的代表共计 518 人，代表着全国有组织的职工 283 万余人，这次会议是自 1929 年五次全国劳动大会以来中国工会历史上人数众多、代表广泛、意义空前的盛会，充分显示了中国工人阶级已经发展成为一支强大的有组织的力量。在这次大会上，中华全国总工会的恢复重建，标志着党和国家重新实现了全国工人阶级的大团结和全国工人运动在组织上的统一。

1949 年 7 月 23 日至 8 月 16 日，全国总工会召开全国工会工作会议，着重讨论亟须解决的工会组织问题。这次会议后，全国总工会建立和发展地方工会和

① 《新黔日报》，1949 年 12 月 6 日。

基层工会组织，积极开展组织工人加入工会的工作，筹建了全国总工会华东、西南行政区办事处。根据党的七届二中全会精神，全国解放后，党的工作重点由农村转移到城市，城市工作全心全意依靠工人阶级。中共中央西南局根据当时的实际情况，适时提出“依靠工人，团结职员，搞好生产”的口号。

贵州经济落后，工人阶级队伍数量较少，贵州刚解放时，全省职工约 10 万人，其中产业工人约 1 万人。即使如此，新建立的中共贵州省委进入城市后，仍以极大的精力投入党的职工群众工作，把开辟工会工作作为入城后党的工作的重要方面来抓。

1949 年 11 月 20 日，贵州省职工联络处成立；12 月 6 日，贵州省职工大会在贵阳召开，来自全省各行各业工人、职员 1000 多人参加，省委书记苏振华宣布贵州省职工联络处（贵州省总工会筹备工作机构，以下简称省职工联络处）成立。省职工联络处由赵洵负责，下设组织、文教、劳保、女工等部门。1950 年 3 月，省职工联络处有地委级干部赵洵、李明远、唐晓声等 3 人，县级干部 3 人，新参加工作的学生 11 人。1950 年 12 月，省职工联络处改名为“中华全国总工会贵州省筹备委员会”；1951 年 9 月 20 日，又改名为“贵州省总工会筹备委员会”。

省职工联络处的成立，标志着贵州工人阶级在组织上和开展工人运动上开创了全新的历史进程，也是新中国成立后贵州工会工作的开端。省职工联络处成立后，在贵州省委和全国总工会西南办事处直接领导下进行工作，主要负责配合接管、宣传和发动职工群众，与党委政府一起克服旧政权遗留下来的暂时困难，全力投向恢复生产和建立正常秩序的工作中，很快打开了工作局面。贵州省委和全国总工会西南办事处都十分重视、大力支持省职工联络处的工作，省委给工会配备素质好的干部，拨给最好的房子作为办公地址；省委领导十分关心工会工作的开展情况，经常听汇报、作指示，亲自参加工会组织的活动和做群众工作；全国总工会西南办事处及时进行部署、指导和帮助。

省职工联络处积极开展工会工作，选派干部到基层单位学习锻炼，了解一线情况，只留少数人在机关值守，大多数人被派驻到贵阳市的工厂、企业、商店等基层单位，熟悉基层情况，向工人群众学习，在实践中学会做工会工作。

派驻贵阳市的同志根据贵阳工厂企业的分布情况，分为四个小组：一组为水口寺片区的电厂、烟厂、纸厂、兵工厂（修械所）；二组为湘雅村片区的纱厂、烟厂、机械厂；三组为交通部门；四组为商业、市政和手工业等单位。干部驻厂均自带行李，与工人同住、同吃、同劳动、同学习，边学习边开展工作，交知心朋友，联络感情。

省职工联络处采取边试点、边摸索、边发展的办法尝试组建工会组织，在贵阳市进行试点，最早组建工会的单位有：豫丰纱厂、贵阳电厂、省烟草公司、黔元渣纸厂、中曹机械厂、一中烟厂、裕康猪鬃厂、贵阳电信局以及公路运输和商业系统的一些单位。组建工会的方法是先进行宣传发动，讲清楚工会是什么组织，为什么建立工会，什么人可以参加工会以及会员的权利义务等。注重发现和培养积极分子，建立工会筹备组织，发展会员，会员达到一定数量，进行选举，正式成立工会；有的单位先发展一批会员，由先入会的介绍后入会的，逐步扩大，从建立筹备组织到成立正式工会，等到工会建立后，会员定期过组织生活。对入会会员的要求比较高，选择先进工人优先入会，对个人历史情况不清的、思想落后的人，暂不发展会员，视其表现决定是否入会。入会手续为个人申请、小组讨论、报基层工会（筹备组）批准公布。会员都是政治上进步的职工，因而入会很有光荣感和自豪感。

省职工联络处重点抓好培养积极分子工作，以便迅速打开工作局面。通过举办工人训练班，培养积极分子和工作骨干。1950 年 2 月，举办第 1 期工人训练班，学员 168 人，分别为贵阳市各厂矿企业的工人积极分子，主要培训革命的基本道理、党的方针政策和工运知识等内容，进行启蒙教育。工人们通过学习后，加深了对劳动创造世界、阶级和阶级斗争、人民民主专政的道理的理解，加强了对党的经济政策和工会工作的认识，也懂得了群众路线和民主作风，在理论上有了新的认识，觉悟有了很大提高，涌现出了高涨的政治热情。第 1 期学员结业后，工人训练班的影响很快在职工群众中传播开来，调动了职工参加学习的积极性。1950 年 4 月，第 2 期工人训练班人数增加了 1 倍多，达到 363 人。之后，省职工联络处又配合中共贵阳市委连续举办了 5 期，人数上升到每期 600—700 人。经过工人训练班的培训，共培养积极分子 3000 多人，发展党员

500 多人。学员们回到单位后，积极投入群众活动，热心工会工作，不少人被选为工会委员、主席，提拔为干部，成为职工队伍特别是产业工人队伍中的一支骨干力量，这也是 20 世纪 50 年代工会工作顺利开展的重要因素之一。

省职工联络处鼓励并帮助基层单位开办夜校，在职工中开展政治和文化教育，宣讲革命道理，宣传党的政策，扫除文盲。夜校学习课程都安排在业余时间，地点设在会议室、礼堂、饭厅或车间，授课教师团队由军代表、工会干部和技术人员组成，分别讲授政治理论和文化课。夜校既是工人学习聚会的场所，又是工会开展群众活动的重要阵地，工人们很珍惜这样的学习机会，积极参加，认真听讲，态度端正，很少有迟到早退的学员。

省职工联络处建立新的管理制度，积极配合、支持政府和企业行政废除国民党统治时期遗留下来的不合理规章制度，如打骂、搜身、上夜班锁门和限制交谈等欺压、凌辱工人的规定，帮助工人去掉精神枷锁，获得解放。在私营企业中，工会干部在宣传党的政策、教育工人搞好生产的同时，坚决支持工人同资方进行必要的斗争，代表工人对资方进行监督，维护工人的正当权益。

四、筹建工会组织体系

为了迅速把工人阶级组织起来，各地都采取自上而下搭架子与自下而上发动群众相结合的办法建立工会组织。一般都是由同级党委选派干部，自上而下先搭架子，建立筹备工作机构，再由这些筹备工作机构深入各厂矿企业，帮助基层单位发动群众，组建工会。这是在工人阶级取得政权后为了加快工会组织发展，在特定条件下适应形势发展需要采取的有效办法。

1949 年 12 月 21 日，中共贵阳市委在省职工联络处的协助下，在贵阳召开了各行各业、各厂矿代表参加的工人代表会议，组建了贵阳市总工会筹备委员会，由 42 人组成，除工人代表和工会干部以外，市委书记（兼市长）秦天真、副市长杜恩训、市委宣传部部长夏页文等党政领导也参加了筹委会，市委委员刘子重为主任（专职），这充分说明党政领导把依靠工人阶级、支持开展工运活动摆在了十分重要的位置。在贵阳市产生工会领导机构后，遵义、安顺、独山、贵定、镇远、毕节等地区也于1950年先后组建了工会筹备组织，逐步开展工运活动，其中专区级是作为省工会的派出机构而建立。1950年6月29日，《中华人民共和国工会法》（以下简称《工会法》）颁布，大大推动了工会组织建设的进程。至1952年底，贵州全省8个专区和贵阳、遵义两市均已建立本地区的工会领导机构，79个县中有53个县建立了县级工会筹备领导机构。按照全国总工会确定的地方和产业相结合的工会组织原则，1950年8月至1951年9月，陆续建立了省邮电工会筹委会、省公路运输工会筹委会、省店员工会工作委员会、省教育工会筹委会、省搬运工会筹委会。之后，省工矿企业工会、省建筑工会、省国营贸易工会和铁路工会也相继建立了领导工作机构。贵阳市及少数专区、县建立了一些产业工会筹备组织。贵阳市工人比较集中，建立了机器、化工、印刷、轻工、食品、公路运输、店员、搬运、市政、文化艺术等10个产业工会。县以上各级工会领导机构建立后，开始以主要力量抓基层单位的组织建设。

基层工会组织建设（包括发展会员）是工会建设的基础，是把工人阶级组织起来的主要体现。1949年7月，全国工会工作会议提出了“在一年左右时间里把全国工人阶级组织起来”的要求，贵州省委也要求“尽快把工人阶级组织起来，打开工会工作的局面”。1950年1月，省职工联络处召开全省第一次工会工作会议，主要研究加快会员发展，组建基层工会问题。在会上，贵阳市工会筹备委员会介绍了第一批基层单位组建工会的经验。会议确定了在发展会员的基础上组织建工会的步骤：先公营企业，后私营企业；先大型企业，后小型企业。发展会员先工人后职员，逐步铺开。会议明确了基层单位发展会员、组建工会的方法：先对职工群众进行教育，采取上政治课、开座谈会、个别谈话等多种形式，向职工进行阶级和阶级斗争教育、工人阶级历史使命的教育、工会性质任务的教育，启发工人的阶级觉悟，为组织发展打下思想基础；了解职工队伍状况，发现和培养积极分子，为组建工会物色人选。发展会员要履行必要的程序手续，工会召开会员代表大会，通过广泛发扬民主，在民主的基础上选举产生。

在工会组织发展的初期，认识上存在着一定的片面性，强调阶级性，忽视群众性，对群众入会附加了很多条件而且程序烦琐，一度出现了“关门主义”

倾向，影响了组织发展，工作进展缓慢。1950 年 8 月，贵州省总工会筹委会根据《中国工会章程》《工会法》和西南地区工会组织工作会议精神，检查和纠正了这一倾向，提出了已建立工会组织的地区和厂矿企业，凡会员不满职工总数 50%的，以发展会员为主。在发展中求巩固，力争将大多数工人吸收到工会组织中来。从此以后，组织建设进程加快，至 1952 年底，全省已建立基层工会 119 个，发展会员 80898 人，占职工数的 75%；各级工会专职干部 304 人，文教劳保事业人员 151 人，工会积极分子 14540 人。至此，全省自上而下的工会组织体系形成，初步实现了把全省工人阶级组织起来的目标。

第二节　贵州省工会第一次代表大会

1952 年 10 月 29 日至 11 月 6 日，贵州省首届工会会员代表大会在贵阳召开。贵州省党政军领导苏振华、陈曾固、周林、申云浦、王辉球等出席了大会开幕式并讲话。出席这次大会的正式代表共 249 人、列席代表 77 人。

大会的主要任务是：检查总结过去三年的工会工作，动员全省职工广泛深入开展爱国增产节约运动，进一步发挥工会的积极作用，迎接大规模经济建设的到来。

省委书记苏振华在大会上作政治报告，他分析了国内外形势，总结了贵州三年来取得的成就，高度评价了贵州工人阶级在党的领导下，在恢复国民经济和开展各种政治运动中所发挥的重大作用。面对新的形势和任务，全省工会组织和广大职工，在已取得成绩的基础上，更加有力地把爱国增产节约运动推向前进，充分挖掘企业潜力，发展生产，迎接即将开始的大规模经济建设和文化建设高潮。在讲到工会工作时，他指出，一方面要教育工人遵守劳动纪律，爱护机器设备，节约原材料，提高产品质量，降低成本，开展合理化建议和劳动竞赛，不断提高生产水平；另一方面要在生产中认真注意安全和职工健康，解决职工迫切要求的生活福利问题，充分调动职工的积极性。省人民政府副主席陈曾固讲话，介绍了全省总的形势任务，对工人运动提出具体要求。

省总工会筹备委员会主任苗春亭作《三年来工会工作总结与今后工作任务》的报告。报告总结了过去三年工人运动与工会工作所取得的主要成就，对工会的今后工作任务提出了要求。大会审议通过了工作报告。

会议组织全体代表参观贵阳电厂、贵州火柴厂、贵州水泥厂、贵州烟草公司、贵州机械厂等企业，并听取了电厂和机械厂关于企业改造和开展增产节约运动的情况介绍；建筑工人代表参观了解苏长有砌砖法，搬运工人代表访问了贵阳市搬运工会；赴苏参观农民代表朱朝卿，赴京观礼劳动模范孟仲颖（邮电系统）、梁萍（公路运输系统）作了观感报告，代表们对未来开阔了眼界，增强了信心。

大会选举产生贵州省总工会第一届执行委员会，选出执行委员 27 名，候补执委 7 名；选出经费审查委员 3 名，候补委员 2 名。第一次执委会议选出常委 7 名，并选出主席、副主席。

1953 年 9 月 19 日，根据中国工会七大通过的章程，贵州省总工会更名为贵州省工会联合会。

第三节　贵州工人阶级为恢复和发展国民经济、巩固新生人民政权而斗争

在中国共产党的领导下，贵州工人阶级在向困难作斗争中表现卓越，认真开展生产自救、增产节约劳动竞赛，积极参加抗美援朝斗争和“三反”“五反”等政治运动，进行广泛的爱国主义和国际主义教育。工会组织积极发动工人群众参加企业民主改革，发挥主人翁作用，解放生产力。开展工会整顿工作，关心职工利益，救济失业工人，贯彻实施《劳动保险条例》，改善劳动和生活条件；开办职工业余学校，开展职工政治、文化、技术学习活动；维护工人利益，促进工人生活和劳动条件的改善。经过三年艰苦奋斗，贵州恢复经济的任务基本完成，生产和各项事业有了初步发展，度过了人民政权的困难时期。

一、面向生产，战胜困难，促进经济好转

（一）工人阶级在同困难作斗争中的卓越表现

贵州解放之初，全省面临着严重的政治经济困难，由于解放战争仍在进行，支援前线的任务繁重。国民党溃退前的疯狂破坏带来了严重后果，其残余势力还在负隅顽抗。土匪猖獗，造成交通堵塞，工商业萧条甚至停产停业。在这种情况下，贵州工人阶级协助人民政府消灭国民党残余势力和清除匪患，迅速恢复生产，发展工商业经济。厂矿企业凡能维持的尽量维持，能开工的争取开工，不能开工的搞副业生产，以保障职工的基本生活。广大职工积极响应党和政府的号召，以主人翁的姿态投入生产自救中，不能开工的工厂转向搞副业生产，广开门路，增加收入，条件好的工厂则千方百计恢复生产。职工们找窍门、挖潜力，利用废旧料研制配件，解决器材奇缺问题，使机器迅速转动，生产恢复，并且在节约原材料、降低成本、提高产量、改进质量等方面也作出了很大努力。

由于资金短缺，许多工厂职工工资无法保证，工人们响应西南军政委员会主席刘伯承的号召——“把3个人饭匀作5个人吃”，主动降低工资。各公营企业先后降低工资3次，每次降20%左右，有的工厂甚至只发维持费。私营企业也普遍降低工资，有的只管饭，不发工资，有的把每日三餐改为两餐，有的只吃稀饭，用节约下来的钱供资方作恢复生产之用。工人们表示，只要企业在，他们愿意牺牲个人利益，同资方一起渡过难关。一些小店小作坊的工人、店员还主动延长工时，不要加班费。这种精神感动了资方，使他们也振作起来搞好生产。到1951年秋，贵阳市机械、卷烟、纺织等行业和一些商店在职工群众的艰苦努力下，生产经营得以恢复并转向稳定增长。

在交通运输方面，由于没有铁路，运输全靠公路，全省仅有的4条公路干线（川黔、湘黔、黔滇、黔桂）在国民党溃逃时遭到重大破坏，25座大型桥梁、50余座中小桥梁被炸毁，路面破坏严重，运输一度瘫痪。贵阳市粮油盐运输中断，全市粮食仅能维持3天，盐只能供应10天。筑路工人在极其艰苦的条件下，以工地为战场，奋力抢修公路和桥梁，仅用半个月的时间，就恢复了湘黔、清毕、

滇黔线通车。贵州解放后不到 2 个月，4 条公路干线架设的便桥全部开通；不到半年，修复了乌江、施秉、重安江、瓮城河、坝陵、黄果树等永久性大桥，全部工程只用 156 天，同时还翻修了 9 万多平方米的路面，整个工程共支付大米 1550 余万斤（当时是米折钱），其中支付给职工的劳动报酬仅占总支出的 15%，充分体现了筑路工人不计个人得失勇于战胜困难的献身精神。

在邮电通信方面，也面临严峻局面。全省 2500 多公里线路被国民党破坏 1480 公里，4700 根电杆被破坏 700 余根，其中，土匪特务破坏了 416 公里线路、600 余根电杆，由此造成了通信线路受阻，特别是 1950 年 3 月后，土匪特务趁人民解放军转战川滇之机，疯狂地进行破坏和反扑，他们切断交通、抢劫邮车、焚烧邮件、砍断电杆电线，某些地段刚恢复的邮电通信又被迫中断。邮电职工面对困难毫不退缩，同土匪特务展开了殊死搏斗，邮车不通改用马车、肩挑步行，“马班”“步班”冒着生命危险，奋不顾身地完成邮递任务。在邮递途中，经常发生邮递职工同土匪特务抢夺邮件，先后有 11 名邮递员被土匪特务杀害。在抢修线路时，一些工人同土匪特务斗争献出了宝贵的生命。1950 年 8 月后，匪患平息，邮路经抢修后逐渐复原，“马班”“步班”由汽车取代，电信线路得到恢复。为了保卫人民邮电事业，保卫新生的人民政权，邮电职工在困难时刻付出了鲜血和生命的代价，展现了工人阶级的高贵品质和无上光荣。

财贸战线的职工在克服困难时期的表现也非常出色。国营商业是贵州解放后才建起来的，从事国营商业的人员是一支新兴的职工队伍，他们为了发展工农业生产、保障人民生活、沟通城乡贸易，勇敢地战斗在工作岗位上。为了对付土匪特务的暴乱，他们建立武装贸易小分队，往返于城乡之间，冒着生命危险运送人民群众急需的盐巴、棉纱、布匹等物资，途中不断同土匪特务进行英勇斗争。1950 年 3 月至 6 月，全省贸易公司系统职工在斗争中伤亡、失踪 74 人，不少职工以身殉职。财贸职工所作出的努力和牺牲使一些城镇渡过了难关，稳定了人心和社会秩序，功不可没。

经过三年的艰苦斗争，至 1952 年，全省工业生产已全部恢复并有所发展，总产值比 1949 年增长 58. 2%，国营和合作社的贸易额比 1950 年增加了 5 倍，度过了人民政权的困难时期。

（二）开展爱国增产节约劳动竞赛，涌现第一代劳模

开展爱国增产节约劳动竞赛是这一时期工会运动的一个显著特点。西南解放后两个月，全国总工会西南办事处提出工会“面向生产”的口号，但一时没有找到工会具体领导生产的办法。1950 年 5 月和 8 月，全国总工会和全国总工会西南办事处先后召开了工会生产工作会议，总结了东北解放后为支援全国解放战争的胜利广泛开展群众性创新纪录竞赛活动的经验，明确提出了基层工会组织劳动竞赛和开展合理化建议活动的问题，从而找到了工会领导生产的基本方法。贵州解放后，摆在全省工人阶级面前的紧迫任务是加快恢复发展原来基础差而又遭受国民党破坏的经济。与此同时，美国发动侵朝战争，战火燃烧到鸭绿江边，我国派出志愿军赴朝参战。1950 年 10 月，毛泽东发出“增加生产、厉行节约，以支持中国人民志愿军”的指示，各级党委和政府号召广大职工发扬爱国主义和国际主义精神，以实际行动支持抗美援朝，保家卫国。热情高涨的贵州工人阶级把工厂当作战场，加快物资生产，支援前线消灭敌人。在工会的组织下，各厂矿企业开展挑应战、夺红旗等生产竞赛活动，这是贵州最早开展的劳动竞赛。

响应马恒昌小组的倡议掀起劳动竞赛热潮。1951 年 1 月，东北第五机器厂马恒昌先进小组向全国工矿企业班组提出开展爱国主义劳动竞赛的倡议，并以此作为挑战条件。倡议内容主要有以下 5 个方面：团结技术人员，加强技术学习，改进操作方法，提前完成任务，质量达标 95%以上；师傅保证所有徒工提高一般技术水平 60%；遵守劳动纪律，坚守工作岗位；加强消防安全，爱护公物，减少浪费；加强时政学习，提高政治觉悟，做好宣传鼓动工作。贵州很多工矿企业的生产班组通过学习，积极响应，相互展开挑应战，这也进一步激发了职工的生产热情。省邮电修车厂全体师徒响应马恒昌小组挑战，普遍订立师徒教学合同，其他厂矿工会也相继发动职工订立师徒合同。贵州机械厂（后改为贵阳矿山机器厂）卢光清小组向马恒昌小组应战后，超计划 25%完成任务。贵阳、遵义、安顺、省公路运输工会各挑选了 2—3 个企业，重点开展学习马恒昌小组活动。1951 年 2 月，全国总工会作出在全国开展学习马恒昌小组竞赛的决议，贵州省总工会发出开展学习马恒昌小组竞赛的号召，进一步推动了爱国

增产节约劳动竞赛的深入发展。各厂矿企业参赛职工和单位不断增多，从国营工厂扩展到私营工厂。除一线工人以外，科室人员、工程技术人员也被吸引到竞赛中来。据统计，贵阳市参赛职工从1951年的4766人增加到1952年上半年的15241人。竞赛不断刷新生产纪录，省邮电局运输科工人茅显棋创造了大修1台汽车引擎只需69.45小时的全国纪录，在他的带动下，全厂大修引擎的平均工时由原来的206小时缩短为145小时；修文发电所发电施工工程，在国民党统治时期施工8年未完成，贵州解放后，开工不到一年就提前完成施工任务，向贵阳市送电，为恢复和发展经济作出了重大贡献。

另外，在竞赛中学习和推广先进经验也开展得有声有色，效果显著。一方面是学习苏联先进经验，另一方面也学习推广国内行之有效的先进经验，如贵阳市私营红光机械厂工人刘全学习苏联“多刀多刃切削法”的先进经验，改装高速多刀双刀架成功，大大提高了工效；国营运输公司汽车修配厂汪志忠小组学习苏联“高速切削法”的先进经验，产量提高了3—4倍，试行“多台母机操作法”获得成功；建筑行业普遍推广东北“苏长有砌砖法”和苏联“混合工作队”的先进经验后，砌砖效率由每人每天砌600—800块，提高到1045—1900块；贵阳市机器业工会组织各工厂工人到该厂参观学习，推动了全行业学习先进经验活动的开展。学习推广先进经验对促进生产的发展起到了特别重要的作用。

增产节约运动作为新中国成立后依靠工人阶级推动生产发展的重要手段，受到各级党政领导和工会的高度重视。1952年，全国总工会西南办事处主任蔡树藩来贵州视察，强调工会在运动中要主动争取党委的领导。贵州省委书记苏振华在陪同视察时指示，增产节约要防止盲目性，注意引导职工提高质量，降低成本，消除浪费，多为国家增加财富。爱国增产节约劳动竞赛取得了比较显著的成果，据贵州省工业厅对7个厂矿的调查统计，1951年人均月生产率比1950年提高149.9%；1952年对14个厂矿统计，又比1951年提高181.7%。全省工业总产值逐年上升，1950年比1949年增长7.5%，1951年比1950年增长25.6%，1952年比1951年增长17.5%。

在爱国增产节约劳动竞赛中，涌现出大批先进职工和先进集体，其中先进个人2048人（截至1952年），一些事迹突出、影响较大的工人被评为省级模范，如省邮电局运输科工人茅显棋、省运输公司修配厂工人袁盈楚、贵州机械厂工人励保廷被评为省级特等劳动模范，赫章铅锌矿工人陈朝品、贵阳邮电职工孟仲颖、省交通修配厂木工张俊以及该厂的汪志忠小组、毕节运输公司的梁萍小组等，被评为劳动模范和模范集体。这些劳模在贵州三年经济恢复时期作出了卓越贡献，成为贵州广大职工中涌现出的第一代劳模。这一时期工会组织的劳动竞赛，从组织领导上来看，尚属于起步探索，缺乏经验。但是，它作为当时克服困难、促进经济恢复发展的强大动力和为以后群众生产工作开辟出一条路子，其意义是不可低估的。

二、积极参加抗美援朝和各项政治运动

（一）开展抗美援朝运动，进行爱国主义和国际主义教育

在中国人民志愿军赴朝作战期间，举国上下掀起了轰轰烈烈的抗美援朝运动。1950年11月6日，全国总工会号召全国工人阶级开展抗美援朝、保家卫国、支援中国人民志愿军的运动，要求各级工会对广大职工进行爱国主义和国际主义教育；12月3日，又发出《告全国青年工人书》，号召青年工人参加各种军事学校，响应祖国召唤，站在抗美援朝斗争的前列，发挥模范带头作用。1951年3月，全国总工会再次发出《关于进一步开展抗美援朝爱国主义时事教育与五一节全国大示威的指示》。对此，贵州广大职工和工会组织热烈响应，积极投入抗美援朝的各项活动中。

各级工会通过时事报告会、广播、黑板报、墙报、班组学习及各种文艺活动形式，向广大职工和家属广泛深入地进行爱国主义和国际主义教育，使工人们懂得中朝两国唇齿相依、抗美援朝就是保家卫国的道理，看清美帝国主义是纸老虎的实质，懂得决定战争胜负的是人不是武器，原子弹并不可怕，美国发动的是侵略战争，是非正义的，最终还是会失败的，从而消除了群众的“恐美”心理，树立起“仇美”“蔑美”思想。在教育中，工会还结合工人在旧社会的遭遇和苦难，组织大小控诉会，用日本侵略中国、美国支持国民党欺压中国人民

的历史罪行和战后武装日本的可恶行径，激发职工仇恨敌人和抗美援朝的决心。贵阳文通书局的工人们表示，抗日战争时朝鲜人民曾与中国人民共同战斗，在中国大地上流过鲜血，现在美国侵略朝鲜，我们不能坐视不管；贵阳豫丰纱厂的工人们认为，美国侵略者多次欺侮到我们头上，我们针锋相对同他们斗争到底；不少工人写信给《新黔日报》，表示随时听从祖国召唤，投身抗美援朝斗争最前线，用实际行动保卫人民来之不易的胜利果实。在党、政府和工会号召下，一大批青年工人、汽车司机和医务工作者，主动报名志愿赴朝参战和战地服务，贵阳市 1951 年有 466 名工人报名参加志愿军，10 多名医务工作者志愿组成医疗队，奔赴朝鲜；毕节县 76 名报名志愿军的工人中，有 56 名是汽车司机。这些志愿人员，在朝鲜战场上表现英勇顽强，为中朝人民立下了功劳，如贵阳医学院以内科主任杨荣勋为队长的 10 人内科医疗队，在朝鲜前线一年零三个月中，有 7 人立了三等功，其中姜国珍、王立本、祝庆平 3 名护士在一次战争中接受照顾 500 多名伤病员的工作，出色完成任务，受到志愿军的表扬。

全省职工群众为增强抗美援朝的实力，积极投入捐献飞机、大炮的运动中。工人在收入微薄、生活相当艰苦的条件下，节衣缩食，无私地捐献财物，支持抗美援朝。据 1950 年 10 月统计，贵阳、遵义、安顺、毕节、都匀、贵定、镇远、桐梓、赤水、黔西、湄潭等 11 个县市，工人捐献出人民币 7 亿多元（旧币）和一大批军鞋等物资，一些职工将自己奖金的一部分或全部捐献出来，甚至还有捐献部分工资的；有的职工把积蓄、首饰、手表等财物捐献出来用于购买飞机、大炮；西南铁路工程局职工汪道源将其父亲逝世时收到的 40 银元奠礼和 10 万元（旧币）工资一并捐献出来；毕节猪鬃厂工人周银章等 3 人按月捐献工资 10%至抗美援朝胜利为止；毕节利群烟厂的职工每月捐献 1 天工资；毕节第四小学工人腾文新把为夜校烧开水所得 5 万元（旧币）按月捐献；毕节理发工人利用轮休时间组织 13 人到 10 多里外挑煤卖，把赚到的钱全部捐献；毕节五金店的学工每天多做 2 小时工换取工钱作捐献；毕节一中教师李廷渊每晚画漫画投稿以稿费作捐献。在开展捐献活动中，职工家属也不甘落后，贵阳矿山机器厂职工家属为志愿军赶制军鞋 69 双；贵阳电厂职工家属用副业生产收入的一部分作捐献；省运输公司职工家属捐献 50 万元（旧币）人民币、65 块银元，并给志愿军写了100余封慰问信。广大职工在捐献活动中真正做到了有钱出钱、有力出力，表现出工人阶级对抗美援朝、保家卫国的巨大热情和支持。据不完全统计，贵阳市职工捐献5亿元（旧币）人民币。

1951年“五一”国际劳动节，全省各地举行反对美国侵略朝鲜的示威大游行，同时开展缔结保卫世界和平公约的签名运动，工人们踊跃参与，组成了声势浩大的队伍，是游行队伍的中心。全省39个市县参加示威游行的人员258万人，在和平公约上签名的达281万人。贵阳市的群众大会由市总工会筹委会主任刘子重主持，省委书记苏振华在大会上讲话中指出，全省工人阶级以坚强的意志和战斗精神纪念“五一”国际劳动节，用行动来保卫和平，拥护缔结和平公约，支持中国人民志愿军和朝鲜人民军，粉碎以美国为首的帝国主义对朝鲜的侵略，保卫伟大的祖国。他号召全省广大职工在深入抗美援朝、实行土地改革和镇压反革命的三大运动中起到工人阶级的领导作用。这次“五一”国际劳动节群众示威大游行，检阅了工人阶级和各族人民的力量，进一步教育和发动了群众，推动了抗美援朝运动的深入开展。

在职工爱国主义政治热情高涨之时，工会组织因势利导，及时把广大职工的积极性引导到增产节约运动中，发动群众制定爱国公约，公约内容包括时事政治学习、劳动态度、完成生产任务以及团结互助等。公约开始是职工个人制订，后来发展到班组、车间、全厂制定，并且实行定期检查、评比，成为推动生产发展的积极因素，如贵阳科达橡胶厂职工通过制定公约开展竞赛，产量比赛前提高114%，废品率大幅下降；贵阳联合烟厂开展竞赛后产量提高11倍；贵阳豫丰纱厂工人提出“把车间当战场”“‘白花’（废品）当美帝，多消灭‘白花’就是多消灭美帝”的口号后，大大降低了废品率。抗美援朝运动在思想上、政治上、经济上显示了巨大的号召力和凝聚力。在中国和全世界爱好和平人民的支持下，中国人民志愿军和朝鲜人民军英勇战斗，终于迫使美国侵略者于1953年7月27日在停战协定上签了字，取得了中朝人民反侵略战争的胜利。

（二）发动群众参与民主改革

企业民主改革工作主要是清除隐藏在企业（行业）内部的反革命分子及封建残余势力，废除企业中遗留下来的资本主义管理制度，实行民主化管理，从而发挥工人的主人翁积极性，解放生产力。

随着抗美援朝战争的爆发，隐藏在企业、单位和社会上尚未得到清除的反革命分子认为时机已到，他们制造谣言，刺探情报，破坏生产和交通，扰乱社会治安，挑起动乱，妄图配合台湾国民党反攻大陆，颠覆人民政权，实行反革命复辟。他们有的甚至直接破坏抗美援朝运动，蓄意在生产中制造劣质有害食品和有自害性的武器弹药坑害志愿军，如贵州机械厂一反动技术人员制造一批速爆、不爆手榴弹，造成志愿军的自我伤亡；那些过去骑在工人头上作威作福的封建把头，在新中国成立后变换手法，采取隐蔽方式，仍继续作恶，欺压工人，坑害国家；有的伪装成进步分子，窃取行政、工会重要职务，为非作歹。此外，还存在尚未改变的旧的管理制度。这些使工人的政治和生产积极性受到了很大压抑，工人们感到头上的石头还没有搬掉，只翻了一半身。在这种情况下，开展以镇压反革命和反封建把头以及破除旧制度为中心的民主改革势在必行。

1950 年 10 月 10 日，党中央发出关于镇压反革命活动的指示。1951 年 2 月 21 日，中央人民政府颁布《惩治反革命条例》，明确这次运动采取贯彻镇压与宽大相结合的方针，重点打击土匪、特务、恶霸、反动党团骨干和反动会道门头子。1951 年 4 月 20 日，全国总工会发出《为拥护政府坚决镇压反革命告全国工人书》，号召工人阶级行动起来，协助人民政府肃清反革命。全省工会组织积极投入运动，发动职工群众检举揭发，参加斗争，保护工厂，防止敌人的捣乱和破坏。在运动中，全省职工和其他劳动群众向有关部门投送了 38455 件检举揭发信件，群众协助公安部门破获各种阴谋组织武装反革命集团案件 500 多起，捕获各种反革命分子 1000 余人，争取了一批反坏分子投案自首，缴获了一批电台和武器弹药，取得了重大胜利。

1951 年 11 月 5 日，党中央发出《清理厂矿、交通等企业中反革命分子和在这些企业中开展民主改革的指示》，要求各地用足够的力量，发动和依靠工人群众，有领导有计划有步骤地对所有企业，首先对国营企业内部的残存反革命势力进行清理，并对遗留的旧制度进行民主改革。根据党中央指示精神，贵州省委、省政府作出了部署，要求于 1951 年至 1953 年间，对工矿企业进行深入的民主改革，采取先公营企业后私营企业，先大厂后小厂，先经济上有决定意义的企业后其他企业的方式进行，通过民主改革，改造旧企业，建设社会主义新企业。各级工会组织在党委领导下，积极主动地站在斗争的前列，发动和引导职工群众投入这场斗争。上级工会选派得力干部参加民主改革工作组，深入工厂企业，组织职工群众学习有关文件，提高政治觉悟和政策水平，发动和依靠在旧社会苦大仇深的老工人开展诉苦活动，激发职工群众对阶级敌人和旧社会反动制度的仇恨，检举揭发隐藏在企业中的反革命分子和封建把头欺压工人的罪行，依靠政策的威力分化瓦解敌人。在工会的发动和组织下，职工群众表现出强烈的政治积极性，涌现出一大批积极分子，贵阳市工人群众参加揭发控诉反革命分子罪行的大小会议达1000余次，清理各种反动分子和封建把头150多人，根据他们的罪行，人民政府依法分别给予了惩罚和处理。这些隐藏在工人队伍内部的敌对分子，被清查出来后，工人无不欢欣鼓舞。

赤水河的水上运输是全省民主改革的重点行业。这条河从事航运事业的固定船工和搬运工2717人，其中70%以上是在贵州解放前参加工作的。由于工作流动分散和队伍不稳定性，人员成分复杂，成为一些反坏分子的藏身之地。贵州解放前，国民党在这里建有区分部11个，此外有封建会道门10余种，伪工会8个。这些反动和封建残余势力，相互勾结，对工人进行敲骨吸髓的残酷压迫和剥削，工人工资的60%—70%被他们克扣和侵吞，生活苦不堪言。有的反坏分子在贵州解放后还继续进行破坏活动，里通土匪，充当坐探，以粮资匪，烧毁船只，制造航运事故。1952年11月，贵州省委组成了工作队赴赤水河上开展声势浩大的民主改革运动，工会和有关部门干部90人参加。工作队进入后，召开工人代表会议，培养工人积极分子，广泛进行宣传发动，召开揭发控诉会13次，斗争大把头13人。群众揭发控诉封建把头和反动分子与国民党勾结的丑恶行径——打死工人66人、打伤67人，其中有21人被打伤致残，被他们奸污过的工人妻女57人。人民法院根据群众指控和对事实的核查，这些封建把头和反动分子被判处死刑4人、被判处有期徒刑13人、交群众管制19人。在进行清查阶级敌人和民主斗争以后，进行组织整顿，清洗存在各种严重问题的人员，纯洁了工人阶级队伍。

在民主改革运动中，各级党委和工会组织十分注意掌握党的方针政策，坚持做到团结职工的大多数。在旧社会，有些职工为生活所迫，怕打掉饭碗，被迫参加过一些反动或带有封建色彩的组织，如国民党、三青团、伪工会、青红帮或其他会道门等。对于这类问题，采取教育、开展批评和自我批评的方法，以团结为主要原则，按内部矛盾加以解决，帮助他们提高认识，划清界限；对于一些问题较大甚至有过轻微劣迹的人，只要诚恳作自我批评、检讨错误、向工人阶级靠拢，组织上对他们原谅，并加以保护。实践证明，自始至终注意搞好职工的团结是民主改革能够顺利进行并取得成功的重要因素。

结合民主改革，工会组织也进行了整顿，由工人民主选举产生新工会领导班子，一批积极分子和优秀老工人被选入工会领导机构，走上领导岗位，使工会领导权真正掌握在工人手中。民主改革后期，实行民主化管理，集中修改完善了企业不合理的规章制度，重点解决了资产阶级管理方法和作风、同工不同酬、分配不公等问题。在运动中，公营工厂普遍召开了职工代表会议，建立工人代表参加的工厂管理委员会，体现工人的主人翁地位，同时健全各种生产责任制；私营企业建立劳资协商会议，工会代表工人参加协商，强化工会在私营企业中寓监督于领导的作用，促进劳资关系的改善。在分配方面，公营企业解决冗员、高薪、调整工资关系，解决企业之间工资差距过分悬殊的问题；私营企业为了调动大多数工人的积极性，说服职员、技术工人取消工资、奖金中不合理的部分，缩小他们同多数工人工资的差距；贵阳市制定了 32 个级别的工资系列，用“折实单位”计发工资，使工人生活水平不会因市场物价波动而蒙受损失。经过这些调整，工人工资水平普遍有所提高，省工业厅所属 7 个工矿企业的职工工资提高了 43. 6%，搬运工人工资平均提高了 70%。通过进一步解决企业（行业）的领导权问题，改革管理制度，使旧企业向社会主义企业转化。对职工群众来说，在运动中受到了生动实际的教育和锻炼，提高了阶级觉悟，树立了新劳动态度，政治和生产积极性得到进一步发挥。由于旧的管理人员和技术人员的思想作风得到了改造，密切了技术人员和工人的关系，增强了职工内部的团结；企业领导人依靠工人阶级的思想更加明确了，工会的威信进一步提高，党的群众路线作风在企业中扎下了根，奠定了企业实行管理民主化的基础。

（三）投入“三反”“五反”斗争

“三反”“五反”斗争是继“镇反”和民主改革后另一场为促进社会改革、巩固人民政权而开展的政治运动，主要任务是打退资产阶级的反动进攻。“三反”即反贪污、反浪费、反官僚主义，主要在国营企事业及国家机关中进行；“五反”即反行贿、反偷税漏税、反盗窃国家财产、反偷工减料、反盗窃经济情报，主要在私营企业和一些分散的行业中进行。

经过全省上下的共同努力，至1951年，贵州省国民经济已基本渡过难关，情况逐步好转，不仅国营企业有很大发展，私营资本主义经济也得到恢复和发展。然而就在此时，资产阶级利欲熏心、损人利己的本质和或公开或隐藏的违法行为明显暴露和膨胀起来，他们重施故伎，牟取暴利，肆无忌惮地对抗党对资本主义利用、限制、改造的政策，在经济领域进行种种罪恶活动。有的当面叫苦，背后却抽走资金；有的对国家的加工定货，在用料上以少报多，偷工减料；有的在生产上以多报少，偷税漏税；有的生产不顾质量，以次充好，粗制滥造，坑害国家和人民，甚至把假药卖给志愿军，用志愿军的鲜血养肥了自己；有的阳奉阴违搞两本账，一本自己用，一本对付政府；有的用行贿手段腐蚀拉拢国家干部下水，刺探经济情报或用小恩小惠蒙骗职工，分裂工人队伍，淡化工人斗志，对工会采取收买、安设坐探等派进去拉出来的办法，控制工会领导权。在国家机关和经济部门内部一些意志不坚定的人，由于经不起资产阶级糖衣炮弹的攻击，滋长了贪污、浪费和官僚主义，出现了一些蜕化变质分子，这种严重现象的出现，使开展“三反”“五反”的斗争势在必行。

1951年11月30日，党中央发出《关于“三反”斗争的指示》，要求在全党开展一次大清理，彻底揭露一切大中小贪污事件，以杜绝很多党员被资产阶级所腐蚀的极大危险现象。之后，党中央又先后发出《关于反贪污斗争必须大张旗鼓地进行的指示》《关于反对行贿、反对偷税漏税、反对盗窃国家财产、反对偷工减料和反对盗窃经济情报的斗争指示》，决定在全国所有城市，首先在大中城市依靠工人阶级，团结守法资本家和其他市民，向违法的资产阶级开展一场大规模的、坚决的、彻底的“五反”斗争。1952年2月25日，全国总工会发出《关于开展工会系统的“三反”运动和公私合营企业的“三反”“五反”运动的指示》，贵州省委、省政府也对开展“三反”“五反”运动作出具体指示和安排，此次运动在全省范围内迅速开展起来。

各级工会主要负责做宣传和发动群众工作，动员广大群众积极参加运动，勇于检举揭发。在私营企业和一些分散行业，工会处于斗争前列，承担了运动的具体组织领导工作，党和政府依靠工会发挥重要作用。省总工会筹委会首先在机关内部开展“三反”运动，查出了有贪污行为的干部职工，查出机关铺张浪费2953万元（旧币），省工会领导同时深刻检讨了官僚主义。对犯有贪污的人员作出了相应处理，对浪费问题追究有关人员的责任，并建立健全财务财产管理制度。在机关“三反”运动告一段落后，派出一批干部组成“五反”工作队，深入基层单位，协助开展运动，重点是贵阳市的一些企业和行业，推动“五反”运动的进行。各地区工会也派出干部到本地基层单位，协助党政开展“五反”运动。

运动坚持依靠工人、店员，团结职员，争取高级职员和知情人员，重点揭发不法资本家的“五毒”行为。通过召开各种座谈会，做深入细致的群众发动工作。运用各种宣传工具大张旗鼓地宣传开展“三反”“五反”运动的意义、目的和要求，宣传党的方针政策，造成强大的政治攻势。贵阳市总工会架设临时“广播电台”，在市中心设立有线广播站，各企业行业工会设置了有线广播和宣传栏，及时宣传运动的进展情况。一些资本家的不法行为被揭发后，在广播上被曝光。据不完全统计，运动开展不久，贵阳市广大职工揭发偷税漏税等480多件，检举揭发资本家“五毒”行为1300多件，其中搬运业揭发出资本家投机倒把行为900多件。一些工厂也被揭发检举，如中南橡胶厂的资本家，生产掺杂废胶，以次充好，偷漏税收，使用国家的材料加工好的轮胎，自行销售，破坏国家加工货、统购统销政策；烟厂由国家供应原料生产香烟，按规定每箱烟用烟叶60公斤，而他们实际只用52公斤，采用偷料的做法大肆盗窃国家财产。运动采取边揭发、边追查、边斗争的方法进行，召开全市群众大会，对不法资本家进行批斗，以正视听，取得了较好的震慑作用。

一些不法资本家为了逃避罪责，采取威逼利诱等手段，阻止工人揭发罪行，妄图对抗运动，如贵阳市3家私营烟厂擅自停工停业，对运动消极抵制；市贸易运输公司的老板硬逼工人归还借款，企图迫使工人后退等。在工会组织的教育下，工人的思想觉悟有很大提高，他们将不法资本家这些阴谋诡计和威胁手段都一一揭露出来，不法资本家的威逼利诱不但没有削弱工人的斗志，反而激起了他们更大的愤慨，更加积极地投入“五反”斗争中。工会组织依靠政策的威力对有问题的资本家进行教育和争取，反复讲明政策，晓之以利害，动员他们走“坦白从宽”的道路。在“五反”运动的强大攻势和党的政策感召下，很多资本家不得不交代自己的违法行为，得到了政府和群众的宽恕。极少数罪行严重而又顽抗到底的人，则受到了法律的制裁。在贵阳市10721户工商业者中，运动后期定为守法户、基本守法户和半守法户的占98.32%，严重违法户只占0.44%，依法处理的仅15人，打击面缩小到1.75%，体现了教育大多数、打击极少数的政策精神。

“五反”运动后，一度出现公私关系、劳资关系紧张的现象，工会组织配合政府做了大量工作。一方面对资本家坚持既团结又斗争的原则，帮助他们树立新的经营思想，重新搞好生产经营；另一方面教育工人认识私人资本在国民经济中的地位和作用，主动团结资本家，以主人翁态度开展增产节约运动，努力搞好生产。许多私营企业还把劳资双方的权利、义务用签订劳资合同的办法固定下来，从而调动了劳资双方的积极性。这场“三反”“五反”斗争，带有社会主义革命的性质，对促进社会改革、抵制资产阶级思想的腐蚀和改造资产阶级产生了巨大的影响和作用，为以后全面、彻底地对资本主义工商业进行社会主义改造创造了有利条件。对广大职工来说，他们受到了一次深刻的阶级教育和实际的锻炼，在政治上又成熟了一步，思想认识上得到了提高，进一步确立了主人翁的地位。当然，在运动中也有一些企业曾出现“左”的倾向，在运动高潮时，发生过打击面过大和逼供现象，伤害了一些干部和工商业者的积极性，少数企业片面提高工人工资福利，使经营发生困难，这些问题在运动后期逐步得到了纠正。

三、学习贯彻《工会法》，开展执法检查

1950年6月29日，中央人民政府公布了《工会法》，这是新中国成立后国

家颁布的第一个关于工会的法律，明确了工会的权利与义务，为新中国工会的建设和活动提供了法律依据和保障，确立了工会在国家政治、经济和社会生活中的地位。《工会法》公布施行后，贵州省高度重视，省劳动局与省总工会分别下发通知，要求各专县市人民政府、县总工会认真学习，坚决落实，总结经验，反映情况，省劳动局和省总工会将对各地执行情况进行检查。

（一）贵州省人民政府劳动局检查《工会法》执行情况

1951 年 6 月，省劳动局对《工会法》执行情况进行了检查。从全省整体情况看，自《工会法》施行以来，明确保障了工人的基本权益，使劳资双方有所遵循、依法办事，对开展爱国生产竞赛运动起到了积极作用。在贯彻过程中，仍存在一些问题，没有形成工人群众自觉自愿学习和深入研究的热潮，对进一步领会其基本精神和历史意义，从而提高阶级觉悟，加强团结与组织，以巩固人民民主专政的政权还不够深入，即使偶尔引证条文，也是把《工会法》当作争福利的应用工具。究其原因，主要是行政及资方在思想上还不了解《工会法》的重要性，各基层工会还没有充分发扬民主精神，积极发动工人群众为执行《工会法》而努力，对领导与督促工作做得不够。

在全省上下认真贯彻《工会法》的热潮中，贵阳市总工会首先发出学习《工会法》的普遍号召，有重点地组织学习贯彻工作，在贵阳市工人代表会议、贵阳市城市工作会议上进行传达，进一步推动《工会法》的学习与执行。有的市县，由于没有正式成立工会组织或正在组建中，导致无法进行。除安顺、黄平等 7 个县先后报市劳动局外，其余市县无情况报告。鉴于此，省劳动局有重点地对贵阳市 5 个工厂和 4 个行业执行《工会法》的情况进行了检查。

从检查中了解到，贵阳市各公私营企业对《工会法》的学习情况可分三种：公营企业较好，大部分进行了学习研讨，工人群众已有初步认识并表示衷心拥护，但没有明确的执行步骤与办法，致使有些工人抱怀疑态度；在规模较大的公私营厂矿，仅用上大课的方式，工人听了几次讲授，没有作深入的讨论；一般小手工业者及比较分散的行业，根本没有进行学习。部分行政及资方，对《工会法》缺乏明确的认识，由于旧社会轻视与不遵守法令的习惯尚未消除，新的法制观念还没有建立，存在着严重的思想障碍，甚至还存在不遵守规定和违反的现象，如公营贵州制鬃厂无理解雇杂工，不接受基层工会抗议；贵州人民印刷厂任意添雇职工；私营大成煤矿暗自雇用亲友 5 人做职员，既不通知基层工会，也不呈报备案；大中华橡胶厂停业后，随便遣散工人，不给解雇费等。

在检查中发现，关于工会经费缴交工作，一般大型公私营企业能够按照规定进行缴交或分期补缴，但一些规模较小的行业大多存在推托、观望和拒不缴付的情况，如织布业的一些单位完全未缴，资方推托说过去是行业工会，基层工会成立得晚，文教费没有开支，现在不溯既往，请求从 1951 年 5 月 1 日起缴纳，免得积欠太多，一次补缴造成元气损伤。关于工会房屋供给问题，一般单位能适当解决，但部分私营小厂还存在不少困难。

从贵阳市私营企业执行情况看，在履行责任方面，劳资双方都有进步而且有成绩，工人阶级大部分能发挥领导阶级的作用，为贯彻《工会法》而作出相当努力。但从资本家的经营积极性看，在《工会法》的具体执行上还存在一些缺点和偏向。由于劳动局工作做得不够，坚持法令及检查工作做得不实，部分劳方或资方不能严格遵守《工会法》，不能自愿依法办事，特别是对中、小行业及手工业照顾得不够，因而影响劳资关系，出现了比较混乱紧张的情况。

针对以上情况，省劳动局检查组提出了有针对性的意见，为今后《工会法》的贯彻执行提供了指导。

（二）省总工会筹备委员会对《工会法》执行情况的检查

自《工会法》颁布后，省总工会筹备委员会下发了贯彻通知，要求各地认真落实，提出将对贯彻落实情况进行检查。省总工会筹备委员会对贵阳、遵义、安顺的执行情况进行了检查。从总体贯彻情况看，各地工会组织广大职工对《工会法》进行认真学习，职工们了解到《工会法》从法律层面上赋予工会权利和职责，能够反映工人的意愿和要求，鼓舞工人的主人翁意识和责任感，为新中国工会的建设和活动提供了法律依据与保障。

在执行过程中，一些单位掌握政策不准确。在雇用与解雇职工及调动工会委员时，有的行政或资方不按照《工会法》规定办事，任意雇用或解雇职工，有的解雇不给解雇费，经工会提出抗议后还不接受。在工会房屋及设备问题上，私营企业及县工会还存在不少困难，个别基层工会还未能解决。公营企业如贵阳花纱布公司工会，没有活动时间，没有办公地方，工人感觉好像没有工会。

《工会法》的宣传和学习还不够广泛深入，劳资关系双方存在着许多问题，没有充分发挥劳资协商会的作用，行政和资方在思想上还没有正确认识《工会法》，遵义的一般资方与工人对劳资协商会议认为是“解决纠纷的会”。在工会与行政的关系上，有些企业对工会存在严重不平等的看待，当作附属品，影响工会的威信和工作的开展。工会干部缺乏坚定的阶级立场，不能为争取工人阶级的基本利益和《工会法》的正确执行而努力，不能同违反《工会法》的行为进行斗争，有的还做了行政和资方的尾巴。

检查组发现这些情况后，要求各地工会密切配合有关部门，商定学习与执行工会法的具体办法和步骤，主动带头发动工人群众认真学习，深入讨论，领会精神，发挥群众的力量监督行政或资方贯彻执行。检查组对党委反馈并提出，要加强宣传，纠正行政资方对《工会法》的漠视态度和错误认识，明确依靠工人团结职员搞好生产的方针；加强工会干部阶级教育，树立为工人阶级服务的观点，为《工会法》的坚定执行而努力。

四、工会对工人利益的关心和促进

（一）救济失业工人

贵州解放初期，人民政权面临的较为棘手的社会问题是大批工人失业，生活无着落，这也是贵州工会组织建立时遇到的一个难题。在国民党统治时期，贵州工商业很不发达，临近贵州解放时，由于受到国民党的破坏和极度通货膨胀的影响，生产经营惨淡，有的企业濒临倒闭。贵州解放后，不少工商业者对党的政策缺乏了解，顾虑重重，消极经营，加上一段时间土匪特务猖狞破坏，物资交流受阻，企业停产停业，加剧了工商业的萧条，造成大批工人失业。1950 年，工人失业情形相当严重，贵阳市 34 家烟厂中 20 余家停产，香烟销售从原来每月两三千箱下降到几百箱，土匪猖獗时销售几乎停顿，其他行业也是类似情况。当时全省有几万名工人失业，贵阳、遵义、安顺、贵定、都匀等地失业工人 16481 名、半失业工人 1847 名，贵阳市 1950 年上半年失业工人 7000

多名，年底增加到15000多名，失业知识分子（包括教师）正式登记的有702名。失业工人的生活十分困苦，贵阳市失业工人家庭有5万人生计困难；有的失业后改行去当小贩，做小买卖（卖青菜、纸烟、火柴等）；有的靠借贷维持或变卖衣物度日，个别被生活所迫自杀。

毛泽东对全国各大城市工人失业问题十分重视，1950年6月，在党的七届三中全会上指出："认真进行失业工人和失业知识分子的救济工作，有步骤地帮助失业者就业。"党中央、政务院、全国总工会先后发出救济失业工人的通知。党中央在指示中明确："登记和救济失业工人的工作，依靠工会组织去做，这样才易于把失业工人组织在工会周围，易于进行救济和教育。"全国总工会发出《告全国工人书》，号召全国工人阶级发扬阶级友爱，以实际行动援助各地失业工人。贵州全省各级党政和工会组织对救济失业工人十分关心，各级工会组织把救济失业工人作为当务之急的工作，作为一项维护工人利益的重要任务去抓，做出具体部署和安排，各地建立了救济失业工人委员会，民政、劳动、工会、共青团、妇联等部门参加。各地工会组织在救济失业工人工作上，协助政府承担了重任，在宣传、登记、救济和安置就业等工作中，不辞劳苦，日夜奔忙在救济工作第一线，工会干部怀着极大的热情和阶级同情心，尽心尽力为工人阶级排忧解难。

贵州全省按照"生产自救为主，救济为辅"的方针，采取如下不同的办法进行救济。

一是以工代赈。人民政府有计划地将一些市政建设项目和土石方工程安排给失业工人去做，如贵阳市组织搬运、泥、木、石工人修下水道、飞机场，解决了2050人的临时工作，西南财经委员会为此批准省政府拨出100万斤大米以支持救济。

二是生产自救。由政府扶持，为一些工厂创造恢复生产的条件，如由政府贷款贷纱，使一些已经停产的织布、织袜、织毛巾等小厂恢复生产；帮助失业工人自办工厂、商店，如贵阳新新缝纫厂是由当时15个失业工人作为生产自救办起来的，后经合作化道路得到逐步发展。

三是捐献救济。主要是发动在业职工发扬阶级友爱精神，捐钱捐粮，帮助失业工人渡过难关。贵阳市总工会代表大会作出决议，提出在业职工每月捐献收入的1%，作为救济费。许多工厂企业工人职员积极响应政府和工会号召，捐献钱粮，涌现出很多感人事迹，如贵阳电厂、豫丰纱厂、南明烟厂、利亚烟厂的工人主动节约半月菜金（工厂集体开伙）捐献给失业工人；电厂60多岁的老工人贺弼臣主动捐献出一生的积蓄50块银元，支援阶级弟兄，在他的影响下，全厂300多名职工捐献了630万元（旧币）；工人徐银锭、杨龙拿出一半工资做捐献；贵阳市14个工厂企业的职工在1950年4月23日至26日4天内，捐献了1030万元（旧币）；1950年12月，贵阳、遵义、安顺、贵定等市县共收到捐献大米52万斤、金钱1.5亿元（旧币）；贵阳市公私合营企业救济失业工人基金1.93亿元（旧币）；贵阳市人民政府拨出粮食300万斤；全国总工会、省人民政府也拨发了救济款。

四是介绍就业。工会组织配合劳动部门为失业工人寻找就业门路，如介绍1257名有缝纫技术的失业工人为部队加工军衣、军鞋、蚊帐等；介绍店员工人协助军队承担物资运输的护送任务，促进城乡物资交流，使商店有货可卖；介绍1250名有文化的年轻人到“军大”、公安干校、地质队等部门培训，转业改行。至1951年5月，贵阳、遵义、安顺、贵定等市县解决了10812名失业工人和110名半失业工人的就业问题，为300余名知识分子安排了学习和工作。在前后不到两年的时间内，全省工人失业问题基本得到解决。对于少数一时不能就业而生活困难的工人，工会组织和有关部门采取临时或定期救济的办法给予帮助。

工会组织协助人民政府抓救济失业工人这项工作，在社会上和职工中产生强烈反响，党和政府极为赞赏，工人群众十分满意，失业工人深为感动。当工会干部把钱、粮、物品亲自上门送到失业工人手里时，许多失业工人热泪盈眶，他们感到中国共产党、人民政府才是真正关心工人的组织，工会真是工人的家，是亲人。工会组织自建立时起，做到了密切联系群众，保护工人利益，在职工心目中树立了良好形象，得到了广大职工群众的认可和信赖。

（二）贯彻实施《劳动保险条例》

1951年2月26日，政务院颁布了《劳动保险条例》，确定国家对工矿企业职工全面实行劳动保险，具体规定了职工在生、老、病、死、伤、残等方面应享受的各项保险待遇，表明了党和国家对职工利益的关心和重视，体现了工人阶级名副其实地成为新社会的主人。

《劳动保险条例》公布后，贵州各级党政和工会组织非常重视，把宣传、贯彻实施《劳动保险条例》作为一件大事来抓，在全省范围内广泛宣传和学习，除报纸、电台报道消息和登载《劳动保险条例》内容外，各厂矿企业工会利用黑板报、墙报和有线广播进行大力宣传，组织职工学习《劳动保险条例》精神，有的厂矿企业工会通过忆苦思甜、新旧社会对比来抒发工人对党和人民政府的感激之情，有的厂矿企业工会召开座谈会、庆祝会，职工群众兴高采烈，无不感到欢欣鼓舞，工人们普遍认识到，这个保障工人利益的《劳动保险条例》来之不易，是无数先烈用鲜血和生命换来的，是党领导工人阶级经过几十年斗争才取得的胜利果实。《劳动保险条例》的宣传和贯彻实施，使职工群众受到一次深刻的政治思想教育，焕发出高涨的革命热情和生产积极性。

省总工会筹委会和省劳动局专门派干部到全国总工会干校进行保险业务培训，1951 年 3 月 26 日，省举办省内第一期劳动保险训练班，学习《劳动保险条例》的基本精神和实施条例的具体业务，各市和专县及百人以上工矿企业工会主席、劳保委员等 118 人参加训练，训练班连续举办了 3 期。根据《劳动保险条例》规定，劳动保险在百人以上工矿企业实行，百人以下的企业参照执行。1951 年 4 月，全省 16 个工矿企业正式实行，主要包括贵阳电厂、贵阳矿山机器厂、贵州水泥厂、贵阳联合烟厂、贵州猪鬃厂、万山汞矿、赫章铅锌矿、遵义火柴厂和遵义锰矿等企业，这是贵州省第一批实行劳动保险的企业；7 月，实行保险的企业增至 21 家。

1953 年，政务院颁布了《关于中华人民共和国劳动保险条例若干修正的决定》，扩大了劳动保险范围，由只限于工矿企业扩大到交通、基建等单位，享受保险待遇范围不断增加。这一年，贵州全省实行劳动保险的企业达到 30 个，享受保险待遇的职工 17613 人。另外，对暂不实行劳动保险条例的国营贸易、森林、搬运等 36 个单位（行业），也参照劳动保险条例的精神签订了劳动保险合同，27807 人享受了集体合同待遇。1955 年，贵阳市 20 人以上的企业均订立了劳动保险集体合同。1954 年，全省共收入劳动保险金 19.14 亿元（旧币，企业行政或资方拨款），全年职工各项保险待遇开支 9.17 亿元（旧币），占全年收入的 68.9%。劳动保险金收入随着实行保险范围的扩大逐年增加。

开展劳动保险业务的工作方针是为生产服务，为群众服务。各级工会认真做好职工生、老、病、死、伤、残等各项保险待遇的支付工作，帮助职工克服困难；积极开展防病防伤，降低伤病率的活动，开展群众性的卫生运动，增强职工身体健康；同时，还发展同劳动保险相关的职工集体福利事业。1954 年，贵州省总工会和一些大中型企业工会利用劳动保险金，加上国家一部分资助以及企业奖励基金等款项，建成职工医院 2 个、工人疗养院 1 个、业余疗养所 3 个、企业职工营养食堂 21 个、托儿所哺乳室 18 个，增加和扩大企业医务所 43 个。贵州省第一个工人疗养院——花溪工人疗养院于 1953 年建成（床位 100 张），开始接待工人疗养。当国庆节第一批劳动模范、老工人被送去疗养时，职工们反响热烈，认为这在旧社会是不可想象的，真正感受到了劳动光荣、工人阶级光荣和党对工人的关怀。之后，经贵州省委和全国总工会批准，省总工会开始修建息烽温泉职工疗养院（床位 100 张）和大水沟职工结核病疗养院（床位 200 张）。

1954 年 8 月，根据劳动部、全国总工会《关于劳动保险业务移交工会统一管理的联合通知》，原由省劳动局管理的劳动保险业务，包括管理、对实行保险单位的批准、有关劳动保险法令的解释以及审批劳动保险集体合同等工作，均移交给省总工会。此后，各级工会不仅要做好劳动保险的群众工作，还要承担劳动保险的管理业务，这一改变推动了企业工会劳动保险机构的加强，使工会劳保委员会和劳保积极分子发挥了更大的作用。各车间、班组的劳保工作，职工中生、老、病、死、伤、残等大量工作，均由不脱产的劳保委员和干事去做，包括家访、职工住院、办理丧事、帮助料理病伤职工家务等。他们的辛勤劳动，深受职工赞誉，有的委员还被职工亲切地称为“张劳保”“李劳保”，在职工中影响大、威信高。贯彻实施《劳动保险条例》，既为职工群众的切身利益解决了大问题，同时也成为工会密切联系群众的重要纽带。

（三）维护工人利益，促进工人生活和劳动条件的改善

新中国成立后，各级工会认真履行《工会法》规定的职责，积极为工人说话办事，在维护工人利益、促进职工生活和劳动条件改善方面，进行了大量富有成效的工作，取得了良好的效果。

保护工人合法权益。1949 年贵州解放后，工人的社会地位有所提高。但旧社会对工人歧视、虐待的流毒仍然存在，一些私营企业侵犯工人权益的事情时有发生，国营企业由于干部官僚主义等原因，有时也出现损害工人正当权益的现象，如贵阳黔灵西路一家药店老板仍动辄打骂工人；一家造纸厂的资方代理人因怨恨工人揭发资方的不法行为，竟无理开除工人；贵阳二桥汽车修配厂和一些烟厂、纱厂，仍执行侮辱工人的搜身制；对女工的歧视更加严重，贵阳一家纱厂借口怕发生意外，竟把上班的女工锁在车间里劳动；不少厂家的资方辱骂女工可谓家常便饭，甚至限制工人自由，不让男女工人来往和交谈；为了追逐利润，任意加班加点延长劳动时间的现象相当普遍，有的加班长达 4 天之久，上夜班连续劳动十几小时。面对这种明目张胆侵犯工人正当权益的事件，工会及时进行干预，为工人说话撑腰。他们根据共同纲领和政府有关规定，同资方及其代理人进行说理斗争和教育，情况严重的直接向人民政府反映，要求政府严肃处理。在党和人民政府的重视和支持下，工会的干预和监督起到了很大的作用，不到一年的时间，很多错误做法被纠正，修正或废止了明显侵犯职工正当权益的旧规章制度，杜绝打骂工人的现象，取消搜身制，纠正女工上班被锁在车间里生产的情况，被无理开除的工人重新回厂上班。为了保护工人的身体健康，对加班加点严加控制，明确规定凡加班加点的，须事先征得工会的同意，并付给高于工资标准的加班费。

工会同顽固资方作斗争。贵阳私营大成煤矿资本家及其代理人，在贵州解放后继续虐待工人，原来十分恶劣的劳动条件不予改善，工人生命安全终日面临严重威胁，居住和生活环境不堪入目，克扣本来就很微薄的工人工资，使得工人食不果腹，衣不蔽体，苦不堪言，工人每月劳动所得，不发钱，只发“代金券”（限于矿山使用）。其代理人在矿上开设大烟馆，以大烟回收工人的“代金券”。全矿 100 多名工人中，大多数染上了抽大烟的恶习。工人每班完成生产

任务后，义务为资本家搞额外劳动。工会对这些残酷压榨工人的非法行为，旗帜鲜明地为工人说话，上告政府，要求尽快解决。由于资本家是统战对象，此事反映到省委和西南局，时任西南局书记的邓小平非常重视，责成省委予以处理，并批示："如再不能解决，则采取法律程序，不能因系统战人物而不加处理。"最后，这个矿的资本家及其代理人受到应有的制裁和处理。1954 年，国营贵州烟草公司、翁井煤矿的企业领导人在贯彻劳动纪律方面对工人采取惩办主义做法，随便开除工人、降薪，甚至停职反省、"关禁闭"等，工人反映强烈。对此，省总工会及时出面干预，一面通报全省，另一面向省委和全国总工会反映，在上级的支持下，上述问题得到严肃处理，企业主要领导人受到党纪处分并调离工作，维护了法纪和工人的利益。

促进工人增加收入。在恢复经济时期，工会说服工人忍受暂时困难，共渡难关。经济好转后，在发展生产的基础上，积极促进工人收入的增加。1951 年和 1952 年，全省国营和地方国营企业 2 次增加工人工资，同时解决男女同工不同酬的问题，如贵州火柴厂原来女工工资明显低于同工种男工，改革后女工工资有了较大的提高，并改变了工种轻重倒置现象。私营企业工人原来被降低的工资，经工会与资方协商，逐步得到恢复，并参照国营企业工资改革精神，适当提高了工人工资。1952 年下半年，首次进行工资改革，省总工会配合省劳动局、工业厅联合开展"八级工资制"的试行工作。第一批试行单位为贵阳电厂、贵州交通机械修配厂、遵义锰铁厂、贵州水泥厂、贵州烟厂、贵阳矿山机器工厂等。八级工资制度实行后，解决了按技术等级定报酬问题，克服了平均主义，职工工资有了普遍提高。全省工资平均水平 1951 年比 1950 年提高了 99%，1952 年比 1951 年提高 56%，1953 年比 1952 年提高 5%。1954 年，全国工资工作会议进一步明确了工会有责任协助行政做好工资工作。在国营企业，工会积极参与工资计划的制订和调整，检查督促有关政策法令的贯彻执行。工会参加了国家对企事业单位工资制度的改革，使全省职工平均工资提高了 25. 74%。公私合营企业工资标准和工资制度，也逐步向同一地区、性质相同、规模相近的国营企业看齐，低的逐步提高。对于工资收入低和生活困难的职工，工会通过困难补助和职工互助储金会，以定期或不定期救济、互帮互助的办法解决。基层工会将收取的会费和其他经费的一部分作为困难职工补助的常用费，有的企业行政还拨给工会一部分经费，以补不足。1956 年，经常处于困难状况的职工约占 20%，其中特困户占 5%，面对这种情况，工会加大了困难职工补助力度，全国总工会先后两次给贵州拨款 48 万元，省总工会拨款 10 万元，共计 58 万元用于职工困难补助。

加强劳动保护，改善劳动条件。贵州解放后，人民政府从国民党政权接管下来的官僚资本主义企业，是一批厂房机器设备等十分简陋的烂摊子，工厂缺乏起码的安全卫生设备和措施。私营企业中危险作业、拼体力、肆意延长工时、加班加点和使用童工的现象比较常见，劳动条件差，工人干活无劳动保护可言。工会把改善生产安全、防病防伤作为一项重要任务来抓，协助和监督企业行政或资方坚决执行人民政府有关企业安全、疾病、卫生等方面的政策法令，配合劳动部检查安全卫生情况，解决安全生产和劳动保护中的问题。1951 年 10 月，贵阳市总工会配合市劳动局对贵阳 30 人以上的 38 个厂矿企业进行了安全卫生大检查，发现了 2000 多个问题，耗资 31.5 亿元（旧币）协助和督促企业行政或资方解决了车床照明、马达护栏、浴室、医疗设施、职工体检等 730 余项有关劳动保护问题。1953 年 2 月，贵州省委针对公路建设中不断出现的伤亡事故，发出了重视安全生产、严肃处理事故的通知，省总工会积极贯彻通知精神，进一步推动了企业劳动保护工作的加强。许多工厂、矿山和交通企业建立了技术保安机构，制定并采取有效措施，降低事故发生率；厂矿企业均配备了一般性安全卫生设施，如工厂中的齿轮护罩、皮带栏杆、油门盒子、砂轮罩和其他人身防护用品等；矿山上改火药为蒸汽烘药，避免了火药烧爆的危险；井下工人配发了柳条帽；用电灯和蓄电池矿灯代替原来的桐油灯，改善了井下照明、通风设施；设立了井下开水站和蒸饭炉灶，解决了井下工人喝水和吃热饭的问题。在防病治病方面，工会促使企业行政逐步建立了医务所（室），很多厂矿同大医院建立了医疗预约关系。1952 年 4 月，贵阳市第一个工人医院开业，使病伤职工能够得到及时治疗。随着生产日趋正常，确立了八小时工作制，限制了加班时间。1955 年，通过工会与行政签订劳动保护协议书的办法，进一步推动了劳动安全条件的改善。这一办法先是在邮电系统试行，取得效果后，在全省范围推广。据统计，40个厂矿企业这一年投入70多万元用于改善劳动保护设施，采取措施802项，收效显著。工会还建立了劳动保护检查建议簿制度、安全卫生检查制度、安全教育制度、工伤事故与职业病研究分析制度等。

针对职工住房困难问题，工会不断向政府和行政进行反映，推动职工住房条件的改善。1952年，贵阳市人民政府两次拨款为职工修建住房，第一次拨款给贵阳市总工会13亿元（旧币），用于购置民房1.25万平方米计598间，住进职工476户；第二次拨款65亿元（旧币），在贵阳市次南门新建楼房12幢，计8000平方米，优先提供给189户劳模和老工人居住。之后，省财委又拨款40亿元（旧币），作为购买职工宿舍和集体福利设施之用。随着生产的发展，一些地区、系统和企业，也先后修建了职工住房。1953年，贵阳运输系统按照私营企业“四马分肥”的原则，分得职工福利金50亿元（旧币），拿出其中的32亿元为职工修建了5幢8000平方米的宿舍，解决了100多户职工住房问题；贵阳市商业局为职工修建住房4000多平方米，解决了200户人的住房问题。

改善职工文化生活。新中国成立后，党和人民政府十分关心工人文化生活的改善，工会为此而积极努力，促使职工文化生活一年比一年进步。就贵州企业而言，基层工会经费大部分用于职工文化、教育开支。据统计，1953年全省已建立基层工会俱乐部19个、图书室33个；贵阳市新建了劳动人民文化宫，修建了一座有850个座位的职工文化剧场；全国总工会西南办事处拨交省总工会1个电影教育工作队，有2台放映机、5个放映员，供省总工会在各厂矿巡回放映之用，之后全省发展到有5个电影教育工作队，使电影放映工作遍及全省各工矿地区，活跃了职工文化生活。工会关心职工生活，维护职工利益，是这一时期工会工作活跃的主要标志，也是工会取得职工的信任和支持，在群众中有较高威信的重要原因。

（四）开展职工政治、文化、技术学习活动

新中国成立之初，贵州工会在职工中开展的另一项受群众欢迎的活动，是举办职工业余学校，组织职工学文化、学技术、学政治。在旧社会，劳动人民无法获得学习的权利和机会，贵州工人队伍文盲、半文盲在80%以上，一些较大的行业工人，如建筑、搬运、手工业和矿山井下工人，文盲、半文盲在90%

以上。新中国成立后，广大工人摆脱了身上的枷锁，迫切要求学习政治和文化，尽快提高自己，争当新社会有文化的主人。工会因势利导，下大力抓这项工作。从 1950 年起，许多厂矿企业陆续开办了职工业余学校。党和人民政府对这项工作非常重视，1950 年 6 月 4 日，在政务院《关于开展职工教育的指示》中提出，开展职工业余教育是提高广大工人、职员群众的政治、文化与技术水平最重要的方法之一；要求这种业余教育以工厂企业中的工人为主，以识字为重点，采取多种多样的方法，保持经常进行。全国总工会要求各级工会把这项工作作为工会文教工作的中心内容。贵州省总工会和教育行政部门认真贯彻政务院和全国总工会的指示要求，共同负责，积极推动，在各级工会具体组织领导下，职工业余教育工作很快在全省范围展开。据统计，截至 1952 年底全省开办职工业余学校 77 所、学员 1867 人，其中厂矿基层工会办的业余学校 51 所、学员 970 人，地方和产业工会办的业余学校 20 所、学员 764 人，政府部门办的业余学校 6 所、学员 133 人。

文化教育的重点是扫盲。在业余学校中普遍开设了识字班、扫盲班，同时也设立普通班、中级班、高级班。扫盲班以西南工人出版社编印的《职工识字课本》为教材，规定摘掉文盲帽子的标准是识字 1000 字以上，并初步达到能读、能写、能用。其他班级参用有关课程进行教学，经考试合格，发给结业证书，高级班相当于高小毕业水平。为了加快扫盲工作的进程，省总工会先后举办了 2 期“速成识字法”师资训练班，培养了数百名扫盲教师，该训练班学员毕业后，在全省职工中开展扫盲工作，一时间形成了热潮。工人们的文化学习时间是每学期 20 周，一学期可识字 400 个以上，工人参加 2—3 个学期学习，即可基本摘掉文盲帽子。1952 年全省职工业余学校摘掉文盲帽子 603 人。1953 年 5 月，西南地区召开第一次扫盲工作会议，对职工业余学校进行了整顿，纠正了对工人学习文化急于求成的思想，同时加强了自上而下对学校的管理，摆正生产与学习的关系，保证了教学的正常进行，效果明显。大批工人逐步摘掉了文盲帽子，中高级班学员进一步提高了文化水平，如贵州烟厂工人针对企业实行定额管理，学会了各种定额计算方法；独山县建筑工人学会了“收方”的计算方法（计算木材、土石方的面积和体积）。由于工人本身恢复发展生产的任务很重，因此，除了扫盲、文化学习坚持较好外，工人技术学习未能全面铺开，多数单位未能作为经常活动保持下来。

对职工进行政治教育是职工业余教育的重要内容，在工会开创时期开展的广泛而有效的形式有举办职工政治训练班或政治夜校，结合文化学习上政治课。据统计，1952 年省总工会和贵阳市先后办了 7 期，各地区工会举办了 5 期工人训练班，学员共 3000 多人；全省基层工会共办职工政治夜校 53 所、学员 8103 人，地方和产业工会办政治夜校 13 所、学员 3706 人，政府有关部门办政治夜校 11 所、学员 225 人。全省共有专职政治教员 102 人、辅导员 100 人。政治教育的课程为社会发展史、中国革命与中国共产党历史等，对工人们进行启蒙教育，使他们对劳动创造世界、谁养活谁的道理，一听就懂，易于接受。结合形势和党的中心工作进行教育，如在抗美援朝运动中，教育工人认识帝国主义的侵略本性，发扬爱国主义和国际主义精神；在镇压反革命运动中，用反革命分子的罪行从反面启发工人的觉悟，划清敌我界限；在克服困难恢复经济时期，教育工人发扬党的优良传统，艰苦奋斗，渡过难关；在私营企业中，组织工人学习《共同纲领》和党的方针政策，教育工人正确对待和处理劳资关系；在“三反”“五反”运动中，通过运动中暴露出的实际事例，启发工人不能忘记阶级斗争等。教育方法是以正面教育为主，同时结合开展回忆对比、忆苦思甜等活动，进行群众自我教育。

尽管当时的学习条件比较差，业余学校不如普通学校那样正规，但工人对学习有强烈要求，学习热情高涨，态度认真，顽强刻苦，加上办学方式切合实际，因此，这种业余教育取得的实际效果是显而易见的，对提高工人的思想文化素质起到了相当有效的作用。后来从工人中陆续提拔起来的干部，包括一些领导干部，他们在政治思想上和文化上的进步，多数都是在业余学校学习时打下的基础。

第四节　新中国成立初期贵州工人阶级的贡献

新中国成立后，在中国共产党的领导下，贵州工人阶级建立了自己的工会，实现了从革命者到建设者、从“下等人”到主人翁的历史性转变，工人运动和工会工作蓬勃开展。

一、新中国成立初期贵州工人运动与工会工作

新中国成立三年来，经过接管、恢复生产、调整工商业、抗美援朝、镇压反革命、支援土地改革、“三反”“五反”、民主改革和爱国增产节约运动，贵州国营企业与私营企业中已经有了很大的发展。贵阳市的若干较大企业工人运动开始走向深入，工会工作有了比较扎实的基础。

贵州全省国营与地方国营企业中的主要部分是由旧企业改造，把官僚资本主义企业烂摊子接管下来，恢复生产的。在这个时期，工会开始组织起来，协助行政，发动职工，克服困难，恢复生产，发挥了不少作用。结合各种社会改革运动，特别是结合镇压反革命与“三反”运动，进行了民主改革，清除了反革命破坏分子、封建把头与封建把持制度，混入基层工会领导机构中的不纯分子逐渐被肃清，工会组织得到巩固。与此同时，工会协同行政发动职工推行政治运动，以政治动员方法完成生产任务。“三反”运动后，在完成民主改革的基础上，开展了爱国增产节约运动，结合进行生产改革，将旧企业完全改造为社会主义性质的人民企业，工会开始以生产为中心开展工作。

“三反”运动，划清了工人阶级与资产阶级的思想界限，打破了旧社会遗留下来的各种宗派隔阂（行会思想、帮口等）。那些从旧企业遗留下来的职员与工程技术人员，也受到了教育。压迫工人的资产阶级企业管理思想作风、崇拜资本主义的技术观点都有了变化。加强了职工内部的团结。更为重要的是培养了职工主人翁的意识，树立了新的劳动态度。新社会，工人做工是为了国家，为了争取国家财政经济情况根本好转，为了即将到来的国家大规模经济建设更好地准备条件，为了国家的工业化和社会主义的美好将来。总之，工人是第一次为自己的幸福来工作。工人们了解到为国家工业化而劳动，就是工人阶级作为国家领导阶级对全国人民的责任，就是阶级觉悟的主要表现。与此相联系，工人们对企业管理的看法也大大改变，逐步树立了自觉遵守劳动纪律的思想，对

已定生产计划、机器机件负责的思想。工人们的生产积极性和创造性不断提高，积极参加合理化建议和劳动竞赛，这日益成为群众性的运动。三年来的事实说明，国营企业职工与工会的根本任务都是搞好生产，说明国家利益与工人阶级切身利益的一致性、生产与福利的一致性。生产的恢复与发展，初步改善了劳动条件与职工生活。

私营企业工会在贵州解放初即开始组织。在工商业暂时困难时期，工会响应了党与人民政府的号召，一方面向资本家说明前途，宣传政策，另一方面积极克服生产中的困难。不少企业中的职工，为顾全大局，甚至自动减少工资或没有工资只吃饭，来帮助私营企业渡过暂时困难。由于国家大力调整工商业的政策和职工们的努力，私营企业度过了困难时期。以后响应抗美援朝伟大号召，开展爱国增产捐献运动，进一步推动了私营企业生产的恢复与发展。随着生产情况的好转，经过争取、协商，初步改善了职工生活。在这个时期，为了贯彻发展生产与劳资两利政策，反对资产阶级一利政策，进行了一些必要的斗争。这些斗争，起到了一定的积极作用。在“五反”运动中，揭露了资产阶级的五毒行为，对于促进私营企业服从国营经济与工人阶级的领导、遵守《共同纲领》起到了更大的作用。在“五反”运动胜利的基础上，又开展了爱国增产节约运动，推动了私营企业的生产改革。这样，经过调整工商业、三大运动特别是“五反”运动，职工阶级觉悟大为提高，划清了工人阶级与资产阶级的界限，对于工人阶级在私营企业中领导作用的认识日益明确，广大职工积极参加了自己的工会，一大批积极分子涌现出来，改善了基层组织的领导成分。曾经混入基层工会领导机构的反革命破坏分子、封建把头及资产阶级派进来拉过去的不纯分子逐渐被清洗出去，工会组织巩固起来。

私营企业工会同样以生产为中心，服从国营经济领导，有利于国计民生。私营企业工会依靠职工群众，团结资产阶级，进行有利于国计民生的生产；在搞好生产的基础上，解决工资、工时、福利问题，贯彻劳资两利政策，反对资产阶级“五毒”行为及其一利政策。发展生产与劳资两利政策，是不能分割的，工会干部对这一方针政策的认识，已经逐步明确。

二、新中国成立初期贵州工会组织的主要工作成绩

新中国成立三年来，经过广大职工和工会干部的努力，开始出现蓬勃发展的局面，贵州全省工人阶级的大多数已经组织起来。全省职工约有 14 万人，发展工会会员 7.29 万人，占职工总数的 52%。建立县总工会及县总工会筹备委员会 49 个，市总工会 2 个，省产业工会及工作委员会 6 个。工会各级组织的建立遍及全省，形成网络，工会各项工作的开展取得了很大成绩。

工会积极组织职工参加抗美援朝运动与各种社会改革运动，发挥领导作用。热烈响应支援志愿军打击美国侵略者的号召，开展了爱国增产捐献运动。积极参加镇压反革命运动，协助公安机关，摧毁了反革命分子对人民企业的破坏活动，巩固了人民民主专政。积极支援农民反封建斗争，支援土地改革，帮助农民检举潜伏的匪首恶霸归案法办。同时，推动资产阶级割掉封建尾巴，密切了工农关系与乡城关系。进行了“三反”“五反”运动，国营与地方国营企业职工，反对贪污浪费与官僚主义，加速完成了民主改革。私营企业职工，揭露了资产阶级的“五毒”行为，打退了资产阶级的进攻，推动了私营企业的改造。

积极开展生产专业恢复与改造工作。国营及地方国营企业，在全省范围内基本上完成了民主改革，结合爱国增产节约运动，正进行着生产改革，旧企业已被改造为人民的企业。私营企业改造工作与建筑、搬运两个行业的民主改革，取得了初步成果，职工们的政治与生产积极性大大提高，合理化建议与爱国劳动竞赛日益广泛地展开。据不完全统计，新中国成立三年来，职工提出合理化建议 1347 件，采用 725 件。参加劳动竞赛的人数，一年比一年增多，贵阳市参加劳动竞赛的职工，1951 年为 4766 人，1952 年 6 月底为 15241 人。在劳动竞赛中，涌现出大批劳动模范，如国营省运输公司汽车修配厂橡胶工场袁盈楚，试制电瓶壳成功，解决了当时的电瓶荒，该公司梁萍行车小组，超过中央及西南的用油标准，每加仑汽油行车达 47.5 吨公里，用油定额比新中国成立前提高 1 倍；贵州锌铅矿工人陈朝品改进冶炼操作方法，回收率提高 10 倍；邮电局运输科工人茅显棋缩短了大修 1 台汽车引擎的时间，创全国纪录；贵州机械厂老工

人励保廷利用废料配制剪刀机，提高生产效率 70 倍；贵阳市邮电局无线报房报务员孟仲颖收发电报 32 万多字，15 个月没有出过差错。据贵阳市 1951 年 12 月的统计，涌现出生产积极分子和劳动模范 797 人。这些事实说明，在工人群众内部，新的劳动态度已经树立。依靠工人阶级日益增长的生产积极性与创造性，工矿企业与交通事业已恢复，而且有了一些发展。

随着生产的恢复与发展，职工的物质生活条件初步改善。大批失业工人重新就业，贵阳市有 1 万多名失业工人就业；物价相对稳定，特别是“三反”“五反”后，调低了数千种工业品的物价，平均下降 6.8%，工人实际收入相对增加；工资有所提高，若干较大厂矿实行八级工资制，一般厂矿调整工资改革某些不合理现象，一定程度上提高了工人工资。例如，工业厅直属 7 个厂矿平均工资 1951 年较 1949 年提高 43.6%；搬运工人从每月收入食米 1 担，提高至每月收入食米 1 担 7.8 斗，收入提高了 70%以上；住宅条件有初步改善，贵阳市部分厂矿建设了可容纳 1600 人居住的工人宿舍，解决了部分职工住宅问题；初步执行了中央人民政府有关劳动保护的法令，公私营企业安全卫生设备有若干改善，职工伤亡率较新中国成立前已见减少，因漠视工人生命引起重大伤亡事故的官僚主义者，受到了处分。已实行劳动保险条例的公、私营厂矿 24 个，职工 7138 人，已享受劳动保险待遇的约 1000 人；7 个厂矿签订了劳动保险集体合同，这些厂矿的医疗条件也有所改善，贵阳市有工人医院 2 座、疗养室 12 个、托儿所 3 个、哺乳室 6 个、医务所 11 个、特约医院 24 处、特约中医诊所 13 处；试办了一批营养食堂；建设 1 座可容纳 100 人的工人疗养院。

开展政治教育和文化体育活动。在政治教育方面，依托工人训练班对工人群众进行爱国主义和国际主义的教育。从 1950 年 3 月到 1951 年 9 月，全省先后举办工人训练班 10 期，学员 2396 名；在文化教育方面，全省有职工业余学校 60 个，学员 22718 名，开办 2 期“速成识字法”师资训练班；在文化体育方面，贵阳市现有俱乐部 4 个、图书室 13 个，一些较大的基层工会均组织了歌咏队、篮球队和小型俱乐部。这些活动对于提高职工思想政治素质、满足职工的文化体育娱乐需求，起到了很大的作用。

加强职工队伍建设，大批阶级觉悟高、业务能力强的积极分子被提拔为干部。新中国成立三年来，培养提拔干部职工2174人，其中政权机关386人、行政管理人员919人、工程技术人员236人、党务部门376人、群众团体18人、工会系统174人、工会基层脱离生产干部65人。

这些主要成绩的取得，是党和人民政府、上级工会正确领导的结果，是全省职工积极努力的结果。从全省情况看，工会工作还不深入、不平衡，很多小城市、小企业的工会工作还非常薄弱等，为此，省工会首次会员代表大会对存在的问题进行了专门研究，对下一步工作任务进行了部署。

第五节　社会主义改造时期的贵州工运事业

一、学习宣传贯彻过渡时期总路线

1953年9月，党中央结合新中国成立以来的实践总结，提出了国家在过渡时期的总路线和总任务："从中华人民共和国成立，到社会主义改造基本完成，这是一个过渡时期。党在这个时期的总路线和总任务，是在一个相当长的时期内，逐步实现国家的社会主义工业化，并逐步实现国家对农业、对手工业和对资本主义工商业的社会主义改造。"具体来说，就是把新中国成立初期建立在各种所有制基础上的新民主主义社会，改变为基本建立在全民所有制和集体所有制基础上的社会主义社会。

总路线公布后，全国总工会随即发出了《关于学习、宣传与贯彻过渡时期总路线的指示》，要求在广大职工群众及其家属中大张旗鼓地开展总路线的宣传工作。为配合这次全民学习活动，中央宣传部专门编写了《关于党在过渡时期总路线的宣传提纲》，对党在过渡时期总路线作了精确的表述，指出了明确的奋斗目标和方向。与此同时，《人民日报》也发表了《向广大工人群众宣传总路线》的社论。

贵州省委对宣传总路线作出了具体部署，省工会联合会根据省委的部署和全国总工会的指示，于1953年12月24日至26日召开了一届三次执委扩大会议，听取《省工会联合会关于学习总路线检查工会工作的报告》，作出《关于学习、宣传与贯彻国家过渡时期总路线的决议》。1954 年 1 月，省工会联合会发出《关于学习、宣传与贯彻国家过渡时期总路线的决议》的通知；同月，要求各级工会在职工中积极开展工农联盟的教育。

1954 年 3 月 6 日，省委城市工作委员会和省工会联合会召开全省第二次职工代表会议，主要任务是全体职工全面、深入、正确地学习与贯彻党在过渡时期的总路线总任务，提高社会主义思想觉悟，担负起工人阶级在国家过渡时期的伟大责任，为实现国家的社会主义工业化而斗争。出席会议的正式代表 1038 人，列席代表 400 人，10 人以上的厂矿都派代表参加。省委书记苏振华、副书记申云浦，贵阳市委书记谢鑫鹤等出席会议，苏振华在会上作了关于党在过渡时期总路线的报告。会议号召全省职工一致努力，积极整顿现有厂矿企业，发挥潜在生产力，继续贯彻企业改革，继续开展爱国增产节约运动，把劳动竞赛经常化，努力学习技术，提倡创造发明，开展合理化建议。提高质量，降低成本。发扬工人阶级的艰苦朴素精神，正确地对待国家利益与个人利益、当前利益与长远利益的问题，为创造美满、幸福的社会主义社会作长期的艰苦奋斗。会议同时号召私营企业的职工，正确贯彻国家对资本主义工商业的利用、限制、改造的政策，遵守公私合同与劳资合同，警惕与制止不法资本家的违法行为。会议通过了《贵州省第二次职工代表会议决议》（在全省职工中贯彻实现总路线的决议）。

各地厂矿企业党委在听取代表们的汇报后，都召开了党委扩大会议或党、行政、工会及共青团的联席会议，传达和贯彻会议决议。出席会议的代表们分车间、分小组进行学习，按照代表性（青年工人、技术工人、技术干部等）分别召开各种不同性质的座谈会，分头传达。在传达会议精神和决议中，许多厂矿企业都注意结合本单位职工的思想实际和生产实际。在各级党委和工会的部署下，各厂矿企业工会采取报告会、骨干培训班、政治课、座谈会、黑板报、广播等多种形式，广泛开展学习宣传活动，很快在全省职工中形成了学习宣传总路线的热潮。省、市和各地区工会分别派出一批干部下到基层，帮助开展宣传工作。省工会联合会干部训练班每期把学习总路线列为必修课，武装工会干部和积极分子。贵阳市总工会举办了以私营企业为主的基层工会干部业余训练班，历时21天，培训677人，集中学习了党对资本主义工商业改造的方针政策；遵义专区各县（市）工会通过召开基层工会小组长以上专兼职工会干部会议，培养宣传骨干；兴义专区总工会采取办工人政治训练班的形式，专门学习党在过渡时期总路线，提高职工思想认识。

这次宣传学习活动声势大，提高了职工的思想认识，取得了很好的效果。通过传达全省职工代表会议的精神和决议，广大职工群众对总路线的精神实质有了进一步的领会，对地方工业在国家建设中的作用有了比较明确的认识，对谋建设与谋福利的关系也有了进一步的认识。由于思想认识提高，生产积极性有了进一步的发挥，从而推动了生产发展。通过传达、讨论，各厂矿职工对劳动竞赛的目的性和提高产品质量、降低成本的重大意义也有了比较明确的认识。贵阳电厂某些工人在讨论中批判了自己对劳动竞赛的目的性不明确和经济主义思想，一致要求修正竞赛条件；贵阳玻璃厂职工通过传达和讨论，明确了劳动竞赛的意义和目的，总结优缺点；许多厂矿职工在讨论中都表示为提高产品质量、降低成本而努力。

通过对总路线的学习，职工普遍反映，“三大改造改变私有制，彻底消灭剥削制度，社会主义道路看得更清楚了，为建设社会主义劲头更足了”。轻工业和服务行业工作的职工学习后，认识到轻工业为国家建设积累资金的重大作用，服务行业对保障人民生活需要的重要意义，同重工业一样都是为建设社会主义作贡献，是同样光荣的，从而改变了劳动态度，安心于本职工作。私营企业职工过去有些人感到不如国营企业职工有出息，认为新中国的工人仍在资本家手下做工不光彩，产生要求转向国营企业的思想，通过学习，明白了在私营企业当工人责任也很重大，不仅要发展生产，还要做好改造资本家的工作，促使私有制很快向公有制过渡，由此克服了见异思迁的思想。在国营企业，也有少数职工嫌工种不好，不愿干脏、累、苦的活，特别是刚从学校出来的青年学生，有的认为当工人是屈才，前途黯淡，没有出路，有的甚至因此表现消极，不遵守劳动纪律，或闹工资待遇，不切实际地追求享乐。通过总路线教育后，他们懂得了平凡岗位也能干出不平凡的业绩，工作越苦越累越光荣，个人前途同社会主义前途是结合在一起的道理，从而克服了错误思想，转变了劳动态度。一些工厂的少数工人弃工经商，经总路线教育后，也主动回厂检讨自己的错误，并积极搞好生产。

在总路线的鼓舞下，各厂矿企业职工以高昂的劳动热情积极投入第一个五年计划建设，表现出可贵的主人翁精神。职工们经过学习，认识到国家计划的严肃性，树立起“计划就是法律”的观念，通过开展劳动竞赛，千方百计保证生产建设计划的完成。贵阳电厂职工掀起了挑应战高潮，保证出满勤和节日安全送电；贵阳玻璃厂开展了以提高产品质量，完成生产计划为中心的劳动竞赛；贵州猪鬃厂职工提出完成计划的许多合理化建议；遵义大兴面粉厂职工认真学习推广苏联的先进经验，努力提高出粉率。厂矿企业中凡完成生产计划或在竞赛中夺得红旗的，工会都敲锣打鼓去车间祝贺，气氛热烈。

在开展总路线宣传活动中，各级工会普遍加强了工农联盟教育，特别是结合春节广泛开展了工农互访和联欢活动。贵阳市总工会组织200余人参加的5个工人代表团，分赴市郊访问农民，邀请农民代表进城参加贵州烟厂等单位工农先进模范人物座谈会；铜仁、思南等县总工会组织职工下乡慰问农业生产互助组、合作社，其中铜仁、石阡两县就组织15个基层工会189名职工到农村同1500多名农民联欢，举行团拜、座谈活动，举办工业建设展览和文艺演出，访问中双方互相鼓励，表现亲密、友谊和团结，铜仁、思南两县的职工还给农民写了200多封慰问信，铜仁代表团到村时，大批农民从十几里外赶来欢迎，高呼“欢迎工人老大哥”。这种联欢活动起到了生动实际的社会主义教育的作用。

工会组织把学习和推广东北五三工厂经验作为联系实际贯彻执行总路线的一项具体措施和内容。五三工厂经验的核心是进一步确立工会工作以生产为中心，坚持生产、生活、教育三位一体的方针。全省工会多次组织工会干部和积极分子收听五三工厂党委书记和工会主席的工作经验介绍录音，广泛开展学习活动；组成两个工作组赴贵州机械厂、贵阳水泥厂进行试点，而后在各厂矿企业中普遍推行。这一活动对于改革企业党、政、工、团工作，引导企业共同走发展生产的路子，适应贯彻总路线的要求，发挥了十分切合时宜的作用。

二、促进资本主义工商业和手工业、农业的社会主义改造

实行国家对资本主义工商业和手工业、农业的社会主义改造，是贯彻执行党在过渡时期总路线的重要内容。在整个过渡时期，工会把这项工作作为一项重要、紧迫而光荣的任务，积极配合党政部门，努力促使其实现。

（一）改造的三个阶段

贵州解放初期，全省私营工商业和手工业从业人员30多万人，中心城市贵阳私营工商业5317户、从业人员22383人，其中工业1341户、从业人员10743人，经营多属轻工业，以机制卷烟为主，其余大都为手工操作或半机械操作的手工作坊；商业店铺3876家、从业人员11740人，以经营布匹、百货、盐巴、油脂、中西药为主。此外，还有汽车运输业1100户，从业人员数千人。新中国成立后，国家对资本主义工商业实行“利用、限制、改造”的政策，限制其不利于国计民生的方面，而对有利于国计民生的企业使其有一定发展。由于资产阶级唯利是图的本质，在贯彻这一方针的过程中，限制与反限制的斗争一直很激烈，直至解决所有制问题。

这场具有革命性质的改造，大体经历了以下三个阶段：

第一阶段，加工定货，组织联营。加工定货就是国家按计划分配给私营企业加工定货任务，企业保证按质按量完成或签订合同实行包销。这样就能把私营企业通过加工定货、包销纳入国家计划的轨道。组织联营就是对私营工商业者组织联购、联销、联运，目的是把它们分散的资金集中起来，解决产、供、销当中存在的问题，以利于发展生产。如贵阳市1950年组织多种形式的联营70多个，其中私营工业20个、私营商业24个、私人汽车联营社27个。通过联营或集资联营，调整私营工商业，增强经营力量，为之后实行企业所有制转变铺平道路。

第二阶段，逐步实行公私合营。公私合营是国家对资本主义工商业实行社会主义改造的主要道路。至1954年，贵阳市14个私营工交企业先后合并成贵阳烟草公司、贵阳染织厂、贵阳电池厂、贵州农具制造厂、华丰织布厂、贵阳汽

车运输公司、贵阳汽车修配厂等7个第一批公私合营企业，遵义市也有6个较大私营企业实行了公私合营。

第三阶段，实行全行业公私合营。1956年1月，首都北京出现了社会主义改造高潮，实行全行业公私合营。贵州私营企业也闻风而起，很快在全省各地形成实行全行业公私合营热潮，大批私营企业纷纷申请实行合营，短短几天之内，就席卷全省各地。1956年1月22日，贵阳市举行5万人参加的集会和游行，庆祝社会主义改造取得决定性胜利。至1956年底，全省10人以上私营企业全部完成合营：其中工业382户（不包括手工工场）、城镇商业89482户。合营后，80%的私营企业成为各种形式的国家资本主义企业。贵阳市化工、染织、机器、修配、金属品制造、皮革、木材、文具、牙刷、印刷等10个工业行业实行全行业公私合营后，全体职工都以无限兴奋愉快的心情掀起了生产热潮。很多公私合营工厂喊出了“争取超额完成生产任务来庆祝公私合营”的口号，劳动生产率大大提高。

整个改造进程由地方党委直接领导，政府具体安排部署。由于在新中国成立初私营企业没有党组织，也没有军代表和政府常驻人员，因此私营企业的工会扮演了十分活跃角色。工会在上级党委的领导下，配合政府做了大量工作，向职工群众进行阶级、党的方针政策和前途教育，发动职工群众搞好生产，对资本家进行监督，帮助资本家改造成为自食其力的劳动者。

（二）加强公私合营企业工会工作

1954年，贵州省工会联合会对贵阳市部分私营企业工会情况进行了调研统计，对工会工作开展情况进行了总结，指出了存在的问题及产生的原因，提出了下步思路，起草了《关于公私合营企业工会工作的报告》上报省委。

报告统计汇总了企业基本情况，贵阳市14个私营企业先后组成了贵阳烟草公司、贵阳电池厂、贵阳染织厂、贵州农具制造厂、华丰织布厂、贵阳汽车运输公司、贵阳汽车修配厂等7个公私合营企业，共有职工1923人，占贵阳全市资本主义工业职工总数的36.7%，总资金为1139800元（系指未经清产核资的数字，旧币），占1953年上半年贵阳全市资本主义工业总资金的33.94%。1953年上半年的生产总值为4687038元（旧币），占贵阳全市资本主义工业同期生产总值的32.6%，相当于贵阳市市属地方国营工业同期生产总值的94.7%。

报告总结了工会组织在筹组合营和合营后所做的工作，肯定了工会起到的积极作用。协助主管机关了解厂内生产经营的设备资产情况、资本家的思想动态及其内部关系等，便利了公股代表到厂后的工作。对职工群众进行了总路线的宣传教育，使职工群众明确地认识到，公私合营是国家对资本主义企业实行社会主义改造的主要道路，以及企业在公私合营后的发展前途。有些工会干部被输送到行政岗位上，协助清产核资工作。

针对公私合营后工会干部普遍存在不知如何开展工作的问题，报告提出了四项意见：一是开展劳动竞赛，保证完成国家生产计划，同样是公私合营企业工会的首要任务；二是在党的直接领导下，协助公股代表逐步进行社会主义的改造工作，逐步改造企业，逐步改造资产阶级分子；三是在搞好生产的基础上，改善工人的物质与文化生活；四是教育工会干部如何在党的直接领导下进行工作，如何与行政建立正确的关系。

贵州省委于1955年4月20日批转了省工会联合会的报告，基本上同意省工会联合会党组关于公私合营企业工会工作的报告，要求省工会联合会参照执行。省委的批转报告指出，近年来，贵州公私合营企业有了一定的发展。在过渡时期，实现对资本主义工业的社会主义改造，主要是通过公私合营的道路来进行的。资本主义工业公私合营后，在生产关系上已经发生了变更，即由资本主义企业改变为半社会主义性质的企业，因此公私、劳资关系都发生了变化。但是合营企业里仍然有资本家的代表和股份，因而阶级斗争仍然存在，而且在改造的过程中这种阶级斗争还会十分尖锐。公私合营企业中工会担负着发动职工群众在政治上、经济上巩固社会主义因素（公股）在企业中的领导地位的任务。在具体工作方面，发动职工群众开展劳动竞赛，保证完成或超额完成国家生产计划，提高劳动效率，降低成本，提高质量等，同样是公私合营企业中工会的首要任务。工会要在各方面支持国家的代表，克服资产阶级各种反抗社会主义改造的行为和生产上的消极情绪，在党的领导下，协助公股代表逐步完成对企业和对资产阶级分子本身的双重改造的任务。因此，有关党委及工会须注意并加强对公私合营企业中工会工作的领导。

报告中关于资方代理人或高级职员参加工会问题，除了同意省工会联合会党组的意见外，还要分情况对待，即原来是资方代理人，合营后仍然有资方代理人身份者，仍不能加入工会；合营后已卸去资方代理人的身份，变成了一般职员者，原则上可以加入工会，但须经过一段时间的教育，并经会员大会通过。

1957 年 1 月，省工会联合会印发了《贵州省工会联合会关于公私合营企业工会工作意见》，对总体工作进行了部署，要求全省公私合营企业工会，响应党的八届二中全会增产节约号召，继续开展先进生产者运动，广泛深入地宣传赎买政策，对资本家团结、教育、改造，把资本家改造成为自食其力的劳动者，扩大、健全企业的民主制度，实行企业管理民主化，恢复或建立企业管理的民主组织。根据全省情况，贯彻扩大、健全企业的民主制度，分别试点，取得经验后，逐步进行推广。研究和解决职工群众生活福利，加强和发挥工会组织的战斗作用，担负起双重改造的任务。

意见对当前工作任务提出要求，各个企业要建立职工代表会议或职工代表大会的制度；把改造资本家的任务担负起来，对职工群众要经常进行劳动纪律增强团结的教育；大量培养工会积极分子，把工会工作建立在群众的基础上。省工会联合会设立公私合营企业工作委员会，省商业工会、省公路运输工会及省属市属工会配备专职干部或设立专门机构负责日常工作。

（三）手工业的社会主义合作化改造

1951 年，全省从事手工业生产的有 8 万余户，从业者 12 万余人，到 1955 年从业者达到 15 万人，手工业生产总值在贵州国民经济中占有相当大的比重。在手工业合作化过程中，工会主要是教育手工业工人认识手工业的发展前途，增强走合作化道路的自觉性。新中国成立后，由于手工业工人已经组织起来，参加了工会，因此在合作化时，手工业工人一度出现思想障碍，认为从手工业工会转到手工业合作社和手工业劳动者协会是倒退，感到参加合作社和协会，与手工业主混在一起，就不是工人阶级的组织了，怕参加合作社和协会后，工人的利益得不到保障，所以不少手工业工人不愿转向合作社和协会，有的还设法转到国营或合营工厂去当工人。工会组织的任务是做开导教育工作，使手工业工人认识到手工业实现合作化，建立集体所有制，是走社会主义道路，手工业工人、学徒和独立劳动者都是手工业劳动者，共同走向合作化，是符合手工业工人利益的。经过思想教育，原属生产自救性质的合作组织在自愿原则下，转为集体性质的合作社，一些分散的手工业，如染织、服装、金属制品、丝绵制品、鞋帽、文具、制革以及竹器编制等生产单位也逐步建立合作化组织。1954年，贵阳市建立手工业合作社54个、入社工人1500多人；至1955年，合作社增加到100多个、入社工人达5000多人。

中共遵义地委十分重视对手工业的社会主义改造。1953年派出8个工作组，分别到赤水、桐梓等8个手工业集中的县城或场镇进行调查，以遵义市为重点，掌握全区手工业情况和改造工作。遵义市委抽出50多名干部集中学习，组成工作队，深入行业开展调查研究。据统计，1953年，全区手工业3117户，从业人员55000人，占全区总人口的1.4%，手工业年产总值1500万元，约为1950年工业总产值166万元的9倍，占1953年工业总产值1569万元的95.60%。1954年，各县和地区先后召开了手工业代表会议，进一步贯彻总路线，讲明对手工业改造的方针和政策；至7月份，全区初步组织生产合作社11个，生产合作组36个，成立手工业劳动者协会3个。1954年上半年，全区手工业组织了棉织、皮革、缝纫、竹器等5个生产合作社和织袜、雨伞、漆器、铁器、缝纫、丝织等9个合作小组。这些行业在建社、建组之后，随即开展爱国增产节约运动，加强对社员的政治思想教育，生产上实行流水作业和计划生产，并建立了行政管理制度，提高了质量，降低了成本。1956年12月底，全区对手工业的改造基本完成，实现了各种不同程度的合作化，20140人参加了手工业各种合作性质的组织，其中，组织手工业合作社370个，从业人员19426人，供销社6个，合作小组66个，从业人员615人。在短短时间里，把存在几千年的个体经济转变成了集体经济，转变之巨大，充分显示了中国共产党的伟大力量。工会在对手工业的社会主义改造中，对手工业工人进行合作化教育，积极带动手工业者走合作化道路。手工业在实现合作化后，生产发展了，手工业工人的生活也有了较大改善，对当时的经济繁荣作出了一定贡献。

对资本主义工商业和手工业的社会主义改造，是一场具有历史意义的和平革命，经过了一个较长的过程，工会在党的领导下，配合人民政府一直战斗在革命的第一线，承担了艰巨而复杂的任务，为促进这场改造的胜利，发挥了历史性的独特作用。1955 年下半年至 1956 年上半年，随着农业合作化高潮的出现，手工业合作化迅猛发展，全省所有县、市，基本实现了手工业合作化，入社社员达 12 万多人，其中贵阳市 96%的手工业由个体经营转变为集体经济，取得了社会主义改造的胜利。

为配合实现农业的社会主义改造，工会发动和组织职工广泛开展支援农业的活动，重点在地、县企业和支农有关的产业中，根据农业合作化后生产发展需要，动员职工多生产农用机械、农药、化肥及水利建设器材等支援农业，派技术工人下乡帮助农民修理农具、农械。同时，各级工会多次派出干部参加地方党政部门统一组织的农村中心工作队，下乡帮助工作，推动农业集体化和农业生产的发展。

三、广泛动员职工实现“一五”计划建设任务

（一）加强劳动纪律教育，促进生产任务的完成

1953 年，随着劳动秩序的稳定，加强职工劳动纪律教育、提高劳动效率变得尤为重要。各国营企业工会在党的统一领导下，向广大职工集中进行劳动纪律教育。经过教育和学习，提高广大职工的社会主义觉悟，提高职工自觉性，整顿与巩固了劳动纪律，迟到、早退、旷工等现象大为减少，劳动光荣、偷懒可耻的氛围更为浓厚。

工会在巩固劳动纪律的同时，加强了劳动保护，改善劳动条件，关心工人生活，对有碍工人身体健康和不安全的设备加以改善。加强安全生产和工厂卫生教育，改进医务工作，改善环境卫生，改进食堂管理，供给足够饮水，开展文化娱乐活动，给工人以充分休息的时间。同时注意工人日常的实际生活问题的解决，反对不关心工人疾苦的官僚主义。另外，工会还加强了职工家属教育工作，教育家属搞好家务，消除职工家庭琐事的拖累。将巩固劳动纪律与组织劳动竞赛相结合，把劳动纪律中的突出问题纳入竞赛条件中去。工会经常把劳动纪律当作一个重要问题来检查，使巩固劳动纪律走上经常化的轨道。

厂矿工会巩固劳动纪律教育取得了较好的效果。省工矿企业工会所属贵阳电厂、贵州锰铁厂等19个厂矿工会基层组织在党委直接领导下，根据工厂企业工会主席联席会议的部署，于1953年6月底，先后在职工群众中开展了整顿与巩固劳动纪律的工作，职工群众的阶级觉悟普遍提高，旷工人数大为减少，缺勤率逐步下降。据统计，贵阳电厂等19个厂矿7月份比6月份缺勤率平均降低了24.3%。贵州火柴厂遵义分场6月份缺勤率为11.75%，7月份降低到7%以下。贵阳电厂8月份的缺勤率比7月份降低0.23%。由于出勤率的提高，贵州火柴厂遵义分场8月份产量比6月份提高了55.46%，质量也有显著的提高；贵阳造纸厂纸板的废品率由6月份的4%降到3%以下。

在整顿和巩固劳动纪律的工作中，各厂矿工会广泛宣传，收集典型材料，听取群众意见，经过分析研究，确定工作步骤。对一贯遵守劳动纪律的进行表扬，树立榜样；对个别严重破坏劳动纪律并屡教不改的人进行适当的处理。许多被表扬的遵守劳动纪律的模范职工或部门，都受到群众的拥护和爱戴；对违反劳动纪律的，职工群众认为是破坏工人阶级名誉的可耻行为，形成了好的风气。在职工群众阶级觉悟有了提高的基础上，许多厂矿修订或建立了一些制度，如会客、请假等制度，缺勤和出勤的公布制度，每旬或每月公布一次，作为小组检查的根据，领导也及时加以批评或表扬。许多厂矿如贵州水泥厂、贵阳电厂等，都把遵守劳动纪律作为劳动竞赛的主要内容之一。

1954年7月，中央人民政府政务院颁布了《国营企业内部劳动规则纲要》及其决定，其目的是保证和巩固劳动纪律，正确地组织劳动，充分而合理地利用工作时间，提高劳动生产率，出产优等质量的产品。根据纲要及其决定和全省具体情况，贵州省工会联合会提出要求，各级工会组织加强和巩固劳动纪律，紧密结合劳动竞赛，通过职工群众的批评与自我批评，通过群众性的自我教育，加强与巩固劳动纪律。各企业认真严肃贯彻与推行纲要所规定的行政和职工的基本职责，加强了对遵守操作规程、安全规程和各项制度的全面宣传和教育。工会帮助行政在进一步整顿与巩固劳动纪律的基础上，依据纲要的精神，实事求是地制定出一套适合本企业工作条件的内部劳动规则，切实加强对新工人的劳动纪律教育。

（二）劳动竞赛、技术革新运动蓬勃开展

广泛开展劳动竞赛，保证完成和超额完成第一个五年计划。国家第一个五年计划开始后，工会的头等重要任务是团结带领广大职工群众积极为发展生产、全面完成国家计划而奋斗。1953 年 5 月，中国工会七大提出了国家进入大规模计划经济建设时期工会工作的任务："动员全国工人阶级为完成国家经济建设第一个五年计划的任务而努力奋斗。"同年 9 月，贵州省工会联合会向全省工会组织和职工发出《广泛开展劳动竞赛，保证完成和超额完成第一个五年计划》的号召，同时在贵阳市召开了 2000 多名职工代表参加的动员大会，省委书记苏振华、省工会联合会副主席李明远做动员报告。在有计划地进行经济建设的新形势下，广大职工意气风发，纷纷投入大生产运动，一场更大规模的社会主义劳动竞赛运动在全省范围内开展起来。参赛的除了国营企业外，还有公私合营企业、集体企业；除生产工人外，还有工程技术人员、管理人员、后勤人员等。据统计，当时全省 14 个主要厂矿参赛职工达 7225 人，占职工总数的 73%，有的厂矿如贵阳矿山机器厂参赛职工达到 85%。到 1955 年，省级 5 个产业工会和贵阳市工会所属主要基层参赛职工达 29023 人，占职工总数的 77.87%。参赛范围之广，人数之多，都是空前的。

各厂矿企业的劳动竞赛是在党政工团配合下，由工会具体组织。此次劳动竞赛具有显著的特点：活动层次扩大，形式多样，围绕作业计划开展竞赛，建立生产会议制度，定期进行评比奖励，将竞赛与关心职工生活、促进职工教育结合起来。1954 年 8 月，省工会联合会制定了荣誉奖励的试行办法，提出在厂矿企业建立光荣榜和光荣册的制度，同时发给一定的物质奖（奖金）。工矿、交通等部门也制定了相应的奖励办法。

这一时期，企业的职工食堂、托儿所、澡堂、医务室等都有了较大改善，一些厂矿在工会的推动下，办起了营养食堂和职工疗养所，扩大了劳动保险实施范围并加强职工互助储金会建设，女职工工作更加活跃。劳动竞赛对于调动职工积极性、推动生产发展显示了巨大作用，据统计，省工业厅直属厂矿 1953 年比 1950 年生产提高了 143.4%，1954 年比 1953 年提高了 42.63%，其中 33 个厂矿超额完成计划 10.96%，1955 年全省工矿企业超额 4.81%完成国家计划。当

然，这里面包含多种条件，但群众生产运动所产生的能量和效果是主要因素。

劳动竞赛的新阶段——技术革新运动。1954 年 4 月，全国总工会第七届执行委员会主席团第五次全体会议作出了在全国范围内开展技术革新运动的决定，同时发布了劳动模范张明山等 7 人关于开展技术革新运动的倡议。1954 年 6 月 3 日，省工会联合会、省委工业部、省工业厅联合召开了工、建、交企业生产骨干和工会干部参加的 1000 多人的群众大会，动员全省职工广泛开展技术革新运动。会后广大职工迅速掀起了提合理化建议、推广先进经验、投入改进和提高技术、学习和掌握新技术的热潮。省属主要厂矿职工当年提出合理化建议和技术革新 2869 件，实现 1549 件。1955 年第一季度又提出 1547 件，实现 202 件。许多革新建议都是直接解决生产中的关键问题、挖掘生产潜力、促进产量和质量的提高。贵阳矿山机器厂工人王兴才和技术员张永兴等合作试制我国第一台锻钎机成功，省委书记苏振华亲自剪彩；该厂青年工人康家其改进工具和操作方法，4 个月时间完成 6 个月的任务；贵阳电厂工人姜盛夫为了解决凝结水的漏损，维护机器设备，改装抽空器（改水器及气抽空）成功，全年可节省煤 48.3 吨，并节省了人力；贵阳邮电局职工伍都熹前后 5 次改进机器设备，他改装的自动震铃使电话构造达到半自动化，接线速度提高 25%；贵州烟厂抽梗车间女工杨其珍，经刻苦研究，创造“一刀刮茎”操作法和“铁梳刮茎”操作法，提高工效 2—3 倍，而且刮得干净；遵义制药厂（后改为化工厂）职工，创制电解法生产高锰酸钾成功，结束了我国依赖进口高锰酸钾的历史。

推广先进经验活动开展得十分踊跃，职工学习先进技术业务的热情也日益增高。据统计，1954 年 10 个较大厂矿有的厂矿学习推广苏联先进经验，有的单位推广国内省内先进经验。贵阳矿山机器厂金工车间工人喻克勤学习苏联“科列索夫改进切削”先进经验，提前 29 天完成一个季度的任务；建筑系统学习苏长有砌砖法，工效大大提高；贵州人民印刷厂折页工李凤英，学习了外地“三好三快”的先进操作法后，由原来每天折页 3000 多张提高到 7000 多张。

通过开展劳动竞赛和技术革新运动，涌现出大批先进模范。这个时期，全省涌现出省级劳动模范 122 名、省级先进单位 6 个，以及基层劳动模范 372 人、先进生产者和工作者 723 人（不包括县）。1954 年、1956 年两次召开全省工业劳模代表会议，省政府先后对138名、366名劳模代表予以表彰，其中贵阳矿山机器厂励保廷等7人被评为省级特等劳动模范，为全省广大职工树立了学习的榜样。

历史证明，劳动竞赛、技术革新运动对于激发工人阶级建设社会主义的积极性、创造性和主人翁精神发挥了巨大作用，成为推动生产力发展、完成第一个五年计划的有力保证。

四、贵州省首次工业劳动模范代表会议

1954年11月25日，贵州省首次工业劳动模范代表会议在贵阳召开。出席会议的工业劳动模范代表117名（7名代表因故缺席），先进车间和先进小组代表6人，厂矿、建筑、交通运输、国营贸易、合作社等有关部门代表143人。这些代表按照《贵州省首次工业劳动模范代表评选及奖励办法》评选产生。贵州军区战斗英雄代表3人、农业劳动模范代表3人应邀参加会议。会议的主要任务是动员全体职工群众，保证1955年国家计划的胜利完成，向广大职工群众充分进行社会主义教育，不断提高职工群众的社会主义觉悟。

省委常委、省人民政府副主席周林到会并致开幕词，他指出，过去几年，全省工业生产已取得了一些成就，这是在党的领导下，广大职工群众发挥高度劳动热情与创造性的结果。这次劳动模范代表会议的召开，对于推动增产节约运动，动员全省职工迎接1955年国家计划，有着重大的意义。会议听取了省委工业部部长伍嘉谟的报告。地方国营贵阳水泥厂、国营贵阳矿山机器厂有关负责人也在会上发言。会上表彰了工业劳动模范、先进车间和先进生产小组，赠授会议特邀贵州军区战斗英雄代表和农业劳动模范代表奖章。首次工业劳动模范代表会议全体同志向全省职工发出了一封信，动员全省职工为胜利完成1955年国家计划而奋斗。

省工会联合会主席苗春亭出席会议并讲话，他指出，先进生产者、生产革新者是在劳动竞赛、技术革新运动中涌现出来的。开展劳动竞赛、技术革新运动，就是动员全省广大工人同生产落后、技术落后现象作斗争，不断提高劳动

生产率，加速社会主义建设，全面完成国家计划。

特等劳动模范茅显棋代表全体劳动模范代表发言，表示明确认识到了胜利完成 1955 年国家计划的重大意义，将继续进行总路线和宪法的学习，不断提高社会主义觉悟，把劳动竞赛、技术革新运动向前推进一步，以充分发挥企业设备的潜在力量，不断提高劳动生产率，以生产的实际模范行动，来感谢党和政府以及人民给予的荣誉。

最后，省委工业部副部长褚振民致闭幕词。贵州省首次工业劳动模范代表会议历时 7 天，于 1954 年 12 月 1 日下午胜利闭幕。

五、加强职工政治思想和业余文化教育

（一）加强职工政治思想教育

为提高产业工人的思想水平，1952 年 8 月 27 日，贵州省委印发了《关于在产业工人中加强政治教育的决定》，要求在全省产业工人中有系统、有计划、有步骤地进行共产主义教育。《决定》要求，全省深入开展职工政治文化教育工作。至 1955 年 3 月，全省已普遍开展了较系统的政治思想教育。在贵阳矿山机器厂、贵阳电厂、省邮电管理局、遵义锰铁厂等 15 个较大厂矿、企业，建立了职工业余政治学校，其余中小型厂矿、企业和专区、县总工会均以政治学习班或大报告形式向职工进行了系统的政治教育。据不完全统计，全省共建立了职工业余政治学校 15 所，政治学习班 24 个，专职教员 34 人、兼职教员 44 人、专职辅导员 2 人、兼职辅导员 33 人，参加学习人数 36727 人，一般每周都安排 2 小时的政治学习时间。

政治学校系统地向职工进行“共产主义与共产党”“党在过渡时期的总路线”的教育，提高了广大职工的社会主义觉悟，有力地推动了生产建设工作。1953 年 4 月，在省工会联合会二次执委会议上，提出组织工会干部学习，批判工联主义与经济主义的错误影响，统一思想认识；1954 年 1 月，向职工进行了总路线教育；1954 年 4 月，在部分工人中进行党的七届四中全会决议的教育，使广大职工认识到社会主义前途和自己在社会主义建设中所担负的伟大而光荣

的责任，认识到拥护党的领导，增强工人阶级的团结和全国人民的团结的重要意义；初步划清了工人阶级和资产阶级、集体主义和个人主义的思想界限；批判了骄傲情绪，认识到了提高革命警惕性的重要性，进一步提高了职工的社会主义觉悟和劳动热情；加强了团结和纪律观念，对于各项生产任务的完成和超额完成，起了一定的推动作用。如贵阳矿山机器厂，在深入宣传总路线的教育中，结合“我们一定要解放台湾”的时事政策宣传，全厂职工生产热情普遍提高，在3次修改计划中，全厂实际降低1.4万多个工时。又如省交通厅运输局，在处理不合理超程奖金方面，由于职工通过总路线的教育，懂得了谋建设、谋福利的道理，启发教育了职工，职工自觉地提出要求，取消了不合理的超程奖金制度，大大推动三级保养工作。

各单位结合实际、采取不同的形式开展思想政治教育工作。贵阳水泥厂、贵阳电厂等单位贯彻党委领导、工会负责、争取有关方面配合的方针，思想政治教育工作得以顺利开展并取得显著成绩；贵阳市轻工业工会、贵阳水泥厂贯彻面向生产、为生产服务的教学方针和理论联系实际的教学原则，加强理论和生产知识的学习，弄通课文的精神实质，在此基础上有目的、有意识地去做好思想调查研究工作；贵阳电厂、贵阳市店员工会运用广播、大字报、黑板报等工具进行宣传鼓动，提高职工学习的情绪和效果。

1954年2月，省工会联合会召开全省第二届工人政治教育工作会议，传达了1955年上半年工人政治教育工作计划，学习相关文件，交流工作经验，针对工人政治教育工作中存在的缺点和问题，提出了改进的办法，与会教员和干部提高了工作的信心，为继续开展系统的政治教育工作打下了良好的基础。省委宣传部决定中心组学习听报告时吸收政治教员参加，以提高其理论水平。基层工会组织和厂矿党委对这一工作比较重视，帮助政治教员制订和审查工作计划，并提供很多丰富的实际资料，使政治教员们在工作作风上和联系群众方面都有一定程度的提高，事业心进一步增强。

围绕生产加强对职工共产主义思想教育，抵制资产阶级思想的侵蚀。贵阳市广大职工在党的领导下，与全国工人一道，在社会主义建设与社会主义改造事业中，不断地提高共产主义道德水平，在生产战线上作出了很大的成绩。据统计，贵阳市属4个地方国营厂1954年的劳动生产率比1952年提高了82.4%，基本建设方面，砌砖效率提高了100%；市属工厂企业的职工自1952年至1954年底共提出合理化建议7647件，已采用执行的有3177件，其中采用的1540件，每年就可给国家创造财富200万元。截至1954年，市属工厂企业涌现劳动模范和先进生产者达674人，这些光辉事迹表现了贵阳市广大职工热爱社会主义和共产主义、热爱祖国，因而严格遵守劳动纪律、服从国家计划、热爱国家财产的高贵品质，如省级特等工业劳动模范、贵阳市化学工厂女工焦洪英，忍受自己肉体被烧灼的痛苦（发辫被烧断了），在火灾中抢救厂里的财产；省级劳动模范、贵阳市化学工厂青年工人封天林，在钻研生产技术中百折不挠，一年来和职工们一起实现了生产关键性的创议7件，其中试验“调整混酸比例”成功后，每年就可给国家创造财富2.3万多元。

在资本主义企业中的职工除积极搞好生产外，还逐渐加强了对资本家的监督，自下而上地支持了政府对资本主义工商业进行的社会主义改造。随着社会主义改造事业的日益发展，不法资本家也在千方百计地抗拒改造，他们最恶毒的手段便是腐蚀工人队伍，企图分化工人阶级。加之某些工会工作人员对过渡时期阶级斗争更加尖锐、更加复杂认识不足，因此，对职工的共产主义道德教育不够，给资产阶级对职工的思想侵蚀造成了空隙。作为工人的共产主义学校的工会组织，认识到了以上问题的严重性，把对职工进行共产主义道德教育和培养青年职工的共产主义道德品质看成自己时刻不可放松的重大责任，长期坚持正面教育的方针，并且广泛深入地向职工群众进行工农联盟的教育，进一步增强职工和农民之间的亲密团结。

（二）加强职工业余文化教育

贵州解放三年来，省职工业余文化教育工作有了一定发展，职工业余文化学校由1951年3月的19所增至1953年底的82所，学员也由5910人增至13941人，占全省职工总数的11.52%，占文盲半文盲总数的19.2%。广大职工通过学习，政治觉悟与生产积极性和技能有了显著的提高，普遍树立起了当家作主的思想，建立起新的劳动态度。如贵州烟厂包装工杨家训决定每月增包二箱香烟；市邮电局高小班学了“医治鼓风炉”一课，大大鼓舞了职工生产热情；独山县建筑工人在“收枋”（收木料）时感到计算面积很困难，教师把算术课程的教学与学员要求结合起来，使学员获得了计算面积的知识并将其运用于工作上，提高了工作效率。参加学习的职工，普遍提高了识字与阅读写作能力，并已扫除733名文盲。据调查，贵州烟厂81名工人中，原识字数在1000字以上的仅6人，经过三个学期的学习增至29人，能作记录和写信的有27人。由于职工提高了文化，在建立车间原始记录时，减少了混乱与错误，便于车间管理工作。已扫除的文盲，不仅在生产上起到直接的推动作用，而且在职工文化学习方面也起到不小的作用，有的学员就做了辅导员或兼职教师。经过工作的锻炼，教师提高了政治觉悟和业务能力，明确了为工人阶级服务是光荣的事，能够主动地、积极地争取工作，改进工作。同时，教师的配备、领导、培养、教育方法及政府与工会的领导关系等问题，也得到了一定的解决。

随着各项建设事业的迅速发展，很多厂矿、企业领导感到技术人员和管理干部的缺乏严重地阻碍着工业生产的向前推进，也初步认识到工人阶级没有一定的文化水平就不可能掌握现代的复杂技术，就不可能顺利地把我国建设成为一个高度工业化的社会主义国家，从而加强了对这一工作的领导，并设专人负责管理。很多厂矿企业对业余学习时间也作了较合理的安排，一般都是4小时，个别则是8小时，职工业余学习时间得到了保证。对乱拉专职教师打杂的现象在很多厂矿企业中也得到改变。不安心职工业余教育工作的人数也逐渐减少；一般的兼职教师也能做到“备好课、教好学”，对学员的作业，做到及时批改，不欠账。在干部积极分子入学的比例上，也有了增长。至1956年底，全省举办职工业余文化学校108个，建立俱乐部48个，图书馆464个；据统计，155个基层单位各种业余文化艺术组织189个，篮球、排球、足球队504个，1956年组织全省性的职工业余文艺会演和体育运动各1次，这些活动大大地丰富了职工的文化生活。

全省工会重视电影工作队的教育作用。1953年设立了电影教育工作队，共有放映机7部，发电机4部，放映干部17人，司机1名。电影教育工作队以产业工人为主要对象，深入基层一线活动，了解情况，传播经验，到全省较大工厂、矿山、建筑工地，以及贵定、都匀、毕节、镇远、铜仁等5个专区、14个县。从1953年3月至11月，共放映了263场，87418人次观看。为了帮助观众看懂电影，各小队实行“映前介绍，映中解说，映后收集反映”的做法，贯彻电影为职工群众生产教育服务的工作方针，宣传工作有了明显的效果，同志们也增强了信心。电影教育工作队到各地巡回放映后，各地厂矿、党委、行政、工会都很重视电影对工人的教育作用，推动了生产改革运动。电影教育工作队陆续放映《高歌猛进》《龙须沟》等影片，结合工厂开展的爱国卫生运动，宣传消灭“五毒”及打防疫针的好处，并制作了幻灯片进行宣传。同时结合影片内容说明，只有在党和人民政府领导下，劳动人民才能得到彻底的翻身。放映后，厂矿工会组织工人召开座谈会，讨论影片的内容，利用电教宣传的形式对职工进行教育。

贵州解放后，随着生产的恢复发展与职工生活的改善提高，全省职工体育运动逐步开展。1953年以前的职工体育活动是自发的，基层工会一般均在不同程度上开展了体育活动，主要是球类活动，多系少数职工自动凑合，因而开展面不大，活动不经常。1953年5月西南体育工作会议后，省总工会传达了中央体委“结合实际情况开展群众性的体育运动，并逐步使之普及和经常化”的方针，从指导思想上明确了开展职工体育运动的重要性和具体方向。经过半年的调查研究，初步掌握了贵阳市百人以上厂矿的生产情况、职工健康情况与体育运动基础和场地设施等情况。1954年1月，根据全省工会宣传工作计划及西南体委关于1954年工作计划精神，结合全省实际，确定了“逐步扩大、逐步提高”的方针，省市总工会、团委、体委共同签订了以开展广播操为主的《1954年上半年在贵州省市厂矿企业开展体育运动工作的意见》。意见下达后，全国总工会也发布了《对于厂矿企业中职工群众体育运动的指示》，进一步引起了各级工会组织的重视。于是，各级工会联合组织力量下厂，深入基层，积极协助各厂矿企业订立计划，开展工作，自此，贵州省职工体育运动便迈进了新的阶段。1954年8月，举办了贵阳市首届厂矿职工体育运动大会，参加这次大会的厂矿单位24个，运动员1700多人，超过了历年运动会之规模。在竞赛项目中有2项打破了全市纪录，表明在体育技术上有了很大提高。据不完全统计，在广播操方面，贵阳市18个百人以上厂矿参加早操与劳动前后操的职工共2755人，其中贵阳矿山机器厂、贵阳电厂、贵阳交通修配厂、省运输局汽车三场和贵州人民印刷公司等5个较大基层单位都开展了劳动前后操，并得到坚持，在各专区的较大的市、县，早操和劳动前后操开展得也很好。球类活动受到职工的普遍欢迎，全省有组织的篮球队309个、队员3054人，排球队52个、队员561人，进入球队组织并进行经常性活动的职工，占18个厂矿职工总数的13%。在其他活动，如乒乓球、游泳、跳高、跳远、单双杠、举重等项目，各厂根据实际条件，因地、因人、因时制宜，也有了一定的进展。

省职工体育运动坚持“为生产服务、为群众服务”的原则，贯彻“逐步扩大、逐步提高”的方针，采取实事求是、简单易行、多种多样的形式，吸引广大职工参加，在增进职工健康、减少疾病、保证出勤率、提高劳动效率以及活跃职工文化生活等方面，均取得了良好的效果。贵阳矿山机器厂铸工车间由于坚持了劳动前后操，缺勤率逐月下降，该厂1953年12月因病缺勤率是2.33%，1954年5月已降至2%；贵州交通修配厂开展体育运动后，因病缺勤大为减少，该厂1954年1月病假95人、523天，4月即降至71人、225天，4个月来减少因病缺勤人数25%、缺勤天数57%。职工们反映，参加了体育运动后，精神振作了，手脚灵便了，干活更加有劲了，体重增加了，胃病少发或不发了。

1956年，举办全省第一届工农业余艺术会演，丰富了职工业余文化活动，这是全省工农群众文化生活中一件具有重大意义的事情。参加这次会演的工农代表，职工部分有2个自治州、4个专区和贵阳市的代表200多人，演出音乐、舞蹈、诗歌、朗诵、曲艺、戏剧和民间流行的花灯与各少数民族的歌曲、舞蹈等优秀节目140多个。这样丰富多彩、全省性的文艺会演，在贵州还是第一次，这是对全省工农业余艺术活动的大检阅，是广大工农业余文艺队伍的大会师，同时也是工人阶级和农民群众的一个盛大的联欢会。通过这次会演，对加强工农文化艺术交流，进一步巩固工农联盟将起到积极的推动作用；同时，也为全省群众的文化艺术活动，特别是职工群众的业余文化艺术活动的经常开展，打下良好基础。

在职工业余文化生活方面，贵州解放几年来，随着生产的发展，有了很大的改善。全省除已建立了48个俱乐部以外，还较普遍地建立了各种业余艺术活动小组。根据不完全的统计，165 个基层单位建立了音乐、戏剧、舞蹈、美术、文学创作等业余艺术小组 187 个，参加小组活动的积极分子有 3100 多人；一些单位举办了业余艺术训练班，培养和提高职工业余文化艺术活动积极分子。上述业余文艺组织，配合生产和各个时期的中心工作，开展了很多活动。全省建立图书馆 464 个，藏书 28 万余册。通过这些活动，对于提高职工社会主义觉悟，鼓舞职工劳动热情，培养职工的共产主义道德品质，促进职工身心健康和活跃职工文化生活，均起了积极的作用。职工群众中的创作活动有了相当的发展，全省各地区的职工创作了许多音乐、舞蹈、曲艺、戏剧等灵活多样，短小精悍的作品，贵阳市会演中有 20 个职工自己改编和创作的节目，紧密结合职工的生产和生活，真实地反映了职工的英勇劳动和新的思想情感及其丰富、愉快、幸福、美好的生活，受到广大职工群众的欢迎和赞赏。事实证明，职工群众的艺术智慧和创作潜力是极其丰富的，他们不仅在物质财富的生产上担负起社会主义建设的伟大任务，而且也是新文化创造的积极参加者。

六、搞好劳动保护，保障职工安全健康

为深入贯彻 1952 年 10 月全省劳动保护会议精神，省总工会公布施行了“职工伤亡事故报告”实施暂行办法，规定了重大伤亡事故概要报告的报告办法、程序及通知、备案程序。重大伤亡事故调查报告书报告办法，具体规定了向省总工会的报告要求、程序及报告书份数、留存等事宜。公布施行职工伤亡月报办法，规定了月报表形成及分级统计汇总报送省总工会的程序。对不按规定报送职工伤亡月报表的企业行政或资方，当地工会可将其厂矿名称反映给当地的劳动局或人民政府按规定处理，并报省总工会备查。

各企业深入贯彻安全生产方针，加强了劳动保护工作，认真施行“职工伤亡事故报告”实施暂行办法，全省国营、地方国营、公私合营及私营工矿企业，职工伤亡事故发生率显著下降，特别在 1953 年第四季度增产节约运动中，职工伤亡率比任何季度都大大降低，对完成和超额完成国家生产计划起到了很大的保证作用。据省劳动局统计，贵州省 1953 年全年职工伤亡率比 1952 年降低了

50%；全年各季度逐季下降，特别是开展增产节约运动的第四季度，更是大大下降。其中贵阳电厂修文发电所在生产改革中，由于修订和贯彻了操作规程和安全责任制、交接班制度，在职工中进行安全生产教育，并围绕规程、制度的贯彻，依靠职工的力量改进了设备，创造了387天安全发电的纪录；贵阳水泥厂开山车间1953年7月以后创造了100日无工伤事故的纪录；贵阳市搬运公司进行保安大检查，"搬运危险性物品预先签订合同"及"生产工具检查"两种制度，督促托运方改进了仓库的安全设备，做出了搬运危险物品211吨公里未发生任何事故以及上年度消灭了重大伤亡事故的成绩；省建筑工程局所属工程公司在省劳动保护会议后，在主要工地如省委及师范学院工地设立了专职或兼职安全技术干部，改善了施工现场的"脚手架"，1953下半年消灭了重大伤亡事故，一般工伤事故发生率也逐步下降；贵阳市建设局领导重视，对劳动保护措施给予了支持，各重点工地的脚手架情况有了显著的改进，全年内没有发生死亡事故；铜仁汞矿设立了安全技术干部，在某分场新洞子放炮轰下了两次大松岩，避免了事故发生；贵州省交通机械修配厂老工人禹柱栏，由于增强了主人翁责任感，自贵州解放到1953年的4年多，一贯严格执行操作规程，认真保护机器，没有发生过1次事故，没有出过1件废品，保证了生产任务的完成；贵阳市私营工厂进行安全检查，改善安全设备，指定了专职或兼职的安全技术人员，改进劳动保护工作。

据不完全统计，在工业、公路运输、基本建设、森林、邮电几个产业所属基层建立劳动保护工作委员会61个，占应建立劳动保护组织基层的36.9%，劳动保护积极分子1801名。群众性的安全卫生大检查活动，在厂矿企业中已广泛开展，其活动方式一般有两种：固定性的周、月、季的安全卫生大检查，临时性的则是结合本单位工伤事故进行检查。在做法上各有不同，有的事前有计划，事后有总结，领导亲自动手，层层发动进行。据统计，贵阳矿山机器厂、赫章锌铅矿、602地质队等19个单位提出合理化建议2068件，其中贵阳水泥厂群众提出来的122件建议，除了因受技术条件限制的25件外，其余已全部实现；工人喻光明建议在洗泥机安上防护栏杆，有效地避免了工人掉入泥浆池以致死亡事故。一些单位对大检查中发现的问题进行了分析排队，根据轻重缓急的不同情况，分别进行了处理；有的单位实行劳动保护检查员建议簿，初步摸索了经验；有的单位与企业行政签订劳动保护协议书。工人们反映，新中国成立前没有人关心机器安装后的罩壳、降温、防尘这些事情，国家在进行大规模建设的同时，还能抽出钱来照顾工人，不搞好生产，谁也对不起。

在贯彻限制加班加点规定、改善企业管理、提高生产的计划性与职工技术水平等方面，工会发挥了一定的监督协助作用。有的工会进行了一些必要的斗争与坚持。贵阳水泥厂一度加班加点，行政事先不征得工会同意，临到发放工资时，却让工会签章，工会坚决不同意这种违反规定的做法，经向党委汇报，并在党委支持下召开了专门会议进行了批判。至此，随意加班加点，不贯彻限制加班加点规定的现象，在贵州省较大厂矿企业中已基本得到消除。工会组织监督企业行政执行工人职员伤亡事故报告规程，派专人参加本系统发生重大伤亡事故的调查分析，初步扭转了工会组织在处理工伤事故工作中单纯忙于善后处理、开追悼会和家属安置等工作，有效发挥了工会的监督作用。

七、职工工资制度的根本变革

新中国成立后，在党的领导下，贵州省各级工会组织在工资工作方面协助政府部门和企业行政对厂矿企业进行了工资的调整与改革，使旧社会遗留下来的极不合理的工资制度有了根本性的改变，不仅推动了生产的发展，而且职工群众的物质文化生活也逐年得以改善。

（一）新中国成立初期贵州省职工工资的调整

1954 年 12 月，全国工资工作会议以后，全省职工工资调整工作逐步开展。有的工会组织对本地区本企业的工资问题进行了调查研究并提出了改进工资制度的建议，协助企业行政拟定工资改革方案、修订技术标准、组织发动职工参加工资改革。

为保证全国统一工资制度任务落实，各级工会做了大量工作，从思想上、组织上、日常工作上把职工工资工作系统地建立起来，积极参与工资改革工作，保证国家劳动工资计划的正确实现，对国家工资政策和法令的执行情况，加强群众监督，从而最大限度地发挥工资对生产的物质鼓励作用。深入传达全国总工会工资工作会议精神，结合自身实际提高干部认识，加速组织机构的建立。全省许多企业单位没有建立符合按劳付酬的工资等级制度，在工业方面已实行八级工资制的仅 8 个厂矿，实行过渡性质的 16 级工资制的 9 个厂矿，绝大多数厂矿根本没有建立工资等级制度，全省工会组织全力协助行政进行改变。工会定期检查和分析工资基金的使用情况，监督工资基金的合理使用。把监督工资基金的合理使用作为经常的重要工作，通过调查了解工资基金使用情况，发现工资基金各个构成部分是否浪费或结余，分析其产生这种现象的原因，提出具体措施和改进意见，并在劳动工资计划范围内协助和监督。行政制订切实可行的使用计划，有步骤地推行和改进工资制度，正确使用工资基金。各级工会组织对工资政策法令执行情况加强了监督，针对一些企业违反工资政策法令，修改定额、非法惩罚工人克扣工资、达不到奖励指标让工人赔偿等情况，及时指出错误，责令改正。

总体上看，全省职工工资虽然经过几年数次调整，工资制度和工资关系仍然紊乱，平均主义现象依然严重。改革前一般厂矿企业建立统一的工资制度不多，全省工业系统只有 8 个厂矿实行八级工资制，其他厂矿企业大多实行多等级工资制度。如贵阳市食品厂工人工资等级有 48 个，级与级之间的差别有的只几分钱。从工资关系来看存在不合理现象，轻重倒置，轻工业工资高于重工业，干部、技术人员的工资低于工人的工资。在商业营业人员中，多数集中在 130 个至 150 个工资分之间，同工不同酬，在工资水平上 1954 年、1955 年工资没有随着劳动生产率的增长而进行相应的增长，因此工资水平一般偏低，1955 年贵州工业、交通、商业职工平均工资仅 32.02 元。上述工资制度和工资关系上的紊乱及工资水平偏低，影响职工内部之间的团结，影响工人职员学习文化技术的积极性，也在一定程度上影响生产，影响了工会与群众的关系。

（二）贯彻国务院工资改革决定，建立正常的考工升级制度

全省认真贯彻国务院工资改革政策，建立正常的考工升级制度。参加工资改革的企业、事业、国家机关的职工，1956 年的平均工资较 1955 年增长 19%，其中，地方工业职工增长 20%，教育部门职工增长 22.2%，供销合作系统增长

24%，国家机关增长 11.1%，乡干部增长 50.3%，其他企业、事业部门增长 16.1%。这次工资改革，对地方工业职工、小学教员、基层供销合作社工作人员、乡干部等的工资都有较多的增长，这完全符合国务院决定精神。这次工资改革，以建立和改进工人的工资等级制度和改进职员与技术人员的职务工资制度为中心，各地方企业单位根据工资改革方案中的统一工资标准认真贯彻执行。对于生产工人严格按照技术标准进行评级，某些尚未制定技术标准的手工业厂矿，根据工人的技术熟练程度并适当照顾现行工资情况，采取领导提议、群众讨论、上级批准的办法评定等级，对企业职员和技术人员的工资标准，根据国务院决定，按所担任的职务进行统一规定，使之更加符合按劳取酬的原则并有利于职工内部的团结。在实行职务工资制度时，对规模较大的厂矿在职务名称的划分上应当细致些，对于规模较小的厂矿可简单些，各种职务之间的等级线可以交叉，以便适合当前企业组织情况和干部配备的实际情况。通过这次工资改革，各企事业单位建立起正常的考工升级制度。

根据省工资改革工作委员会的统一布置，各级工会组织积极进行工资改革的准备工作，训练工资积极分子 1300 余人，建立工会工资工作委员会 18 个。各级工会组织了解职工的技术和思想情况后向党委及有关部门反映，广泛开展宣传教育工作，协助行政制定工资改革方案。在具体实行过程中，组织职工群众学习和贯彻工资改革的政策、方针，学习技术标准，充分发动职工群众进行评级。自 1954 年 4 月全国工资工作会议后，至 10 月底全省工资改革已基本结束。这次系统性的工资改革取得较大成绩，取消了旧的工资制度、调整了不合理的工资关系，全省地方工业厂矿建立了统一的八级工资制或七级工资制，4 个厂实行了职务工资制。商业、建筑、公路运输、邮电、文教、卫生等各部门实行了各产业统一的工资制度，有的单位建立和改进了奖励制度，建筑产业工人实行了计件工资制。工资改革后，全省工资水平提高 20%，全省职工生活已有进一步的改善。据统计，贵阳市 9 个厂矿参加工资改革的工人 5703 人，其中 5451 人增加工资，占工人总数的 95.58%。通过这次工资改革，激发了职工学习文化、提高技术的积极性，提高了职工觉悟，加强了劳动纪律，密切了工会与群众的关系，大大地推动了先进生产者运动，生产出现了新的气象。

八、贯彻劳动保险条例，发展医疗保险、疗养事业

（一）贯彻劳动保险条例，发展劳动保险事业

随着生产提高和实行保险单位数量的增加，1953 年贵州劳动保险金收入 12.68 亿余元，较 1951 年 4 月到 1952 年 10 月基金收入多 12%。全年开支用于各项待遇的费用为 5.43 亿余元，比 1952 年同期支出增加近 4.16 亿元。工人与职员感到困难的生、老、病等问题得到了适当解决。1954 年劳动保险金收入 19.14 亿余元，全年各项劳动保险待遇的开支 9.17 亿余元，占全年收入的 68.9%。截至 1954 年 12 月底，全省实行劳动保险的厂矿有 27 个，其中国营及地方国营 18 个、公私合营 8 个、私营 1 个，享受劳动保险待遇的职工 14330 人，其中女职工 2567 人。国营贸易、森林、建筑、公路运输等 36 个单位签订劳动保险合同，享受合同待遇规定的职工 27807 人。

自 1953 年 1 月起，各实行劳动保险的厂矿结合实际情况，普遍举办了营养食堂，少数单位举办了营养站和疗养所，西南第四工人疗养院于 1953 年 10 月 1 日开始收容疗养员。全省 22 个单位举办了营养食堂，有的单位举办了牛奶站和业余疗养所，此项开支 4.43 亿余元，占基金总收入的 26%。1954 年营养食堂支出占总支出的 42.01%，参加营养的职工 4652 人次。生育补助费支出占总支出的 12.19%，新生婴儿 2717 人。另外，企业直接支付的劳动保险待遇全年计 36.74 亿余元，及时支付各项劳动保险待遇，把劳动保险基金切实为生产、为群众的利益而使用，在减轻和解除职工的疾苦和困难以及提高生产出勤率方面都起了一定作用。享受集体保险事业的职工 6663 人次（包括疗养员在内），享受过集体保险事业的工人与职员，身体健康都得到恢复。

集体保险事业的举办，大大改变了全省保险金大量积存而不用的现象，将劳动保险金及时地用到群众要求最迫切的地方，增加了保险金工作的经常性使用，减少了纠缠在按章办事照条文发钱的事务工作，提高了保险工作的计划性和主动性，逐渐明确和克服了保险工作中存在着非政治的和脱离生产的片面福利观点，转而使保险工作为生产为群众服务。全省保险工作的内容渐趋丰富，

在集体事业方面，按照全国总工会的指示，改变了疗养院的工作，明确疗养院以疗养慢性病为主。

在防病防伤工作方面，工会与医务部门密切配合，组织发动职工群众，注意环境、家庭、厨房及个人卫生，清除垃圾，疏通水沟，保护水源，进行厨房碗筷消毒、灭虫捕鼠等工作。很多单位建立了防病防伤工作制度、定期清洁卫生检查等制度，个别单位还规定了安全卫生日。在预防疾病方面，一些单位进行牛痘、伤寒、破伤风、白喉、卡介苗等疫苗注射，为高温场所工作的职工配备了清凉饮料、豆浆等保健品。多数厂矿通过群众大会、座谈会、卫生展览、显微镜观察、大字报、黑板报、有线广播、电影等方式，对职工及其家属进行安全卫生教育。一些厂矿成绩突出，从 1954 年 7 月到 12 月，锌铅矿进行 30 多次卫生课的宣传，参加听课的职工及其家属 4929 人次；翁井煤矿等单位培训保健员、急救员。在防病防伤工作中，医务人员深入现场，进行巡回治疗预防，研究病伤原因，解决关键问题。由于防病防伤工作的连年加强，减轻了职工疾苦，促进了职工身体健康，减少了企业医药费。遵义锰铁厂高温车间，工人流汗过多，出现了四肢无力、牙齿流血、头晕眼花等现象，造成工人晕倒在炉坑边，晕倒在水沟里等事故不断发生，后经研究，为工人配制了一种饮料，使病伤现象降低了 50%。通过防病防伤工作，一些厂矿、企业生产出勤率逐渐上升，病伤缺勤现象逐渐减少。

随着整个工会工作秩序的建立，劳动保险委员会发挥了组织作用，建立了定期会议制度。有的单位举办了业余训练班，培养积极分子，小组中的劳保干事主动慰问病伤职工。对于劳动保险金收支情况，绝大多数单位都能按月公布或以广播报账。在营养食堂整顿过程中依靠群众，有力地纠正了以往的缺点。全省一般基层工会都建立了互助会，互助会在解决职工临时困难、有计划安排职工生活以及教育职工树立集体主义思想方面起到了积极作用。在会员困难补助费使用上，各基层工会采取实物与现款相结合、定期的临时与季节性补助的方式，解决了职工生活的困难。

（二）加强劳动保险工作，有计划推进集体劳动保险事业

按照《贵州省劳动保险工作及集体劳动保险事业规划（1956—1957）》，

1956 年，省工会联合会在都匀铁工厂、遵义木材加工厂、茅台酒厂等 31 个单位实行劳动保险，未实行劳动保险的单位普遍签订劳动保险集体合同。1957 年，在全省工人职员中普遍实行劳动保险制度。

劳动保险经常性的防病防伤工作取得新进展。各级工会加强了与卫生部门的联系，监督与协助企业的医疗机构改进工作，协同工会劳动保护工作委员会与企业的技术安全部门，做好技术安全和工业卫生工作。规划要求，每年夏秋两季开展全面的爱国卫生运动，在厂矿、企业本身及职工集中住宅区，在两年内消灭蚊子、苍蝇、虱子、臭虫、老鼠，五年内基本上消灭回归热、斑疹伤寒、赤痢，以及其他多发病。结合医务卫生部门，协同工会劳动保护工作委员会与技术安全部门，积极进行防护工作，分别在二至五年内基本上消灭汞、铅、沥青、酸、碱中毒和尘肺病发生，并大力降低慢性关节炎、慢性胃肠病及外伤的发病率。积极治疗预防肺结核，在较大厂矿中进行体检筛查，防止传染。

积极发展集体劳动保险事业。整顿现有的 6 所基层业余疗养所，至 1957 年底，基层业余疗养所发展到 635 个床位。对于没有条件办疗养所的单位，可根据本单位具体情况举办营养食堂。继续办好花溪工人疗养院，充分发挥其疗养和多种理疗功能。根据形势发展的需要，有计划地解决全省职工中存在的肺结核、关节炎等疾病。计划 1956 年修建肺结核疗养院和温泉疗养院各一所。肺结核疗养院计划建在贵阳附近，床位 200 张，1956 年下半年动工，1957 年第一季度开院。温泉疗养院建在息烽县温泉地，设床位 100 张，较肺病疗养院提前动工，提早开院。温泉地现有大、小房屋 6 幢，经修改后能解决院内浴室、食堂、医务室、职工宿舍问题，新筹建疗养楼、俱乐部及其他一切设备。据水库碑载，经化验，息烽泉是碳酸泉，泉水中含有碳酸钙、二氧化硅、硫酸钠等矿物质，对人体有很大好处：患有神经痛、关节炎、风湿、贫血及皮肤病的人，常在此洗浴，可以治好。

九、做好职工互助储金和困难补助工作，改善职工集体福利

（一）对职工生活情况的调查

根据全国总工会的要求，1955 年 9 月 25 日至 11 月 15 日，省工会联合会与省级产业工会及省工会总专区办事处共同对不同地区、不同经济类型和不同行业的 14 个单位和国营森林、建筑、商业、市政建设等 5 个单位职工进行了调查。

对 2290 个每人每月（指职工本人及其家属）生活费在 12 元以上职工（户）进行调查，这类职工占总人数的 38. 1%，除了能维持正常的生活外，尚有部分结余，其中有的还可以添置一些质量较好的衣服，生活上较为富裕。

对 2284 个每人每月生活费在 8 元以上 12 元以下职工（户）进行调查，这类职工占总人数的 38%，在生活上一般处于收支平衡，除了每月家庭所需主食品、副食品及非食用品外，尚能添置部分简单衣服，但遇疾病或换季则感到困难。

对 1436 个每人每月生活费在 8 元以下生活有困难的职工（户）进行调查，这类职工占总人数的 23. 9%，他们的生活有两种情况：一种是每月每人生活费在 7 元左右，按其家庭每月所需主食品、部分副食品及燃料房租等，能节省有计划的开支，还可以维持最低生活，但无力添置衣服、被褥，如发生疾病或其他临时性的困难，就无法解决；另一种是每人每月生活费 5 元左右，连最低的生活都难以维持。

此次调查，使工会组织更有针对性地帮助困难职工，职工感受到了党和政府的温暖，增强了职工对企业的认同感和归属感，提高了工作的积极性和效率。

（二）整顿互助储金会与改进困难补助工作

20 世纪 50 年代，在工会的领导下，一些企事业单位职工自愿组成了一种互助互济的经济组织，以储金借贷的方式开展职工间的救助活动。1954 年 6 月，全国总工会召开全国工会生活福利工作座谈会，会议指出：不能把互助储金会看成是简单经济上的救济，而是把它当成一件严肃的政治工作，抓住互助的机会，向群众开展国家利益与个人利益相一致的社会主义教育。

1955年10月11日，省工会联合会下发了《关于贯彻执行“中华全国总工会关于整顿互助储金会与改进困难补助工作的指示”的意见》。《意见》规定：各级工会组织从思想上充分认识到互助储金会的意义和作用，组织有关人员学习互助储金会有关文件，以便给整顿和建立互助储金会奠定思想基础。现有互助储金会的单位，加以巩固提高，充分发挥作用，同时加强对互助储金会的领导；没有成立互助储金会的单位，根据企业不同情况，抓紧逐步建立。

全省各级工会按照《意见》的有关要求，积极开展互助储金会的筹建工作。工会在企业行政的协助和支持下，进行了广泛的宣传，向职工耐心做思想动员，消除职工的思想顾虑，普及了互助储金会的意义和作用，使更多的职工自愿加入互助储金会。至1957年上半年，全省有互助储金会960个，储金373487元。

在改进职工困难补助工作中，各级工会切实关心群众生活，深入调查研究，了解职工生活情况，严格按照全国总工会困难职工补助工作办法规定，将奖励基金中5%用于救济部分与会员困难补助费合并使用，做到了有计划、均衡地使用，充分发挥了补助金的作用，解决了不少职工生活上的困难问题，密切了工会与职工群众的关系，鼓舞了职工的劳动热情。

在进行互助和困难补助工作中，基层工会还组织职工家属从事正当的副业生产，向职工及家属进行艰苦朴素、勤俭节约教育，使他们做到开支有计划，养成量入为出的简朴生活习惯；批判奢侈浪费的生活作风，鼓励节约储蓄，教育职工防止单纯依靠困难补助的偏向发生。

此外，基层工会根据具体情况建立了生活住宅委员会。

（三）20世纪50年代中期贵州职工生活状况

20世纪50年代中期，贵州职工群众的物质生活有了显著改善，职工的生、老、病、死、残等特殊困难得到了初步解决。企业举办了各种职工集体福利事业，如疗养院、疗养所，还有营养食堂、牛奶站等。一般厂矿都设立了医务所（或保健站），修盖了职工宿舍，成立了职工食堂、理发室。女工多的单位举办了托儿所、哺乳室、女工卫生室。对困难职工进行了经常或临时的补助，在职工中组织了互助储金会，改善了职工生活状况。

职工及其家属由于生病带来的问题仍然突出。由于疾病而负债者，占职工困难中相当一部分，有的职工终年处于还债的境况。改进意见是缩小贵重药品的范围或取消贵重药品。没有建医务所的单位，卫生部门有计划地予以解决。凡 100 人左右的单位配 1 名医务人员，对职工的慢性病（如肺病）组织力量进行检查，掌握患病情况，有计划地防止传染。

关于食堂问题，主要是缺乏得力领导，管理混乱。很多食堂没有建立采买、验收、保管、卫生等制度，账目长期不向群众公布；食堂企业化管理后，企业减少了负担，职工的伙食费增加了，伙食质量降低了；还有厨工长期不晋级，缺乏政治教育，积极性不高。改进食堂工作在于，加强对食堂的领导，建立有关制度，克服混乱和浪费，停止食堂企业化，对于问题较多的食堂进行整顿。

关于住宅问题，职工普遍感到房子少，住宿地离工作地点很远；有的住在潮湿阴暗的地方，还有的夫妇住在集体宿舍等，租住民房的，房租很贵。工会分类施策，采取了不同的办法，一定程度上解决了职工住宿难的问题。例如，有计划地进行宿舍就近调换；国家投入企业的住宅修建费，发挥应有的作用；企业奖励基金、福利金有积存的单位，可以把这笔钱集中使用；住宅的标准，求其适用，设计标准不应过高；生活富裕的职工，可动员采取“自建公助”办法建住宅；租民房的职工，给予房租补贴。

对经常性困难职工进行补助。根据各地工会组织对职工生活的调查报告和省工会联合会的了解，在全省范围内尚有 5%左右的职工生活处于经常性困难的状态中，对这部分职工各级工会组织给予最大的关怀，并经常设法以补助和救济。经省工会联合会常委会讨论决定，拨出 10 万元作为职工生活困难补助费分发各省级产业工会、各专区办事处、贵阳、遵义市工会掌握使用。

对因病欠债职工给予补助。根据全省职工及其家属因病欠债情况，省总工会向全国总工会申请拨得因病欠债补助款 23 万元，经省工会联合会执委（扩大）会研究决定，将此款项用于对职工及家属因病欠债补助，上次拨款不够时，可用此次拨款补足，剩余部分可由各产业、专区、自治州、市工会掌握，作为经常性困难补助之用。因病欠债补助范围包括：凡各厂矿企业学校中的职工（包括长期临时工），及其家属历年来因病积欠的债务，根据不同情况，分别给予全部或部分补助。

运输和商业系统解决了职工住宅、宿舍问题。省交通厅与省公路运输工会，在 1956 年 7 月中旬作出了解决交通系统职工住宅等生活福利问题的方案。据统计，能用于修建职工住宅方面的费用（企业基金、福利费等），可修建职工住宅 2.8 万平方米。其中已正式作出计划的费用能修建住宅 1.6 万平方米，可解决 1100 家职工的住宿问题。市内现有的住宅经过修理和调整后，也可增加 100 多家职工住宿。贵阳市商业局根据上级指示，决定将国家拨给的 20 多万元用于修建砖木结构一楼一底的职工宿舍 7 幢。这些宿舍的面积共 4000 余平方米，约可供 200 户市级商业部门职工居住。

通过以上情况可以看到，贵州省工人职工在 20 世纪 50 年代中期的物质生活条件有了显著改善，政府和各级工会组织对存在的问题及改进工作的思路和办法清晰、可行；对全省经常性困难职工、因病欠债职工的分析和补助方法准确、及时；对职工的食、住、行等问题解决方案细致、有效。

第六节　贵州省工会第二次代表大会

1955 年 7 月 21 日至 27 日，贵州省工会第二次代表大会在贵阳召开。这次大会是在全国人民贯彻执行党的过渡时期总路线，满怀信心实现我国发展国民经济第一个五年计划的时候召开的一次重要会议。大会的主要任务是，进一步动员全省职工努力完成和超额完成第一个五年计划，推动工会的思想和作风建设，解决工会密切联系群众，更好地发挥工会在经济建设中的作用。

大会期间，贵州省委向全省工会第二次代表大会致祝词；省计划委员会主任陈璞如作关于国家第一个五年计划的报告；贵州省委工业部部长伍嘉谟在大会上作报告。出席大会的正式代表 191 人，列席代表 78 人，代表全省 6.6 万多名会员。

省委祝词充分肯定两年多来工会工作的成绩，认为工会在宣传与贯彻党的路线政策、团结工人完成国家计划，以及工会建设方面，都取得成就。同时指出在工会工作上，还存在许多缺点与错误，希望广大工会干部戒骄戒躁，开展批评与自我批评，把会议开好，发扬优点，克服缺点与错误，进一步推进工会工作，更好地团结全省工人，为实现五年计划而奋斗。

伍嘉谟在大会上作了《响应中央号召，为反对浪费厉行节约而奋斗》的报告，号召全体工人阶级克勤克俭，艰苦奋斗，开展劳动竞赛，为实现增产节约的艰巨任务，胜利完成第一个五年计划进行坚持不懈的努力。

省工会联合会主席苗春亭作工作报告。报告总结了贵州省工会首届代表大会以来两年零九个月的工会工作，确定今后主要工作目标是继续贯彻中国工会七大提出的面向生产的方针，切实发动全省工人群众进一步开展劳动竞赛，为实现第一个五年计划而努力奋斗。会议审议并通过了工作报告，并通过了大会向毛主席致敬电和大会给全省职工的一封信。

大会召开之前，全国人大一届二次会议在北京召开，正式通过《关于发展国民经济第一个五年计划》，给全省工人阶级和人民以极大鼓舞。代表们通过讨论，最后以大会名义，就开展增产节约运动，实现“一五”计划，向全省职工发出了公开信。推动工会的思想作风建设，切实加强工会与群众联系，是这次代表大会在工会建设方面讨论的主题。

大会选出贵州省工会联合会第二届执行委员会委员 27 名，候补委员 8 名，经费审查委员会委员 5 名。省工会联合会二届一次执委会，选出常委 9 名，并选出主席、副主席。

第六章　贵州工人阶级在社会主义革命和建设初期的艰辛探索

1957年5月，贵州省各级工会响应党中央“关于整风运动的指示”，先后开展了整风、反右运动。随后的反右斗争扩大化和1958年全国总工会第三次党组扩大会，对工会干部职工队伍的思想冲击很大，削弱了工会工作力量，使贵州工会工作在蓬勃兴起以后受到一次较大的消极影响。1957年11月，在贵阳召开了贵州省工会第三次代表大会。

1958年开始的三年“大跃进”运动，在客观上推动了贵州工业建设的发展，贵州在冶金、能源和机械工业等方面建成了一批骨干企业和部分工业区（点），使贵州现代工业发展上了一个重要台阶。其消极影响主要是有急躁冒进，脱离实际，违反客观经济规律的情况，造成了人力、物力资源的浪费。

1958年第四季度，全国工会系统刮起了工会消亡风，全省各级工会也一度出现停止活动和拆台散伙的现象。但“大跃进”的发展，全省新建企业的不断增加和职工队伍的迅速扩大，使省总工会认识到工会的消亡与形势的发展不相宜。1959年6月6日，在全国总工会正式纠正工会消亡问题之前，省委工业部、省总工会向省委写了《关于整顿和加强目前工会组织的几点意见》，并经省委批转各级党委执行。

1960年9月，党中央提出对国民经济进行调整、巩固、充实、提高的方针，根据党中央关于“拆架子”“收摊子”“不怕伤筋动骨”的精神，贵州采取了大幅降低工业发展速度的措施，坚定地停建一大批新建项目。为度过三年困难时期，工会组织大抓职工生活，协力渡过难关。1963 年 1 月，省总工会作出了《关于开展以增产节约运动为中心的工作决议》，采取了四项有效措施，收效显著。通过执行经济调整政策和广泛开展增产节约和工业学大庆运动，贵州经济全面好转，工业生产得到了较快的恢复和发展。

第一节 发挥工会在处理人民内部矛盾中的作用

各级工会通过组织职工广泛的座谈和意见梳理，分清了矛盾的性质、种类和成因，明确了工会的地位和调节作用，明晰了解决矛盾的方法和步骤。

一、明确工会地位，发挥工会作用

随着 1956 年底社会主义改造的基本完成，我国进入了社会主义社会。我国的政治经济形势发生了根本变化，消灭了剥削，改变了生产关系，基本上完成了社会主义革命，阶级矛盾已不像过去那样突出，人民内部矛盾更加明显起来。干部中官僚主义的滋生及工人队伍的迅速扩大，使得工人阶级中的非无产阶级思想滋长起来，这表现在国家利益和职工群众的个人利益、长远利益和目前利益的矛盾上，特别集中表现在领导和被领导的矛盾上。

工会的地位，一方面是群众组织，代表群众的意见；另一方面不是单一个人，它有全国统一的组织，要了解全局，代表群众的长远利益，对群众某些不正确的意见，要进行耐心的说服教育。工会在处理工人阶级内部矛盾中发挥调节作用，了解领导和群众双方情况，弄清是非，站在群众角度，支持群众合理的意见，只有如此，群众才会信任工会，才有可能说服群众克服不合理的意见。在说服时站在群众视角，看到不正确意见中的原因和合理因素，在肯定和同情的同时，说服不正确的部分，这样才能为群众所接受。耐心说服的方式是启发群众自己讨论自己解决，如经过讨论，群众仍坚持原来的意见，工会不能脱离群众，而应向有关方面反映群众的意见，表明态度，保留意见，继续向群众做说服工作。省总工会主席李明远在谈到工会要发挥好调节作用时指出："矛盾发生时，工会一方面支持群众的合理要求，另一方面也要说服他们放弃不正确和不合理的要求；一方面支持行政领导所采取的正确管理措施，另一方面也要反对官僚主义，即不论是对职工群众还是对企业领导，都要支持正确的、反对错误的，通过思想政治工作，及时解决矛盾。正确处理人民内部矛盾的有效办法之一，是建立职工代表大会制，扩大企业民主，吸引职工群众参加管理，从制度上保证以民主方式解决企业内部矛盾，用说服教育的办法解决思想和是非问题。"

发挥工会在处理工人阶级内部矛盾中的调节作用，要克服工会工作中的官僚主义，转变工会脱离群众的倾向，深入群众，同甘共苦，脱产的专职干部每月抽出一定时间参加体力劳动；站在群众之中，支持群众合理的意见，替群众说话；发挥工会委员会的集体领导作用，健全工会小组生活，开展自下而上的批评，把工会工作置于群众监督之下；定期向会员公布财务收支账目，对于积压的会费，本着节约的精神，用得适当、使群众满意的原则，经会员讨论后，开支出去；工会干部努力钻研业务和政策，增强对是非的鉴别能力；在工作方法上要采取说服、教育、吸引、诱导的方法，不能采取简单的行政命令和粗暴的方法。

工会快速适应国家政治经济形势的变化，在处理国家利益和职工个人利益、长远利益和目前利益及领导与被领导等人民内部矛盾上发挥积极作用，克服官僚主义、改进工作作风，做好耐心说服工作，为广大职工服好务，成为党和政府联系和动员职工积极参加社会主义建设的桥梁和纽带。

二、贵州农具厂职工座谈讨论企业内部矛盾

贵州农具厂自1957年4月25日向全体职工传达了毛泽东《正确处理人民内部矛盾》的报告后，厂内分别进行座谈讨论。在座谈中，职工认识到当前企业矛盾的性质，是属于人民内部问题。因此只能用团结—批评—团结的方法来解决，不能用对敌斗争的方法来解决。工人说，企业有困难，只要向职工讲清楚，

是能够克服的。不少职工表示，我们国家的经济还很落后，解决矛盾的主要方法是贯彻艰苦朴素、勤俭建国的方针。部分职工在座谈中提出到市场调查摸底，解决当前厂内的产销矛盾，将技术干部下放，充实车间技术力量等有益建议，帮助领导改进工作。在座谈中，职工提出了300多条意见，指出了企业当前存在的内部矛盾，共性的方面可归纳为领导与群众、生产与管理、个人利益与国家利益、先进与落后几个方面的矛盾。

领导与群众的矛盾，主要是领导民主作风不够，态度粗暴以及干部生活特殊化。对厂领导的民主作风，工人认为只当家不作主，领导说得多做得少，有些事情的情况还未掌握，就在大会上批评起来。因此，工人不愿意开会，工人对某些问题想不通时，领导开口闭口党委决议，不向工人作耐心细致的解释工作。工会选举时，领导包办，形成走过场。钳工车间工人表示，工人选的人选不上，开职工大会迫切需要解决的生产生活上的问题都得不到解决。在干部生活上有特殊化的趋势，某些干部被提拔后，就自高自大，瞧不起工人，有的甚至走路、吃饭都怕和工人在一起，工人晚上学习、开会，干部随便不参加，少数参加的也不遵守会场秩序。干部宿舍空起来，工人没有房子住也不能搬进去。机器坏了，几个月都不修，而领导的桌子凳子坏了，马上派工修理。营养食堂成了干部的食堂。

生产与管理的矛盾，主要是生产中走群众路线不够，管理制度混乱。领导对搞好生产存在片面的认识，只重产值和利润，忽视产量和质量，在动员生产时，也只强调总产值。这样，就会造成职工片面追求产值的倾向，出现了产值完成较好，而产量和质量却完成较差的现象；干部在生产中走群众路线不够；在试制新产品中，未建立一定的制度，以致新产品的试制一直存在问题；计划不切实际，一方面停工窝工现象严重，另一方面又人为地造成前松后紧。

个人利益和国家利益的矛盾，主要是对工资的制度和生活福利的意见。领导对工人的生活关心不够。如有些可以解决的问题未解决，有些应该向工人解释的未解释，加深了矛盾。从工资制度方面看，干部工资加得多，工人加得少，厂内始终未向工人讲清。在工资标准方面，贵州农具厂工人们说，本厂是重工业，工资标准不但赶不上轻工业，也赶不上手工业。在工资制度方面，主要是对考工升级有意见，领导一再提出考工升级，但迟迟不见实行。在学习技术方面，厂内劳动组织不合理，调动频繁，有些学工来厂一年多，学不到技术，埋怨领导。对生活福利方面的意见也不少，主要是对宿舍及伙食方面的，现厂内住民房职工有 173 户，其中有些房租津贴被取消了，领导在会上打了包票说会给予解决，但目前厂内经费有限，难以全部解决。分配是一个复杂问题，处理不当会引起工人内部矛盾。

先进与落后的矛盾，主要表现在领导不以耐心帮助的正确态度来对待落后同志，认为落后同志问题多，事情难办，因而不自觉地怕接近落后职工，有时甚至用歧视、排斥的态度来对待落后同志。

第二节　整风运动与反右派斗争

1957 年 4 月，党中央发出《关于整风运动的指示》。1957 年 6 月，在全国范围内开始了反右派斗争。这场斗争对于反击少数资产阶级右派借党整风之机攻击党的领导和社会主义制度是必要的。但是，由于对当时阶级斗争形势估计得过于严重，夸大了敌情，反右派被严重扩大化了，造成了不良后果。贵州各级工会组织从 1957 年 5 月开始，也先后开展了整风、反右运动。省级工会机关，包括省总工会、6 个省级产业工会、1 个干校、2 个疗养院，共有 231 人参加这一运动。在历时 1 年零 5 个月中，按大鸣大放、反击右派、着重整改和红专辩论 4 个阶段进行。一些工会干部出于对工运事业发展的关心，期望工会在社会主义条件下能发挥更积极的作用，批评了工会工作中存在的问题，探讨了工会的地位和作用，提出了扩大民主、防止党群不分和避免“官办”工会等方面的意见和建议，竟被当成“反对党对工会的领导”“与党争夺权力”“妄图篡改党的工运方针路线”“挑拨群众与党的关系”的右派言论而加以批判，导致在工会中言论堵塞，干部精神受抑，工作缺乏生机。本来，在党的八大精神指导下，一年来对新中国成立初期错误批判全国总工会主要负责人李立三的所谓“工团主义”“经济主义”所带来的消极影响正在开始克服，然而，经过这次反右派，情况又出现了反复，“左”的东西又重新回潮。在反右运动中，全省工会系统不少同志受到批判或被错划为右派分子，反右扩大化对工会干部队伍和干部思想的冲击很大，打击了一批敢想敢说同志的积极性，伤害了一些工会干部，削弱了工会工作力量，使贵州工会在蓬勃兴起以后又受到一次较大的消极影响。

贵州省总工会召开党组扩大会，开展了一场“反右倾、拔白旗”的大整风，使贵州工会从思想、组织到实际工作上遭受了一次严重挫折。参加这次省总工会党组扩大会议的有省总工会，省级各产业工会，各专、州、市、县工会的负责同志和省总工会和贵阳市总工会大部分党员干部以及较大基层工会主席共280人。会议从1958年9月2日至10月29日，开了近两个月。其间大体分为三个阶段：第一阶段是开展大鸣大放，写大字报，错误地批判当时的省总工会执委、省商业工会领导人。党组扩大会议后，省总工会机关又搞了反右派“补课”，使另一些人在“深挖”中也被错定为“右派”。第二阶段是联系贵州工会实际，开展了揭发批判和严肃的自我检查，也牵强附会地把本省工会工作一些正确的思想和正常的活动都作为错误的东西加以检查，特别在工会同党和政府（行政）的关系上，对一些正常的探讨和正确处理工会与行政的矛盾的看法、做法，一概斥之为工会同党和行政“比高低”“讲平行”“争成绩”“争威信”“争地位”“要权力”，把关心职工生活，帮助职工还债也检查为“经济主义倾向”，甚至把建立产业工会，扩大劳动保险实施范围也作为错误进行检查。第三阶段是由于当时人民公社化形势发展很快，提出了“工农兵学商合一”。会议最后也开始讨论“工会组织可能消亡”的问题，并作出了“省商业、教育、农业水利、林业等产业工会紧缩合并，只保留名义”的决定，明确了“县以下新建企业一律不发展会员，不建立工会组织”“县以上新建企业，一般暂不宜普遍发展会员和建立工会组织”“机关工会停止活动”。在工会同党的关系上，提出了“各级工会都是党委的工作部”“党会不分”“取消省总工会和省产业工会在组织上、工作上的一切垂直领导”。

省总工会党组扩大会议影响最深的是造成了工会工作是非不清，以及广大工会工作者的思想混乱。主要表现为：在工会与党的关系上，把工会接受党的领导和工会开展独立活动对立起来，片面强调党对工会的“绝对领导”，否认工会的群众性和组织上的独立性；在工会同国家机关和企业行政关系上，片面强调二者之间的一致性，要求工会无条件“一个鼻子出气”，否认它们在根本一致的基础上的差别性和在某些具体问题上难以避免会出现的矛盾；在工会的任务作用上，只强调工会发动群众搞好生产，维护国家利益，忽视工会在维护职工合法权益上的应有责任；在工作方法上，片面强调工会自上而下地贯彻执行党和行政部署的工作，忽视工会同时自下而上地按照职工群众的意愿办事。

省总工会党组扩大会议开得规模大，时间长，经过层层传达贯彻，影响广而深。从此以后，在工会工作两个最重要的问题上——开展工会组织的独立活动和维护职工利益，在思想上形成禁区，工会干部由于怕犯“工团主义”和“经济主义”的错误，处处谨小慎微，不敢大胆工作。这一沉重的精神枷锁，长时期压抑着他们的积极性和主动性，致使工会工作严重滑坡，缺少活力和生气，造成工会脱离群众，也削弱了党和群众的联系。上述“左”的错误观点，在“文化大革命”中被无限发挥，导致新中国成立 17 年来工会工作的成绩被全盘否定。直到党的十一届三中全会以后，通过落实政策，工会工作的理论是非和路线是非才得到拨乱反正，并在 1980 年 4 月省总工会六届二次执委扩大会上给蒙冤的干部职工平了反，恢复其名誉，工会工作才又逐步回到正确的轨道上来。

第三节　贵州省第一次工会积极分子代表会议

1957 年 2 月 12 日至 19 日，贵州省工会联合会召开了全省第一次工会积极分子代表会议。这次会议是在贵州省社会主义改造取得基本胜利、第一个五年计划即将胜利完成时召开的重要会议，是工会成立以来召开规模较大的一次全省性会议。会议的主要任务是，贯彻党的八大精神，认真落实依靠群众办工会的方针，研究工会组织如何在社会主义建设中发挥更大作用，表彰优秀工会积极分子，加强工会积极分子工作。这次会议较好地解决了依靠职工群众的力量办好工会，发挥工会作用的问题，进一步端正了做好工会工作的指导思想。

来自全省各地工会的积极分子代表和工会干部 632 人参加会议。由省工会联合会主席李明远主持会议，贵州省委书记处书记常颂就当前形势和工会工作任务作讲话，省工会联合会副主席武良柱作《充分发挥工会积极分子作用，为完成工会在国家建设时期的光荣任务而奋斗》的报告。会上，60多名积极分子总结交流了工作经验，462名优秀工会积极分子和28个工会先进集体受到了表彰，选出了13名工会积极分子代表，5个先进工会集体出席了全国工会积极分子代表会议。

会议报告阐明了工会为什么依靠积极分子进行工作，解决了在工会建设和工会工作上依靠群众的问题，强调发挥工会积极分子的作用。报告指出，工会是工人阶级的群众组织，工会的性质决定了它只有吸引并依靠广大积极分子，才能使各项工作活跃而有生气；工会工作是群众工作，积极分子生活在群众之中，他们可以利用各种机会和条件去向群众做工作。工会工作内容很多，接触面大，必须依靠众多的积极分子才能做好。工会经费有限，主要应用在开展群众活动上，不能过多地用在专职干部身上，依靠积极分子可以少用专职干部。工会依靠积极分子开展工作，有利于从群众中培养干部，向党和政府输送干部。报告强调，要发挥工会积极分子的作用，帮助他们合理地解决业余时间分配问题，同时要为他们的工作和休息创造必要条件。对于进一步加强积极分子工作，报告提出了三点要求：一要正确挑选和配备积极分子；二要尽量给他们在工作上创造有利条件；三要加强对积极分子的培养和训练，提高他们的政治觉悟和业务工作能力。

会议讨论的主题之一是进一步端正工运的指导思想：一是工人阶级取得政权后，最根本的任务是努力发展生产不断提高社会生产力，该任务不是工会的独特任务，而是所有党组织、国家机关、经济机关和全体人民的共同任务；二是在社会主义企业中，工会应该特别注意防止和纠正企业行政官僚主义的产生，其有效办法之一，是实行群众监督，扩大健全企业的民主管理制度，吸收群众参加企业管理；三是工会必须接受党的领导，贯彻执行党的方针政策，经常向党委汇报工作，听取党委的指示，同时，党委也要尊重工会的独立性，充分运用工会组织去联系群众，并积极支持工会发挥群众监督的作用；四是工会做一切工作的最根本条件是联系群众，不仅要教育职工群众正确地对待国家利益，还要组织职工群众保护自己的切身利益。上述思想的确立，纠正了自批判工会所谓“工团主义”“经济主义”后在思想上所产生的片面性，端正了工会工作的指导思想，对防止和克服工会脱离群众的现象有重要作用，在一定程度上促使了新中国成立初期正确工运思想的回归。

在这次会议上，省委、省工会联合会正式提出了在国营和公私合营企业实行职工代表大会制度。这是贵州省正式推行职工代表大会制度的开端。推进职工代表大会制度，是工会赖以发挥监督作用的有效形式。这次会议后，试点工作在一部分厂矿企业中开展起来。参加第一批试点的单位有贵阳水泥厂、贵阳造纸厂、贵州交通机械修配厂等工业企业和交通系统的20多个单位及锦屏林场。试点工作在党政工各方面的配合下，取得了明显成效，试点单位摸索的经验，为以后广泛推行和完善职工代表大会制度提供了借鉴。

第四节　贵州省工会第三次代表大会

1957年11月15日至23日，贵州省工会第三次代表大会在贵阳召开。这次大会是在提前完成“一五”计划和“二五”计划即将开始的前夕，正在进行整风和社会主义教育运动的情况下召开的。这次大会的任务是，总结自1955年贵州省工会第二次代表大会以来的工作，讨论和决定全省职工和工会在“二五”计划时期的具体任务以及如何在开展整风和社会主义教育运动中发挥作用。

贵州省委第一书记周林、省委书记处书记苗春亭出席会议并讲话，省工会联合会主席李明远作工作报告。出席大会的正式代表269人，代表全省近20万会员。

周林作题为《目前的形势和勤俭建国》的讲话。他指出，整风问题应在思想战线上解决，整风的目的是整掉“三风”，要改得彻底，大大地改。勤俭建国是我们社会主义建国的长远方针，提倡节约，反对贪污浪费，党的八届二中全会号召勤俭建国，并提出了口号——“又多、又快、又好、又省”。

苗春亭就整风问题在会上作专题讲话。他要求工人阶级通过这一运动，在社会主义革命和建设中更好地发挥领导作用，把自己锻炼成有坚强组织性纪律性的队伍，更好地实现党的政治任务。企业整风重点是解决企业领导者的主观主义、官僚主义、宗派主义问题，改善领导作风，密切领导与群众的关系，办好社会主义企业。方法是发动群众大鸣大放，根据群众揭露的问题，搞好整改。社会主义教育是提高广大职工的社会主义觉悟，正确地认识和对待在社会主义革命和建设中出现的新情况、新问题。在整风和社会主义教育运动中，要求工会干部改进作风，克服工作中脱离群众的现象。强调工会干部参加集体生产劳动，和工人群众在生活上打成一片，发扬工会的优良传统。

李明远作题为《艰苦奋斗，勤俭建国，为完成即将到来的发展国民经济第二个五年计划而奋斗》的工作报告。这次大会集中讨论和解决以下三个问题：一是发动职工群众，积极投入即将开始的全面社会主义建设，贯彻“艰苦奋斗、勤俭建国、勤俭办企业”的方针，继续深入开展先进生产者运动，大力加强总结推广先进经验和合理化建议的工作；二是推进企业整风和社会主义教育运动；三是更好地发挥工会在处理人民内部矛盾上的调节作用。大会审议通过了工作报告。

这次大会的主导方向是积极的，但由于当时正处于反右斗争时期，党内“左”的思想抬头，给这次会议带来了不利影响，如领导人在会上讲话提出“十年内把我国建成社会主义强国，实现工业、农业现代化”的口号，提出“企业管理人员大部分仍属于资产阶级知识分子的范畴：把大量的知识分子下放到车间当工人”，提出“重新学习全国总工会第一次党组扩大会议文件”（批判工会的所谓“工团主义”“经济主义”；同时，对工会组织中的“右派”问题看得过重）。“左”的影响还使会议确定的一些正确东西，如建立职工代表大会制度、扩大企业民主、吸引职工参加管理等，实际上难以有效地贯彻落实。

这次大会共收到各种提案和意见676条，反映了广大职工群众对改善工作现状的强烈愿望。大会选出贵州省工会联合会第三届执行委员会委员37名，候补委员12名，出席中国工会八大的代表12人，候补代表1人。三届一次执委会选出常委11名，并选出主席、副主席。

这次大会以后，根据全国总工会的通知，将贵州省工会联合会的名称又重新改为贵州省总工会。

第五节　“大跃进”中的贵州工人阶级和工会组织

一、职工队伍迅速扩大，广泛开展新工人教育

1958 年开始的“大跃进”运动，推动了贵州工业建设迅猛发展。从效果看，“大跃进”有它的消极作用，主要是脱离实际，急躁冒进，违反客观规律，造成了人力物力的浪费。然而，以“大跃进”为动力，确实推动了贵州工业发展上了一个重要台阶。三年“大跃进”中，贵州建成了一批骨干企业和一部分工业区（点），使全省有了一定规模的现代工业基础。从 1959 年至 1960 年，贵州国营工业的基本建设投资达 10.66 亿元，为 1950 年至 1957 年投资总额的 13.9 倍。投资重点是冶金、能源和机械工业。1958 年起，先后兴建和扩建了贵阳、清镇、水城 3 个钢铁厂，及遵义铁厂、遵义铁合金厂、贵阳耐火材料厂，并开始兴建贵州铝厂；进行了水城、贵阳、开阳、都匀等地煤炭工业建设；动工兴建猫跳河梯级电站、贵阳火电厂新厂；机械工业以惠水、贵阳小河两个工业区为主体展开了较大规模的建设（包括新建扩建项目共 68 个）；在轻纺工业中，重点兴建和扩建了纺织、造纸、日用化工等行业的 9 个较大企业。这样大的规模和高速度，在贵州工业史上是前所未有的。加上各地区的小型工业企业“遍地开花”，一时间，省内大小工厂企业如雨后春笋。以机械工业为例，“大跃进”前的 1957 年，仅有全民所有制企业 58 个，至“大跃进”后的 1959 年底即发展到 560 个，增加了近 9 倍。随着全省新建扩建企业的大量增加，职工队伍急剧膨胀，1957 年至 1958 年，全省职工总数从 41 万人迅速上升到 140 万人，其中工业系统职工总数从 6 万人增至近 40 万人。从东北、华北、华东、华中地区前来支援贵州建设的工人和技术人员达 10 余万人。发展较猛的如机械工业，职工总数从 1957 年的 7635 人猛增至 1958 年底的 74171 人。显然，这样的发展是脱离实际的。职工队伍这样大量增加，造成了生产设备与劳动力比例严重失调，职工队伍的整体

素质显著下降。许多企业的新工人占职工总数的60%—70%，有的新建企业如贵阳棉纺厂竟高达90%。在新工人中，有相当数量是从农村青年中招收来的，还有一部分是城市社会青年和职工家属。大多数新工人年轻热情，要求上进，工作上有一股冲劲；但也有一定弱点，即没有经过系统的学习和实际锻炼，思想觉悟、生产技术知识以及组织纪律等，与一个合格工人的要求，相去甚远。在这种形势下，加强对新工人教育，帮助他们在政治上、思想上、技术上、文化上锻炼成长，就成为企业党委、行政和工会的迫切任务。

各级工会把教育培养新工人作为义不容辞的责任。教育内容包括政治思想教育和生产技术教育，同时，还进行厂规厂法和劳动纪律教育。对文化低的新工人组织去参加业余学习，进行文化补课。关于教育方法，各厂矿企业或行业根据不同的条件，多种多样，有的办短期训练班，有的办业余学校，上政治课、技术课、文化课；有的搞岗位技术练兵，较为普遍和收效显著的是签订师徒合同，熟手带生手，老手带新手。省汽车运输公司通过举办工人业余政治轮训班，对新工人进行政治思想教育，参加轮训的1829人，由党政领导作报告，老工人当教员，较好地解决了新工人为谁劳动的问题，许多学徒与师傅都签订合同、明确规定学习期限、技术要求、生活待遇。学习期满后，进行“应知应会”考试，并对劳动态度、品德表现进行评定，合格者方可转正。再独立操作一年后，评审定级。有培养前途的，还送省外进行专业培训。在工会的组织下，一时间，能者为师，师傅带徒弟，师兄带师弟，一师带多徒等技术传授活动开展得十分活跃。如机械系统1958年签订师徒合同的就有10388人，培训青工10864人。不少老工人还做到“三帮”：帮政治、帮技术、帮生活，或做到“三包”：包教、包学、包管好生活。进入业余学校学习的也很多（每周学习6小时），1959年全省新工人和青工就有73%的人入了学。经过开展帮教活动和各种形式的技术文化学习活动，新工人进步较快，大批新工人在不长的时间内就进入岗位生产。如新建的贵阳棉纺厂，新工人经过一年多的学习和实际锻炼，80%的徒工都能单独操作，其中30%能达到二、三级工技术水平，有70多个徒工一个人能看16台织布机，已成为生产上的主力军。该厂18岁学工陈国霞在上海统益纱厂实习时，一次因为太平桥卸货场发生火灾，她勇敢地冒着生命危险抢救国家财产，受了重伤，造成右脚被截掉，她的英雄事迹为广大职工所称道，成为全省新工人学习的好榜样。贵阳钢铁厂轧钢车间新工人董保林，努力学习，采用重钢交叉喂钢法，提高轧钢工效2倍以上。铁路青年工人张先金肯学肯钻，掌握了28项“武艺”，铁路工地上几乎所有技术操作都能掌握。贵阳机床厂锻造车间化铁班，40多个少数民族新学工，边学习边生产，只用2个多月就基本上掌握了化铁技术。在“大跃进”大搞机械生产的日子里，贵州表具厂新工人中出现了30多个优秀学工和“小武松”，该厂铸造车间93%的学工学会了翻砂技术。绥阳县第一化工厂新工人张帮华热爱工厂，严寒天气带头下河运木料，不顾个人安危，舍身扑火避免事故，苦练技术，3个月就掌握了乙醚塔，并改进了操作方法，使乙醚塔工效提高了八九倍。1958年和1959年初，贵阳市先后两次召开了新工人代表会议。1960年1月10日，省里召开了新工人广播大会，交流新工人进步成长的先进经验，表彰和鼓励新工人在生产和学习中所取得的成就，推动新工人教育工作的开展，充分调动了广大新工人投入社会主义建设的积极性。

二、职工群众大干快上的劳动奉献减轻了经济建设冒进的影响

“大跃进”运动是在第二个五年计划开始时发动起来的。广大职工群众出于对改变贵州落后面貌的强烈愿望，为了实现党中央把我国建成一个具有现代工业、农业和科学文化的社会主义强国的要求，通过社会主义教育，迸发出前所未有的高涨劳动热情，积极地投入贵州经济建设的大干快上之中。他们满怀激情，干劲倍增，不讲条件，敢想敢干，为奠定贵州工业基础、完成“二五”计划作出了卓越贡献。这种可贵的积极性和它产生的巨大作用，在一定程度上减少了“大跃进”失误所造成的损失。

1958年，为了适应以技术革新、技术革命为中心的群众运动形势发展的需要，贵州各类工矿企业成立了以工会为主导的技术革新办公室。许多企业出现了人人献计、献策，行行革新、创造的喜人局面。革新、革命的重点是实现机械化、半机械化，同时改进工艺和操作方法，改良工具和设备，改进产品设计及综合利用、节约原材料等。在1958年的“双革”运动中，贵州省职工改良、

制造各种工具790多万件，制造滚珠轴承690万多套。贵州汽车制造厂是贵阳市开展“双革”运动的红旗单位，这一年，全厂职工共实现革新项目2131件，高出“一五”计划期间实现革新项目的总和，试制成功64种较大型新产品和84台土洋结合的机械设备，提前超额完成1958年生产计划。同年7月28日，贵阳矿山机器厂职工创造出第一台轧钢机，试制成功联合破碎机和简易龙头刨床，其中联合破碎机为国产第一台。该厂模型工段职工创造了21种土洋结合的机器，使模型加工的7道工序全部实现了机械化；青年革新标兵高文清在1年多的时间里，个人提出革新建议300多项，实现170多项，分别提高工效几倍、几十倍、几百倍。贵州配件厂著名革新闯将张俊大革新制造出排锯机，使木料加工技术提高工效7倍，他所在的木工车间基本上实现机械化生产。贵阳通用机械厂职工创造出贵州省第一座转炉，遵义通用机械厂劳模秦和宝带领工人在1958年试制成功了矿车、平车、切丝切片机、电动台钻、双头土牛头刨床等多种新产品。贵阳中心铸造厂翻砂工人劳模杨德炎，在大家的帮助下，终于在1958年4月29日炼出贵州第一炉钢。这一年，贵阳电机厂职工试制成功了5000千瓦电动机、500吨油压机。贵州交通机械修配厂职工制造出17辆马王牌载重汽车。贵阳动力厂制成了双缸煤气机。1959年，“双革”运动继续深入开展，据统计，673个厂矿企业全年共提出革新建议295249件，实现115408件，攻下生产关键12921个，其中公路运输系统提出74605件，有75%得到了实现。媒体报道形容全省革新运动是“大革新腾空飞舞，小革新遍地开花”。

结合“双革”运动，各行各业的劳动竞赛蓬勃开展，比先进、学先进、赶先进蔚然成风。各系统、各地区都有自己的追赶目标，如机械系统赶高文清、邮电系统赶王淑琴、公路运输系统赶史建元、建筑系统赶魏正江、商业系统赶文树封，遵义地区赶张帮华。竞赛中不断涌现出先进人物。闻名全省的贵阳棉织厂戴秀珍班，是帮学搞得好的一面红旗。先进生产者戴秀珍耐心帮助后进姊妹，全班学比赶搞得十分出色，最后班内个个都成为先进生产者，被誉为该厂“满堂红”班。还有的是先进班组帮助后进班组，最后共同成为先进班组，学、帮、赶的典型事例，层出不穷。全省公路运输系统开展车吨月产万吨公里竞赛后，出现了高产车成群、新标兵成林的可喜现象。为了让先进生产者的经验成为广大职工共同的财富，竞赛中开展了总结推广先进经验的活动。如 1959 年，煤炭系统在生产、基本建设、地质勘探等方面推广先进经验 55 项，交通系统在安全、运行、节约等方面推广先进经验 25 项，使局部的、小面积的高产量变成了大面积的丰产。1959 年，黔南州总工会深入基层调查，总结经验，共写出 20 多篇有情况、有分析、有建议的调查报告。

职工群众积极性、创造性的高涨，对生产发展起到了促进作用。尽管当时存在浮夸风，生产数字包含“水分”。但是总的来看，三年“大跃进”中生产发展的速度是令人瞩目的。1958—1960 年，全省重工业产值增长 2. 4 倍（按可比价格计算，下同），轻工产值增长 57. 5%。贵州落后的交通状况有很大改善，仅 1958 年就新建公路 6000 多公里（包括简易公路），其中黔桂铁路都匀至贵阳段在铁路职工的艰苦努力下，于 1959 年 2 月 7 日全线通车。为了表彰在“大跃进”中作出重大贡献的先进生产者和先进集体，贵州省委、省政府于 1959 年 5 月 1 日至 7 日，在贵阳召开全省工业生产、基本建设、交通运输先进生产者代表会议。出席这次会议的先进集体和先进生产者代表共 2113 人，全省著名劳模张俊、高文清、刘银宗、杨德炎、秦和宝、王兴才、蒋尚和、史建元、王淑琴、张先金、戴秀珍等出席这次“群英会”。省委、省人民政府对这次会议至为重视，副省长吴实致开幕词，省委常委、副省长赵欲樵作《大搞技术革命，轰轰烈烈开展增产节约运动》的报告，省委书记处书记苗春亭致闭幕词。省总工会主席李明远和团省委、省妇联的负责同志分别在会上讲话。会议强调，“把全省职工进一步动员起来，继续广泛深入开展比先进、学先进、赶先进运动，掀起更大的生产建设高潮，保证完成和超额完成国家计划，努力实现新的大跃进”。会上，向 162 个先进集体授予锦旗，向 1950 名先进生产者颁发奖章、奖状，并通过了《致全省职工的倡议书》。在“大跃进”的第 3 年，即 1960 年 4 月 10—16 日，再次召开有 3121 人参加的全省工、建、交、财贸“群英会”，重点是继续发动群众大搞“双革”，再掀生产高潮。这两次先进生产者代表会议也是新中国成立以来贵州召开规模最大的“群英会”，与会先进者代表达 5234 人。

不可否认，“大跃进”是“左”的指导思想下的产物，由于盲目冒进，高指标，瞎指挥，贪多求快，摊子铺得过大，远远超过了贵州财力物力可能承担的范围，违背了客观经济规律，带来了很大危害。加上一再批判右倾思想，“拔白旗、插红旗”，打击坚持正确意见的干部同志，加重了“大跃进”所造成的灾难性后果。如标志“大跃进”特点的大办钢铁，1958年全省工会共投入了180万劳动大军（包括很多农民），建土高炉2.6万余座。由于不懂炼钢技术，又缺少设备，违反科学蛮干，结果所谓土高炉除了炼出一批废钢铁外，别无所获，造成了劳动力和原料、燃料的极大浪费，严重挫伤了职工的积极性。在其他工业建设方面，也留下了很大的后遗症，有的项目上马不久就夭折了，有的造成“半拉子”工程，有的厂建起来后，生产不配套、不协调、不平衡，投资巨大，浪费惊人。如惠水工业区原计划兴建8个大型企业，结果搞起来一个“半拉子”重型机床和停留在土建工程的农村水电设备厂。新建工厂忽而上马，忽而下马，大批职工被东抽西调，忽进忽出，思想和工作很不稳定。许多企业由于在生产上进行无休止的“大战”“苦战”，无限度的加班加点，没有休息时间，职工因而产生疲劳厌倦情绪。如贵阳钢铁厂有的工人就一连3天3夜得不到休息，遵义市有的工厂职工每天竟劳动16小时以上。贵阳一个大厂183名新工人，由于坚持不了连续“苦战”，跑掉了98名。一个煤矿3个月跑掉几百名新工人。但是，大多数职工出于对党的信任，对社会主义的热爱，对改变贵州落后面貌的迫切愿望，思想主流仍然是好的，劳动热情始终没有冷却，他们在“大跃进”中所表现出的连续作战、艰苦奋斗精神，充分体现了工人阶级对社会主义的坚定信念和自我牺牲的可贵品质。

三、工会的消亡与恢复

（一）工会系统刮起工会消亡风

1958年第四季度，由于“左”倾思想的影响，在全国工会系统刮起了一股工会消亡风。工会消亡风到贵州之时，全省各级工会组织一度出现停止活动和拆台散伙的现象，成为新中国成立后工会运动发展中的一次重大曲折。

1958年8月17日，在中共中央政治局举行的扩大会议上，作出了《关于在农村建立人民公社的决议》，决议提出“公社实行政社合一、工农商学兵相结合的原则”。会后，公社化运动迅猛发展，8 月 23 日贵州省第一个农村人民公社——贵阳乌当区东风人民公社成立，至 9 月底全省农村基本实现了人民公社化。同时，建立城市人民公社之风也越刮越大，8 月 30 日，贵州第一个以城市居民为主体的人民公社——贵阳南明区卫星人民公社成立，省市工会抽了一批干部参与抓公社工作。一时间，以公社代替工会之风骤然兴起，从而直接导致了工会的消亡。

在全国刮工会消亡风之时，贵州工会的行动较快，走到了前面。省总工会党组于 11 月 12 日向省委提交了《关于目前人民公社新形势下对工会组织和几个问题的请示》，其中提出：“工会较之人民公社已是落后组织，工会已无存在的必要，省工会和各级工会组织随着厂矿企业、机关、学校人民公社的建立，对工人进行公社优于工会组织的教育，逐步停止活动，停收会费，新建厂矿企业不建立工会，由人民公社代替。”11 月 27 日，省总工会在机关传达了省委指示，确定省总工会与省委工交部合并。随后，一些地州市县工会也上行下效，合并于同级党委工交部。12 月 4 日，党中央正式同意并转发了全国总工会党组《关于县级工会的处理意见》，要求各地依照办理。意见提出：“人民公社在我国农村已普遍建立起来，县和县属工会工作将逐渐被公社工作所代替。从总的趋势看，县级工会将首先随着人民公社的更加健全，更加完善而自然消亡。”文件下达时，县级工会已经“消亡”，省和专州市工会也已合并的合并、停摆的停摆，只剩下空牌子，一些基层工会也先后停止了活动。

工会消亡时，省总工会对工会工作中存在的问题，作了如下明确的处理：关于基层工会，新建企业一律不发展会员，不建立工会组织。老企业原有的工会组织，经过一定的工作逐步停止活动，停收会费。关于工会经费，从 1959 年 1 月起，企业行政停止拨交，工会不再管理经费。结余经费的处理，由各级党委决定。关于劳动保险，停止扩大劳动保险实施范围，已实行的，如商业、粮食职工的劳动保险待遇停止实行，其余厂矿企业工会，留用 70%的劳动保险金，全部由基层掌握使用，剩余不上解。关于文化宫、俱乐部，由各级党委决定如何处理，省总工会不再管理事业单位，原来管理的电影教育队交省文化局，花溪、温泉、大水沟三个疗养院交省卫生厅。省总工会与省委工交部合并后，原机构不再存在，在工交部中增设工会工作处、宣传教育处，一部分干部调出，对外保留省总工会牌子，宣教处建立后，于1959年3月创办了面向职工群众的《贵州工人》周刊，公开发行。

工会消亡风是在急于向共产主义过渡的“左”的思想指导下出现的。其理论思路是，资产阶级基本被消灭，工会的历史任务也随之完结。农村公社化以后，亦工亦农大量出现，农村将逐步工业化，工会作为工人阶级的组织将消亡。如果还保留原来少数工人的工会组织，就会形成行帮。这种理论显然不能说服人。全国总工会几次开会争论，不少同志先后提出过意见和批评，认为现在讲消亡是完全脱离实际的。贵州也有人提出，公社是公社，工会还有活动的必要。工会事实上消亡后，不少工会组织尤其是基层工会仍坚持进行工会活动，贵阳、都匀、安顺三个市就存在这种情况。

（二）纠正工会消亡风与工会组织的恢复

1959年上半年，在党中央纠正实际工作中“左”的错误的推动下，全国总工会开始检查工会消亡问题。全国总工会召开第四次党组扩大会议时，在不少同志对工会消亡问题提出不同意见的情况下，会议虽然继续维护工会消亡理论，但促使刮消亡风势头趋向缓和，在制定《关于基层工会组织制度若干问题的规定》中明确：新建的国营、地方国营企业一般建立工会，县办工矿企业，凡生产稳定、人员固定的，可建立工会。原有工会组织和新建工会组织应该发展会员。1958年后半年至1959年上半年，中央先后两次“郑州会议”提到人民公社的性质，指出“划清社会主义和共产主义界限，肯定现阶段是社会主义，人民公社基本上是集体所有制”，并着手纠正“共产风”。全国总工会领导在主席团扩大会议上，对工会消亡问题作了检查，并在实际工作上对工会消亡着手进行纠正，提出“对已经撤销工会的县和县属国营企业，经党委决定，请示上级党委批准，即可恢复”。

随着“大跃进”的发展，贵州新建企业不断增加，职工队伍迅速扩大，问题较多，形势迫切需要加强职工群众的工作。这时省总工会对消亡问题也重新予以思考，认识到工会的消亡与形势的发展是不相宜的，群众仍需要工会这一组织形式。党委部门也认为，削弱工会工作必然使党委陷于事务，削弱党的领导。1959年6月6日，在全国总工会正式纠正工会消亡问题之前，省委工业部、省总工会向省委提交了《关于整顿和加强目前工会组织的几点意见》，并经省委批转各级党委执行。意见要求，各县、市原有基层工会组织已宣布撤销或实际上名存实亡的单位，应通过工人讨论恢复与设立起来。新建企业（包括手工业转为国营企业）可以发展会员，建立工会。原有国营和地方国营企业应发展会员。同时，县工会也要相应地加强。凡已撤销的县工会，一般应迅速恢复。县工会牌子摘掉的，应重新挂上。为了加强对县工会的领导，专、州工会也应恢复、建立和加强，原来在工会工作的干部，原则上应该归队，不足者，应当抽比较优秀的干部将工会组织必需的人员迅速配备起来。各专州市县原有的工会办公地址和用具，已有变动者，应当尽量调回给工会。然而，由于“批赖”和刮消亡风对工会的打击沉重，工会一蹶不振，主客观上使工会的恢复整顿十分吃力，步履维艰。如遵义地区至1959年底，基层工会的恢复也只有消亡前的19.9%。1959年11月12日，省委正式通知，将省总工会与省委工业部在组织上正式分开。与此同时，各地工会相继恢复。至此，工会消亡风即告平息。这次工会消亡，历时不到一年，但它带来的消极影响却远远不止于此，工会恢复后，没有认真总结经验教训，没有真正从思想认识上解决问题，致使很长一段时间，工会干部心有余悸，情绪低落，工会工作趋向滑坡。

第六节　经济调整中的贵州工运事业和工会工作

一、做好收缩职工队伍的工作

1960年9月，党中央提出对国民经济进行“调整、巩固、充实、提高”的方针，着手纠正“大跃进”中“左”的错误，解决经济中暴露出的严重问题。根据党中央关于“拆架子”“收摊子”“不怕伤筋动骨”的精神，贵州采取了大幅降低工业发展速度的措施，坚定地停建了一大批新建项目，从1961年开始，前后两年共关、停、并、转国营和集体工业企业1100多个，地方工业产值由

1961 年的 7.02 亿元下降到 1962 年的 4.92 亿元（按 1957 年不变价格计算），下降了 30%。与此同时，大量精简和减少城镇人口，至 1962 年末，全省全民所有制职工已从 1960 年末的 90.3 万减少到 51.85 万，城镇人口从 215.7 万减少到 179.5 万。“大跃进”中发展较快的机械工业系统，企业数和职工数均减少一半以上，黑色冶金企业精简下放的职工数，达到职工总数的 76.1%。

精简下放的主要对象是新工人，当时政策规定：凡 1958 年以来从农村招收的职工，除了少数行业（如矿山井下）可以保留一部分外，一般均精简下放回乡。1957 年来自农村的职工，凡是能够回乡的也动员回乡。1958 年入厂的城市居民，有条件并自愿下乡的也可以下乡落户。属于 1958 年以来参加工作的职工家属，如果家庭生活有依靠的可精简回家从事家庭副业生产和家务劳动。但是，政策也同时明确：因公负伤人员，治愈之前不下放，因公致残者按劳动保险条例妥善处理，完全丧失劳动力的养起来，对老弱病残职工妥善安置。精简的重点是基本建设队伍和钢铁工业、机械工业，对轻工业、手工业等生产日用品企业尽可能少减或不减。

这一时期，各级工会都把协助政府和企业行政做好精简下放职工的工作，作为一项突击任务来抓，重点是抓以下三方面：一是参与做好动员和思想政治工作，按照省委宣传部编写的《精简职工宣传提纲》广泛进行宣传动员，大讲形势，使职工充分认识贯彻“八字”方针，进行精兵简政的重要意义，认识调整城乡经济关系，加强农业第一线，恢复和发展农业生产，缓解粮食、副食和商品供应紧张对稳定大局、促进国民经济的顺利发展的意义和作用；二是工会通过调查，了解职工的思想情况和有关具体问题，向党和政府反映，通过召开座谈会、家访等形式，做深入细致的思想工作，解除顾虑，使之做到走得愉快、留得安心，同时监督企业行政和有关部门严格按政策办事，维护职工利益，纠正借精简之机搞所谓“放包袱”，不按政策办事，不按政策规定支付精简职工待遇，不认真负责做好安置工作等现象；三是协助政府和企业做好精简下放中的具体工作，解决各种实际问题，如职工下放的户口、口粮、工资证明、补助费、救济费、运输、途中食宿、护送人员等有关问题，一一予以落实，把安置工作负责到底，对职工家属被精简回家，减少收入，造成生活困难的情况，工会也及时做好补助和救济工作。

这次精简下放工作总的来看是顺利的，主流是好的，没有出大的问题，但在工作过程中也出现一些这样或那样的问题，伤害了一些职工的利益，挫伤了部分职工的感情。工人群众对这次精简下放表现出了很高的觉悟程度、组织纪律性和可贵的为国分忧解难的献身精神。这是贵州广大职工在国民经济调整时期所经受的一次重大考验，也是广大职工为促进贵州经济状况的好转所作出的重大贡献。

精简下放职工是“大跃进”盲目发展带来的后果。从历史发展角度看，为了纠正当时的“左”倾错误，制止经济盲目发展所造成的损失，扭转农业生产名为跃进实为遭受伤害的困难局面；稳定大局，从而引导国民经济走向正常发展的轨道，中央确定大抓精简职工、压缩城镇人口的措施是正确的。以后的实践证明，这种大幅降低工业盲目发展的速度，不仅有利于重振受害的贵州农业经济，保障人民生活，顺利渡过难关，同时，对于工业本身的整顿，优化工业生产，改善管理，建立正常生产秩序，节约人力、财力、物力，克服浪费、提高产品质量，提高劳动效率等也都有重要的意义。据贵阳农具厂调查，该厂一个车间精简前共有职工 446 人，每天有 104 名工人没事干，全厂出勤率只达 60%，说明靠人海战术去发展工业生产的办法是行不通的。

二、大抓职工生活，度过三年困难时期

（一）“大跃进”之后的三年困难时期

从 1960 年下半年至 1963 年上半年，贵州同全国一样，进入了三年困难时期。主要表现为，国民经济发展比例失调，工农业之间和轻重工业之间出现失衡，尤其是农业经济受挫后，人民生活问题面临严重威胁。因此，贵州从上到下，各行各业，都把搞好生产自救节约度荒作为一项紧迫任务。农业生产遭受损害，一方面是“大跃进”刮“共产风”、浮夸风以及搞瞎指挥造成的，加上工业发展过猛，从农村抽出劳动力过多，导致不少地区农业生产荒芜；另一方面是由于连续几年自然灾害的影响。1960 年，贵州先是夏季干旱，受灾面积 306

万多亩，之后是秋季大旱，重灾面积达219万亩。1961年，先是雹灾，使143万多亩夏收作物受损，之后又遇全省性大旱，造成秋季作物561万多亩受灾。1962年春夏之交，省内一些地区再遭雹灾，农作物严重受害。8月，出现全省大旱，受灾面积达619万多亩。1963年夏收作物遭受旱灾的面积占播种面积的55.5%，接着又连续发生10次雹灾，造成大片地区农作物无收。

由于人为加自然灾害的叠加效应，农业生产出现灾难性后果，不仅严重制约了国民经济的顺利发展，而且直接危及人民日常生活。因物资匮乏导致粮食和副食品供应紧张，物价上涨。当时城镇职工每月只能供应半斤猪肉、2两菜籽油。粮食定量原定每人每月25斤，后减为23斤（一线工人定量稍高些）。因为油水减少，饭量增加，所以粮食不够吃是普遍现象，不少职工因此得了浮肿病。据遵义市工会1960年下半年对38个企业调查，发现浮肿病患者830人，少数单位患此病高达20%。物价上涨直接导致职工生活质量下降，如贵阳市1962年下半年副食品比1957年上涨了82.2%，蔬菜上涨了100.82%。遵义市计划供应的肉、菜、煤、盐比1957年上涨378%，日用工业品（如毛巾、香皂、脸盆、铝锅）比1957年上涨了116%。一些远离城市的工矿企业如水城煤矿、水城钢铁厂、赫章铅锌矿、万山汞矿等单位，因计划供应无保证，只能到自由市场去买蔬菜和副食品，生活压力和生活费开支大大增加。一方面是物价上涨，另一方面职工工资又基本未动，1959年虽然调整过工资，但是调升面不大，调升幅度很小。相反，作为附加工资的各种奖励如超产奖、质量奖、节约奖、安全奖、设备维修奖、经济核算奖、考勤奖等，以及各种津贴如流动津贴、施工津贴、瘴区津贴、野外津贴、师徒津贴、班组长津贴、房租水电津贴等，在“大跃进”中差不多都取消了，严重影响了职工的收入。不少单位还取消了职工洗澡、理发、看电影、草纸、肥皂等福利待遇和上下班交通费的补助。以上种种，加大了职工的生活困难，严重影响了生产生活秩序的稳定。

据1961年对贵阳、安顺、遵义、黔南、毕节5个地区32047名职工调查统计，平均生活费在12元以下的困难户就有13196人，占41.17%，有的企业困难户甚至高达70%，严重困难户有15%。职工由于生活困难出现了负债，如贵阳电厂等13个企业和毕节5个县19588名职工中，负债职工6204人，占31.67%

（不包括私人借款），负债面大的如贵州烟厂职工达80%。有的职工甚至靠变卖衣、物渡难关。1962年省总工会在7个厂矿和公路运输系统22408名职工中调查冬衣问题，发现缺少棉衣、棉裤、棉被过冬的职工就有6686人，占29.84%。

（二）抓好职工生活成为中心任务

党中央及时提出了“一手抓生产，一手抓生活”的方针，省委于1961年2月5日发出《关于发展代食品生产的指示》，要求实行“低标准，瓜菜代”和发展代食品生产，认真安排好群众生活。1961年3月13日，全国总工会召开职工生活座谈会，提出工会侧重抓好职工生活；11月6日，省总工会发出《关于进一步做好职工困难补助工作的通知》；12月21日，由省总工会、省劳动局筹备，以省委名义召开了全省工建交工资奖励生活福利会议，进一步部署抓好职工生活的具体措施。同时，省总工会建立了省职工生活委员会，下设办公室，并集中一批得力干部充实和加强了生活部。由于有党委、政府的齐抓共管、工会放手作为，抓职工生活一时成了中心任务，并取得了以下四个方面的显著效果。

一是工会协助企业行政发展农副业生产，增强改善职工生活的物质基础。各企业单位一般都办了小农场，抽出一定数量职工集中从事农副业生产，其他职工是轮流参加劳动和业余开荒种菜以及依靠家属利用空地种植蔬菜养小家禽。1960年下半年，遵义地区县以上厂矿种菜5311亩，养猪4366头，养家禽12400多只（平均17人养猪1头，14人种菜1亩），其中不少单位达到了蔬菜、肉食半自给。1961年贵阳钢厂、矿山机器厂等20个单位，共有耕地4761亩（不包括个人开荒），人均耕地1分7厘，年收蔬菜469200多斤，人均每天1斤多，养猪2229头，合11人1头，养牛羊马等502头，养鸡鸭兔1700多只，养鱼26万多尾，有效地促进了职工生活的改善。新建大型企业铝业公司有耕地3727亩，养猪1249头，牛羊马149头，鸡鸭132只，每月能供应职工半斤肉。

二是大抓职工食堂，更好地改善职工生活服务。许多工会干部都深入厂矿企业的食堂调查研究，总结经验，进行具体帮助和指导。1960年9月，省总工会专门向省委写了关于加强职工食堂工作的报告，得到了省委的重视和支持，报告中总结的经验及时予以推广。为了加强食堂工作，各单位普遍提倡“政治进食堂，领导下伙房”，并抽调素质好的职工和党团员充实到食堂中去。同时，加强食堂民主管理和思想政治工作，严格各种制度，堵塞漏洞，如建立称米下锅、粮食专仓保管、专账记载、专粮专用等制度。食堂也搞技术革新，改进煮饭方法，实行粗粮细作，采用代食品等。

三是积极做好职工生活困难补助工作。省总工会发出《关于进一步做好职工困难补助工作的通知》后，各级工会给予极大重视，千方百计帮助职工克服困难。从1962年第四季度到1963年第三季度，省里先后下达4次困难补助款共700万元，根据产业工人不同特点和困难情况合理分配。困难户一般能得补助25—35元，严重困难户补助到60—70元。由于棉花受灾减产，民用棉布定量减少，为解决部分职工衣着困难，同时给予用布补助（政府拨出指标）。1962年全省共补助职工用布316500尺，免票处理用布50万尺。此外，还集中性下拨专门款项帮助职工还债。

四是特殊照顾女职工。工会配合有关部门作出了对女职工特殊保护的规定，如不分配女职工干过于重的体力劳动；不提倡组织清一色妇女专业队；不让女职工熬夜；加强妇幼保健，对女职工在经期、孕期、哺乳期中给予特殊照顾。黔南州总工会还专门对女职工的妇科病进行调查，发现女职工患妇科病占50%，事后写出了报告，由卫生部门配合厂矿卫生所给予治疗。

三年困难时期，广大职工表现出的艰苦奋斗，坚韧不拔和自我牺牲精神，十分令人敬佩，这是战胜困难的力量源泉。职工群众不仅依靠自力更生、节衣缩食去克服困难，同时为保持原有的生产能力和坚持正常生产作出了巨大努力。工会工作虽然受到“左”倾错误的冲击和消亡的影响，但恢复之后，在困难时期大抓职工生活方面，各级工会组织和广大工会干部仍然做了大量出色的工作，表现出可贵的责任感，发挥了积极作用。

三、开展增产节约运动，促进经济复苏

增产节约运动在克服困难、促进经济的恢复和发展中显示出特别重要的作用。面对困难的经济形势，1963年1月，贵州省总工会三届五次执委会作出了《关于开展以增产节约运动为中心的工作决议》，要求各级工会组织动员全省职

工，特别是工业部门的职工，尽力增产支援农业的产品、市场需要的日用工业品和工业部门急需的原材料，并同铺张浪费和损害国家利益的现象作坚决斗争。这次增产节约运动先后持续几年，开展得广泛、扎实、深入，很快促进了经济情况的好转。工业生产回升，社会商品特别是支农产品和轻工业品增多。不少企业扭转了过去生产水平低、消耗大、成本高的被动局面，变亏为盈。同时，职工生活也有所改善。在增产节约运动中，工会配合行政，主要采取了以下做法。

坚持进行社会主义教育，激发广大职工的劳动热情。针对职工群众在困难时期出现这样或那样的思想认识问题，着重进行形势教育和革命传统教育。联系国际、国内的现实，向职工讲清困难是暂时的，经过短时间艰苦奋斗之后，困难即将过去，开展增产节约运动正是克服困难的有效措施。为振作精神，在职工中广泛开展了革命传统教育，大讲“三史”（革命史、厂史、家史），组织老职工忆苦思甜，用新旧社会对比教育职工，提高觉悟，鼓舞斗志。

发动群众比先进、找差距、反浪费、查漏洞、算细账、挖潜力。厂矿企业普遍开展了“查找算比改”活动，算全厂、车间、班组和个人的差距账、浪费账，明确奋斗目标，制定增产节约措施。如贵阳铁路分局电务处工会发动群众开展“四查五比”（查材料消耗、查劳力浪费、查事故损失、查资金周转，比完成任务、比节约材料、比少用人力、比消灭事故、比少花钱多办事）活动，揭发出136笔浪费账、制定了17项改进措施，提出12条合理化建议。贵阳红枫水力发电厂职工通过算差距账，看到本厂生产比同类先进厂落后一大截，本厂发电成本每千度为27.7元，而官厅水力发电厂仅为7.76元；劳动生产率，官厅厂每千瓦为3人，而本厂为8人；安全状况也不如人家好。之后通过找原因，排关键，制定出赶先进的措施。安顺酒厂职工在查漏洞、找问题中，揭发出1962年十大浪费，制定出5项改进生产的措施。各行各业在增产节约运动中，普遍提倡发扬一厘钱精神，注意节约一度电、一两煤、一钱油，爱护一个螺丝，形成人人注意节约的好风气。

学习推广先进经验。1963年10月至1964年4月，贵州先后有137个企业共计派出1481人去上海、北京、天津、沈阳等地学习先进经验，回来后积极推广，取得了可喜的效果。如贵阳造纸厂、华一造纸厂生产的打字纸，有几个质量指标长期不能过关，经学习推广上海同类厂经验后，质量指标都达到了部颁标准，机制纸由过去的等外品上升为一等品。贵阳胶鞋厂推广外地“三汽成型”先进经验后，每千双胶鞋用生胶量比过去降低 14 公斤，用棉布量比过去减少 72.6 公尺。贵阳电池厂通过学习先进经验，电池的放光时间，从过去的 727 分钟提高到 900 分钟。贵阳制药厂过去是长期亏损企业，两高两低问题（消耗高、成本高，质量低、劳动生产率低）长期得不到解决，经推广上海同类厂 110 项先进经验后，企业很快扭亏为盈。其中，有 106 项经验是不花钱或少花钱就能办到的，需要投资的只有 4 项。与此同时，各地区各行业也总结推广了许多本地区、本行业、本单位的先进经验，对于增加生产、提高产品质量、降低成本，收到立竿见影的效果。

开展“五好”企业①、“五好”职工②竞赛活动。1963 年 5 月，省委发出了关于在工交企业开展“五好”企业、“五好”职工运动的指示；10 月，中共中央、国务院批转国家经委、全国总工会关于开展“五好”竞赛问题的报告，贯彻之后，成为推动增产节约的强大动力。“五好”竞赛适应了当时政治经济形势的需要，体现了政治、经济、技术的结合，领导和群众的结合，既反映全局搞好生产和加强管理的要求，又反映企业加强思想政治工作的要求，不仅在生产上、业务上互比互赛，并且在政治思想上促进抢困难、让方便、团结协作共产主义风格的发扬，增强维护国家集体利益，同不良倾向作斗争的主人翁责任感，对改变人的精神面貌、促进物质生产的发展具有重要意义。贵州汽车制造厂原有后进职工 165 名，通过“五好”竞赛活动，78 名有了明显转变。该厂配件二车间 98%的人在竞赛中突破了定额。毕节地区厂矿企业通过“五好”竞赛，出现了“四多”“四少”的现象，即早上班晚下班的人多了，旷工缺勤的人少了；安心生产完成任务的人多了，思想消极和想离厂的人少了；注意节约讲究经济核算的人多了，浪费原材料的人少了；爱护国家财产和关心集体利益的人多了，损公利己的人少了。实践证明，“五好”竞赛是社会主义劳动竞赛、先进生产者运动的发展，它比过去开展劳动竞赛范围更广泛，内容更丰富，要求更具体。特

① 指政治工作好、计划完成好、企业管理好、生活管理好、干部作风好的企业。
② 指政治思想好、完成任务好、遵守纪律好、经常学习好、团结互助好的职工。

别值得注意的是“五好”对促进干部作风的改变和管理的改善，起到了显著作用。如务川汞矿地质队半年内干部参加劳动的工作日就达2108个，平均每人每月劳动2天，每次劳动领导干部带头参加。该队还下放干部48人充实生产第一线，机长、支书、坑长、安装管道队长、车间主任等基层领导由脱产到不脱产，在劳动生产中实现领导，这样既密切了干部与群众关系，又改善了管理，推动了生产。

开展群众性技术协作活动，解决企业生产中老大难问题。群众性职工技术协作活动于1961年首创于沈阳，后迅速扩展到全国各地。从1961年到1966年，是职工技术协作活动兴起并形成第一次大发展的阶段，贵州省的职工技术协作活动也开始于这一时期。1964年1月22日，贵阳市委书记处书记、市长刘哲民和贵阳市总工会主席王志德率领贵阳市学习团40多人，前往沈阳学习组织职工群众开展技术协作活动的经验。同年5月12日，贵阳地区在劳动人民文化宫举行了第一次群众技术协作阵地活动，这是全省职工技术协作活动的开端。此后，以赴沈阳学习的同志为主体，吸收企业的能工巧匠、工程技术人员、大专院校教师组成了刀具、热处理等11个研究组，共为企业解决技术难题75个，举办刀具技术讲座7期。1966年3月，全国先进刀具观摩推广队应贵阳市总工会邀请来贵阳表演。在贵阳市总工会的支持下，相继成立了金属切削、热处理、电镀、焊接和远红外线专业技术推广队。值得一提的是，1964年5月，贵阳市一些厂矿企业的部分技工走出本厂，进行同工种串联，共同研究解决企业中某些生产技术难题。全市先后成立焊接、刀具、机床维修、汽车、拖拉机维修、水暖、电镀、铆焊、电气、热处理等11个技术协作小组，通过开展阵地活动与上门服务相结合为各厂进行技术服务。活动开展后，受到相关企业的热烈拥护，全市89个单位参加了这一活动，总人数达700余人，其中有骨干161人。技协小组成立4个月，为各企业解决生产技术问题132个。有的企业还在企业内部建立了技协组织，如贵州农具修配厂就建立了35个技协小组，不到半年时间，活动50余次，解决了29个该厂长期遗留下来的技术难题。各单位参加技术协作活动的职工，一心为公，不图私利，他们常常为了帮助企业解决问题，牺牲自己的业余时间，自己花交通费，东奔西跑，风雨无阻，自带工具，服务上门，表现了工人阶级的可贵品质。

工业学大庆，进一步推动了增产节约运动的开展。1964 年上半年，全国开展学习大庆油田经验的活动，对增产节约运动是一个很好的推动。大庆油田职工可歌可泣的先进事迹，为贵州广大职工上了生动的一课，成为激发他们劳动热情的动力。大庆油田经验的核心是强调企业革命化，培养一支能打硬仗的职工队伍。提倡树立“三老”“四严”“四个一样”的好作风：“三老”是当老实人，说老实话，办老实事；“四严”是严格的要求，严密的组织，严肃的态度，严明的纪律；“四个一样”是黑夜和白天干工作一个样，坏天气和好天气干工作一个样，没有人检查和有人检查工作一个样，领导不在场和领导在场干工作一个样。在“学大庆”中，有两项群众活动开展较突出，学习毛泽东著作的人越来越多，用毛泽东思想武装人们思想；企业的车间班组广泛开展了评功摆好活动，它以思想政治工作为主，体现政治与经济结合的许多措施和方法，在当时历史条件下，确实发挥了积极作用。

通过正确执行经济调整政策和广泛深入地开展增产节约运动，三年经济调整工作取得了巨大成绩。贵州国民经济全面好转，工业生产得到了较快的恢复和发展。从全省工业产值看，三年平均增长 25%。一些支农产品和轻工业品更是大幅增加——化肥：1962 年为 0. 35 万吨，1965 年达到 8. 66 万吨；原煤：1962 年为 294 万吨，1965 年达到 332 万吨；棉布：1962 年为 632 万米，1965 年达到 2269 万米；肥皂：1962 年为 2360 吨，1965 年达到 8546 吨；食糖：1962 年为 274 吨，1965 年达到 2407 吨；胶鞋：1962 年为 142. 9 万双，1965 年达到 311. 1 万双。这一时期，工会在发动群众搞好生产方面作了很多工作，为增产节约运动出了大力气。但由于社教运动（“四清”运动）开展后，“左”的思想重又抬头，不时地对工会予以冲击和影响，使工会工作在恢复发展中举步维艰。如当时提出工会以主要精力抓阶级斗争，成为阶级斗争的工具，因而削弱了工会正常职能的发挥；企业普遍建立政治部后，把企业工会并入政治部或在其管辖之下，甚至有的把工会变为政治部下的群工科，实际又造成了工会变相消亡。

第七章　“文化大革命”时期的贵州工运事业和工会工作

1966 年爆发的“文化大革命”，使贵州工人运动和工会工作受到冲击。1967 年“一月风暴”后，贵州省“工人革命造反指挥部”全面“接管”贵州工运领导权。工会名称消失，工会活动停止。1968 年 1 月，在“工人革命造反指挥部”的基础上成立了贵州省革命职工代表大会常设委员会，即“工代会”。贵州各地、市、县和厂矿企业也相继建立了“工代会”，取工会而代之，给工运领域带来巨大灾难。1969 年 10 月，贵州政治局面发生变化。“工代会”和“工人武装队伍”被勒令解散，全部人员一律回原单位。

1971 年九一三事件后，周恩来主持中央日常工作，全国各方面工作出现转机。贵州省委决定恢复筹建工会工作，由各级党委直接抓，一些老工会工作者先后调回机关。1973 年 12 月，贵州省工会第五次代表大会新建了省总工会领导机构，有老工会干部参加，但帮派人物仍把持了省总工会主要领导权。从全省情况看，通过这次工会的整建恢复，全省工人运动的混乱局面有所好转，取消了“工代会”的牌子，部分恢复了工会的正常业务和工作方式，工会工作有了一定起色，由于“四人帮”的干扰继续存在，这一时期的工会工作仍具有很大的局限性。

第一节 “文化大革命”时期的贵州工人运动和工会工作

一、“文化大革命”的冲击和破坏

1966年下半年，“文化大革命”席卷全国。贵州的中心城市贵阳和其他一些城市闻风而动。最早冲向社会的是以“破四旧”为名的红卫兵，不久，运动转向政治斗争，批判“修正主义”。1966年11月，开始出现造反派“杀向社会”，冲击上层建筑领域，不断掀起乱批乱斗干部群众的恶浪。当时，贵州广大职工一方面对上述现象感到迷惑不解，自发地在工厂、街道出现两种不同观点的辩论；另一方面，在外地造反派的影响和串联下，一些人开始自由结合，建立起人数或多或少、名目不同的群众组织——“战斗队”“战斗团”，上至机关下至厂矿企事业单位都有。由于观点不同，这些群众组织之间又逐渐出现对立。林彪、江青反革命集团出于政治目的，把不同观点的群众划分为“左派”和“保守派”，并煽动和支持“左派”组织去砸烂另一派群众组织，使群众组织之间的矛盾更加激化。工人队伍开始出现分裂，并演变成群众斗群众的悲剧性局面。

“文化大革命”初期，贵阳几个人数较多的跨行业工人群众组织，一度占据省总工会大楼，以之为阵地，组织队伍，进行充满政治色彩的社会斗争。省总工会大院成了“火热地带”，曾聚集数万之众，各派相互攻击，吵骂声不绝，闹得乌烟瘴气。派性斗争的出现，标志着群众上了阴谋家的圈套，误入歧途，极大地破坏了工人运动。但是，参加各派组织的职工大多数是出于对毛泽东的信赖，怀着通过“文化大革命”来实现改变生活中阴暗面的愿望而投身这场“革命”的，而且多数也不赞成过激行为。当“文化大革命”出现不正常情况和发生两派斗争时，许多人就从开始积极参加逐渐转为怀疑、观望甚至消极抵制的态度，特别是一些劳模和先进生产者，始终坚持反对动乱，对停工停产，乱揪、乱斗干部，进行派性斗争十分反感，因此他们之中有不少人也被扣上“保皇派”“既得利益者”“走资派的社会基础”“假劳模、黑标兵”等种种罪名而受到迫害。

1967年，上海发生造反派夺权的“一月风暴”，贵州造反派闻风而起，很快在全省上下，各机关、企事业单位相继夺权，各级工会组织也不例外。省总工会的夺权先是在机关内部进行，之后由贵州省“工人革命造反指挥部”全面“接管”全省的工运领导权。夺权后，工会房子被占，财产被接收，工会名称消失。一切群众性的活动均由造反派操纵。大批工会干部被赶往“五七农场”劳动，其中不少同志还因各种强加的罪名遭受批斗、关押，有的甚至被迫害致死。省总工会及其他一些工会的办公楼，成了造反派组织推动“文化大革命”动乱和派性斗争的大本营。1968年1月20日，在贵阳市召开了“贵州省革命职工代表大会”，在“工人革命造反指挥部”的基础上正式成立贵州省革命职工代表大会常设委员会，即“工代会”。自此，“工代会”引导群众运动向着完全背弃工人阶级利益的方向发展，破坏工人团结，乱批乱斗干部群众，影响了正常的生产生活秩序。

二、“工代会”的出现及其主要活动

1967年初，贵阳棉纺厂等17个造反群众组织实行了归口大联合，接着，其他许多厂矿企业也效仿贵阳棉纺厂的办法，建立了以基层为单位的统一的造反组织。1967年9月，在归口大联合的基础上，成立了全省性的革命工人临时代表机构——“贵州省工人革命造反指挥部”（设在省总工会大楼），同时发出通知，提出“原各级工会的党、政、财、文大权，立即由各级实行革命大联合建立的统一的工人阶级革命群众组织接管”。从此，造反派夺取了全省的工运领导权。并且，工会会费停收，工会经费停拨，工会活动停止。

1968年1月20日，“贵州省革命职工代表大会”在贵阳召开，会期6天，3000多人参会。会议决定，以“工人革命造反指挥部”为基础，成立贵州省革命职工代表大会常设委员会，即“工代会”。常设委员会委员97人，其中起核心作用的是常设委员会勤务组，成员24人，设勤务组组长。“工代会”成立后，“工人革命造反派指挥部”不复存在。在此前后，各地、市、县和厂矿企业也相继建立了“工代会”，取代工会。各级“工代会”名义上是在大联合的基础上建立，实际上都是帮派组织的凑合。尽管各级“工代会”所提的口号和纲领五花八门，但都把斗“走资派”、搞“斗批改”、进行“群众专政”、捍卫“红色政权”作为自己的主要任务，把“文化大革命”进行到底作为唯一目的。

“工代会”成立后，首先抓的就是“掀起革命大批判的新高潮”、矛头对准“走资派”和“形形色色的修正主义货色”。1968 年上半年正值全国掀起“三反一粉碎”（反对右倾保守、右倾分裂、右倾投降，粉碎右倾翻案风）运动，社会上再一次刮起乱批乱斗的狂风恶浪，“工代会”以群众组织名义走在斗争第一线，推波助澜，起了很坏的作用。全省各党政机关、工矿企事业单位和工会组织的大批干部、党员、劳模以及正直的工人受到无情打击。原省总工会主席李明远被巡回送到各厂矿企业批斗，长达数月之久。一些刚宣布被“解放”的干部、工人，又重新“回炉”，深受其害。与此同时，“工代会”还在全省范围内肆意批判“修正主义工运路线”，批判工业 70 条，批判“经济主义”，在经济领域和职工中造成极大的混乱，并作出决议，提出“把大批判深入车间、班组和家属之中”“彻底肃清修正主义散布的毒素”。

“工代会”参与的另一项破坏性活动是为保卫“红色政权”而大搞“群众专政”，镇压不同观点的群众。1967 年建立的贵州省“工人革命造反指挥部”及后来取而代之的“工代会”与各地都先后建立的“革命群众武装队伍”，备有武器弹药，成为“群众专政”的武斗工具。这些组织经常四面出击，甚至不惜搞武装镇压，造成严重后果，如 1969 年 7 月 23 日清镇发电厂发生的武斗事件；7 月 29 日贵阳地区（紫林庵）发生的严重武装斗争事件，造成大批人员伤亡和国家财产损失。

“工代会”根据省革委意见，还组织“工宣队”进驻学校和上层建筑各领域，尤其是所谓“老大难”单位，目的是“占领学校阵地”，“打破资产阶级知识分子一统的天下”，“实现无产阶级教育革命”，专“臭老九”的政，进驻机关和一些企业单位，改变那里“两派斗争”的局面。1968 年 8 月 29 日，首批“工宣队”5000 人开进贵阳 80 个大中学校和“老大难”单位；11 月 6 日，第二批“工宣队”开进上层建筑各领域。他们坚持“文化大革命”，带着“对资产阶级实行全面专政”，认真搞好“斗批改”的任务进驻，遵循当时省革委、“工代会”的意见办事。

1969 年 10 月，中共中央下发文件，撤销了原省革委会主任李再含的职务，指明其犯了对抗中央、镇压群众、闹独立王国的严重错误，调兰亦农、张荣森接替李再含主持贵州工作，贵州政治局面发生变化。原来追随李再含搞支一派、压一派的“工代会”和“工人武装队伍”被勒令解散，全部人员一律回原单位。

三、极左思潮在工运领域的泛滥

“文化大革命”初期，造反派在批判资产阶级反动路线之后，即转向批判所谓“修正主义工运路线”，否定工会过去的一切。1968 年 5 月 27 日，《新贵州报》全文转载《人民日报》发表的《彻底批判“三会一团”的反革命修正主义工运路线》的文章。“三会一团”就是把工会工作以生产为中心，攻击为“生产工会”，是取消阶级斗争，是反对以阶级斗争为纲；把工会维护职工利益，关心职工生活，攻击为“福利工会”，是腐蚀工人阶级的“糖衣炮弹”，是反对突出无产阶级政治；把工会团结广大职工，坚持不分性别、民族、宗教信仰，不分先进、中间、落后，只要是工人阶级成员都可以加入工会的规定，攻击为“全民工会”“资产阶级工会”，是“否定工会的阶级性”；把根本不存在的“工团主义”硬扣在工会头上，说工会凌驾于党和政府之上，搞独立王国。在这种思潮影响下，贵州工人运动和工会的正常工作受到冲击。例如，把新中国成立以来工会多次提出面向生产，发动职工开展增产节约运动，被胡说为“生产至上”，是“以搞生产反对搞阶级斗争”；把工会提出的“在竞赛中既给予精神鼓励又注意物质鼓励的原则”，诬蔑为“以物质经济为诱饵，搞物质刺激”；把困难时期工会组织职工在房前屋后开荒种地，自力更生克服困难，攻击为“助长资本主义势力泛滥”；“大跃进”失误造成经济衰退，物价上涨，奖金取消，工会反映职工生活水平下降，也被打棍子，说成是反对“三面红旗”，是“给社会主义制度抹黑”；把工会办业余学校，对工人进行文化技术教育，说成是“引导职工走白专道路”；把文化宫、俱乐部办茶座、职工舞会，斥为“毒害职工思想”；工会组织职工文艺演出，凡是富有生活气息的节目，统统被指责为“资产阶级情调”。

第二节　贵州省革命职工代表大会（贵州省工会第四次代表大会）

1966年下半年，“文化大革命”开始，贵州省各级工会机关和工会工作逐渐陷于瘫痪状态。1967年8月31日，贵州省“工人革命造反指挥部”发布公告，宣布贵州省“工人革命造反指挥部”成立。1967年11月18日，省革命委员会同意将原省总工会财权交由省“工人革命造反指挥部”接管。

1968年1月20日至25日，“贵州省革命职工代表大会”在贵阳召开。实际报到代表3234人，其中正式代表2983人，特邀代表81人，列席代表26人，解放军代表144人。省“工人革命造反指挥部”负责人在大会上作报告。1月25日，在庆祝省“工代会”闭幕集会上，省革命委员会主任出席并讲话。本次大会选举产生了常设委员会，委员97人。常设委员会中设立了以“勤务组”为核心的领导机构，设勤务组组长。在此期间，各地、州、市和一些厂矿也相继建立了“工代会”。

各级“工代会”名义上是在大联合的基础上建立，实际上是帮派组织的拼凑组合。各级“工代会”所提的口号和纲领五花八门，但都把斗“走资派”、搞“斗批改”、进行“群众专政”、捍卫“红色政权”作为自己的主要任务，把“文化大革命”进行到底作为唯一使命。他们引导群众运动向着完全背弃工人阶级利益的方向发展，破坏工人团结，乱批乱斗干部群众，给工运领域带来巨大灾难。1969年11月，“工代会”停止活动，此后，省革委会新设立政治部，下设群众工作组负责群众工作。

第三节　贵州省广大职工在动乱中坚持生产

为抵制“文化大革命”动乱的影响，减少损失，受党教育多年的贵州省广大职工群众，特别是老工人，不受动乱分子的迷惑，立场坚定，顶住压力，仍然在动乱中坚守生产岗位，积极劳动，为减少动乱造成的破坏和损失作出了自己的贡献。

贵阳木工厂老工人王绍云在“文化大革命”大动乱的 3 年中，没有旷过 1 天工，请过 1 天假，上下班从不迟到早退。打刨花板任务定额是每个工 900 块，他平均达到 1400 块，最高达 1700 块。贵阳造纸厂老工人鞠少华，动乱时不随波逐流，坚守生产岗位，即使工伤后，医院开了休息证明，仍照常出勤，从不耽误生产，有时吃饭也让孩子送到工段上来。贵阳海光皮鞋厂老工人陈履春以自身经历对一些纪律松懈的青年工人进行忆苦思甜教育，做耐心的思想工作，使许多青工自觉遵守劳动纪律。省运输公司劳模、工程师杨守岳在动乱初期，坚持跟班劳动，并在实践中总结出汽车合理拖挂的先进经验，使运输效率大大提高。1967 年 12 月 5 日，贵阳 302 厂三分厂发生火灾，许多工人冒着生命危险奋勇救火，最后有 9 人为抢救国家财产而献身，表现了工人阶级在危难中所显示的崇高品质。大火后，工人们又以最快的速度恢复生产。在“文化大革命”中像以上坚持生产的例子很多。有觉悟职工的这些正义行为同“文化大革命”的干扰破坏形成了鲜明对比，是对林彪、江青反革命集团倒行逆施的有力回击。

1971 年九一三事件后，周恩来主持中央日常工作，全国各方面工作出现转机。在开展“批林整风”运动的同时，着力解决国民经济存在的问题，特别提出整顿加强企业管理，克服混乱现象。这时，主持贵州工作的兰亦农、张荣森调职，改由鲁瑞林、李葆华主政，促使贵州的情况出现了转机。在部分原领导干部获得“解放”并重新工作后，从中央到地方，都开始把一定的注意力转向抓经济问题。要把经济搞上去，就需要加强群众工作，调动广大职工的积极性，因此，恢复工会活动，势在必行。各级工会的整顿工作逐步展开，工会组织相继得到恢复并开展了部分活动。

省总工会的恢复筹建工作，是在1973年3月省委决定调原主席李明远、副主席白肖凯回工会工作后开始的（李明远因病住院未到职）。同时，一些老工会工作者也先后调回机关。鉴于“文化大革命”的复杂情况，省委确定工会的整顿由各级党委直接抓。省委成立了以吴向必书记为组长，省委常委、组织部部长张健民为副组长的“省委工会工作小组”具体负责。7月30日，省委向全省发出关于贯彻执行中央有关文件的通知，要求各级党委抓紧整顿健全工会组织，加强职工群众工作。10月，省委召开工会工作会议，各级党委负责人参加，协商讨论召开贵州省工会第五次代表大会问题，会上宣布成立省工会第五次代表大会筹备组，由省委组织部、省总工会、省经委、省劳动局等有关部门负责人组成。在筹建期间，一些造反人物明里暗里进行干扰，企图以“工代会”为基础换汤不换药来组建工会。12月19日至28日，贵州省工会第五次代表大会召开，新建立的省总工会领导机构，虽然也有老工会干部参加，但仍充斥了一批帮派人物，并把持了省总工会主要领导权。从全省情况看，通过这次工会的整建恢复，全省工人运动的混乱局面有所好转，取消了“工代会”的牌子，有不少老工会工作者重新出来工作，部分恢复了工会的正常业务和工作方式，使工会工作有了一定起色，工会重新出现于工人运动的舞台。但是，整建工会总的来说是在“文化大革命”错误的路线方针指导下进行的，“文化大革命”的影响继续存在，“四人帮”的干扰继续存在，因此，具有很大的局限性，没能也不可能拨正工人运动和工会工作的方向。

1974年，“四人帮”又假借“批林批孔”刮起一股邪风，矛头对着周恩来和坚持正确路线的领导干部。贵州工会中的帮派人物借机兴风作浪，大闹工会，并向外出击，扬言揪孔老二的徒子徒孙，抓“复辟派”，有的甚至在工会中搞分裂，另立山头，再一次冲击工会，弄得工会无法正常工作。1975年，邓小平主持中央日常工作，他在关于工会问题的批文中指出：“工会不能只抓阶级斗争，对生产、生活福利还是要抓的，对困难补助、劳保福利、食堂、托儿所、文体活动都要管。”邓小平的指示，解决了工会工作重要指导思想问题，进一步明确了方向，使工会干部受到很大鼓舞。但时间不长，正当工会和广大职工振作精神，把注意力投向恢复和发展经济时，从北京到全国各地又掀起“批邓、反击右倾翻案风”的恶浪，工会中的一些帮派分子也大肆活动，攻击党委和工会中坚持正常工作的干部，并借召开省工会常委扩大会之机，冲击会议，围攻省委领导，搞得机关不得安宁，人心惶惶，使工会重新陷于瘫痪状态。这一风浪直至1976年10月粉碎“四人帮”后才告平息。

第四节　贵州省工会第五次代表大会

1969年11月至1973年，贵州省工会组织瘫痪，工会活动处于停滞状态。1973年7月25日，中共贵州省委下发通知，提出省委拟定于1973年四季度召开全省工会代表大会，选举产生省工会领导机构，成立省总工会。由于贵州省解放以来先后召开过三次“工会代表大会”，1968年开过“革命职工代表大会”，因此，这一次大会定名为“贵州省工会第五次代表大会”。为了开好这次大会，先建立贵州省工会第五次代表大会筹备小组，吸收各方面代表参加，在省委领导下负责各项筹备工作。

1973年10月12日，省委召开全省工会工作会议，会议以党的十大精神为指针，根据党中央有关文件精神，集中研究了如何加强党对工会工作的领导，抓紧整顿、健全贵州省工会组织的工作，特别是抓紧抓好召开贵州省工会第五次代表大会的筹备工作，各级党委负责人参加，会议开了6天。贵州省委第二书记李葆华在省委工会工作会议上讲话，他指出：这次会议开得是好的，对推动全省整顿、健全工会工作将起重要作用。“工代会”是“文化大革命”的产物。贵州省在1968年初召开的全省革命职工代表大会，成立了贵州省“工代会”，这是历史事实。党中央有关文件指出：“整顿‘工代会’。各级‘工代会’在党的一元化集体领导下进行工作。反对‘工代会’脱离党的领导、凌驾于党和革委会之上、自成垂直系统的错误倾向。”这是提出“整顿‘工代会’”，而不是解散“工代会”，因此，对当时召开的全省革命职工代表大会，应当算为一届。在整建工会的时候，由党委负责，按照党中央有关文件的要求进行，这样才有利于增强工人阶级的革命团结。整顿工会组织的工作，由党委直接抓。在党委领导下，依靠广大工人群众，通过整建工会，把全省工人团结起来，更好地完成党的十大提出的各项战斗任务。

1973年12月19日至28日，贵州省工会第五次代表大会在贵阳召开。这次会议是在省委召开全省工会工作会议后举行的一次重要会议。大会的主要任务是总结贵州省工人运动的经验，讨论工会工作的任务，选举产生贵州省总工会第五届委员会，动员全省职工认真学习党的十大精神，深入批林整风，开展党的基本路线教育运动，坚持党的社会主义建设总路线，为实现党的十大提出的各项战斗任务而奋斗。1300多名代表参加大会。

省委第二书记李葆华在会上作了《在毛主席革命路线指引下，充分发挥工人阶级主力军作用，为完成十大提出的战斗任务而奋斗》的主题报告。报告阐述了形势问题和工人阶级在三大革命斗争中的主力军作用，强调全省广大革命职工认真学习党的十大精神，继续搞好批林整风，进行党的基本路线教育运动等，报告符合贵州现状和实际。大会审议通过了工作报告。

大会选举产生了贵州省总工会第五届委员会委员155名、常委21名，并推选了主任和副主任。

新建立的贵州省总工会领导机构，虽然也有老工会干部参加，但仍充斥了一批帮派人物，并把持了省总工会的主要领导权。这次工会代表大会是在极不平静的气氛下举行的，大会期间多次受到冲击和捣乱。

第八章　三线建设的全面展开与贵州工人阶级的贡献

20 世纪 60 年代，为了应对复杂的国际形势和备战需要，毛泽东作出了三线建设①的战略决策。三线建设实质上是国家在战备条件下的工业大迁移和工业大开发，是国防、经济和社会建设的一项伟大创举，不仅有利于备战，也有利于改变国家经济发展的战略布局。

根据党中央、国务院对三线建设的规划和安排，贵州省在历史上第一次成为国家重点建设地区。贵州的三线建设始于 1964 年下半年，至 1979 年全部建成投产，长达 15 年，从全国各地选调到贵州的 18 万多名建设者同贵州广大干部职工一起，克服了恶劣的自然环境和“文化大革命”的冲击和影响，付出了汗与血甚至生命的代价，为建设现代化国防、铁路交通和现代工业生产基地作出了永不磨灭的贡献。三线建设的成绩是主要的，虽然存在着时代局限性，但这是贵州工业发展史上一次质的飞跃，彻底改变了贵州工业结构布局，为贵州工业现代化奠定了坚实基础，有力地推动了贵州经济的发展。

① 20 世纪 60 年代中期，从国家安全的角度，把全国按地域划分为一、二、三线战略布局，即沿海地区以及东北等边疆地区为一线；中部地区为二线；山西雁门关以南、广东韶关以北、京广铁路以西、甘肃乌鞘岭以东区域，包括贵州在内涉及 13 个省、自治区的西南、西北纵深地带为三线。三线建设一般是指在西南、西北地区开展的大规模、长周期以国防科技工业、能源、基础设施为中心的全面建设。

第一节　贵州的三线建设

一、三线建设的全面展开

根据党中央的一系列指示，1964 年 7 月下旬至 8 月上旬，中共中央西南局和国家计委在四川西昌召开会议，具体部署西南三线建设。会议明确了贵州是西南三线建设的重点地区之一，对一些重大项目的建设作了初步安排；9 月，贵州省委成立由省计委、经委及省级有关厅局负责人组成的迁建工作领导小组，并设立了重点建设办公室；10 月 23 日至 11 月 10 日，贵州省委召开工作会议，传达毛泽东关于“备战、备荒、为人民”的指示，讨论支援三线建设问题。随后，正式成立贵州三线建设领导小组，并迅即开展工作，波澜壮阔的贵州三线建设由此展开。来自勘探设计、国防军工、电子科技、煤炭、钢铁、电力、铁道、交通、建材、化工、机械制造、医疗卫生、物资贮运、基建施工等各条战线的建设者和人民解放军共计 18 万名精英，从祖国的四面八方陆续会聚贵州大地，打响了贵州三线建设大会战。

从区域门类布局上看，贵州的三线建设以贵阳为中心，以六盘水、遵义、安顺、都匀、凯里为重点，沿川黔、湘黔、黔桂、贵昆铁路干线向四方辐射展开。贵阳主要有航空、军工、电子、机械制造、精密仪表、磨料、民爆等工业门类；六盘水地区以煤炭、钢铁、建材、电力为中心，沿贵昆铁路两侧，在六枝、盘县、水城三特区建设厂矿企业；遵义地区以航天工业为主，含军工、机电、冶金、仪表等部门；安顺地区以飞机制造业为主，包括化工、机电、电子、磷矿、纺织等工业部门；都匀、凯里地区以电子工业为主，还包括建材、玻璃、纺织等工业部门。

从建设时间上看，贵州的三线建设从 1964 年下半年开始，1965 年夏至 1966 年形成第一次高潮，随之受到“文化大革命”的冲击和影响。1969 年后，随着国内形势趋于稳定，特别是面对严峻的备战局面，三线建设重新大规模、高速度展开，至1979年全部建成投产，长达15年，基本完成了主要建设任务，贵州面貌发生了巨大的变化。

从建设历程和特点上看，贵州的三线建设是以铁路为先导，以国防科技和煤炭工业为重点，冶金、电力、机械、电器、化工、建材等行业相配套的全面建设。

1964年下半年，从全国各地调集的铁道兵和铁道、煤炭、冶金等系统的施工队伍，同当地民兵组成筑路大军，开始恢复因20世纪50年代末60年代初国家三年困难时期停工的川黔、贵昆铁路建设。在铁路建设者的艰苦奋战下，1965年至1966年川黔、贵昆铁路相继建成通车，1972年湘黔铁路建成通车，3条干线使川、黔、滇三省铁路连成一体，同时建成了湖林、水大、开阳等铁路支线，加上原已建成通车的黔桂铁路，到1976年，贵州省境内铁路干、支线通车里程已达1365公里，路网密度已经超过全国平均水平。这改变了贵州交通运输落后的面貌，为贵州矿产资源开发、加强国防和工业现代化建设创造了前提条件。

贵州三线建设的重点是国防科技工业基地建设，主要包括建设航空（011）、航天（061）、国防电子（083）三大工业基地。此外，还有兵器工业部、解放军总后勤部、空军后勤部安排的部分建设项目，共计126个军工单位，主要分布在贵州6个地、州、市的23个县，建设职工人数达12万人。1964年11月，第三工业部从北京、上海、天津、保定、西安、成都等地抽调191人组成先遣组到贵州，011基地筹建工作由此展开。1965年起，来自16个省、市的35个对口分迁、包建、援建基地的一、二线航空工厂组织了1万多名优秀工人、工程技术人员、管理人员和领导干部奔赴贵州，在艰苦的条件下开始了大规模的基本建设工程。到1969年，该基地已有18个企业建成投产。1978年底，已生产数百架飞机、数百台航空发动机、近百万发航空导弹及数百万台、套、件机载产品。061基地是第七机械工业部按照“型号为纲、地区配套”的原则，在贵州遵义地区新建的导弹、火箭研究、设计、生产基地。1964年9月开始踏勘选点，1965年3月首批人员进入，开始筹建工作。1966年1月，中央批转了《关于加速黔北基地建设的报告》，作出了工程由“两部”（七机部、建工部）、“两地”（上海市、贵州省）负责包建的决策，并将整个工程列为全国重点建设项目之一。随后，来自上海、北京、西安、沈阳等市的筹建人员和河北、四川、福建等省的施工、勘探、设计人员汇成2万余人的建设大军，全面展开061基地建设。从1967年起，基地建设受到了“文化大革命”混乱局面的干扰。直到1970年3月，中央军委决定对工程实施军管后，一度放慢的建设步伐才得以加快。1971年底基本建成了初具规模、航天产品完整配套的生产体系。到1978年，该基地先后进行了多个型号航天产品的研制和多种型号产品的配套研制及批量生产，获得了一批预先研究成果和新技术、新工艺、新材料应用成果，基本形成了航天产品型号预先研究、型号研制、工艺配套、批量生产的格局。083基地，以生产军工产品为主。1964年9月至11月完成了在凯里、都匀等地的实地踏勘，提出了初步设想，即集中建设国防电子工业基地。1965年2月建立基本建设筹备处；9月成立了有地方领导人参加的083工程指挥部。根据国家统一部署，以搬迁、包建等方式由四机部和有关省市的一批大中型电子企事业单位支援083基地建设。1965年，南丰、凯旋机械厂和西南雷达技术研究所等相继开工。1966年，南丰机械厂生产出当时国内较先进的中型电子计算机。到1972年，国防、科技工业基地的绝大多数企事业单位基本建成，投产企业达74个。在继续建设的同时，基地还先后试制、生产了雷达、电子对抗设备、军用电台等产品和大批元器件。1977年，基地成功研制出国内第一个数字控制卫星地面站，为国内通讯事业发展作出了贡献。

为了与四川攀枝花钢铁基地相配套并满足西南三线建设的需要，1964年，国家决定大规模开发六盘水地区的煤炭资源。1965年1月，在六枝成立了西南煤矿建设指挥部，随后相继成立六枝、盘县、水城3个矿区指挥部，组建了水城煤矿设计院。采取大会战的建设形式，将全国煤矿老区的领导干部、工程技术人员、工人成建制地调到六盘水，部分施工设施也一并搬迁至六盘水，从建设到生产一包到底，所有矿井和矿区、厂区建设，均实行以老带新的办法，地方全力配合。1966年，六盘水煤炭基地建设进入高潮，大小会战中，广大建设者发扬艰苦奋斗的光荣传统，日夜奋战，创下了老鹰山竖井月进105米，汪家寨斜井月进220米、大用平硐月进360米等全国纪录。1970年4月24日，第一列煤车由六盘水水城矿区驶往四川攀枝花钢铁基地，标志着贵州六盘水煤矿基地与四川攀枝花钢铁基地开始形成建设合力。据统计，从1965年到1978年的14年中，六盘水煤矿基地累计完成基本建设投资14.6亿元，新增固定资产10.27亿元；交付生产矿井21对，设计生产能力1000万吨；建成洗煤厂4座，年洗原煤能力470万吨；还建成了一系列矿区配套工程。1978年，贵州省原煤产量达到1669万吨，比1965年增长4.8倍，从根本上改变了贵州煤炭工业落后的面貌。

在十几年的三线建设中，贵州还相应地进行了电力、黑色冶金、有色冶金、机械工业、化学工业、建筑材料工业等一系列重点工业部门的建设。这些建设改变了贵州省的工业布局和工业内部结构，大幅提升了全省工业生产能力，贵州开始拥有了真正意义上的现代工业集群。

二、三线建设的成就及影响

贵州的三线建设规模之大、时间之长、投入之多、动员之广、行动之快，在贵州建设史上是空前的。三线建设虽然受到了“文化大革命”的冲击和影响，但由于党中央、国务院的高度重视和关怀，全国各地、各部门的大力支持，全国各地建设者和解放军战士的艰苦奋斗，以及贵州各级党政领导、工会组织和全省各族人民的全力配合，取得了巨大成就。

经过三线建设，贵州的综合经济实力显著增强，产业结构、工业结构有了很大变化。1978年与1965年相比，贵州省生产总值由24.41亿元增加到46.62亿元，增长91.0%；国民收入总额由22.01亿元增加到41.62亿元，增长89.1%；地方财政收入由3.35亿元增加到6.26亿元，增长86.9%。第一产业的比重由1965年的62.4%下降为1978年的41.7%；第二产业的比重由23.1%上升到40.4%。1964年至1978年，国家对贵州基本建设投资累计达到124.12亿元。至1976年底，全省工业企业已经有6798个，比1965年增加了81.1%。其中，全民所有制企业1834个，增加19.3%，且多数是大中型企业；全民所有制工业企业拥有固定资产原值57.9亿元，比1965年增加5.54倍；职工人数达到46.72

万人，比 1965 年增加 2. 56 倍。这彻底改变了贵州省的工业布局和内部结构，从根本上改变了贵州省工业基础落后的面貌。

三线建设使贵州形成了 15 个大类、35 个中类、51 个小类的具有相当规模的现代工业体系，工业生产能力显著提高，成就了贵州工业发展史上一次质的飞跃。经过十几年的艰苦奋战，数十万三线建设大军在贵州高原上分别建成了航空、航天、电子、煤炭、钢铁、电力、建材、化工、轴承、有色冶金、机械制造、磨料磨具、仪器仪表等一大批实力雄厚的产业基地，使贵州成为祖国可靠的战略后方。同时，也极大地改善了贵州的交通运输条件。三线建设使贵阳成为整个西南地区的铁路运输枢纽，贵州路网密度已超过全国平均水平。三线建设还促进了贵州城镇化的发展。到 1978 年末，贵州的建制市已增加到 5 个，城镇人口增至 323. 97 万人，比 1965 年末增长 46. 3%。

在三线建设中，还迁建和创办了各类学校、医院和科研机构，随着大批科研、教学、工程技术人员和大量较为先进的设备入黔，贵州的科学技术实力显著增强。经过三线建设，贵州的科技队伍已形成包括中央各部委研究院（所）、中科院所属研究所、国防科技工业部门科研单位、地方科研单位和高等院校在内的“五路大军”，成为开创贵州经济科技建设新局面，促进贵州经济社会进步的一支重要科技骨干力量，为贵州后期大开发和新型工业化发展奠定了较好的基础。

三线建设不仅创造了巨大的工业和基础设施财富，更孕育了“艰苦创业、无私奉献、团结协作、勇于创新”的三线精神。三线精神在 2018 年被中组部、中宣部列为新时代大力弘扬的“民族精神”“国家精神”的重要组成部分，与“团结奋进、拼搏创新、苦干实干、后发赶超”的贵州精神一脉相承、高度契合，是新时代不可或缺的精神力量。

三线建设是在特定的历史条件下立足于战备需要而进行的，为了抢时间、争速度，三线建设来不及进行周密、综合、科学的规划，许多项目的布点和建设均存在不同程度的盲目性，表现在以下几个方面：投资过分地向以国防工业为中心的重工业倾斜，过分强调“先生产，后生活”，造成了农、轻、重比例严重失调，形成了“重工业越来越重，轻工业越来越轻”的现象，这既影响了国民经济的科学发展，又影响了职工居住、生活条件的改善；基于当时的形势，对三线建设的进程要求过快、过急，计划不周，对配套基础设施建设没有给予足够的重视，许多项目仓促上马，不按基建程序办事，有的项目在定点时未经周密的地质资源勘探和环境可行性研究，有的项目前期准备工作不足，盲目施工，有的项目不重视施工质量，因此，造成了一些浪费和损失，留下了一些后遗症；在厂址选择上片面强调“靠山、分散、隐蔽”的方针，工业布点过于分散，企业为了在山沟里独立生存，不得不搞企业办社会的“大而全、小而全”低水平配套建设，企业负担沉重，对地方城镇化进程推动不大、对农村带动作用也不大，加之选点不当，环境不良，不少工厂后来被迫搬迁重建；国防工业和为之配套服务的民用工业长期处于与地方经济和人民生活隔绝的封闭状态，在军品减少或型号取消时，相关企业被迫转型或整体搬迁，既造成了浪费又背上了包袱。

第二节　好人好马上三线

贵州原有的工业基础十分薄弱，技术落后，人才短缺，依靠省内条件不可能完成三线建设任务。因此，党中央决定“好人好马上三线”，并采用由沿海和东北的老厂迁建、援建、包建、改建、扩建的形式进行，也就是除了投资由国家拨款外，技术和骨干队伍（包括科技人员、干部、工人）以及主要机器设备依靠工业先进省市支援。从1965年内迁开始至1972年，先后迁入贵州的涉及上海、北京、天津、辽宁、黑龙江、山东、河南、四川、陕西、江苏、湖南、湖北、山西等省市的上百个企业，其中，国防科技工业内迁主要设备1.4万余台，职工总数10万多人；机械电子行业的内迁职工7万多人，内迁主要设备12700台；煤炭企业内迁6万多人；冶金行业也有不少内迁职工。

这是一支素质优良、具有众多“精兵良将”的职工队伍，这支现代工业的“大军”入黔，加上本省调入三线的人员，成为贵州三线建设的主力军。这支队伍的显著特点之一是科技人员多，如011基地科技人员占职工总数12%；061基地科技人员占职工总数23%；083基地科技人员占职工总数25.37%，其中有不少是负责尖端技术重任的高科技人员。这支队伍的另一个特点是具有相当数量的掌握先进技术的熟练工人，其中有不少是上海、东北等地老厂的技术尖子，如有钳工能手、刀具标兵、锻工虎将、磨工“明珠”、焊接大王等。五、六级甚至七、八级的老师傅占相当比重。由于都是从老工业基地、老厂来的，他们还带来了工人阶级的优良传统和作风，有较高的政治觉悟和吃苦耐劳、艰苦奋斗的精神。这支队伍入黔，使贵州工人阶级队伍在数量、结构、素质上发生了重大变化，成为掌握先进生产力的现代工业工人的中坚力量，推动贵州工业的发展进入了一个崭新的阶段。

大批职工和知识分子从沿海和先进省市不远千里搬迁而来，体现了可歌可泣的献身精神，涌现出许多动人事迹。邢汉俊是沈阳某厂一个老锅炉工，听到党中央发出支援三线的号召后，他率先响应，带着妻子儿女来到贵州，并在山沟深处的红湖机械厂扎下了根；姚国祥号称上海的焊接大王，原是上海江南造船厂的老技工，为了支援三线建设，放弃大城市的优越条件，只身来到坐落在贵州绥阳县一个山村中的风华机器厂，投身于艰苦创业的战斗；韩瑞祥是飞机发动机设计员，为了祖国的需要，参加工作不久，就投身三线建设来到贵州，参加勘察设计工作，经过几年三线建设生活的历练，意志更为坚定，决心在贵州扎根干一辈子，回沈阳后，他毅然带着妻儿全家搬迁到山区来；许振夫是北京钢铁学院金属热处理专业的大学生，为献身祖国国防事业，心甘情愿地来到贵州镇宁县境内云马机械厂，到车间当安装工；周凤皋原来在沈阳是工厂的中层干部，来到贵州井冈山仪表厂后，向组织上恳求当一名工人；医生陈本义是天津人，听了支援三线建设的动员后，他积极要求到最艰苦的地方——贵州山区，临走时，母亲卧病在床，哭着不让他走，陈本义百般安慰母亲后，仍然告别美丽的天津城，启程南下，到贵州安顺后，他感到这里与天津确有天壤之别，但并不丧气，反而觉得这里比天津更需要他；朱立奇是从上海有线电厂为支援三线来贵州的，他先后就读过四个大学，懂英、俄、德三种外语并多次著书立说，学术成果斐然，出于对事业的追求，献身祖国建设，自愿离开生养他的故土上海，积极要求随工厂内迁来贵州，带着妻子到贵州凯山新峰仪器厂落户，并说服岳母为他们寄养两个孩子。这些支援三线的感人事迹不胜枚举。

贵州省各级党委、政府把三线建设当作头等政治任务，列入各年度工作重要的内容，从土地征拨、生产生活物资供应，到劳动力的需求等方面安排做到了井然有序、周到细致。省委、省政府主要领导贾启允、鲁瑞林、李葆华、马力等曾多次参加贵州军工三线建设会议并作出重要指示。副省长陈璞如、省军区副司令员吴荣正亲自参与贵州国防科技工业三线建设的领导工作，省委副书记苏钢作为分管工业的领导多次到现场指导检查工作。国防工业各建设项目所在地党委、政府急三线建设所急，想三线建设所想，同建设单位亲如一家、密切配合，凡是建设需要的人力、物力，当地都尽最大努力解决。

贵州各级工会组织积极协助新建、搬迁企业做好思想政治工作，帮助解决各种具体困难，如生活用品的供应、职工家属工作、子女入托、上学等问题，使这支建设大军很快安定下来。

贵州各族人民如战争年代支援人民子弟兵上战场打仗那样，支援贵州国防科技工业建设。先后组织动员了成千上万的民工、民兵，配合工程建筑单位和援建单位共同建设。在建单位所在地的人民群众舍家顾国，腾地迁房，让出土地，为三线建设炸山石、挖土方、烧石灰、搬砖瓦、开山放炮、筑路修桥，热情参加国防工业建设，他们付出了辛勤的劳动，有的甚至献出了宝贵的生命。

经历了漫长的艰苦岁月，可敬可爱的“三线人”在贵州这片热土上献了青春献终身，献了终身献子孙，形成了宝贵的“三线精神”。如今，许多“三线人”的第二代、第三代已经成长为贵州“四新”“四化”建设各条战线的骨干和栋梁。三线精神一定会代代相传，发扬光大。

第三节　工人阶级在三线建设中艰苦创业

三线建设是在困难的时段、困难的条件下开创的一番意义深远的事业。困难的时段是指外部正处中苏关系恶化、中美在越南对抗，内部面临“文化大革命”动乱，形势十分严峻；困难的条件是指当时进行这项建设的人力、物力、财力有限，大批工厂又都建在远离城市的偏僻山沟，大大增加了基建交通、生产、生活的困难。因此，三线建设是贵州建设历史上一项空前的、艰苦卓绝的创举。

三线建设职工付出了汗与血乃至生命的代价。他们历尽千辛万苦，为三线建设作出了不可磨灭的贡献。当第一批开拓者走进群山环抱的山沟里时，他们面对的是荒芜之野或荆棘丛生之地，住的是帐篷、草棚、油毛毡篷和干打垒房屋，生活必需品常常得不到保证，须跑到几十里以外的集镇去买食物。职工们整日置身于忘我劳动之中，晴天一身汗，雨天一身泥，搬运物资，卸砖、背水泥，安装设备，样样自己动手。建厂期间，加班没有补休，除工资外没有什么补贴，工作又苦又累。然而，这些来自祖国四面八方的优秀儿女，却甘愿做山里人，自觉承受艰辛，由此不断地涌现出许许多多的可歌可泣的感人事迹。

011 基地前董事长、航空管理局局长周万成，1970 年从哈尔滨来到三线，凭着航空报国的热情，经过一次次攻坚克难的实践和锤炼，实现新型教练机首飞。该基地第二设计所高级工程师沈锷，1969 年来到三线，接受的任务是涡喷—7 型发动机的转产工作。工作期间，他承担了各种型号发动机性能的计算工作。当时没有计算机，只能用计算尺计算一个程序，需花一年多时间才能做完，沈锷在十分困难的条件下，摸索和掌握了大量技术资料和数据，他的工作场所地处山村，靠骑自行车奔忙于远离住地的各生产厂去解决技术问题，为了获得发动机整机试验的各种数据，他常常忘了吃饭休息，夜以继日地拼搏在试车台上。来自上海的 061 基地风华机器厂工人张思根，为了适应三线建设生产的需要，刻苦自学，边学边用，练就大搞革新的好本领，贡献卓著。他带领 15 名工人，接二连三攻下 16 个技术难关，先后成功改造和试制手板冲和型材校直机，之后又改为电泵冲，提高工效 5 倍以上。他还制成了无级变速焊夹具、工液压弯曲工装和气泵夹具三副，提高钣金工效 50%，将一台板材折边机由手工操作改为电动，提高工效 30 倍，经过 9 个多月的加班加点，张思根攻关小组提前完成了第一台高颗腔体的初装任务。083 基地八七三厂宾雪生，提出用于半导体器件的“玻璃钝化封装技术”研究，在条件十分有限的情况下，克服困难进行了大量的研究和试验，最后研究出新玻璃粉，解决了玻璃粉在器件上的涂覆和成型工艺问题，并用自制玻璃粉研制整流二极管，填补了我国在这一领域的空白。从北国沈阳来到乌蒙山区的红林机械厂技术员谭苏（后为厂长）到贵州后，面对的是一片荒芜之地，为了选好厂址，他和工人踏遍几个县的山山岭岭、沟沟壑壑，最后把厂址选在岩石裸露、荆棘丛生之地。建厂时，他每天起早贪黑，走乱石、穿刺蓬、搞设计、忙安装，不停地奔波在现场，每天劳动10多个小时，在条件极其困难的情况下，长时间忘我地在山沟里拼搏。黑龙江省劳动模范、八级焊工窦义德，来到贵州平坝黎阳公司后，苦、脏、累活抢着干，曾钻进锅炉内清除炉内污垢，带头冒着高温检修管道，为了不因电、水、气而影响生产，曾日夜连续干活32个小时，不计报酬。他革新了锅炉炉排片、炉排牵引卷扬机和砂轮切制机，节约3万多元。他利用废料制造简易蒸馏器、工具材料架、司炉操作台等，被人们誉为三线的老黄牛。清平刃具厂磨工王万华，为了试制新型刀具，克服困难闯难关，奋战在车间里，试制成功的新产品，性能超出了同类型的国外产品。

在铁路建设中，筑路工人为了争时间、抢速度，更是发扬了勇敢顽强的献身精神。在川黔线上，乌江天险是一项难啃的硬骨头大工程。民间一向流传“遍行天下路，难过乌江渡”。在修建乌江大桥基础工程时，正遇隆冬严寒，职工们冒着大雪，深入江中拨开浮冰，潜入江底作业，同艰险抗争，与严寒搏斗，攻克一个又一个难关，提前两个月，抢在洪水到达之前架通了乌江大桥。由于当时机械化程度很低，铁路工地上技术革新搞得火热，革新能手邓礼富一人提出了60多条合理化建议，他创造的浪绳起重法、独立扒杆法和各种简易运输土法，提高工效几倍至十几倍。在修建湘黔线廊新牌隧道中，铁路工人和民兵团一道同特大的涌水和流沙展开了英勇搏斗。一次，大雨滂沱，600多尺的导坑和平行导坑变成了汹涌的地下河，在齐腰深的洪水中，工人们架着木筏进洞排险，战胜了滚滚洪流。工人杨玉虎不顾个人安危，抢装了16000多米水管，在穿过地质复杂的白云岩时，发生了29次塌方，工人冒着生命危险，排除12482立方米的泥沙和大片岩石。在创业的艰苦岁月里，在三线建设的工厂、矿山和铁路建设工地上，上述的动人事迹像鲜花一样开满山沟。

贵州的三线建设是在新中国成立后特定历史条件下，采用特定的方式，按照特定的目标进行的一次以国防工业为中心的大规模的经济建设。实践证明，党中央当初作出的三线建设的决策方向是正确的。三线建设虽然受到了“文化大革命”的冲击和影响，但由于从中央到地方各级党政领导的重视，广大干部、科研人员、工人群众的艰辛劳动，奋发有为，在曲折发展中仍然取得了很大的成就，形成了巨大的物质技术力量，对贵州生产力发展、资源开发利用和综合实力的增强，都有着巨大的意义和作用。也为贵州在新的历史时期打破封闭、扩大开放、改变落后面貌，创造了良好条件。20 世纪 80 年代后期，伴随着改革开放向纵深发展，贵州三线建设的潜力和优势逐步得到释放和发挥，进而为落实西部大开发战略，加快贵州内陆开放型经济建设作出了更大的贡献。在三线建设过程中，形成了独特的“艰苦创业、无私奉献、团结协作、勇于创新”的三线精神和价值追求，至今仍然激励着贵州各族人民奋进新征程，建功新时代。

第九章　拨乱反正，工会工作的整顿和加强

1976 年粉碎“四人帮”，贵州省广大职工纷纷举行庆祝活动。1977 年，省总工会下发了《关于整顿和加强工会组织的意见》，各级工会作出具体部署，重点从思想、组织和作风三个方面进行整顿，并不断深化；至 20 世纪 80 年代初，整顿工作基本完成。

1978 年，党的十一届三中全会和中国工会第九次全国代表大会的召开，为工会工作的开展指明了方向，贵州工运事业迎来了重大转折。省总工会召开五届四次扩大会议和全省工会工作会议，深入学习和贯彻落实党的十一届三中全会和中国工会第九次全国代表大会精神，消除工会领域“左”的思想影响，总结正反两方面经验，更好地解决历史遗留问题，一批老工会干部重返工作岗位，全省工会工作经过拨乱反正，重新走上正常发展轨道，开启了为实现四个现代化立新功的新征程。

第一节　贵州省工会组织的整顿和加强

1977 年 8 月，为贯彻党的十一大精神，省总工会发布了《关于整顿和加强工会组织的意见》，要求在进行工会组织整顿时，认真解决好工会思想、组织、作风不纯的问题，重点把工会领导班子整顿好，并提出首先把工业、交通、基建、财贸等单位的工会组织整顿好。文教卫生单位尚未恢复工会的，恢复建立起来。集体所有制企业已建工会组织的先整顿，未建立的逐步建立。1978 年 10

月，原省总工会主席李明远被调回省总工会主持工作，一批老工会干部也重返工作岗位，全省工会工作重新走上正常发展的轨道。

各级工会对整顿工作极为重视，作出具体部署，按准备动员、思想整顿、组织整顿三个阶段进行。重点强调思想整顿，提高认识，分清工运战线的思想理论是非，总结经验教训。组织整顿主要加强班子建设，配好工会干部，健全组织机构，建立正常工会工作秩序，如安顺地区工会整顿前对所属 11 个县（市）基层工会组织状况作了调查，发现自 1973 年工会恢复以来，尚有 53%的基层单位未恢复工会，已恢复的基层工会大多数组织不健全，未能正常开展活动，有的只有一块工会牌子；科学文化系统尚未被纳入工会整顿的范畴，全区 11 个县（市）总工会，由于大部分工会干部长期被抽去搞其他工作，有 2/3 的县未开展活动，在工会干部中也存在一些需要解决的问题。1979 年，安顺地区集中抓了工会整顿，使基层工会的恢复建立达到应建数的 67.8%，同时调整了班子，健全了组织机构。至 1979 年底，贵阳市基层工会的恢复建立达到应建数的 71.4%，已建立的有 73%的基层工会进行了整顿。至 1980 年，全省整建的基层工会达到 7074 个，占应整建数的 82%。从多数单位看，整建效果是好的，不仅加强了工会思想建设，还较好地解决了工会领导权的问题，健全了组织机构，扩大了工会积极分子队伍、调动了工会干部的积极性，促进了工会正常活动的开展。但整建工作也存在发展不平衡的问题，如有些单位对于“文化大革命”中的各种遗留问题，不可能一下子完全解决。实际上，整顿随着工会工作的开展，是逐步深化的，至 20 世纪 80 年代初期才基本完成。

第二节　学习贯彻党的十一届三中全会和中国工会九大精神

一、召开省总工会五届四次扩大会议和全省工会工作会议

1978 年 12 月 25 日至 27 日，贵州省总工会五届四次委员扩大会议在贵阳举

行。与会同志首先学习和讨论了党的十一届三中全会公报。大家一致认为，这是党兴旺发达、团结一致的重要标志。

全省工会工作会议于1978年12月28日至31日召开。参加会议的有各地、州、市工会主任，省直有关局工会负责人，省总工会各部室负责人及部分大中型厂矿企业工会主任等，共计182人。3天会议主要议题是在学习党的十一届三中全会公报的基础上，传达贯彻全国总工会召开的群众生产工作会议精神，把工会工作的着重点转移到社会主义现代化建设上来，并交流开展社会主义劳动竞赛的经验，以便动员全省职工为加快实现四个现代化作出贡献，向省工会六大、向新中国成立30周年献礼。

会上交流了开展社会主义劳动竞赛的经验。虹山机械厂、安顺运输公司、贵阳钢铁厂、水电八局大坝支队、盘江矿务局山脚树煤矿、水城矿务局汪家寨选煤厂、安运司二场等7个单位的工会同志，在大会上介绍了开展社会主义劳动竞赛，保证完成国家计划的经验。传达了全国总工会推荐的本溪煤矿开展劳动竞赛的经验。

通过学习和讨论，大家认识到，工会工作重点的转移就是以生产建设为中心，开展群众性的技术协作、技术革新活动，把社会主义劳动竞赛提高到一个新的水平。各级工会动员和组织广大职工积极参加企业管理，大力举办职工业余文化、技术教育，大搞技术协作和技术革新，开展社会主义劳动竞赛，为加快四个现代化进程作出贡献。

二、传达中国工会九大精神

1978年11月11日，贵州省委书记苏钢在省直单位传达中国工会九大精神并讲话。苏钢说，工会九大是工会八大以来相隔21年，经过“文化大革命”，粉碎林彪反革命集团和“四人帮”之后，国家进入新的发展时期，在新长征的进军号中召开的。这次大会对中国工人运动的发展和加快实现四个现代化具有重要意义。

大会传达了党中央关于加速实现四个现代化的许多重大政策和措施，深刻地阐明了党面临的形势和任务，阐明了工人阶级新的历史使命以及工会在新时期的任务和作用。苏钢要求，各级党委、工会组织、工会干部、工人群众认真学习贯彻好工会九大精神。他指出，实现四个现代化，工人阶级是主力军。改变我国经济技术落后面貌，大大提高生产力，改变生产关系，改变上层建筑，改变工农业企业的管理方式，真正解决依靠工人管理企业的问题，这是办好社会主义企业的一项根本措施。只有认真实行企业的民主管理，才能充分调动工人群众的积极性，企业的一切重大问题，包括生产计划、生产管理、人事安排、财务开支、生活福利、劳动保护等方面的问题，才能得到妥善处理。

学习工会九大精神，进一步树立全心全意依靠工人阶级办好社会主义企业的思想，这一过程也不能离开工会组织。工会是职工代表大会的工作机构，是党联系群众的桥梁和纽带。提高对工会工作的认识，按照新的工会章程，把工会组织整顿好、建设好。各级党委切实加强对工会工作的领导，重视、支持工会工作；配备精明强干的干部做工会工作，把工会工作列为自己的重要议事日程，及时指导、检查工会的工作，使工会真正成为党委做群众工作的重要助手。苏钢指出，各级工会组织要坚决贯彻工会九大确定的新时期工会工作的方针、任务，坚决把工会工作搞上去，工会干部要为实现四个现代化这场伟大的革命事业付出艰巨的劳动，以崭新的精神面貌把工会工作做好。苏钢强调，工会的领导干部要懂得对党负责和对群众负责的一致性，大公无私地带领群众向官僚主义、主观主义、无政府主义和违法乱纪现象作斗争。工会要密切联系群众，以生产建设和技术革命为中心组织好社会主义劳动竞赛。在竞赛中，要把精神奖励和物质鼓励结合起来，以精神奖励为主，物质鼓励为辅。工会要协同有关方面，在可能范围内努力改善工人的劳动条件、居住条件、饮食卫生条件，积极在工人中开展各种互助活动，加强对工人群众的思想政治工作。工会要把教育工人刻苦学习政治、文化和科学技术作为突出任务来抓，尽快掌握国际上的先进科学技术；教育工人自力更生、艰苦奋斗、大公无私、严守纪律、服从调动、爱厂如家、勤俭办企业、勤俭持家，为实现四个现代化作出更大的贡献。

第三节　总结历史经验，解决历史遗留问题

党的十一届三中全会以来，贵州省各级工会认真学习和贯彻党中央关于工会工作的系列指示和会议精神，联系贵州几十年工会工作实际，总结经验教训，为消除“左”的思想影响做了大量工作，使广大工会工作者明辨了是非，解脱了沉重的思想负担。通过回顾和总结正反两方面经验，得出了以下几方面认识：一是工会必须自觉地接受和服从党的统一领导，坚决执行党的路线、方针、政策，围绕党的中心任务进行工作；二是工会必须根据自己的特点，独立负责地、积极主动地去开展活动，发挥工会自身的特色；三是工会要把维护全国人民的总体利益和维护职工的具体切身利益结合起来，要认识到，没有国家的整体利益，职工的具体利益就无从谈起，而忽视职工的具体利益，最终也将损害国家的整体利益。工会之所以会在不同程度上脱离群众，就是因为在维护职工的物质利益和民主权利这个问题上没有解决好。具体做法是工会自上而下地宣传贯彻党和国家的重大决策、决定、指示和要求，教育群众自觉执行并使之实现；协助和配合政府和行政完成各项任务；自下而上根据广大群众的愿望和要求，多为职工说话办事，密切联系群众。新中国成立以来的实践证明，什么时候这两方面结合得好，工会工作就欣欣向荣，否则，工会就得不到群众的充分信赖，不能真正发挥作用。工会要支持企业行政的集中领导和正常的生产指挥，教育群众自觉地增强组织性、纪律性；组织群众实行民主管理，发挥群众监督作用。对于那些严重侵犯职工民主权利和经济利益的官僚主义者，工会要勇敢地代表群众进行斗争。

党的十一届三中全会后，根据党中央关于审查和解决重大冤假错案的要求，贵州省各级工会协助党和政府，对“文化大革命”中受迫害打击的工会干部、积极分子、劳动模范和职工群众落实了政策，重新恢复了名誉。同时，为在反右派斗争中被错划右派的同志平了反，其中对省总工会及直属单位被错划右派的16位同志给予改正。1980年4月，在省总工会六届二次执委扩大会上，为

1958 年省总工会贯彻全国总工会党组三次扩大会精神时，受到错误批判的原省商业工会主任、原郎岱县总工会主席、原省建四公司工会主席等平了反，并撤销了 1958 年 11 月省总工会党组就贯彻全国总工会党组扩大会议向省委写的会议情况报告。会议以后，各级工会根据党中央有关文件精神和这次会议的决定、决议，对工会历史上受到“左”的错误干扰的遗留问题进一步进行了清理和澄清，为广大工会干部丢掉包袱、放开手脚、振奋精神干工作，创造了很好的条件和环境，促进了工会工作的发展。

第三编

改革开放和社会主义现代化建设新时期的贵州工运事业和工会工作（1978—2012）

1978年，党的十一届三中全会召开，开启了中国改革开放和社会主义现代化建设的历史新时期。2012年，党的十八大的胜利召开，标志着中国特色社会主义进入了新时代。

从1978年至2012年，贵州工人运动和工会工作同全国一道，冲破了长期以来“左”的思想禁锢，实现了工作中心的战略转移，开启了改革开放、探索践行中国特色社会主义，建设小康社会、建设社会主义现代化国家的新时期。贵州工人阶级和工会干部职工，在思想上，经历了肃清“左”的影响，反对资产阶级自由化，建设社会主义精神文明，旗帜鲜明反对动乱，学习贯彻邓小平理论、“三个代表”重要思想和科学发展观的伟大实践；在经济上，投身农村和城市经济体制改革，实现了从高度集中的计划经济体制，向有计划商品经济、社会主义市场经济体制的伟大变革，贵州人民踏上了从贫困、温饱不足到逐步富裕，协力奔向全面建设小康社会的新征程；在政治上，围绕经济有序调整，政治安定民主，加强思想政治工作，推进企业民主管理，健全和发展职工代表大会制度，开启了以股份制为核心的现代企业制度和民主法制建设的新阶段。通过贯彻《企业法》《工会法》《全民所有制工业企业转换经营机构条例》和《贵州省工会条例》《贵州省企业民主管理条例》等国家法律或地方法规规章，贵州企事业组织和工会系统建设迈向法治化轨道。

这35年来，为更好贯彻党的历次代表大会和中国工会历次代表大会精神，贵州省总工会共召开了7次代表大会。在省委、省政府和各级工会组织引领下，贵州工人阶级积极投身经济建设和改革开放大潮，一方面广泛开展增产节约、劳动竞赛、合理化建议、技术革新活动，推进下岗再就业工程、西部开发、企业民主化管理，为实现“六新”目标、投身全面建设小康社会的伟大实践而努力；另一方面又坚定支持改革、承受改革带来的阵痛，在政治风波中凸显中流砥柱作用，建设社会主义精神文明，各行各业涌现出一大批先进模范人物。他们以自己的行动充分证明“工人阶级不愧是久经考验的立场坚定的革命领导阶级”，是贵州改革开放和社会主义现代化建设的主力军。

这35年来，全省各级工会组织和广大干部职工，一方面紧紧围绕经济建设这个中心，动员、组织、团结、带领全省职工群众，努力完成全国总工会和省委、省政府的改革、发展、稳定任务；另一方面又依法不断加强自身建设，不断开创工作新局面，在为职工维权、参政议政、企业民主化管理、技术创新和劳动竞赛及工会自身建设等方面，都有亮点与成绩。事实充分证明，贵州工会不愧是党联系职工群众的桥梁和纽带，是国家政权的重要社会支柱，是职工群众利益的代言者和强有力的维护者。

第十章 贵州工人阶级和工会在改革开放初期的开拓与奋进

随着“左”的思想禁锢被冲破，中国改革开放大潮涌起，贵州省干部职工中积蓄已久的干事创业激情被点燃，贵州迎来了改革发展的春天。为深入学习贯彻党的十二大、十三大和中国工会十大精神，贵州省总工会相继召开了六大、七大两次代表大会和多次执委扩大会议，恢复和加强了全省工会组织体系，明确了阶段性目标任务和政策措施，贵州工运事业和工会工作步入了有序发展的轨道。

改革开放初期的十年间，全省各级工会引领广大职工群众，冲在改革开放第一线，发挥桥梁纽带和主力军作用。坚持四项基本原则，反对资产阶级自由化；建设社会主义精神文明，恢复和加强职工政治思想教育及工会干部培训工作，推进基层工会建设整顿，培养造就“四有”职工队伍；广泛开展为四化立功劳动竞赛、厂际竞赛，双增双节和技术协作活动，实现了“五一”国际劳动节表彰工作制度化，建立了合理化建议、技术革新成果发布会及技术协作制度；实行企业厂长经理负责制，深入推进职工参加企业民主管理，健全和推行企业职工代表大会制度，落实“职代会”五权；发挥工会组织在参政议政、维权维稳、劳动保护、活跃职工文体活动、增进职工福利、建设职工之家、发展职工疗养事业等工作中的重要作用；加强工运理论政策研究，推进贵州工运史研究和《贵州工人报》复刊；开展工会国际交流，省总工会领导参加访日、访朝活动，日本、南非工会代表团访问贵州。

第一节　加强思想政治工作，建设社会主义精神文明

一、组织开展“实践是检验真理的唯一标准”的学习讨论

为落实全国总工会有关文件，省总工会于1979年1月16日下发关于组织职工学习讨论“实践是检验真理的唯一标准”的通知，要求各级工会认真组织职工学习讨论，提高对学习“实践是检验真理的唯一标准”理论重大意义的认识；密切联系职工的思想实际，纠正“与己无关”“学习无用”“学理论危险”等错误思想。通过学习讨论，来一个思想大解放，打破一切束缚搞四个现代化的精神枷锁，同时克服小生产者的闭关自守、固步自封等保守思想，把职工的思想引导到安定团结，大干快上，加速实现四个现代化的目标上来。此外，把学习讨论同贯彻执行中国工会九大精神紧密结合起来，认真领会中国工会九大的精神实质，使工会成为工人信得过，能替工人说话、替工人办事，为工人的民主权利奋斗的组织，在各方面起模范作用。改进思想和工作作风，继承和发扬党的实事求是、一切从实际出发、密切联系群众、遇事同群众商量的优良传统和作风。改进学习讨论的形式和方法，从实际出发，灵活多样，不搞形式主义，讲求实际效果，为群众所欢迎。

二、在职工中开展形势与任务教育

下发形势和任务教育通知。1980年2月23日，省总工会下发的《关于在职工中进行形势和任务教育的通知》指出，邓小平于1980年1月在北京干部会上所作的报告阐明了大好形势，提出了20世纪80年代的任务、要求及应遵守的基本原则，澄清和解答了许多重大问题，具有重大的现实意义和长远的指导意义。各级工会要在党委的统一领导下，运用各种行之有效的形式，积极宣传邓小平的报告精神，集中向职工群众进行一次形势和任务教育，使全省广大职工认清

大好形势，坚持四项基本原则，坚持实践是检验真理的唯一标准，排除“左”和右的干扰，保持和发展安定团结的政治局面，坚定不移地贯彻执行党的政治路线，满怀信心地投入四化建设。同时，省总工会印发了全国总工会编写的《形势和任务教育提纲》，要求全省各级工会组织在使用提纲时，结合本单位、本部门职工的思想情况，参考《人民日报》《工人日报》的有关文章，对提纲内容进行适当调整，去掉某些旧的内容或增加一些新的内容。

召开全省职工思想政治工作经验交流会。1980 年 9 月 15 日，贵州省召开全省职工思想政治工作经验交流会，省委副书记陈行庚出席会议并讲话。会议指出，党的十一届三中全会以来，我国在政治上出现了安定团结、生动活泼的局面，经济上日趋向好，职工队伍和职工的精神面貌发生了很大变化。党的工作重点转向以经济建设为中心，在集中精力搞四化建设的同时，更需要加强思想政治工作。工会是做思想政治工作的，工会工作者是四化建设的宣传者和鼓励者，各级工会组织要深入职工群众中去，调查了解职工队伍的状况，研究职工的思想动态，通过思想政治工作，帮助职工解决一些思想认识问题。工会干部深入基层一线做职工思想政治工作，帮助基层单位改善领导、改进作风，根据新形势、新任务、新政策，发扬优良传统和作风，采取多种形式来把思想政治工作做好。会议准备的 26 个典型材料表明，工会对职工进行思想政治工作抓出了成效，工会重视青工教育，抓住了思想政治工作的重点。

这一时期，全省职工队伍发展较快，1967 年以来进厂的职工占职工总数的 42%，35 岁以下的青年工人约占总数的一半，从整体上看，这些青年的本质和主流是好的，有的在工作岗位上已做出了成绩。但也有少数青年存在政治信念模糊、缺乏革命理想和志向等问题，有的走上了犯罪道路，因此，做好教育青年的工作意义重大，特别要做好对青年工人的教育。根据中央宣传部等 9 个单位对青年教育工作的职责和分工，各级工会组织在抓好青工教育工作中，首先抓好马列主义、毛泽东思想基础知识教育，抓革命人生观教育，解决青年工人的理想、前途、道德等方面的问题，使他们走上正确的人生道路，树立正确的生活态度、劳动态度，明确劳动是创造物质财富和精神财富的源泉，自觉与好逸恶劳的思想和行为作斗争。指导教育他们树立正确的政治信念，坚持四项基本原则，自觉地在党的领导下为社会主义事业努力奋斗。对于失足青年的教育，立足于“帮”“拉”和“挽救”，主动给予他们温暖，热情地帮助他们。

审议通过加强职工思想政治工作的决议。1981 年 2 月，省总工会六届三次执委扩大会议通过了关于围绕经济调整、政治安定，加强职工思想政治工作的决议。决议贯彻党中央经济调整、政治安定的重大方针，要求各级工会围绕经济调整、政治安定做好思想政治工作，深入群众中去，针对职工的思想实际，特别是在调整中出现的思想问题、青工问题，进行生动活泼、切实有效的思想教育，调动广大职工的积极性，同心同德，搞好经济调整，保持大局稳定，促进四化建设。

决议指出，加强思想政治工作要以中央工作会议精神统一职工的思想和行动，以坚持四项基本原则为主要内容。理直气壮地、有说服力地宣传党领导的社会主义建设的伟大成就，对诋毁、反对四项基本原则的言行坚决予以批驳与批判。教育职工正确认识进行经济调整的重要意义，顾大局、识大体，自觉地贯彻执行。任务饱满的企业，要动员群众，增加生产，提高质量，降低消耗，保证完成国家计划；关停并转企业，要教育职工正确对待调整，组织好职工学习，引导职工服从安排。大力恢复和发扬工人阶级艰苦奋斗的优良传统和 20 世纪 60 年代初期克服困难的精神，努力完成调整的各项任务。通过思想政治工作，在广大职工中树立共产主义的理想信念、道德、纪律和革命的立场原则，树立同志式的人际关系，树立大公无私、廉洁奉公、服从大局、爱厂如家的集体主义思想。增强组织纪律观念，反对一切向“钱”看，反对极端个人主义和无政府主义，自觉抵制资产阶级思想的侵蚀。积极响应全国总工会、共青团中央等 9 个单位联合发出的《关于开展文明礼貌活动的倡议》，在职工群众中广泛开展“五讲”“四美”活动，开展“树新风”和“办好事”的活动。大力提倡全心全意为人民服务，先人后己，见义勇为，团结友爱，助人为乐，舍己为人的新风尚，把共产主义理想和道德推广到全体职工队伍中去。各行各业根据自己的实际，制订出建设精神文明的具体要求。

决议强调，工会做好职工思想政治工作的重点是青工教育。工会和共青团要密切配合，对青年工人进行爱国爱党教育，进行革命前途、理想、人生观和共产主义道德教育，进行社会主义民主和法制教育。依靠老工人做好对青年工人的教育工作，通过订立师徒合同、“青工守则”等形式，不断提高他们的政治觉悟和业务技术水平，促使青年工人健康成长。认真做好挽救失足青年的工作，变消极因素为积极因素。决议指出，对职工进行思想政治工作，要坚持疏导的方针，以平等商量的态度、说理讨论的方法，仔细地解决思想问题。组织工会干部和积极分子开展家庭访问和谈心活动。大力表扬好人好事，树立正气，抵制歪风邪气。把思想政治工作同开展四化立功活动结合起来，通过召开职工代表大会等形式，搞好职工自我教育。充分发挥工会宣传、文体、业余学校等阵地的作用，适应职工群众特别是青年工人的需要，开展好职工文化、体育活动，把群众吸引到丰富多彩、健康有益的活动中来，寓教育于活动之中。通过各种渠道，把广大积极分子组织起来，充分发挥他们的作用，形成一个群众性的思想政治工作网，通过他们的工作，团结和带动广大群众。将解决职工思想问题和解决实际问题结合起来，不断注意改善职工的物质文化生活和劳动条件。

决议要求，各级工会干部思想有大提高，作风有大改进。基层工会把工作活动点放在群众第一线，经常深入车间、班组、宿舍、家庭中去，深入各种活动阵地中去，和群众“滚”在一起，交知心朋友，做群众的知心人、贴心人，扎扎实实地做好群众工作。县级以上工会机关干部一年要有1/3以上的时间深入基层、深入群众，搞调查研究，实行面对面的领导，做面对面的群众工作。

广泛开展文明礼貌活动，建设社会主义精神文明。1981年3月11日，省总工会下发《关于开展文明礼貌活动的通知》，在全省广泛开展文明礼貌活动，建设社会主义精神文明。全省各级工会按照《通知》的要求，结合本地本单位实际情况，组织工会干部认真学习全国总工会有关倡议和省总工会《通知》精神，充分认清开展文明礼貌活动对于继续拨乱反正、进一步实现经济调整和政治安定、培养和造就一代新人、建设社会主义现代化强国的重大现实意义。工会干部以身作则，带头讲文明、讲礼貌、讲卫生、讲秩序、讲道德，并发动和依靠工会积极分子和老工人、先进生产者做好青年工人的思想教育工作。各级工会利用各种阵地，如俱乐部、阅览室、有线广播等，采取黑板报、宣传栏、图片、幻灯片、报告会、座谈会等形式，开展文明礼貌宣传活动。配合共青团等组织，开展相关的文艺创作和演出活动，组织职工参观展览，对职工及家属进行生动活泼的文明礼貌教育。在宣传的同时，把“五讲”“四美”纳入守则、公约，使“五讲”“四美”活动具体化、经常化、制度化，把文明礼貌活动与“学雷锋、树新风、办好事”活动结合起来，教育职工群众在工作单位里讲文明，做一个好工人；在社会上讲公德，做一个好公民；在家庭中讲和睦，组织一个好家庭；对邻里讲团结，做一个好邻居。在宣传中，大力表扬文明礼貌活动中出现的好人好事，实事求是地宣传先进人物，以讲文明礼貌的典型推动活动深入持久开展。

第二节　贵州省工会第六次代表大会

1979 年 5 月 25 日至 31 日，贵州省工会第六次代表大会在贵阳召开。这次大会是“文化大革命”后召开的第一次工会代表大会，是在全省各条战线认真贯彻党的十一届三中全会和中央工作会议精神，进行经济调整的重要历史时刻召开的重要会议，是贵州工人阶级和各族人民政治生活中的一件大事。大会的中心任务是动员广大职工开展增产节约运动，促进国民经济的调整工作，加快社会主义现代化建设。

在大会开幕式上，省委书记苏钢向大会致词。会上有 20 个单位的代表介绍了工会工作经验。出席大会的正式代表有 1150 人，代表全省 100 万职工、70 万会员参加大会。

苏钢在致词中肯定了新中国成立以来贵州工人运动和工会工作。全省各级工会组织在党的领导下，贯彻执行党的路线、方针、政策，在社会主义革命和建设中发挥了重大作用，成绩是主要的，广大工会干部兢兢业业、勤勤恳恳、踏踏实实，为党做了大量工作。为了实现全党工作重点转移，他要求“工会组织要紧紧跟上经济调整工作的新形势，努力把工会工作做好，当好党的助手，充分发挥工会应有的战斗作用”。

省总工会主席李明远代表省总工会第五届委员会作了题为《全省工人阶级动员起来，为加快贵州的社会主义现代化建设而努力奋斗》的工作报告。报告回顾了1973年工会恢复后贵州工运战线斗争的情况，明确了全党工作重点转移后全省工人阶级和工会工作的主要任务，中心是经济调整和社会主义建设，大力开展增产节约运动。报告明确提出，工会工作要将主要注意力转移到生产斗争和技术革命上来，工会开展的各项活动都要紧紧围绕生产建设这一中心进行；特别提出工会加强职工思想政治工作的要求；为了治理“文化大革命”给工会造成的严重创伤，报告强调了加强工会组织建设的重要性。大会认为，工作报告符合贵州实际，是指导全省工会贯彻党的十一届三中全会精神，以及落实中国工会九大提出的新时期工运方针的重要文件。

大会选举产生贵州省总工会第六届执委107名，候补执委13名。选出经费审查委员会委员7名。在六届一次执委会上，选出常委19名，并选出主席、副主席。

这次大会，对于全省工人运动的发展，完成中国工会九大确定的任务，进一步贯彻党的十一届三中全会和中央工作会议精神，促进经济调整工作，加快社会主义现代化建设步伐，都具有重大意义。

第三节　广泛开展立功竞赛，建立“五一”表彰制度

一、广泛开展为四化立功竞赛活动

“文化大革命”之后，经过几年调整，全国上下形成集中精力搞四化建设、搞改革开放的氛围。贵州省广大职工群众围绕振兴贵州经济、兴黔富民这一总的奋斗目标，投入改革开放和大干快上的建设热潮之中。为了适应形势的发展，工会工作的重心也及时转移到抓群众性生产运动、抓四化建设上来。主要形式仍然是劳动竞赛，但竞赛的形式和内容有了新的发展变化。

1980年4月，全国总工会常委会议作出《关于动员职工为四化立功，深入

开展增产节约运动，迎接党的十二大召开的决议》，之后，省总工会召开执委扩大会，要求各级工会动员全体职工立即掀起人人为四化立功、人人争当先进的热潮。庆祝“五一”国际劳动节千人大会在贵阳市召开，参会代表为劳动模范、先进生产者、工会干部和积极分子。在这次大会上，作出了全省职工为四化立功竞赛活动的总动员，劳模代表王贵富、高登兰、文树封等在会上发言，带头响应号召，提出立功的要求和措施。此后，全省各级工会迅即部署，在职工中广泛开展这一活动。据部分地区和产业统计，至1980年8月，1256个单位进行了动员，139个单位制订了立功竞赛条例。煤炭、交通、建工、农机等产业还按系统制订了开展这一活动的办法。接着，省总工会组织部分单位赴湖南省学习经验。1982年1月，省总工会和贵阳市总工会召开春节劳模座谈会。会上，参加会议的劳模代表向全省职工发出《向先进学习，当“五好”职工，创“六好”企业，为四化立功》倡议书，得到了广大职工和企业的积极响应和支持，促进了立功竞赛活动的开展。各单位的主要做法是，把立功竞赛同评“五好”职工结合起来，即在竞赛中立功，在立功的基础上评“五好”，以“五好”作为竞赛的内容，这样既能推动生产发展，提高经济效益，又能促进精神文明进步。据统计，1982年全省共评出先进生产者109000余人，其中女职工27400余人，涌现出大批“五好”职工、劳动模范和先进集体。群众性的竞赛与技术改进日益结合，1982年全省职工提出改进技术、合理化建议28900余件，行政采纳7581件。据不完全统计，至1982年10月，全省开展“争五创六”立功竞赛的单位已达256个。实践证明，这一竞赛活动，效果显著，涌现出大量为四化立功的先进人物，1982年贵州厂级以上先进人物就达11万余人，贵阳矿山机器厂一个单位为四化立功的有4138人次，集体立功196个。这一竞赛活动开展后，推动了工业生产全面上升，1982年全省工业总产值比1981年增长18.5%，经济效益显著提高。

1983年2月5日至7日，省总工会召开了全省劳动模范、先进生产者、先进集体代表座谈会。会上，与会代表向全省职工发出了《积极动员起来，争当改革的促进派》倡议书。2月8日，省总工会下发了传达贯彻该倡议书的通知，指出倡议书体现了中央的指示和省委的要求，对动员全省工人阶级积极参加、支持改革，开创社会主义现代化建设新局面将起重要作用。希望各级工会在党委领导下，认真向全体职工传达，并结合本地区本单位的实际情况，采取有力措施，加以贯彻。同年召开全省劳模大会，全省111名省级劳动模范、468名先进生产者受到了表彰，这一竞赛活动开展后，推动了工业生产全面上升，经济效益显著提高。

1984年，根据经济体制改革的要求，企业实行“转轨变型”（突出经济效益），劳动竞赛也随之有了改进。1984年7月，省总工会召开了全省工会群众生产工作会议，集中讨论了在改革新形势下，特别是在企业实行经济责任制后，工会要不要抓劳动竞赛，劳动竞赛还有没有生命力，劳动竞赛工作改革的必要性和如何进行改革等问题，旨在端正指导思想，克服劳动竞赛“无用论”，推动劳动竞赛的“转轨变型”。从会上的典型发言和全省开展竞赛活动的实践来看，有六个方面的发展：一是劳动竞赛同经济责任制的结合上有了新的发展，采取竞赛目标寓于承包而高于承包，竞赛的内容寓于承包而广于承包的形式，针对实行经济责任制后出现的薄弱环节和关键问题，开展单项短程立功竞赛活动，拾遗补缺，做到点面结合，使竞赛的目标、内容和企业的目标相统一；二是竞赛的组织管理有了新的进展，不少企业将过去由工会一家管转变为党政工团共抓齐管，工会承担日常具体工作，在竞赛活动的管理上，实行总厂、分厂、车间三级组织劳动竞赛，三级进行评比表彰，车间工会申报竞赛项目和竞赛方案，报厂工会审批，签订竞赛项目承包合同；三是系统同业务一条龙竞赛活动有了新的发展，按照经济承包责任制的要求，以改善管理、推进技术进步、提高职工素质和经济效益为主要目标，以专业管理为赛区，把班组群管员的竞赛同生产经营专业管理人员的竞赛活动有机地结合起来，开展系统同业务竞赛活动，取得了显著效果；四是劳动竞赛同合理化建议活动紧密结合，有力地推进了劳动竞赛由“体力型”向“智力型”转变，很多单位在开展合理化建议活动中，把实施合理化建议同组织技术革新、技术攻关等活动有机结合，落实合理化建议的奖励制度，从而推动合理化建议活动迅速发展；五是开展厂际效益杯竞赛推动企业内竞赛的发展，激发了企业的积极性，推动企业之间比、学、赶、帮、超；六是运用现代科学管理方法和手段组织劳动竞赛。

贵阳市总工会于1984年组织了28个厂的厂际效益杯竞赛活动，1985年组织了百厂、百店效益杯竞赛活动，竞赛效益显著；贵州新华印刷厂运用系统工程原理确定竞赛目标，运用网络技术确定竞赛指标，把竞赛的内容寓于经济承包责任制和生产管理之中，解决了多年来一直未能解决的成套教科书印刷差页补版的管理难题，取得了显著的竞赛效果；水城钢铁厂运用“关联图法”找出影响竞赛效果的各种因素，提出解决问题的对策，确定竞赛的改革方向，运用系统分析法原理，确定竞赛的重点项目。

通过广泛开展为四化立功竞赛活动，全省劳动竞赛实现了新的转型发展。在竞赛的目标上，由过去只注重产值、产量转移到以提高经济效益为中心上来；在竞赛的内容上，把竞赛的内容寓于承包且高于承包、广于承包；在实现竞赛目标的手段上，注意发挥职工的智慧和创造力，创先、创优、创新、创最佳经济效益、创一流水平，通过推进技术进步和改善管理的方式去取胜；在竞赛的领域上，由过去偏重于生产过程的生产工人，扩大到全员和生产经营的全过程；在竞赛的组织领导上，实行分级管理，党政工团齐抓共管；在竞赛的评比奖励上，坚持用数据说话，坚持按劳分配原则，把竞赛成果同社会荣誉、物质利益相结合。劳动竞赛不断探索新路子，创造新经验，在四化建设中显示出越来越大的作用。

二、“五一”表彰制度的建立

在四化建设过程中，劳动竞赛的表彰、鼓励工作取得了新的发展。从1985年起，省总工会参照全国总工会的做法，实行了表彰工作制度化，在每年“五一”国际劳动节，对于各条战线在四化建设中作出卓越贡献的职工，由省总工会颁发五一劳动奖章，授予四化建设标兵称号，集体单位颁发五一劳动奖状，授予四化建设先进集体称号，并给予一定的物质奖励。评定办法是，每年“五一”国际劳动节，由各地、州、市和省产业（厅局）工会逐级评选上报，经省总工会审核批准。平时有突出贡献的，可随时申报，达到全国总工会表彰条件的，由省总工会向全国总工会申报。1985年，省总工会决定授予114名职工

“贵州省四化建设标兵”称号，同时颁发了五一劳动奖章、证书和物质奖励（集体未评）。1985年至1989年，获得全国总工会和省总工会五一劳动奖状的先进集体128个，获五一劳动奖章的先进职工653名。他们的事迹，成为激励贵州省广大职工为振兴贵州经济奋发进取的精神力量。在劳模先进的带动下，厂级以上先进工作者不断涌现。1985年至1989年，全省共涌现先进集体10.8万多个，获各种荣誉称号的职工84万人，其中，获中央各部和省劳动模范或特等劳动模范称号的有397人，沈家喜、周训林、李桂莲、陈忠淑、龙世昌等劳模成为全省职工的楷模。

省劳动模范、航空工业部劳动模范、高级工程师沈家喜，数十年如一日刻苦钻研，顽强攻关，掌握了大型进口精密电子设备的维修、技术改造本领，为国家每年节约设备维修资金十几万元；省特等劳模周训林，热爱煤矿工作，从1976年至1988年，累计义务工作时间达到2040个工作日，13年干了19年的活；省特等劳模李桂莲，是农业科研人员，从1979年至1984年连续6年坚持在边远山区罗甸县进行蔬菜种植科研试点，推行早熟丰产栽培技术获得成功，为贵州省建成早菜基地作出了卓越贡献，蔬菜试种面积由1981年的766亩，扩大到1988年的14500亩，产量由48.6万公斤增加到2335.4万公斤，产值由14万元上升到898.3万元，为贫困地区开辟了致富之路；省特等劳模陈忠淑，是黎阳机械公司本部工人技师，从1984年到1988年完成定额工时50671小时，按厂规定每月208个工时计算，相当于完成20年的生产任务量，成为一个名副其实的“走在时间前面的人”；省特等劳模龙世昌，是大河边煤矿矿长，锐意改革，改善管理，依靠职工，作风深入，经常和工人一起在井下滚爬，调动了全矿职工的积极性，使企业开创了新局面，质量达到标准化，实现了安全水平的提升，产值达到历史最高纪录。

三、劳模巡讲与劳模保护

省劳模汇报团在全省各地巡回报告。为了加强社会主义精神文明建设，推动贵州“四有”教育活动深入开展，根据省委、省政府的指示，省总工会组织9

名省特等劳模和省级劳模参加贵州省劳动模范汇报团，从 1986 年 4 月 4 日到 5 月 22 日，在全省各地巡回报告。省委、省政府对汇报团十分重视，省领导对组织劳模汇报团作了具体指导，省委书记胡锦涛在汇报团报告结束后，听取了汇报团的汇报，并作了重要指示。汇报团首先向省委、省政府的领导及机关干部进行两场汇报，之后到贵阳等 9 个地、州、市，4 个地属市、17 个县（特区）、区（县级）、大中型企业以及大专院校，汇报了 91 场，听众达 12 万人。通过报纸、广播、电视学习和收听、收看劳模报告的，还有数以万计的群众。省劳模汇报团每到一处，都受到当地党、政、军领导和各族人民群众的热烈欢迎，听报告的人数之多、秩序之好、热情之高是历年少见的。尽管报告场次不断突破原计划，仍满足不了广大群众的要求。在铜仁地区，原计划 3 天讲 5 场，结果增加到 12 场。遵义地区，有一天就安排了 5 场。很多群众反映："这样动人的报告，好几年没听到了，一次不过瘾，还想再听。"铜仁一中、二中听完首场报告的教师代表，又去听第二、第三场。在遵义铁合金公司汇报时，当天早上有 60 多名下夜班的工人，不去睡觉就主动去听报告。在安顺云马机械厂汇报时，正是该厂厂休日，但会场却座无虚席。

劳模的事迹打动人心，催人奋进，在工人、干部、知识分子、青年学生中产生了强烈的反响，受到了很高的赞誉。劳模的现身说法，对于有志于改革的同志，是一个极大的鼓舞和鞭策。事实说明，保证改革的顺利进行，必须敢于排除党风不正与旧习惯势力纠合在一起所造成的前进道路上的障碍，向劳模学习，做端正党风的带头人，把改革坚持下去，为兴黔富民作贡献。

保护劳动模范身体健康。1983 年 7 月，全国总工会、中央组织部、劳动人事部、卫生部联合印发了《关于保护劳动模范身体健康的几项规定》，省总工会认真落实，转发文件并提出了贯彻意见。各级工会组织收到文件后，认真做好对《规定》的传达宣传工作，提高广大职工维护和执行的自觉性，以高度的政治责任感关心、爱护、支持先进，把保护模范先进人物的身体健康作为一件大事来抓。在实际工作中，他们对劳动模范做到了在政治上关心、在健康上保护、在住房上优先照顾，切实解除他们的思想压力和生活中的后顾之忧。通过多方面工作，模范先进人物能够有充沛的精力和过硬的本领投身四化建设，更好地发挥带头、骨干和桥梁作用。各级工会组织做好模范先进人物的身体检查工作。对被省属各市（县）以上人大常委会或者人民政府（包括地区行署和省直各厅、局以上的领导机关）授予的劳动模范和先进人物称号的职工，在年内都由所在单位组织进行一次身体检查。之后每年一次，形成制度，体检中发现有病需要治疗的及时治疗。全省各单位举办的疗养院（所）和休养院（所），对需要疗养或休养的劳模先进人物，优先给予安排。省总工会做出组织疗养的规划，安排适当的地方和一定数量的床位组织劳模先进人物进行健康疗养。

第四节　建立健全职代会制度，加强企业民主管理，强化参政议政

一、企业职工代表大会制度的推行与发展

早在20世纪五六十年代，职工代表大会（简称职代会）制度在部分单位已经试行，但只是作为实行企业民主管理形式的探索，“文化大革命”时期被冲击后中止了。1978年，邓小平代表党中央、国务院在中国工会九大的致词中明确提出“所有企业都必须毫无例外地实行民主管理”，从此职代会制度得以恢复并开始广泛推行。1979年，省工会第六次代表大会把建立健全职代会制度作为工会工作的重要任务予以部署，要求各级工会根据中央指示精神，在厂矿企业普遍建立职代会，实行民主选举车间主任、工段长、班组长。当年全省有30%的省属以上企业建立了职代会制度，其中以大中型企业居多。职代会发扬民主，职工参与企业重大问题讨论，推动了企业生产、生活问题的解决。实行选举车间“三长”的单位，企业民主生活更加活跃，职工精神为之振奋，如贵阳钢厂机修车间全体工人，以无记名投票选出车间三级领导后，职工群众在一片欢呼声中把选出的领导拥上台，民主生活充满了活力。

1981年，党中央、国务院制定并下发了《国营工业企业职工代表大会暂行条例》（以下简称《暂行条例》），对推动企业民主管理的发展起了重要作用。

《暂行条例》明确了职代会是社会主义企业的一项根本制度，是企业民主管理的基本形式，是职工群众参加管理、监督干部的权力机关。职代会对企业的重大问题有审议权，对有关职工生活福利方面的问题有审议决定权，对干部有评议监督权。中央文件还明确，工会工作以职工代表大会为重点，企业工会委员会是职代会的工作机构，配备相当于副厂长、副书记一级的干部担任企业工会的主席。中央文件和《暂行条例》下达后，各级工会极为重视，并积极贯彻执行。省总工会会同省经委、省委组织部联合召开了贵州省企业民主管理工作会议，认真研究贯彻实施办法。1981 年 11 月，省委、省人民政府批转了《关于建立健全职工代表大会制度》的报告，积极支持职代会制度的推行。各地、州、市工会和产业工会结合实际，制订了推行职代会制度的规划，部分地区还通过地方党委转发了工会的文件，使企业职代会得到较快发展，一些学校参照《暂行条例》精神，建立了教代会制度。至 1983 年底，全省已建立职代会制度的单位达 2243 个，全省实行民主选举企业领导的单位有 452 个，当选的企业领导 519 人；实行民主选举车间主任、工段长、班组长的单位 1305 个，当选车间三级领导的有 6417 人。

1983 年 12 月，省工会七大进一步强调了各级工会要把办好职代会作为工会工作的重点，在提高职代会质量和完善职代会制度上下功夫。省工会七大以后，在各级党委特别是企业党组织和行政领导的支持下，工会大抓民主管理，做了大量工作，使民主管理出现了前所未有的好形势，其主要特点是，职代会走向了制度化、正规化。多数单位已固定一年开两次职代会，并制订了开会的实施细则，从职工代表的产生、提案的征集、会议的召开到职代会决议的实施以及日常活动等，都做到了制度化、程序化。对于党委、行政、工会的分工，也作了明确规定。职代会在坚持以企业的生产经营管理和改革为中心方面，发挥了积极作用。据 1984 年省总工会对遵义地区部分企业的调查，职代会关于生产经营和改革方面的提案大大增多，约占 70%。到 1986 年，召开职代会的单位达 5349 个，在职代会期间，提出属于生产经营方面的提案 31747 件，有效地促进了企业经营管理的改善和生产的发展。职代会较好地发挥了民主监督干部的作用。监督的形式主要是民主评议干部。1984 年至 1986 年，全省开展民主评议干部的单位已发展到3531个，仅1986年，全省企业被评议的干部就达10600人，其中根据群众评议，573人受到奖励，79人被免职。1987年，某厂职代会进行评议干部，并实行评议同奖惩挂钩，结果有9个中层干部被落聘，8名一般干部被提升为中层干部，评议活动冲击了干部干好干坏无所谓的观念，对广大干部群众的教育效果很好。职代会出现了民主座谈协商、民主质询和建立职工代表巡视制度等多种民主管理形式。如水城矿务局建安处，1985年，党政工联合下达了《关于建立民主对话活动的决定》，规定每季度进行一次由处领导与职工代表面对面座谈对话的活动，这一活动开展后，对沟通上下情况，改进管理，促进生产和为职工解决困难问题，发挥了较好作用；贵州铝厂为落实职代会"五权"，不定期举行职工代表质询会，对缓解干群紧张关系起到积极作用；贵铁分局客运段建立了职工代表巡视制度，两年多时间职工代表与段领导座谈110次，反映运输及经营管理、思想教育工作、职工生活问题78项，其中落实处理46项，及时纠正18项，收到了良好效果。结合经济责任制的实行，车间、班组民主管理广泛开展。在完善企业民主管理制度的过程中，发现仅有全厂的职代会是不够的，必须建立三级民主管理体制。一线职工要求企业民主管理向下走，按照《暂行条例》的精神，各级工会同时抓车间、班组民主管理制度的建立。至1986年，全省3934个车间建立了职代会（或职工大会）制度，7244个班组建立民主管理小组，2176个单位形成了三级民主管理配套体制，推动了职代会与工会在实际活动中的紧密结合。根据东北等先进地区的经验，1985年，省总工会在贵阳矿山机器厂等单位进行职代会与工会结合型试点，之后在全省逐步推开，至1986年，全省很多企业实行职代会与工会结合工作体制，即职工代表大会同工会会员代表大会合而为一，职代会的常设机构同基层工会委员会合而为一，职代会的若干专门委员会同工会一些工作委员会合而为一，职工代表兼任工会小组长，一个代表双重身份，一个会议两个名称，从而解决了职代会与工会组织重叠、工作活动重复、责权分离的问题，理顺了职代会与工会的关系，促进了职代会工作的正常运转和工作效率的提高。

1986年9月，党中央、国务院制订并颁发了《全民所有制工业企业厂长工作条例》《中国共产党全民所有制工业企业基层组织工作条例》和《全民所有制工业企业职工代表大会条例》，为建立新的企业领导体制提供了法规依据。全省各级工会与党政机关密切配合，认真贯彻落实。1988年，《中华人民共和国企业法》（以下简称《企业法》）出台，职代会制度纳入《企业法》之中，民主管理开始迈入法制化的轨道。1988年6月，省总工会在试点的基础上，根据三个条例和《企业法》的精神，起草了《关于进一步加强民主管理的意见》，报经省委批转全省执行。地、州、市工会和产业工会以及很多企业工会，也制订或修订了贯彻三个条例的实施意见和细则。针对贵州小型企业民主管理薄弱的状况，省总工会专门召开小型企业民主管理座谈会，对小型企业的特点进行了分析研究，提出了加强企业民主管理的措施。三个条例和《企业法》的贯彻落实，促进了企业民主管理的深化，进一步理顺了党、政、工三者的关系。不少企业建立了理顺党、政、工三者关系的基本制度和工作规范，明确了各自的职责，出现了三者在职责上分、思想上合，工作上分、目标上合，制度上分、关系上合的企业工作新格局；拓宽了民主管理的活动内容和渠道，如建立对话，民主质询，民主接待日，厂长意见箱，职工代表值班、巡视以及举行企业重大问题发布会等，使民主管理取得实质性的进展；加强了民主管理的研究工作和经验交流活动，抓好职工代表的培训，促进企业领导民主意识的增强和职工代表素质的提高。在深化企业改革中，众多的企业职代会参与了企业承包制的推行，参加制订和审议承包方案，选举承包人；进入了企业分配领域的活动，把分配民主作为职代会一项重要内容来抓，在企业重大问题的讨论、规章制度的制订和维护职工合法权益等方面，发挥了较好的作用。

实践结果表明，职代会制度的建立和作用的发挥，有效地促进了职工主人翁地位的巩固，调动了职工群众的积极性。工会工作与职代会活动结合起来，工会的维护、参与、建设、教育等职能得到了更好发挥，并提高了工会的地位。但是企业的民主制度建设同整个政治体制改革是密切联系的，其发展有一个渐进的过程，加之企业领导的民主意识有好有差，因此，民主管理的发展也呈现了明显的不平衡状态，在一些单位仍然存在程度不同的形式主义。如扩大企业自主权，应该扩大到谁的手里；实行厂长负责制、股份制后，职代会还管不管用，在认识上还不断引起争论，直接或间接影响到民主管理作用的发挥，成为在企业深化改革中需要进一步研究解决的问题。

党的十一届三中全会以来，全省各级党委和有关部门开始重视建立健全企业职工代表大会制度的工作。据统计，1980 年全省召开职代会的单位仅 422 个，占单位总数的 6%；到 1981 年 7 月底，县属以上工交企业（包括国防工业）建立了职代会的有 585 个，占总数的 20. 5%；中央、省属工交企业中，已建立了 267 个，占总数的 45%；贵阳市建立了 67 个，占总数的 25. 9%。据对建立职代会制度的 110 个企业的调查，坚持制度、发挥作用好的占 20%，一般的占 50%，流于形式的占 30%。建筑、文教、财贸、农林、水利等企事业单位，也试行了职代会制度。到 1981 年底，召开职代会的单位有 1072 个，占 12%；1982 年已上升到 1246 个，占 16. 4%。其中，中央和省属的化工、冶金、电力、建工、建材、农机、电子和铁五局、建工四局系统企业中，100% 召开了职代会。交通系统已达 95%，国防工业、煤炭、一轻、机械和铁路分局系统也达到 80%。职代会制度的实施质量也有所提升，据了解，375 个企业能按规定定期开会，作用发挥好的单位数量有所增加，在这些单位，职工们一般都能根据职代会议题，发扬民主，认真讨论，解决一些问题，激发职工主人翁责任感。

自开展职代会制度以来，各级工会做了大量有成效的工作。坚持党的四项基本原则，认真组织广大职工学习职代会条例等有关文件，教育职工正确行使自己的权利，积极履行自己的义务。认真解决职代会工作中的重要问题，及时协调职代会与企业行政的关系。坚持党的群众路线，充分发扬民主，尊重职工群众主人翁的权利和地位，把职工的责、权、利紧密地结合起来，真心实意地支持职代会独立负责地发挥作用，保证职工在企业里当家作主。开好职代会，选出群众信得过的职工代表，征集落实好提案，围绕建设物质文明和精神文明，确定大会议题，做好大会决议。整顿和加强工会的领导，充实力量，在党委的领导下，把建立健全职代会制度作为工会工作的重点，主动抓好。

1986 年 11 月 16 日，省委组织部、省经济委员会、省总工会联合下发了《关于在全民所有制工业企业建立职工代表大会民主评议干部制度的通知》，要求在贵州省全民所有制工业企业中普遍建立职工代表大会民主评议干部的制度，落实职代会“五权”[①]。原则上适用于交通运输、邮电、地质、建筑施工、农林、水利等全民所有制企业。其内容是充分认识民主评议企业领导干部的重要性；民主评议干部的范围主要是企业党政领导干部（含三总师），也可以根据企业实际情况对中层干部进行评议，并按照要求学好有关文件，开好评议会，填写干部评议表；评议在企业党组织的领导下进行，工会组织具体实施。文件下发后，绝大多数单位都能按照要求执行职工代表大会民主评议干部工作。

二、加强企业民主管理

省委对实行厂长负责制后的企业民主管理情况高度重视。1984 年，省委副书记、省长王朝文批示，要求省总工会了解企业在实行厂长负责制后的民主管理情况。省总工会于 1984 年 10 月下旬至 11 月中旬组织了调查组，由主席王思齐带队，到遵义地区 14 个工厂企业（多为大中型企业）进行调查。

从调查的情况看，实行厂长负责制后，民主管理的情况总的来看是比较稳定的，没有受到很大的冲击，14 个工厂企业都坚持了职代会制度，没有间断，厂长与工会的关系基本上维持原状。从三者关系看，厂长的领导权更为突出，职代会出现了一些新的特点，职代会注意力已转向以生产经营管理和经济改革为主，除了议题以外，职工提案也有变化，过去是生产福利方面的占多数，现在是生产经营和企业改革方面的占多数。改革已逐渐成为职代会的主要议题，企业的改革方案一般都提交职代会讨论审议。行政领导对民主管理认识有了进一步提高，评议干部工作取得进展，车间职代会制度逐步建立起来。职代会常设主席团的活动增多，对重大急需解决的问题，由主席团开会或开代表组长会议讨论决定。一些企业在执行职代会制度中取得了较好的经验，抓住评议干部这个监督权行使的重要环节，工会地位、职工主人翁地位也会随之提高。把评议干部和考核干部、推荐干部相结合并与干部的奖惩挂钩，采取专业对口评、书评与口评相结合、评议与奖惩挂钩等做法，把评议干部工作搞活。企业内部制订制度，如企业的厂规厂纪，生产、分配制度，奖惩条例等，均通过职代会

① 指审议权、通过权、决定权、评议监督权、推荐选举权。

认真讨论修改通过，以维护职工的合法权益。有的企业召开质询答辩会，请行政领导在主席团上进行答辩，有的发动群众开展献计献策和合理化建议活动。

从调查中了解到，职代会制度也存在一定的问题。厂长负责制推行后，对工会干部和职工群众的思想有一定影响，他们认为厂长权力大了，职代会降格了，职代会本来就形式主义，更没有搞头了。从职代会作用看，主要问题还是形式主义。虽然在活动形式、方法上有新的特点，但从作用上看，仍进展不大，没有成为企业中真正的支柱。1985 年 6 月 28 日至 7 月 2 日，省总工会召开全省企业民主管理工作研究会议，出席会议的有各地、州、市工会，省产业工会，有关部室及重点企业工会的负责同志共 48 人，会议研究的主题是如何围绕增强企业活力，进一步发挥企业民主管理的作用，16 人在会上作专题发言，并进行热烈讨论，会议开得富有成效。

随着厂长负责制的推行，民主管理在企业被重视的程度越来越高，越来越多的企业领导认识到，实行民主管理不但不妨碍厂长负责制，而且能支持和保证厂长负责制的顺利推行。职代会的重心已转向生产经营管理领域，并在重大问题上发挥了群策群力作用。评议干部工作广泛地开展起来，效果越来越好，监督问题已开始落到实处。如何进一步发挥民主管理的作用，提高民主管理的有效性，是迫切需要研究解决的课题。

会议要求，进一步把认识统一到党中央《关于经济体制改革的决定》的精神和有关条例规定上来，不断消除思想上的消极因素，引导企业钻研《决定》中有关企业活力、厂长负责制和职工主人翁地位、作用的理论和政策。深刻理解坚持企业领导者权威同保障劳动者主人翁地位的统一性；坚持高度集中与高度民主的统一性；了解保障职工主人翁地位同发挥职工主人翁作用的相互联系。只有切实维护职工的民主权利，使职工在实际生活中真正感受到自己是企业的主人，发挥主人翁精神，企业才能充满生机和活力。能不能充分发挥职代会在审议企业重大决策、监督行政领导、维护职工合法权益等方面的权力和作用，是衡量职代会是否真正有效的重要标志。

三、强化参政议政

参政议政是新形势下加强工会工作的重要方面。要从参政议政中走出一条工会工作的新路子。参政议政能够更好地使工会工作关心全局，投入中心，从全局上为职工说话办事。发挥工会参政议政的作用，是新形势下工会工作发展的客观要求。

工会参与参政议政活动，在实践上很早就存在，只是过去没有这么鲜明的提法。随着社会主义工人运动的发展，工会的参与作用越来越显得重要和迫切。《宪法》规定："人民依照法律规定，通过各种途径和形式，管理国家事务，管理经济和文化事业，管理社会事务。"1985 年 4 月 29 日，万里代表中共中央和国务院在庆祝"五一"国际劳动节和全国总工会成立 60 周年会议上的讲话中明确提出："在社会主义现代化建设时期，工会要团结广大会员，积极参加国家的建设和管理，反映广大职工的愿望和要求，在制订和实施有关经济和社会发展计划及政策方面，在经济体制改革的整个过程中发挥更大作用。"同年 11 月，中共中央书记处和国务院根据全国总工会党组的请示，同意：党中央、国务院及有关部委，在研究制订有关国家计划以及重大方针政策时，凡涉及职工切身利益问题时，通知全国总工会参加必要的会议和工作；吸收工会参加涉及职工利益的各项重大改革的领导机构；要求各产业部和地方参照上述原则，吸收产业工会和地方工会参与这方面的工作和活动。根据中央精神，全国总工会进一步提出了在4 个不同层次上，即全国总工会、全国产业工会、各级地方工会、企业事业单位工会，加强同各级政府和经济管理机关、企事业单位行政方面的联系，参加到国家各方面建设事业的决策和管理中去。中央和全国总工会的精神下达后，受到贵州各级工会组织和广大工会干部的拥护和欢迎。1986 年 5 月 10 日，贵州省总工会党组向省委、省政府写了《关于搞好市、县以上各级工会参政议政的请示》报告，"建议市县党委、政府和有关部门在研究制订经济和社会发展规划及重大政策时，凡涉及职工利益的，请通知同级工会参加会议或工作；涉及职工福利的各项重大改革的领导机构，请吸收工会领导人参加；党委、政府的有关常务会议，希望通知工会领导人列席；市县以上党委每年讨论一至两次工会工作，城市党委至少每半年讨论一次工会工作；希望各级党委的组织部门支持工会组织搞好所属下级工会领导干部的协助管理，即在任免、调动、处理同级工会干部时，请党委组织部门征求上一级工会组织的意见，未取得上一级工会同意的，暂缓办理”。5 月 28 日，省委、省政府下发了文件，同意并转发了省总工会的报告，要求各级党委、政府及有关部门依照执行。之后，多数地、州、市、县工会和省产业工会也向同级党委、党组写了类似报告，并由党委、政府批转执行。

此后，市县以上各级工会参政议政活动及方式逐渐增多，如列席党委常委会议、政府办公会议；参与讨论有关重要问题；向党委、政府反映职工群众的呼声和要求，提出意见和建议。更多的工会参加了政府有关部门研究涉及职工利益的会议，加入了同级党政机关有关劳动制度改革、工资改革、物价监督、生活保险、安全卫生等方面的领导机构和工作机构，在制订有关政策规定的源头上，代表和维护职工利益。这种管理上、政策规定上的实质性参与，使工会在了解全局的基础上能更有效地做好群众工作，也使涉及职工切身利益的各项新政策更具有可操作性，有利于党和政府有关政策规定的贯彻执行。如 1986 年贵州省政府制订关于贯彻国务院改革劳动制度的 4 个暂行规定（即实行劳动合同制、招用工人、辞退违纪职工、待业保险等）的若干具体规定；省劳动局、财政厅制定关于提高因工负伤职业病住院伙食标准；1987 年制订《贵州省计划生育试行条例》涉及具体问题的实施意见（包括延长生育假期、手术期间工资待遇及奖惩等）；1989 年省财政厅、民政厅制定关于因公负伤残废抚恤问题的规定以及国营企业劳动争议处理、加强安全生产、离退休基金统筹等方面的规定和办法时，工会都积极参加研究，提出意见。贵州省总工会和地、州、市、县工会及省产业工会，还就涉及职工利益、配合贯彻党委、政府中心工作等事宜，会同政府有关部门联合发文。贵阳市总工会更多地列席了市委常委会议、市政府办公会议，参与研究全市的重大问题，提出的不少意见和建议被市委、市政府及有关部门采纳。黔东南州总工会在参加州委常委讨论《黔东南自治州自治条例》时，针对黔东南地区少数民族技术人才薄弱的状况，提出在条例中增加培养少数民族科技人才和技术工人的意见；讨论州政府贯彻《企业法》实施报告时，提出维护职工主人翁地位、维护职工合法权益的意见，得到州委、州政府的重视，并充实到条例和报告之中。州总工会还加入了州安全生产领导机构和工作机构，与有关部门联合发出有关加强职工劳动保护方面的文件，以及参加安全生产检查和事故的调查处理；加入了州职工教育委员会，对职工教育经费的提取、使用、具体实施提出意见和建议；加入了州法制宣传领导小组，并联合发文，推动职工法制教育的开展；加入了州老龄工作委员会，对退休职工生活福利、学习等方面的问题，提出意见和建议；加入了州体育运动委员会，就职工业余体育活动提出意见和建议，发挥了工会参政议政的作用。

工会参与参政议政活动的条件也不断有所改善，渠道有所拓宽。县级以上工会领导干部进入同级党委会、人大常委会、政协常委会的人数不断增加。至1989年，全省地方工会进入同级党委有23人，进入同级人大常委有22人，进入同级政协常委有45人，通过加入上述机构，讨论改革、建设、发展中的大事，提意见，提提案，发挥了工会的参政议政作用。如1986年黔东南州第8次人代会，工会代表和职工代表就提出涉及职工利益的提案15件。此外，工会同政府、行政方面进行民主协商和对话的活动也有所开展。

各级工会转变作风，加强调查研究，在掌握下情的基础上更好地履行参与职责。1986年，省总工会重点对省内国防工业企业、交通运输系统近万名职工进行调查，发放问卷9146份，谈话450次，召开座谈会20多次，并通过家访抽样调查了60户职工家庭生活状况。1988年，遵义地区工会深入50个大中型企业和13个县进行调查；六盘水市总工会深入58个基层单位进行调查；毕节地、县两级工会深入450个基层单位进行调查；省邮电工会先后组织48人次用了230天深入系统基层单位进行调查，掌握第一手资料。在调查研究掌握基本情况、真实信息的基础上，通过参与不同形式、不同层次的民主协商和对话，更好地发挥了工会的监督、维护作用。这一时期各级工会还加强了信息工作，对工会参政议政极为有利。

实践证明，工会参政议政不仅对维护职工权益有重要作用，而且有助于提高工会的地位。但是，由于地方基层民主管理和制度程序尚不健全，职能部门重视程度不同（如有个别部门认为工会参政议政是争权），工会自身条件、人员素质等因素，工会参与参政议政活动的进展，总的来看是缓慢的，整体水平还不高，参与的广度、深度还存在局限性，有待通过进一步深化改革加以推进。

第五节　学习贯彻党的十二大、十三大和中国工会十大精神

一、学习贯彻党的十二大精神

1982 年 9 月 1 日，党的十二大召开后，贵州省总工会要求各级工会组织充分认识党的十二大的伟大意义，把搞好党的十二大精神的学习宣传工作作为中心任务，当作工会工作的第一件大事来抓。各级工会在各级党委的领导下，以邓小平所作的开幕词为总的指导思想，把党的十二大精神的学习宣传抓紧抓好，把广大职工发动起来，振奋精神，埋头苦干，为实现党的十二大提出的三个根本好转和各项战斗任务而努力奋斗。

贵州各级工会组织按照省总工会的要求，根据党委的统一安排，组织工会干部积极参加学习，按照规定的学习时间和要求，深刻领会党的十二大精神，提高思想认识，联系工作实际，研究贯彻执行党的十二大精神的各项措施和办法。充分运用工会各种宣传工具和文化阵地，广泛深入地宣传党的十二大精神，使之家喻户晓、深入人心。大中型厂矿企业工会以及县以上各级工会组织，根据自己的实际情况举办了学习党的十二大精神的职工理论宣传积极分子学习班，为基层培训学习骨干或辅导员。省总工会干校分期举办学习宣传党的十二大精神理论骨干学习班，先培训一批大中型厂矿企业的理论宣传积极分子，壮大职工理论宣传队伍，充分发挥他们在党的十二大精神学习和宣传活动中的积极作用。在学习宣传过程中，各级工会组织密切配合党委宣传部门、共青团、妇联，认真组织好对职工群众进行党的十二大精神的宣讲活动，并组织职工进行讨论。工会干部和理论宣传积极分子深入群众中去和群众一起学习，做好辅导，通过

学习讨论，有针对性地解决职工思想中存在的问题。

各级工会组织在抓好党的十二大精神学习宣传的同时，能够自觉地把党的十二大精神贯穿到实际工作中去，努力开创工会工作的新局面，动员和组织职工群众积极参加企业整顿，围绕经济建设总目标，广泛深入地开展向先进学习，当“五好职工”、创“六好企业”，开展好为四化立功竞赛以及向赵春娥学习等活动。大力宣传和表扬在实际工作中贯彻执行党的十二大精神、改进工作和取得成效的先进人物的先进模范事迹，树立共产主义劳动态度。动员职工站在全面开创社会主义现代化建设新局面的前列，为促进社会主义经济的全面高涨贡献力量。根据党的十二大精神精神，认真推行职工代表大会制度，充分发挥职工代表大会的作用，切实搞好企业民主管理，使广大职工以主人翁的态度积极参加和做好企业整顿工作，发挥群众监督作用，维护国家和集体的利益，维护群众的利益，促进财政经济状况、社会风气和党风的根本好转。在党的十二大精神的指引下，推动工会自身的思想和组织建设。充实和加强领导班子，改进作风，深入基层，加强与职工群众的联系，使工会在思想教育、企业民主管理和工人生活的改善中发挥重要作用，把工会建设成联结党和工人阶级的强大纽带，努力开创工会工作的新局面。

贵阳市工、建、交、财贸、教育各条战线的工会组织和广大职工，根据市委的安排部署，广泛开展学习宣传党的十二大精神的活动。在党的十二大召开期间，各级党委和工会组织引导职工群众积极阅读报纸、收听广播、收看电视，座谈讨论。党的十二大召开后，大抓学习宣传党的十二大精神，联系实际，推动工作，取得了初步成效，提高了认识，统一了思想，增强了对完成党的十二大提出的“两个文明”建设任务的信心。市交通局抽调 31 名干部组成工作组，深入基层，对职工群众进行辅导学习；二六二制药厂在党的十二大会议期间给职工每人订阅一份报纸，上班前坚持学习 1 个小时；贵阳卷烟一厂、红星拖拉机厂、市百货大楼等企业，分别召开了先进人物代表、老工人、青年工人座谈会，讨论党的十二大提出的任务，颂扬党的十一届三中全会以来各条战线的伟大成就。一商局系统的职工用对比的方法，谈亲身体会时说，过去商业部门发的票证多，商品却质差价高，许多商品敞开供应，大力推销，过去发愁买不到的商品，现在选着买，职工家庭中耐用、高档商品增多，这都是在党的十一届三中全会以来发生的可喜变化。

在党的十二大精神鼓舞下，精神文明建设出现了新气象。贵阳市煤建公司新东煤店的职工，以赵春娥为榜样，努力做好本职工作，这个煤店过去有近1/4的职工缺勤，现在基本上出满勤，还主动搞义务劳动，主动给用户送煤上门；贵阳市百货大楼的职工，在党的十二大召开期间，主动将营业时间延长到晚上10点钟，受到群众的赞扬；市食品公司食肉销售门市部的营业员以及不少其他商店的营业员，纷纷实行挂牌营业，保证不短斤少两，标明“短一罚十”，对此群众评价很高，认为这是社会风气开始好转的表现。

根据党中央、省委和全国总工会关于认真抓好党的十二大精神学习和宣传的通知精神，根据省总工会的决定，省总工会干校先后举办了两期工会干部和理论骨干学习宣传党的十二大精神培训班。第一期参加学习的有省级各产业和大中型企业工会干部和理论骨干270人，学员平均年龄为35岁，文化程度高中以上占51%，初中占44%，学员具有年纪轻、文化高、素质好的特点。从第一期办学情况看，这种短期培训骨干的办法是好的，取得了较好的效果。培训班以精读党的十二大文件为主，要求学员在吃透文件精神上下功夫，学习中邀请省委宣传部的同志作了7次辅导报告，最后干校结合工会工作实际又组织讲授了《把工会建成联结党和工人群众的强大纽带》。由于学习内容集中，重点突出，通过半个月学习，学员基本上掌握和领会了党的十二大文件的精神。省总工会领导对这次办班非常重视，李明远在开学典礼上亲自作动员，结业时又到会作了学习总结，他和几位副主席都自始至终以普通学员身份参加听课，对学习起了很大推动作用。第二期培训班还根据全国总工会思想政治宣讲员培训班的精神，结合学习党的十二大精神培训思想政治宣讲员。参加学习的除各地区和厂矿工会干部100名外，还有基层思想政治宣讲员180名，他们于1982年11月底结业。

二、贯彻党的十三大精神，用党的基本路线武装广大职工

1987年10月25日，党的十三大召开后，贵州省总工会及时对党的基本路

线教育作了部署。各级工会按照全国总工会十届五次执委会作出的《认真学习贯彻党的十三大精神，用党的基本路线武装亿万职工》这一决议的精神，联系贵州实际，把对职工进行基本路线教育作为一项重要任务来抓。省总工会及各地、州、市工会，省各产业工会和大中型企业工会相继举办了各种类型党的十三大精神学习班750多期，培训骨干1万多人。各级工会还订购《党的基本路线简明教程》3万余册，并充分利用自己的宣传阵地和宣传工具，通过举办党的十三大精神知识竞赛，以及有奖征文、演讲、专题讲座等活动，广泛宣传党的十三大精神。不少单位采用图表、数据、录像等形象化教育方式，向职工进行国情、省情、厂情、家情的对比教育。贵阳市总工会配合省、市电台，拍摄了《十年纵横谈》专题片；六盘水市工会在全市范围内开展了“我与改革”征文活动；毕节地、县两级工会共建立11个党的基本路线教育联系点，还组织了学习党的十三大精神知识竞赛、演讲比赛，参赛职工在1万人次以上；遵义地区工会翻印了党的十三大工作报告的《百题解答》2千余册，发至全区各基层工会，供职工学习；电力工会派出干部分赴基层召开了12次座谈会，了解职工学习党的十三大精神的情况和思想动态，及时做好工作。在基本路线教育中，很多基层工会不回避问题，针对群众关心的热点和反映出来的疑点、难点，采取对话、专题讲座、演讲等方式，用说理的方法，进行耐心疏导，解除了职工的疑虑。通过学习、宣传，广大职工加深了对社会主义初级阶段基本理论和党的基本路线的理解，增强了对改革的信心。

三、学习贯彻中国工会十大精神

1983年10月18日至29日，中国工会第十次全国代表大会召开，这是改革开放之初工会系统的一次十分重要的会议。贵州省各级工会在大会召开之前、之中、之后的三个阶段，进行了具体的宣传安排：利用各种宣传工具和阵地，采用多种形式，大力宣传中国工会十大的重大意义；宣传工会组织的性质和任务及工人阶级的历史使命；宣传中国工会九大以来工会工作所取得的成绩；宣传工会工作的先进典型和先进人物。把内容与形式统一起来，大造声势。地、州、市、县和大中型企业所在地，发动基层工会组织，悬挂“用建设两个文明的新成绩迎接工会十大召开”的布标，张贴“庆祝工会十大胜利召开”等标语，全国总工会印制的工会十大宣传画及时张贴在醒目的位置。会议期间，还组织职工群众认真收听、收看工会十大的实况，并进行座谈讨论。

参加中国工会十大的贵州省代表团返回贵阳后，在省委和各级党委的领导、支持下，立即分头向全省广大职工传达贯彻这次大会精神。1983 年 11 月 16 日，省总工会与贵阳市总工会联合举行了中国工会十大精神报告会，有省、市、部、办、委和各厅局、院校及一些基层工会的负责同志 1200 多人参加。省委书记、省长王朝文参加报告会并讲话，提出了三点要求：一是发扬主人翁精神，努力提高经济效益，狠抓扭亏增盈，完成和超额完成工业生产任务；二是增强主人翁责任感，做好职工的思想政治工作，不断提高职工的政治思想觉悟，坚决抵制和清除精神污染；三是加强工会自身建设，使工会成为党联系工人群众的纽带。省总工会主席王思齐在会上传达了中国工会十大精神。

贵阳市、省各产业工会以及省总工会各地区办事处、自治州工会，采用报告会、工会干部会等各种形式，传达贯彻工会十大精神。贵阳市工会于 1983 年 11 月中旬召开了市属 200 人以上的厂矿、财贸企业和文教系统各基层的工会主席会议，由工会十大代表、市总工会主席秦铭箴传达工会十大精神。贵阳市工交、基建、文教、财贸四个系统及市郊花溪、乌当、白云 3 个区的工会组织，分别举行报告会，听取传达的职工共 6000 多人。省交通系统首先由交通厅党组出面，在贵阳市召开了传达报告会。出席工会十大的特邀代表、省公路运输工会主席姚思泉和正式代表李庭荣、田茂金三人介绍和传达了工会十大的盛况和主要精神，宣讲了工会十大的主要文件。之后，省公路运输工会立即组织出席工会十大的三位代表，分别前往凯里等地，向省交通厅所属各单位的职工群众进行了传达，在 7—8 天内共举行了 12 次报告会，有 49 个单位的 4500 多人听取了传达。此外，省总工会安顺地区办事处和安顺市、县工会联合举行了传达工会十大精神报告会，由工会十大代表、办事处主任宋登楷宣讲了《工会十大主要精神宣传要点》。省总工会毕节地区办事处在 1983 年 11 月上旬召开了出席工会十大代表汇报会，有地、县直单位的工会小组长以上干部和职工代表 800 余人参加，由工会十大代表薛启芬作了传达报告。六盘水市工会召开了执委扩大会，向全市县团以上单位和各基层工会的负责人宣传、传达了工会十大精神。省总工会遵义地区办事处召开了工会十大精神报告会以及由县、市工会负责人和重点企业基层工会负责人参加的工会工作会议，传达贯彻工会十大精神。省总工会铜仁地区办事处召开了由厂矿企业工会主席、工会小组长等人参加的会议，进行了传达贯彻。在全省范围内，一个宣传、学习、贯彻工会十大精神的高潮迅速掀起，并由上到下，深入各基层单位进行传达贯彻。

通过这一阶段传达和学习工会十大精神，许多干部职工反映，这样集中传达、学习的收获比较大，对于工会十大的主要精神，有了比较明确的认识和理解。不少基层单位运用各种宣传工具和宣传阵地，如广播、黑板报、学习园地、幻灯片以及俱乐部、活动室、职工政治夜校和文化学校等，广泛向职工群众进行宣传。有的单位组织工会干部和积极分子进一步学习工会十大的主要文件，联系各自单位的实际，研究工作中需要解决的问题，进一步推动工会工作，促进了生产的发展。

四、中华全国总工会主席视察贵州省总工会

1984 年 1 月 5 日，中共中央政治局委员、中华全国总工会主席倪志福到贵州省总工会视察，会见了省总领导班子成员，在听取负责同志的工作汇报后，倪志福指出，中国工会十大和贵州省工会七大开得都很成功，工会总的形势是好的，广大职工对中国工会十大、省工会七大寄予很大希望，工会还有大量工作要做，省总工会制定的工作任务符合全国总工会的总体安排。工会主要抓好以下工作：抓好政治思想工作，充分利用工会一切阵地做好职工政治思想工作，清除精神污染；抓好职工文化技术教育和法制教育，打击刑事犯罪；抓好民主管理，工会是工作机构，职代会是权力机构，职代会搞得好对工会工作是推动，使基层工会懂得这个权利，来为企业服务，民主管理是中国的特色，外国也在学习这方面的知识，要把民主管理抓好，把党中央有关文件落实好；开展创先进、学先进、赶先进的社会主义竞赛活动，竞赛活动可以多种多样，但不要一

刀切，各地要有自己的特点；搞好工会自身建设，工会干部进退要通过职代会，能上能下，注重实绩，搞好团结。除以上任务外，还要注意做好三件事：关于工伤事故（包括伤亡）、安全生产方面的情况要及时向省主要领导反映，向全国总工会反映；协助行政做好调资工作；物价问题也要注意，通过社会调查，向行政反映情况。

倪志福指出，全国总工会要成立“职工运动研究学会”，主要开展工运、劳动工资、劳动保护、劳动立法、国际工运等方面的研究。省级也要有这个组织，可以叫分会。学会一年召开一次会议，叫年会，真正研究问题。学会有在职的同志参加，也有离退休老同志参加，既可以研究历史，也可以研究现实。最后，他向贵州全体工会干部致意，希望大家在新的一年里做出新的成绩。

此次视察充分体现了全国总工会领导对贵州省工会系统的重视和厚爱，领导的肯定和关怀增强了全省工会干部的信心，大家表示要奋发向上，不懈努力，再接再厉，做好工会工作。

第六节　贵州省工会第七次代表大会

1983 年 12 月 9 日至 15 日，贵州省工会第七次代表大会在贵阳召开。这次大会是在实现了历史性的伟大转变，全党正致力于全面开创社会主义现代化建设新局面的形势下召开的。大会召开之前，全国总工会召开了中国工会第十次全国代表大会，确定了新时期工人运动的根本任务和工会工作方针，明确了在新形势下工会团结和带领工人阶级前进的新任务和新方法，并提出了进行工会自身改革的要求和措施。这次大会的主题是，认真学习和坚决贯彻执行党中央对工会工作的指示，贯彻执行省委的指示，遵循新时期的工会工作方针，大力加强职工队伍的建设，提高广大职工的思想政治素质和科学文化素质，在“两个文明”建设中发挥工人阶级主力军作用；切实代表和坚决维护职工的合法权益，为职工办事，使工会在职工思想教育、企业管理和工人生活改善中发挥重要作用。

在大会开幕式上，省委第一书记池必卿出席会议。省委书记、省长王朝文代表省委、省政府向大会致词。出席这次大会的有正式代表1025名，代表全省130万职工、111万工会会员参加会议。

王朝文在致词中指出，党的十一届三中全会以来，贵州在党中央领导下，依靠全省工人阶级和各族人民，实现了历史性的伟大转变。近几年来，通过贯彻调整国民经济的八字方针，全省工农业生产都有新的突破，农业生产呈现出全面持续增长的景象；工业生产连续两年大幅增长，出现了经济效益、财政收入的增长速度超过产值增长速度的势头。全省经济出现了全面发展的新形势，走上了稳步发展的健康轨道。在大力推进物质文明建设的同时，全省精神文明建设也有新的进展，社会秩序、生产秩序和工作秩序有了改善。在这个转变中，工人阶级和各族人民一道，经受了新的锻炼和考验，作出了卓越的贡献。各级工会在团结职工、教育职工、关心职工方面，也取得了可喜的成绩。

省总工会主席王思齐代表省总工会六届执委会作了题为《认真贯彻党在新时期的工会工作方针，努力开创工会工作新局面》的工作报告。大会认为，工作报告总结了全省四年多来的工会工作，确定了今后的任务，符合实际，对于动员全省工人阶级发扬主人翁精神，促进“两个文明”建设、实现三个根本好转而奋斗，具有重要的指导意义。

这次大会的召开，正处在新老干部合作交替时期，新选出的省工会第七届委员会的成员，同第六届相比，在年龄结构和知识结构上有显著变化。选出的正式委员87人，候补委员12人，平均年龄43岁，比上一届下降了6岁，具有大专以上文化水平的人数也显著增加。大会以无记名投票方式选出贵州省工会第七届委员会委员87名、候补委员12名；选出贵州省工会经费审查委员会委员15名。选出常委13名，并选出主席、副主席。

大会还对在工会工作中做出显著成绩的先进集体和个人，进行了表彰。受表彰的先进基层工会21个，先进工会小组48个，优秀工会工作者90名，优秀工会积极分子321名。

大会指出，我国工人运动已经进入了一个新的发展阶段。实现党的十二大确定的宏伟目标，把我国建设成为现代化的、高度文明的、高度民主的社会主义国家，这是全国人民共同的历史使命，是新时期工人运动的根本任务。大会要求，贵州省工人阶级一定要发扬主人翁精神，立振兴中华、建设贵州之志，长振兴中华、建设贵州之才，为全面开创贵州社会主义现代化建设的新局面而努力奋斗。

省工会第七次代表大会是在党的十二届二中全会和中国工会十大后召开的，对贯彻落实上级会议精神，明确方向任务意义重大，有利于更好地推进贵州工会工作。

第七节　职工教育培训、文体活动和生活福利工作的恢复和加强

一、省职工教育工作的恢复和加强

改革开放之初，省职工总数126万人。据省总工会在铁路、国防、化工、交通、轻工、冶金、电子等68个局和单位的调查，在148318名职工中，调查统计了105428人，文化程度为文盲的有7670人、占7.2%，小学程度的有44617人、占42.3%，初中程度的有17582人、占16.7%，高中程度的有11242人、占10.6%，技校毕业的有4264人、占4%，中专毕业的有8725人、占8.2%，大专以上程度的有11328人、占11%。从技术水平看，调查统计了129765名工人，其中普工10010人，学徒工6900人，一级至三级工81865人，四级至六级工29163人，七级工及以上的有1827人。上述这些调查情况很不完整，如文盲较多的煤炭、基建等系统的情况就没有统计上来。仅根据这些情况分析，在职工队伍中，绝大多数是初中以下的文化程度和四级工以下的技术水平，这种状况远远不能适应社会主义现代化建设需要。由于职工文化技术水平较低，现有设备往往不能被很好地使用，技术革新和技术改造进展缓慢，一些涉及产品质量、花色品种等方面的技术问题长期得不到解决，劳动生产率难以提高，管理水平难以提升，甚至有些企业引进了现代化的设备，有了不会用，坏了不会修。要

改变这种状况，根本的出路是搞好职工的文化技术教育。

1978年，成立了工农业余教育委员会，统管工农业余教育工作。在省委的领导下，职工业余教育逐步恢复和发展。大体上有三种类型：第一种类型是领导重视，管理职工教育的机构较健全，有专人办理职工教育工作，兼职教师、学习时间、办学经费等问题解决得较好，办学扎实，学员学习的情况也较好。这一类在省内是少数，其中有些省直属局办学面达到30%，如铁路分局所属的60个单位中，已经办学的有23个，占38.3%。水电八局所属较大的10个单位中，办学的有6个，全局共办学79个班，入学人数有2765人，入学率达到30.8%。国防工业系统八机局全局入学率达到22.5%。第二种类型是领导已开始重视，也明确了有机构管职工教育，指定了专人管或兼管职工教育工作，已经开办或正在积极筹办职工业余学校，只是由于某些办学条件尚未及时完善，故办学的规模还不大，办学的步子还不快。这一类的数量略大于第一类，两者合计占应办学单位的1/3以上。第三种类型是职工业余教育尚未开展，处于自流状态，占应办学单位的半数以上。

为贯彻1979年全国职工教育工作会议精神，1980年3月24日至28日，贵州省在贵阳召开了全省职工教育工作会议。各地、州、市分管教育工作的领导、教育部门和工会的负责同志，省级委、办、厅、局教育部门和产业工会的负责同志，以及部分厂矿的代表共130余人参加了会议。会议传达了全国职工教育工作会议精神，并结合全省实际，讨论了今后一个时期职工教育工作的任务，交流了经验。

省职工教育工作在新中国成立后至“文化大革命”开始前，同整个教育战线一样，取得了一定成绩，建立了从职工的识字教育到高等业余教育的体系。通过业余教育，为企业培养了一批管理干部和技术人员，对社会主义事业作出了一定的贡献。但是，“文化大革命”使贵州职工业余教育事业长期处于停顿状态。粉碎“四人帮”后，全国科学大会的推动，加上党的十一届三中全会把全党工作中心转移到社会主义现代化建设上来的英明决策，促进了贵州职工教育的恢复和发展，广大职工学文化、学技术、学科学的热情日益高涨。据1979年对部分厂矿企业的调查，办学面占30%，入学率达20%，职工教育工作逐步引起了领导的重视。但是从全省职工队伍的文化、技术和管理水平来看，同四化建设的需要仍然不相适应，初中以下文化程度的占80%以上，三级工以下的占75%。在领导干部和管理人员中，大多数没有受过专门训练，很少懂得现代化的科学管理知识。很多工矿企业缺少技术人员，“三低一少”（文化程度低、技术等级低、管理水平低和工程技术人员少）的状况已经成为实现四化的重大障碍。根据全国职工教育工作会议精神，结合工作实际，全省职工教育工作会议对加强职工教育工作的几个主要问题进行了讨论和研究，强调搞好职工教育首先要解决认识问题，特别是各级领导的认识问题，务必充分认识职工教育在四化建设中的重要地位和作用。会议召开后，各工矿企业把搞好职工教育作为企业重点转移的标志和评选先进单位的条件，一手抓生产，一手抓职工教育，实行全员培训，采取集中突击扫盲的办法。

全省各级工会在开展职工教育中，吸取了以往工作中的教训。厂矿企业对职工的实际文化和技术状况进行摸底调查，根据生产发展和技术改造的要求，制订职工教育的具体规划，有计划、有步骤地把职工教育开展起来，至1983年，全省70%以上的厂矿企业办起各种类型的职工业余学校，50%以上的青壮年职工进入各种类型的职工学校学习。

加强党对职工教育工作的领导，切实把职工教育列入党委工作的议事日程，是搞好职工教育工作的根本保证。在省工农教育委员会的领导下，省里成立了职工教育办公室（设在省总工会）和农民教育办公室（设在省教育厅），分别负责全省的工农教育工作。各地、州、市、县工农教育委员会，也参照省里的规定成立了相关机构。省级各委、办、厅、局的宣教、劳资、产业工会等有关部门，在党委的统一领导下，明确分工，各负其责，分管所属企事业单位的职工教育。省总工会负责发动职工群众参加各类职工学校学习，督促检查所属工会组织的办学情况，总结推广教学经验，评比奖励先进。在党委的统一领导下，宣教、干部、劳资、工会等有关部门分工负责，通力协作，共同办好职工教育。

做好职工教育由主管到参管的角色转化。1981年，全国职工教育工作会议召开后，全省各级工会自觉服从落实党中央、国务院《关于加强职工教育工作的决定》，主动同行政联系，妥善把职工教育工作移交给政府或行政，工交、基建、财贸、农林、国防、计委、文卫等系统，绝大多数厅局和基层单位均已由行政主管职工教育工作。

工会积极主动参与职工教育管理工作。根据全国职工教育管理委员会下达的《1982年职工教育工作要点》，结合实际，省总工会协助省职工教育管理委员会召开全省职工教育工作会议；参与开展了全省青壮年职工文化摸底测验和检查、评选先进等工作；参与制订了全省职工教育“六五”规划、文化复习和摸底测验实施办法，并协助省职教办付诸实施；协助省职工教育办公室开办职工教育干部培训班；参与全省文化摸底测验的考务工作和巡视检查工作；派专人协助省职工教育办公室工作；全省有35个县、市工会的同志直接抓考务工作；宣传党的方针政策，广泛做好职工群众的思想发动工作；协助省职工教育办公室推动工作，曾四次派人到外地学习、取经，协助解决开展职工教育中的问题。

按照全国总工会提出的“积极办学，量力而行”的方针，省总工会谋划职工业余学校的发展。据1981年8月统计，地方工会办学有26所，其中1所职工业余大学，25所职工业余中学。学员4000余人。在这些职工业余学校中，有5所是中央下达有关文件后建立的。1981年10月，又据对26个厅局的不完全统计，在636个基层单位中，行政办学的281个，占44.18%；工会办学的128个，占20.13%；行政办学入学人数有69299人，占调查单位职工总数的13.51%；工会办学入学人数有14620人，占调查单位职工总数2.81%。

经过持续努力，贵州省职工业余教育在恢复整顿中有所发展，截至1983年12月，全省已有125700多名职工参加文化学习，其中县级以上工会自办的夜校学员近2万名，参加各种技术短训班学习的职工有58088名。贵阳市总工会办的职工业余大学，有学员640人，已毕业（单科）467人，为机关和企事业单位培养了一批人才。

对青年职工进行“双补”教育。省总工会对国营企业职工进行系统思想政治教育，开展青年职工脱产政治轮训。根据全国职工思想政治工作会议制定的《国营企业职工思想政治工作纲要（试行）》精神，按照省委和全国总工会的要求，1983年以来，一些单位在党委领导下，举办了职工政治学校、政训班、短训班，分期分批地对青工进行脱产轮训。截至1984年2月，据不完全统计，在全省8645个单位中，共办政治培训班332个班（期），已培训职工13131人。培训班数量较多的是国防三机局系统，该局所属43个单位，就有30个单位举办青工脱产政训班，占单位总数的70%。贵阳市纺织工业公司系统联办职工政治学校9期，轮训了青工591人，占该公司职工总数的16.43%；贵州汽车配件厂工会协助该厂党委举办了10期政训班，培训了青工402人，占该厂职工总人数的20.1%；贵阳卷烟一厂办了9期，已轮训职工600多人，占该厂职工总人数的19.5%。还有不少单位也办了青工政治轮训班，比较系统地进行共产主义思想教育，使得在“文化大革命”中耽误了学习的青工“补上终生难忘的一课”。

1982年，全省全面开展青壮年职工初中文化和初级技术补课工作以来，在各级党委（党组）和政府的领导下，工会、团委等各方密切配合，经广大职教干部、教师和职工群众的共同努力，全省文化补课累计合格223217人，合格率达63.43%，技术补课累计合格138959人，合格率达58.46%，完成和接近完成国家规定的低限指标。“双补”提高了职工队伍素质，促进了生产发展，提高了经济效益，推动了全员培训的开展，加快了社会主义精神文明建设。通过政治、文化、技术补课和“振兴中华”读书活动，丰富了青年的文化精神生活，使青年的精神面貌发生了很大变化，勤奋学习的多了，做好人好事的多了，遵守纪律的多了，积极上进要求入党入团的多了，思想面貌焕然一新，好人好事层出不穷。

工会干部培训工作走向正规化。根据《全国工会干部培训规划要点》和《全省干部培训规划要点》的要求，省总工会制定了《1984—1990年全省工会干部培训规划要点》，要求全省工会系统县级以上单位党政领导干部、后备干部，县级以上做党群工作的机关干部，在意识形态部门做业务工作的干部，学习马克思主义哲学、政治经济学、科学社会主义和中国革命史等4门政治理论课，1985年有1/3以上的干部学完，其余的干部于1990年前学完。省总工会抓紧建设好干部学校，促进干校教育正规化建设，达到以正规化培训工会干部为目标的要求，力争早日开设大专班。各地、州、市的职工学校建设以现有的培训力量和阵地为基础，也在抓紧进行。同时，各级工会组织广开办学门路，采取集中与分散相结合、长期全面培训与短期专业轮训相结合、自己办与委托代培相结合的培训办法，实现干部教育的正规化、制度化。1984 年至 1988 年，全省共培训工会干部和工会积极分子 14500 人次。省总工会干校直接培训工会干部 1220 人。

省总工会干校于 1979 年 9 月恢复，利用省总工会礼堂和招待所于 1980 年 7 月办起了劳动保护培训班。在全国总工会的关怀和省总工会的直接领导下，进行新校舍的建设。全国总工会投资 140 多万元，建起一幢 2258 平方米的教学楼、一幢 2586 平方米的学员宿舍，还有 1000 平方米的教职工宿舍，以及澡堂、食堂、球场等附属设施。学校图书室藏书 2 万册。教职工队伍也不断壮大。在办学形式上，除每年积极举办各种培训班外，于 1986 年与贵阳市职工业余大学联合举办了两年制的工会干部大专班。省总工会干校从 1979 年恢复到 1988 年底，共举办两届大专班，毕业学员 102 人；举办各种类型培训班 28 期，培训工会干部 2739 人。省总工会干校发展成为对全省工会干部进行培训的重要场所。

二、开展“振兴中华”读书活动，强化对职工的“四有”教育

在全省职工中开展“振兴中华”读书活动。为响应全国总工会关于在全国职工中开展读书活动的号召，省总工会、团省委、贵州日报社、省文化出版厅决定在全省职工中开展“振兴中华”读书活动。读书活动以爱国主义和共产主义思想教育为主题，引导职工重点读中国近代史、社会发展史、中共党史相关书籍。在读“三史”的同时，也读思想修养、政治理论书籍。读书活动同系统的共产主义、思想教育结合起来，同经常性的时事、政策、形势教育结合起来，同“五讲四美三热爱”活动结合起来，同开展“学习当代保尔——张海迪”活动结合起来，同文化、技术“双补”结合起来。采取自愿报名、自由结合、自学为主的办法，在本单位工会、团委报名。工会小组和团小组把组织小组成员读书作为重要的工作内容，坚持从实际出发，根据职工年龄、文化程度、工作需要、接受能力和兴趣爱好等的不同，帮助报名参加读书活动的职工选择不同的书目，从而分层次、由浅到深、由低到高、由少到多，循序渐进地引导职工掀起读书求知的热潮。

工会和共青团还组织了多种多样、富有启发性和吸引力的辅导活动，如组织辅导报告、学术报告、科技讲座，组织书刊评论，交流读书经验，座谈读书心得等。同时开展了知识性、趣味性的征文、测验、文艺活动，组织读书联系实际的演讲，有计划地进行社会调查，组织读书活动日、厂际读书活动联谊会等。通过广泛深入地开展读书活动，工会和共青团干部同职工群众特别是同青年职工紧密地联系起来，让工会真正成为“职工之家”，让共青团真正成为“青年之家”。自党中央批复全国总工会党组《关于在职工中开展读书活动的报告》以来，贵州省有 40 多万名职工积极参加读书自学活动，建立了各种兴趣小组和自学小组近 2 万个，涌现出了一批读书自学积极分子和先进集体。近 10 万名职工参加了工会和社会举办的业余文化、技术和业务学习活动。广大职工通过读书，提高了觉悟，陶冶了情操，增长了知识，开阔了眼界，增强了主人翁责任感，激发了社会主义劳动的积极性，促进了生产和工作，增强了辨别是非的能力和抵制精神污染的自觉性。涌现出一批又红又专、能文能武的骨干力量，及一批后进变先进、先进更先进的典型人物，有力地促进了社会主义物质文明和精神文明建设，促进了社会风气的好转。

举办读书活动演讲邀请赛。为使“振兴中华”读书活动开展得既轰轰烈烈，又扎扎实实，并向纵深发展，省总工会举办了“振兴中华”职工读书活动演讲邀请赛，借以检查读书活动的效果和交流开展读书活动的经验。邀请赛历时 4 天，参加邀请赛的有黎阳机械公司、凌云机械公司、水城矿务局、贵州汽车制造厂、贵州汽车配件厂、贵阳矿山机器厂、都匀麻纺厂、贵阳棉纺厂、清镇纺织印染厂、中建四局二公司等 10 个单位，48 名演讲员和 13 名领队的工会（团委）干部。48 名演讲员中，大多数是工人，25 岁以下的青年工人占 2/3。此外，还邀请了各地、州、市工会和各产业、厅局工会的同志参加听讲、评议，与会人数共有 110 人。比赛期间，为了更广泛地交流经验，每场演讲会还邀请贵阳地区部分省、市基层单位约 600 人先后参加听讲。由于演讲内容具有鲜明的思想性、深刻的哲理性、丰富的知识性以及难忘的生动性，每次演讲会都在听众的心灵深处产生强烈的共鸣。比赛共评出 20 个优胜个人，4 个优胜集体和 2 个风格奖集体。为了扩大职工读书活动演讲邀请赛的影响，并使之形成热潮，比赛结束后，省总工会选出的7位演讲员，分别到贵阳矿山机器厂、贵州汽车制造厂、贵州汽车配件厂等6个单位巡回演讲。

举行首届贵州省职工职业道德演讲比赛和读书知识竞赛。为进一步在全省职工中树立热爱本职，忠于职守，为人民服务，对社会负责的道德风尚，省总工会于1987年9月22日至24日，在贵阳举行了首届贵州省职工“有职业道德的人讲职业道德”演讲比赛。53名演讲员参赛，分别来自全省9个地、州、市和18个产业。经过两天半的演讲，贵阳市总工会唐洁等6人获一等奖，省财贸工会符红琳等12人获二等奖，省化工工会刘玲等35人获三等奖。省总工会主席王思齐、副主席梁桂宝、陈保德、王彦喜等向获奖者颁发了证书和奖品。

在进行社会主义职业道德教育，加强社会主义精神文明建设中，由省总工会宣教部、《贵州日报》副刊部发起，贵州铝厂、贵阳朝阳旅社等16家企业和“窗口”行业单位联合举办了全省职工社会主义职业道德读书知识竞赛活动。这是贵州省各种知识竞赛活动中规模最大，参加单位和人数最多，受教育面最广的一次群众性的自我教育活动，全省共有25万名职工参加。这次竞赛活动从1987年8月25日开始，到11月结束。竞赛设一、二、三等奖和优秀奖及组织奖，其中一等奖30名、二等奖80名、三等奖220名、优秀奖1752名和特别组织奖30个、组织奖85个。1987年11月12日下午，在贵阳举行职工职业道德读书知识竞赛颁奖大会，省顾委主任苏钢出席会议。

广泛开展学习宣传张海迪活动。1983年上半年，全国总工会发出通知，要求各级工会组织认真贯彻党中央关于学习张海迪的指示和中央领导同志题词的精神，广泛深入地把学习宣传张海迪活动开展下去。各级工会组织按照通知要求，深刻理解中央领导题词和开展学习宣传张海迪活动的重要性，对学习宣传张海迪的活动作出具体安排，在广大职工中反复宣传张海迪的先进思想和先进事迹。学习她忠于祖国，热爱人民，正确认识人生意义，为人民的需要而存在的高尚品德；学习她对社会负责，为人民服务的献身精神；学习她渴求知识、刻苦自励、勇于拼搏的坚强毅力；学习她百折不挠、战胜困难、乐观向上的生活态度。充分运用各种活动场所和宣传阵地，使用各种宣传工具和宣传形式，宣传张海迪的先进思想和先进事迹。把学习宣传张海迪活动同正在开展的各项群众活动紧密结合起来。各级工会干部和工会积极分子带头向张海迪学习，工会领导干部抓布置、抓检查、抓总结，把学习宣传张海迪活动扎扎实实开展起来。

三、职工文体活动的恢复和加强

工人文化宫、俱乐部的发展。1979 年，全省基层工会文化宫、俱乐部仅有 133 个，图书室（馆）993 个，文艺团体 132 个。至 1988 年，基层工会文化宫、俱乐部已增加到 727 个，图书室（馆）增加到 2695 个，文艺团体增加到 1231 个，并建立各种兴趣小组 4900 个，创办职工文艺刊物 65 种。1979 年，全省县市一级的文化宫、俱乐部仅有 6 个，图书室（馆）35 个。改革开放以后，在全国总工会和当地政府的支持和当地工会的努力下，加快了建设，在 1980 年至 1989 年间，已建成县（市）一级文化宫或俱乐部 80 个，总面积 10.9 万平方米，在建设的 5 个，基本上实现了全省市、县都有文化宫或俱乐部，大大扩展了工会的宣传文化活动阵地。文化宫、俱乐部的活动效能也出现了新的变化，增加了活动内容，扩大了服务项目。大多数文化宫、俱乐部都开设了职工教育、图书阅览、录像、棋牌、球类、舞厅等多种活动项目，并配有小卖部、餐厅、住宿等服务设施，以方便职工。赤水县工人俱乐部由于不断更新和增加活动内容，吸引了众多的职工参加，取得了较好的社会和经济效果，仅在 1988 年就接待了群众 20 万人次，经济收入较上年增长 172.9%；贵阳市工人文化宫重新建设后，规模扩大，活动项目增多，并新办有“基层工会主席活动日”“厂长经理联谊会”等活动，扩大了社会影响。多数文化宫、俱乐部结合党的中心工作，举办时事政策讲座、报告会、知识竞赛、图片展览和业余自学辅导站等，吸引职工学政治、学文化、学技术，开展文体活动，寓教于乐，搞得十分活跃，成为职工学习和娱乐的乐园。为弥补资金的不足，在坚持为职工服务的前提下，不少文化宫、俱乐部从“供给制”服务型转到经营服务型，开展了多层次、多样化的有偿服务活动。据 28 个县（市）一级文化宫、俱乐部统计，1988 年有偿活动收入达 126.9 万元，增强了自我发展能力。其中，水城县工人俱乐部三年获经济收入 7.5 万元；独山县工人俱乐部一年时间就收入 6.3 万元。26 个县（市）一级文化宫、俱乐部推行了承包责任制或建立了以岗位责任制为中心的管理制度，提高了管理效能。如都匀市文化宫实行主任责任制和“三权”下放后，1986 年至 1988 年获经济收入 33 万元，使文化宫增强了活力和自我发展能力。

加强厂矿企业工人俱乐部工作。厂矿企业俱乐部是工会在党委领导下向职工及其家属进行共产主义教育的阵地，也是职工得到有益于身心健康的文化休息的乐园，更是一项文化福利事业，是工会工作的组成部分。俱乐部的中心任务是全力以赴为社会主义现代化建设服务，工会组织要把俱乐部建设成为职工群众欢迎的“工人之家”。1980 年 10 月 21 日至 25 日，省总工会在安顺虹山轴承厂召开了全省厂矿企业俱乐部工作座谈会。参加会议的有 72 名厂矿企业俱乐部负责人和 6 名州、市、县工会文化宫、俱乐部的负责人。省文化局、电影公司、群众艺术馆的同志应邀到会指导。会议期间，大家广泛地交流了俱乐部开展活动的情况，听取了虹山轴承厂等 12 个单位介绍开展俱乐部工作的经验，收听了关于鉴赏“流行歌曲”的录音讲话，参观了云马机械厂的俱乐部，并观摩了该厂业余文艺积极分子演出的话剧。座谈会充分肯定了改革开放以来俱乐部工作的成绩，讨论了厂矿企业俱乐部在新长征中如何广泛开展各种群众文化活动，为四化建设服务的问题。当时厂矿企业俱乐部发展状况不容乐观，全省只有少数厂矿企业有俱乐部，这与广大职工群众的要求很不相适应，与社会主义的企业也很不相称。针对这种情况，座谈会后，一些厂矿企业在人力、物力、财力等方面积极创造条件，因陋就简，及时把俱乐部开办起来，把挪用的文体活动场所退了出来，把已办的俱乐部办得更加丰富多彩，更加适应职工群众的要求。一些俱乐部配备专人负责，热心为职工群众服务。

全省各级工会对文化宫、俱乐部体制进行了改革，指导思想是在坚持“三不变”（性质不变、方向任务不变、依靠积极分子不变）的原则下，大力兴办各种服务事业，把工作搞好，增强活力，增强自身的发展能力，以适应广大职工的需要。改革的任务是改变过去单纯依靠工会补贴开展活动、吃大锅饭的办法，坚持社会效益和经济效益一起抓，逐步推行承包责任制，逐步达到减少补贴和不要补贴。各俱乐部推行承包的合同报上一级工会备案，发生矛盾时由上一级工会协调解决。实行承包后，工会简政放权，人权、财权、活动权三权下放。人事权实行聘任制和合同制，俱乐部主任由工会聘任，任期1—3年，称职的继续聘用，不称职的可免去。实行主任负责制，主任以下的人员由主任聘用。财权上在国家政策允许的条件下，主任有权批准收支。主管工会要做好财务监督。活动权除上级统一安排的活动外，其余日常活动俱乐部均有自主权。

1986年12月18日，省总工会出台了《关于进一步加强厂矿企业工人俱乐部工作的意见》，提出了相关工作要求。该意见出台后，各级工会组织提高认识，加强领导，利用工人俱乐部这一阵地，对职工及其家属进行共产主义和社会主义精神文明教育，提高了职工队伍两个素质，活跃了职工文化生活，充分发挥了工会联系广大职工群众的桥梁纽带作用，以及俱乐部在社会主义精神文明建设中的作用。对工人文化宫、俱乐部进行改革，在坚持为职工群众服务、为社会主义服务的前提下，改变过去那种拨多少经费办多少事的“供给制”的旧观念，树立经济核算、科学管理、增收节支的思想，扩大工作领域，广开有偿服务项目，兴办第三产业，提高经济效益，增强自身的发展能力，获取更大的社会效益。千方百计开展多形式、多层次、多档次的活动，把娱乐性、知识性、趣味性很好地结合起来，最大限度地吸引职工参加各自爱好的活动。从经济承受能力出发，全面规划，因地制宜，分期分批，逐渐更新设备、场所。各文化宫、俱乐部配备一定数量的干部，进行管理和服务；通过建立各种协会，如文学、艺术、美术、书法、棋类、球类、技术、体育、旅游等协会，把不同兴趣爱好的积极分子组织起来，依靠他们去组织广大职工开展活动。工人文化宫、俱乐部的工作，提高了职工文化水平，活跃了职工文化生活。全省已建工人文化宫、俱乐部305个，图书馆（室）1479个，市、县工会俱乐部的建设逐渐普及。俱乐部既起到了“窗口、阵地、学校和乐园”的作用，同时又发挥了它的经济效益。

开展丰富多彩的文化活动，鼓舞职工同心同德建设四化。1981年，省总工会开展了全省职工文艺调演。参加这次调演的有8个地、州、市和4个产业共15支演出队、300多名演职员。这次调演是对全省职工文艺活动的大检阅。参加调演的节目，形式多样，有音乐、舞蹈、戏剧、曲艺等不同类别。这次演出的99个节目中，职工自己创作的占96.4%。为了表彰在这次调演中“五讲四美”、文明礼貌活动开展好的演出队，调演领导小组决定设置风格奖。铁五局演出队、省公路运输演出队、贵阳演出队、毕节演出队、六盘水演出队获风格奖。这些队的共同特点是工作作风严肃认真，艺术作风一丝不苟，生活作风文明礼貌，遵守制度，听从安排，组织纪律性强，演出效果较好。这次调演共有53个节目获奖，其中优秀节目奖8个、演出奖32个、创作奖13个，这些节目从各个侧面反映了各条战线职工在四化建设中生动活泼的精神面貌和健康向上的时代感情。有些作品塑造了新长征路上一代新人的形象，有些作品歌颂了“五讲四美”的道德风尚。这次调演的节目，来自基层，反映基层，有浓厚的生活气息，在一定程度上起到了团结、教育、鼓舞职工同心同德为四化立功，为建设社会主义精神文明贡献力量的作用。

1984年6月23日，全国总工会歌舞团一行55人来黔巡回演出，共计42天，除行车11天外，31天中演出55场，行程2600多公里，观众10余万人次。6月23日抵达贵阳后，歌舞团先在贵阳演出9场，随即冒着酷暑，深入8个地、州、市巡回演出。先后到贵州铝厂、遵义铁合金厂、兴义天生桥工地、水城钢铁厂、汪家寨煤矿等地，给广大职工献歌献舞，受到各地领导和职工的热烈欢迎。歌舞团在黔期间，经常1天演2场，或2天演3场，一路奔波，除完成正式演出，还加演了5场。

为了庆祝中华人民共和国成立35周年，省总工会、省音协于1984年8月13日至17日在贵阳举办了全省职工“建设者之歌”创作歌曲调演。参加这次调演的有来自全省8个地、州、市以及14个省产业系统的职工文娱积极分子300人，演出创作歌曲节目108个。这次调演是按照全国总工会和中国音乐家协会的决定举办的。从1984年3月开始筹备以来，各地区、各产业工会和文化部门，通过发动群众，普遍开展了创作和歌咏比赛活动，征集评选出一大批质量较好的职工创作歌曲。调演歌曲的内容广泛、形式多样。参加演出的都是来自四化建设第一线的职工，多数是工人，也有教师、医生、技术人员和工会干部。通过调演，评选出了30首优秀创作歌曲、30个优秀表演节目，并分别发了奖。同时对组织工作搞得好的铜仁、遵义、六盘水、黔东南等4个地、州、市工会以及省机械厅、煤炭厅、公路运输、贵阳铁路分局等4个产业工会颁发了组织奖。调演结束后，选出部分优秀创作歌曲参加9月在北京举办的全国职工“建设者之歌”创作歌曲调演。

1984年9月28日上午，全省首届职工美术书法摄影展览在贵阳市工人文化宫开幕。王朝文、吴实、苗春亭、申云浦、惠世如、宋树功、唐弘仁、朱煜如等领导参加了开幕式，苗春亭为展览剪彩。这次展览共展出作品426幅，其中美术作品209幅、书法作品103幅、摄影作品114幅。这些作品都是厂矿企业单位的职工（包括离退休职工）创作的。作品充满了浓郁的生活气息，热情歌颂了新中国成立35年来社会主义建设取得的伟大成就，反映了丰富多彩的职工生活。

1985年元旦前夕，省总工会在贵阳召开授奖大会，表彰在全国职工“建设者之歌”音乐调演和美术书法摄影展览以及“建设者”征文活动中获奖的职工，并给他们分别颁发了证书、奖状、奖品和奖金。1984年，贵州省职工在为创建精神文明而开展的文化活动中，成绩斐然。在由贵州、云南等联合举办的工人文学“建设者”征文活动中，贵州省3篇作品获优秀奖、6篇作品获鼓励奖。全国举办的职工美术书法摄影展览，贵州省有5件（幅）作品获三等奖。全国举办的职工“建设者之歌”音乐调演，贵州省有3首歌曲获创作奖、1名职工被评为优秀歌手。授奖大会上，同时表彰了一批由全国总工会命名的读书活动积极分子和知识竞赛优秀集体、个人。省人大常委会主任吴实、省政协主席苗春亭、省顾委副主任陈行庚出席了大会，苗春亭在会上讲话。省总工会副主席梁桂宝在会上作了关于职工开展五项活动的总结，省、市文联、新闻单位的有关同志也参加了授奖大会，获奖代表在大会上发言。

为纪念抗日战争、世界反法西斯战争胜利40周年，1985年7月上旬，贵阳市委企业政治部、市总工会、团市委、市音协联合发出通知，在全市厂矿企业单位开展高唱抗日战歌的歌咏活动。此后一个多月，这项活动蓬勃开展，参加的单位共有316个，占市属企业的75%，人数达10万。这项活动使广大职工受到了爱国主义和革命传统教育，振奋了革命精神，激发了振兴中华的斗志。

这一时期，各级工会加强了活跃职工文化生活的工作。全省职工业余文艺团队有190个，文艺活动骨干有4929人，为职工演出了许多健康有益、丰富多彩的节目；职工业余文艺创作协会和小组 115 个，成员 1000 多人，在省内外刊物上发表了 871 篇作品，全国总工会评选的 28 篇职工优秀文艺作品中，贵州省有 3 篇。

表彰体育先进集体和个人，举办贵州省第二届工人体育运动会。改革开放之初，贵州省 4 个工厂被评为全国职工体育工作先进单位，8 位同志被评为全国职工体育先进工作者，受到了国家体委和全国总工会的表彰。云马机械厂充分利用活动场地，常年坚持开展多种多样的体育活动，增强了职工体质，促进了生产发展，并为国家输送了体育人才，连续 3 次被评为全国群众体育先进单位。通过表彰先进，把职工创造出来的经验总结好，集中起来，推广开去，推动职工体育工作进一步发展。同时，先进集体和先进个人互相学习、取长补短，改进提高自己的工作，更好地发挥带头和示范作用。

1982 年 11 月 1 日至 6 日，省体委、省总工会联合在贵阳召开了省职工体育工作经验交流会，各地、州、市体委、工会的代表和先进集体、先进个人的代表共 90 余人出席了会议。在会上，传达了由国家体委和全国总工会联合召开的全国职工体育工作经验交流会精神，云马机械厂、贵阳矿山机器厂、遵义铁合金厂等 9 个单位在大会上介绍了经验。省体委主任陈钧儒和省总工会副主席王志明分别讲了话，对今后职工体育工作提出要求。会议结束前，省人民政府副省长王振江和省体委、省总工会的负责同志，向全省 97 个职工体育先进集体和 175 个先进个人颁发了锦旗、奖状和奖品。

1984 年 9 月 22 日，贵州省第二届工人运动会在贵阳六广门体育场隆重开幕。参加这届运动会的 12 个代表团共有运动员 1944 名。运动会设有篮球、排球、足球、乒乓球、举重、田径、游泳、公路自行车等 8 个竞赛项目。根据大会竞赛规程的规定，游泳、举重和足球等 3 个项目的比赛，已于运动会正式开幕之前，分别在铜仁、六盘水和都匀市比赛完毕，余下的 5 个竞赛项目于开幕式后举行。历时 2 个多月，运动会于 10 月 31 日晚胜利闭幕。在这届运动会上，8 人次在田径、举重比赛中打破了 9 项省纪录，415 人（次）达到了国家等级运动员标准，25 支代表队被评为精神文明运动队、136 名运动员被评为精神文明运动员、27 名裁判员被评为精神文明裁判员。获金牌最多的代表团是贵阳市代表团，获精神文明运动队最多的代表团是黔南州代表团。

1985 年 4 月至 7 月，贵州省工人体育代表团肩负着全省人民和职工的重托，参加了第二届全国工人运动会 7 个项目（足球、篮球、排球、乒乓球、武术、公路自行车、游泳）的比赛。9 月在北京比赛区参加了这届运动会举重、田径的比赛。贵州省全体运动员、教练员团结一致，奋力拼搏，取得了较好的成绩。早在 1984 年 12 月 29 日，省政府批准了《省总工会、省体委关于筹建贵州省工人体育代表团的报告》，成立了以省政协副主席褚振民为团长，省总工会副主席梁桂宝、省体委副主任王德安为副团长的贵州省工人体育代表团，运动员 136 名（男 80 名，女 56 名），教练员 15 名，参加竞赛和武术表演赛。运动员中有汉、苗、布依、回、彝、土家、满 7 个民族，来自 103 个基层单位。年龄最大的运动员 57 岁，最小的 17 岁，运动员们顽强拼搏，取得了优异成绩，竞赛比赛 2 人破 2 项全国工人纪录、1 人创 3 项省纪录、1 人破 3 项省纪录、32 人次破 30 项省工人纪录，武术表演赛女队 5 人获 2 项二等奖、男队 3 人获 1 项一等奖，贵阳矿山机器厂、贵州铁合金公司、贵州钢绳厂、云马机械厂、水城钢铁厂观音山铁矿获全国职工体育工作先进单位，20 名先进个人受表彰。

四、职工生活福利工作的恢复和改善

经省委批准，1979 年 12 月 10 日至 17 日，省总工会召开了全省职工生活工作经验交流会。参加会议的有省级有关局（包括部分大厂、公司）的行政和工会负责人，各地、州、市及 26 个工矿集中的县的商业局长、城镇粮食供应负责人、工会干部等共 332 人。这是改革开放后召开的第一次全省职工生活会议。省委对这次会议非常重视，省委领导李庭桂在会议开始和结束时先后作了两次讲话，全国总工会派生活部副部长、国防工会负责人等参加并指导会议。会议明确了搞好职工生活的方向。国防工办、省财办、省建委、省总工会、省商业局、省粮食局、省劳动局、省煤管局等 8 个部门的负责同志，从各自的工作特点分别作了关于做好职工生活工作的发言。27 个单位介绍了办好职工各项集体福利事业（包括食堂、托儿所、医务所）、农副业生产、计划生育、安置待业人员等方面的经验。会上共印发典型经验 53 个。这些经验内容丰富，材料生动，有说服力，对大家的启发和帮助作用很大。会议还表彰了 121 个生活工作搞得好的先进单位，为各厂矿企业和基层单位搞好职工生活工作树立了学习的榜样。

改革开放以来，贵州省各部门和厂矿企业，各级行政和工会组织在党的领导下，普遍重视职工生活工作。恢复和发扬党关心群众生活的优良传统，在发展生产的同时，采取了一系列措施，解决了很多职工生活中的问题，取得了显著的成绩。1978 年，全省安排城镇待业人员 10 万人；全省 60%以上的职工在不同程度上增加了工资，全民所有制职工年平均工资达到 642 元，较 1977 年增加 31 元；1978 年建成交付使用的职工住宅面积达 62 万平方米，比 1977 年增长将近 1/3。工业的安全卫生和劳保工作也有所改善。职工食堂、洗澡堂、宿舍、托儿所、医务所等集体福利事业都在不同程度上得到改进和加强。农副业生产也有了发展。在实际工作中，涌现出了一大批职工生活搞得好的先进单位，积累了很多、很好的共同经验，进一步解放了思想，正确处理生产与生活的关系，依靠国家、企业和职工自己的力量，共同解决职工生活的有关问题，抓好后勤职工队伍的建设。

贵阳市工建交、财贸系统开展职工食堂厂际竞赛。为了适应四化建设需要，努力办好职工食堂，从 1978 年 7 月起，贵阳市总工会组织市属 17 个厂矿企业的职工食堂参加竞赛。竞赛以改善服务态度、提高饭菜质量为中心内容，以“五比”（比政治思想、比服务态度、比饭菜质量、比清洁卫生和比食堂管理）为条件进行。在半年多的时间里，参加竞赛的各单位职工食堂，通过广泛的思想发动，纷纷制订了改进食堂工作的具体规划和措施，并通过相互参观学习，很快掀起了你追我赶的竞赛热潮。贵阳胶鞋厂荣获优胜单位称号；贵阳针织厂、贵阳水泥厂、贵阳皮鞋厂获先进单位称号；贵阳建材综合厂、贵阳甘荫塘粮食加工厂、贵阳衡器厂和贵阳黔光铝制品厂等单位受到表扬，54 名食堂先进工作者受到表彰。在颁奖大会上，贵阳胶鞋厂和贵阳皮鞋厂的同志介绍他们办好职工食堂的经验。参加竞赛的贵阳水泥厂等 17 个单位，向全市厂矿企业职工食堂发出了竞赛倡议书。

省公路运输系统开展食堂、托儿所之间的竞赛。在开展社会主义劳动竞赛中，省公路运输系统注意关心职工生活，从 1979 年起，在全系统开展了以提高服务质量为中心的食堂、托儿所厂际之间的竞赛，在竞赛活动中好人好事和先进集体不断涌现。1981 年评选出优秀炊事员 32 人，优秀保育员、教养员 30 人，其他优秀工作者 17 人，先进食堂和托儿所 12 个，优秀食堂、托儿所 12 个。1982 年度又评选出厅系统的先进单位 5 个、先进食堂 9 个、先进托儿所 13 个。通过竞赛活动，全系统食堂和托儿所变化较大。在食堂方面，清洁卫生有了明显的改进，特别是通过“五讲四美”、文明礼貌活动的开展，各单位都把改善厨房卫生作为重点。基层普遍成立了托儿工作委员会，加强了对幼儿园、托儿所的领导，充实调整了托幼队伍。据 27 个托儿所统计，正式职工和合同工已达总数的 75%，高初中及小学以上文化程度的保教人员已达 82%，40 岁以下的年轻人占 68. 7%，经过幼师学习和受过短期培训的保教人员已达 32. 2%。

开展新中国成立以来全省规模最大的职工生活检查评比工作。为了总结党的十一届三中全会以来贵州省职工生活福利工作的成绩，交流经验，表彰先进，推动全省职工生活福利工作进一步开创新的局面，省总工会开展了职工生活检查评比工作，这是全省规模最大的一次检查评比。省总工会颁布的《贵州省企事业单位职工生活福利工作先进单位、文明集体、“五好”职工标准》作为检查评比的依据，具体标准包括文明食堂标准、文明澡堂（浴池）标准、文明集体宿舍标准、文明卫生所（科、医院）标准、文明托儿所（幼儿园）标准、文明理发室标准、生活福利工作先进单位标准、生活福利工作“五好”职工标准等。1984 年 3 月以来，各地、各产业工会根据省总工会的安排，在党委领导下，会同行政有关方面，对所属企事业单位的食堂、澡堂、托儿所、卫生所、集体宿舍和环境卫生等 6 个方面进行了检查评比。10 月中旬至 11 月中旬，省总工会按照标准，组织了有 140 人参加的 9 个职工生活检查团，对各地、各系统报来的先进单位和集体采取了一听、二看、三问、四座谈，打分与评议相结合的办法，进行了互检。检查团所到之处，企事业单位的党委书记、厂长、工会主席亲自汇报、陪同检查；一些边远山沟里的厂矿职工，见到检查团的同志们格外亲切，从内心里感受到省检查团带来的党的温暖。一些地、州领导听取检查团报告，对提出的一些问题和建议，当场表态，迅速解决。

全省职工生活福利工作大体经历了三个阶段。1979 年 12 月，全省职工生活工作经验交流会着重解决恢复集体生活福利，使职工吃饱、吃热的问题。1983 年 1 月，全省工交企业职工生活福利工作会议着重解决职工吃饱吃热饭菜、办好集体宿舍、洗好澡的问题。按标准互检，达到 90 分以上的职工生活福利工作先进单位 73 个，先进集体 87 个。这些单位和集体在生活福利工作中取得了显著效果，厂容厂貌发生了变化，食堂千方百计满足职工的需要，兴建、改建了澡堂，集体宿舍专人管理，托儿所、幼儿园开展早期教育和学前教育，卫生所（医务室、医院、疗养院）在防病、防伤上提高了治疗效果。这些变化，对于稳定职工队伍、提高主人翁地位、锐意改革、发展生产和增加效益，起到了很好的促进作用。

通过这次评比检查可以看出，很多单位在职工生活福利工作中摆正了生产与生活的关系，他们大胆改革，勇于创新，逐步实现生活福利工作社会化、企业化；狠抓质量管理，实行经济承包；加强民主管理，发挥职工主人翁的作用；开展后勤战线劳动竞赛，掀起学赶先进热潮。

改善职工生活福利，开展全省职工生活福利工作竞赛。党的十一届三中全会以来，许多企事业单位在大力发展生产和事业的同时，为努力改善职工生活福利方面做了大量工作，省政府表彰了 1984 年度全省职工生活福利工作先进单位 75 个、文明集体 98 个、劳动模范 10 名、先进工作者 53 名，鼓舞了全省生活福利战线职工的劳动热情，促进了全省各项工作和生产的发展。但是，全省企事业单位职工生活福利工作发展不平衡，有些企业的生产发展了，却没有重视改善职工生活福利，许多小企事业单位遇到的困难多，生活福利设施特别简陋。在以城市为重点的经济体制改革中，为进一步改善城市职工生活和社会福利，广泛、深入地开展职工生活福利工作劳动竞赛。从 1986 年起，贵州省以贵阳、六盘水、遵义、安顺、都匀、凯里等 6 个城市为中心，开展了全省职工生活福利工作竞赛，收到了良好的效果。

做好物价监督检查和职工帮扶工作。为贯彻《国务院关于加强物价管理和监督检查的通知》和全国总工会、国家物价局颁发的《职工物价监督暂行办法》，贵州省人民政府发布了关于切实控制物价的通知，成立省物价检查整顿领导小组，省总工会负责职工物价监督工作的组织动员和各种日常工作。各级党政、工会的领导，提高认识，切实把职工物价监督工作当作维护国家和人民利益的大事来抓，积极指导，热情支持，为职工物价监督活动提供方便。在省总工会和各级党、政、工会的努力下，贵阳市、六盘水市、遵义市、都匀市和兴义县陆续成立了职工物价监督检查总站，下设94个职工物价监督检查站（组），有职工物价监督检查员587人。由于贵州职工物价监督工作刚起步，还面临不少困难：部分地、州、市所在地还没有建立职工物价监督组织；有些建立了职工物价监督组织的地区，经费问题没有得到较好的解决；少数部门不支持、不配合这项工作，还有刁难、打击职工物价监督检查组织和监督检查员的现象。为深入贯彻省政府的通知精神，省总工会要求贵阳、六盘水、遵义、安顺、都匀、凯里等6个市和兴义、毕节、铜仁3个县尽快建立职工物价监督组织，开展职工物价监督活动。其他有条件的县也要开展这项工作。各地工会在抓好职工物价外部监督的同时，抓好内部监督工作。在生产、经营单位的职代会中，建立了物价监督委员会或物价监督小组，督促本企业、本单位自觉执行物价政策。制定物价管理办法，经职代会讨论通过，开展职工物价监督站与经营商店挂钩的“站帮店”活动，开展“物价、计量信得过单位”竞赛活动，企事业单位内部的职工食堂、托幼园所等集体福利部门违反物价政策的，不能被评为文明集体。各级党委、政府、有关部门和企事业单位，高度重视，组织广大干部、群众认真学习，提高认识，将职工物价监督工作列入重要议事日程，建立了职工物价监督组织，切实帮助工会和物价部门搞好职工物价监督工作。

全省工会积极开展职工扶贫和互助互济活动。对因物价等原因造成生活困难的职工家庭，除一部分继续通过补助救济妥善照顾外，大部分可通过贷款等多种形式扶持其发展家庭副业，兴办第三产业，广开生产门路，使他们从根本上摆脱贫困状态。扶贫资金，除可动用部分困难补助经费外，可在行政有关方面的支持下，通过行政拨款、工会筹款、银行贷款，向互助储金会借款或动用部分待业青年安置费等途径解决。各级工会大力开展职工生活互助互济活动，办好各种形式的职工互助储金会，组织劳力互助，帮助生活困难较多的职工解决生活上迫切需要解决而又能解决的问题。照顾鳏寡孤独病弱伤残职工，关心青年职工的恋爱、婚姻和家庭问题，关心女职工的特殊困难，解除她们的后顾之忧。职工自建、公助、群帮建造住宅，职工修炉、拉煤、理发、裁衣，调解纠纷，扶危救急，简办婚事、丧事，逐步形成一人有困难，大家来相帮的良好社会风气。

职工疗休养事业有了新进展。党的十一届三中全会以来，全省职工疗休养事业得到了应有的重视，疗休养院的建设有了较大发展。与1956年相比，20世纪80年代初期的床位数增长了9倍，众多劳动模范、先进生产者、优秀教师、科研人员、老干部和身患慢性病的职工参加了疗休养，增进了健康。1984年1月13日至14日，省总工会生活保险部在省总工会干校召开了疗养工作座谈会。出席会议的有息烽温泉、花溪等疗养院领导和业务负责人及生活保险部全体同志，省总工会副主席陈保德到会并讲话。1983年，贵州省疗养事业取得显著的成绩，疗养床位开放创造历史最好水平，收回了花溪职工疗养院，改善了管理水平，提高了服务质量。

息烽温泉和花溪两个疗养院的开放床位，由1983年的500张增加到1987年底的1000张，共接待17000多人，治愈转好率在90%以上；疗养院的经费自给率，1987年已提高到98.5%。一些工会举办实业已经起步，初见成效，全省职工200万人，其中省级以上劳模先进人物7662人，高级干部708人，高级知识分子894人，老职工61786人，从事有毒有害工种的职工172393人，1—3期矽肺7476人，疑似矽肺或慢性中毒的职工27615人。

1989年3月24日，省职工疗养学会成立。该学会是以职工疗养院广大医务人员和管理人员为主要对象的群众性学术组织，其宗旨是研讨、总结、交流全省疗休养事业的经验，不断提高医疗和管理水平。出席贵州省职工疗养学会成立大会的有50名代表。会议通过了学会章程，选举产生了第一届理事会理事、理事长、副理事长、秘书长和副秘书长，讨论了学会的重点工作。省总工会领导出席会议并讲了话。贵州省职工疗养学会的成立，标志着全省职工疗养事业由实践探索进入规律发现与理论制度指引的新阶段。

第八节　适应形势要求，加强基层工会建设

一、开展职工队伍状况调查

1986年初，省总工会根据全国总工会的指示，完成了对贵州省交通运输、国防两个产业的近万名职工的状况调查工作，这是新中国成立后省总工会第二次规模较大、系统性较强的职工调查。调查表明，广大职工拥护、关心改革，积极投入改革，发挥了工人阶级在改革中的主力军作用。省总工会十分重视这次调查。1986年2月，省总工会党组、常委对这次调查作了认真的讨论和安排。省总工会主席王思齐、副主席梁桂宝分别担任省交通运输、国防系统两个调查组的组长，并从省总工会机关、产业工会和基层工会抽调了13名干部，于3月初下到调查点。这次调查的两个产业选择了贵阳客车总站，汽车2场、3场，汽车配件厂和航天工业部061基地所属3531、3532、3533、3535、3407、3257、3277等厂，共11个调查点。历时2个多月，完成了2份综合性调查报告、5份典型调查报告，整理了45份个人谈话记录。

调查紧紧围绕改革这个主题。通过调查，深入了解和认识改革中出现的新情况、新经验、新问题，以加强工会工作和职工队伍建设，克服官僚主义，使工会工作更好地为四化建设服务。重点调查的内容包括：城市经济体制改革以来职工经济收入、生活方式的变化情况；职工对党的路线、方针、政策的认识和态度；职工“四有”状况；企业“两个文明”建设，思想政治工作的情况和问题；企业职工主人翁地位，工会、职代会的作用；职工切身利益方面的情况和问题。调查中，为了较客观地取得定性和定量资料，根据职工年龄、职务、工种、文化、政治、经济等不同情况对职工进行了多形式、多层次、多角度的广泛接触，用征询问卷的形式取得了9146份答卷，直接谈话450人，用等距抽样方法调查60户职工生活状况，并召开了20多次各种形式的座谈会，进行了必要的家访。这次调查的成果，除了上报全国总工会、省委领导机关，还下发到

相关的基层工会。调查所取得的定性和定量资料充分表明，广大职工拥护改革。调查中，广大职工从不同的角度，肯定了经济改革取得的伟大成就。

从同职工的直接谈话、征询问答的情况中了解到，职工对改革以来我国国民经济的快速发展、人民生活的显著改善，对党的实事求是思想路线带来的生动活泼的政治局面以及严厉打击刑事犯罪取得的成效等方面十分满意。有的企业联系工作实际，总结了改革中加强职工思想政治工作的经验。调查中，还发现在职工队伍、企业管理、工会工作中存在与改革不相适应的情况，如一部分职工存在与改革相矛盾、冲突的旧观念，有的企业存在较严重的不正之风，职工意见较多；有的职工把一些不正之风、“一切向钱看”同改革联系起来，对改革缺乏正确的认识；有的企业重视物质文明，放松了精神文明的建设，职工要求加强企业思想政治工作，特别是对青年职工的思想政治工作；较普遍的问题是广大职工对企业民主管理、职代会等方面的工作不够满意，影响着企业职工主人翁地位的发挥。以上这些问题在不同程度上影响和阻碍企业改革的深入和发展，职工对有的问题意见较大，要求尽快得到解决，这是对改革提出的新情况、新课题。调查表明，广大职工是关心改革，关心国家前途命运的。他们积极地投身于改革，有很高的政治热情。在改革中，应充分发挥工人阶级的主力军作用。经常深入基层调查研究，了解工人、熟悉工人，同工人交朋友，谈知心话，及时掌握职工队伍变化状况，是工会和工会工作者做好本职工作的基础。

二、通过企业改革整顿，增强基层工会活力

在企业整顿中调整好基层工会领导班子。按照中央组织部、全国企业整顿领导小组、全国总工会《关于在企业整顿中抓紧调整基层工会领导班子的通知》要求，贵州省总工会发布《调整和健全基层工会领导班子的通知》，要求各级工会抓紧调整好基层工会领导班子，重新检查基层工会领导班子的组建情况，不合格的限期调整，否则基层工会整顿不予验收，不得宣布为“职工之家”。按照《工会法》的规定，职工200人以上的企业可以设专职工会主席。凡应设专职工会主席的企业，按相关通知要求的条件，经过工会民主选举才能担任基层工会

主席。基层工会主席任职期间享受同级党委副书记、行政副厂长（副经理）一级干部待遇，是党员的工会主席经过党内民主程序参加党委。根据党中央关于改革干部管理体制的规定，工会干部实行双重管理。为了保证工会干部的相对稳定，对工会领导干部的任免、调动、提拔、奖惩，党委要同工会协商，征得上级工会同意。工会正、副主席任职期间，一般不要调动，如确属工作需要调动的，应经工会委员会通过，报上级工会批准。在调整期间，党委和上级机关派出的工会领导干部只能担任代理职务，并应尽快召开会员代表大会或会员大会选举产生。工会委员会和主席、副主席的选举结果，按《中国工会章程》报上级工会批准；主席、副主席按干部管理权限，由党委的组织部门办理任命手续。

加强工会领导班子建设。根据中央组织部、全国总工会的要求，省总工会对全省县以上地方工会、省产业工会和部分企业基层工会领导班子的现状进行了一次初步调查，总的来看，经过机构改革和贯彻落实中央组织部文件，省总工会领导班子建设有了新进展，工会领导班子成员在年龄、文化结构等方面有了明显变化，初步改变了年龄偏高、文化偏低的状况。企业基层工会领导班子建设也有了新的发展，从对6个地级、85个县级企业工会领导班子抽样调查的结果来看，绝大多数是按中央组织部规定选调相当于企业党委副书记、副厂长一级的干部担任工会主席。6个地级企业工会主席调整前平均年龄57岁，调整后49.5岁；大专以上文化程度4人，占66.70%；享受同级党委和行政副职待遇的由4人增加到6人，均进了同级党委。85个县级企业工会主席调整前平均年龄49.7岁，调整后44.6岁；原配备同级党委和行政副职的工会主席28人，现配备70人，增加了42人；原进入同级党委的有24人，现有61人，增加了37人。另对957个车间工会进行抽样调查，配备同级党委和行政副职担任工会主席的有375人，占39.2%；在7174个工会小组长中，享受副班长待遇的有1676个，占23.4%。

调整后的新班子，多数政治素质比较好，工作积极，开拓进取，给工会工作带来了生机和活力，大多数工会干部能够自觉学习马列主义基本原理，贯彻执行党的十一届三中全会以来的路线、方针、政策和中国工会九大、十大制定的方针、任务，在政治、理论、文化、工会业务知识等方面，都有不同程度的提高；能在政治上同党中央保持一致；能够正确认识城市经济体制改革和企业领导制度的改革，积极支持改革，参加改革，正确行使党赋予工会的职权，较好地完成党交办的各项任务；能够端正工会工作的业务指导思想，做到议大事、懂全局、管本行，顾全大局，作风民主，联系群众，争当“职工之友”，受到广大群众的信赖和爱戴。

省总工会调查组于1985年11月会同省委组织部联合转发了中央组织部有关文件，并对85个县级企业基层工会领导班子配备情况进行了抽样调查。从抽样调查的结果看，大多数县级企业基层工会主席是按同级党委和行政副职配备的，企事业基层工会主席配备、待遇问题基本解决。一段时间以来，反映比较强烈的相当一部分小企事业基层工会主席的待遇问题得到落实，也按同级党委和行政副职对待。

全省党政机关普遍建立工会。全省80%以上的党政机关已在1985年6月底前建立了机关工会，省委书记胡锦涛、副书记丁廷模以及省、地、县许多党政负责人都加入了工会。不少机关工会建立后，积极开展工作，努力提高机关工作人员的政治思想素质和科学文化业务素质；不断完善机关的民主制度，活跃机关的民主生活，保障机关工作人员的民主权利；关心机关工作人员的生活，积极为机关工作人员多办好事、实事，帮助他们解决后顾之忧；加强积极分子队伍建设，挑选有各种专长的能人充实积极分子队伍，并通过培训提高他们适应新时期工会工作的能力。

三、整顿工会基层组织，建设“职工之家”

党的十一届三中全会以来，贵州省各级工会从“文化大革命”的破坏中逐步恢复，结合企业整顿，基层工会得到初步整顿并开展了活动，在团结带领广大职工搞好生产建设和各项事业中，做了很多工作，发挥了一定的作用。但是，由于受“左”倾思想影响很深，加之“文化大革命”的冲击和破坏，元气大伤，在工会建设方面积压了很多问题，妨碍了工会组织的健全和工会作用的发挥。据

1984年初对省属以上300多个基层工会的情况调查，工会工作开展得好的是少数，有20%以上的基层工会，领导班子不齐、力量不足，干部数量少、能力弱，以致工作开展得不好，处于被动局面；更多的基层工会，组织不健全，工作不活跃，难以发挥作用，不能适应形势发展的要求，群众不满意。开展整顿工会基层组织，建设“职工之家”（简称“建家”）活动，就是为了把全省的基层工会，进一步整顿好、建设好，增强基层工会组织的活力，开创工会工作的新局面。

为了把中国工会十大和省工会七大提出的各项方针、任务落实到基层，1984年5月，省总工会召开全省工会组织工作会议，决定按照全国总工会的要求和部署，在全省范围开展整顿基层工会组织、“建家”活动。省总工会制订并下发了《关于整顿基层工会组织、建设“职工之家”的规划》，计划从1984年下半年开始，用3年或稍长一点儿时间，对全省工会基层组织普遍进行一次整顿，意在提素质和效率，逐步把基层工会办成适应四化建设要求，群众信得过，能替职工说话办事，名副其实的“职工之家”。会后，各级工会层层传达全国总工会、省总工会会议精神，学习文件、制订规划，开办学习班，培训骨干，进行试点。从1984年下半年开始，“建家”工作全面展开。

整顿“建家”活动总的目标是紧紧围绕党的十二大提出的宏伟蓝图，全面落实新时期工会工作方针，解决好基层工会组织不健全，工作不活跃，联系群众不密切，与新形势、新任务的要求不相适应的问题。通过整顿和建设，提高工会组织的战斗力，密切工会与群众的联系，在实现四个现代化和“两个文明”建设中充分发挥工会组织的作用。

整顿工会基层组织，建成“职工之家”的标准：建设一个符合四化要求，密切联系群众的领导班子和一支热心为群众服务的工会积极分子队伍；教育和动员职工努力促进技术进步，开展社会主义劳动竞赛，提高经济和社会效益，搞好安全生产，保证完成国家交给的各项任务；组织和动员职工学习政治、文化、科学技术和经营管理知识，提高思想政治素质和科学文化素质，在建设“四有”职工队伍中发挥应有的作用；推进企业事业民主管理，履行好职工代表大会工作机构的职责；保障职工福利、维护职工合法权益，为职工排难解愁；健全工会组织，加强小组建设，不断完善工会民主生活制度。

根据规划，到1984年底，整顿和建设好基层工会总数的10%左右，1985年完成30%左右，1986年完成40%左右，1987年上半年完成20%左右。各地区工会办事处，各州、市总工会和直接领导基层工会的市、县总工会、产业工会，结合本地区、本系统的实际情况，作出具体部署、安排，制订具体的办法、标准和实施细则，制订出总体规划和年度计划，排列出分期分批进行整顿“建家”活动的基层工会名单，并报上级工会备案，以便逐级考核验收。省总工会将抽样检查。各地区、各产业系统要从实际出发，不搞“一刀切”，在具体做法上先搞试点，按照“六条标准”对照检查。各级工会切实转变作风，深入基层，加强领导，花大力气，做细致的工作，抓好典型，总结经验，在整顿和建设好工会基层组织的同时，搞好各级工会领导机关的改革和建设，保证整顿基层工会“建家”活动健康有序发展。

由于整顿“建家”，增强基层工会活力同依靠群众搞好企业整顿、搞活企业、发展生产密切相关，因此，一开始就得到企业党委的重视、行政的支持和广大职工的拥护。在开展这一活动时，工会不是单枪匹马，不少单位是党政工一起参与。有的“建家”领导小组还是由党委书记亲自挂帅，如黔西南州工会“建家”领导小组是由州委副书记邱松飞任组长。省总工会为了及时了解下情，加以指导，当年就组织了检查组分别到黔南、黔东南、遵义等地区和10多个产业工会进行检查督促，还参加了安顺、清镇、惠水及省冶金、国防等系统召开的“建家”情况交流现场会，了解进展情况和存在的问题。

1985年5月，省总工会召开了全省整顿“建家”经验交流会，听取了贵州钢绳厂、黎阳机械公司、红林机械厂、贵阳车辆厂和贵阳市、六盘水市、省邮电等地区和单位工会开展整顿“建家”的经验介绍后，对“建家”工作作了进一步研究，推动了“建家”活动的开展。1986年，为了扩大“建家”工作的效果，省总工会又明确把“建家”扩大到县工会一级，开展创建先进县工会、先进职工之家，争做优秀“职工之友”的活动。经过2年多的努力，“建家”工作取得了很大进展。至1986年底，全省已建成并验收合格的职工之家6228个，占应建数量的80.8%。1986年、1988年，先后两次召开“建家”经验交流表彰大会，共授予103个基层工会“先进职工之家”称号，授予惠水等7个县工会“先进县工会”称号，授予427名工会干部“职工之友”称号。截至1988年底，全省除因生产规模正在调整和关、停、并、转企业，严重亏损企业和25人以下的企事业单位未被列为“建家”验收的单位以外，共“建家”7127个，占应建数的93%。

加强小企事业工会的整顿“建家”工作，对于全面开创工会工作的新局面，实现用3年多一点儿时间，把全省基层工会组织建成职工之家，具有十分重要的意义。全省小企事业工会基层组织占全省基层工会总数的90%以上，数量多、单位小、条件差，多数没有专职工会干部。部分基层工会工作基础薄弱，工会工作不够活跃，工会组织不够健全。花大气力切实搞好小企事业工会整顿“建家”工作，迅速改变这种状况，是各级工会组织的一项重要任务。

通过开展整顿“建家”活动，取得了明显的效果，基层工会的领导力量普遍得到充实和加强，工会干部在年龄、文化结构和业务知识等方面有了显著变化。六盘水市的水钢等6大企业的工会主席平均年龄降至49.5岁，该市85个县级企业工会主席相当于副厂长、副书记一级干部的，由28人上升到70人。“建家”活动后，参加党委班子的工会主席由24人增加至61人，一些200人左右的小型企业过去未设专职工会干部，通过“建家”活动，配备了工会专职干部。工会各项工作制度日益健全，工会工作的正常秩序逐步建立。贵阳车辆厂工会引用“系统工程”理论探索指导“建家”活动，取得了较好的效果。他们把“建家”当作一个“系统工程”来研究，根据“建家”的6条标准之间的内在联系，编制出一整套加强工会工作制度建设的规章资料，实施后对克服工会工作杂乱无章的现象，起到了良好的作用，推动了职工代表大会制度的健全和完善。各级工会都把健全职代会制度作为“建家”的重点工作来抓，促使工会更好地发挥职代会工作机构的作用。以往，有些单位的职代会重形式、走过场，实际作用有限，通过“建家”活动，情况有了很大转变，增强了民主性，特别是把职代会的注意力从过去单纯讨论生活福利问题转到以生产经营为中心的轨道上来，转到抓大事这方面来，从而提高了职代会的质量，使党委、行政、职工群众都比较满意。工会的宣传教育工作，建设“四有”职工队伍，关心职工生活福利以及其他各项工会业务活动，都有不同程度的进展。职工教育、读书活动更加广泛，职工文体活动更加活跃，工会开展的建设文明工厂、文明车间、文明班组竞赛活动，以及在为职工排忧解难、维护职工合法权益等方面，都有新的进步。通过“建家”活动，职工群众的积极性得到进一步发挥，促进了企业管理工作的改进和企业活力的增强。贵州钢绳厂工会建成了模范职工之家，生产也随着有了很大发展，企业各方面工作蒸蒸日上，被冶金部领导誉为“山沟里飞出来的金凤凰”。贵州汽车配件厂在“建家”中，动员职工积极投入改革，为提高经济效益作贡献，使工厂盈利和劳动生产率创出历史最好水平。

开展整顿“建家”活动后，全省各级工会组织有了很大的发展和加强。全省基层工会组织由1983年的9782个，发展到1987年底的12694个；工会积极分子由14万多人，发展到26万多人；工会会员由1188872人，发展到1372415人。全省建立工会组织的单位职工人数，由1983年的130多万人，增加到1987年底的200多万人。

这次开展的“建家”活动，是新中国成立以来工会开展的一次重要活动。事实证明，这次活动取得了实效。通过这次活动，较好地解决了基层工会作用不大的问题，在一定程度上改变了工会工作不够活跃的状况，加强了工会与群众的联系，使基层工会建设向着群众化、民主化迈出了坚实的步伐。但是，将工会建成名副其实的“职工之家”，是一个长期的过程。由于各级工会和党政领导重视程度不同，因此“建家”情况的发展是不平衡的，在“建家”的质量上存在差距，一些单位工会的情况还不理想。基层工会真正得到广大职工群众的信赖与支持，还需要做出更大的努力。

第九节　改革开放初期的贵州工运事业和工会工作

一、职工技术协作活动的恢复和发展

党的十一届三中全会后，全国各地全面恢复了技术协作活动。1982年3月，成立了贵州省职工技术协作委员会筹备组。1982年，129家基层单位建立了技协组织，围绕技术练兵、技术攻关等群众性技术协作活动逐步开展了起来。1983

年3月和1984年1月，省总工会和贵阳市总工会的职工技协筹委会先后成立，有热处理、远红外、电镀、电子、焊接、模具、金切等7个技术交流推广队。有的基层单位，如贵阳矿山机器厂、贵州汽车大修厂、凯里运输公司等，也成立了技协组织，开展了活动。1984年7月，召开了贵州省职工技术协作委员会成立暨表彰大会。此后，贵州各地、州、市和部分省级产业和大中型企业相继成立了职工技术协作委员会，技术协作活动得以全面展开，形成了贵州技协史上的第一个活动高峰。许多工会组织配合行政部门、技术部门在本系统、本单位开展了岗位练兵、技术（业务）表演、比赛等活动，这对广大职工特别是青年工人学习技术知识和操作技能起到很大的推动作用，为全省进一步广泛、深入地开展职工技术协作活动奠定了基础。

1984年7月24日至25日，省总工会召开了省职工技术协作委员会成立暨表彰先进大会。与会代表经过充分酝酿、协商，通过了贵州省职工技术协作委员会委员名单，并召开了委员会的第一次会议，民主协商产生了常务委员会委员、顾问和正、副主任，确定了省职工技协委员会办公室主任，常务委员20人，委员57人。

省职工技术协作委员会成立后，加强了对技术协作活动的组织领导，有计划地开展了一些有意义的活动。在全省成立了技术交流队、技术服务部、技术交流站190多个，通过开展技术攻关、技术革新、技术表演、技术讲座等活动，推广先进经验，解决生产难题，推广新技术264项，这些新技术，加上被采纳的部分合理化建议，有关企业获得的经济效益达3945万元。新天光学精密仪器公司职工积极开展厂内和厂际技术协作活动，解决了许多难题，受到了大家的欢迎。贵阳钢厂职工在技术协作活动中先后提出1092条合理化建议，被采纳了608条，增产节约价值117万元，全厂18个车间级单位都成立了技术协作小组。省职工技术交流站汽车技术服务部宣告成立，为振兴贵州交通运输事业作出贡献。

1987年，全省职工技协委员会有576个，其中基层工会技协组织有533个，基层以上工会技协组织有43个。由技协组织的技术交流队有642个，全年共攻破技术关键项目1500多项，创经济效益近2000万元；举行技术培训或讲座5308

次，有24万多人次职工参加；举行技术表演3200余次，参加表演及观摩的达17万多人次；推广新技术1200余项，创经济效益1200余万元；技协有偿服务1028次，总收入733万余元。省内大中型企业技协对小型企业和乡镇企业进行扶贫，完成项目30余项。各级技协组织开展的技术攻关、技术扶贫等活动，共创造价值6000多万元。

职工技协开展技术扶贫。全国总工会于1986年7月在贵阳召开了江苏、广西、上海、云南、浙江、四川、贵州等7省、自治区、直辖市技术扶贫试点会议，为总结交流经验、扩大技术扶贫试点面，又于1987年3月在银川召开了工会技术扶贫工作协调会，由西南扩大到西北，从原来的7个省、自治区、直辖市扩大到17个省、自治区、直辖市。会议要求第一批试点省、自治区、直辖市继续对口支援，进一步扩大技术扶贫工作面，力争取得更大的成效。同时还要求各贫困省、自治区、直辖市总工会花大力气，部署和落实本地区的技术扶贫工作，组织好本地区的能工巧匠开展技术扶贫活动，使技术扶贫工作深入稳妥地向前发展。协调会上，经浙江、四川、贵州三省协商并经全国总工会同意，浙江继续扶植大方县，四川扶植毕节县。

省总工会职工技协在搞好横向技术引进的同时，广泛组织发动全省大中型企业、事业单位中的能工巧匠、技术人员（包括离退休人员）就地开展技术扶贫活动。1987年初，省总工会常委扩大会上讨论通过了《关于搞好1987年职工技协技术扶贫工作的安排意见》，并发到全省县以上单位。会议决定“1987年重点组织50个大中型企业，开展技术扶贫工作，完成100个项目，各地、州、市工会和省级产业工会加强组织工作，牵线搭桥，结好对子，狠抓落实，抓出实效”。

云、贵、川三省总工会于1985年初协商决定，每年举行一次技术交易会，面向全国，三省轮流进行，由三省总工会和职工技协联合主办。第一届技术交易会于1985年11月在成都举行，第二届技术交易会于1986年10月在昆明举行，三省共有300多个企事业单位参加，展出1500多个项目，参展人员近1000名。黑龙江、上海、江苏、山西、陕西、江西、河南、湖北等省、市的职工技协组织派代表参加了会议。参展项目中，有技术转让、技术服务、新技术推广、技术培训等900多项；要求技术引进、难题招标和协作服务的200多项；名、优、特及新产品展销400多项。其中，既有高、精、尖的项目，也有相当一部分适合中小企业和乡镇企业的短、平、快的项目。交易会自始至终保持了热烈的气氛，每天都有成千上万的人参观、洽谈，参观者达7万人次。据不完全统计，大会总成交422项，成交额4785万元（其中正式成交1157万元，意向性协议3628万元）。在大会总成交额中，贵州成交额553万元（正式成交118万元，意向性协议435万元）。贵州以中心城市为主，组织了贵阳市、六盘水市、遵义市、安顺市、凯里市、铜仁地区、毕节地区、黔西南州、省国防科工办等9个团体参加交易会，共80多个单位、230多个项目参加展出。直接参展人员200多人。参展人员中，既有各地工会、经委、科委、科协的同志，又有经理、厂长、所长、书记、总工程师、科技人员、推销人员、工人等。

第三届技术交易会由贵州省总工会主办，于1987年10月15日至21日在贵阳市举行，刘玉林副省长出席开幕式并为大会剪彩。三省参展的企事业单位共有1100多个，参展项目2900项，其中技术成果转让1018项，产品展销1725项，难题招标157项。除云、贵、川三省参加外，全国有26个省、自治区、直辖市的200多人应邀参加技术交易活动。交易会期间，成交项目1862项，相当于前两届的2.9倍，成交金额32437万元，相当于前两届的5.1倍；加上其他省、自治区、直辖市的成交数，共成交1906项，成交额33737万元。这次交易会规模之大、范围之广、成交额之多，均创三省技协交易会的纪录，对促进科技进步，发展横向联系，促进云、贵、川三省经济发展，起到了积极的推动作用。

二、加强劳动保护，保障安全生产

1983年，全省工业生产形势比较好，但伤亡事故急剧上升，特别是水城矿务局木冲沟煤矿发生瓦斯煤尘爆炸特大责任事故，给人民生命和国家财产造成了重大损失。造成事故的原因是多方面的，其中群众劳动保护工作薄弱、不重视职工民主管理、群众监督作用发挥不够、影响劳动保护政策的落实，是重要原因。为了贯彻执行党的安全生产方针和党中央、省委关于加强劳动保护工作的指示，迅速扭转本省伤亡事故多发的局面，省总工会特提出指导意见。各地按照指导意见加强安全生产教育，提高思想认识，结合木冲沟煤矿的惨痛教训，向工会干部和劳动保护积极分子进行宣传教育，提高职工对加强群众劳动保护工作重要性的认识，使他们懂得搞好安全工作是维护工人利益的一项重要行动，是其自身的职责。积极发挥职工民主管理在安全生产方面的作用，通过职工代表大会认真讨论劳动保护的重大问题和劳动保护措施经费的提取、使用，作出有关决议。加强经常性的群众监督，工会组织在监督行政部门执行党和政府的劳动保护政策、安全法规方面行使了应有的权力。各级工会加强对职工的劳动保护宣传教育，在协助企业行政搞好安全生产，保障职工安全、健康的工作中充分发挥作用。群众劳动保护工作涉及面广，各级党委支持工会组织对劳动安全的监督检查工作，发挥群众监督作用，工会也及时向党委报告劳动保护工作情况和提出建议。

各地、各部门和所有企事业单位认真吸取木冲沟煤矿忽视安全生产，造成重大事故的惨痛教训，在安全第一、预防为主的思想指导下，坚决贯彻“管生产的同时必须管安全”的原则，大力加强安全生产工作，迅速改变全省劳动保护工作的被动局面。各级工会全面履行职责，行使应有的权力，保护工人的利益，发动和组织职工对安全生产进行有效的管理和监督，在加强安全生产中做出积极的贡献。加强群众劳动保护工作，是实现安全生产、文明生产的重要保证。通过加强劳动保护工作，强化了组织建设和制度建设，在开展群众监督检查活动方面也积累了一些好经验，全省安全生产形势明显好转，生产建设事故发生率显著下降。

三、《贵州工人报》的复刊

1984 年 4 月 11 日，省委印发《对关于恢复〈贵州工人报〉的请示报告的批复》，同意《贵州工人报》为四开小报，先作内部刊物试刊，待条件具备后，再申请公开发行。

1984年12月22日，省总工会印发了《关于出刊、发行〈贵州工人报〉的通知》，定于1985年1月1日开始试刊（一周一期）。《贵州工人报》是根据形势发展的需要和广大职工的要求而创办的，其宗旨、任务是宣传党的路线、方针、政策，传播各行各业的新成就、新经验，促进工会工作的开展，教育职工，为职工说话办事，维护职工合法权益，调动广大职工的积极性，为四化建设服务。各级工会对《贵州工人报》的工作高度重视，大力支持，为办好这张职工自己的报纸而共同努力，做好宣传、发行、订阅工作，报纸出刊前后，组织职工阅读试刊期间的赠阅报纸，并征求意见。正式发行后，每个基层单位、每个班组至少订阅1份，同时向报社推荐一些职工通讯员，并发动和组织职工投稿，注意收集对报纸的反馈、意见和要求，及时反馈给报社，以便改进工作。

根据省总工会复刊精神和《贵州工人报》7期试刊情况，1985年2月14日，省委宣传部下发《同意〈贵州工人报〉公开发行的批复》，同意从1985年3月1日起《贵州工人报》正式复刊，该报为四开四版，周一刊，以后可逐步改为周二刊或周三刊。

自1985年3月1日《贵州工人报》复刊至1989年11月20日止，五年间，共出刊456期，每期发行近30000份。开始为周一刊，1986年发展为周二刊。报纸坚持四项基本原则，重点在宣传党的路线、方针、政策、配合工会中心工作等方面进行宣传报道，在为工会改革服务、为职工群众说话、维护职工合法权益等方面发挥了积极作用，在全省各级工会、厂矿企业和广大职工中影响日益扩大。

《贵州工人报》是一张工会报、职工报，以广大职工群众为主要读者对象，以向职工宣传党的路线、方针、政策以及工会工作的方针任务，报道职工在“两个文明”建设中的活动和先进人物为主要内容；以采写职工最关心的情况、新问题、新事物为重要题材；以维护职工的合法权益并代表他们讲话为重要职责；以职工和通讯员的来信来稿为重要稿源，它是“职工益友、工会园地、企业窗口”。正因为《贵州工人报》有自己特有的读者对象和办报宗旨，所以它能立于全国和全省报刊之林。为提高办报质量，《贵州工人报》每年开展评选新闻活动。1985年获全省好新闻三等奖1篇。1986年获全省好新闻一等奖、三等奖各1篇。1987年获全省好新闻一、二、三等奖各1篇。1986—1987年度首届全国工人报刊好新闻评选中，获一等奖1篇、三等奖2篇。

四、建立合理化建议、技术革新成果发布会制度

1985年“五一”国际劳动节前夕，各省市参加全国五一劳动奖章授奖仪式的全体代表向全国广大职工发出了《关于在全国范围内广泛开展合理化建议和技术革新活动的倡议》，得到全国总工会、国家经委、国家科委和共青团中央的大力支持，四单位联合印发《关于积极组织职工群众开展合理化建议和技术革新活动的通知》。贵州省总工会、省经委、省科委和团省委联合转发了通知，并明确提出在1986年初召开合理化建议、技术革新成果发表会。

1986年5月30日，由省总工会、省经委、省科委、团省委共同组织的贵州省首届合理化建议、技术革新成果发表会在贵阳召开，全省16个地、州、市和产业厅、局的代表发表了成果。这次会议是检阅全省合理化建议和技术革新活动开展情况的工作成果发表会，回顾了工作进展情况，互通了信息，交流了经验。与会代表一致表示，要把合理化建议和技术革新这一群众性活动推向新高潮，为完成“七五”计划作出贡献。这次会议反映了全省广大职工为四化建设献计献策的强烈愿望和主人翁精神，进一步调动了全省职工群众参加合理化建议、技术革新活动的积极性，推动了工作的深入开展。

据统计，1985年全省开展合理化建议活动的基层单位共2530个，职工总数为520833人，提建议的人数为54489人，提建议的总件数为55386件，采纳28648件，已实施20759件。根据这次会上发表成果的5个地区和9个产业的不完全统计数字，从1985年下半年到1986年一季度，共提合理化建议29508件，提建议人数为33848人，被采纳11159条，可计算经济效益为1543.03万元；技术革新项目为6408项，参加人数为21571人，可计算经济价值为2391.37万元。会上发表工作成果的16个单位，其中贵阳铁路分局工会、安顺地区工会、毕节地区工会、六盘水市总工会、省农林水气工会5个单位被评为前五名，其他如省冶金工会、电力工会、国防工会、石化工会、贵阳市和黔南州总工会都做了许

多工作，取得了一定的成绩。

从全省情况看出，这一活动发展还很不平衡，未能形成广泛的群众性活动。这次成果发表会议召开后，各级工会加强领导，把合理化建议、技术革新活动同劳动竞赛、“双增”大讨论及其他群众性技术活动有机地结合起来，认真总结交流经验，表扬先进，全省广大职工形成了积极参与合理化建议、技术革新活动的热潮。

1986 年 10 月 31 日，省总工会、省经济委员会转发《全国总工会、国家经委〈关于深入开展以提高质量、降低消耗为重点的合理化建议和技术革新活动的通知〉的通知》，提出贯彻意见。各地在收到通知后，认真组织干部、职工学习文件精神，在提高认识的基础上，总结分析本地区、本产业、本单位开展合理化建议和技术革新活动的经验和存在的问题，制定具体贯彻落实的意见和措施，切实把此项活动作为开发职工智力资源，振兴企业，在竞争中取胜的一项重要措施来抓，掀起合理化建议、群众性技术革新活动的热潮。各地加强对合理化建议和技术革新活动的组织领导，各地、州、市、县（市、特区）和产业厅局，没有建立领导小组的尽快建立了起来。各地工会与经委密切配合，开展合理化建议、技术革新的日常工作，工会由生产部门负责，各地经委由技术开发部门负责，形成全省合理化建议和技术革新的组织保证体系。各地重点把开展合理化建议、技术革新和开展劳动竞赛有机地结合起来。各企事业单位围绕实现工厂目标和薄弱环节，明确合理化建议、技术革新的主攻方向，采用出题、张榜、招标等多种生动灵活的方式，放手发动群众献计献策，并把此项活动作为劳动竞赛的重要内容，努力把职工的积极性、智慧和创造力科学地调动起来，积极投入“保一争二”立功竞赛活动（每个职工每年确保提一条合理化建议，参加一项技术革新项目，力争提两条合理化建议，参加两项技术革新活动）之中，通过劳动竞赛活动，推动合理化建议、技术革新的发动组织工作和合理化建议、技术革新的实施，提高了实施率。各地注意抓典型，总结推广先进经验。对于合理化建议、技术革新成绩显著的单位和个人，结合各种评先树模活动，给予了表彰。国务院修订颁布的《合理化建议、技术改进奖励条例》是党和国家奖励政策的具体体现，各地认真落实奖励政策，做到劳有所得、功有所奖，克服平均主义，在做好物质奖励的同时，更加重视精神奖励。

五、开展国际互访交流

省总工会主席王思齐参加访日活动。1985 年 6 月 10 日至 20 日，应日本山形县劳动组合评议会议长五十岚恒男的邀请，王思齐随全国总工会地方工会代表团对日本进行了为期 10 天的访问，先后访问了山形县、山形市、鹤冈、酒田、田川、大阪、京都、东京等地，会见了山形县知事、副议长、山形市市长，拜会了日本总评；参观了烟厂、天童工场、三星制作所、金间制作所、花王石碱厂、山形市立西小学、筑波国际科学万博会和东京狄奈斯乐园；走访了工人家庭和果树种植农户，并和山形县、市、地区工会干部进行了会谈，达到了交流情况、增进友谊、促进中日友好的目的。

省总工会副主席梁桂宝参加访朝活动。以中华全国总工会副主席章瑞英为团长，江西省总工会主席李运德、贵州省总工会副主席梁桂宝、中华全国总工会生活保险部副部长孙长林和秘书葛振家组成的中国工会代表团，应朝鲜职业总同盟中央委员会的邀请，于 1985 年 5 月 17 日至 28 日对朝鲜进行友好访问。代表团遵照中央批准的方针，在朝鲜访问了平壤、咸兴、南浦等地，参观了金日成旧居、工厂、农场、港口、水利工程、医院、城市建筑以及少年宫、幼儿园等文教单位。朝鲜劳动党中央政治局候补委员、政府副总理郑浚基会见了代表团。

日本工会代表团访黔。应中华全国总工会的邀请，以副议长佐藤忠一为团长的日本山形县评（工会）等访华代表团一行 5 人于 1988 年 6 月 10 至 19 日来中国进行友好访问。6 月 13 日抵达贵阳；14 日上午，日本工会代表团在省总工会主席王思齐等陪同下参观了铁道部贵阳车辆厂，该厂工会主席俞毛林向客人们介绍了厂职工民主管理的情况，双方就感兴趣的问题进行了讨论；14 日下午，代表团到贵阳市职工业余大学参观、座谈；15 日，客人游览了著名风景区黄果树、龙宫等。代表团一行于 6 月 16 日离开贵阳，前往桂林、上海等地。

南非工会代表团访黔。1988 年 11 月 8 日，南非工会大会代表团一行抵达贵阳，省总工会主席廖先宏、副主席朱开茗到机场迎接。当天下午，省委副书记丁廷模在云岩宾馆会见了南非工会大会代表团。会见前，廖先宏向客人介绍了贵州省工会自身改革和中国工会十一大的情况。代表团以南非工会大会总书记约翰·恩卡迪门为团长，是应中华全国总工会邀请前来我国进行友好访问的。会见时，宾主之间进行了友好交谈。代表团在黔访问期间，参加了声援南非人民反对种族歧视和种族隔离斗争大会，参观访问了工厂和农贸市场，游览了龙宫、黄果树瀑布等风景区。

六、响应国家号召，广泛开展增产节约、增收节支运动

针对企业效益有了提高之后，不少地方出现铺张浪费、讲排场、摆阔气、大量消耗国家资金的新情况，1987 年，党中央、国务院决定在全国范围内、在各行各业中广泛开展增产节约、增收节支（“双增双节”）运动，以巩固和扩大企业改革的成果。全国总工会发出了《关于动员广大职工群众，广泛开展增产节约、增收节支运动的通知》，工会劳动竞赛的重心也随之转向“双增双节”运动。省委、省政府发出了《关于开展增产节约、增收节支运动的决定》，全省掀起“双增双节”运动热潮。

1987 年 3 月 17 日，省总工会印发《关于在全省职工中广泛开展增产节约、增收节支运动的意见》，要求全省广大职工和各级工会组织，认真贯彻全国总工会的《通知》和省委、省政府的《决定》，充分认识开展“双增双节”运动的深远意义和自身的重大责任，立即行动起来，积极投身到“双增双节”运动中去，为兴黔富民、加速全省社会主义“两个文明”建设作出贡献。省总工会《意见》提出六项落实任务：一是广泛开展“双增双节”运动的宣传教育，深入发动职工群众自觉投入“双增双节”运动；二是充分发动职工群众，制定“双增双节”计划和措施，把“双增双节”运动落到实处；三是广泛开展以“双增双节”为主要内容的社会主义劳动竞赛；四是广泛深入开展合理化建议、技术革新和技术协作活动；五是开展加强劳动纪律，培养职业道德，实现优质服务活动；六是加强安全生产管理，大力减少伤亡事故。

省总工会《意见》下发后，全省各级工会及时组织广大职工进行“双增双

节”大讨论，并利用实物展示、图片展览、数据计算等形式举办反浪费展览，加强宣传，帮助职工提高认识。同时，发动群众找关键、查漏洞、算细账、订措施，从降低消耗、提高质量、修旧利废、节约开支等方面，引导职工开展竞赛活动。有的单位提出人均增产节约100元的具体要求，收到良好的效果。如水城矿务局，仅1987年一季度就有10000多名职工投入收旧利废竞赛活动，共回收废钢材12180吨，回收坑木805立方米，回收金属支架4526千克，节电13.59万度，节油14.76吨，为国家节约110多万元，实现增收297万元，取得了很大的收获。贵阳铁路分局通过开展竞赛活动，1987年一季度超额完成运量18万吨，实现增收736万元。在“双增双节”竞赛中，不少单位采取签订“双保”合同的方式，调动生产者和经营者两方面的积极性，密切了二者之间的关系，对促进运动的开展起到了积极作用。

1987年7月14日至23日，省总工会先后听取了23个产业、厅局工会，9个地、州、市工会，4个地属市工会关于开展“双增双节”运动的专题汇报。7月23日，召开各地、州、市工会和省产业、厅、局工会深入开展“双增双节”运动汇报会，省总工会主席王思齐在讲话中指出，开展“双增双节”运动，是1987年全党、全国要抓的一件大事，也是工会工作的中心任务之一。这次会议的主要任务是汇报“双增双节”运动的进展情况，互通情报，交流经验，推进“双增双节”运动的深入发展。从总的情况来说，贵州省“双增双节”运动已全面展开，并正在深入发展，取得了明显的成就。不少单位分享了一些好经验，归纳起来如下：多数单位的共同做法是从实际出发，开展“双增双节”大讨论，提高职工对开展“双增双节”运动重大意义的理解和认识；进而充分发动职工群众，通过查、找、算、订，协同行政制定“双增双节”的目标、计划和措施，形成了合力。在“双增双节”运动中，着力于鼓实劲、干实事、求实效，一抓多层次、多形式的劳动竞赛，二抓合理化建议、技术革新，三抓协助行政深化企业改革，四抓班组建设，为“双增双节”目标分解落实打好了基础。

七、开展贵州工运史研究

贵州省工人阶级和工人运动，和其他地区一样，有着光荣的历史。新中国成立前，在党的领导下，英勇斗争，为解放贵州建立了巨大功勋。新中国成立后，为社会主义革命和建设作出了卓越贡献。几十年的战斗历程，全省工人运动和工会工作积累了丰富的理论和实践经验。用马克思主义立场、观点和方法，总结这些理论和实践经验，探索工人运动的规律，探索工会面临的理论和实际问题，对于培养工会干部，向广大职工进行革命传统教育，把我国工人阶级优良传统继承下来、发扬光大，使工会工作更好地为四化建设服务，是非常重要、非常紧迫的任务。因此，开展工运史研究工作，并不是一件可有可无的临时性工作，而是党和职工群众赋予工会的义不容辞的责任。

加强工会理论政策研究工作。1987 年 7 月下旬，省总工会召开全省工会理论政策研究工作会议，总结以往相关工作，对加强工会理论政策研究工作的重要性、紧迫性及其工作要求和具体部署作出了安排。省总工会主席王思齐到会并讲话，他指出，要充分认识加强工会理论政策研究的重要性，坚持正确的政治方向，紧紧围绕党的中心工作，根据现实生活中全国总工会、省委和各级党委以及职工群众关心的重大问题来确定研究工作重点，积极主动地开展调查研究。省总工会秘书长周钟瑾在全省工会理论政策研究工作会议结束时强调，做好“打基础”的工作，练好基本功；抓学习、培训，提高干部素质；向下调查，有针对性地掌握材料；占有信息、资料。

为进一步加强工运史研究工作，1986 年 11 月 3 日，省总工会召开了第一次工运史工作座谈会，省政协主席、省总工会原主席苗春亭出席会议并讲话。他指出，贵州工运史是全国工运史的一部分，也是全省党史的一部分，这项工作非抓上去不可，搞历史，一定要真实准确。省总工会主席王思齐在讲话中强调，工运史工作是一项专业性、政策性、时间性很强的工作，任务艰巨，时间紧迫。各级工会组织要提高认识，思想上充分重视；加强领导，组织上保证；明确任务，工作上抓落实。

开展贵州工运史研究情况。自 1980 年全国总工会两次召开工运史研究工作座谈会以来，全省各级工会都在不同程度上做了一些工运史料的收集整理工作。有的建立了机构、配备了专人，有的明确了专人兼管，一些地、州、市、产业工会召开工运史工作座谈会、老工人座谈会、老工会工作者座谈会，开展了相关工作。1986年3月，贵阳市总工会正式成立了工运史研究室，配备了4名工作人员，向地方党史和文史部门提供一些工人运动和新中国成立初期工会工作的资料，推动全市工会组织广泛收集；省邮电工会对工运史工作很重视，配备了1名专职干部，召开座谈会，外出走访老职工、老工会工作者，收集文献、报刊、回忆录等资料，完成《贵州邮电工会大事记》的编写工作；铜仁地区工会办事处建立了工运研究小组；江口县总工会编写《江口工运大事记（一）》。省总工会自组建工运史研究室后，在短时期内从机关文书档案中查阅复制了200多万字的资料。省地方志、《贵州年鉴》要求提供1984年、1985年的工会有关资料1.3万余字；遵义市党史征集办编印的遵义市解放前后有关工人运动的资料完成效果好。贵州省部分工会组织在工运史料征编工作中做了许多工作，取得了一定成绩。但从全省情况来看，工运史工作仍属起步阶段，工作进展不平衡，尚未全面系统开展起来，和其他省相比差距很大，需要迅速加强，奋起直追。

第十一章　在治理整顿中继续前进的贵州工运事业和工会工作

1988年至1992年，贵州省各级工会团结引领广大职工群众认真学习贯彻党的十三大和十三届三中、四中全会精神，坚持四项基本原则，坚持“一个中心、两个基本点”，适应发展有计划商品经济新形势，积极投身到治理整顿和深化改革的伟大实践中。

省工会第八次代表大会召开，对过去5年工作的成绩、经验及不足进行总结，提出新一届工会工作的主要任务，积极组织贯彻落实。深入开展以“双基”教育为重点的职工思想政治教育工作，维护生产、生活秩序和社会大局稳定。促进工会参与企业经营机制和劳动用工制度等各项改革，深入贯彻《企业法》，落实《全民所有制工业企业转换经营机制条例》，加快推进三项制度改革。帮助解决停产半停产企业职工生活困难，开展“送温暖”活动，搞好职工扶贫，推广扶贫经验。

加强和改善党对工会、共青团、妇联工作的领导。表彰先进集体和先进个人。大力兴办工会企事业。推进工会参政议政和法律机构建设，维护职工合法权益。贯彻全国基层工会工作会议精神，增强基层工会活力，加强县级工会建设，把“建家”活动推向深入。加强“三资”企业、乡镇企业和私营企业工会工作。成立女职工委员会，加强女职工工作，举办工会女干部培训班。开展工会工作竞赛活动，改进工会信息工作。转变工会工作作风，加强廉政建设。成立贵州省工人运动研究会，举办年会。扩大工会国际交往活动。

第一节 贵州省工会第八次代表大会

1988 年 8 月 4 日至 10 日，贵州省工会第八次代表大会在贵阳召开。这是全省职工政治生活中的一件大事，是一次以党的十三大精神为指导，进一步动员全省工人阶级坚定信心、振奋精神，促进改革和建设，加快贵州发展步伐的重要会议。大会的主题是以四化建设为中心，把发展生产力和维护职工利益统一起来，实现工会组织的群众化、民主化，培养“四有”职工队伍，充分发挥工人阶级在改革和建设中的主力军作用。

在开幕式上，省委副书记丁廷模代表省委、省政府向大会致词，省军区、团省委、省妇联、省科协的负责同志向大会致词，出席大会的代表有 645 名，代表全省 137 万名工会会员和 200 多万名职工。

丁廷模在致词中指出，过去五年来，全省广大职工在党的十一届三中全会以来的路线指引下，以高度自觉的主人翁责任感，积极投身改革和建设，大力发展社会生产力，为兴黔富民作出了巨大贡献。各级工会在党的领导下，认真贯彻党的路线和新时期工会工作的方针，围绕经济建设这个中心，坚持改革、参加改革，积极组织和代表职工参政议政，大力抓好职工思想政治工作，不断加强自身建设，积极探索工会工作的新路子，在全省的“两个文明”建设中发挥了应有的作用。改革和建设的伟大实践，造就了一批职工先进人物和先进集体，锻炼出了一批优秀的工会工作者，培育了一批工人阶级的优秀代表，推动全省工人运动进入了一个新的发展阶段。

省总工会副主席梁桂宝作了题为《团结全省职工，坚定信心，振奋精神，为推进贵州的改革和现代化建设作出新贡献》的工作报告。大会认为，工作报告在党的十一届三中全会路线指引下，贯彻中国工会十大制定的新时期工会工作方针，客观回顾了过去五年全省工会工作的主要成绩，认真制定了今后五年的目标任务，充分体现了党中央和贵州省委、全国总工会部署要求，符合贵州工会实际，是一份指导性强的重要文件。

大会选举产生省总工会第八届委员会委员 75 名、候补委员 5 名；选出经费审查委员会委员 13 名；选出出席中国工会第十一次全国代表大会代表 22 人。八届一次全委会选出常委 11 名，并选出主席、副主席。

大会期间，表彰了 32 个荣获“模范职工之家”称号的优秀基层工会、202 名优秀工会工作者、293 名优秀工会积极分子。

大会发出号召，党的十三大为社会主义初级阶段工人运动和工会工作指明了方向，创造了良好的环境。全省工人阶级要团结一致，坚定信心，奋发努力，在改革和建设中发挥工人阶级的主力军作用，发挥工会作为工人阶级群众性组织的作用，为加快贵州经济发展步伐，建设有中国特色的社会主义作出新贡献，以促进改革和建设的实际行动，迎接中国工会第十一次全国代表大会的召开。

这次大会的成功召开，使全省工人运动和工会工作进入一个新的发展阶段，对推动全省全面改革和“两个文明”建设产生积极影响。

第二节　加强党的领导，充分发挥工会作用

一、贯彻党的十三届三中全会和中国工会十一大精神，广泛深入开展形势教育

1988 年 9 月，党的十三届三中全会决定，以治理经济环境、整顿经济秩序和深化改革为中心内容，在全国范围内进行一次广泛深入的形势教育。全省各级工会组织和工会干部响应党中央号召，认真学习和宣传党的十三届三中全会精神，在广大职工中开展了生动活泼、富有成效的形势教育，使广大职工更好地理解和支持改革，增强战胜困难的信心和勇气，自觉投身治理整顿和深化改革的实践，为逐步建立社会主义商品经济新秩序作出应有贡献。党的十三届三中全会精神为中国工会十一大奠定了主基调。

1988 年 10 月 22 日，中国工会第十一次全国代表大会在北京召开。出席大会的代表有 1515 人，代表全国各条战线 9300 多万名工会会员和 1. 3 亿名职工。

全国人大常委会副委员长、中华全国总工会主席倪志福代表中华全国总工会第十届执行委员会向大会作题为《推进工会改革，团结亿万职工，在全面深化改革中发挥主力军作用》的工作报告。报告指出工会十一大的主要任务是“贯彻中国共产党第十三次全国代表大会和十三届三中全会精神，总结工会十大以来我国工人运动和工会工作的新经验，提出工会在全面深化改革中的主要任务，确定工会改革的目标、原则和要求，选举产生新的一届全国总工会领导机构”。报告对改革开放以来和工会十大以来的工会工作进行了总结，提出了工会在全面深化改革中的工作方针：“以经济建设为中心，立足改革全局，把发展社会生产力和维护职工具体利益结合起来，增强基层工会活力，实现工会的群众化、民主化，团结教育广大职工为建设有中国特色的社会主义而奋斗。”围绕这个方针，报告从四个方面进行了工作部署：一是发挥职工群众积极性，提高企业经济效益；二是参与协调社会矛盾，促进全面深化改革；三是推进民主政治建设，维护社会安定团结；四是加强精神文明建设，提高职工队伍素质。

随着国家经济体制改革和政治体制改革的不断深化，工会工作面临着历史性的转变。如何完成这一历史性转变？需要对工会进行改革。报告将其概括为三个“转变”：从产品经济条件下的工会工作，转变为社会主义商品经济条件下的工会工作；从权力过分集中、党群不分的政治体制，转变为在党的领导下独立自主地开展工作的新体制；从组织制度和活动方式上比较严重的行政化倾向，转变为群众化、民主化。具体的改革内容包括“进一步明确工会的社会职能，理顺工会与党、工会与政府、工会与企事业行政方面的关系，以增强基层工会活力为中心环节，密切工会和群众的关系，改革工会的组织制度和活动方式，实现工会的群众化、民主化”。

为更好地贯彻落实党的十三届三中全会和中国工会十一大精神，贵州省总工会发出在全省各级工会中广泛开展形势教育的通知，要求各级工会向广大职工宣传十年来改革的巨大成就，把面临的困难和问题讲透，把解决问题、克服困难的办法讲明，把改革和建设的光明前景讲清；帮助广大职工正确认识和处理好治理整顿和深化改革的关系、治理整顿与发展经济的关系、局部利益和全局利益的关系。抓住职工意见最大的问题和疑点、难点，用摆事实、讲道理的方法，解决职工中存在的一些模糊认识，把成绩讲够、问题讲透、措施讲清、方向讲明。在形势教育中提出做到“四个结合”，即与党的基本路线教育、理想道德教育、法制纪律教育、职工的文化生活相结合。把这次形势教育作为履行工会教育职能，加强和改进工会思想政治工作的新起点。

在形势教育中，各地（州、市）总工会、省产业工会、大企业工会，分别采取了不同举措，让广大职工深切体会到党的十一届三中全会以来改革和建设所取得的巨大成绩，通过实事求是的、有说服力的分析和对比，使职工群众进一步理解改革，对改革充满必胜的信心。各级工会在党组织的统一部署下，制定了抓好本地区、本系统、本单位工会形势教育的具体办法并组织实施；召集干部职工集中学习会议精神；基层工会充分利用文化宫、俱乐部、电影院、图书馆等工会阵地，采取举办形势教育、形势讨论、摄制录像带、制作统计图表、召开演讲会等生动活泼的形式加深干部职工对会议精神的理解；组织多种形式的群众对话活动，进行自我教育；抓住群众反映强烈的问题，组织职工代表与地方党政领导（企业行政）对话，使职工群众的意见能直接被有关领导了解，同时把党和政府正在采取的措施告诉群众，达到双向交流，互相了解、理解和谅解；在讲成绩的同时，不回避存在的问题，用中央和省委采取的严厉措施和惩治经济犯罪的大量事实，使职工认识到各种消极腐败现象的严重危害，引导职工认识到只有依靠党才能根治社会生活各方面的消极和腐败现象，组织职工投入反腐败斗争。通过开展形势教育，全省广大职工振奋了精神，统一了思想，增强了支持改革的信心和决心。

二、加强党对工会工作的领导，充分发挥工会组织的作用

全心全意依靠工人阶级，充分发挥工会组织的作用。1990 年 1 月，省委印发了《关于转发中共贵州省总工会党组〈关于全心全意依靠工人阶级，充分发挥工会组织作用的意见〉的通知》。通知强调，《中共中央关于加强和改善党对工会、共青团、妇联工作领导的通知》（中发〔1989〕12 号文件，以下简称中央 12 号文件）是加强和改善党对工会、共青团、妇联工作领导的纲领性文件，

各级党委要认真学习，坚决贯彻执行，制定加强和改善党委对同级工会工作领导的具体措施，进行督促检查落实。

各级党委充分认识全心全意依靠工人阶级，充分发挥工会组织作用的重大意义。切实加强和改善党对工会工作的领导，建立健全党委加强对同级工会领导的工作制度，大力支持工会依照法律和《中国工会章程》独立自主地开展工作，维护职工群众的利益。各级政府根据中央通知的具体要求，逐步建立和完善工会对政府工作民主参与的制度，并认真实施。各有关部门大力支持工会的工作，为工会开展工作和活动创造必要的条件。

全省各级工会组织认真履行维护、建设、参与、教育四个职能，把全省广大职工更加紧密地团结在党中央周围，坚定不移地贯彻党的十三届四中和五中全会精神，坚持“一个中心、两个基本点”，深入贯彻治理整顿和深化改革的方针，充分发挥工会组织在维护社会稳定、助推经济发展、加强职工思想政治工作，以及在国家和社会事务管理中的民主参与、民主监督作用，为进一步稳定和促进经济发展，为实现贵州治理整顿和深化改革奋斗目标作出新的贡献。

加强和改善党对工会、共青团、妇联工作的领导。1989 年 12 月，省委制定下发了《关于加强和改善党对工会、共青团、妇联工作领导的通知》，对贯彻落实中央 12 号文件精神提出了具体意见。通知指出，中央 12 号文件是党在新时期指导工会、共青团、妇联工作的纲领性文件。全省各级党组织和工会、共青团、妇联以及党政各部门、人民团体要认真贯彻执行。

全省各级党组织牢固树立全心全意依靠工人阶级和广大人民群众的思想，充分认识工会、共青团、妇联的性质、地位、职能和作用，切实加强和改善党对工会、共青团、妇联工作的领导，使党的群众工作有一个新的发展；经常听取工会、共青团和妇联的情况反映和建议；根据中央 12 号文件的要求，联系本地区、本单位的实际，抓紧制定加强和改善党对工会、共青团、妇联工作领导的具体措施。全省工会、共青团、妇联通过对中央 12 号文件的学习，进一步振奋了精神，增强了工作的责任感、荣誉感，把各自的工作做得更有生气、更有成效。

各级党组织按照党的路线、方针、政策，加强对同级工会、共青团、妇联的统一领导，使他们坚持正确的政治方向，同党中央在政治上、思想上、行动上保持高度的一致，自觉坚持和维护党的领导，维护社会的安定团结，警惕和防止任何企图摆脱或削弱党的领导的倾向。工会、共青团、妇联受同级党委和上级组织的双重领导，以同级党委领导为主。这些组织中的党组织，对同级党委负责，党员执行党的决议，接受党的监督。各级党委注意加强工会、共青团、妇联组织中党组织的建设，各级党委必须有一名副书记分管工会、共青团、妇联工作，并切实负起责任。党委每年综合研究工会、共青团、妇联工作一次，分别研究工会、共青团、妇联工作各一次。党委的有关会议，吸收工会、共青团、妇联的主要负责人参加或列席。在提名党委委员候选人时，考虑同级工会、共青团、妇联的党员负责人。经济发达、职工人数多的地方，在提名党委常委候选人时，考虑同级工会的党员主要负责人。上级党委定期检查督促下级党委加强和改善对工会、共青团、妇联工作的领导。把加强和改善这项工作列入考核党委工作的内容，作为评选先进党组织和优秀党务工作者的条件之一。

党组织支持工会、共青团、妇联遵循党的基本路线，围绕党在每个时期的中心任务，依照法律、各自的章程和他们上级组织的工作部署，独立自主、创造性地开展工作。不要干涉他们的日常工作。不要随意抽调其干部从事本职以外的工作。不得把工会、共青团、妇联组织的机构撤销、合并或归属于其他工作部门。各级地方党委和政府及其工作部门，为工会、共青团、妇联开展工作创造必要的条件，积极支持他们开展适合职工、青年、妇女特点的、健康有益的活动。工会经费按有关规定拨足交齐。任何单位或个人不得随意占用、平调工会、共青团、妇联的房地产及其他财产。已经占用、平调的，限期归还。

工会、共青团、妇联是党联系群众的桥梁和纽带，是国家政权的重要社会支柱。工会、共青团、妇联必须坚定不移地坚持“一个中心，两个基本点”，认真履行各自的职能，突出特点，发挥优势，在稳定政治、经济、社会，治理整顿、深化改革和推动贵州社会主义现代化建设事业中发挥更大的作用。工会、共青团、妇联在维护人民总体利益的同时，更好地维护各自所代表的群众的具体利益。关心群众疾苦，倾听群众呼声，维护群众合法权益。为群众排忧解难，每年为群众办几件实事。建立健全信息渠道，反映群众的要求和呼声，并督促有关部门认真答复、妥善解决，帮助党和政府改进工作。工会、共青团、妇联参与协调社会矛盾，努力把矛盾解决在萌芽状态和基层。特别是积极参与处理群众中发生的突发事件。

工会、共青团、妇联把思想政治教育放在重要位置上，按照中央12号文件的精神，制定切实可行的思想政治教育计划，以“一个中心、两个基本点”为指导思想，以培养“四有”社会主义新人为目标，针对职工、青年、妇女的不同情况，分层次、有重点、形式多样地进行思想政治教育和科学文化技术教育。突出抓好坚持四项基本原则、坚持改革开放、反对资产阶级自由化、反对“和平演变”和爱国主义、社会主义、独立自主、艰苦奋斗、革命传统教育，抓好国情、省情和形势政策教育。

各级政府逐步建立和完善工会、共青团、妇联对政府工作民主参与的制度。支持其充分发挥民主监督作用。经常听取他们的意见和建议，认真处理他们对国家机关及其工作人员违法乱纪、以权谋私和严重官僚主义等行为的举报，并吸收他们参加经济案件和其他有关案件的调查工作。在各级人大代表和政协委员中有一定的工人、青年和妇女。在提名人大、政协常委候选人时考虑同级工会、共青团、妇联主要负责人，县级人大代表和政协委员中的妇女一般不少于20%和10%。

各级党组织指导工会、共青团、妇联把工作的重点放在基层，放到工厂、农村、学校、街道，把基层组织是否具有活力作为检查和考核的一个重要标准。县级以上的工会、共青团、妇联树立为基层服务、为群众服务的思想，注意克服、防止脱离群众和行政化倾向。各级工会、共青团、妇联除了按同级党委统一安排，抽调干部下基层，还经常派干部到本系统的基层单位蹲点调查，了解新情况、新问题，加强对基层工作的具体指导，切实帮助解决实际困难，总结推广基层工作的新经验。基层单位党组织对本单位工会、共青团、妇联的工作切实负起领导责任。企业党组织同行政领导一起，把全心全意依靠工人阶级的方针落到实处，尊重职工的主人翁地位，维护职工的民主权利，支持职代会依法行使各项职权，充分发挥职代会参与企业决策、管理和监督干部的作用，充分发挥职工在发展生产、加强管理和合理分配中的作用。贵州省总工会继续抓好 100 个基层工会联系点。对工会、共青团、妇联涣散的基层组织，摸清情况，切实整顿，限期改变面貌。

各级地方党委按照干部队伍“四化”的标准，帮助同级工会、共青团、妇联配备好领导班子。注意选拔在制止动乱中立场坚定，敢于坚持原则，密切联系群众，作风正派的干部到各级领导岗位上来。党委推荐人选和调动工会、共青团、妇联任期未满的领导干部时，同上一级工会、共青团、妇联充分协商，取得一致意见。企业专职工会主席按同级党政副职干部配备。工会、共青团、妇联的各级领导班子切实搞好自身建设，逐步建立和完善工会、共青团、妇联干部选拔、配备、管理、使用、考核、奖惩、培养、输送等制度。对产业工会干部的住房和办公条件，其所挂靠的厅、局应予关心，逐步解决。各级宣传部门和新闻单位，与工会、共青团、妇联配合，搞好职工、青年、妇女中先进人物、先进思想和模范事迹的宣传报道工作。各级党委按照中央 12 号文件的精神和省委《通知》意见，组织本地区、本单位的工会、共青团、妇联及有关部门认真学习、研究，结合实际，扎扎实实地贯彻实施。

为认真贯彻中央 12 号文件精神，贵州省委副书记丁廷模带领省委办公厅、工会、共青团、妇联的负责同志，调研了解各地学习贯彻中央 12 号文件情况，先后到了安顺地区、虹山轴承厂、贵阳市，听取情况介绍和工作汇报，对这些地区贯彻中央 12 号文件精神提了总的要求，使党的群众工作有一个新的发展：党政领导干部和工会、共青团、妇联的干部对群众工作的认识提高到一个新水平；开创工会、共青团、妇联工作新局面；工会、共青团、妇联组织自身建设有新的进展；工会、共青团、妇联的工作条件在各级党委和地方政府的关心支持下逐步得到改善。

全省各级党委、政府、工会组织一致认为，认真学习贯彻落实好中央 12 号文件精神，对于推动工会工作的发展，开创工会工作的新局面有着十分重要的意义。

中央 12 号文件下发以后，省委非常重视，立即召集工会、共青团、妇联主要负责同志学习、座谈，结合贵州实际，制定下发了《关于加强和改善党对工会、共青团、妇联工作领导的通知》，要求各级党委把加强对工会、共青团、妇联的领导，作为关系国家盛衰兴亡的大事，作为党务工作的重要部分，作为贯彻党的十三届六中全会精神的一个重要方面抓紧、抓好、抓出成效。省委责成省委办公厅牵头，组织由省工青妇派员参加的联合调查组，就贯彻中央 12 号文件情况到部分地县（市）区乡村、厂矿企业开展调查研究，了解情况，总结经验。许多地、州、市、县委、厅（局）党组召开了常委会、党组会，吸收工会负责同志参加，认真学习中央 12 号文件精神，研究制定贯彻意见，把是否加强和改善对工会的领导列入考核党委工作的内容，作为评选先进党组织和优秀党务工作者的条件之一。

据不完全统计，全省已有安顺地委等 50 多个党委下发了关于贯彻落实中央 12 号文件的意见，就加强和改善党对工会工作的领导从组织上、措施上、制度上予以落实。很多党政负责同志亲自主持召开专门会议或参加工会的有关会议，与大家一起学习、座谈、讨论中央 12 号文件精神，加深了对工会工作重要性的认识。全省工会干部受到了巨大鼓舞，工会上下掀起了学习、宣传、贯彻中央 12 号文件精神的热潮，借学习贯彻中央 12 号文件精神的强劲东风，把工会工作推上一个新台阶。

各级工会认真组织工会干部学习中央 12 号文件精神，提高认识，统一思想，振奋精神。研究制定贯彻落实中央 12 号文件精神的具体措施，利用工会的宣传工具和舆论阵地广泛宣传，使中央 12 号文件精神深入人心。举办培训班、研讨班，培训骨干。深入基层调查研究，总结推广典型经验。工作中把贯彻落实中央 12 号文件精神与完成工会各项任务结合起来，促进工会工作的发展。

1990 年 2 月初，省总工会召开党组扩大会议，制定了全省工会系统学习和贯彻中央 12 号文件精神的安排意见。要求各级工会联系工会工作实际，联系本地区、本系统、本单位的实际，在全面领会中央 12 号文件精神的基础上，制定切实可行的实施方案。3 月初，省总工会举办了两期基层工会主席和宣教干部研讨班，培训骨干 200 余人。通过学习、讨论和研究，加深了对中央 12 号文件精神实质的理解，为各级工会培训了骨干。

省总工会全委扩大会和常委扩大会，均以中央 12 号文件精神为指导，以布置、汇报、总结、交流学习中央 12 号文件精神为主要内容，以坚决把中央 12 号文件精神落到实处为重点，联系工会的业务工作，认真研究如何把中央12号文件的各项要求具体化，并作出相应的决定。贵阳市总工会采取一级抓一级，市总重点抓基层的办法，由常委带队，组成13个小组深入基层检查学习贯彻中央12号文件的情况，联系实际提出了切实可行的贯彻意见。据初步统计，9个地、州、市工会，21个产业厅（局）工会以及大多数基层工会都制定了学习贯彻中央12号文件精神的安排意见；全省各级工会已举办学习贯彻中央12号文件精神的学习班、研讨班、培训班900多期；各级工会负责同志带头撰写文章，充分利用工会的宣传工具和舆论阵地，宣讲中央12号文件精神。工会上下普遍增强了“四个观念”，加深了“四个认识”，明确了“四个体系”。明确学习贯彻中央12号文件精神与继续贯彻全国总工会十一届三次主席团会议和省总工会八届三次全委扩大会议精神的关系，以中央12号文件为动力，推动各项工作，为稳定队伍、稳定企业、稳定经济、稳定大局，完成治理整顿和深化改革任务作贡献。全心全意依靠工人阶级已经成为全党的共识，工会工作已经得到绝大多数党政领导的重视；从稳定大局的高度出发，切实做好稳定职工队伍的工作。

三、广泛深入开展基本国情和基本路线教育

深入持久地开展基本国情与基本路线教育。1990年5月，省总工会对全省宣教工作作出具体安排，指出要深入持久地开展基本国情与基本路线教育，增强工人阶级主人翁责任感和历史使命感。

各级工会充分发挥自己的特点和优势，在党委的统一部署下开展“双基教育”。以省委宣传部组织编写的《认清基本国情，学习基本路线》一书为主要教材，采取多种形式，对职工进行思想道德教育、民主法制和纪律教育、爱国主义和革命传统教育，培养和造就与社会主义现代化建设相适应的有理想、有道德、有文化、有纪律的新型劳动者，不断推动改革和“两个文明”建设健康发展；运用工会的宣传工具和舆论阵地，抓好骨干培训，组织职工认真学习和开展专题讨论，发动职工进行基本国情、基本路线知识竞赛，扎扎实实地把“双基教育”开展起来，坚持下去。围绕治理整顿、深化改革目标，把基础教育和

形势政策教育结合起来，把思想政治工作融会到各地区、各产业的中心工作中，加强日常思想政治工作，稳定职工队伍。

在开展教育活动中，紧紧围绕党的基本路线展开，相互联系、相互促进。突出抓好坚持四项基本原则、反对资产阶级自由化的教育，巩固和发展安定团结的政治局面；突出抓好以治理整顿、深化改革为重点的经济形势和经济政策教育，促进经济持续、协调发展；大力强化工人阶级主人翁责任感和历史使命感的教育，全心全意依靠工人阶级，自力更生，艰苦创业；认真开展法制和道德教育，着重抓好“四职教育”。上述几项教育，从基本国情教育入手，使广大职工了解祖国的历史、现在和将来的发展前景，使职工了解中国在共产党领导下，走社会主义道路，这是历史作出的不可改变的选择，是中国最根本的国情，取得了良好的教育效果。

1990 年，全省各级工会在党委的统一领导下，有计划、形式多样的“双基”教育工作普遍开展，取得了一些成绩，积累了一些经验。省总工会于 1990 年底召开了全省工会系统“双基”教育经验交流会，12 个单位在会上介绍了他们“双基”教育工作的做法和体会。各级工会领导对“双基”教育工作十分重视，把“双基”教育工作列为工会工作的重要议事日程。在党委的统一领导下，找准了自己的位置，与各部门密切配合，做到有计划、有步骤、有措施，是“双基”教育工作扎实开展的有力保证。各级工会充分利用自己的舆论阵地和宣传工具，大力宣传“双基”教育的意义，开办职工政治学校或培训班，开展点面结合、骨干和群众结合的“双基”教育，重点抓好骨干培训，解决“双基”教育的师资，是“双基”教育卓有成效的基础工作。各级工会根据职工的实际情况，多层次、多渠道、多形式开展“双基”教育的有效办法，是融思想性、知识性、趣味性为一体的“六个结合”，即把“双基”教育与马列主义、毛泽东思想理论教育相结合，与形势政策教育相结合，与革命传统教育相结合，与学“铁人”“雷锋”相结合，与“双增双节”和“合理化建议”活动相结合，与为职工办实事相结合。

这次经验交流会肯定了各级工会在“双基”教育工作中的成绩和行之有效的经验，布置了下一步工作任务，要求各级工会继续努力，进一步提高认识，在党委统一领导下，与有关部门密切协作，充分发挥工会组织自己的优势，大力改进教育方法，在吸引、启发、引导上下功夫，多做细致的工作，力求达到鲜明的思想内容与生动多样的形式的统一，实现正面灌输与广泛的群众自我教育的有效结合，把全省“双基”教育工作扎实深入地开展下去。

第三节　开展“双增双节”和职工技术协作活动，签订“双保合同”

一、开展以“双增双节”为主要内容的社会主义劳动竞赛和合理化建议、发明创造活动

广泛发动职工深入开展以“双增双节”为主要内容的社会主义劳动竞赛和合理化建议、发明创造活动，是落实党的十三届五中、六中全会精神，全心全意依靠工人阶级，搞好治理整顿、深化改革，把国民经济搞上去的重大步骤，为完成和超额完成全省国民经济计划和实现治理整顿的任务，促进国民经济持续、稳定、协调发展作出积极的贡献。

以“双增双节”为目标，开展社会主义劳动竞赛、合理化建议和发明创造活动。1989 年 11 月，党的十三届五中全会作出的《关于进一步治理整顿和深化改革的决定》中指出：“在整个社会主义现代化建设过程中，必须充分发动群众，长期不懈地抓好‘双增双节’工作，深入开展以‘双增双节’为主要内容的社会主义劳动竞赛。在治理整顿期间，尤其高度重视和认真抓好这件大事。”为贯彻上述精神和省委、省政府安排部署，省总工会和省经委联合发出《关于大力开展社会主义劳动竞赛、合理化建议和发明创造活动，推进“双增双节”运动深入、持久地开展的通知》，进一步引导竞赛活动有组织、有计划地开展。

1990 年，全省“双增双节”主要目标是在保证完成工业总产值增长 6%的前提下，力争增长 7%—8%；全省财政收入争取比上一年实际收入增长 4.5 亿元—5 亿元；重点企业主要产品的电耗、煤耗及其他消耗降低 3%—5%；产品质

量稳定提高率上升1%，质量损失费用降低5%；流动资金周转比减少5天；流通领域考核指标：国营物资、商业企业利润增长5%，费用降低2%；产成品资金占用，年末比年初降低10%；亏损面：按各地各部门考核，减亏10%；各类事故有明显下降。全省开展合理化建议的竞赛目标是全年达到提合理化建议30万条，创造价值1.5亿元。

“五创”夺杯赛，是以企业为单位，在完成上述“双增双节”指标的前提下赛创先、创新、创优、创汇、创最佳效益。创先：分为三个档次，主要经济技术指标达到国际同行20世纪七八十年代的先进水平，达到国内先进水平，达到省内先进水平。创新：结合国家经济结构的调整，瞄准国际、国内市场的需要，开发新产品，研制新设备、新材料、新工艺，发明和推广新技术等。创优：努力创优质名牌产品，创国优、部优、省优。建筑施工企业创全优工程。服务行业创优质服务单位等。创汇：就是使自己的产品在国际市场有竞争能力，为国家、本企业多创外汇。创最佳效益：努力提高产品质量，降低消耗，降低成本，用最少的人力、物力、财力消耗，生产出最多、最好、适合社会需要的产品，在同行业中达到最佳的经济效益。

为了提高竞赛的可比性，“五创”夺杯赛主要在省内同行业组织竞赛，由各有关厅局（含地、州、市各主管局），根据所管行业的特点，制定出开展“五创”竞赛计划，并组织全省同行业开展同业务、同机台、同工种等多种形式的竞赛，推动“五创”活动的深入开展，对竞赛中涌现出的先进集体和优秀个人给予表彰和奖励，事迹特别突出的授予省劳动模范荣誉称号。

二、各地开展各种形式的“双增双节”竞赛

为落实省总工会和省经委联合通知要求，各地、州、市工会和省产业、厅局工会都组织开展了各种不同形式的“双增双节”竞赛。省化工工会协同化工厅开展的直属企业厂际竞赛和以节能降耗为主要内容的全省小氮肥厂“节能杯”、小磷肥厂“升位杯”同行业厂际竞赛，已坚持数年，取得了较好的效果。1986—1989年，全省化工行业总产值从6.1亿元增到9.3亿元，产值和主要产

品产量指标均提前一年完成“七五”计划指标。贵阳铁路分局以“双增双节”为主要内容组织开展了“地区、站区联劳协作竞赛”“6个主要客运站劳动竞赛”“分局主要货场劳动竞赛”，在推动各项运输生产指标全面完成和超额完成上起了很大作用，1990年生产节能总价值达1341万元。省国防工业工会协同省国防科工办在各企业开展“争创双增双节先进班组”“双增双节能手”活动。省煤炭工会协同煤炭厅在煤炭系统坚持开展采煤、掘进、通风等岗位技能竞赛和井口安全检查接待站标准化建设竞赛。省邮电工会在全省邮电服务窗口开展了争当“服务明星”竞赛活动。

贵阳市总工会协同有关部门继续深入开展“双增双节”劳动竞赛，根据各行业不同特点、生产经营情况分五个组进行，有400多个企业参赛。安顺地区工会协同有关部门开展了“三双”① 竞赛活动。毕节地区工会开展了地区直属系统十厂十店竞赛活动。黔南州继续开展了“振兴黔南”厂际夺杯竞赛。据遵义地区百家企业的不完全统计，“双增双节”创效益近1000万元。铜仁地区继续深入推行双保合同。六盘水市总工会组织开展了全市各级工会群众生产等各项工作的同业务竞赛，推动了以“双增双节”为主要内容的劳动竞赛、合理化建议活动的深入开展。

三、加强工会对职工技协的领导，推动职工技协活动深入开展

加强工会对职工技协工作的领导。为了充分发挥职工技协在经济建设和工会工作中的作用，省总工会职工技协实行地方和产业相结合的组织领导原则。各级工会职工技协组织按其工会隶属关系进行组织领导，受同级工会和上级职工技协领导，以同级工会领导为主。工会对职工技协的领导主要是方针、政策的领导，并对职工技协的重大问题进行决策，向职工技协推荐主要负责人。各级职工技术协会的会长，由同级工会分管技协工作的主席（主任）或副主席（副主任）担任，根据工作需要，行政领导可担任副职。各级工会职工技协办公

① 指双爱——职工爱企业，领导爱职工；双保——职工保任务，领导保生活；双增——增产节约，增收节支。

室，是同级工会的一个职能部门，也是同级职工技术协会的办事机构，其主任、副主任由同级工会任命，并专职负责工作，暂不具备条件的，可由工会任命工会群众生产部门的负责人兼任。

对各级地方工会职工技协办公室提出要求，根据工作需要配备相应的专职工作人员，暂不具备条件的，可采取聘用的办法解决。支持职工技协按其章程开展各项工作，并为职工技协提供必要的经费和场所，创造必要的活动条件，把职工科技活动阵地建设纳入建设职工之家的内容。各级工会要加强对基层职工技协工作的领导，加强同政府有关部门的协调，根据上级有关政策法令，结合本地实际，制定具体贯彻实施办法，为本地区职工技协活动的深入开展创造条件。

职工技术协作队伍是科技战线的一个方面军，有着自己的长处和优势，有各路能工巧匠和大批工程技术人员，人多范围广，工种学科齐全，实践经验丰富，开创技能较高，富有实干精神，活动方式机动灵活，花钱少收益大。根据中共中央关于经济体制改革和科技体制改革决定的精神，职工技协活动实行有偿技术服务，完全符合国家现行经济政策。各级财税部门予以大力支持，各级工会组织要切实加强领导，使职工技术协作有偿服务活动更广泛、深入、健康地开展，为振兴贵州经济作出更大的贡献。1988 年，省总工会出台了《贵州省职工技术协作实行有偿服务的暂行规定》，为全省进一步有效开展这项活动奠定了制度基础。

1989 年 5 月 30 日，省职工技术协会召开第二次代表会议，将“贵州省职工技术协作委员会”更名为“贵州省职工技术协会”。全省职工技协组织已发展到 600 余个，会员 5 万余人，在全省范围内已基本形成技术协作的网络，技协活动在全省各地蓬勃开展。

签署上海对贵州进行技术扶贫和经济技术协作协议。根据国务院和全国总工会关于开展支边扶贫的指示精神，在全国总工会技协办的统一部署和协调下，从 1991 年初开始，上海市总工会和贵州省总工会就开展跨省市技协活动、加强对职工技协财务工作的审查监督、技术扶贫和经济技术协作活动多次交换意见和互通情况，并做了一定的前期准备工作，在双方取得一致意见后，自愿结成扶贫和协作对子。1991 年 3 月 21 日至 22 日，上海市总工会和贵州工作组举行了正式会谈。会谈中，双方相互介绍了省市情况和技术扶贫工作情况，一致认为：上海和贵州在技术扶贫和经济技术协作方面有着良好的合作基础和广泛的协作领域。4 月 16 日，上海考察团对贵州省进行了为期 10 天的考察，考察期间进行了座谈。上海市总工会和贵州省总工会在原商谈的基础上，会同贵州省经委、省经协办和省扶贫办，经过认真协商，就上海对贵州省进行技术扶贫和经济技术协作达成了相关协议。

四、签订“双保合同”，建立企业利益共同体

贵州省总工会在贵阳钢厂和安吉铸造厂试点推行“双保合同”。“双保合同”是经营者与劳动者在根本利益一致的基础上，为完成企业生产经营和改善职工生活两个基本目标而签订的企业内部契约。1988 年初，贵州省总工会选择了贵阳钢厂两个分厂和安吉铸造厂作为推行“双保合同”的试点单位。这两个厂由工会主席和厂长在职代会上签订“双保合同”，调动了经营者和生产者的积极性，促进了生产的发展。1988 年 1 月至 10 月，在用电紧张的情况下，贵阳钢厂锻钢分厂仍然完成产量 20255. 9 吨，为承包指标的 86. 19%；实现利润 519. 7 万元，为承包指标的 103. 9%；综合合格率为 99. 91%，达到国家特级企业标准，职工收入增长 40%。安吉铸造厂是 011 基地的亏损大户，1987 年亏损 150 万元。1988 年签订“双保合同”以后，收支达到平衡，并略有节余。为了推动这项工作，1988 年 6 月，省总工会召开了部分产业和厂矿的小型座谈会，推广贵阳钢厂和安吉铸造厂的经验，进一步推动了双保合同制在全省的推行。据不完全统计，截至 1988 年底，铁路、冶金、煤炭、化工、机械等系统已有 33 个企业推行了双保合同制，普遍反映效果较好。1988 年 11 月，省总工会又召开了以推行双保合同制为主要内容的经验交流会，为 1989 年全面铺开这项工作打下了良好的基础。

在总结推行“双保合同”经验的基础上，1989 年省总工会对这项工作提出了新要求。1989 年初，组织部分地、州、市、县工会的同志赴外地学习推广

"双保合同"的经验；3月中旬，省总工会、省经委联合召开了各地、州、市工会和经委、产业厅局以及部分企业党政工领导参加的推行"双保合同"座谈会。会后，由省总工会、省经委、省委组织部联合制定下发了《贵州省企业推行"双保合同"试行办法》。各地、州、市工会和省产业工会按照这次会议的要求，宣传对"双保合同"的认识，并抓好试点，总结和推广先进典型。在各级工会的努力和有关部门的支持下，1989年这项工作取得了明显的进展。据不完全统计，全省推行"双保合同"的单位已由1988年的33个增加到150多个。实践证明，企业推行"双保合同"以后，厂长的管理权威和职工的主人翁地位进一步得到提升，密切了经营者和生产者之间的关系，对于深化企业民主管理，密切行政与工会之间的关系，都产生了积极作用。

第四节　表彰先进，劳模报告团巡回演讲

一、表彰第三届贵州省青工"五小"优秀成果及先进集体

贵州团省委、省经委、省总工会及省科协联合开展的青工"五小"智慧杯竞赛活动自1984年起的6年间，全省广大青工立足本职岗位，用自己的聪明才智，在工艺设计、提高产品质量、节约原材料、设备改造、企业管理科学化等方面，开展了大量的小发明、小创造、小革新、小设计、小建议活动，切实解决了生产中的一些急需解决的问题，为企业发展、兴黔富民作出了贡献。

1989年，省总工会开展了第三届全省青工"五小"成果评选，各地、州、市团委和经委、工会、科协以及各行业团委、技术部门经过严格初审和评选获奖的209个项目被推荐参加全省评选，经省评审委员会专家们认真审查筛选，实地查看和综合评估，评出一等奖5项、二等奖14项、三等奖42项、鼓励奖45项、优秀组织奖16个。团省委、省经委、省总工会、省科协决定对在全省第三次"五小"评选活动中获奖的106项成果和16个先进集体予以表彰，并颁发奖品、证书。

为扶持和鼓励企业青年职工改革、创新的积极性，弘扬爱厂如家的主人翁精神，根据国务院关于修订发布《合理化建议和技术改进奖励条例》的通知和原国家经委关于发布《合理化建议和技术改进条例实施细则》的通知的规定，各获奖项目的企业，按贡献大小、效益高低给予成果获得者适当的物质奖励和报酬。

二、颁发贵州省五一劳动奖状和五一劳动奖章

1990年，为了宣传表彰先进，充分发挥他们的带头、骨干和桥梁作用，进一步推动学先进、赶先进活动的深入开展，省总工会决定授予遵义铁合金厂桐梓分厂三号炉等22个集体为先进班组，颁发省五一劳动奖状；授予丁运洲等126名职工为四化建设标兵，颁发省五一劳动奖章和证书。希望受表彰的先进班组和先进个人，珍惜荣誉，戒骄戒躁，继续创造新的成绩，争取更大的光荣。

1991年，省总工会决定授予贵州橡胶配件厂风扇带成型甲班等24个班组为省四化建设先进班组，颁发省五一劳动奖状；授予万禄秋等98名职工为四化建设标兵，颁发省五一劳动奖章和证书。省总工会号召全省广大职工向这次受表彰的先进班组和先进个人学习，在党的领导下紧密团结起来，发扬长征精神，自力更生，奋发图强，深入开展以“上质量、上品种、降成本、增效益、保安全”为主要内容的社会主义劳动竞赛，为实现第二步战略目标，为贵州的稳定发展，充分发挥工人阶级的主人翁作用。

1992年，省总工会决定授予贵阳矿山机器厂铸铁分厂造型二班等20个班组为省四化建设先进班组，颁发省五一劳动奖状；授予于明汉等93名职工为省四化建设标兵，颁发省五一劳动奖章和证书。1992年，是我国社会主义现代化建设的关键时刻。邓小平南方谈话，犹如一股春风，迅速吹遍祖国的每个角落，神州大地掀起了一股深化改革扩大开放的浪潮。全省工会和广大职工决心抓住有利时机，思想再解放一点儿，胆子再大一点儿，步伐再快一点儿，集中力量，把建设有中国特色的社会主义伟大事业更快地推向前进。

1993 年，省总工会决定授予贵州习酒总公司等 3 个企业为省先进企业，颁发省五一劳动奖状；授予水城矿务局汪家寨煤矿采煤三队赵庆忠班等 19 个班组为省四化建设先进班组，颁发省五一劳动奖状；授予韦桂生等 76 名职工为省四化建设标兵，颁发省五一劳动奖章和证书。

1993 年在全国第七届运动会上，贵州省体育代表团获得 3 金、4 银、1 铜和 21 个第 4 名至第 8 名的较好成绩，为贵州人民争得了荣誉，实现了省委、省政府提出的“增人、增牌、增分、升位”的目标。射击运动员肖俊，多次在国际、国内射击比赛中获奖，为国家级运动健将。全国七运会上他以 582 环的成绩获得金牌，平了该项目的世界纪录，被评为七运会十佳运动员，国家体委授予其“中华人民共和国体育运动奖章”。王建忠是省航模线操纵特技运动员，多次在国际、国内比赛中取得优异成绩，1990 年至 1993 年获得全国冠军，1988 年、1990 年两次被国家体委授予“中华人民共和国体育运动奖章”，1989 年被团省委授予“省新长征突击手”称号，1991 年被评为“贵州十大杰出青年”。拳击运动员刘扬海多次在国内比赛中获得好成绩，特别是在全国七运会上夺得 51 公斤级金牌。女子体操队运动员罗莉，多次在国际、国内体育运动会上获奖；1993 年参加第一届东亚运动会与前世界冠军朝鲜选手并列高低杠冠军，全国七运会上又以 9. 9 分的高分与奥运会冠军陆莉并列高低杠冠军，她在七运会上的这枚金牌是贵州省体操项目建立以来第一次在全国运动会上获得的金牌。为了表彰先进，激励体育战线广大运动员、教练员为贵州的体育事业作出更大的成绩，省总工会决定授予肖俊等人省四化建设标兵称号，颁发省五一劳动奖章和证书。

三、追授王匀玲、俞崇尚为省四化建设标兵

贵阳铁路分局贵阳客运段列车员王匀玲，1989 年 2 月 19 日在贵阳开往上海的 152 次列车上值班，为保护乘客安全，不畏强暴，挺身拦阻并试图夺取持刀杀人犯的凶器，不幸被刺，以身殉职。王匀玲以她年轻的生命、高尚的情操，谱写了一曲社会主义精神文明的赞歌。她的一生是勤勤恳恳为人民服务、为铁路客运事业辛勤劳动的一生。省总工会决定追授王匀玲省四化建设标兵称号，颁

发省五一劳动奖章。

省总工会号召全省广大职工向王匀玲学习。学习她热爱祖国、热爱人民、不惧邪恶、不畏强暴、见义勇为的精神；学习她热爱本职工作，勤勤恳恳为乘客服务，帮助乘客排忧解难，全心全意为人民服务的精神；学习她团结、爱护和关心同志，把困难留给自己，把方便送给别人，助人为乐的道德风尚；学习她作风严谨，生活艰苦朴素，刻苦钻研业务，遵章守纪，廉洁奉公的精神。在王匀玲的精神鼓舞下，全省广大职工团结一致，振奋精神，在治理经济环境，整顿经济秩序，全面深化改革中，充分发挥工人阶级主力军的作用，为完成和超额完成全省生产和建设任务而努力奋斗。

俞崇尚是水利电力部第九工程局局长、高级工程师、局党委成员、省第六次党代会代表。为了使东风电站截流顺利成功，俞崇尚身患重病拼命工作，超负荷运转，工作过于紧张、劳累，1989 年 1 月 23 日深夜，他去工地导流洞进口察看施工情况，从 8 米多高的围堰摔下，由于伤势过重，全力抢救无效，以身殉职。俞崇尚是我们党培养起来的优秀知识分子，是肩负重任的领导干部。他虽然过早地离去了，但他生命的旋律是动人的，他的死是重于泰山的。为了表彰他的事迹，省总工会决定追授俞崇尚省四化建设标兵称号，颁发省五一劳动奖章。

省总工会号召全省广大职工向俞崇尚学习，学习他热爱党、热爱人民、热爱工作、热爱社会主义建设事业；学习他襟怀坦白、严于律己、廉洁奉公的精神；学习他艰苦奋斗、忘我拼搏、勇于献身的精神；学习他勤俭节约、艰苦朴素、不以权谋私的精神。

四、贵州省劳模报告团在全省开展巡回演讲

遵照贵州省委、省政府指示，贵州省劳模报告总团于 1990 年 8 月 5 日成立。总团正、副团长分别由丁廷模和廖先宏担任。下设两个分团，各由 11 人组成。劳模报告团成员于 1990 年 8 月 3 日至 5 日集中后，分别进行了 3—5 天的紧张训练，8 月 8 日向总团作了汇报讲演。丁廷模、廖先宏等逐个听了讲演，并提出了

修改意见。8 月 11 日在省级机关作了首场报告，8 月 13 日在贵阳市作了报告。从 8 月 14 日开始，两个分团分别赴全省各地、州、市进行为期 10 天的巡回报告，第一分团赴毕节、六盘水、安顺、黔西南四个地、州、市；第二分团赴遵义、铜仁、黔东南、黔南四个地、州、市。8 月 24 日返回贵阳。两个分团行程 2900 多公里，作了 21 场报告，听众达 22600 人。劳模们以饱满的政治热情互相学习、互相帮助，顶着烈日，冒着酷暑，从不同侧面，向广大听众讲述了他们热爱党、热爱祖国、热爱社会主义、热爱本职工作，忘我劳动、无私奉献的感人事迹，引起了听众强烈的反响，圆满地完成了任务。

各地党政军和工会对这次劳模报告非常重视，事先都专门召开会议作了布置和安排。各地领导都亲自主持会议并讲话，还在台下亲自听劳模报告。在接待上，各地都非常热情、周到，报告团每到一处都热情迎接，离开时都热烈欢送。报告团从铜仁到凯里时，黔东南州委领导委托州总工会主席杨光俊等人，专程到黔东南的北大门三穗县迎接；报告团离开时，又一直把报告团送到黔东南州的西大门麻江县。劳模们白天作完报告后，晚上各地都安排了丰富多彩的文娱活动，使劳模们的生活紧张而又充实。各地对劳模们的热情接待，让劳模们深受感动，他们决心回到工作岗位后，更加扎扎实实地工作，用实际行动来报答党和人民的关怀。

劳模们的报告，深深地吸引着每一位听众。李德俊在报告中介绍自己在日本京都大学召开的国际性学术讨论会上宣读自己的学术论文时，以高亢激昂的声音宣告："我们贵州省的工作能得到国际同行的认可和称赞，这是 3000 万名贵州人民的骄傲！"全场顿时报以雷鸣般的掌声。当孙善碧讲到为了保护国家财产，敢于和歹徒进行英勇搏斗的感人事迹时，全场一片寂静，报告结束后爆发出经久不息的掌声。劳模们的报告如春风化雨，扣人心弦，感人至深。

听了劳模报告后，工会收集了各地、州、市的反映，有的还组织了到会的职工座谈讨论，并写出了书面材料上报。各地对劳模的报告普遍反映较好：报告会所用的时间一共才两个半小时，每个劳模的报告时间在 20 分钟左右，比较紧凑，不冗长。报告以朴素的语言、求实的态度，把劳模们脚踏实地为人民利益忘我工作的崇高精神表达出来了。他们不惧困难、不畏强暴，以坚韧不拔的精神，在平凡的岗位上谱写出“两个文明”建设的壮丽赞歌。听这样的报告，比看文件、看材料、看报纸更生动，更吸引人，很有感染力和说服力，听后印象很深刻，催人奋进，发人深思。

五、组织开展庆祝中国共产党成立70周年演出、演讲活动

由省总工会组织的庆祝中国共产党成立70周年全省职工文艺调演，历时5天，于1991年6月28日晚在贵阳市工人剧院落下帷幕。这是新中国成立以来全省工会系统组织的一次最大规模的文艺调演活动。通过这一活动，热情地讴歌了伟大、光荣、正确的中国共产党，同时也检阅了职工文艺队伍的水平。参加调演的有来自全省9个地、州、市工会和17个产业工会的文艺队伍，获声乐节目一等奖4个、二等奖8个、三等奖13个、优秀奖15个，获舞蹈节目一等奖4个、二等奖8个、三等奖20个、优秀奖10个，获小品节目一等奖2个、二等奖4个、三等奖7个、优秀奖8个，获曲艺节目一等奖1个、二等奖2个、三等奖3个，获创作奖46个、组织奖27个、优秀演员奖78名。刘汉祯、王思齐等省领导观看了6月28日晚的汇报演出，并向获奖者颁发了奖状和证书。

为庆祝中国共产党成立70周年，鼓舞全省工人阶级坚定社会主义信念，省总工会于1991年9月11日至13日在贵阳举办了全省职工“党在我心中”演讲比赛。省总工会主席廖先宏、副主席李朝忠出席了第一天的演讲比赛。参加这次比赛的75名优秀选手经过层层选拔，来自全省9个地、州、市工会和19个产业工会。他们当中有工人、干部、教师和工会工作者，年龄最大的60岁，年龄最小的20岁，经过3天比赛，决出一等奖8名、二等奖16名、三等奖24名。在演讲中，他们以饱满的热情、雄辩的事实，赞颂中国共产党的英明领导和社会主义事业的蓬勃发展，颂扬那些默默奉献的共产党人，从而揭示出只有党领导的社会主义才能救中国，才能发展中国的真理。

第五节　贯彻落实《企业法》，推进深化改革，加强企业民主管理

一、贯彻落实《企业法》

为了保障全民所有制经济的巩固和发展，明确全民所有制工业企业的权利和义务，保障其合法权益，增强其活力，促进社会主义现代化建设，1988 年 4 月 13 日，中华人民共和国主席令第三号公布了《中华人民共和国全民所有制工业企业法》（简称《企业法》）。《企业法》总结了新中国成立以来，特别是改革开放以来企业管理正反两方面的经验，坚持社会主义方向，明确了工人在企业中的主人翁地位，结束了全民所有制企业法律地位不明确的状况，确立了现阶段具有中国特色的社会主义企业制度。

《企业法》公布后，贵州省委高度重视，深入贯彻落实工作。1988 年 6 月，省委成立了企业领导体制改革领导小组，省委副书记龙志毅亲自抓，通过对若干企业的试点和调查，在各基层企业制订《贯彻〈企业法〉理顺党政工关系工作规范》或《贯彻〈企业法〉实施细则》的基础上，制定了《关于贯彻〈企业法〉深化企业领导制度改革的意见》《关于在企业人事制度改革中引入竞争机制的意见》《关于贯彻〈企业法〉加强企业民主管理的意见》。在 1988 年 6 月中旬召开的全省企业领导体制改革会议上，讨论通过了上述三个省级规范性文件，后经省委、省政府以文件的形式下发执行。

1990 年 11 月 4 日，省人大常委会办公厅、省总工会联合召开了全省贯彻《企业法》现场会，会议总结了全省深入贯彻《企业法》的实施情况，对下一步工作提出了实施意见。会上 16 个单位介绍经验，参观了贵定县农机修造厂、雪茄烟厂、卷烟厂等企业，省人大常委会财经委员会副主任委员周邦华到会并讲话。这次会议交流了情况，研究了问题，打开了思路，增强了信心，对全省进一步贯彻落实《企业法》起到了促进作用，对推进企业生产的发展、改革的深

化和民主管理水平的提高产生了重要的影响。

全省各级政府和工会齐心协力，为实施《企业法》做了大量工作，广泛宣传，将其列为普法教育的重要内容，选取10多个工厂（企业）进行试点，培训业务骨干，抓住重点，全面推广，以两权分离、厂长（经理）负责制、职工民主管理及进一步完善企业承包经营责任制等为重点，由点带面逐步推行。各级人大发挥检查监督作用，对《企业法》的贯彻执行情况进行了检查，听取各级政府工作汇报。

全省贯彻《企业法》工作取得了显著成效，企业管理有法可依，增强了法治观念，加大宣传贯彻的深度和广度，破除以言代法、以权代法的旧观念，提高了企业管理水平，保持了经济政策的连续性、稳定性；进一步理顺企业党政工三者之间的关系，促进了企业民主管理水平的提高，职代会制度比过去更健全，保障了职工的合法权益；调动了企业经营者和广大职工的积极性，促进了生产的发展，推进了治理整顿工作；在深化企业内部改革、加强和改进企业管理上下功夫，同时逐步改善了企业从事经营活动的外部环境。但也存在贯彻落实不平衡的问题。

二、深化社会性改革

1992年，是改革分量、力度加大的一年，出台的项目多，涉及职工利益的改革多，大大加重了各级工会参与改革的任务量。全省各级工会以社会保障、住房制度等改革为主的社会性改革和以劳动、人事、分配制度改革为主的企业内部改革全面推行。1992年1月16日，省总工会召开八届五次全委（扩大）会议，对深化改革工作进行了专门部署，要求全省各级工会旗帜鲜明、积极主动地参与改革，动员广大职工积极支持和投身改革，提出了深化改革的四项原则：依靠群众、统筹兼顾、维护稳定、稳步推进。各级工会在落实过程中加强对职工有关改革的宣传和教育，深入做好深化改革过程中的思想政治工作，以形成有利于改革的环境。全省各级工会及时发现和总结全心全意依靠工人阶级，搞好大中型企业的好做法、好典型，并通过报刊、电视、广播等宣传工具广为宣传。

改革代表了工人阶级的根本利益。不改革，国家和企业都没有希望。改革是千百万人的事业，是工人阶级自己的事业，从某种意义上说，能否使职工群众积极主动地投身改革的实践，决定着改革的成败。任何一项改革措施，只有得到职工群众的理解和支持，才会有坚实的基础和强大的依托。1992 年 5 月 1 日，庆祝“五一”国际劳动节大会上，省总工会主席廖先宏在讲话中再次对深入改革工作提出要求，动员广大职工支持改革，投身改革。各级工会在以住房制度、社会保障等改革为主的社会性改革和以劳动、人事、分配制度改革为主的企业内部改革中积极发挥作用，取得了较好的效果。做好改革的宣传、教育，解放思想，冲破旧体制、旧观念的束缚，提高职工对改革的心理承受能力，理解和支持改革；深入职工群众，进行调查研究，反映职工的正当要求和合理意见；发动职工对改革的方案进行认真的、反复的讨论，以形成改革的舆论环境，提出建设性的意见，以完善其方案；做好改革过程中的职工思想政治工作，得到大多数职工的支持，对不同意见进行耐心细致的解释。对工伤职工、老弱病残职工给予适当照顾，对特困职工根据情况采取措施以保障其基本生活，对于富余人员、待岗人员协助行政大力发展第三产业，开发新产品，培训转岗，广开就业门路，尽可能在企业内部作出妥善安排；对于可能引起矛盾激化的事态，要识大体、顾大局，及时做好工作，化解矛盾，把问题解决在基层，解决在萌芽状态，以维护社会和政治稳定。各级工会组织团结和动员各条战线的广大职工把经济工作的着力点和主攻方向放在贯彻落实《企业法》转换经济机制，坚决把企业推向市场的思路上来。搞好大中型企业和地方重点企业，把企业推向市场，增强企业的活力。贵州经济发展的实践证明，广大职工群众蕴藏着巨大而可贵的积极主动精神和首创精神、崇高的主人翁责任感和使命感。各级工会牢固树立全心全意依靠职工群众办企业的思想，调动职工群众办好社会主义企业的积极性，发挥工人阶级在生产建设中的主力军作用。企业工会以提高经济效益为中心，广泛动员和组织职工深入开展“学先进，当主人，比贡献，创一流，增效益”社会主义劳动竞赛，开展提合理化建议、技术练兵、技术协作、小改小革等活动，挖掘企业内部潜力。同时，认真贯彻《企业法》和新修订的

《工会法》，切实加强企业民主管理，进一步完善职代会制度，扩大民主参与，把党的全心全意依靠工人阶级的指导思想落到实处。

1992年，省总工会参与制定了《贵州省全员劳动合同试行办法》《贵州省住房制度改革实施方案》，并组织7个系统、10多个企事业单位职工进行座谈讨论，对即将出台的房改方案进行了反复修改；参与了《全民所有制企业职工待业保险规定（草案）》《全民所有制企业富余职工安置规定（草案）》《中华人民共和国企业劳动争议处理条例（草案）》三个劳动行政法规的讨论与修改工作。省政府在起草八届人大一次会议上的政府工作报告时，省政府秘书长代表王朝文省长专程到省总工会召开座谈会，征求意见，做了政府与省总工会建立座谈会制度的一次尝试。

三、深化企业内部改革

1991年底，中央4个部门和全国总工会在北京召开了全国企业三项制度改革经验交流会。1992年，邓小平视察南方并发表重要谈话，我国政治经济形势发生了深刻的变化，全国各地普遍成立三项制度改革领导小组，推进三项制度改革的政策、措施纷纷出台，企业党政工组织积极试点、推行。1992年，全省在80个企业试点推行了三项制度改革。1991年3月，省里5个部门联合在贵州铝厂召开了全省企业三项制度改革经验交流会。1992年4月，在贵阳钢厂再次召开全省企业三项制度改革经验交流会。到1993年6月，全省已有1158户企业、18.48万名职工进行了三项制度改革，分别占全省国有企业户数和职工总数的12.4%和15.3%。其中，实行“四放开”的国有商业企业992户、职工5.74万人；实行各种形式劳动制度改革的企业47户、职工14.3万人；实行三项制度综合配套改革的企业16户；比照“三资企业”改革的企业8户。2623个单位参加了退休金统筹，632个单位推行了补充保险。一时间，三项制度改革成为企业转换经营机制的重要内容，成为企业改革中最引人注目的热点。

在劳动制度改革方面，企业用人自主权逐步落实，一些企业分别推行了全员合同制或劳动合同化管理和优化劳动组合等多种形式的改革。在工资分配方面，大部分企业实行了工效挂钩办法，多数企业内部分配突破了原有等级工资制的束缚，开始建立适合企业特点的工资制度和分配办法，体现了多劳多得，调动了职工的积极性。在社会保险方面，新制订的《国有企业职工待业保险规定》已经出台。多数企业和多数职工以及离退休人员参加了养老保险社会统筹。工伤保险和医疗保险改革进行试点。三项制度改革的大气候，使企业内部的改革呈现出一些新的进展。面对日益增加的市场竞争压力，许多企业对产品经济下形成的“人多好办事”的传统观念进行反思，增强了精简机构、缩编减员的紧迫感，推行以提高劳动生产率为目标的改革，实现了用人观念方面的转变。实行优化组合、精简机构、缩编减员和劳动合同化管理等切实可行的办法，一些企业在有不少干部、工人调职下岗的情况下，秩序井然，生产、效益同步增长，实现了实际效果的转变。一些企业把工资、奖金的按劳分配原则扩大到津贴、补贴和部分福利中，在培训人员、安排疗养和分配职工住房等方面比贡献大小，这种大口径的按劳分配，对企业内部的平均主义形成了一次新的冲击，实现了分配差距的进一步拉开。企业普遍探索以内部安排富余人员为主，社会为辅，逐步由企业向社会转移富余人员的路子。许多企业多角经营，广开渠道，增加收入，各具特色地安置富余人员，实现了内部消化富余人员方式的转变，一些省、市规定企业的富余职工推向社会不能超过1%—3%，而贵州省只有0.5%左右。企业对劳动保险制度实现社会化的必然性逐步有了共识。在企业仍面临许多困难，许多企业经营状况不佳、效益不好的情况下，仍愿意克服困难，按规定缴纳保险统筹费用，为的是能够形成新的企业劳动用人机制，企业保险逐步向社会保险过渡。在实施过程中，全省产生了一批新的典型和经验，如贵阳矿山机器厂以三项制度改革作为企业转换经营机制的突破口，使企业1992年生产规模上了一个新的台阶，实现利税4294.5万元，职工人均收入达4800元；贵州在企业三项制度改革中加强对职工的宣传教育，为改革提供了精神准备和思想保证。工会参与决策有位置、参与制订有方案、参与讨论有意见、参与监督有依据；省邮电工会与行政共同为企业统一开展了补充保险和个人储蓄性养老保险，深受广大邮电职工的称赞和欢迎，在1994年开展了职工病、死、伤、残的补充保险；贵阳铁路分局都匀工务段过去20年来坚持办好职工互助补充保险，职工人寿保险互助会为368名职工和家属发放了互助保险金3万余元，解除了职工的后顾之忧，调动了职工的积极性；水城矿务局建安工程总公司工会在企业三项制度改革中积极反映职工的意见和要求，在优化组合中开展谈心家访活动，积极为下岗职工联系接收单位，改革中被精减的各类人员394名，无一人上访，企业人心稳定，秩序井然；省汽车三场在劳动用工制度改革中，对富余人员内部消化，广开门路进行安置，将富余职工全部安排了工作，职工队伍相对稳定；六盘水煤矿机械厂积极参加煤炭行业的退休金统筹，并逐步建立起基本养老保险与企业补充养老保险和个人储蓄性养老保险相结合的人身安全保险，减轻了企业的经济负担和精神压力。这些典型和经验，从不同侧面反映了各级工会在全省大中型企业和小型企业三项制度改革中所做的努力。

贯彻落实《全民所有制工业企业转换经营机制条例》（以下简称《条例》），加快三项制度改革步伐。改革开放以来，企业外部环境已发生巨大变化，随着指令性计划逐步缩小，价格逐步放开，通过市场配置资源的比例不断扩大。商品市场、生产资料市场正在逐步形成，各项要素市场逐步建立，都为企业走向市场创造了条件。相比之下，劳动用工方面的市场配置程度是比较低的。它已成为企业机制转换，提高效益，加快发展的制约因素。国有企业人才流失，职工纷纷搞第二职业，有的已威胁到企业的前途，那种以传统计划体制为基础的劳动工资制度，在市场经济面前暴露出许多弊端，例如，企业在用人问题上不能因材施用，职工能进不能出，职务能上不能下，待遇能升不能降的僵化格局；人浮于事，劳动生产率低下；在传统的三项制度下，企业没有劳动人事和工资分配的自主权；传统的三项制度，使很多本应由社会承担的责任，都压在了企业头上。一些大中型企业，职工及家属和子女的生老病死、入托、入学、就业由企业包下来，造成了企业行为准则的混乱。因此，推进三项制度改革，已成为国有企业贯彻《条例》、转换经营机制和走向市场的突出问题。三项制度改革如果没有突破性的进展，国有企业就不能完成机制转换，就不能有高效益、高效率，企业面对日益加剧的市场竞争就会处于十分不利的地位。乘贯彻《条例》之机，根据各自的情况，大胆探索可行的方式，加快三项制度改革步伐，是实现国有企业机制转换的一项重要任务。

在三项制度改革中，工会既是组织者，又是执行者，既参与改革，又依法维护。全省各级工会努力适应新形势，更新思想观念，转变工作方式，提高参与水平。充分利用报纸、广播、录音、录像等手段，采取编写教材、印发宣传提纲、举办培训班等方式，正确宣传三项制度改革的方针、政策，对职工进行深入细致的思想教育。加强理论政策的超前研究，多层次、多渠道地代表职工进行民主参与和民主监督，参加改革领导机构和工作机构，参与有关法规和方案的起草、制定及实施的监督。按照国家对各项改革的总体要求，结合本地经济发展水平和职工的经济承受能力以及心理承受能力，进行全面系统的分析研究，形成有价值的报告和建设性意见，向党政领导和上级工会反映。企业各项改革方案在出台前，均提交企业职工代表大会讨论通过，充分发挥职代会的民主管理和监督作用，以保证改革的顺利进行。工会协助政府和企业行政为职工群众办实事，排忧解难，为改革的顺利发展创造有利条件。

1993 年 6 月 24 日，省总工会召开全省工会企业劳动人事、工资分配、社会保险制度改革经验交流会，这次会议是在全省职工认真学习贯彻党的十四大精神，加快改革开放推进社会主义市场经济体制建立的时刻召开的，是对工会深化改革的再部署、再动员。这次会议后，各级工会在劳动制度改革中大胆工作，取得了较好的效果。坚持平等竞争、双向选择的原则，坚持治懒不治弱、治滑不治老的原则，打破干部与工人身份的界限，抓好劳动合同、集体合同、劳动公约的签订、实施和监督，对不同所有制企业用工主体、用工行为进行比较，为建立新型的科学的劳动关系提出政策性意见和建议。协助政府和企业行政方面妥善安置企业富余人员，坚持“先挖渠、后放水”，立足于“内部消化”的原则，积极兴办第三产业，创办各类扶贫解困集贸市场。把职业介绍和职业培训结合起来，大力发展职业介绍机构，有条件的市、县工会，创办了职业介绍所。各级工会积极参与劳动立法，在制定有关确立、变更、终止和解除劳动关系，以及处理劳动争议的法律法规中，保障劳动者及用人单位双方的合法权益。

各级工会积极支持配合政府部门做好劳动人事、工资分配、社会保险制度改革各项工作，发挥了应有的作用。在工资分配制度改革中，各级工会积极参与国有企业工资分配，强化职工在企业分配中的民主参与和民主监督，促使企业形成良好激励机制，探索建立工会代表职工与行政进行工资分配的协商机制，分类实施，国有企业按照工资和奖金的分配，坚持公开、合理的原则，实行多种分配办法；外商投资企业和私营企业，探索建立工会代表职工与厂方就工资问题谈判的机制。有的地方工会积极参与最低工资法的制定，按照国务院颁布的最低工资标准，参与制定了适合本地实际的相关地方法规。

在社会保障制度改革中，在养老保险改革方面，养老保险改革的目标是国家立法，强化实施，费用三方面合理负担，建立基金，互助互济，实行社会化管理，保障退休人员的基本生活权利。各级工会努力参与，积极促进，逐步实现基金来源多渠道、待遇结构多层次、管理体制社会化的社会保险制度，推动开展企业补充保险和个人储蓄性养老保险，加强养老保险基金的管理与监督。在医疗保险改革方面，各级工会促进医疗单位坚持以社会效益为主的方向，不以营利为目的，建立科学的管理制度，医疗费用三方合理负担，保证职工基本医疗的需要，控制不合理费用的增长。在待业保险改革方面，工会促进扩大待业保险的范围，促进待业保险收支监督机制的建立。开展职工互助补充保险是推进保障制度改革的一项内容，也是工会为职工服务的一项工作，为此，1993年2月省总工会印发了《贵州省总工会关于深入开展职工互助补充保险的意见》，各地工会以此为依据，坚持不懈地抓紧抓好。

四、加强企业民主管理

全心全意依靠工人阶级，是企业民主管理的思想基础和理论基础。民主管理既是贯彻落实全心全意依靠工人阶级根本方针的重要保证，也是贯彻落实这一指导方针的重要内容。工会系统层层落实，宣传贯彻《企业法》，推进全省企业民主管理的深入发展。

紧紧围绕依靠职工群众办好社会主义企业的指导思想，加强企业民主管理。改革开放以来，全省各级工会密切结合经济建设和改革的实际，一直把企业民主管理作为工会的主要工作。《企业法》颁布前，省总工会出台了《三个暂行条例》，结合建设职工之家，抓职代会的组织建设、制度建设，促进了企业民主管理的逐步发展。《企业法》颁布后，全省各级工会立即贯彻落实。同时，按照省委、省政府的统一部署，积极参加了以贯彻《企业法》、理顺党政工关系为主要内容的企业领导制度改革试点领导小组及其办事机构的工作，通过到基层蹲点调查，完成了省委、省政府预定的任务，与省经委、省委组织部、省人事局等单位共同草拟了全省贯彻《企业法》的实施意见。在 1988 年 6 月召开的全省企业领导制度改革大会上，省委副书记龙志毅同志、省长王朝文同志就全面贯彻《企业法》推进企业改革分别作了报告，省总工会领导就加强企业民主管理作了讲话。

从党的十三届四中全会到 1989 年中央 12 号文件下发后，全省工会抓住落实党中央多次强调的要全心全意依靠工人阶级的指导思想，把落实职工群众特别是产业工人民主管理的权利作为全心全意依靠工人阶级的一项重要内容和具体措施。1989 年 8 月底，省总工会召开了“企业民主管理经验交流暨表彰会”，大张旗鼓地宣传依靠工人阶级办好企业的先进单位和先进事迹，交流了 20 多个单位的做法和经验，表彰了 48 个民主管理搞得好的企业和两个事业单位。为了使这项工作在各个层次得到切实的推动，邀请了各地、州、市经委和组织部的领导出席会议。省委领导、省经委和省委组织部的领导都到会作了重要讲话，对受表彰单位所作出的成绩予以肯定，并就加强企业民主管理对各级党政工组织提出了要求。中央 12 号文件下发后，全委会立即进行认真学习，结合全省实际讨论贯彻落实措施，并以《贵州省总工会关于贯彻中发〔1989〕12 号文件精神的通知》下发各级工会执行。同时，省总工会党组就如何落实全心全意依靠工人阶级指导思想向省委提交了专题报告，省委向各级党委转发了这份报告。上述通知和文件，均把贯彻《企业法》加强民主管理列为一项重要内容。

以落实职代会五项职权为重点，推动《企业法》的全面贯彻落实。在贯彻《企业法》的工作中，全省各级工会特别是基层企业工会以《企业法》规定为准绳，把推进企业民主管理的重点放在落实职代会的五项职权方面。各企业工会按照各上级党政领导机关和上级工会的规定和部署，在企业民主管理的“三代一性”上狠下功夫，建立健全组织机构。全省应建职代会的企业 5525 个，已建职代会的企业 4497 个，占应建数的 81. 4%，一些较大的企业还建立车间、班组的民主管理组织，形成三级民主管理网络的单位1425个，占已建职代会单位的31.7%。不少地、州、市和省产业（厅局）做了大量工作，制订实施细则的企业在70%以上，国防、冶金等系统在90%以上。实施细则的制订，为理顺企业行政与工会职代会的关系提供了规范，促进了“双向尊重”“双向支持”“双向交流”合理机制的形成。坚持按条例规定开展经常性的民主管理活动，1989年全省4578个单位召开职代会7772次。为了提高职代会民主管理的实效，许多企业努力拓宽民主管理领域，建立了民主对话、民主质询、厂长接待日、厂长意见箱、职工代表值班、职工代表巡视及重大问题发布会等制度，促进民主管理向多层次、多形式、多渠道发展。

企业职代会在审议厂长（经理）的工作报告中，提出了大量的合理化建议，其中半数以上被行政采纳实施，取得了较好的经济效益。据统计，在行使审议同意或否决权方面，共审议行政领导提交的议案23270件，同意15103件，否决后要求修改再复议的4466件，否决数占总数的19.2%，说明了职代会在这方面的职权得到了一定程度上的发挥。全省1667个单位开展了民主评议企业领导干部的工作。通过评议，有1702人受到奖励，189人被免职，将民主评议和监督与干部的奖惩挂钩。较难落实的一项是民主推荐和选举行政领导的权利，因为有多方面的因素制约，但仍有193个单位开展了这项工作，主要是选举车间行政领导。

坚持与经济体制改革同步，以促进企业的经济建设作为贯彻《企业法》加强民主管理的落脚点。全省企业的民主管理，坚持以生产建设为中心，与经济体制改革同步进行，各地工会结合实际，找出了适合本地、本行业的做法。企业民主管理与承包经营实现有机结合，如省国防工办在对所属部分企业实行承包经营过程中，坚持招标领导小组有工会和职代会的代表参加，承包方案的选定、标的的制定、经营者的选择，都经职代会讨论或充分征求了职工代表的意见。在承包后的经营过程中，也能尊重职代会和工会的民主权利，企业内部的分配也都比较公正、合理、公开，职工气顺劲足，促进了企业的发展。在深入基层时，各地工会注意发现承包中的问题，向政府反映并请求解决，如金沙县部分企业承包后，少数经营者以权谋私，侵犯职工利益，职代会向上级反映后，县政府经调查核实，对少数承包人予以中止合同或停职检查的处理，保证了企业的正常发展。把制订“双包合同”、建设企业利益共同体与民主管理有机结合起来，也是各地工会做法中的一个特色，如贵定、瓮安等县由县政府、县总工会联合召开双包合同现场会，总结经验，提高水平，完善了企业改革措施，推进了民主管理的发展。各地工会始终把落实职代会“五权”的重点放在讨论审议企业生产经营的重大问题上。据了解，全省职代会提案中，有关企业生产发展、技术进步等方面的提案在数量上一直占很大比重，大部分企业达2/3，最高的在80%以上。广大职工以主人翁精神“想企业所想，急企业所急”，积极为振兴企业献计出力，使企业生产年年发展，民主管理的水平逐步提高。

五、帮助解决停产半停产企业的职工生活困难问题

1990年，全省部分企业在治理整顿、深化改革中处于停产半停产状态，涉及职工3万余人，有的企业亏损严重，造成了职工和离退休人员的生活困难。1990年1月17日，省委副书记丁廷模在省总工会八届三次全委（扩大）会议上指出，在治理整顿、压缩社会需求、调整产业结构的过程中，贵州一些企业出现了停产半停产情况，这些企业的职工收入减少，待业人员增加，职工生活困难。这是一件关系到社会安定和职工切身利益的大事。省委、省政府对此非常重视，认真进行研究。省政府专门召开会议，从实际情况出发，提出了十条措施，要求各级党政领导密切注视发展趋势，及时掌握情况，各级工会协助党政解决停产半停产企业的职工生活困难问题，派专人负责这项工作，一直抓到工会小组，抓到每一名困难职工。千方百计保障职工的基本生活，积极开拓生产领域，包括从事开发性农业，尽可能安排一部分待业人员，还可以推广劳模、技协扶贫集团等行之有效的做法。必要时，工会可以动员和组织职工发挥阶级友爱精神，帮助特别困难职工。各级工会一方面要反映职工的实际困难，另一方面引导职工顾全大局，帮助党和政府共同克服困难。省政府决定，由省政府牵头，省经委、省总工会、省财政厅等部门参加组织联席会议，研究和处理这方面的问题，同时派员下去调查情况，解决问题，地、州、市工会和省产业工会积极主动地配合，共同做好工作。

省总工会八届三次全委（扩大）会议对帮助解决停产半停产企业的职工生活困难问题进行了专门部署，要求各级工会组织从有利于社会稳定出发，怀着阶级友爱的深厚感情，转变作风，到最困难的职工家庭去，倾听群众呼声，关心群众疾苦，作深入细致的调查，并精心研究社会经济形势和各种政策调整已经或可能给职工带来的影响，写出有情况、有分析、有建议的调查报告，及时准确地向党委、政府和上级工会反映群众意见，提出缓解矛盾的各种政策建议和解决问题的具体办法，发挥党联系职工群众的桥梁纽带作用。各级工会从政治稳定的高度予以重视，关心群众疾苦，大力协助政府和企业做好这方面的工作。

针对全省停产半停产企业部分职工生活困难、情绪波动较大的情况，省总工会采取了一系列有力措施，努力解决职工群众的实际困难，如参加省政府成立的“双停”企业工作领导小组，参与研究职工生活、恢复生产等问题；同各地、州、市工会和产业工会，先后 4 次在全省范围内对停产半停产企业开展调查，摸清情况，认真分析研究，提出建议，及时向省委、全国总工会汇报并向有关部门通报；组织对特困职工进行慰问。据不完全统计，各级工会拨出专款 20 多万元，慰问停产半停产企业的特困职工。

六、加快推进工会兴办企事业工作

通过认真学习邓小平南方谈话、党中央文件精神及全国总工会企事业会议精神，贵州省各级工会组织和工会干部充分认识到工会发展企事业的重要意义和重要性，认识到工会作为工人阶级的群众组织，是加快发展第三产业的重要社会力量。大力发展工会企事业，不仅是国家改革开放、经济发展的需要，也是新时期工会自身改革发展的需要。在这关系国家全局的重大战略任务面前，工会充分显示自己的主动性、创造性和社会责任感，为发展第三产业作出应有的贡献。

结合全省实际，加快推进兴办工会企事业工作更具紧迫性。相对其他中东部省域，贵州省职工人数少，工会经费少，不少产业、地方工会的经费只能维持正常行政费开支，有 30 多个县总工会靠定额补助发工资，缺乏用于开展工会活动的经费，工会经费困难严重制约了各级工会作用的发挥，兴办工会企事业显得尤为必要和紧迫。各级工会解放思想，冲破落后的传统观念和习惯势力的束缚，加快了推进兴办工会企事业的步伐。

全省工会兴办企事业，要遵循全国总工会制定的“三服务”宗旨，即为改革开放、发展社会生产力服务，为职工群众服务，为推进工运事业服务。根据省委和全国总工会的指示精神，结合工会系统实际，全省工会企事业发展的指导思想是坚持“三服务”宗旨，坚持社会效益和经济效益相统一，坚持从实际出发，充分发挥工会的优势，艰苦创业，真抓实干，在巩固提高企事业的同时，大力发展以第三产业为主体的新的实体项目，使全省工会企事业迈出新步子，上一个新台阶。全省工会兴办企事业工作遵循的四个原则是：从实际出发，坚持“三个为主”（以三产为主，以基层工会为主，以短平快项目为主），坚持决策的科学化、民主化，坚持严格管理和注重效益。

根据全国总工会的要求，省总工会提出全省工会企事业的发展总目标：到 1995 年，各级工会经济事业实现总产值和利税两个翻番，产值由 4000 万元增加到 8000 万元，利税由 1150 万元增加到 2300 万元。全省各级工会和企事业单位根据这一目标，结合自己的实际情况，制定出工会企事业发展规划。

全省各级工会兴办企事业的工作出现了好的势头。省总工会相继召开了常委扩大会议和全省产业暨地、州、市、县工会主席会议，学习党中央大力兴办第三产业的有关精神，交流经验，制定全省工会兴办企事业的发展规划，研究部署全省工会兴办经济事业的工作。省总工会建立了企事业管理部门。1992 年 6 月 18 日，经省总工会主席办公会议研究决定，成立了贵州省职工实业开发公司。经省总工会常委会议研究通过，于 1992 年 12 月制定颁布了《贵州省总工会关于兴办工会企事业的决定》和《贵州省总工会关于鼓励工会干部领办或参与兴办企事业的意见》。此外，工会房地产清理开发工作加紧进行；省总工会温泉疗养院引进外资，扩大矿泉水生产规模的前期准备工作进展顺利；职工之家正积极引进外资改造服务设施，提高服务档次；花溪疗养院创办肿瘤医院工作抓紧进行。各基层工会以技协为龙头，地方工会以文化宫、俱乐部为依托，产业工会根据各自的特点和优势，都在兴办经济实体或在原有基础上扩大工会企事业的规模，有不少单位已取得可观的经济效益，全省各级工会企事业呈现喜人的发展势头，为工会工作直接进入经济领域奠定了坚实的基础。

第六节　建立完善工会参政议政渠道，依法维护职工权益

一、建立疏通工会参政议政渠道

党中央《关于加强和改善党对工会、共青团、妇联工作领导的通知》指出，“工会、共青团、妇联应当成为广大群众有组织、有纪律、有领导地参政议政的民主渠道。各级政府应当逐步建立和完善工会、共青团、妇联对政府工作民主参与的制度”。贵州省各级工会重视多渠道、多层次、多形式的参政议政工作，充分利用参加地方人大、政府、政协有关领导机构和有关会议的机会，主动反映职工的呼声和要求。黔南州州县（市）两级工会的负责同志，50%进入同级党委，85%进入同级人大常委会，90%进入同级政协。工会参政议政的渠道基本疏通。黔西南州工会在州政协会议上提出企业承包人与职工收入差距过大等问题，被政府采纳，在制定政策时作了相应的调整，维护了职工的利益。

各级工会参与制定了有关地方性法规。省总工会在深入调查《女职工劳动保护规定》的贯彻执行情况的基础上，以省总工会、省劳动局、省卫生厅、省妇联的名义，起草了《贵州省女职工劳动保护实施细则》，经省政府批转全省执行。省总工会与省劳动局共同制定了《关于全省国营企业建立健全基层劳动争议调解组织和有关事宜的补充通知》《国营企业固定职工病伤假待遇试行办法》，省建筑工会同省建设厅党组、省建设厅联合下发了《关于加强工会参政议政的通知》，给基层工会参政议政创造了条件。

省总工会参与《贵州省劳动保护规定（试行）》《贵州省乡镇煤矿安全管理暂行办法》《贵州省生产建设工程项目执行劳动安全工业卫生“三同时”的规定》等法规的制定，积极提出了工会的意见和建议。由省劳动局、省卫生厅、

省总工会联合颁发的《贵州省生产建设工程项目执行劳动安全工业卫生“三同时”的规定》于1990年3月发出后，不少产业厅局按文件的要求将工程项目提交省总工会、地州市工会和产业工会审查。省总工会参加了7项新、改、扩建工程项目的“三同时”审查验收，共提出意见25条，被设计、建设单位接受并写入审查验收纪要的有11条。各地、州、市工会和省产业工会在这方面都做了大量工作。

建立政府与工会的联席会议制度。党中央《关于加强和改善党对工会、共青团、妇联工作领导的通知》指出，“省、自治区、直辖市以及大中城市的人民政府，可以定期、不定期地通过与同级工会召开座谈会或联席会议等形式，通报政府的一些政策、法规及重要工作部署，研究解决工会反映职工群众的一些问题”。据此通知要求，经全国总工会的推荐，由省委办公厅、省政府办公厅、省总工会等部门的4名同志组成联合考察组，于1992年10月21日至11月1日赴陕西、上海两省市就建立政府与工会联席会议制度情况进行了考察。通过这次考察，加深了考察组对党中央《通知》精神的理解，进一步认识到，党和政府的宗旨是为人民服务，搞好政府工作，全心全意依靠工人阶级，建立健全切实可行的民主渠道，及时听取人民群众的意见。工会是联系广大职工群众最广泛的组织。工会工作是党的群众工作的重要组成部分，党是通过工会这个桥梁和纽带进一步加强同本阶级广大群众联系的，工会工作使政府更好地处理国家、企业、职工之间的利益关系，需要建立健全工会民主参与的渠道，与其他渠道一起从不同方面共同发挥作用。当时全国已有10多个省、自治区、直辖市建立了政府与工会的座谈会或联席会议制度，贵州省也逐步开展这方面的工作，并在实践中不断完善。

反映职工群众心声，发挥工会参政作用。在省第八届人民代表大会即将召开之际，受省长王朝文委托，省政府秘书长谢养惠、副秘书长王朝康，于1992年12月20日下午到省总工会机关，与省总工会主席廖先宏等举行座谈会，征求对省政府在即将召开的省第八届人代会上的工作报告的意见。这次座谈会是工会组织向政府反映职工呼声和要求的极好机会，省总工会非常重视，专门召开了党组成员、在贵阳的常委和有关部室负责人会议，提前作了准备。座谈会上，与会同志认为省政府重视工会组织的参政职能，发挥职工主人翁作用，非常可贵。大家围绕政府工作报告“加快改革开放，加快经济发展，为全省经济提前上新台阶而奋斗”的主线，结合全省职工群众和工会工作实际，提出了许多意见和建议，如建议政府工作报告有“全心全意依靠工人阶级并把这一指导方针落实到基层”的表述，深化企业改革，转换经营机制，强调贯彻落实《企业法》；职工对改革寄予厚望，拥护改革的占 92.5%，政府应尽快出台改革配套新举措，推进全省国民经济上台阶；在转换企业经营机制中，应充分尊重职工的主人翁地位，依靠职工办好企业。在转换企业经营机制中，社会保险体制尚未完善时，应相应建立社会补充保险，以确保改革的顺利进行；在重视抓经济工作的前提下，应同时重视安全生产，加强安全措施；在推进科技进步中，应大力广泛开展群众性的职工技术革新、发明创造和合理化建议活动。与会同志还利用这个可贵的机会，反映了全省职工群众和工会工作的其他问题，希望政府给予重视和支持。

提高职工代表的素质是加强企业民主管理的一个重要环节，根据省总工会八届四次全委扩大会的部署，职工代表培训工作是 1991 年至 1993 年三年规划的工作内容，又是 1991 年的一项重要工作。省总工会发布了关于做好 1991 年职工代表培训工作的意见，要求 1991 年培训职工代表 2.5 万名以上，进一步重视职工代表培训工作，组织好师资培训工作，采取多种方式培训职工代表。各地各单位在开展职工代表培训工作中，采取积极态度，因时、因地、因单位状况制宜，避免形式主义，提升培训效果。

为了准确全面地掌握全省职工队伍状况，为工会参政议政提供第一手资料，为党和政府制订有关政策和指导工会工作提供依据，1992 年 3 月至 8 月，省总工会与省委宣传部、省经委等 7 个部、委、厅、局联合组成调查组，对全省职工队伍的现状作了较为全面的调查，通过采取问卷、个别谈话、召开座谈会和向有关部门收集资料等形式进行。印制问卷 12400 份，其中单位卷 400 份，职工个人卷 12000 份，回收率分别为 91.25% 和 95.02%。这次调查涉及全省 9 个地、州、市，23 个产业（厅、局），507 个单位，12052 名职工。调查后对问卷数据进行了录入处理，制出统计分析表 1027 个，共 10000 多个数据；此外，还整理职工谈话记录100余份。大量的统计资料显示了全省职工队伍的基本状况以及在新形势下的发展变化，有助于正确评估全省工人阶级的状况，预测未来的趋势，有针对性地做好群众工作，为各级领导决策提供了科学依据。

二、运用法律武器，维护职工合法权益

1989年，省总工会成立法律顾问处，与信访办公室合署办公。法律顾问处与贵阳地区司法部门加强了业务联系，工作人员以法律顾问和信访人员的双重身份，查办信访函件和接待来访群众，从法律的角度衡量是与非。1989年，省总工会共受理职工来信来访826件（次），其中，对职工来信来访中提出的合理要求，需要解决的365件（次），都及时与主管部门或所在单位联系，表明工会的态度，提出解决办法；对来信来访中属于一般问题的，按分级归口的原则处理。法律顾问处的同志还深入基层调查了解案情88件，依法维护了职工和工会组织自身的合法权益。铜仁、贵阳、六盘水、安顺等地市工会和公路运输、财贸、煤矿等产业工会，共受理群众来信来访3789件（次），对这些均进行了认真的处理，做到件件有着落。

法律和信访工作不断进步，任务落实得到强化。1990年3月，省总工会首次召开全省工会法律和信访工作会议，省委、省人大、省司法厅和省劳动局的有关部门负责同志参加并指导。会议的主要任务是遵循党的十三届四中、五中、六中全会精神，以增强同群众的联系为指导思想，传达全国工会法律工作会议的精神，交流和总结全省工会法律和信访工作的经验，讨论和修改《工会法（草案）》，研究全省工会法律和信访工作的主要任务。

全省工会法律工作虽起步较晚，但许多工作实际上也早在进行了。贵阳市总工会和六盘水市总工会前几年就成立了法律工作机构，都匀市总工会于1989年成立了法律顾问处。省总工会法律顾问处成立后，一方面抓基础建设，另一方面接待职工群众来信来访，开展法律咨询，1989年办了几件有影响力的案件。贵阳市总工会法律顾问处在抓调解委员会和参加制定法规法纪方面取得了宝贵的经验，1990年初召开了基层调解工作的表彰会，表彰了一批先进单位和先进

个人。六盘水市总工会法律顾问处深入基层调查研究，及时向有关单位反馈信息，使涉及职工具体利益的许多问题得到妥善的解决。都匀市总工会法律顾问处成立 1 个月就接待职工 57 人次，解决了一些多年遗留下来的问题，工会法律工作有了一个良好的开端。

全省工会信访工作比较完善，各地、州、市工会和省产业工会基本上都有信访工作机构或专兼职信访干部，由领导同志分管。在过去的 10 年里做了大量的工作，在维护工会组织和职工的合法权益，落实党的干部政策和工人政策，调解劳动关系、家庭矛盾、婚姻纠纷，反映职工的愿望和要求等方面都起到了重要作用。省总工会信访室从 1981 年至 1989 年共接待职工群众来信来访 14000 多件（次），平均每年 1500 多件（次），除了重大案件亲自调查处理外，其余一般问题按“分级负责，归口办理”的原则，责成有关单位调查处理，基本做到了件件有着落，事事有回音。与此同时，他们还深入基层调查研究，和有关单位密切配合，提出处理案件的意见。过去几年来，省总工会信访室处理了十几件有影响的案件，维护了职工的合法权益，维护了工会组织和工会干部的合法权益，受到了省总工会领导和职工的好评。但部分工会领导干部对工会法律和信访工作的重要性的认识有待加强；全省工会法律和信访工作尚未形成上下纵横的网络；法律和信访工作机构很不健全，有的单位还未配备专职或兼职法律和信访干部；缺乏业务培训，法律和信访工作干部的业务水平普遍不够高。各级工会组织适应新形势的需要，提出切实可行的意见，采取相应的措施，及时解决这些问题。

深化对工会法律和信访工作重要性的认识。工会是职工群众为维护自身的权益而自愿联合起来的工人阶级的群众组织，为维护职工的权益而存在，维护是工会的重要职能。职工大量投诉案件表明，稳定和维护是相辅相成的，维护工作搞好了，职工队伍就全面稳定，职工生产和工作的积极性也就调动起来了。

随着职工法制教育工作的开展，职工的法制观念有了不同程度的加强，他们对法律的需求日益迫切。越来越多的职工，当他们的合法权益受到侵犯时，开始寻求法律来保护自己，并要求自己的组织——工会能建立法律工作机构，开展法律工作，保障他们的合法权益，改变过去主要依靠政策而忽略了法律维护的观念，尽快地过渡到不仅依靠党的政策，更重要的是依靠法律，逐步把全省工会工作纳入法制的轨道。

表彰法律和信访工作先进集体和先进个人。全省各级工会在同级党委的领导下，充分发挥工会维护职能，依法维护工会组织和职工的合法权益，为发展和巩固社会的安定团结作了大量的工作，取得了一定的成绩，特别是1990年春召开全省工会法律和信访工作会议之后，全省工会法律和信访工作出现了可喜的势头，涌现了一批先进集体和先进个人。如六盘水市和都匀市总工会法律顾问处、贵阳耐火材料厂工会法律顾问室、国营龙岩飞机制造厂工会、凯里公路养护段工会等，以事实为依据，以法律和党的政策为准绳，依法维护工会组织和职工的合法权益，在职工中产生了好的影响。贵阳耐火材料厂工会法律顾问室成立较早，对工会法律工作的任务明确，并制定了切实可行的规章制度，定期向职工提供法律服务，妥善解决企业的劳动争议，对职工进行普法教育，在巩固厂里的安定团结和治理整顿中起到了积极作用。国营龙岩飞机制造厂工会处理职工来信来访基本形成了情况反映—填表登记—处理意见—处理结果—反馈本人的工作程序，使处理职工来信来访工作形成制度，及时为职工排忧解难，收到了很好的效果。都匀市总工会法律顾问处成立后，为职工办了不少实事，受到了职工的好评。省煤炭工会的戴明谦，从1984年就一直兼管工会信访工作，他熟悉法律知识和党的有关政策，热情接待来访职工，耐心细致地做好职工来访的思想工作，做职工的知心人。六盘水市总工会社会保障部的张玉梅，敢于为受到不公正对待的职工伸张正义，及时向有关部门反映职工的呼声和要求。省邮电工会的黄思孟，为在一起严重恶性案件中受到错误处理的女职工奔走呼吁，使问题得到妥善解决。

各地陆续建立工会法律工作机构。根据《中国工会章程》的有关规定及全国工会法律工作会议的精神，结合全省的情况，经研究决定在各州（市）总工会、地区工会办事处、地辖市总工会、各大中型企业工会委员会成立法律工作机构，有条件的省产业工会和县工会也要成立相应的机构，已经成立的向制度化、规范化方向发展。各级工会成立的法律工作机构可称为法律顾问处，选派政治素质好、责任心强、有一定业务水平的工会干部到法律工作机构中来。

1990年春，全省工会法律和信访工作会议后，一些州、市总工会，地区工会办事处，部分企业工会委员会和县总工会按照《中国工会章程》和全国总工会的要求，建立了法律工作机构，并按全国总工会的要求逐步向制度化、规范化发展，力求做到来访有记录，来信有登记，立案有制度，办理案件及时准确，结案有存档，年初有计划，月、季有统计，年终有总结。没有成立法律工作机构的单位尽快成立。全省工会法律工作才开始起步，还不能满足广大职工的需要，开创工会法律工作的新局面，除了自身建设，还要拓宽联系渠道，争取社会力量对工会法律工作的重视支持，积极争取各级人大、政协、司法、劳动信访等部门的支持，反映职工和工会组织有关法律工作方面的意见和要求，同时加强和法学理论研究部门的联系，开展工会法律工作的理论研究，进一步研究工会法律工作的性质和任务、职能与作用，以便更好地指导实践，促进工会工作新发展。

建立健全基层劳动争议调解组织。1988年12月30日，省总工会、省劳动局联合下发了《关于贵州省国营企业建立健全基层劳动争议调解组织和有关事宜的补充通知》，要求各级工会认真学习《贵州省贯彻实施〈国营企业劳动争议处理暂行规定〉的若干规定的通知》，并向职工宣传，在工作中认真贯彻执行。为了切实做好企业劳动争议调解工作，根据省政府的有关通知要求，省总工会制订了《贵州省国营企业劳动争议调解委员会工作规则（试行）》，要求各地及各有关系统按照规则制订具体实施意见，尽快转发企业贯彻执行，并将贯彻结果分别报送省总工会和省劳动局。国营企业调解组织的充实调整工作，在1989年上半年以前完成。组织建立后，建立制度，开展工作。

1988年5月16日，凯里市劳动争议仲裁委员会举行会议，对一件侵害职工正当权益的劳动争议案件进行了裁决。这是自国务院《国营企业劳动争议处理暂行规定》颁发以来凯里市第一次裁决的劳动争议案件。列席旁听的有凯里市法院、黔南州总工会、黔南州仲裁办公室的负责同志以及黔南州部分县市的仲裁工作干部。振华公司红云器材厂女职工张某被单位以为其丈夫自谋职业出谋划策，合伙欺骗组织为由停职检查，并以检查1天作1天旷工处理，直至旷工18天予以除名。张某不服，申诉到市劳动争议仲裁委员会。仲裁委员会在详细研究案情之后，决定正式受理，立卷调查。有关人员不辞劳苦，多次深入企业职工之中，核证情况，取得第一手材料。同时，仲委会的同志及时向市政府领导汇报案情进展，并主动和上级业务部门及司法部门联系，取得各方面的配合支持，为正确仲裁打下良好基础。在仲裁前，仲委会充分考虑到企业在处理该职工时的实际情况，在征得双方当事人同意后，根据《国营企业劳动争议处理暂行规定》精神，多次组织双方当事人和法定委托人进行协商，希望通过调解，使问题得到解决，但当事人双方未能取得一致意见，调解无效。仲委会经过研究，决定进行仲裁。鉴于被诉方委托代理人拒不到场，当天下午，仲委会按照法律程序，举行仲裁会议，对此案进行缺席仲裁，裁决结果是，厂方撤销原处理决定，恢复张某工作，并补发张某在受处理期间的工资和应享受的福利待遇。具有法律效力的仲裁决定书已于会后正式送达双方当事人。按照规定，“当事人一方或双方对仲裁不服的可以在收到仲裁决定书之日起 15 日内向人民法院起诉”。通过这一案件的处理，可以看出，一些企业对犯错误职工的处理在审理程序上不尽完善，把握法规尺度不够准确，也确有个别企业在强化管理过程中，常常发生侵犯职工正当权益的事。

为保障国家、集体和职工个人的合法权利，全省厂矿企业相继建立了劳动争议调解组织，使职工与企业之间发生的劳动争议尽早地、合理地在基层组织得到解决，以缓解企业与职工之间的矛盾。企业在开除、除名、辞退职工当中，持慎重态度。应从挽救职工出发，给予一定的“黄牌”警告，做耐心细致的思想帮助和说服教育工作，确属无法挽救的，经过厂长提名、厂部研究、工会意见、提交职工代表大会讨论等，再形成决议；对开除、除名和辞退的违纪职工要符合国家有关规定，在适用法律上做到有章可循、有据可查、有法可依。企业在建立健全厂纪、厂规和调解组织后，即可有序解决一些职工实际问题，缓解企业与职工之间的矛盾，进一步提高职工的生产积极性，对于维护职工的合法权益、稳定职工情绪以及发展生产等，都起到了积极作用。

第七节　抗灾救济，抓好职工扶贫解困送温暖工作

一、抗灾救济，慰问帮扶困难职工

慰问受灾职工，捐助特困职工。1991 年 7 月以来，贵州省 9 个地、州、市先后连降大到暴雨，各地不同程度受灾。1991 年 7 月 1 日至 15 日，据初步统计，全省有 61 个县（市）受灾，占县（市）总数的 77.12%；23 个县（市）受重灾，占县市总数的 29.11%。成灾人口 600 多万。因灾毁损房屋 93761 间，造成 51 个县、78 个区、190 个乡通信受阻或中断。受灾企业 1400 多家，受灾职工 60 余万人。贵州境内的贵昆、川黔、湘黔、黔桂 4 条铁路干线及 3 条支线因水灾相继断道。全省电力工业有 1/3 的电网受灾。灾情发生后，省总工会按照省委、省政府的统一部署，全力投入抗洪救灾工作。

1991 年 7 月 7 日，省总工会副主席陈明伟率队到受灾严重的安顺地区调查了解灾情，慰问受灾职工。7 月 9 日，省总工会召开机关职工大会，动员机关干部投入抗洪救灾工作中去，开展为职工送温暖活动，并决定拨款 10 万元捐赠灾区。7 月 10 日，省总副主席李扬文主持召开紧急办公会议，传达了省政府关于抗洪救灾的明传电报精神，通报了各地灾害情况，明确了各级工会任务。省总工会发出《关于做好抗洪救灾工作的紧急通知》和《关于适时组织职工向特困地区农民捐赠钱、粮、衣物的通知》；组成 3 个调查慰问小组，分赴受灾的六盘水、遵义、安顺、贵阳等四个地市了解灾情，慰问受灾职工。贵阳市总工会依据通知精神，会同共青团市委、市妇联联合发出“为受灾群众献出我们的爱心”的倡议，开展一次为灾区群众捐赠钱、物、粮票的活动，全市 350 多个企事业单位的职工捐款 56 万余元、粮票 63 万余斤、衣物 169 万余件。

工会干部战斗在抗洪救灾第一线。灾情发生后，各级工会积极配合当地党政工作，广大工会干部始终战斗在抗洪救灾第一线，做到哪里有险情灾情，哪里就有工会干部的身影和战斗的足迹。这期间，省总工会 5 位正副主席、1 位党

组成员和工会常委的全部成员及80%以上的部室负责人、职工，深入灾区了解灾情，参加各种救灾活动。六盘水、遵义、安顺三地重灾区的工会正副主席，身先士卒，带领所有的工会干部，到最困难、最危急的地方去帮助受灾群众，抢救人民财产。1991年7月22日，省总工会党组在听取三个抗洪救灾调查慰问组的汇报后决定，迅速把全国总工会拨付的15万元和省总工会拨付的10万元救济款送到受灾职工家庭手中；要求各级工会组织关心职工生活，协助行政解决受灾职工家庭的吃、住和疾病就医等问题；动员受灾地区的职工振奋精神，以主人翁的姿态重建家园，尽快恢复生产；总结、宣传、表彰在抗洪救灾斗争中表现突出的先进集体和个人；将社会各界捐赠的钱、粮、衣物及时送到灾区群众手中；在抓好救灾的同时，抓好工会日常工作。

抓好职工扶贫解困送温暖工作。各级工会积极参与扶贫解困、再就业工作，推动送温暖工程向经常化、制度化、社会化方向发展。全省县以上工会和大部分国有企业工会建立了特困职工档案、送温暖工程基金和工会干部联系困难职工制度。1993年至1998年，各级党政和工会共发放温暖资金1.27亿元，走访困难企业6540个（次），慰问困难职工1.96万户；各级工会建立送温暖基金组织247个，筹集基金3267.82万元；建立职工互助补充保险组织648个，保险总额502万元。积极配合政府（行政）为困难企业困难职工的解困和下岗职工再就业做了大量工作。制定了全省工会帮扶责任制目标和考核办法，各级工会共帮扶困难企业近500家，其中，半数以上企业实现了减亏、扭亏或增盈。在帮扶困难职工中，有5017户困难职工家庭实现脱贫。各级工会主动与有关部门一起推动下岗职工再就业工程，通过文化宫、俱乐部、职工学校等活动场所免费为下岗职工进行再就业培训，参与兴办解困市场，开展再就业服务，大力兴办职工消费合作社，推进再就业工程。1997年，各级工会与有关单位一道，帮助3079名下岗职工实现了再就业，其中实现再就业女职工占40%。为配合政府落实国务院解困政策，1997年至1998年两年来，各级工会对困难企业、困难职工和下岗职工状况进行了5次大的调查，向省委、省政府及时反映职工的要求、呼声，提出建议，为逐步解决和缓解下岗职工生活困难发挥了积极作用。1998年至2003年，全省各级工会走访困难职工及困难劳模家庭45.5万户（次），累计发放慰问金近1.6亿元。省、市（州、地）总工会和31个县（市、区）总工会挂牌成立了困难职工帮扶中心。县级以上工会领导干部与2600多户困难职工家庭建立了“结对子”帮扶关系。工会协助政府有关部门解决了省级以上困难劳模的生活补助费发放问题，在政治上、生活上给予劳模更多的关心。

为进一步发挥工人阶级团结互助精神，帮助特困职工安排好生活，全省各级工会发动职工进行一次性捐款。截至1992年10月底，全省捐款已达56万元，省总工会用捐款所产生利息对省内因自然灾害或重大事故造成生活困难的特困职工进行救济。仅1992年元旦、春节期间和春夏之交的洪涝灾害中，省总工会和各地各级工会组成慰问团，对基层的部分特困职工及受灾职工进行慰问，将省总工会拨出的37.3万元救济款全部发放到特困职工和受灾群众手里，把党的温暖送到了职工群众的心坎上。

表彰抗洪抢险英模标兵。省总工会追授黄明坤为抗洪抢险模范职工。黄明坤，男，23岁，中共党员，国营高峰机械厂34车间工人，预备役战士，平坝县民兵应急小分队4班班长。1991年7月上旬，高峰地区因连降大雨，引起洪水，高峰机械厂部分车间及附近村寨遭洪水袭击，人民生活和国家财产面临严重威胁。黄明坤服从县人民武装部的调遣，于7月8日晚同民兵应急小分队战士一道奔赴平坝县中学参加抗洪抢险，第二天一早又拖着疲乏的身体，带领5名战士赶赴高峰地区参加抗洪斗争。在金银乡雷打坡接应抢险船只和车辆时，黄明坤等5人下水后，当即被急速而下的洪水冲散。天亮后，4人被陆续救起。7月11日下午7时许，黄明坤的遗体在失事现场附近找到。黄明坤为抗洪抢险光荣地献出了自己宝贵的青春和生命。根据黄明坤的英勇事迹，省总工会决定追授黄明坤抗洪抢险救灾模范职工称号，颁发贵州省五一劳动奖章。省总工会号召全省广大职工向黄明坤学习，学习他一不怕苦，二不怕死的精神，学习他一切为了人民利益的精神，积极投入抗洪救灾工作中去，以实际行动为完成全省各项生产工作任务作出积极贡献。

省总工会授予刘春成贵州省四化建设标兵称号。刘春成是六盘水市水文大队向阳水文站的负责人、助理工程师。1991年7月3日凌晨2点半左右，乌江上游白泥河出现了20世纪以来的特大暴雨，在洪水已超过警戒水位的紧急关头，刘春成想到下游水城发电厂河岸低处宿舍熟睡的几百户职工和汪家寨煤矿井下上班工人的生命安全，如不及时去通报汛情，组织撤离，就会造成极大的灾难。他不顾个人安危，冒着狂风暴雨，带着自己的儿子（本站测工）迅速开车到水城发电厂和汪家寨煤矿报告汛情。电厂河岸的100多户职工很快转移到安全地带；汪家寨煤矿井下的500多名职工刚撤出不久，洪水就淹了该井。这次洪水的最高水位，比1913年的历史最高水位49.01米还高出2.22米。煤矿井下灌水，电厂厂房水深4米，家属住宅区水漫三楼，但由于水文站报告汛情及时，无一人死亡。刘春成在防洪工作中作出了显著的贡献，省总工会决定授予刘春成贵州省四化建设标兵称号，颁发省五一劳动奖章，并号召全省各级工会组织和广大职工学习刘春成无私奉献的精神，学习他对工作、国家和人民生命财产高度负责的精神，努力做好抗洪救灾工作，恢复和发展生产，竭力夺回洪灾造成的损失，为完成和超额完成生产建设和各项工作任务而努力奋斗。

二、推进职工扶贫工作

为切实帮助特困职工安排生活，克服困难，组织生产自救，为振兴贵州经济作出应有的贡献，省总工会决定成立全省职工扶贫互助会（简称互助会），互助会设领导小组，组长由省总工会副主席李朝忠担任，小组成员由有关部门人员组成，领导小组办公室设在省总工会生活保险部。

各级工会筹集职工扶贫互助会捐款的组织和发动工作，由生活保险部门或分管生活保险工作的干部负责。为了防止层层向职工筹集资金而增加职工负担，各地、州、市、县工会，省产业（厅、局）工会和基层工会不再单独成立扶贫互助会。互助的基金来源和收缴办法是，由基层工会发动职工在自愿原则下进行一次性捐款2元以上（职工家庭月人均收入在40元以下的可不捐款）。各地、州、市、县工会，省产业（厅、局）工会，基层工会筹集的职工扶贫互助资金，统一由财务部门于1992年6月底逐级全部上交到省总工会财务部，并分级向下公布职工捐款情况。基金使用和管理的办法是，将基金存入银行的利息部分作为救济款使用，对省内因自然灾害或重大事故造成困难的单位职工进行慰问；

协助企业行政帮助特困职工渡过难关，走出困境。互助会的基金由省总工会财务部兼管，单独建账，专款专用。动用基金的利息部分救灾或补助特困职工，由扶贫互助会领导小组提出初步意见，经主席办会议审批后，由省总工会生活保险部负责实施。互助会资金的使用接受省总工会经费审查委员会的监督。互助会办公室每年向各地、州、市、县和省产业（厅、局）工会通报一次上年资金的使用情况。互助互济是中华民族的传统美德，各级工会自觉地组织和指导好这项工作，把它纳入工会工作的重要日程，引导它在社会主义现代化建设中发挥更大的积极作用。

转发印江县邮电局及其工会改困难补助为贷款的扶贫经验。印江土家族苗族自治县邮电局、邮电局工会解放思想，大胆探索，改困难补助为贷款扶贫，帮助困难职工家属发展养殖业、手工业和经商，让职工闯出一条脱贫奔富的道路。印江县地处梵净山麓，交通、电力、能源都十分有限，是省内 26 个贫困县之一，县邮电局职工 125 人，分布在 7 区 1 镇，分支机构有 6 个支局、6 个邮电所、7 个班组。县局职工 67 人，支局职工 58 人。职工困难面较大，70%是半边户职工（职工爱人是农村户口）。待业子女 56 人。农村职工家庭一遇天灾人祸，温饱问题就无法解决，而福利补助资金有限。1986 年 9 月，省、地局工会领导来印江检查工作了解职工生活情况后，建议改单一的困难补助为贷款扶贫，这样既符合改革精神，又能为职工子女就业找出路。局里采纳了此意见，由工会牵头对全局职工的收入进行了摸底调查。局党支部、工会共同召开班组以上干部会议，把贷款扶贫的想法告诉大家，得到全局职工的赞赏和支持，经职代会研究，决定在月人均收入 20 元以下的 15 户职工中试点。资金来源，由本局行政、工会借贷 2000 元，向铜仁地区局借贷 2000 元，向省邮电工会借贷 3000 元，共 7000 元，为无息贷款。贷款扶贫的 15 户职工，从事养殖业（养猪）的 10 户，手工业的 1 户，经商或饮食业的 4 户。从 1986 年 12 月起到 1988 年 3 月止，初步收到了较好的效果，解决了部分职工的后顾之忧。被扶贫的 15 户职工中，效益好的有 10 户，扶贫前年人均收入 207 元，扶贫一年后，年人均收入 350 元，增长 69%。他们的共同体会是，解决了想发展无投资的实际困难，以农为主，农养并举，增加了农业收入，改善了温饱问题。

推广铁路系统扶贫经验。贵阳铁路分局贵阳生活段玉屏机务公寓工会积极通过互助储金会、困难补助费、向银行贷款和兴办第三产业等途径，对困难职工进行扶贫，成效显著。玉屏机务公寓部分职工家居农村，长期以来存在困难职工借款多（27 人有 19 人长期拖欠公款）、节日农忙请假多、不安心工作要求调动多等问题。为了及时帮助职工解决困难，公寓工会办起互助储金会，借款给困难职工，让职工家属养猪或搞运输。1985 年，生活段工会将困难补助费的一部分作为无息贷款拨给公寓工会。公寓工会为贷款职工当保人，向 4 户困难职工贷款 2500 元，帮助他们发展家庭副业。同时，向职工集资 32850 元，在玉屏县自建一个向社会开放的澡堂，给职工分红，使职工增加了收入。公寓对 9 户困难大的职工除了从经济上支持和帮助，还指导他们发展家庭副业，搞运输、制水泥瓦、磨豆腐、养猪、培养食用菌等。这 9 户职工的家庭人均月收入从 12. 90 元增加到 40. 40 元，每家都盖上了砖瓦房。

铁五局各级工会在党委领导和行政大力支持下，齐头并进，抓典型，推动扶贫工作全面开展；抓走访，指导服务上门；抓扶持，确保扶贫工作见成效；抓发展，把扶贫工作推向深入。自 1984 年 9 月开展贷款扶贫工作，截至 1988 年底，全局贷款 452 户，贷出金额 303950 元。其中，从事养殖业的 145 户、种植业的 8 户、加工业的 54 户、饮食服务业的 36 户、经营日杂百货的 183 户。在被扶持的 452 户中，有 361 户已脱贫或基本脱贫，占 79. 9%，困难职工家庭经济状况有了较大改善。扶贫工作统一思想，摸底调查，选准对象，制定规划，解决扶贫资金，把职工困难补助费的 30%—50%作为扶贫基金，沟通行政给予支持，拨给 2. 5 万元扶贫专款。

第八节　学习宣传贯彻新修订的《工会法》

一、省总工会对学习宣传贯彻《工会法》提出意见要求

1992 年 4 月 3 日，经全国人大七届五次会议修改审议通过的《中华人民共

和国工会法》（以下简称《工会法》）颁布实施，这是我国工人阶级政治生活中的一件大事，也是全党和全社会政治生活中的一件大事，标志着我国社会主义民主法制建设取得了新的进展，标志着我国工会工作进入了新的阶段。《工会法》的颁布实施，具有重要的现实意义和深远的历史意义，有力地推进我国经济建设和改革开放事业，对国际工人运动和工会工作产生积极深远的影响。

1992 年 4 月 10 日，省总工会召开省、市总工会宣传学习贯彻新《工会法》动员大会，要求全省各级工会组织，以学习宣传贯彻好《工会法》为契机，进一步发挥工人阶级的积极性、创造性，激发职工群众的主人翁责任感，促进改革开放和经济建设，维护社会与政治稳定，为实现省委、省政府提出的奋斗目标，为振兴贵州作出更大的贡献。

全省《工会法》宣传学习贯彻分为三个阶段，即面上宣传阶段、学习阶段和贯彻实施阶段。要求各级工会组织从推进我国社会主义民主法制建设的高度，从落实全心全意依靠工人阶级的指导思想，加快改革开放步伐，巩固和发展安定团结的政治局面，进而推动建设有中国特色的社会主义的一项重要工作来认识把握宣传的基调，全面、准确、完整地做好宣传工作。做到以邓小平南方谈话为指导，把《工会法》的宣传与《宪法》颁布 10 周年，《企业法》和“二五”普法的宣传结合起来；与加快深化改革开放，全面贯彻党的基本路线结合起来；与职工中开展的“三热爱”“双基”教育结合起来。宣传贯彻过程中突出重点，有针对性、区别对象，形式灵活多样，讲求实效，强化社会各界和各级领导对执行《工会法》的自觉性。

二、各级工会组织积极宣传贯彻落实《工会法》

1992 年，全国人大七届五次会议通过《工会法》后，各级工会组织立即行动起来，狠抓《工会法》的宣传贯彻落实工作，召开省总工会八届二十一次常委扩大会议，各地、州、市工会和省产业工会以及大中型企业工会主席列席会议，会议传达全国总工会关于认真学习宣传贯彻新《工会法》的要求；同时，向各级工会布置学习宣传贯彻新《工会法》的工作，要求各级工会把新

《工会法》的学习宣传贯彻当作头等大事。会后，各级工会组织积极行动起来，省总工会与贵阳市总工会联合召开学习宣传贯彻新《工会法》动员大会，省委常委、省委秘书长王思齐代表省委在会上作了重要讲话。省总工会、市总工会及部分产业、大中型企业联合在贵阳市10个点进行多种形式的街头宣传活动，并组织20余辆彩车沿街宣传新《工会法》，使新《工会法》家喻户晓，深入人心。

省总工会还召开了各界人士参加的《工会法》座谈会，举办由基层工会主席参加的《工会法》研讨班，省总工会正、副主席亲自讲课，解释《工会法》宣传中的疑难问题。这些活动充分体现了工人阶级的伟大力量，体现了工会的组织力和号召力。各地、州、市、县工会和产业工会以及大中型企业工会也分别利用各自的特点、优势，采取召开动员会、座谈会、墙报、黑板报、举办培训班等方式，向各界宣传《工会法》，加强《工会法》的贯彻落实。据不完全统计，全省共举办培训班671期，培训人次72000余人。

在深入学习和广泛宣传后，各级工会工作的重心转向《工会法》的贯彻落实，取得了显著的效果，各级党政领导更加重视工会和《工会法》的贯彻落实工作，宣传、落实工作更加务实多样、注重实效，联系工作实际，依据《工会法》解决职工群众遇到的实际问题。

第九节　加强基层工会建设，表彰基层工会及模范人物

一、出台《关于增强基层工会活力的意见》

1988年8月，为加强基层工会工作，省总工会制定了《关于增强基层工会活力的意见》。意见指出，基层工会直接联系着广大职工群众，增强基层工会活力是工会自身改革的关键环节。基层工会的活力，表现为工会在群众中拥有影响力、号召力，能够根据本单位的实际情况和职工群众的意愿，独立自主地开展工作，敢于维护职工的合法权益，善于吸引和团结职工为推动本单位的改革

和发展共同奋斗。意见强调，分清基层工会与行政和党组织的职能；认真贯彻《企业法》，通过制定实施细则，完善企业内部法规，按规范化、制度化、程序化的要求，将工会工作纳入企业两个文明建设的运行机制；积极探索实行企业民主管理的新形式，广泛开展民主协商对话活动，使职工群众的呼声和要求有合适的场所表达，党政领导的意图有更多机会公开；实行民主选举工会主席的制度；提高工会工作的公开性和透明度；充分发挥工会积极分子的作用，走专兼群结合办工会的道路；增强工会的经济实力，尊重基层工会的自主权；帮助解决基层工会自身无力解决的各种问题；进行建立基层工会联合会的试验，按照自愿原则组织起来，有声有色地开展工作。

二、深化“建家”活动，进一步增强基层工会活力

1990 年 4 月，全国总工会在吉林市召开了全国基层工作会议，着重讨论了如何在基层落实全心全意依靠工人阶级的指导思想，依靠广大职工群众办好社会主义企业和进一步增强基层工会活力的问题。为了贯彻好这次会议精神，进一步增强全省基层工会活力，深化“建家”活动，省总工会提出了贯彻意见：继续深化“建家”活动，把“建家”提高到新水平。全省基层工会在历时 4 年多的整顿“建家”活动中，注重抓基层、打基础、促改革，有力地加强了基层工会建设，使基层工会向群众化、民主化方向迈出了扎实的一步，为充分发挥基层工会组织的作用打下了坚实的基础。实践证明，开展整顿工会基层组织，“建家”活动，是全面加强基层工会建设，提高基层工会工作整体水平的有效形式，按照新形势下职工之家的基本要求，在巩固、完善“建家”成果的基础上，继续有效地开展“建家”活动。

各地区工会、各产业工会对照新形势下职工之家的基本要求，普遍对基层工会进行一次自检自查。凡过去已验收合格的职工之家，经自检自查没有达到要求的，进行补课，缺什么补什么并向高层次迈进。凡过去未“建家”的单位，制订出具体规划，认真开展“建家”活动。同时，继续开展“创先争优”活动。继续有效地开展创建先进县工会、先进（模范）职工之家，争做优秀工会工作

者、优秀工会积极分子的活动。各级工会都把这项工作列入重要议事日程，争取党组织的重视和行政的支持，确定领导分管这项工作，并由部门或专人具体来抓，做到年年有部署，步步有规划。

加强基层工会联系点工作，进一步搞活基层。根据省总工会《关于增强基层工会活力的意见》，确定了100个基层工会作为联系点。其中，省总工会各工作部门直接联系30个基层工会，各地区工会、各产业工会也制定相应措施，确定一批基层工会作为自己工作的联系点。经过一年多的实践，这项工作初见成效。为增强全省基层工会活力，深化"建家"和联系点工作，省总工会确定，各项日常工作由省总工会组织部牵头具体抓。省总工会各工作部门通力合作，把"建家"活动、联系点工作与自己的业务工作紧密结合起来，共同为搞活基层，增强工会活力努力工作。把学习黎阳本部工会和董守奎同志先进事迹与本地区、本系统、本单位的先进事迹结合起来。全省各级工会干部牢固树立为基层服务、为职工服务的思想，真正把工作重点放在基层，把基层工会是否具有活力作为考核各级工会工作的一个重要标志。各级工会通过爱岗教育，增强工会干部的"现代工会人"意识，增强光荣感、责任感和事业心，以坚韧不拔的毅力、求实的工作作风、勤奋的工作，开创工会工作新局面。

三、授予贵阳铁路分局工会模范职工之家称号

贵阳铁路分局工会从1984年下半年开始抓"建家"活动，截至1992年底，全分局48个基层工会（除3个新建单位外）均建成合格职工之家，其中18个单位建成先进职工之家，17个单位被中华全国铁路总工会和省总工会授予模范职工之家称号。分局工会在分局党委和上级工会的领导下，认真贯彻党的方针政策和新时期工会工作方针，始终把"建家"工作列为全委会重要议程，纳入年度方针目标管理，坚持面向基层，搞好指导服务，不断夯实基础，增强基层活力，推动"建家"活动全面健康发展，做到年年有创新。分局工会的各项工作在达标赛中获奖，统计工作获全省第2名，群众生产保护工作获省总工会、成都局工会先进单位，工会财务、企业民主管理、技协工作获省总工会先进单位

称号，职工物价监督检查站工作先后荣获贵阳市、贵州省、全国先进单位称号，在过去几年开展的综合性工会工作竞赛评比中，分局工会连续获得优胜单位称号。分局和基层党政领导对分局工会工作和“建家”活动取得的显著成绩，亦给予了充分肯定和高度评价。

贵阳铁路分局工会在整顿“建家”活动中，始终坚持党的领导，遵循党的基本路线，紧紧围绕党的中心任务，在积极动员和团结广大职工完成生产运输任务，保证铁路运输安全，加强企业民主管理，维护职工群众的合法权益，开展政治思想教育，提高职工队伍素质，关心职工群众疾苦，解决群众实际问题，加强工会各级组织自身建设，尤其是加强工会机关作风建设和工会干部培训工作，创建标准化工会小组，促进“两个文明”建设等方面做了许多卓有成效的工作，较好地发挥了工会的整体功能作用，基本达到了模范职工之家的条件。根据省总工会《关于继续深入开展建设职工之家的实施意见》的有关规定，授予贵阳铁路分局工会模范职工之家称号，分局工会主席王泉清领导“建家”工作成绩显著，被授予优秀工会工作者称号，党委书记朱再昌、局长滕玉和关心重视支持工会工作，特别是在整顿“建家”活动中，事迹突出，被授予优秀工会积极分子称号并分别被授予锦旗和荣誉证书。

四、向先进学习，表彰基层工会及模范人物

在全省工会继续开展增强基层工会活力，深化建设职工之家活动中，为更好地总结推广先进人物的经验，提高工会工作整体水平，加强全省工会干部队伍建设。省总工会在全省工会组织和工会干部中广泛开展向黎阳公司本部工会和董守奎学习的活动。学习董守奎无私奉献的精神，清廉的政治品德，求实的工作作风，积极进取的精神。省总工会要求地、州、市、县工会，各级产业工会，企事业单位工会，以站排头、争上游的进取精神，以高度的敏锐来对待这一学习活动。各级工会通过各种形式宣传本级工会和董守奎的先进经验，紧密联系本单位的实际，对照检查，找差距，订措施，抓整改。通过这一学习活动，加强了工会的业务建设和工会干部队伍建设，涌现了更多的先进集体和优秀工

会工作者，把全省工会工作提高到了一个新水平。

表彰先进县工会、模范职工之家、先进车间工会、先进工会小组、优秀工会工作者和优秀工会积极分子。自中国工会十一大、省工会八大以来，全省各级工会和广大工会工作者，遵循党的基本路线，认真贯彻落实新时期工会工作方针和任务，巩固发展整顿建家成果，根据全国总工会决定和省总工会的部署，继续深入开展“建家”活动，涌现出一大批工会整体工作水平较高、深受职工群众信赖的工会先进、模范集体和优秀个人。为了表彰先进、模范集体和优秀个人的显著成绩，发挥榜样的作用，推动工会工作取得新的进展，省总工会决定对9个县（市、区）工会授予“先进县（市、区）工会”称号，对63个基层工会授予“模范职工之家”称号，对94个车间工会授予“先进车间工会”称号，对100个工会小组授予“先进工会小组”称号，颁发奖旗和奖状，对193名专职工会干部授予“优秀工会工作者”称号，对191名不脱离生产（工作）岗位从事工会工作的同志和关心、重视、支持工会工作的党政领导同志授予“优秀工会积极分子”称号，并颁发荣誉证书。

五、发扬艰苦创业精神，开创县级工会工作新局面

县工会是工会组织中重要的一级地方组织，它承上启下，是党联系职工群众的桥梁和纽带。县工会在全省工会组织体系中，处于十分重要的地位，因此，加强县级工会工作尤为重要。据统计，1989年，全省共有87个县（市、区）工会，其中县工会72个，地辖市工会6个，特区总工会3个，市辖区工会6个。在87个县（市、区）工会中，职工人数超过2万名的县级市有3个，1万—2万名职工的县（市、区）有7个，3000名至1万名职工的县（市、区）有72个，3000名职工以下的有5个。全省县工会下属的基层工会10457个，占全省工会总数的79.13%；共有职工625000名，占全省职工总数的40.58%。为了加强县级工会工作，省总工会在1985年召开全省工会整顿“建家”经验交流会议时要求县总工会主席参加，对推动县级工会工作和全面开展整顿“建家”活动，起到了积极作用。1986年初，省总工会在全省范围内开展了创建先进县工会的竞

赛活动，选树、表彰了7个先进县工会，使全省县级工会工作取得了很大的进展。全省广大县工会的干部，基本上能够根据上级工会的指示精神和本县实际情况，坚持以四化建设为中心，组织和动员广大职工参加生产建设，支持和参加改革，培养“四有”职工队伍，提高职工素质；参政议政、推进民主政治建设，为增强企业活力，提高经济效益和社会效益；开展社会主义劳动竞赛，发挥工人阶级主人翁作用；在为职工说话、办事，维护职工合法权益等方面做了大量的工作。特别是经过4年多的整顿“建家”工作，不仅增强了基层工会的活力，而且推动了工会的自身改革和建设。总体来看，全省县级工会工作的主流是好的、向上的，但由于县工会干部一般只有3名至5名，人少事多，工作千头万绪；所领导的基层工会点多、线长、面广、分散，兼职工会干部多，工会经费少，基础和条件差，工作难度大。由于客观和主观原因，全省县级工会工作还存在不少困难、问题和不足，全省县工会的工作发展很不平衡，工会干部素质不适应形势需要，少数县工会的文化宫、俱乐部没能开展活动。

加强县级工会工作，充分发挥县工会的作用，对于贯彻落实工会工作的方针任务，密切工会同职工群众的联系，开创工会工作的新局面，具有十分重要的意义。县工会进一步明确县级工会工作的指导思想和任务，搞好和加强县工会自身的改革，认真搞好培训工作，提高工会干部素质，把工作重点放在基层，增强基层活力，积极做好工会组织建设工作，建立系统区镇工会，调动产业工会和地方工会的积极性，积极兴办经济事业，增强文化宫、俱乐部的活力。

第十节　开创贵州工运事业和工会工作新局面

一、成立省工人运动研究会

为加强对贵州工人运动和工会工作发展规律的研究，开创全省工人运动和工会工作新局面，经过半年多的筹备，省工人运动研究会于1989年4月1日正式成立。全国总工会研究室发来贺信，副省长张玉芹、省总工会原主席李明远以及省社科联、省政协法制委员会、贵州日报社、省经委、省物价局、省委研究室等单位负责同志到会祝贺。省总工会主席廖先宏、副主席陈明伟、朱开茗出席了成立大会暨首届年会。

大会原则通过了研究会章程，讨论了1989年工运研究课题，选举了理事68名、常务理事12名，吸收了249人为首批会员。研究会聘请了苗春亭、丁廷模、张玉芹为名誉会长，李明远、王思齐、张洪范、洪宗良、刘学洙、许镛、穆琨、蒲明发、陈介昌、刘松成为顾问，推举朱开茗为会长，周钟瑾、杨峰为副会长。会上，省总工会领导向18名首届年会论文获奖者以及7个获论文组织奖的单位颁奖。

副省长张玉芹在会议上讲话指出，省工人运动研究会的成立是贵州省工人阶级和工会的一件大事，是研究贵州工人运动的需要，必将对贵州工人运动和工会工作起到极大的推动作用，希望工会理论工作者，广大工会干部和社会各界的专家学者，结合全省实际开展理论研究，结合全省改革开放中出现的新问题、新情况来进行研究，通过研究，给党委和政府决策提供一些有价值的建议和意见。工人运动的研究在党的十三大精神的指导下进行，拓宽领域，研究广大职工关心的热点问题，结合职工的思想状况、社会综合治理等课题，使研究工作更有生命力，取得更好的成果。

省总工会主席廖先宏在讲话中指出，省工人运动研究会的成立，将推动贵州工人运动和工会工作的发展，意义重大。工人运动理论的研究和学习是对工会干部很重要的思想建设，也为工会的参政议政创造了极好的条件。研究会的成立，扩大了工会组织活动的领域，相信研究会能结出更多更好的成果。

省工人运动研究会成立大会暨首届年会召开后，全省各级工会组织和广大工会干部，联系实际，工会理论政策研究有了较快发展，各级工会领导提高了对工会理论政策研究的认识，初步形成了一支专兼群相结合的工运理论研究队伍，工会理论政策研究逐步活跃，促进了工会工作整体水平的提高，发展了工运研究组织，促进全省理论政策研究的广泛开展。研究会成立后，按照自愿原则，积极稳妥地发展了组织，吸收了工会工作基础好、理论政策研究工作活跃的30多个单位作为团体会员，在工运研究方面发挥了组织作用，初步形成了全省性的、具有较强活力的研究骨干力量。省总工会以研究会为依托，以研究会会员为骨干，组织了贯彻落实党中央 12 号文件的专题研讨活动、企业民主管理专题研讨活动，参加协助全国总工会、部分省区工会片区研讨会及省有关部门组织的研讨活动。通过工运研究会的工作和各级工会的共同努力，全省工运理论政策研究工作的发展呈现方兴未艾之势。

治理整顿和深化改革以及工会自身的改革和建设，给研究工作提出了许多新的、需要探索和解决的课题，亟须进一步加强贵州工会理论政策研究工作。自觉接受马克思主义的指导，选好研究课题，抓好专题研究，特别是抓住党和政府十分关注、职工群众又最关心的带方向性、政策性的重大现实问题，进行专题性的调查研究，努力使研究成果成为党和政府决策的依据。各级工会及时向上级工会报送研究成果。省总工会继续把《贵州工运》和《贵州工运理论研究》刊物办好，使之成为各级工会交流工作和研究成果、相互学习借鉴、引导推动工作的媒介。

二、加强女职工工作，建立女职工委员会

女职工是工人阶级队伍的重要组成部分，改革开放以来，全省广大女职工，在党的领导下，坚持四项基本原则，坚决贯彻党的十一届三中全会以来的路线、方针、政策，克服种种困难，在“两个文明”建设中作出了重要贡献，进一步提高了对女职工工作地位和作用的认识。随着经济体制改革的深入，经济紧缩，市场疲软，一些企业处于停产、半停产状态，受影响的女职工占 1/3 以上，稳定这部分女职工的思想关系到企业的稳定、社会的安定，这也是女职工工作的一项重要任务。截至 1990 年末，全省女职工 54 万余人，占全省职工的 35.2%，超过职工总数的 1/3，因此，做好工会女职工工作非常重要。1990 年 12 月 7 日，省总工会出台了《关于进一步加强工会女职工工作的意见》，要求各级工会充分认识新形势下女职工工作的重要性、紧迫性，真正把女职工工作纳入工会工作的重要议事日程，切实抓好女职工工作的改革。建立健全女职工委员会，力争用两年的时间在地、市、县、产业工会和基层工会均建立女职工委员会。发挥

广大女职工的特殊作用，为治理整顿和深化改革作贡献。积极开展适合女职工的生产竞赛、岗位练兵等活动，鼓励女职工参加各种形式的文化技术学习，努力提高自身素质，用自身的实绩赢得社会的理解与支持。更好地维护女职工的合法权益和特殊利益，贯彻落实《女职工劳动保护规定》，积极参与《妇女权益保障法》以及其他有关维护女职工权益的立法工作，为女职工说话办事。加强对女职工的思想教育和对女职工工作的宣传。举办女职工干部培训班，提高女职工干部的政治业务素质。

女职工委员会是在同级工会领导下的女职工群众的民主代表机构，是党联系广大女职工的桥梁和纽带，对于调动女职工的工作积极性，发挥“半边天”作用，促进经济发展和社会进步具有十分重要的意义。为加强女职工工作，根据《中国工会章程》有关规定和全国总工会有关要求，1990 年 12 月 11 日，经省总工会常委会研究决定，成立贵州省总工会女职工委员会。第一届女职工委员会由 39 人组成，设名誉主任 3 人，主任 1 人，副主任 4 人，秘书长 1 人，副秘书长 1 人。日常具体工作由省总工会女职工部负责。按民主协商原则推荐的委员候选人名单，聘请省委常委、政法委书记胡克惠，省政协副主席蒙素芬，省人大常委会原副主任白林为贵州省总工会第一届女职工委员会名誉主任。省女职工委员会成立后，符合条件的地区工会、产业工会和基层工会也都陆续成立了女职工委员会。截至 1998 年，全省国有企业女职工委员会组建率在 95%以上。

1991 年是实施“八五”计划的第一年，各级工会女职工委员会在维护女职工的合法权益和特殊利益、提高女职工素质和加强女职工组织的自身建设等方面做了大量工作，取得了可喜的成绩。为了弘扬她们无私无畏、积极奉献的精神，省总工会表彰在“学先进、比贡献”活动中的先进集体、先进女职工、先进女职工工作者，对贵阳市总工会女职工委员会等 21 个女职工工作先进集体、杨炯珠等 59 名先进女职工、熊胜英等 40 名先进女职工工作者进行表彰，颁发荣誉证书以资鼓励。省总工会号召全省女职工、女职工干部向先进学习，同时希望受表彰的先进集体和个人戒骄戒躁，更加努力工作，创造新的业绩，为兴黔富民再立新功。

三、开展工会工作竞赛

为振兴贵州经济，提高工会工作的整体水平，省总工会于1989年开展工会工作竞赛活动。竞赛对象为各地、州、市工会和省产业（厅、局）工会，分5个组，在本组内相互竞赛。贵阳市和六盘水市总工会1个组；黔南、黔东南和黔西南3个自治州总工会1个组；遵义、安顺、毕节、铜仁4个地区工会1个组；实行经费包干的10个省产业工会（冶金、有色冶金、煤炭、机械、化工、轻工、教育、财贸、农林水气、建筑）1个组；自管经费的省产业（厅、局）工会1个组。竞赛内容，主要为“五比五赛”：比开展形势教育，赛教育计划的制订和实施，教育面和教育效果；比维护职工合法权益，赛为职工说话办事多，效果好；比推行集体合同建立企业利益共同体和开展劳动竞赛，赛推行集体合同单位的数量和效果，劳动竞赛的发动面和效益，出色完成生产建设任务；比贯彻《企业法》加强企业民主管理，赛国营企业基层工作制定《贯彻〈企业法〉实施细则》，落实职代会“五权”的单位多少和实效；比工会自身改革和建设，赛深入基层调查研究的成果，工会办实业的效益和工会自身改革和建设的成效等。对上述竞赛的内容，采取定量和定性分析的方法进行考核打分，对有特色、有创新的给予加分。竞赛优胜单位，按一、二、三等奖进行评选，并进行奖励。为加强竞赛工作的领导，成立贵州省1989年工会工作竞赛领导小组，下设办公室。廖先宏任竞赛领导小组组长，陈明伟、朱开茗任副组长，省总工会各部门负责人为成员。有关竞赛活动的信息联络、情况掌握、材料收集、协调综合等日常工作，由省总工会办公室承担，组织部和生产保护部协助。

省总工会竞赛领导小组根据各单位上报的竞赛评比材料，采取定量与定性相结合的方法，联系各单位的实际工作情况，对1989年各地、州、市工会，省产业（厅、局）工会的工作进行了评定，公布了评比结果：一等奖为贵阳市总工会、六盘水市总工会、黔南州总工会、安顺地区工会办事处、毕节地区工会办事处、省煤矿工会、省国防工会、省冶金工会、贵阳铁路分局工会、省公路运输工会、省化工工会；二等奖为遵义地区工会办事处、铜仁地区工会办事处、黔东南州总工会、省有色工会、省地质工会、省教育工会、省财贸工会、省建筑工会、省邮电工会、省电力工会、省机械工会、贵阳铁路五局工会；三等奖为黔西南州总工会、省民航工会、省轻纺工会。

四、适应新形势需要，建强工会信息网络

信息工作是整个工会工作的一项基础性建设，搞好信息工作，对于加强工会工作的科学性和预见性，提高工会工作的整体水平，更好地履行工会四项基本社会职能，在党和国家的全局工作中更好地发挥工会的作用，具有十分重要的意义。据统计，1989 年，贵州省各级工会向省总工会报送反映职工困难等方面的信息 500 多条，经过筛选、整理，编印《信息摘报》54 期，及时报送省委、省政府和全国总工会，引起了上级的重视；六盘水市总工会反映的大河煤矿职工买粮难以及有关单位强迫职工储蓄等问题，引起市政府的重视，及时解决了这一问题，受到职工的称赞。截至 1992 年，全省工会信息处在分散、零碎、以动态信息为主的初始阶段，远远不能适应不断发展的工会工作的需要，不能适应改革和建设的需要，不能适应新形势的需要。

为了进一步推动和加强工会信息工作，省总工会提出明确工会信息工作的指导思想和工作重点，紧紧围绕四化建设和改革这个中心，坚持“四服务”（为职工群众服务，为指导基层工作服务，为工会参政议政服务，为党和国家科学决策服务）方向，在职工中收集党和政府最关注和最想解决的问题，职工群众的迫切愿望和亟待解决的问题。省总工会提出统一要求后，省总工会办公室成立了综合信息科，配备专兼职信息员 2—3 人，各地、州、市工会和产业工会也加强了信息工作队伍建设，主要负责同志亲自抓信息工作并明确专人负责，建立信息站，配备专兼职信息员，建立健全了全省工会系统纵向信息网络。省总工会在若干县工会、基层工会建立直接联系的信息点，各级工会也分别向同级有关部门聘请信息员，建立横向信息联系。建立定期报告制度，切实加强工会统计工作，加强信息工作队伍建设，不断提高信息人员的素质，省地（市）两级工会举办培训班，培训信息人员。

五、加强机关廉政建设，建立基层工会联系点

根据中央和省委关于廉政建设的精神，结合机关实际，省总工会于1989年8月9日颁布了《关于加强机关廉政建设的规定》，《规定》要求，领导干部做廉洁的模范，要求群众做到的首先自己做到，要求群众不做的首先自己不做。省总工会领导和工作人员到下级单位和基层工作，一律吃工作餐（标准不得突破），并按规定交伙食费；不得接受馈赠土特产和其他礼品。在省总工会机关召开会议，除少数负责后勤工作的人员外，其他人不得享受集体用餐。严格禁止用公款请客送礼。严禁机关人员经商，未经组织批准，不准搞第二职业或业余兼职。认真查处贪污受贿、投机倒把等案件。一经查实，将按政策和法律严肃处理。严格财经纪律，遵守财务制度。每年省总工会经审会对省总工会财务工作进行一次审查，财务部对下属单位进行一次检查。提倡婚丧事从简办理，不准大操大办，收受礼品。认真清理干部职工违章占地建私房，并按省有关文件规定处理。《规定》发布后，省总工会机关各部门在日常工作和生活中认真执行，严格要求，一定程度上改变了机关的工作作风。

1989年4月19日，省总工会八届二次全委会通过决定，在全省建立省总工会与基层工会的重点联系网。经过层层推荐，确定100个基层工会联系点，以便加强联系，沟通信息，推进工作。为了经常稳定地保持联系，注重实效，省总工会要求，省总工会机关和各地州市、省产业工会对这100个基层工会重点加强联系，到这些单位考察工作、了解情况，每年不少于2次。各级工会在进行有关改革的探索试验和开展各项重点工作时，先在这些基层工会进行试点，取得经验，逐步推开。利用100个联系点及时、准确掌握职工群众的思想状况。各级工会组织开展的各项专题调查活动，尽量让这些基层工会参加。有的专题调查活动，可以在这些联系点进行多次跟踪调查，以便掌握动态的情况。各联络点工会主动向省总工会及各上级工会反映职工思想动态、工会工作情况、生产经营状况等。定期反映，每年不少于2次，如遇特殊情况要及时反映。各基层联系点工会，积极探索和进行自身改革，认真总结并及时向省总工会报送加强工会工

作的好办法、好经验。各地、州、市、县工会，省产业工会也建立自己的联系点，抓好典型，推动工作。

六、扩大工会国际交往活动

乍得全国工会联合会代表团访黔。应中华全国总工会的邀请，以乍得全国工会联合会主席顾问马罗·维克多为团长的乍得工联代表团一行，结束在北京的访问后，于1989年11月9日飞抵贵阳，开始对贵州省进行为期3天的友好访问。省总工会主席廖先宏、副主席朱开茗到机场迎接。副省长刘玉林在省政府接见了乍得贵宾。廖先宏简要介绍了贵州工会工作的情况，宾主就工会工作进行了广泛深入的交谈，代表团还前往龙宫、黄果树、红枫湖游览，并考察了新艺机械厂职工教育情况。

多哥工联代表团来贵州访问。应中华全国总工会邀请，在中华全国总工会国际联络部的统筹安排下，以多哥工联总书记钦德·埃索纳·埃苏为团长的多哥工联代表团一行，于1990年4月10日乘机由北京抵贵阳参观访问，省总工会副主席李扬文到机场迎接。当天下午省长王朝文在贵州饭店会见了多哥客人，宾主进行了亲切友好的交谈。王朝文对钦德的来访表示热烈的欢迎，并向客人介绍了贵州省的地理环境、自然资源和过去10年来工农业的发展情况。钦德团长感谢贵州人民对他的热烈欢迎，对省总工会的热情接待表示感谢。会见前，省总工会副主席李扬文、李朝忠拜访了多哥客人，李扬文向客人介绍了全省工会工作指导思想、组织建设以及如何搞活基层工会等情况，并就多哥客人感兴趣的企业民主管理、职工教育等问题交换了看法。4月11日，李扬文陪同代表团参观访问了贵阳矿山机器厂。该厂党政工领导向客人介绍了职工参与民主管理和职工教育等情况，在参观了车间、工人俱乐部等以后，客人对该厂工人的劳动积极性和生产热情及近几年取得的成绩表示钦佩和赞赏。4月12日，李扬文陪同钦德一行游览了安顺龙宫和黄果树风景区，贵州的真山真水给客人留下了美好的印象。4月13日，代表团乘机离开贵阳。

塞浦路斯工会代表团到贵州访问。应中华全国总工会邀请，以塞浦路斯共和国劳工联合会（简称泛塞劳联）第二副总书记尼科法莫斯·梅利索斯为团长的塞浦路斯工会代表团一行，于1992年3月10日至13日对贵州省进行了为期4天的友好访问。3月10日下午，省委副书记龙志毅亲切会见了来访的塞浦路斯工会代表团。省总工会主席廖先宏、副主席李扬文、贵阳市总工会主席王桂舟等参加了会见。在李扬文的陪同下，泛塞劳联代表团参观了贵州铝厂的职工食堂、医院、职大、幼儿园等。

巴勒斯坦工联代表团到贵州访问。应中华全国总工会的邀请，以巴勒斯坦工人总联合会副总书记阿布·莱依勒率领的巴勒斯坦工联代表团一行，于1992年5月14日至16日对贵州省进行了为期3天的友好访问。5月14日上午，省总工会副主席李扬文代表省总工会到机场迎接巴勒斯坦贵宾，并全程陪同贵宾在黔期间的活动。随后，代表团到贵阳车辆厂参观访问，受到厂领导和工会的热烈欢迎。厂工会主席俞毛林向客人介绍了企业民主管理的情况，接着参观了厂区公园、运动场、健身房、游泳池、托儿所等职工生活文体和福利设施，到车间访问了工会小组。当天下午，省外办主任张嘉斌、省总工会主席廖先宏会见并宴请了巴勒斯坦工会代表团。张嘉斌向代表团介绍了贵州省情和中共十一届三中全会以来全省取得的成就。廖先宏介绍了全省工会工作和工业企业改革开放以来的发展变化。会见与宴请时李扬文在座。巴勒斯坦代表团在贵州期间还参观了贵阳市容，游览了黄果树、龙宫、弘福寺等风景名胜。圆满结束来黔的参观访问后，在中华全国总工会国际联络部有关人员的陪同下，代表团于16日上午离黔前往海口。

摩洛哥劳工联合代表团到贵州进行访问。应中华全国总工会邀请，摩洛哥劳工联合会萨利姆·雷杜阿纳和哈巴乌伊·艾哈迈德2名全国书记组成的摩劳联代表团来访问中国，并于1993年3月8日至10日对贵州省进行了为期3天的友好访问。省总工会副主席李扬文3月8日下午前往磊庄机场迎接摩劳联代表团。省总工会主席廖先宏在代表团下榻的贵州饭店看望了萨利姆和哈巴乌伊2位全国书记，对他们的来访表示热烈欢迎。3月8日下午，省委副书记龙志毅会见了摩劳联代表团。龙志毅代表省委对萨利姆书记和哈巴乌伊书记的来访表示热烈欢迎。龙志毅十分愉快地回顾了中摩两国工会几十年来的友好关系，并介绍了贵州省改革开放以来各个方面的变化，以及工会组织的基本情况。萨利姆书记和哈巴乌伊书记对省委和省总工会给予的热情接待表示感谢。会见在亲切友好的气氛中进行。会见时省总工会主席廖先宏、副主席李扬文和省外事办有关负责同志在座。会见后，龙志毅设宴招待摩劳联代表团。摩劳联代表团在黔期间，在省总工会副主席李扬文的陪同下，参观了贵州安顺色织蜡染厂、贵州铝厂。摩劳联代表团一行对神奇的贵州蜡染和贵州铝厂工会卓有成效的职教工作等，表示了极大的兴趣并给予高度评价。摩劳联代表团在黔期间，还游览了黄果树等著名风景区。3 月 10 日下午，摩劳联代表团圆满结束访问，离开贵阳飞赴广州。

七、加强三资企业、乡镇企业和私营企业工会工作

全省三资企业工会工作逐步开展。随着改革开放的深化，全省三资企业、乡镇企业、私营企业不断增加，抓好三资企业工会组建工作势在必行。1992 年 1 月至 8 月，全省已批外资企业 173 家，外商投资企业的增加，促进了经济的发展，同时也带来了一些新的矛盾。为加快外商投资企业和私营企业建会工作，维护职工合法权益，省总工会要求各级工会抓好三资企业的工会组建工作，做好三资企业的摸底调查工作，已经正式开业但至今未建工会的要尽快把工会建立起来。今后新批准的三资企业在开业后一年内要把工会建立起来；要善于与投资者和私营企业合作共事，共谋企业发展。尊重厂方的合法利益和经营管理权，教育职工关心企业发展，与投资者建立较协调的工作关系。1995 年，省总工会制定了《关于加快外商投资企业组建工会工作的意见》，三资企业、乡镇企业、私营企业组建工会工作稳步进展，全省外商投资企业已有 41 家建工会。

各级工会加强调查研究，采取有力措施，尽快提高外商投资企业工会的组建率。注意维护外商投资企业和私营企业职工的合法权益，对于厂方侵犯职工公民权利、人身权利和劳动权利的行为，依据中国法律和劳动合同的规定，进行了妥善处理。各级工会监督企业执行国家有关劳动用工、工资、工时、劳动保护、劳动保险、安全生产等法律法规，参加劳动争议的仲裁和调解，依法维

护女职工的合法权益。

1993年1月7日，廖先宏在省总工会八届六次全委（扩大）会上的工作报告中指出：集体、乡镇、股份制、外商投资企业和私营企业的发展，一厂多制企业的增加，职工队伍不断壮大，工会如何组建并开展活动，需要加强调研，借鉴沿海开放地区的经验，以便分类指导。适应深化改革的需要，加强在乡镇企业、集体企业、三资企业和私营企业中组建工会的工作，最大限度地把职工组织到工会中来。省总工会对乡镇企业的发展与工会工作进行调研指导。执委会后，全省各级工会立即行动起来，深入基层开展调研，进行分类指导，加强了乡镇企业工会工作。

截至1992年底，黔西南州乡镇企业已发展到33622个，从业人员83030人，乡镇企业总收入为41624万元，实现总产值4.45亿元（其中工业产值2.74亿元），完成年度计划的106%；村及村以下乡镇企业累计实现利润3877万元，上缴国家税金1500万元，新产品不断增加，主要产品产量大幅度增长，乡镇企业中的工业、建筑业、交通运输业、饮食服务行业有了较大发展。1992年，全州各级政府积极转变职能，深入基层调查研究，结合本地资源、区位、条件等优势，围绕铁路建设、车站、公路、航道和城镇，采取乡镇办、个体办和私营、联营合作等方式，多渠道地筹集资金发展乡镇企业。全州共发放乡镇企业贷款1964万元，比上年增长了60%。据调查，1992年，全州新上乡镇企业项目162个，其中，已建成投产的96个，可新增产值3300万元；在建项目66个，有望增加产值200万元。各级党委和政府在“积极扶持，合理规划，正确引导，加强管理”的方针指导下，全州乡镇企业呈现方兴未艾的势头，全州生产芭蕉芋粉丝16262吨，精锑、生铁生产效益看好，原煤、白酒、建材、桐油、造纸等行业的产量、产值和利润与上年相比均有较大幅度的增长。全州乡镇企业累计完成总产值4亿元，比上年增长23%，乡镇企业总收入3.5亿元，比上年增长33.2%，实现利税3500多万元。

黔西南州乡镇企业规模较小，较为固定的职工人数不多。以全州规模最大的乡镇企业兴义铁厂为例，职工人数也只有150人，除20名国家正式干部外，其余为当地农民合同制工和临时工。该厂1990年11月建立工会以后，工会围绕企业的生产，开展了一些活动，为企业生产任务的完成发挥了一定的作用。在劳动保护方面，该厂对职工按有关规定，按时发放劳保服、手套、皮鞋等劳保用品，职工住院费厂报50%，属工伤住院的不分干部工人全部报销。就全州而言，由于认识不足、企业新创和职工流动性大等，乡镇企业工会工作还是一个薄弱环节。有些单位，即使建工会，也仅限于职工生病慰问一下、节假日搞一点儿小规模的文体活动。

调研组对凯里市乡镇企业的纸箱厂、建筑一公司、建筑二公司组建工会和工会发展情况进行了实地考察。乡镇企业系统工会由11个企事业单位的工会委员组成，重大工作和活动统一安排进行，工会工作由工会委员在所在企业组织开展。乡镇企业中已建立工会组织的单位，有些单位由于对工会工作了解不多、上级工会指导不力等，工会没有真正发挥“维护、建设、参与、教育”的职能作用，没有真正成为党联系职工群众的桥梁和纽带。尚未组建工会组织的，多数单位由于职工多属季节工及部分特殊工种，职工来自农村，无固定统一的住所，人员流动性大，组建工会存在很大的困难。

经过调研，总结出加强乡镇企业工会组织建设和开展乡镇企业工会工作的意见。乡镇企业的发展和对乡镇企业职工加强思想政治工作以及生活福利、劳动保护、劳动保险、业余文化生活等方面的问题应引起全社会的重视。工会以此为突破口，开展工作。乡镇企业工会组建和发展，在一部分单位进行试点，摸索出一整套适合各类企业工会开展工作的经验，进行全面推广；采取各种形式对乡镇企业的干部、积极分子、生产骨干进行党的方针、政策、业务技术培训，对广大职工进行“四有”职工素质的正规化培训，建立一支“四有”的乡镇企业职工队伍，在社会主义物质文明和精神文明建设中发挥更大的作用。

第十二章　贵州工运事业和工会工作在体制转换中的变革与创新

党的十四大明确了建立社会主义市场经济体制的改革目标，贵州经济社会发展与工会工作迎来了新的机遇。1993 年，省总工会组织编写了《市场经济与企业知识问答》，在全省职工中广泛开展学习社会主义市场经济知识和技术比武竞赛活动。召开贵州省工会第九次代表大会和九届二次、三次全委会，提出了新一届工会的奋斗目标和任务，明确了工作要点和工作举措，把帮助企业扭亏增盈作为工会工作的重点，推进企业转换机制。以贯彻《劳动法》为契机，带动工会各项工作，加强劳动争议调解组织建设，切实维护职工合法权益。帮助困难企业职工，连续开展为困难职工送温暖、办实事活动。提高工会干部素质，参与建立现代企业制度试点。组织劳模报告团巡回报告。召开第三届省工人运动会。深入学习贯彻党的十五大精神，落实省委《关于进一步全心全意依靠工人阶级和加强工会工作的决定》，进一步加强工会建设。

贯彻中国工会十三大精神，召开省工会第十次代表大会。擘画跨世纪的五年贵州工运事业和工会工作新蓝图：深入推进以“经济技术创新”为主的群众性建功立业活动；大力推进厂务公开和职工民主管理，继续推进集体合同签订工作；重视和推进新经济组织建会工作；加强下岗职工基本生活保障和再就业工作，实施送温暖工程；按照“六有”标准整顿基层工会组织，加强工会自身建设；庆祝省总工会成立 50 周年，持续开展英模表彰活动。团结引领贵州工人阶级在跨世纪富民兴黔伟大事业中作出重大贡献。

第一节　贵州省工会第九次代表大会

1993年9月1日至4日，贵州省工会第九次代表大会在贵阳举行。这是全省广大职工和工会工作者的一次盛会，是贵州工人阶级政治生活中的一件大事。这次大会对于团结和动员全省200多万名职工，抓住机遇，加快改革开放和经济建设步伐，推进社会主义现代化建设事业发展，具有十分重要的意义。大会的主题是进一步贯彻党的十四大精神，坚持以邓小平建设有中国特色社会主义理论为指导，坚定不移地贯彻执行党的“一个中心，两个基本点”的基本路线，围绕经济建设这个中心，全面履行工会的四项社会职能，在维护全国人民总体利益的同时，更好地代表和维护职工群众的合法权益，团结和动员全省职工，为加快全省改革和建设的步伐，完成经济和社会发展的宏伟目标而努力奋斗。

省委书记出席开幕式，省委副书记王思齐代表省委向大会致词，省军区政委喻忠桂向大会致词，共青团省委副书记龙超云代表团省委、省妇联、省科协、省社科联、省文联、省工商联、省侨联、省台联向大会致词。出席大会的正式代表699人，代表全省150万名工会会员出席会议。

王思齐在致词中指出，省工会第八次代表大会以来，全省工人运动取得了巨大成绩，工人阶级在改革开放中发挥了社会动力作用，在发展国民经济中发挥了主力军作用，在维护社会安定中发挥了中坚作用，在精神文明建设中发挥了带头作用。实践证明，工人阶级是先进生产力和生产关系的代表，是党最可依靠的阶级基础。全省各级工会在各级党委的领导和各级政府的支持下，遵循党的“一个中心，两个基本点”的基本路线和党在新时期的工会工作方针，紧紧围绕经济建设这个中心，全面履行工会的四项社会职能，充分发挥工会优势，团结带领广大职工。积极投身改革和经济建设，卓有成效地开展工会各项工作，较好地完成省工会八大提出的各项任务。

省总工会主席陈清洁受省总工会第八届委员会的委托，向大会作了题为《团结全省职工，弘扬创业精神，为加速贵州经济和社会发展建功立业》的工作报告。大会认为，工作报告以邓小平建设有中国特色社会主义理论和党的十四大精神为指引，坚定不移地贯彻执行党的“一个中心，两个基本点”的基本路线，围绕经济建设这个中心，全面履行工会的四项社会职能，动员和组织全省职工，在加快全省的改革开放和经济建设的伟大事业中，作出了不懈的努力和积极的贡献。大会审议并通过了工作报告。

大会经过无记名投票，选出了贵州省总工会第九届委员会委员81名，经费审查委员会委员13名，贵州省出席中国工会十二大代表22名。九届一次全委会选出常委12名，并选出主席、副主席。

会议号召全省各级工会要以邓小平建设有中国特色社会主义理论和党的基本路线为指导，积极、全面、正确地贯彻党的十四大精神，根据中央和省委的工作部署确定工作思路，紧紧围绕经济建设这个中心，全面履行工会的四项社会职能，团结和动员全省广大职工，为加快全省改革开放和经济建设步伐，加快社会主义市场经济体制的建立，完成国民经济和社会发展十年规划和“八五”计划，为提前实现经济第二个翻番和奔向小康的宏伟目标而努力奋斗。

第二节　贵州工会在推进改革发展稳定中发挥积极作用

一、深入开展解放思想大讨论，坚持用建设有中国特色的社会主义理论武装头脑

1994年是我国改革、发展、稳定之年。在贵州省委和全国总工会的领导下，贵州省各级工会组织坚决贯彻党的十四届三中、四中全会和省第七次党代会精神，围绕“抓住机遇，深化改革，扩大开放，促进发展，保持稳定”这个工作大局，抓重点、搞调研、办实事、求实效，努力开创贵州工人运动和工会工作新局面。

各级工会精心组织工会干部和职工学习《邓小平文选》第三卷，坚持以邓小平建设有中国特色社会主义理论和党的基本路线为指导，认真开展以“解

放思想、振奋精神、真抓实干、加快发展”为主题的解放思想大讨论，收到明显的效果，进一步解放了思想，转变了观念，振奋了精神，找到了差距，厘出了思路，提出了措施。省总工会结合学习《邓小平论工人阶级与工会》，提出了全省工会的工作思路、工作重点、工作任务和工作措施。各级工会以解放思想大讨论为契机，及时把职工群众的积极性引导到搞好改革和建设上来，把解放思想大讨论的成果转化为加快发展的动力。

二、开展学知识、比技术竞赛活动

开展全省现代经济知识竞赛。1993 年，省总工会在全省职工中广泛开展学习社会主义市场经济知识的活动，在此基础上组织了全省职工现代经济知识竞赛。参加竞赛活动的职工达 10 万人。为了搞好竞赛活动，省总工会组织人员编写《市场经济与企业知识问答》分发广大职工，采取“学、演、展、赛”的方式，寓教于学，寓教于赛，开展多种多样的学习活动，收到较好的学习效果。党、政领导带头参加，职工群众认真研读邓小平建设有中国特色社会主义理论，积极查找资料，共同讨论，共同磋商，共同提高，不同程度地解决职工认识上的许多热点、难点、疑点问题。这次竞赛共评出一等奖 14 名、二等奖 30 名、三等奖 140 名、优秀奖 1931 名，另有 16 个基层单位工会获优秀组织奖。

开展全省职工技术大比武活动。为了调动职工群众学技术、钻业务的积极性，造就“四有”职工队伍，由省总工会牵头，会同省有关部门联合组织“省级二类技术比武”活动。各级领导对此非常重视，姚继元副省长担任组委会主任，各地、州、市和产业（厅、局）都由副专员、副州长、副市长、副厅（局）长负责。整个活动历时 7 个多月，参加的职工达 80 万人。技术大比武分为青年组、成年组、初级组和高级组。比武采取公平竞争、层层选拔的方式，严格执行部颁标准和国际奥林匹克技术竞赛标准，在全省 10 多个考场开展理论闭卷考试和实际操作公开考试。1993 年 12 月 10 日，省技术比武组委会在赤水市召开总结表彰大会，授予贵阳市总工会等 6 个地、州、市工会和省国防工会等 8 个产业工会技术比武团体组织奖，授予王佳丽等 142 名职工“技术能手”光荣称号。

三、认清形势，服务大局，促进职工队伍稳定

了解掌握职工思想动态。根据中央和省委的指示精神，各级工会将稳定工作列入重要议事日程，放在首要位置。干部深入基层，特别是深入“双停”企业，认真了解和掌握职工的思想动向、不安定因素和原因以及可能发生事件的苗头等，有针对性地、积极主动地通过民主的方法、说服教育的方法和疏导的方法，做好职工的思想工作。省总工会还召开了部分地市、产业工会主席座谈会，分析职工思想状况，研究稳定职工队伍的措施。经过大量调查，省总工会向省委和全国总工会上报了《贵州省企业职工思想状况调查》和《关于全省职工反映强烈的“热点”问题及进一步稳定职工队伍的建议报告》。许多工会都能及时掌握突发事件苗头，向党委和政府报告工作，提出对策建议，努力把工作做在前面，把问题化解在单位内部，解决在萌芽状态。在调查研究、总结经验的基础上，省总工会制定了《关于稳定职工队伍，促进社会安定的意见》，力促贯彻落实。

实施“进万家门、知万家情、解万家难、暖万家心”的送温暖活动。根据全国总工会的统一部署，全省各级工会连续三年开展了“进万家门、知万家情、解万家难、暖万家心”的送温暖活动。1994 年春节前，省总工会慰问团与当地党政工一道深入 9 个地、州、市和 20 个市县，走访“双停”、亏损企业 70 余家，慰问特困职工、劳动模范等 270 余人。各级政府和工会通过多种渠道筹集资金达 230. 52 万元，对 2. 9 万余人发放救济款，不同程度地解决了部分困难职工的生活问题，在社会上引起了良好的反响。省总工会结合本省的实际，制定下发了《关于实施“温暖工程”的意见》，各级工会狠抓落实，切实为职工排忧解难，重点抓职工扶贫。全省已有 644 个单位开展职工扶贫，筹集扶贫基金 190 余万元，已脱贫职工 13000 余人。全省“职工温暖基金”已收到捐款 71. 5 万元。一些地、州、市、县工会也相继建立“帮困基金会”。全省还有 632 个单位举办了死亡、医疗、退休养老等多种形式的互助补充保险，参加人数达 15. 6 万人。1994 年 12 月，省总工会召开了全省工会保障工作会，总结交流了社会保障工作

改革的经验。作为“温暖工程”的拓宽，省总工会和团省委、省妇联等单位联合发起献爱心活动。各级工会为此项活动做了大量工作，献爱心办公室共收到500多个单位和系统50多万人捐赠的物品157万余件、人民币55万余元。

随着各项改革措施的出台，改革的力度不断加大，职工生活保险工作出现了许多新矛盾和新问题，全省各级工会在关心职工疾苦、稳定职工队伍方面，做了大量的工作。

开展群众性互助补充养老保险。省总工会推广省邮电系统“企业补充养老保险”，水城矿务局“全员人身安全保险”以及贵阳铁路分局都匀工务段过去20年坚持办好职工互助补充保险的经验和做法，收到良好的效果。1994年末，全省有632个单位建立了死亡、丧葬、医疗、退休养老等多种形式的互助补充保险，参加职工人数达14.3万人。

抓好全省职工扶贫互助会捐款工作。1993年4月，省总工会下发《关于继续抓好全省职工扶贫互助会捐款的通知》，各基层单位和广大职工发扬工人阶级团结互助的优良传统，踊跃捐款。截至1993年底，收到捐款66万元。根据互助会有关规定，凡组织职工捐款的基层单位为会员单位，一旦受灾，将根据情况对会员单位的特困职工给予适当的慰问和补助。

组织开展抗灾救灾、扶持贫困职工活动。1993年雨季，全省各地普降暴雨和大暴雨，给工业生产和职工生活造成严重损失。灾情发生后，省总工会及时进行研究和部署，组成慰问团，深入灾区慰问受灾职工，向铜仁、毕节、黔南、黔东南等地以及水电八局、铁五局的2434户受灾职工发放5.1万元救济款。同时，及时将灾情上报全国总工会，争取到10万元救济款，解决受灾职工的特殊困难。全省有601个基层单位，以多形式、多渠道开展扶持贫困职工的工作。筹集扶贫基金158万元，扶持困难职工达4122人，已脱贫1631人。

加强物价监督，打击假冒伪劣商品。不少工会组织配合政府物价部门搞好物价大检查，全省职工物价监督站（组）有近300个，职工物价监督员和信息员有2563人，对抑制物价上涨、查假打伪起到了积极作用。

四、以帮助企业扭亏增盈为重点，积极发挥工会作用

1994年，全省各级工会坚持广泛开展以“双增双节”为主要内容的劳动竞赛等群众性生产活动，针对不同类型的企业，采取不同的方式，赋予不同的内容。如贵州铝厂，开展以“产量、效益再创新水平”为主题的劳动竞赛，全厂73083人次参加了380项（次）的劳动竞赛，增创效益4077万余元，全厂5609名职工提合理化建议5790条，其中已实施并可计算效益的602条，创效益312万余元，全厂工会系统“双增双节”、修旧利废、修复设备4200台（件），回收废旧物资1328锭，增创效益349.6万余元。

针对全省亏损企业较多的现实，省总工会九届二次全委会研究决定，将帮助企业扭亏增盈作为工会经济工作的重点，省、地、州、市、县工会和产业工会共选择90家企业作为帮扶对象，根据企业亏损的不同原因和需要，采取了不同的工作方式：围绕经济效益，有针对性地开展劳动竞赛；发挥工会技协的优势，利用技术信息帮扶；开展职工技术培训，提高职工队伍素质；依靠职代会，群策群力，献计献策；依托工会的联系网络，疏通销售渠道；多方筹措资金，启动企业生产。这些举措有效地促进了企业扭亏增盈工作。1994年9月，省总工会召开了全省工会扭亏增盈促进会，进一步推动了此项工作；10月，省总工会邀请日本专家来贵阳讲学，介绍交流经验，受到企业领导的欢迎。截至1994年底，已有25家企业取得明显的效果，其他企业也不同程度地实现减亏、控亏目标。

针对女职工下岗比例较大的状况，省总工会举办了迎“九五”女职工时装、手工艺品制作展示会。全省女职工自己设计、自己制作的292套（件）时装、280件手工艺品参加了比赛，19支时装表演队进行了表演。省电视台连续半个月播出相关内容，展现了女职工的时代风貌和才能。省总工会还组织全省43万人参加女职工“迪康杯”知识竞赛。

兴办工会企事业，表彰先进，发挥榜样的作用。各级工会坚持“三服务”的原则，因地制宜，积极稳妥，发挥工会优势，兴办经济实体。全省已有各类

工会企事业600余个，资产2500多万元，从业人员近5000人，其中安置富余职工和待业青年1000余人，既缓解了社会的矛盾，又促进了经济的发展。省总工会直属企事业、疗休养事业也取得了稳步的发展。对各行业涌现出来的先进模范人物，省总工会在“五一”国际劳动节表彰了19个省四化建设先进班组，颁发了省五一劳动奖状，表彰了76名省四化建设标兵，颁发了省五一劳动奖章。各级工会也同时加强了培养、评选和表彰工作。

关心职工生命安全，重视劳动保护工作。为进一步贯彻“安全第一、预防为主，群防群治”的方针，各级工会发动职工开展事故隐患排查和跟踪整改工作。省总工会会同有关部门对重点工程、大型企业进行安全检查；参与重大伤亡事故的调查处理和“三同时”的审查验收工作；举办安全知识竞赛，同时加强劳动保护工作。

五、加强立法和决策参与

各级工会组织继续深入宣传贯彻新《工会法》，解决了一些工会建设中面临的实际问题，扩大了工会的社会影响，增强了各级工会依法办事的自觉性。经过一年多的努力，省人大常委会通过了《贵州省实施〈中华人民共和国工会法〉办法》，进一步把全省工会工作纳入法制化轨道。

在党委的重视下，各级工会组织负责人多数已进入同级党委会、人大常委会或政协常委会；一些工会负责人参加了同级政府设立的涉及职工切身利益的各类专门机构，参与制定劳动人事、工资分配、社会保障、物价、住房等重大改革措施；工会不定期地与同级政府（行政）举行座谈会或联席会，政府（行政）向工会通报重要工作（生产）举措，工会及时向政府（行政）反映职工的意愿和要求，提出符合广大职工整体受益和总体能承受的改革方案，力求在“源头”上维护职工的合法权益。1993年，省总工会参加了《贵州省城镇职工养老保险条例》《贵州省关于加强外商投资企业和私营企业劳动管理，切实保障职工合法权益的通知的补充意见》《贵州省实施〈国有企业职工待业保险规定〉办法》《贵州省企业最低工资规定实施意见》《关于调整企业职工死亡待遇标准》等规定、条例、文件的起草、修改、研讨工作和房改的有关工作，反映职工的意见和要求，许多意见和建议受到有关部门的重视和采纳。

六、加强职工民主管理，推动企业转换机制

全省各级工会把坚持和深化职工民主管理作为工会参与深化企业改革的重点，取得了一定的成绩，职工代表大会制度普遍建立，民主管理形式有所创新，民主管理的重点有所转化。一些企业出现了职工代表值班、职工代表视察、民主咨询、座谈会和联席会等民主管理方式，职工行使民主管理也逐渐由关心生活福利转向关心企业的改革举措、生产经营发展，民主管理监督的作用逐渐发挥出来。针对企业转换经营机制中遇到的新问题，各级工会积极探索职工民主管理新的实现形式和途径，省总工会深入 20 多个企业，6 个地、市、县和 10 多个产业对不同所有制、不同经营方式的企业进行调查，写出了《关于全省职工民主管理情况的调查》《股份制企业民主管理的理论与实践问题的探讨》《关于国有企业亏损情况的调查》等 5 篇报告和调研文章；在调查研究的基础上，召开了民主管理调研座谈会，推广贵州铝厂等 4 个单位的民主管理的经验。在充分准备的基础上，省总工会召开全省工会职工民主管理工作会，总结交流改革开放以来全省职工民主管理工作的经验，讨论研究了如何进一步推进职工民主管理工作等问题，制定了《贵州省总工会进一步加强职工民主管理工作的意见》，努力把职工民主管理工作提高到一个新的水平。建立现代企业制度试点工作在贵州省展开，省总工会参加了省试点领导小组，参与了试点方案的修改；在试点会议上阐述了工会的意见；在报刊上宣传建立现代企业制度的有关知识，为全省现代企业制度试点作了准备工作。

七、推进精神文明建设，提高职工队伍素质

全省各级工会针对建立社会主义市场经济体制的要求和职工的思想实际，紧紧围绕提高职工队伍的整体素质，建设“四有”职工队伍，开展经常性的思

想政治工作。坚持以科学理论武装职工，以正确的舆论引导职工，发挥工会思想政治工作的传统和优势，采取各种形式对职工进行爱国主义教育、革命传统教育、形势教育和职业道德教育。《贵州工人报》和《贵州工运》，坚持正确的舆论导向，积极宣传改革，宣传工人阶级的主人翁作用。

坚持读书自学活动，读书自学的职工不断增多。读书自学和岗位成才相结合，成为岗位培训的重要内容。省总工会表彰了 24 名自学成才者，36 名读书积极分子，18 个先进集体。

全省文化宫、俱乐部在改革中进一步完善和发展，不断增加自身的实力和活力。以文化宫、俱乐部为中心，以业余文艺演出队、各种文化活动协会的活动为网点，以基层职工为活动对象的职工文化网络初步形成，并涌现一批先进单位和积极分子。职工体育把重点放在基层，开展了各种灵活多样的体育活动，增强了职工体质。1994 年秋天，省总工会举办了全省职工游泳比赛，14 个地、市、产业工会选派 110 名运动员参加了比赛。

八、加强工会自身建设，进一步提高工会工作的整体水平

1994 年，省总工会召开了全省工会组织工作会，总结交流了在新形势下工会基层工作的经验，研究了加强和改进工会基层工作的措施，推广了新形势下建设职工之家的经验，进一步增强了基层工会的活力。全省乡镇机关组建工会工作已基本完成。遵义县（今遵义市播州区）乡镇企业组建工会的试点工作取得了成绩，省总工会推广了该县的经验。一些地、州、市私营企业组建工会工作也取得了可喜的成绩。

在各级党委的重视和支持下，一批年富力强、德才兼备的干部进入各级工会领导班子。各级工会和工会干校加强了工会干部的培训工作，发挥了干校作为干部教育主阵地的作用。1994 年，全省累计完成规范化岗位培训 6102 人，占应培人数的 90%以上，超额完成全省“八五”工会干部的培训规划。经过广泛征求意见，省总工会制定了《关于认真搞好工会干部协管工作和进一步加强工会干部教育工作的意见》。省总工会和省委组织部等几个部门进行了公开推荐企

业优秀中青年干部的工作。

严格财务经费管理。省总工会与省财政、审计、统计和银行等9个部门联合制定下发了《关于认真执行〈工会法〉规定，依法拨交工会经费的通知》，就经费收解工作中急需解决的一些问题作了规定。为进一步完善财务管理办法，省总工会制定了《对地、州、市工会、省产业工会上解经费实行回拨补助的试行办法》，继续开展财务工作竞赛，在各级工会领导与财务干部的努力下，全省工会经费收入大幅增长。

加强经审工作的组织建设和制度建设。省总工会经审会制定了《关于贵州省总工会本级经费审查、监督的几项规定》《关于对工会系统基建项目和基建投资进行审计的规定》；召开经审工作会议，举办了经审工作业务培训班，交流经审经验、培训经审业务；组织经审人员进行审计、实务审查和催收漏欠未交经费情况检查，全省催收漏欠经费83.7万元。各级经审组织加强对本级工会经费的审查和监督，在推动民主理财、严肃财经纪律、依法收缴、合理使用工会经费等方面发挥了作用。

搞好调查研究工作。各级工会紧紧围绕工作大局和本地突出问题，开展了相当规模的调查研究工作，取得了很好的效果。省总工会围绕《关于在建立社会主义市场经济体制过程中维护职工队伍稳定，促进社会安定团结问题的调查研究》这一课题开展调研，共写出了11篇调查报告，其中被全国总工会和省委采用5篇。一些地、州、市、产业工会也出了一批调研成果，有些已被有关部门转发，以指导和推动其工作。

认真完成了工运史的编撰工作。经过新老工会工作者的共同努力，《贵州工人运动简史》定稿付印，有力地推动了全省工运史志的研究工作。

为了适应改革开放和工会对外交流工作的需要，省总工会成立国际联络部和职工对外交流中心，接待摩洛哥、日本等国家的客人。本着增进友谊和加强了解的精神，向外国客人介绍贵州的经济发展和工会工作情况，收到了较好的效果。在开展对外交流工作的同时，工会还通过有关方面给企业牵线搭桥，开展对外技术培训和劳务输出工作。

第三节 学习贯彻《劳动法》，推进工会事业进一步发展

一、中华全国总工会主席在贵州考察国有企业和《劳动法》贯彻实施工作

1995年4月5日至13日，中共中央政治局委员、中华全国总工会主席尉健行在贵州考察期间，听取了省总工会的工作汇报，并和贵阳市总工会、遵义地区工会、部分企业的党委书记、厂长、工会主席进行了座谈，还到贵州铝厂、遵义长征电器厂进行了考察。尉健行充分肯定了贵州一些国有大中型企业坚持全心全意依靠工人阶级和发扬党的艰苦奋斗精神办企业的经验；充分肯定了贵州各级工会组织认真贯彻全国总工会会议精神和组织学习宣传贯彻《劳动法》方面的工作。尉健行强调，各级工会要以贯彻实施《劳动法》为契机和突破口，坚持党的领导，进一步突出维护职能，依法理直气壮地代表和维护职工政治经济权益，着力解决好困难企业和困难职工问题；充分调动职工积极性，更好地实现党的基本路线，更好地改革开放，更好地发展经济。尉健行指出，贯彻实施《劳动法》有一个过程，在党委和政府的领导下进行。各级工会抓好全过程的工作，并服从和服务于改革、发展、稳定的大局。条件比较好的企业要贯彻实施《劳动法》，困难企业也要逐步创造条件达到《劳动法》提出的标准，不能把贯彻实施《劳动法》简单地看成一种达标活动。在市场经济的新形势下，通过调解劳动关系，更好地代表和维护职工利益。《劳动法》的根本宗旨是维护职工的合法权益，并赋予了工会多种权利。办好社会主义企业，必须坚持全心全意依靠工人阶级，发扬党的艰苦奋斗精神。建立企业交际费用向职代会报告制度，发挥职代会的民主监督作用，目的是在企业逐步建立起强有力的监督约束机制。以贯彻《劳动法》为契机和突破口，带动工会各项工作，推动工会自身改革和建设，努力把工会工作提高到一个新水平。

二、以学习贯彻《劳动法》为契机，推动工会事业进一步发展

1995年1月，《劳动法》正式实施，这是涉及全国亿万职工切身利益的一件大事。《劳动法》赋予工会广泛的权利，同时也加重了工会的社会责任，对工会工作提出了更高的要求，工会工作的领域进一步拓宽，工会的任务更加繁重。

《劳动法》是新中国成立以来第一部规范劳动关系、保护劳动者合法权益的基本法律。它的颁布施行，对于推动劳动制度改革，保护劳动者合法权益，确立、维护和发展稳定和谐的劳动关系，调动职工的积极性，促进经济发展和社会进步，具有十分重要的意义。《劳动法》明确规定了工会在调整劳动关系，维护劳动者合法权益中的地位、权利、渠道和方法，为工会履行维护职工合法权益这个基本职责，提供了更为有力的法律保障。

《劳动法》颁布后，全省各级工会在各级党委的统一领导下，按照当地政府的统一部署与有关方面密切配合，把贯彻《劳动法》作为工作重点，促进工会事业进一步发展，更好地维护职工合法权益。积极组织职工学习、宣传，与有关部门联合举办座谈会、报告会、培训班、宣传日、宣传周等活动，省总工会和省劳动局联合组织了《劳动法》知识竞赛贵州赛区的工作，全省60万名职工参加了竞赛，组队参加了全国劳动法知识竞赛的复赛，取得了三等奖和最佳组织奖的成绩。一些工会还会同人大及司法、劳动部门对企业进行抽查，检查《劳动法》实施前的准备情况以及存在的问题，向有关部门提出建议。

各级工会在改革实践中坚持把党的依靠方针贯穿于各项工作，坚持以贯彻《劳动法》为契机，以突出维护职能为重点，在深化企业改革中坚持和完善职代会制度，有力地推进了职代会民主评议、民主监督制度和平等协商、签订集体合同制度的健康发展。截至1997年底，全省有3127家企业建立了职代会民主评议企业领导干部制度，占应建数的84.2%；企业重大改革方案经职代会审议，业务招待费向职代会报告；公司制企业建立职工董事、监事制度的工作，取得了实质性进展；加强了劳动保护工作，全省各级工会坚持“三不放过”，参加伤亡事故处理275次，参加新扩建项目审查和竣工验收157次。从整体上维护了职

工合法权益和主人翁地位，保障了职工民主权利，保护和调动了广大职工的积极性和创造性。

依法代表职工与用人单位签订集体合同。工会代表职工与用人单位签订集体合同，是贯彻《劳动法》的一个十分重要的环节。全省各级工会主要开展以下五方面工作：一是把外商投资企业、私营企业和进行现代企业制度试点的国有企业作为推行集体合同的重点；二是省、地、州、市产业工会各选择 1—2 个企业进行试点，取得经验，逐步推开；三是搞好衔接，已经实行双保（共保）合同的企业，在继承的基础上总结经验，按照《劳动法》的要求调整、充实内容，向集体合同过渡；四是加强指导，积极参与有关集体合同的法规、实施办法的制定，深入基层认真解决在推行集体合同工作中出现的各种问题；五是认真操作，要求企业工会切实承担起代表职工签订集体合同的职责。截至 1997 年底，3491 家企业签订了集体合同，占应签数的 66.2%。

依法帮助和指导职工与用人单位签订劳动合同。劳动合同是劳动者与用人单位确立劳动关系，明确双方权利和义务的协议。建立劳动关系必须签订劳动合同。各级工会加强宣传教育，使职工充分认识依法签订劳动合同的必要性和重要性。地方工会主动参与劳动部门关于劳动合同范本的制定，企业工会在劳动合同的订立、续订、变更、解除、终止等环节为职工提供帮助和指导。妥善处理国有企业固定工签订劳动合同问题，认真做好思想政治工作，视条件分步实施。对于工龄长的职工、女职工和老弱病职工，采取保护措施。

依法参与劳动争议调处工作。建立健全劳动争议调解委员会，坚持“预防为主、调解为主、基层为主”的方针，对职工群众的合理要求或申请仲裁，或提起诉讼，工会依法予以支持和帮助，督促有关方面解决。各级工会认真处理、调解劳动争议，1993 年至 1998 年共调解劳动争议案件 18870 件，4.37 万人次，调解成功率达 86.6%，化解了矛盾，依法维护了职工合法权益，促进了劳动关系和谐与稳定，为企业深化改革创造了良好的环境。

依法维护职工参与民主管理的权利。职工通过职工代表大会或其他形式参与民主管理，是《劳动法》赋予职工的民主权利，是体现职工当家作主的标志。1994 年，省总工会制定下发了《贵州省总工会关于进一步加强职工民主管理工作的意见》，对全省各级工会职工民主管理工作提出要求。

积极探索和建立劳动者与用人单位平等协商谈判机制。劳动者就保护自身的合法权益在国有企业、集体企业中与用人单位进行平等协商或在外商投资企业、私营企业中进行协商谈判，是《劳动法》赋予工会和职工的权利。全省各级工会坚持依法办事、平等合作、协商一致、权利与义务统一、利益兼顾等原则，稳步推进此项工作。

认真推进和监督用人单位执行《劳动法》规定的劳动标准。全省各级工会努力推动和监督用人单位认真执行标准，突出推动劳动工资、社会保险和劳动保护等劳动标准的落实；停产半停产企业工会千方百计保障职工基本生活，支持参与发展社会保险事业，重点抓好养老、失业、医疗保险；加强劳动保护的决策和立法参与；加强对恶性和重大事故隐患及重点作业点的检查和建档；加强对女职工和未成年工的特殊保护。在抓劳动保护方面，坚持“三不放过”。1993 年至 1998 年参加伤亡事故处理 275 次，参加新扩建项目审查和竣工验收 157 次，从整体上维护了职工的合法权益和主人翁地位，保障了职工的民主权利，调动了广大职工的积极性和创造性。

认真搞好执法监督。全省各级工会适应贯彻《劳动法》的需要，依法对用人单位执行劳动法律法规情况进行监督。企业建立职工民主监督制度和网络。依靠职工搞好《劳动法》及有关法律法规贯彻执行情况的监督，逐步形成自下而上的群众性执法监督机制。

三、参与现代企业制度试点

1995 年，经济体制改革的重点是深化企业改革，进一步转换国有企业的经营机制，搞好建立现代企业制度的试点。按照国务院的总体部署，省委、省政府决定选择 14 户国有企业进行建立现代企业制度试点，这标志着全省企业改革从放权让利的政策调整，转向企业制度的创新。

省总工会把参与现代企业制度试点作为探索工会工作新机制的前期基础性工作来抓，在 1995 年初召开的省总工会九届三次全委会上进行了部署，做了大量工作。提出了在试点中工会坚持的原则和重点工作，成立了试点工作领导小组，明确了办事部门。制定下发了《关于在建立现代企业制度试点中进一步加强工会工作和民主管理工作的通知》，参加了全省试点意见的起草、修改和全省试点工作会议，同时参与了部分试点企业试点方案的咨询、论证工作。召开试点企业工会主席会，以会代训，交流情况，研讨问题，明确任务。深入试点企业调查研究，建立试点企业档案。编写《现代企业制度基本知识（职工读本）》，供工会干部和职工学习掌握。参与了部分试点企业试点方案配套措施有关工会部分的修订。

省总工会要求各级工会抓住建立现代企业制度试点的机遇，全方位、全过程、多层次地参加试点工作，充分发挥工会的作用，推动试点工作的顺利开展。确定在试点过程中明确的原则：改革和完善企业领导和组织管理制度，推动企业形成权责分明、团结合作、相互制约的机制，调动职工的积极性；在理顺产权关系的同时，理顺企业内部劳动关系；国有公司和以国有资产为主体建立的公司中，职工群众具有企业主人翁和劳动者双重身份，有相应的权利和义务加以体现。工会是职工群众利益的代表者，坚持“两个维护”的统一；解放思想、继承和创新相结合，重在创新。

全省各级工会认真研究解决企业在转机建制深化企业改革中出现的涉及职工切身利益的新情况、新问题。积极配合政府（行政）努力推动企业建立保险制度，大力倡导职工个人储蓄保险，办好职工互助补充保险。

四、宣传贯彻《劳动法》，处理劳动争议，签订集体合同

1995 年，为强化学习宣传和贯彻《劳动法》，省总工会先后采取知识竞赛、组织培训、经验交流等办法宣传贯彻《劳动法》。全省 90%的职工实现人手一册《劳动法》，80%的职工参加《劳动法》知识竞赛，80%的工会干部接受《劳动法》及有关法规的培训。在此基础上，工会还召开各地、州、市和大中型企业百名党政工领导经验交流会和全省工会贯彻《劳动法》经验交流会。1995 年 10 月，省总工会请省政协牵头，由省政协副主席蒙素芬带队，省总工会、省劳动

厅等有关部门负责人参加，对贵阳地区5个不同所有制企业就贯彻《劳动法》的情况进行调研，促进《劳动法》的贯彻执行。1996年，各级工会加大力度把平等协商和签订集体合同工作推向前进，取得较好的成绩。1996年全省计划签订集体合同企业200家，截至1996年11月，已签订集体合同的企业有313家，完成预计任务的156.5%。各级工会还以贯彻实施《劳动法》和《中国妇女发展纲要》为重点，抓好有关女职工合法权益和特殊利益的保护。在搞好调研的基础上，召开省下岗女职工再就业经验交流会；结合各企业、单位的实际，开展巾帼双文明立功竞赛活动，收到较好的效果。继续依据《劳动法》推动企业清理规章制度，确保职工劳动安全，减少因安全事故给国家、集体和个人生命财产造成的严重损失。省总工会先后参加盘江矿务局煤井瓦斯爆炸、遵义碱厂有毒气体泄漏等10起重大特大事故的处理，并且坚持参加新建、扩建、改建重要建设项目“三同时”审查验收。

各级工会深入企业协助和督促企业按照《劳动法》的规定，修订完善规章制度，加强劳动保护和监督检查工作，参加重大伤亡事故的调查处理，促进劳动条件的改善和劳动标准的落实。省总工会被省政府评为1996年度全省安全生产工作先进单位。1997年，省总工会下发《关于建立健全工会劳动保护监察委员会和选配工会小组劳动保护检查员的通知》，截至1997年底，全省200人以上企业，劳动保护监察委员会组建率达95%，工会劳动保护小组组建率在68%以上。

加强劳动争议调解组织建设工作。1995年，全省应建基层劳动争议调解委员会5066个，已建3874个，组建率达76.47%。这些基层劳动争议调解组织的建立，对于解决企业与职工之间的劳动争议，把社会不安定因素消灭在萌芽状态，起到了积极的作用。各级工会进行大胆的尝试和有益的探索，已有一批企业建立起工会与用人单位进行平等协商和签订集体合同的制度。1996年，省总工会积极推动建立健全企业劳动争议调解委员会和劳动争议仲裁委员会，全省应建劳动争议调解委员会5066个，已建4010个，组建率79.2%；全省应建劳动争议仲裁委员会9个，已建4个，组建率44.4%；全省有39个基层工会建立工会劳动法律监督组织，部分地区形成自下而上的监督网络。从参加劳动争议仲裁的效果看，达到了预期，如参加遵义枫香矿泉水厂职工与贵州苗岭矿泉水公司的劳动争议仲裁，依法维护了枫香矿泉水厂145名职工的权益。

1997年，针对全省企业签订集体合同滞后的情况，省总工会在充分调研的基础上，把推行集体合同制度列为全年工作的重要内容，推行激励机制，将签订集体合同的完成情况进行目标管理，要求做到合同文本规范、签订程序规范、管理制度规范，使合同发挥协调稳定的作用。这项工作取得突破性进展，截至1997年12月底，全省签订集体合同的企业由上年末的639家上升到3491家，合同签订率达66.2%，远远超过全年计划数，受到了全国总工会的肯定和表扬。

五、帮扶困难企业和职工，加大送温暖、办实事工作力度

帮助困难企业扭亏增盈，开展帮扶活动。省总工会于1994年在全省工会开展帮助企业减亏、扭亏增盈工作，1995年更是把帮助企业扭亏增盈作为工会经济工作的重点，充分发挥工会群众组织的优势，依靠广大职工，使31个亏困企业实现减亏。在整个帮困活动中，各级工会组织职工广泛开展劳动竞赛、合理化建议、技术革新、技术协作和发明创造活动。据统计，全年攻克技术难关4300余项，创经济效益4500余万元；推广新技术，开发新产品2900余个，创经济效益近亿元。省总工会技协举办“创造学”学习班，培训骨干89人。同时，还举办其他各类技术培训班，培训职工4000多名，提高企业职工的技术素质和业务素质，从而增强企业在市场竞争中的能力。

1996年，省、地、产业工会直接联系的116户亏损企业中，已扭亏为盈的有74户，减亏的有26户。1996年11月21日至22日，省总工会在贵阳召开全省工会扭亏增盈工作交流暨表彰会，号召各级工会进一步做好帮助企业扭亏工作。与会的各地工会代表交流了工作经验和做法。会议对贵阳棉纺织厂、铁五局等25个企业、产业和地县工会先进集体进行表彰，推动扭亏增盈工作继续深入发展。

1997年，全省各级工会继续采用多种办法帮助困难企业减亏、扭亏增盈，各地采取了不同的办法，有的工会联系一家困难企业后，将取得的经验逐步推

广到其他困难企业；有的工会在充分调查研究的基础上，帮助困难企业找准突破口；有的工会支持和发动困难企业职工挖掘生产潜力，充分发挥主力军作用。通过以上这些办法，全省县以上工会建立的228个帮困联系企业，截至1997年底已有113个企业减亏，减亏数额5514.35万元，如省冶金工会提出学邯钢提质降耗的先进经验，要求人均增收500元，并与基层工会签订责任书，到年底已实现这一目标，全系统共增收2260万元；水城钢铁厂实现增收1300多万元，扭转亏损局面，摆脱了困境。各级工会技协积极参与，以企业扭亏增盈为重点，组织“三个一”[①] 活动和“提出并实施一条合理化建议、参加一次技术攻关”活动。一年来，参加人数达10680人，提出合理化建议49860条，被企业采纳的合理化建议达19196条，合理化建议采纳率达38.5%。通过群众性技术革新、技术推广、技术攻关、技术开发活动达7240项，创经济效益近3亿元。

连续开展为职工送温暖、为困难职工办实事活动。1995年全省遭受特大洪涝灾害，81个县市受灾，645家企业停产，322家企业部分停产，经济损失严重。灾情发生后，省总工会积极组织人力物力，奔赴灾区慰问受灾企业和职工，为受灾特困职工发放救济款15.29万元。同时，省总工会还与民政、经委、团委、妇联等部门配合，开展“送温暖献爱心”活动，据统计，全省有3583个单位、165万人参加捐赠活动，共计捐款906.08万元，捐物价值达242.98万元。针对全省亏困企业面大、职工生活困难的实际情况，省总工会成立职工温暖基金会，有的地、州、市也相应成立帮困基金会。

1995年，全国总工会在总结各地工会开展的为职工群众“送温暖”活动的基础上，着眼于“送温暖”活动经常化、制度化、社会化，把这项活动拓展为“送温暖工程”。全省各级工会迅速组织实施，以基层为重点，进一步深化职工扶贫解困、互助互济活动，促进失业职工再就业，举办群众性、公益性、互助性基金组织，推动离退休职工生活问题的解决，并努力争取社会的广泛支持与合作，形成“送温暖”等基金组织2万余个，筹集资金4亿余元；建立职工互助补充保险组织近3万个，保险额2.4亿元，参加保险的达1000万人；通过举办工会企事业，安置了一大批富余职工；成立职业介绍所528个，介绍了8万人

---

① 指开发一个新品、攻克一个难关、提高一等质量。

就业，并培训下岗职工 18 万人。许多地方工会建立困难职工档案，推动地方党政、企业领导联系亏损企业和困难职工，形成了政策帮助党政工包户帮扶、集体互助帮扶等一整套行之有效的“送温暖工程”实施方案，促进了困难企业和困难职工实际问题的解决。

1996 年，全省各级工会组织大力推动“送温暖工程”向经常化、制度化、社会化方向发展，多为困难企业和困难职工办实事。1996 年“两节”期间，全省各级工会慰问困难企业 200 余家，特困职工 2400 余户，发放慰问金 140 余万元。截至 1996 年底，工会系统筹集送温暖基金 300 余万元。全省遭受严重洪灾，各级工会紧急动员，奔赴灾区第一线，慰问受灾最严重的职工及家属，协助党政做好救灾工作。在有限的条件下，尽其所能向部分受灾单位和职工送去衣物和慰问金 110 万元。

1997 年，全省各级工会组织广泛开展以“进万家门、知万家情、解万家难、暖万家心”为主要内容的送温暖活动，这也是历年来领导干部参加最多以及走访困难企业、看望困难职工、筹集慰问款项和宣传最多的一年。省领导吴亦侠、王思齐等冒雪看望困难职工。全国总工会领导李奇生、张富有两次率慰问团到贵州慰问。据统计，“两节”期间参加送温暖活动的县（处）级以上干部达 1915 名，其中地（厅）级以上干部 47 人，全省共筹集发放送温暖资金 7000 多万元，走访企业 1674 家，慰问职工 55257 户。县以上工会在上年建立 25 个送温暖基金组织的基础上，又新建 221 个送温暖基金组织。送温暖资金从 1996 年末的 400.1 万元增加到 2964 万元。各级工会还把“两节”期间集中走访慰问与平时的经常性走访结合起来，与帮助下岗职工再就业结合起来，与帮助企业减亏、扭亏结合起来，使送温暖活动向纵深发展。

为困难职工办实事，各级工会建立职工消费合作社，采取有力措施，通过“产销挂钩，连锁经营”等形式，以最优惠的价格为困难职工提供基本生活必需品，缓解了他们的生活困难。据统计，全省职工消费合作社由 1996 年的 9 家发展为 174 家，让利 100 多万元，有 30 多万名困难职工因此受益。1997 年，全省各级工会帮助下岗职工再就业，采取了多种办法，如采取正面引导的方法帮助职工转变就业观念，努力争取自谋职业；主动与有关部门联系举办再就业培训班，使下岗职工增加再就业的技能和机会；与工商、税务等有关部门协商，出台下岗职工再就业的优惠政策。据统计，全省共有27868名下岗职工实现了再就业，其中，下岗后再就业的女职工占40%。

六、将贯彻实施《劳动法》的中心工作与其他工作有机结合

组织劳模报告团作巡回报告。1995年，贵州省召开省劳模表彰大会。“五一”国际劳动节，国务院召开了全国劳模大会。全省有351名省级劳动模范和先进工作者、59名全国劳动模范和先进工作者分别受到省委、省政府和国务院的表彰。为弘扬劳动模范的高尚情操和无私奉献精神，在广大职工群众中掀起学先进赶先进的热潮，省总工会组织两个劳模报告团，赴9个地、州、市作巡回报告，行程5000多公里，为广大群众作了20场报告，听众达22500人。此外，为配合宣传劳模事迹，还组织拍摄了18名劳模事迹的纪录片，分别在中央电视台和省电视台播放。这些活动在社会各界引起强烈反响。

召开第三届贵州省工人运动会。1995年11月19日，第三届贵州省工人运动会在清镇发电厂开幕。参加运动会的有来自全省9个地、州、市和12个产业系统21个代表团的1500名运动员，共参加9个项目的比赛。出席开幕式的有省委副书记、省长陈士能，省委副书记王思齐等。开幕式后，进行本届工人运动会的首项比赛——田径比赛，经过3天角逐，32个单项冠军各有得主。获得田径比赛团体总分第1名至第6名的代表队依次为：毕节代表队、安顺代表队、贵阳代表队、铁路代表队、国防代表队、黔西南州代表队。在本届田径比赛中，13人、14次打破11项省工人运动会纪录。到1995年底，本届工人运动会还进行了中国象棋、桥牌和健美操项目的比赛。其他比赛项目于1996年上半年举行。

加强职工职业道德建设。1997年，省总工会在“两个文明”建设中重点抓职工的职业道德建设，年初下发《关于进一步加强职工职业道德建设工作的意见》，提出职工职业道德建设的目标、任务和措施。选择不同地区和不同类型的单位进行调查研究，并协助这些单位开展工作。组织全省职工参加全国班组职工职业道德知识竞赛，参赛职工近百万人。召开现场会、座谈会等，介绍一些

职业道德建设的先进典型。1997 年 5 月 5 日，召开赵春翰先进事迹报告会和座谈会，向社会各界介绍他的感人事迹，对全省职工职业道德建设活动起到了良好的推进作用。抓好评选表彰工作，评出全省职工职业道德建设十佳单位、十佳标兵，以及对 34 个先进集体和 39 名先进个人予以表彰。全省建立 455 个文明示范单位，其中有 44 个受到全国总工会和省总工会的表彰。

发展工会企事业，壮大工会经济实力。全省各级工会坚持“三服务”的原则，因地制宜，积极稳妥，发挥工会优势，兴办经济实体。至 1994 年底，全省已有各类工会企事业 600 余个，资产 2500 多万元，从业人员近 5000 人，其中安置富余职工和待业青年 1000 余人，既缓解了社会、企业的矛盾，又促进了经济的发展。省总工会直属企事业、疗休养事业也取得了稳步的发展。1995 年，温泉职工疗养院全年完成床日 63705 天，床日成本 18. 78 元，床位使用率 40%，自给率 70. 4%，有效率 97%，全年总收入 84. 25 万元，其中疗养收入 49. 96 万元；花溪职工疗养院全年完成床日 121963 天，床日成本 17 元，床位使用率 67%，自给率 62%，全年总收入 128 万元，比上年增收 18. 6 万元；贵州职工之家全年营业收入 281. 9 万元，比计划产值多完成 20 万元，毛利 181. 59 万元，上缴税金 16. 19 万元，人均产值 3 万元。

全省第一家职工消费合作社于 1996 年 9 月 25 日在双阳飞机制造厂正式挂牌开业，截至 1996 年底，已有省汽车配件厂、西南工具总厂、新艺机械厂、建新机械厂、贵州客车厂、清镇纺织厂、贵阳制药厂、开磷集团用沙坝矿等 9 个企业工会开办的职工消费合作社先后正式开业。这些职工消费合作社不以营利为目的，以服务职工为宗旨，采取货买源头，减少中间环节，以大规模进货的方式降低进货价格，并以低于市场零售价 10%—20%的价格向企业职工提供粮油副食品和日常生活用品。合作社经营品种少则几十种，多则 200 余种。3 个月时间销售总额已达 60 万元，受益职工 3 万余人，同时还安排一批困难职工子女就业，深受广大职工的欢迎，把职工消费合作社称为“咱们的合作社”。职工消费合作社的出现，不仅维护了广大职工的消费利益，稳定了职工队伍，而且平抑了当地的市场物价，使全厂职工得到实惠。

第四节　贵州省工会第十次代表大会

1998年7月17日至19日，贵州省工会第十次代表大会在贵阳召开。这次大会是在全省深入贯彻落实党的十五大精神，在省委领导下，为把全省工运事业和工会工作全面推向21世纪，再创新业绩时召开的一次盛会。大会的主题是高举邓小平理论伟大旗帜，团结动员全省各族职工为实现富民兴黔和跨世纪宏伟目标建立新功业。

会上，省人大常委会副主任、省总工会主席王淑森致开幕词，省委书记发表讲话，省委副书记王寿亭向大会致词，省军区副政委黄光荣向大会致祝词，共青团省委副书记董少龙代表共青团省委员会、省妇女联合会、省科学技术协会、省文学艺术界联合会、省工商业联合会、省社会科学联合会、省归国华侨联合会、省台湾同胞联谊会、省残疾人联合会向大会致祝词。出席大会的正式代表621人，代表全省155万名工会会员参加大会。

省委认为，省工会九大以来的五年，是全省改革开放和现代化建设事业取得较好成绩的五年。全省经济发展、政治稳定、民族团结、社会进步。这是在党中央领导下，全省广大职工和各族人民同心同德、艰苦奋斗的结果。全省广大职工高举邓小平理论伟大旗帜，认真贯彻党的十四大、十五大精神和省委、省政府的各项工作部署与要求，充分发挥了工人阶级的主力军作用，为全省“两个文明”建设立下了不朽功勋，涌现了一大批为富民兴黔作出突出贡献的劳动模范和先进生产者，充分展示了工人阶级艰苦奋斗、求实创新、无私奉献的时代风采。全省各级工会组织遵循新时期工会工作总体思路，围绕中心，把握大局，积极组织和代表职工参政议政，大力抓好职工思想政治工作，积极为党和政府分忧，为职工群众解难，不断加强自身建设，努力探索工会工作的新路子，为维护全省的改革、发展、稳定大局，促进“两个文明”建设，发挥了重要作用。

省总工会党组书记、副主席林明达作题为《高举邓小平理论伟大旗帜，团结动员全省各族职工为实现富民兴黔和跨世纪宏伟目标建立新功业》的工作报告。大会认为，工作报告总结了过去五年的工作成绩和主要经验，制定了今后五年工作的任务，坚定不移地用邓小平理论和党的十五大精神指导工会工作，务实全面，符合全省情况，审议并通过了报告。

报告提出，在宣传舆论工作，推动企业建立一个好的领导班子，推动企业在制定符合本企业实际的具有较强操作性的具体措施、制度或规章，以及提高职工队伍素质、培育跨世纪的“四有”职工队伍等方面下功夫，推动全心全意依靠工人阶级根本指导方针落实到基层。坚持用邓小平理论武装广大职工，帮助职工牢固树立起建设有中国特色社会主义的共同理想和信念；引导职工正确看待形势，进一步解放思想，转变观念；深入开展爱国主义、集体主义、社会主义教育，帮助职工树立正确的世界观、人生观、价值观；大力加强职业道德建设，进一步开展创文明窗口、文明行业、文明班组和当文明职工活动，认真做好职工劳模和先进人物的培养、推荐、选拔、宣传和管理工作；把提高广大职工的科学文化技术素质作为一项战略任务常抓不懈，继续深入开展学理论、学科学、学文化、学技术、学管理、学法律的“六学”活动，鼓励职工立足岗位，自学成才；加强思想政治工作，教育和引导职工充分认识自己肩负的历史使命，发扬艰苦创业精神，正确处理国家、集体和个人三者利益关系，想主人事、干主人活、尽主人责，做合格的主人。高举邓小平理论伟大旗帜，在省委和全国总工会的领导下，更加紧密地团结起来，振奋起来，以新的风貌迈向21世纪，以新的作为创造新业绩，为实现富民兴黔和跨世纪宏伟目标作出新的更大贡献。

大会选出省总工会第十届委员会委员81名，第十届经费审查委员会委员13名，贵州省出席中国工会第十三次全国代表大会代表23名。十届一次全委会选出常委13名，并选出主席、副主席。

大会号召全省各级工会和广大职工更加紧密地团结在党中央周围，进一步振奋精神，不断开拓进取，为实现富民兴黔宏伟目标创造更加辉煌的业绩。

这次大会对于高举邓小平理论伟大旗帜，深入贯彻落实党的十五大精神，充分发挥广大职工群众在富民兴黔中的主力军作用，开创全省工人运动和工会工作的新局面具有十分重要的意义。

第五节　世纪之交的贵州工运事业和工会工作

一、县处级党政领导干部“三讲”教育成效显著

1998年11月，在省委统一部署和省委“三讲”办的指导下，作为第一批开展“三讲”教育的单位，省总工会党政领导班子、处级干部和全省工会系统县处级干部按期开展了近两年的“三讲”教育，并结合实际进行了整改落实，为迎接21世纪做好了思想和组织准备。

省总工会系统领导班子、处级干部经过“三讲”教育后，工作节奏加快，成效明显。由此带动广大干部职工的精神状态发生了新的变化，体现了“三讲”教育带来的成果。如1999年，省总工会在一边抓整改一边抓工作中做了20项工作：召开5个会议扎实推进各专项工作；组织四大活动——职工文艺调演、纪念省总工会成立50周年庆祝活动、向下岗困难职工捐赠冷柜、开展刀具技术演示；组织5个专题检查调研——厂务公开检查调研、职工思想状况调研、金沙建筑一公司调研、机场安全检查和全省安全检查调研；及时处理了3个事件；完成了一片二书的摄制印刷工作——贵州工会工作50年电视专题片，书籍《再就业的人》和《贵州工运史料》。

二、深入推进以“经济技术创新”为主的群众性建功立业活动

1999年，全省各级工会围绕国企攻坚，促进企业扭亏增效，开展了以学先进、比贡献、创一流、增效益为主题的群众性建功立业活动。一年来，全省县以上工会联系帮扶困难企业276家，其中233家实现盈利或减扭亏。全省职工在建功立业活动中提出并实施合理化建议2500多条，技术攻关50多项，创经济效益6.55亿元，有力地促进了企业的改革发展。全省各行各业深入开展创建文明

行业、文明窗口、文明家庭活动。省教育、邮政、电信、民航、铁路等产业工会不断拓宽对外承诺服务内容，接受社会公开评议，通过优质服务，用工人阶级的模范行动影响并带动全社会。活动中，涌现出一大批先进集体和先进模范人物。全省有 75 个先进集体、193 名先进个人分别获省五一劳动奖状、省五一劳动奖章。

2000 年，全省各级工会围绕西部大开发和全省经济社会发展目标，认真贯彻执行《关于在全省职工中广泛开展“经济技术创新工程”的决定》和《关于加强职工技协的改革和建设，充分发挥其在经济技术创新中的作用的意见》，全力推进以“经济技术创新”为主要内容的建功立业活动。全省 9 个地、州、市和部分产业以不同形式成立了相应的组织领导机构，制定了实施方案。全省 41.4%的国有大中型企业开展了这一活动，实现了年初提出的推进面达 30%的目标。广大职工通过岗位练兵、技术竞赛、提合理化建议、发明创造等形式，围绕提高产品质量、降低成本，把增强企业科技开发能力、市场竞争能力、抗御风险能力和提高企业整体素质作为主攻方向，推动企业重点难点问题的突破和经济效益的提高，取得了较为明显的效果。据统计，全省开展技术创新工程活动的单位达 2399 个，共提合理化建议 58703 条，创经济效益 38489 万元。

2001 年，全省各级工会发动和组织职工，紧紧围绕西部大开发重点工程和企业改革发展目标，积极开展群众性经济技术创新活动。据不完全统计，全省实施群众性经济技术创新工程的企业 2486 个，参加职工达 40 多万人，取得显著的经济效益。全省申报经济技术创新成果奖的单位 92 个，申报项目 133 项，其中 19 项获奖。

2002 年 5 月 28 日，省总工会党组全体成员和处级以上党员干部认真学习了江泽民总书记在西南六省、区、市西部大开发工作座谈会上的重要讲话，进行了认真讨论。与会同志一致认为，实施西部大开发三年来，全省战略重点突出，工作措施扎实，各项战略重点全面展开，总的形势是好的，但与其他省、区、市比较，还有一定差距。因此，必须增强机遇意识、危机意识、创新意识，坚持用发展的眼光、发展的思路、发展的办法来解决前进中遇到的问题，在重点加强基础建设的同时，在产业结构调整上下功夫，发挥好比较优势，迎头赶上。

积极落实省委提出的推进全省西部大开发八个方面的重点工作。会议还重点就工会工作如何服从、服务于促进全省西部大开发进行了广泛讨论，并提出省总工会的贯彻意见：深化对西部大开发的认识，提高干部队伍素质，探索工会工作服从、服务于西部大开发的新路子，找准工会在西部大开发的伟大事业中的位置，发挥应有的作用。继续发挥工会组织网络健全、与职工群众联系紧密的优势，在维护好职工群众合法权益、保障职工基本生活的同时，强化职工的思想政治工作，教育和引导职工识大体、顾大局，支持改革、参与改革，维护好企业和社会政治稳定，努力营造有利于改革发展的社会环境。大力开展以群众性经济技术创新活动为重点的岗位建功活动，团结动员广大职工为西部大开发作贡献。大力宣传和弘扬劳动模范和先进人物的崇高精神，发挥好其示范带动作用，使先进人物的光辉思想在全省西部大开发中发扬光大，在富民兴黔大业中创造更加辉煌的业绩。

2002 年 6 月 20 日，省总工会办公室发布《关于动员职工投身西部大开发进一步开展“经济技术创新工程”活动的奖励办法》的通知，进一步激励引领和规范经济技术创新工作。在省际合作方面，省总工会职工技协与上海职工技协签订了为期 5 年的经济技术协作协议，还为黎阳公司等企业联系了省外技术协作项目。

三、推进厂务公开和签订集体合同工作，职工民主管理得到加强

1999 年，省总工会召开了全省厂务公开电视电话会议和厂务公开工作会议，将厂务公开工作引向深入。至 1999 年底，全省 9 个地、州、市，25 个省级部门，86 个县（市、区）都建立了厂务公开领导小组，4331 个企事业单位率先推行厂务公开制度，调动了广大职工的积极性，增强了职工的主人翁意识和责任感。贵州铝厂、华烽电器厂、贵阳市公交公司等 6 个单位的厂务公开经验，在全省加强企业民主管理、推进企业发展进程中发挥了典型示范作用。

2000 年，全省厂务公开工作继续稳步推进。至 2000 年底，全省实行厂务公开的企业有 4638 家，占公有制企业的 91.4%；实行校务、院务公开的事业单位

有 3949 家，占建会事业单位的 52. 9%；非公有制企业有 17 家探索性地推进了厂务公开。全省涌现出 101 个厂务公开先进单位，受到省厂务公开领导小组的表彰。通过实行厂务公开，大力推行职工董事、监事制度。在改制为股份制的国有大中型企业中，工会主席进入董事会、监事会的占 77. 6%，90%以上企业改制方案经过职代会审议。通过实行厂务公开，取得了显著的效果，进一步加强了基层的民主政治建设，增强了企业领导的民主管理意识，调动了广大职工群众的积极性；提高了企业的经济效益，全省仅工业企业全年实现利润 12. 1 亿元，是 1994 年以来经济效益最好的一年，国有企业整体扭亏增盈的目标基本实现；较好地解决了一些热点难点问题，维护了企业和社会的稳定，从而密切了党群关系、干群关系，巩固了厂务公开的成果。

平等协商和签订集体合同工作取得新进展。2000 年，全省各级工会深入贯彻实施《劳动法》，继续推进平等协商和签订集体合同工作，建立机制，建立健全监督检查制度，确保了合同的正常履行。到 2000 年底，全省已建立平等协商制度的企业单位达 5392 个，已签订集体合同的企业单位达 5278 个，两项工作推进率均在 90%以上。集体合同覆盖的职工数达 71. 78 万人。全国集体合同办公室来贵州检查时，对此给予了充分肯定，并撰文介绍了贵州省的做法。

2001 年，全省以公有制为主体的企业基本上都签订了集体合同，非公有制和其他形式的企业签订率也有较大提高。至 2001 年底，全省签订集体合同的企业 4692 个，其中新建企业 578 个。在抓履约率上，各级工会普遍开展了集体合同履行兑现情况的检查，调整充实内容续签合同，对未履行兑现的进行了整改，对确因条件所限难以履行的作出解释说明，维护职工合法权益的机制得到加强。在工资集体协商试点上，省总工会直接抓了 8 个有代表性的企业进行试点，各地、州、市工会（工会办事处）和省产业工会也分别抓了 1—2 个企业进行试点。通过试点，初步掌握了工资集体协商工作的重点、难点、程序和需要注意的问题，为下一步扩大推行范围积累了经验。

职工民主管理工作得到加强。2001 年，全省各级工会在企事业单位中继续深化和扩大厂务公开、民主评议的内容和领域，把生产经营、财务管理、大案物资采购供应、落实安全生产的措施和人事制度改革等，列入公开和评议的内容。事业单位的校务、院务、所务公开，在试点的基础上得到推广。至 2001 年底，全省建立职工（代表）大会制度的企事业单位 4684 个，其中非公有制企业 383 个；实行业务招待费使用情况向职工（代表）大会报告的公有制单位 3781 个；开展职工（代表）大会民主评议企业领导干部工作的公有制单位 3647 个；实行厂务公开制度的企业 4047 个，其中非公有制企业 169 个。同时，加大国有独资公司和国有控股公司的职工代表进入董事会、监事会的工作力度。2001 年全省建立职工董事制度的公司制企业 227 个，其中国有独资公司 111 个；建立职工监事制度的公司制企业 187 个，其中国有独资公司 78 个；建立职工董事、职工监事向职代会报告工作，接受职工群众监督制度的公司制企业 167 个。

四、重视和推进新经济组织建会工作

1999 年，省总工会为加强新经济组织建立工会工作，制定《关于加强新经济组织工会工作的意见》，邀请省有关部门参与讨论修改后报省委转发；编发党和国家领导人对有关新经济组织建会工作的重要讲话和批示，供基层学习；深入部分地方工会和新经济组织调查了解工会组建工作情况。至 1999 年底，全省新经济组织建工会 810 个，新建联合工会 159 个，职工 9.5 万人，会员 7.2 万人。

2000 年，省总工会按照省委办公厅、省政府办公厅转发的《贵州省总工会关于进一步加强新经济组织工会工作的意见》，积极推进新建企业工会组建步伐。全省 25 人以上的新建企业建会率在 90%以上。全国新建企业工会组建工作会议后，全省建会工作的力度进一步加大，省委成立了贵州省新建企业工会组建工作领导小组，省委办公厅印发了《关于进一步加快新建工会组建工作的意见》，明确了工作任务，把新建企业工会组建工作正式纳入了各级党委的议事日程，并以省委名义于 2000 年 12 月 27 日在贵阳召开了有县以上分管党委书记参加的全省新建企业工会组建工作会议。会上，平坝县委等单位介绍了推进新建企业工会组建工作的经验。

2001 年，新建企业工会组建工作取得新进展。省总工会根据中央和省委的部署，把新建企业工会组建工作作为重中之重的任务。全省 87 个县（市、区）均成立了以党委副书记为组长的新建企业工会组建工作领导小组，把新建企业组建工会工作纳入地方党委的工作内容，形成了“党委领导、政府支持、部门配合、工会运作”的工作机制，并按照“哪里有职工，哪里就要建立工会”的原则扎实推进建会工作。2 月，在全省新建企业工会组建工作领导小组暨现场经验交流会上，进一步明确了责任，强化了措施，建会进度明显加快。截至 2001 年底，全省新建企业建工会 5507 家，新建企业职工 19.9 万人，工会会员达 17.7 万余人。全省 90%以上的乡镇（街道）均成立了工会组织，新建企业工会组建率和职工入会率均达 80%。其中，贵阳市、六盘水市和部分县（市）已全部完成了建会任务。

2002 年，按照“三个最大限度”① 的要求，各地、州、市、县（市、区、特区）工会对所属地区未建工会组织的企业进行分类排查摸底，狠抓薄弱环节，建会工作取得了突破性进展。至 2002 年底，全省新建企业工会 1.33 万个，为全国总工会下达贵州省三年建会目标数的 115%；新建企业工会组建率达 94.5%。全省乡、镇、街道联合工会组建率在 80%以上。全省新建企业职工会员 78.2 万人，为全国总工会下达贵州省三年会员发展目标数的 220%；新建企业职工入会率达 90.68%。

五、深入实施送温暖工程，加强下岗职工基本生活保障和再就业工作

1999 年“两节”期间，省总工会派出 19 个慰问组，分赴地、州、市和特困企业开展送温暖活动。各级工会对全省职工家庭人均收入低于 80 元的 7.6 万户困难职工家庭进行了逐一走访慰问，确保无一特困职工发生意外。全省筹集送温暖资金 3117.5 万元，建立送温暖基金户 280 家，全年向特困企业和困难职工共发放慰问金 1825 万元，慰问困难企业 228 户。全省职工互助补充保险工作有新发展，建职工互助补充保险企业的有 669 家。

---

① 指最大限度地把职工组织到工会中来，最大限度地维护广大职工的合法权益，最大限度地保护、调动和发挥广大职工的积极性、创造性。

1999年，全省国有企业下岗职工16.42万人，通过努力，其中5.12万人实现再就业，有9.44万人进入再就业服务中心。全省共筹集使用再就业资金28379万元，国企下岗职工的基本生活费基本得到保证。1999年下半年按照中央政策相应提高了30%。国企离休人员1.07万人，退休人员33.49万人，离退休人员的养老金基本能按时发放，并补发了过去拖欠的部分。全省各级工会和企业建有再就业服务中心534个，自办职工培训机构100个。全年培训下岗职工11.6万人次；帮扶困难职工家庭3.72万户，当年实现脱贫的有1.43万户；联系帮扶困难企业545个，当年实现盈利或减扭亏的有464个。

2000年，全省各级工会积极推进送温暖工程深入发展。对特困职工按照省总工会《关于工会在帮扶解困工作中对特困职工承担第一职责人的实施意见》，建立和推行了"第一责任人"工作机制。履行"第一知情人、第一报告人、第一帮扶人"职责，做到了"五清"① "八必访"② "六送"③。全年共建立联系点276个，建立困难家庭联系户1.6万户，参加联系活动的基层以上工会负责人9.3万人。据统计，全省共筹集发放送温暖资金2052.9万元，走访困难企业2280家，对8.22万户人均收入低于100元的职工家庭进行慰问，涉及职工17.2万人。各级工会还深入调查和积极反映下岗职工再就业的各种困难，为下岗职工创造更多的再就业条件，一年来共帮助56562人实现了再就业。

为体现工会对困难企业劳动模范和先进工作者的关怀，2001年，省总工会拨出专款50万元，对困难企业的劳动模范和先进工作者实行全免费疗养。第一批来自全省各条战线的171名困难企业劳动模范和先进工作者，于2001年11月26日分赴花溪职工疗养院和息烽温泉疗养院进行为期一周的疗养。在疗养期间，开展了为劳模办一件好事、留一张照片、参观一个企业、进行一次革命传统教育、进行一次体检、举办一次报告会、赠送一本书、参加一次省内旅游的"八个一"活动。

为把党和政府的关怀落实到困难企业和特困职工群众之中，省总工会在

---

① 指对职工家庭收入、思想状况、困难原因、技术特长、就业情况清。

② 指职工婚、丧、嫁、娶、病，有矛盾、有情绪、有特殊困难时进行访问的制度。

③ 指送生活慰问品给予救济，送政策给予力量，送再就业典型事迹给予鼓舞，送用工信息给予希望，送技术给予指导，送岗位给予帮助。

2002年“两节”前印发了《关于做好2002年“两节”期间向困难职工送温暖工作的通知》和《关于联系困难企业和帮扶困难职工家庭的通知》，对全省22个重点困难企业进行了调查，向省委、省政府提交了“两节”期间送温暖活动的建议方案。“两节”期间，全省共筹集发放慰问金2796.91万元，其中省总工会筹集460万元。据统计，全省各级工会配合当地党政领导慰问困难企业2857个，走访慰问困难职工及困难劳模家庭9.22万户，发放慰问金129.75万元。全省各级工会帮扶困难职工家庭5.5万户，其中职工计划生育困难户1782户。省总工会机关干部捐赠帮扶困难职工家庭72户，其中职工计划生育困难户22户。“两节”前，省总工会和全省地、州、市及省产业工会在报上公布了职工求助热线电话，方便职工群众电话求助。

2002年，全省各级工会为下岗职工积极牵线搭桥，促成15207名下岗职工再就业。各级工会再就业咨询服务中心免费为下岗职工提供政策和用工信息咨询、登记、岗位培训、向用人单位推荐等服务；通过召开劳务洽谈会、发布劳务用工信息、协助组织劳务输出等方式，促进了下岗职工再就业。为推动再就业工程的深入发展，省总工会共拨出扶贫解困资金65.12万元，为下岗职工开办小商店、小加工厂、小餐馆提供无息贷款。为促进下岗职工再就业和做好困难职工的救助工作，省总工会于2002年9月5日在贵阳召开了经验交流会；12月31日，省总工会困难职工帮扶中心挂牌，全省各地、州、市工会也设立了类似帮扶机构。

2003年，全省各级工会共筹集送温暖资金3499.93万元，其中省总工会筹集资金518万元。全省各级党政和工会慰问困难企业3369个，慰问困难职工10.93万户，其中困难劳动模范和先进工作者954人。全省各级工会帮扶计划生育困难职工3243户，其中省总工会机关干部直接帮扶64户。全省三级地方工会普遍建立了困难职工帮扶中心，通过政策咨询、信访接待、就业服务、法律援助、生活救助等手段，千方百计帮助困难职工解决生产生活中遇到的困难和问题。省总工会还编印了《下岗失业人员再就业有关问题解答》发到基层，方便基层了解和开展再就业工作。全省工会共帮扶困难职工7.31万人次，向困难职工捐送款物1485.7万元，帮助下岗失业人员实现再就业1.88万人，向特困职工子女发放助学金25万元。

六、整顿基层工会组织，加强工会自身建设

2000年，全省各级工会从健全组织、完善机制、制定工作考核办法、加强基层工会干部培训4个方面入手，按照“六有”① 标准对2074个基层工会进行了整顿。经过整顿，基层工会重现了生机和活力，凝聚力、战斗力明显增强。在整顿基层工会的同时，调整充实了5个地、州、市工会和17个产业工会的领导班子。

为将全国总工会和省委对工会工作的要求落到实处，2000年，省总工会设立工会工作创新奖，对在重点工作推进中有创新突破的单位给予表彰奖励。考核内容为全年“151”工作目标，考核指标共有9个大项42个小项。通过对114个单位申报的117个单项创新成果检查评审，贵阳市总工会等17个单位获2000年度工会工作创新奖。

深入开展工会调研、信息梳理研究工作。2000年，由省总工会领导带队，机关有关人员多次深入基层进行调研，先后写出有分量的调研报告17篇，其中4篇分别被省委办公厅和省政协的有关刊物转载。全年共传报信息700多条，其中被国务院采用2条、全国总工会采用2条。

为加强劳动保护、劳动安全卫生工作，2001年，省总工会制定下发了《贵州省工会劳动安全卫生工作暂行条例》和贯彻实施暂行条例的《考核办法》，建立了省地县三级劳动安全卫生监督检查工作机制，配备培训了劳动安全卫生检查员。经省总工会组织的培训、考核，全省已有141名监督检查员持证上岗，发挥了监督检查作用。省总工会与省经贸委联合组织开展了“安康杯”劳动安全卫生竞赛活动；参加全省安全生产大检查；参与了25起重特大事故调查处理；参加了8个新、改、扩建项目的审验工作。通过各级工会的努力和广大监督检查

① 指有健全的工会机构，有团结向上的工会领导班子和工作得力的工会主席，有切实保障的工会经费和职工活动场所，有健全的工作管理制度和工作基础档案，有稳定的职工队伍，有明显的工作实绩。

员的认真工作，各企业行政落实劳动安全卫生制度的力度大大增强，职工的劳动安全卫生保护意识大为提高，各类事故隐患大大降低，事故发生率比上年大幅度下降。

深化职工民主管理和厂务公开。2002 年，全省各级工会大力推行和规范平等协商签订集体合同制度，坚持和完善职工代表大会制度，深化职工民主管理和厂务公开工作，强化了工会维权手段。截至 2002 年底，全省国有、集体及国有集体控股企业，都建立健全了平等协商签订集体合同制度。其中，新建企业 7432 个，为全年业务目标数的 69%，超额完成任务。全省推行厂务公开的国有及国有控股企业 5252 个，占应推行数的 93%；集体及集体控股企业 1203 个，占应推行数的 91%；推行事务公开的事业单位 1.52 万个，占应推行数的 90%；推行厂务公开的非公有制单位 155 个。

为培养造就一支富有敬业和开拓创新精神的高素质、专业化工会干部队伍，2002 年 4 月上旬，省总工会出台了《2001—2005 年全省工会干部教育培训规划》，分别举办了工会干部轮训班、工会领导干部研讨班、中青年干部培训班、工会专业人才培训班、新建企业工会干部培训班、适应性岗位培训班。全年培训工会干部 1.04 万人。其中，轮训工会专职干部 1604 人，轮训新建企业工会干部 5866 人。本年度参加适应性岗位培训的工会干部 3021 人次，参加工会专业培训班的有 630 人次。

七、庆祝省总工会建会 50 周年，持续开展英模表彰活动

1999 年 11 月 19 日，全省各地的职工代表和工会会员代表在省委大会堂集会，庆祝省总工会建会 50 周年。王思齐、王寿亭等出席。时任省委副书记，省人大常委会副主任、省总工会主席王淑森在会上讲话。会上，省总工会决定授予水城钢铁集团公司工会等 19 个单位“全省四星级模范职工之家”称号、贵阳百货大楼集团公司工会等 70 个单位“全省三星级模范职工之家”称号、贵州长征电器集团公司工会等 66 个单位“全省二星级模范职工之家”称号、贵航集团云马飞机制造厂十四车间工会等 96 个单位“全省模范职工之家”称号、朱继民

等10人“全省十佳职工贴心人”称号、李盛芳等94人“全省职工贴心人”称号。庆祝大会结束后，职工文艺队伍表演了名为《工人之歌》的精彩文艺节目。

紫云自治县非公有制经济联合工会党支部书记、下岗女工张国芬，1999年被全国总工会授予“全国先进女职工”称号。张国芬曾是紫云自治县轻工公司的工人，1985年下岗后开过录像厅，办过糕点加工作坊，最后从事糖业烟酒批发。她致富后，积极投身社会公益事业，无偿承担该县火花乡纳容小学“春蕾”女童班45名少数民族学生从一年级到六年级的全部学习费用。1998年，她又出资60万元与另一下岗职工合作创办了紫云自治县下岗职工自谋职业服务中心。1998年，她被省总工会授予“下岗职工再就业标兵”称号。

2000年，下岗职工陈祖君等人获“贵州职工自学成才标兵”称号。桐梓县纸厂下岗职工陈祖君以及安顺地区印刷厂下岗职工刘良灿、陈赟均是中专生，于1996年自发组成“三人行考研小组”。每人仅靠每月200元生活费，经过顽强自学，分别考取了重庆师范学院、云南大学、贵州大学的研究生。省总工会授予他们3人“贵州职工自学成长标兵”称号，为他们3人颁发了总计2.5万元的助学金。为鼓励职工自学成才，省总工会设立了职工自学成才助学基金，年末已募集资金50万元。

2001年，全省申报工会工作创新奖的单位98个，申报项目146项，其中22项获奖。为了提高广大职工知法、学法、用法和依法自我维护的能力，省总工会组织力量编写了《我们有哪些合法权益——职工劳动权益维护知识问答》一书，在全省职工中开展了读书活动和知识竞赛，极大地促进了广大职工学法和依法维权意识的提高。经省总工会推荐，全国总工会表彰了7个五一劳动奖状和13名五一劳动奖章获得者。省总工会表彰了71个五一劳动奖状和148名五一劳动奖章获得者。省总工会开展了全省工会理论政策研究优秀论文评比，在申报的57篇文章中，评出一、二、三等奖14篇。省总工会邀请全国总工会文工团，组成全国总工会、省总工会慰问团，慰问全省重点工程和大型企业广大职工。七一前夕，省总工会与贵州电视台联合举办“党在我心中”职工演讲比赛，多数地方工会和产业工会也组织了庆祝建党80周年的大型职工文艺演出。2001年，省总工会十届五次全委（扩大）会议表彰了贵阳市总工会等17家2000年工会工作创新先进单位及黄果树烟草（集团）公司工会等4家“全国模范职工之家”和贵阳市公交公司工会等9家“全国模范职工小家”。

全省各级工会根据全国总工会的安排部署，2002年完成了贵州全国劳模基本状况调查。全省有全国劳模423名、省部级劳模11662名，基本情况进入资料汇总阶段。4月29日，按照全国总工会和省委、省政府的安排部署，全省评选表彰了获省“五一劳动奖状”的集体78个，获省“五一劳动奖章”的个人143名，并向全国总工会推荐4个集体、13名个人为全国“五一劳动奖状”和全国“五一劳动奖章”表彰对象。省总工会还从实际出发，对黎阳公司在新型发动机长期试验中和中铁五局集团公司在青藏铁路建设中，涌现出的先进集体和先进个人，颁发了省“五一劳动奖状”和省“五一劳动奖章”。6月4日，全国总工会劳模先进事迹报告团一行5人到达贵阳。报告团先后在省总工会机关、贵阳市、遵义市等地作报告4场，近万人聆听了报告。

积极开展劳动保护和安全卫生监督检查工作。2003年，省总工会围绕全省安全工作目标，以“安康杯”竞赛为主线，积极开展劳动保护和安全卫生监督检查工作。全省参加“安康杯”竞赛的单位上千家，参赛职工超过百万人。全省共评出优秀企业47个，优秀班组12个，先进个人32名。11月7日，省总工会在大方县召开了全省工会地方煤矿安全生产工作会议，总结推广了大方县、盘县总工会在有证私营、个体煤矿开展安全生产活动，维护职工生命安全和身体健康的经验。凡通知省总工会参与全省特大安全事故调查处理的工作，参与率达100%。

大力推进职工之家建设工作。2003年，全省各级工会把广泛开展以“敬业、求知、关爱”为主题的21世纪职工之家创建活动，作为当前和今后一个时期加强工会基层组织建设的主线。全省共评选表彰模范职工之家90个，模范职工小家140个，优秀工会工作者105名，优秀工会积极分子95名；经复查确认保持荣誉称号的省模范职工之家122个，模范职工小家44个。向全国总工会推荐表彰的全国模范职工之家8个，模范职工小家13个，优秀工会工作者和优秀工会积极分子各8名。各地把“建家”与“双爱双评”有机地结合起来，拓展了“建家”活动的领域、内容和形式，充实了新建企业工会工作的内容，巩固了新建企业的建会成果。

八、贵州工运事业的新发展

截至2003年12月底，省总工会下辖7个市、州总工会，2个地区工会办事处，30个省产业工会，87个县（市、区）总工会。全省已建工会单位职工达2116795人，基层工会组织22163个，工会会员2008511人，其中进城务工人员237085人、工会专职干部5567人。

2003年，全省各级工会一手抓工会维权机制建设，一手抓为广大职工群众办实事，实施职工素质工程，全面提高职工队伍素质，各项工作都取得了新进展。组织全省百万职工开展学习贯彻“三个代表”重要思想新高潮接力活动。整个活动从贵州工业的发源地——省镇远制铁厂开始，历经了贵州宏福公司、贵州西洋肥业公司、水城钢铁（集团）公司、黎阳航空发动机公司、洪家渡水电站建设工地、振华科技股份有限公司。活动路线贯穿东西南北，联结过去未来，展示了一幅贵州工业发展的宏伟画卷。通过接力活动，“三个代表”重要思想的精神实质和科学内涵在广大职工中得到广泛宣传。广泛开展了职工经济技术创新活动和职工职业技能比赛。2003年全省参加经济技术创新活动的职工达56万人，创经济效益67417万元，申报经济技术创新成果奖88项，全省参加职工职业技能比赛的职工20多万人，选拔16名优秀选手参加全国比赛，取得团体第11名、焊工个人第11名、车工团体第19名的好成绩；围绕全省安全生产工作目标，以“安康杯”竞赛为主线，积极开展劳动保护和安全卫生监督检查工作，全省参加“安康杯”竞赛的单位上千家，参赛职工超过百万人，共评出优秀企业47个、优秀班组12个、先进个人32名；积极参加全省特大安全事故调查处理工作，通知参与率达100%，全年共参与14起重特大事故调查处理工作；全面加强工会维权机制建设，全省3个市州地、37个县市区建立了工会与政府联席会议制度，省总工会与省劳动和社会保障厅、省企业家协会召开了劳动关系三方协商第三次例会，会同省人大内司委开展了《贵州省实施〈工会法〉办法》的修改调研，形成了相关正式文稿，提交省人大审议。省厂务公开领导小组召开了全省厂务公开座谈会，总结推广了贵州开磷重钙厂等单位实行的“下评上”工作考核评价机制、重大工程项目职工代表巡察制度、职工代表担任厂长助理制度等经验。各级工会坚持和完善职代会制度和平等协商集体合同制度，继续推行以签订片区和行业为主的集体合同，使新建企业集体合同签订率达到70%，促进了基层劳动关系协调机制的建设。加强工会自身建设，各级工会通过举办学习贯彻“三个代表”重要思想培训班、工会业务培训班，极大地提高了广大工会干部用“三个代表”重要思想统领工会工作的自觉性和坚定性。省总工会机关共举办培训班 6 期，培训干部 455 人。组织机关和直属事业单位处级干部学习“三个代表”重要思想培训班 2 期，培训处级干部 53 人。省总工会全体干部参加了省人事厅组织的学法、用法、依法行政法律知识闭卷考试。依法开展工会经费的审查、审计、监督工作。狠抓工会经审组织建设、建立台账、健全经审制度等工作。完成对下指导、调研和审计任务，加大财务管理、资产管理和经费收缴力度，进一步完善管理制度，使经费收入有新的增长。制定信息工作条例和考核办法，进一步规范信息报送制度和信息刊物出版。为了维护职工队伍稳定和社会政治稳定，坚持 24 小时值班和重大节假日值班制度。

第十三章　贵州工人阶级在全面建设小康社会中的创新奋斗

为了贯彻中国工会十四大精神，贵州省总工会召开省工会第十一次代表大会，明确目标任务，引领广大职工积极投身到全面建设小康社会的伟大实践中。省总工会组成40多人的大型调研组，深入基层调研，形成了18万余字的“关于增强新时期贵州基层工会活力”的研究总报告和8个专题报告，得到了全国总工会的充分肯定。2004年，贵州省人大常委会通过《贵州省工会条例》，从诸多方面强化了工会职能。2007年，全省各级工会采取工地建会、市场建会、楼宇建会、社区建会等形式，有效壮大了工会会员队伍。党建带动工建，创新了工会组织发展机制。2008年省人大常委会通过《贵州省企业民主管理条例》，省企业民主管理进入规范化发展新阶段。维护职工合法权益、送温暖和再就业帮扶工作有了新突破。大力开展技术创新建功立业竞赛和百万职工大练兵活动。健全工会安全生产工作机制，开展安全生产大检查。持续开展学英模、争先锋和英模表彰活动。职工文体活动活跃，成绩突出。

省总工会召开省工会第十二次代表大会，提出“六新”工作目标及重点任务。全省各级工会继续开展了建功立业大竞赛、百万职工大练兵活动；积极应对国际金融危机，在“保增长、保民生、保稳定”中展现工会更大作为；推进企业民主管理与厂务公开，强化各级工会自身建设，在劳模评优表彰等方面不断创造新业绩；开展庆祝中国共产党成立90周年宣传教育活动，持续推进工会工作再上新台阶。

第一节　贵州省工会第十一次代表大会

2003年8月4日至6日，贵州省工会第十一次代表大会在贵阳召开。这次大会是在全省人民认真学习贯彻胡锦涛总书记“七一”重要讲话，进一步兴起学习贯彻“三个代表”重要思想新高潮之际召开的一次重要会议，是全省工人阶级和各族职工政治生活中的一件大事。大会的主题是高举邓小平理论伟大旗帜，以“三个代表”重要思想为指导，全面贯彻落实党的十六大和省第九次党代会精神，围绕中心、服务大局，履行职责、维护稳定，与时俱进、开拓创新，坚定不移地推动党的全心全意依靠工人阶级根本指导方针落实，最大限度地把职工组织到工会组织中来，最大限度地维护职工合法权益，最大限度地保护、调动和发挥广大职工的积极性、主动性、创造性，团结和动员全省各族职工，为富民兴黔、全面建设小康社会而努力奋斗。

省委书记、省人大常委会主任钱运录，省委副书记、省人民政府省长石秀诗，省政协主席王思齐等领导出席会议。

全国总工会副主席、书记处书记李奇生代表全国总工会向大会表示祝贺。省军区、团省委、省妇联、省工商联、省社科联、省文联、省科协、省残联，向大会致祝词。全国各省（区、市）总工会向大会发来贺电。会议正式代表650人，代表全省210万名工会会员参加会议。

省委对省总工会第十届委员会的工作给予充分肯定，全省生产总值增幅连续超过全国平均水平，经济增长的质量和效益明显提高；各项社会事业全面发展，人民生活水平不断提高，社会主义精神文明建设、民主法制建设和党的建设取得新的进展。这些成绩的取得，是全省人民同心同德、艰苦奋斗的结果，也是全省工会组织团结带领广大职工奋发进取、顽强拼搏的结果。全省各级工会组织紧紧围绕全省工作大局，充分发挥自身特点和优势，在推动党的全心全意依靠工人阶级根本指导方针的贯彻落实、开展群众性建功立业活动、提高职工整体素质、维护职工合法权益、为困难职工办好实事、推进新建企业建工会、加强工会自身建设等方面做了大量卓有成效的工作，为全省改革发展稳定作出了重要贡献。

李奇生代表全国总工会向大会的召开表示热烈祝贺。他在祝词中强调，过去的五年，是贵州工人阶级充分发挥主力军作用，为推进全省改革发展稳定的大局作出卓越贡献的五年。全省各级工会在同级党委的坚强领导和政府及社会各界的大力支持下，高举邓小平理论伟大旗帜，全面贯彻“三个代表”重要思想，坚定不移地推动党的全心全意依靠工人阶级根本指导方针的贯彻落实，认真履行维护职工合法权益的基本职责，做了大量卓有成效的工作，取得了显著的成绩。

龙超云代表省总工会第十届委员会作了题为《以“三个代表”重要思想为指导，团结动员全省职工，为富民兴黔事业努力奋斗》的报告。大会认为，报告回顾了过去五年的工作成绩和主要经验，规划了今后五年工会工作的目标任务，贯彻了党中央的重要指示、重要讲话精神，体现了全省广大职工意志，符合全省实际，是今后一个时期全省工会工作的指导性文件。

大会同意报告中提出的今后五年全省工会工作总体要求和主要任务，要求高举邓小平理论伟大旗帜，以“三个代表”重要思想为指导，全面贯彻落实党的十六大和省第九次党代会精神，围绕中心、服务大局，履行职责、维护稳定，与时俱进、开拓创新，抓住西部大开发和新阶段扶贫的历史机遇，全面建设小康社会，加快推进改革开放和社会主义现代化建设。农村经济加快发展和城镇化进程明显增速；国有经济战略性调整和国有企业战略性改组；非公有制经济迅速发展；产业结构优化升级；新型工业化道路加速推进，知识分子已成为工人阶级的重要力量；全方位对外开放和“走出去”“引进来”战略全面展开。

大会应到代表 650 名，实到 631 名，参加选举的大会代表 631 名。大会经无记名投票，差额选出省总工会第十一届委员会委员 89 名，第十一届经费审查委员会委员 19 名，贵州省出席中国工会第十四次代表大会代表 25 名。第十一届一次全委会选出常委 13 名，并选出主席、副主席。第十一届经费审查委员会选出常委 5 名，并选出主任、副主任。

会议表彰了 90 个省模范职工之家、140 个省模范职工小家、105 位省优秀工会工作者、95位省优秀工会积极分子。

会议号召全省各级工会组织、工会工作者和广大工人阶级，要在党中央的领导下，在邓小平理论和“三个代表”重要思想的指引下，发扬光荣传统，与时俱进、开拓创新、艰苦奋斗、扎实工作，为实现富民兴黔和全面建设小康社会的宏伟目标而努力奋斗。

省工会第十一次代表大会的成功举行，对于推动贵州各级工会组织深入学习贯彻“三个代表”重要思想，团结动员全省职工为实现党的十六大确定的全面建设小康社会的奋斗目标建功立业，产生了重大而深远的影响。

第二节　在全面建设小康社会中开创贵州工运事业和工会工作新局面

一、召开传达贯彻中国工会十四大精神暨工会工作创新研讨会

2003年10月，省总工会在赤水市召开了地州市工会、省产业工会、直属事业单位、部分大中型企业工会和机关各部门负责人参加的传达贯彻中国工会十四大精神暨工会工作创新研讨会。省总工会主席龙超云，副主席赵铁军、韩介明出席会议。大会传达了中国工会十四大精神。龙超云在讲话中，要求全省各级工会组织贯彻落实好中国工会十四大精神，以创新的思维努力完成好今后五年的工作目标任务；充分发挥贵州工人阶级在全面建设小康社会中的主力军作用，工会组织适应时代和社会生活的变化以改革的精神不断加强自身建设，进一步开拓工会工作新局面。会议对结合贯彻中国工会十四大精神，不断开拓新时期、新阶段工会工作的新路子进行了认真研讨，就下一步农民工权益维护问题、下岗职工再就业问题、困难职工医保问题、工会组织自身建设等问题进行讨论。研讨会共收到工会工作创新研讨论文61篇，其中，一等奖4篇、二等奖6篇、三等奖8篇、优秀奖43篇。研讨会为进一步贯彻落实中国工会十四大精神，加强工会自身建设，引领贵州工人阶级在全面建设小康社会中充分发挥

主力军作用提供了系统的理论思考，明晰了实践路径。

二、大力开展知识、技术创新和建功立业练兵竞赛活动

2004年，由省委宣传部、省文明办、省总工会等9家省级机关联合成立了省“创建学习型组织、争做知识型职工”活动领导小组，出台了全省创争活动实施意见，下发各级工会及基层企业事业单位。在此基础上，省总工会派人深入基层，总结了遵义供电局等3家单位创争活动经验。在全省创争活动中，很多基层单位把职工道德建设作为一项重要工作来抓，提高了职工的职业道德和社会公德水平，涌现了一批先进典型。同年，全省各级工会认真组织职工开展经济技术创新活动。全省共上报133项职工创新项目。经专家评审，10项获职工技术创新奖，其中6项上报参加全国评奖，1项获全国职工技术创新三等奖。为进一步推动全省职工经济技术创新活动深入开展，省总工会表彰了42个省级职工创新示范岗和45名职工创新能手，3个班组被评为全国职工创新示范岗、6人被评为全国职工创新能手。2005年，全省各级工会广泛开展各种形式的劳动竞赛、提合理化建议、技术革新、技术协作、发明创造、技术比武等职工经济技术创新活动。据统计，全省共有80多万名职工参加，创经济效益15.6亿元，其中，职工提合理化建议21698件，创经济效益7.19亿元；技术发明1891项，创经济效益2.13亿元；实施技术革新5571项，创经济效益5.09亿元；举办技术培训班2008期，培训职工39.78万人次。省总工会组织专家从各级工会上报的126个经济技术创新成果、32个经济技术创新组织单位中，评选出10个经济技术创新成果奖、9个经济技术创新组织单位奖。推荐上报的经济技术创新成果《CXH2001型废旧沥青改性剂》获全国经济技术创新成果三等奖。省总工会与省劳动保障厅联合组织开展维修电工和工具钳工的比赛，全省16个代表队的93名选手参赛，各工种前10名选手晋升一级职业技能资格。

2006年，省总工会制发了《全省建功立业大竞赛活动实施方案》，成立建功立业竞赛活动领导小组，把竞赛活动作为对各市州地、省各产业工会年度目标绩效考核的一项重要内容，加大组织协调力度，确保活动顺利进行。据统计，

全省10032家企事业开展了建功立业竞赛活动，企业参与率在55%以上，参赛职工达120多万人，共创经济效益24.89亿元。其中，围绕重点工程、重点项目、重点任务开展劳动竞赛4000多次，创经济效益15亿多元。为实现“十一五”GDP能耗降低20%左右的目标，全省6055家企事业单位开展了“我为节约作贡献”竞赛活动。开展节能宣传6191场次，职工提出节能降耗合理化建议14098条，技术改造及革新建议12076条，开展节能降耗、“双增双节”活动11333项，创节约价值2.14亿元。2006年底，省总工会进行了建功立业大竞赛总结表彰活动，授予贵阳市总工会等10家单位建功立业大竞赛优秀组织奖，授予中铝贵州铝厂等10家企业建功立业大竞赛优胜企业奖。同年，省总工会制定了《关于“百万职工大练兵”活动实施方案》，并与省科技厅、省劳动保障厅联合下发了《关于举办全省职工技能大赛，推动“百万职工大练兵”活动的通知》，在全省职工中形成了人人学技术、岗岗练技能、层层大比赛的热潮。全省举办职工技术培训、知识讲座1.4万余期，参训职工48万余人，报名参加各级技能竞赛的职工有15万余人。经过预赛和初赛，全省15个代表队选送118名选手参加车工、钳工、铣工、电焊工决赛。每个工种前10名的选手都晋升了一级技术职称，前3名选手获省技术能手称号，第一名获省五一劳动奖章；在全省竞赛的基础上，选拔了四个工种12名选手组队参加全国第二届职工职业技能大赛，电焊工代表队荣获全国第二届职工职业技能竞赛优胜奖，其中1名职工获全国职工职业技能大赛第19名，受到全国总工会、科学技术部和劳动社会保障部的表彰，省总工会获全国第二届职工职业技能竞赛组织奖；15万多名职工参加开展合理化建议活动，共提出合理化建议10万多条，被采纳5万多条，创经济效益4亿多元；开展技术革新、技术改造项目4560项，申报技术发明892项，获专利346项，推广新技术和先进操作法758项；国电安顺发电有限公司工会“1号炉火焰检测系统技术改造”等20个项目获省职工技术创新奖，遵义市总工会等10家单位获“百万职工大练兵”优秀组织奖，杨建东等12人获“百万职工大练兵”个人优胜奖。2007年，全省基层工会选择国家建设急需、技术含量高、通用性强的工种进行练兵比赛，累计开展各类技能竞赛1443场次，5057个企业36.3万多名职工参加。经过初赛和复赛的选拔，135名选手组成19个代表队，于2007

年11月参加了省总工会与省劳动保障厅等部门联合组织的全省职工职业技能决赛。各级工会还开办女职工夜校、周末学校128所，女职工网络课堂470期，各类女职工培训班3541期，14万多名女职工参加学习，提升了自身素质；基层工会举办各种形式的职工技术培训（讲座）8491期，参加培训职工达43.1万人次，全省职工形成了人人学、岗岗练、层层赛的学技术比技能的氛围，造就了大批技能人才。2008年的百万职工大练兵活动中，全省工会举办培训讲座6887期，培训职工67.4万人；开展各类技术竞赛2010场次，参赛企业5433个，参与职工达41万多人。2008年，省总工会出台了《贵州省职工经济技术创新成果奖申报评选办法（试行）》，通过认真宣传和执行形成了职工技术创新工作“舆论引导、平台承载、政策支持、荣誉激励”的机制。全省各级工会开展技术革新、技术改造项目共3233项，创经济效益7.9亿元；职工提合理化建议93329条；获技术专利733项；推广新技术、先进操作法1155项；评选和表彰了省职工经济技术创新成果奖16项。贵州洪家渡发电厂工会推荐申报的《PSS2A模型在洪家渡电厂的应用》、贵州险峰机床厂工会申报的《MK8463A型高精度数控轧辊磨床》项目，获全国职工技术创新成果优秀奖。

2007年，全省各级工会深化和拓展了“当好主力军、建功‘十一五’、和谐奔小康竞赛活动”，共有1万多家企事业单位开展了不同形式的和谐奔小康竞赛活动，企业参与率在70%以上，参赛职工累计120余万人，新增经济效益25亿元以上；围绕重点工程、重点项目、重点任务开展劳动竞赛达1934次，新增经济效益16.3亿元；在生产建设、安全生产、节能降耗、技术攻关等领域，广泛深入开展“金点子行动、金手指工程”“创新型员工竞赛”“经济技术创新活动月”等一系列合理化建议竞赛和职工经济技术创新活动，共收到了合理化建议8.8万余条，被采纳4.8万余条，新增经济效益6.2亿多元；广泛开展技术革新改造竞赛活动。全省职工开展技术革新、技术改造项目4396项，创经济效益4.3亿多元；申报技术发明454项，获专利256项，推广新技术、先进操作法550项，申报经济技术创新成果673项，其中300项被纳入省总工会2007年度职工经济技术创新成果评选范围，5项成果推荐参加全国经济技术创新成果奖，其中2项获优秀奖；开展“我为节约环保作贡献”竞赛活动，5993家企事业单位参加，开展节能宣传6727场次，职工围绕节能降耗提合理化建议1.45万余条，提技术改造、技术革新建议2.2万余条，开展多种形式的节能降耗、“双增双节”活动1.62万余项，创节约价值2.6亿多元。全省工会以“和谐企业大评比”为载体，促进企业建立和谐稳定的劳动关系；广泛开展职工之家建设活动，制定下发了《贵州省总工会关于在新形势下进一步规范职工之家管理，把建设职工之家活动提高到新水平的实施意见》，20家省级职工之家通过评比验收，获模范职工之家称号；建立工会工作考核评比机制，制定实施细则，逐步实现企业工会规范化建设，全面提升企业工会工作水平。为加强基层企事业单位厂务公开民主管理工作，省总工会配合省人大完成了《贵州省企业职工民主管理条例》的立法调研工作；配合执法机关和有关部门进行厂务公开民主管理的执法检查，完成400多名骨干的培训工作；推动《公司法》《劳动合同法》关于职工民主管理各项规定的贯彻落实；及时调整、充实和加强了厂务公开协调领导机构；推动和完善平等协商、集体合同制度的发展。全省签订集体合同6941份，覆盖企业6968户，覆盖职工88.87万人；签订女职工专项集体合同3711个，覆盖企业4264个，覆盖女职工29.55万人。

2008年，按照全国总工会和省总工会的部署，各级工会围绕岗位节能降耗、家庭节能环保，做好相关知识宣传教育及培训工作。全省6807家企事业单位开展了“我为节能作贡献”竞赛活动，开展宣讲3977次；扎实开展“创建争做节约型标兵”“节能降耗QC小组”“节能减排达标竞赛”和“聘任节能减排义务监督员”等活动，全年聘任节能减排义务监督员5979名，开展节能降耗活动9099次，创节约价值达4.39亿元；认真组织参与全国职工节能减排月活动，为节能减排作贡献。2008年，全省工会收到职工节能降耗合理化建议13774条，其中30项合理化建议获评全国节能减排优秀合理化建议项目；贵州铝厂等三个单位被评为全国节能合理化建议活动先进组织单位。

“十一五”规划前期，全省职工竞赛活动比较活跃，从知识、道德、技术、节能等专项创新竞赛，到综合性的劳动、建功立业大赛、大练兵，再到成果申报评选办法及相关平台搭建，舆论引导、政策支持、荣誉激励机制逐渐形成，走上了制度化、规范化、常态化的发展轨道。

三、加强新时期基层工会建设，增强基层工会活力

2004年2月，省总工会组成40多人的调研组，深入基层调查研究，形成了18万余字的《关于增强新时期贵州基层工会活力的研究报告》的总结报告和《加强“职工之家”建设，建立和完善基层工会充分发挥作用相关机制的问题研究》等8个专题报告。调研情况汇总后向全国总工会作了专题汇报，得到了王兆国等全国总工会领导的充分肯定。2004年4月1日和5月9日，省总工会分别召开省新建企业工会组建工作领导小组第7次会议和全省新建企业工会组建工作电视电话会议，交流新建企业工会组建工作经验，表彰了在此项工作中作出突出成绩的72个单位。2004年初，省总工会把全年会员增长任务、基层工会增长任务分解到各市州地工会和产业工会。2004年底，全省新增基层工会组织1115个，比上年增长5.2%；增加工会会员11.1万人，比上年增长5.3%。2004年9月，省人大常委会表决通过《贵州省工会条例》，于2004年11月1日起正式实施。条例从诸多方面强化工会职能，采取建立政府与工会联席会议、单位重大决策听取工会与职工意见等方式保护职工切身利益。2005年，省总工会干部职工深入基层调研，形成了《关于新时期贵州企业职工队伍现状的调研报告》上报全国总工会，受到好评；《关于增强新时期贵州基层工会活力的研究报告》荣获全国工会理论政策研究优秀论文一等奖。组织评选了省五一新闻奖，12篇反映全省工会工作的新闻作品获奖。2005年底，全省已建基层工会24334个，基层工会涵盖单位52954个、工会会员221.01万人。贵阳市白云区都拉乡成立了全省第一个乡级总工会，在大山洞办事处建立第一个街道总工会。铜仁地区成立了进城务工人员工会联合会，有会员5016人，有基层工会22个，被全国总工会授予全国工会系统先进单位称号。2006年底，全省已建基层工会组织2.68万个，同比增长10%，其中新增涵盖法人单位6000家；工会会员242万人，同比增长9%，其中新增会员22万人。各级工会特别加强了地方煤矿（民营煤矿）工会组织的组建工作，全省已建地方煤矿（民营煤矿）工会组织1906个，组建率达95%。全省基层工会建立女职工组织的有18775个，占基层工会的77.15%。

省总工会认真贯彻全国工会推进外商投资企业工会组建工作座谈会精神，全省外商投资企业工会的组建率达40%。

2007年，全省各级工会采取工地建会、市场建会、楼宇建会、社区建会等新形式，把大量分散就业、灵活就业的职工广泛组织到工会中来，有效地壮大了工会会员队伍。截至2007年底，全省建立基层工会组织2.95万个，比上年净增3658个，同比增长13.6%，覆盖企业净增7737个；全省有工会会员273.64万人，比上年净增31.64万人，同比增长13.1%。全省建立基层工会女职工组织2.46万个，比上年增加5797个，同比增长30%。全省有28.52万名女职工制订了自我素质达标计划，其中有18.48万名女职工通过自学和参加培训提高了学历层次和技术水平，6.09万名女职工加入了团组织和党组织。2008年，全省工会会员发展到410万人，基层工会组织达3.76万个。全年新增工会会员136.8万人（其中农民工110万人），新建基层工会7081个。全省建立女职工组织28828个，占基层工会数的82.9%，新增女职工组织7412个，女会员有119万人，占工会会员的29.1%。

2008年，省委办公厅向全省各级党组织转发了《省委组织部、省总工会关于进一步加强“党建带动工建、工建服务党建”工作的意见》。经省委同意，由省委组织部、省总工会联合召开了“党建带动工建、工建服务党建”工作经验交流会。在农村，由党支部书记或副书记经选举任工会主席，在新经济组织、新社会组织人数少、单位小的地方，建立区域工会。工建服务党建，及时将工会中的优秀分子，向党组织输送，壮大党员队伍。全年全省工会发展新会员136.8万人，其中农民工占80.3%，党建带动工建取得了显著的成效。

2004年至2008年，在充分调研论证和创新政策、方法的基础上，全省基层工会建设进一步加强，在新增基层工会数量，会员人数，覆盖社区、街道、楼宇、市场、工地、乡村产业及党建带动工建等方面取得了重大进展，成效显著。

四、在推进企业民主管理上作出新成绩

2004年，省委调整加强了省厂务公开领导小组，进一步明确了工作职责。

各地成立的厂务公开工作领导小组、监督小组、办公室等组织机构达5544个，配备专兼职人员10144人。2004年5月9日，省厂务公开领导小组召开了全省厂务公开民主管理工作电视电话会议，1300多人在各分会场参加了会议，会上表彰了厂务公开民主管理先进单位121个。各地工会举办各类培训班301期，培训骨干16295人，提高了企业领导和有关工作人员对厂务公开、民主管理的认识；通过典型引路，落实职代会职权，促进厂务公开民主管理。10月，省国资委、省总工会等10家省级机关组成3个调研组分别对9个市州地、8个产业、17个县市区、39个企事业单位进行调研检查。据统计，全省国有、集体及控股企业实行厂务公开3494个，占98.14%；事业单位实行事务公开4758个，占94.92%；非公有制企业3262个，占30%。12月9日，省厂务公开领导小组第八次会议，对贵阳铁路分局厂务公开工作情况和坚持以职代会为主要形式的民主管理制度取得的成绩及经验给予了高度评价。12月26日至28日，省国资委、省总工会组织各市州地、各产业、部分大中型事业、企业单位代表到贵阳铁路分局进行学习观摩。厂务公开向卫生、教育和部分科研院所等事业单位延伸，向非公有制企业拓展，企业内部的车间、班组以及企业的二、三级单位也建立了厂务公开机制。2005年，全省各级工会坚持和完善以职工代表大会为基本形式的民主管理制度，推动国有和集体企事业单位厂务公开、民主管理工作深入开展。截至2005年9月30日，全省已建立以职工代表大会为基本形式的民主管理制度的企业4566家，占应建数的60%，其中国有、集体及其控股的企业3043家，占应建数的89.2%；非公有制企业1416家，占应建数的34%。全省实行厂务公开、民主管理制度的国有、集体及其控股的企业4533家，占94.76%；全省各市州地事业单位中，实行校务、事务公开的达8845家，占97%；有一定规模的非公有制企业推行厂务公开、民主管理制度达30%。据对9个市州地和9个产业931名职工的问卷调查，职工对厂务公开、民主管理工作的满意度达96%。

2008年，省总工会由领导带队，组成3个调研组，深入市、州、地和产业工会，通过召开座谈会、发放问卷、查阅资料等形式进行调研，形成了《关于贵州省工会源头参与机制建立及运行情况专题调研报告》《关于全省企业关系状况的调研报告》和《关于贵州省工会经费收缴机制的调研报告》。省总工会直接组织和配合省人大常委会法工委先后4次召开会议，对《贵州省企业民主管理条例（草案）》进行了修改和论证。省人大常委会第五次会议于2008年11月26日审议通过了《贵州省企业民主管理条例》，2009年1月1日起正式实施。省总工会组织开展第八次全省厂务公开工作调研检查。调研抽查中，召开座谈会145次，收到职工问卷调查2447份。结果表明，职工对厂务公开的满意度达90%。组织开展纪念厂务公开10周年征文活动，收到征文95篇，评出一等奖3篇、二等奖3篇、三等奖12篇，从理论和实践上总结了广大职工在厂务公开民主管理方面的成果和经验。

五、维护职工合法权益工作不断取得新进展

2004年，省总工会配合省人大深入开展《工会法》实施情况检查。6月至7月，对黔东南州、黔西南州、铜仁地区、六盘水市及其辖区内各2个县进行了抽查。从检查的情况看，国有和集体企事业单位基本上都建立了职工代表大会制度，职代会的“五权”都能较好地落实。集体合同签订、履行情况，经济效益较好的国有和集体企业一般搞得比较好，仅2004年第一季度，全省就签订集体合同9903份。通过劳动争议调解和劳动法规监督组织，开展调解和仲裁工作。截至9月，全省已建立2721个劳动争议调解机构，受理调解案件2363件，已结案640件。省总工会与司法部门联系，成立了贵州省法律援助省总工会工作部，每周一至周五派律师到省总工会信访室参与法律咨询服务，回答上访职工提出的问题，深受职工的欢迎。参加安全生产的监督、事故调查和职工伤亡事故的处理。省总工会全年参加省安全生产大检查3次（春节、安全生产月、国庆节），参与省重特大事故调查处理13起。省总工会职工帮扶中心（职工信访室）全年共接待职工来访、处理来信2999人次（件）。2005年，省总工会向困难职工提供法律援助。帮扶中心为困难职工解答法律咨询846人次，提供法律援助588人次，涉及劳动、刑事、民事、经济、医疗、交通等方面的法律规章问题；接听“12351”维权热线电话1133人次；代写法律文书104件；代理非诉讼调解案件52起，代理诉讼案件2起，为职工挽回经济损失300多万元；将签订集体

劳动合同作为维护职工合法权益的有力手段，全年共签订集体劳动合同7152份，覆盖企业8934个，受益职工90.55万人；签订工资专项集体合同620份，覆盖企业700个，受益职工5.77万人；帮助400多名农民工追回被拖欠工资200余万元。发挥新闻媒体舆论监督作用，《劳动时报》（原《贵州工人报》）先后为民工追回工资100多万元。2006年，省总工会制定下发了《关于开展“情系职工大维权”活动的通知》及《实施方案》，为困难职工解答法律咨询868人次，代理非诉讼调解案件45起并结案43起，提供法律援助1522人次；追回职工被拖欠工资3227.35万元。全省工会接待职工信访2976人次（件），涉及5364人，59%以上的信访已办结。

为认真贯彻落实党中央领导关于维护农民工合法权益问题的重要批示和《国务院关于解决农民工问题的若干意见》精神，省总工会制发了《贵州省总工会关于维护农民工合法权益的意见》。在农民工最集中的地方小煤矿，督促企业整改危害农民工安全健康的事故隐患1687件，涉及农民工42221人。全省工会受理农民工权益侵害案3327件，共为4690名农民工追回被拖欠的工资1293.71万元。召开全省工会维护农民工合法权益经验交流会，200多人参加会议，13个单位在会上介绍了维护农民工权益的经验体会。2007年，省总工会参与全省企业破产再就业协调小组的工作，对多家破产改制企业的破产改制方案和职工安置方案严格审查把关，维护职工合法权益；参加省里解决企业拖欠工资问题的协调工作，参与省政府农民工联席会议的工作；为困难职工、农民工免费提供法律援助代理劳动仲裁案件4起，其中结案胜诉2起，进行非诉讼调解21起，结案20起；为困难职工、农民工提供法律咨询682人次，代写法律文书48份，处理来信、接待来访、热线电话共4412人次（件），热情为职工排忧解难。全省各级工会建立法律监督组织2686个，法律监督员7036人，其中专职1170人，被省政府聘为劳动保障法律监督员378人。省总工会牵头与省劳动保障厅等8家单位组成督查组，对贵阳市、遵义市整治非法用工专项行动的情况进行重点督查；实施劳动合同三年行动计划，全省70%以上的县级工会建立了劳动关系三方协商机制，国有企业及其控股企业劳动合同签订率在95%以上，非公有制企业职工、农民工和灵活就业人员，劳动合同签订率在30%以上；协助各级政府为农民工追讨拖欠工资4948万元，仅省总工会就为农民工追讨欠薪280万元。

2008年，促进和谐工会维权向纵深发展，开展多种形式的法律援助。全省工会为困难职工、农民工提供法律咨询1258人次，接待职工来访及职工维权热线电话4116人次（件）；为职工代写法律文书30份；受理法律援助事件17起，其中15起已结案。推动企业签订集体劳动合同，全省企业单位签订集体劳动合同9794个，覆盖职工99.59万人，比上年分别增长71.4%和86.29%；签订区域性集体合同的企业829个，比上年增长39.13%。全省工会为困难职工、农民工追讨欠薪、办理工伤赔偿和社会保险570多万元；维护妇女合法权益，重点推动签订女职工权益保护专项集体合同，全省签订率达80%；维护职工安全保障权，通过工会煤矿安全生产专项目标考核、工会群众监督活动，共查出煤矿安全隐患5万多条，全年煤矿事故减少74起，死亡人数减少115人。

省工会十一大以来的五年，在省委、省政府和全国总工会的领导下，省总工会加强了职工维权、帮扶机构建设，政策机制进一步完善，重点加大了对企业困难职工、破产再就业职工、农民工及女职工的维权支持和法律援助力度，取得了显著的成效。

六、送温暖，困难职工、救灾帮扶工作有了新突破

省工会十一大后的第一个“两节”，全省工会系统组织开展了“送温暖月”活动，全省共筹资金4281.87万元，其中省总工会本级筹集538.95万元，慰问困难企业3339个，慰问困难职工10.1万户。省总工会以“团结帮扶、共同发展”为主题组织发起了全省“百万职工五月温暖行”，得到150余万名职工和社会各界人士的积极响应，纷纷为困难职工献爱心，共收到捐款2977.5万元，成立了贵州省送温暖基金会；在全省工会系统开展助学帮扶活动，筹集资金178.535万元，帮扶7537名困难职工子女入学；“六一”国际儿童节期间，筹集资金16万元，慰问困难职工子女735名、孤残儿童及幼儿园儿童1000多名；全省各级工会帮扶计划生育困难职工1842户。省总工会坚持每年由省总工会领导和机关干部职工56人结对帮扶64户特困职工，用个人的工资资助特困职工；为

加大再就业工作力度，全省9个市州地和各县市总工会都建立了困难职工帮扶中心；《贵州工人报》《贵州都市报》与省总工会联合设置“就业指导”“送岗进行时”栏目，为下岗职工提供再就业信息，仅省总工会困难职工帮扶中心一个点，全年就帮助4000余名下岗职工实现了再就业；通过举办下岗失业人员再就业招聘会，向社会发布信息征集上千个工作岗位，115家用人单位进场招聘，达成意向性就业协议1212个。2005年，全省各级工会春节期间共筹集送温暖资金5134万余元，慰问困难企业3572个，慰问困难职工10.81万户；8月开展“金秋助学”活动，共发放助学资金450万元，资助符合条件的近2万名学子；“六一”国际儿童节期间筹集资金212.85万元，慰问困难职工子女1.43万名，慰问学校53所；对14名患重病、绝症的困难职工提供医疗及生活救助；建立机关干部联系帮助特困户制度，66名厅处级干部共联系74户特困职工家庭。采取多形式、多渠道、多层次推荐下岗人员再就业，省总工会与省劳动保障厅、省工商联联合组织“民营企业招聘周”活动，举办3场大型招聘会，660家用人单位进场招聘，提供岗位11226个，涉及40多类工种；省总工会与《贵州都市报》开办“送岗进行时”公益性栏目，广泛征集用工岗位，有1万余名下岗人员、进城务工人员参加应聘，达成意向性协议9276人；在贵阳等4个中心城市举办用工招聘会，向求职人员发放宣传资料近5万份，2199家民营企业参加招聘，提供工作岗位63675个，有63199人进场求职，意向性求职成功者18214人；省总工会困难职工帮扶中心全年推荐11605人就业，成功安置6638人进入工作岗位，培训下岗人员和进城务工人员180人。

2006年，省总工会制定了《关于开展“温暖万家大帮扶”活动的实施方案》，“两节”期间，筹集送温暖资金5664万元，较上年增加近200万元；各级工会干部通过入户走访、召开座谈会等方式，慰问困难企业3570家、困难职工11.5万户。省总工会58名机关干部走访慰问65名困难职工；“六一”国际儿童节期间，筹集资金37.2万元，慰问困难职工子女3166名；省总工会拨款3万元，深入基层慰问困难企业职工子女200名；为期近一个月的“金秋助学”活动，共发放资金610余万元，资助2万余名困难学子。2007年，全省已建立98个困难职工帮扶中心，从全国总工会争取到中央专项资金620万元，分拨到9个市州地工会困难职工帮扶中心，加上各地的配套资金共 1751.6 万元，帮扶困难职工（含农民工）3.14 万人；全省县以上 1235 名工会领导干部结对帮扶了 1580 户困难职工；“两节”期间，全省筹集送温暖资金 5865 万元，省委、省政府、全国总工会、省总工会组成了 15 个慰问组，重点慰问 18 个困难企业、6 个农民工建设工地和 72 户困难职工家庭；“六一”国际儿童节期间，筹集资金 69.64 万元，慰问困难职工子女 5857 人；开展“金秋助学”活动，发放帮扶资金 610 余万元，对符合条件的 1.8 万余名学生进行了资助，其中对 4436 名农民工子女、2310 名单亲家庭和计划生育困难户子女进行了重点帮扶。省总工会荣获省人口和计划生育“三结合”综合治理一等奖；全省工会举办了 3 次大型再就业招聘会。据 2007 年底统计，全省工会培训农民工、下岗职工 1.2 万余人，介绍应聘就业 3.2 万人，安置就业 1.1 万余人，其中省总工会困难职工帮扶中心安置就业 7086 人。

2008 年初，全省打响了“抗冰冻、保民生、抓重建”的特殊战斗，省总工会迅速成立以省人大常委会副主任、省总工会主席林明达为组长的“抢险救灾、帮扶济困”领导小组，制定下发了《贵州省总工会紧急救助困难职工及农民工工作方案》《关于组织广大职工积极投入抢险救灾的紧急通知》，重点推进“三个确保”的工作目标：确保不让一名困难职工因冰冻发生意外，确保返乡滞留农民工不挨饿受冻，确保抢险救灾工作顺利完成。全省各级、各行业工会紧急行动，广泛开展救灾活动，共发放送温暖救灾资金 6137 万元，慰问受灾企业 3528 个，慰问受灾职工 14.51 万人（其中农民工 3.59 万人）；设立了农民工返乡服务站（点）1223 个，为农民工提供了返乡帮助服务 32 万人次。全省工会采取举办就业招聘会与平时推荐就业相结合等形式，促进就业与再就业工作；省总工会帮扶中心举办了两次大型就业招聘会，提供近万个岗位；全省工会培训职工 1.68 万人，介绍就业 1.49 万人，实现就业和再就业 1.12 万人；发放 2007 年度劳模“三金”164 万元，发放 2008 年度劳模“三金”254 万元。省总工会分两批组织了 150 多名省和全国劳动模范、五一劳动奖章获得者参加息烽温泉疗养活动。

七、健全工会安全生产工作机制，开展安全生产大检查

2005年，省总工会与省安全生产监督管理局、省煤炭管理局联合发文，要求全省所有有证煤矿必须在年内完成组建工会工作，建立煤矿安全生产协调机制和联席会议制度，切实在煤矿安全生产上为党和政府分忧。2005年底，全省有证煤矿2007个，建立工会组织1851个，组建率为92.23%；有职工11.48万人，加入工会10.35万人，入会率达90.21%；已建群众劳动保护监督检查委员会1504个，有群众劳动保护监督检查员5175人，形成了地方小煤矿安全生产的群众监督检查网络。在政府有关部门和各级工会的共同努力下，煤矿安全生产形势有了明显好转。全省工会系统参与煤矿安全生产的做法，得到国务院督查组和省委、省政府领导的充分肯定和赞扬。

为使广大职工掌握安全生产知识，争做遵章守纪职工，省总工会开展了"安康杯"竞赛活动，参赛企业2366个、参赛班组61185个、参赛职工107.79万人，14家企业荣获全国"安康杯"竞赛优胜奖、2家企业和工会荣获全国"安康杯"竞赛优秀组织奖、2个班组和工段荣获全国"安康杯"优秀班组称号、4人荣获全国"安康杯"竞赛优秀组织个人奖。同时，省总工会和省安全生产监督管理局授予50家企业省"安康杯"竞赛优胜奖、11个单位省"安康杯"竞赛优秀组织奖、32人省"安康杯"竞赛先进个人奖。省总工会加大参与全省重特大安全事故调查处理力度，赴事故现场参加调查处理16次，赴省安监局和省煤管局参加事故的分析处理20余次。

为保证工会煤矿安全生产目标考核工作的顺利开展，全省各级工会以"安康杯"竞赛为主要内容，以煤矿安全生产专项考核为重点开展安全生产大督查。省总工会制定下发了《2006年度"安全生产大督查"活动实施方案》，与省安监局、省煤管局联合下发了《关于印发〈贵州省煤矿安全生产群众监督实施办法〉的通知》，使工会煤矿安全群众监督检查做到了有法可依、有章可循。据统计，全省地方煤矿已建立工会劳动保护监督检查委员会1906个，建立工会群众监督检查组织1906个，聘用群众监督检查员6413名。2006年，地方煤矿工会

对职工进行安全培训20余万人，查出安全隐患3.6万多处，近90%的隐患得到整改，避免了数十起重特大安全事故，煤矿特大安全事故发生率大幅下降。在全省工会安全生产表彰会上，六盘水市总工会等10家单位获安全生产大督查活动先进单位奖，盘县总工会等13个县（区）总工会获安全生产工作先进单位奖；全年有2735个单位、35765个班组、110万名职工参加“安康杯”各项竞赛活动，98%的地方小煤矿开展了“安康杯”活动，有40余万人参加“安康杯”竞赛活动达3次以上；省总工会对2005年度“安康杯”竞赛的34个优胜单位、7个优秀组织单位、34名先进个人进行了表彰，推荐中国铝业股份公司贵州分公司等17家单位申报全国“安康杯”优胜企业。8月，在盘县（今盘州市）召开的全国劳动保护暨小煤矿安全生产现场会上，全国总工会党组书记、副主席、书记处第一书记孙春兰表彰省总工会抓小煤矿安全生产专项目标考核工作成效明显，建议广泛宣传推广。

2007年，省工会紧紧围绕“安全生产大检查”活动，全力推进全省安全生产和劳动保护，围绕“十个一”开展“安康杯”竞赛活动。全省4932个单位5万多个班组122万名职工参加活动，选出全国“安康杯”竞赛优胜企业17家、优胜班组12个，全省优胜企业31家、优胜先进个人37人。各级工会重点对煤矿企业开展了安全生产检查和督查活动，受检煤矿917个，在煤矿进行安全知识培训1791场次；全省90%以上地方煤矿签订了集体合同，95%以上的矿工签订了劳动合同，50%的地方小煤矿推行了职代会制度和矿务分开活动；对各类企业广泛开展安全生产检查、督查活动4373次，受检单位4345个，工会组织和群众安全监督员共查找出各种安全隐患23万余项，落实整改了22万余项。特别是在两会和春节期间，全省工会对煤矿、交通运输等重点行业开展了专门发放安全监督卡及回收活动，共发放30万张，收集反馈意见1492条；在“安全生产月宣传咨询日”活动中，发放宣传资料1500余份，现场解答疑难问题150多人次。

在政府有关部门和各级工会持续三年的共同努力下，全省以煤矿等行业为重点的安全生产形势明显好转，“安康杯”竞赛活动成绩显著，职工安全知识学习培训、监督检查和预防控制制度逐步完善。

八、学模范、做先锋，持续开展劳模表彰活动

2004年，省总工会根据省委、省政府和全国总工会的有关规定，评选表彰了省五一劳动奖状先进集体23个、省五一劳动奖状先进班组54个、省五一劳动奖章先进个人139名。2004年4月28日，全国庆祝“五一”国际劳动节暨表彰大会在北京召开，贵州航天电器股份有限公司等9个单位获全国五一劳动奖状，贵阳市公共交通总公司驾驶员陈宏等13人获全国五一劳动奖章。为鼓励新闻工作者宣传报道工会工作，评选了8家新闻单位16人、15篇文章和栏目获省五一新闻奖。2005年“五一”国际劳动节前夕，省总工会配合有关部门，评选、推荐40名全国劳动模范和19名全国先进工作者进京受奖；完成五年一次的省劳动模范和先进工作者的评选、推荐工作和省劳模大会的筹备工作，表彰和奖励了272名省级劳动模范和105名省级先进工作者。发放全国劳模“三金”和省部级劳模困难生活补贴137.588万元。按照《贵州省模范职工之家考核标准》和《贵州省模范职工小家考核标准》，省总工会对验收合格的97个模范职工之家、132个模范职工小家予以表彰；全国总工会对全省16个全国模范职工之家和16个全国模范职工小家进行表彰。全国总工会和全国工商联表彰了2名关爱职工的非公有制企业主、2名关爱企业的先进职工、2个“双爱双评”活动的先进单位。遵义供电局被评为全国“创争”活动示范单位和先进单位，贵州轮胎股份有限公司被评为全国“创争”活动先进单位，2名职工被评为全国“创争”活动先进个人。省总工会组织引导职工学习《中国工会80周年职工读本》《职工职业道德教育知识读本》；推荐贵阳市公交总公司、贵阳市南供电局和2名职工参加第九届全国职业道德建设“双十佳”评选；组织全省职工参加中国工会建会80周年知识大赛，共收到有效答题卡14.28万份。2006年4月29日，省总工会召开庆祝“五一”国际劳动节暨表彰大会，全省3家企事业单位和5个班组获全国五一劳动奖状、13名先进个人获全国五一劳动奖章，26家企事业单位和69个班组获省五一劳动奖状、145名先进个人获省五一劳动奖章。2006年，省总工会发放全国劳模特殊困难帮扶补助“三金”121万元。

2007 年，全省涌现出一大批先进集体和先进个人，中国贵州茅台酒厂有限责任公司等 4 个先进集体荣获全国五一劳动奖状、晴隆县邮政局大厂支局等 5 个先进班组荣获全国五一劳动奖状、贵州西洋肥业有限公司董事长周伟等 13 名先进个人荣获全国五一劳动奖章、贵州詹阳动力重工有限公司等 33 个先进集体荣获省五一劳动奖状、贵州险峰实业总公司金二分厂数控班等 72 个先进班组荣获省五一劳动奖状、贵州中烟工业公司贵阳卷烟厂车间主任李贵州等 151 名先进个人荣获省五一劳动奖章；全省 15 个单位和个人分别获得全国先进职工组织、全国先进女职工工作者、全国女职工之友荣誉称号，20 个单位和个人荣获省五一巾帼奖；全省 1 个单位荣获全国职工职业道德先进单位称号、1 人荣获全国职工职业道德建设十佳标兵称号、1 人荣获全国道德模范称号；省总工会开展省五一新闻奖评选活动，有 19 篇作品获奖。省总工会为全国劳模和省（部）级劳模发放“三金”和生活补助费 134.41 万元，组织 120 名全国和省（部）级劳模、五一劳动奖章获得者参加了劳模疗休养活动。

为深入贯彻落实党的十七大精神，激励广大农民工为构建和谐贵州、全面建设小康社会再立新功，省总工会决定授予李明勇等 10 人“贵州十大杰出农民工”荣誉称号，同时授予其省五一劳动奖章；授予王云华等 97 人“优秀农民工”荣誉称号；授予贵阳市云岩区普陀街道总工会等 22 个单位“服务农民工先进集体”荣誉称号；授予缪洪英等 6 人“服务农民工先进个人”荣誉称号。荣获“十大杰出农民工”“优秀农民工”称号的先进个人是全省 800 多万名农民工的杰出代表，他们以高度的主人翁责任感和艰苦创业精神，强烈的求知好学精神，忘我的劳动热情和奉献精神，为全省经济社会发展作出了突出贡献。省总工会号召全省广大职工，特别是广大农民工向受表彰的同志学习，在全省经济社会建设中努力增长知识才干，不断提高技术技能水平，把自己锻炼成中国特色社会主义建设的新型职工。

2008 年，省总工会制定下发了《关于组织参加“贵州骄傲——贵州改革开放 30 年 30 事 30 人”评选活动实施方案》，并在全省工会系统进行评选推荐 3 人参加全省评选，1 人获最具影响人物奖、1 人获入围奖；全省工会在职工中大力开展“工人先锋号”活动，以“坚持创建一流工作、坚持创造一流业绩、坚持树立一流服务、坚持安全发展理念”为目标，形成自下而上，层层抓创建，注重树典型的工人先锋号创建机制，评选出20个全国工人先锋号集体、24个全国抗震救灾重建家园工人先锋号集体、152个省工人先锋号集体、35个省抗冰冻工人先锋号集体；全省广大职工在经济发展与社会进步工作中，涌现了一批创一流工作、一流服务、一流业绩的公司、车间、工段、班组和个人，并给予了表彰和奖励，8个单位获全国五一劳动奖状（先进集体）、9个单位获全国五一劳动奖状（先进班组）、18人获全国五一劳动奖章、36个单位获省五一劳动奖状（先进集体）、113个单位获省五一劳动奖状（先进班组）、188人获省五一劳动奖章、117个集体获省工人先锋号荣誉称号、96个单位获省模范职工之家称号、137个单位获省模范职工小家称号、100人获省优秀工会工作者称号、95人获省优秀工会积极分子称号、9人获省优秀工会之友称号。

九、职工文体活动活跃，成绩突出

2004年11月，省职工体育协会更名为省职工文化体育协会，选举产生了第三届理事会。举办了“五一”职工美术、书法、摄影展，有146件精品参加了展览，吸引了广大职工参观。省总工会组团参加了全国亿万职工健身展示大赛。其中大众集体健身操“球操”、大众体育创编项目获2枚金牌；大众艺术健身操获银奖。在全国21个参赛省市中，贵州省团体总分排第9名，省总工会、省体育局获优秀组织奖。此外，开磷集团的“洋水艺术节”、贵航集团的职工运动会、地质系统的职工运动会等，对于丰富职工文化生活也起到了积极作用。2005年，省总工会组织职工体育骨干参加全国总工会主办的全国职工大众集体健身操舞、大众艺术健身操舞教练员的培训班，为参加全国第四届工人运动会培养了人才；组织职工体育骨干参加全国总工会和国家体育总局举办的职工体育干部培训班。全省各级工会开展全国“亿万职工健身活动月”活动；举办“纪念中国工会成立80周年暨世界反法西斯战争胜利60周年贵州省职工合唱比赛”，12支代表队参加决赛；组队参加全国职工合唱比赛，贵州铝厂工会合唱团、贵州电网公司合唱团双双获得二等奖，省总工会获得优秀组织奖；推荐中铁五局集团公司的小品《家》在西安市举办的全国职工小品比赛中获得三等奖，省总工会获得优秀组织奖。

2006 年，为构建社会主义和谐社会，省总工会开展了丰富多彩的文体活动。积极参加全国总工会举办的全国职工知荣耻、树新风、促和谐知识演讲比赛，并获得一等奖和三等奖；以纪念红军长征胜利 70 周年为主题，举办全省职工文艺调演，25 个单位 1000 余名职工演员参加演出、158 个节目参加决赛，大赛设金奖、银奖、铜奖和优秀奖；以“迎奥运、振国威”为主题举办了全省职工健身操舞教练员培训班和省“移动通讯杯”职工健身操舞大赛；组织省“五一文化奖（文学类、影视类）”和省五一新闻奖评选活动。

在中国工农红军长征胜利 70 周年之际，由省总工会、中共遵义市委、遵义市人民政府主办，遵义市总工会承办的“长征与工运”论坛活动于 2006 年 9 月 12 日举行。16 个省（区、市）的工会工作者、工运理论专家、老红军、工运先驱后人代表共 180 多人参加活动。论坛上宣读的论文，首次披露了许多工人运动历史资料，极为珍贵，特别是党领导下的全省第一个工人阶级群众组织——遵义县赤色工会的建立，是长征中党取得的一项重要成果。该工会及其他工会组织为红军扩充兵员、筹粮制衣、清除奸细、开展武装斗争做了许多重要工作，显示了贵州工人阶级为长征作出的重大贡献，也是中国工运史上亮丽的一笔。

十、《贵州工人报》更名为《劳动时报》

《贵州工人报》作为省总工会的机关报，经省委批准于 1985 年 1 月 1 日复刊以来，忠实地记录了贵州工运史，对贵州工运、工会工作作出了积极的贡献。它秉承了优良传统，是党的宣传工作的重要组成部分，把党的意志与广大职工群众的愿望结合起来，突出了工人报刊维护工人阶级权益的特色，较好地发挥了党的宣传舆论阵地、维权武器、舆论监督的作用，赢得了社会对工会的理解和支持，对开创新时期的工会工作发挥了良好的舆论宣传作用，发挥了密切联系广大群众的桥梁和纽带作用，取得了显著的成绩。报纸质量有了很大提高，在发行量、广告收入上均居省内行业报之首。

为适应全省工运事业发展的要求，进一步满足广大职工群众的维权需要，顺应报业改革发展的形势，根据国家新闻出版总署有关文件批复，2004 年 9 月 7 日，省总工会下发了《关于〈贵州工人报〉更名为〈劳动时报〉的通知》。文件公布，从 2005 年 1 月 1 日起《贵州工人报》更名为《劳动时报》。更名后的《劳动时报》，仍然是省总工会的机关报，是《贵州工人报》的传承、延续、创新和发展。

《劳动时报》的办报方针是围绕富民兴黔和全面建设小康社会，大力宣传党的全心全意依靠工人阶级的指导方针，报道工运事业、工会组织和工会工作，服务于广大职工；始终维护改革发展稳定大局，弘扬主旋律和时代精神，为动员和组织广大职工投身社会主义现代化建设，为工会依法治会、依法维权创造良好氛围。

《劳动时报》的办报定位是积极探索工人报刊发展的新思路、新途径和新方法，进一步深化改革，加强内部管理，通过各种形式的学习培训，不断提高办报人员的整体素质和报纸质量，增强报纸的服务性、知识性、可读性和实用性，使《劳动时报》更加贴近实际、贴近生活、贴近群众。

《劳动时报》是全省工会新闻宣传的重要阵地和窗口，是服务广大职工、企业和工会的一份综合性省级大报，在维护职工合法权益、丰富职工群众文化生活、调动广大职工的积极性、推进企事业改革、促进经济发展、推动和促进工人运动和工会工作等方面，起到了不可替代的舆论引导作用。

第三节　贵州省工会第十二次代表大会

2008 年 7 月 9 日至 11 日，贵州省工会第十二次代表大会在贵阳召开，这次大会是贵州工运史上承前启后、继往开来的一次盛会。大会的主题是高举中国特色社会主义伟大旗帜，以邓小平理论和“三个代表”重要思想为指导，全面贯彻落实党的十七大、省第十次党代会和即将召开的工会十五大精神，用科学发展观统领工会工作全局，坚持走中国特色社会主义工会发展道路，全面履行维护、建设、参与、教育各项社会职能，突出维护职能，以发展和谐劳动关系为工作主线，以建立健全维权机制为基本途径，以促进解决民生问题为维权重点，按照“六新”要求，深入推进“六大活动”，解放思想，开拓创新，团结动员广大职工在构建和谐贵州、实现经济社会发展历史性跨越的新征程中作出新贡献。

在会议第一天开幕式上，省委书记石宗源委托省委副书记致祝词；省委副书记，全国总工会副主席、书记处书记董力发表重要讲话；省妇女联合会主席吴坤凤在会上致贺词。省委、省人大、省政府、省政协有关领导出席会议开幕式。会议正式代表647人，代表全省273万名会员参加会议。

省委对五年来的工会工作是满意的，认为过去的五年，既是全省经济社会发展又好又快的五年，也是全省工运事业蓬勃发展的五年。全省各级工会组织在各级党组织的领导下，坚持以邓小平理论和“三个代表”重要思想为指导，深入贯彻落实科学发展观，全面履行工会职能，自觉把服务职工与服务大局、维护权益与维护稳定结合起来，积极开展“建功立业大竞赛”“百万职工大练兵”“情系职工大维权”“安全生产大督查”“温暖万家大帮扶”“和谐企业大评比”等“六大活动”，在组织职工、引导职工、服务职工、维护职工合法权益等方面发挥了重要作用。全省广大职工以高度负责的主人翁精神和奋发有为的使命感，积极投身全省改革开放和社会主义现代化建设事业，为推动全省经济社会又好又快发展作出了重要贡献。实践证明，具有光荣传统的全省工人阶级，不愧是推动改革开放和社会主义现代化事业发展的主力军，不愧为促进全省社会和谐稳定的中流砥柱。

董力在祝词中指出，省工会十一大以来，各级工会在省委的领导和省政府的支持下，围绕中心、服务大局，切实履行工会各项职能，在开拓创新上做文章，在打造品牌上下功夫，广泛开展群众性经济技术创新和创建工人先锋号等活动，创建劳动关系和谐企业，探索创新煤矿职工劳动安全卫生保护工作，建立健全困难职工帮扶中心网络体系，加大工会组建力度，工会工作覆盖面和社会影响力逐步扩大，在推动贵州经济社会发展中发挥了重要作用。

省人大常委会副主任、省总工会主席林明达作题为《高举伟大旗帜，凝聚职工力量，为实现全省经济社会发展的历史性跨越而努力奋斗》的工作报告。大会认为，报告总结了过去五年的工作成绩和体会，谋划了今后五年的工作目标，切合实际，一致通过了报告。

大会同意报告提出的今后五年全省工会工作的主要目标：按照建设高素质职工队伍提升新水平、推动贵州经济社会又好又快发展创造新业绩、保障职工合法权益取得新进展、以改善民生为重点的社会建设作出新贡献、加强工会自身建设迈出新步伐的“五新”要求，使职工队伍的综合素质全面提高，工人阶级的先进性更加彰显；群众性建功立业活动更加深入，广大职工在构建和谐贵州、实现经济社会发展历史性跨越中的主力军作用更加突出；维权机制建设不断完善，主动依法科学维权效果更加显著；基层工会组建率、职工入会率取得重大突破，基层工会组织网络更加健全；工会自身建设不断加强、作风更加务实，工会干部能力和工作水平不断提高，关注民生、服务职工更加到位，凝聚力不断增强。加强统筹，贯彻落实全国总工会《关于加强和改进新形势下产业工会工作的意见》，深入研究探索新形势下产业工会工作的特点和规律，理顺产业组织领导关系，逐步建立起组织健全、职责明确、关系顺畅的产业工会组织体系，不断提高产业工会工作整体水平，努力使产业工会工作适应新形势。

大会选举产生了省总工会第十二届委员会委员 96 名，第十二届经费审查委员会委员 19 名。第十二届委员会第一次全体会议选举常委 15 名，并选出主席、副主席。第十二届经费审查委员会第一次全体会议选出常委 7 名，并选出主任、副主任。

大会还表彰了省模范职工之家、模范职工小家、优秀工会工作者、优秀工会积极分子、优秀工会之友。

大会发出号召：今后五年，是全省实现经济社会发展历史性跨越的关键时期，是全省各族人民的共同愿望和根本利益之所在，迫切需要全省上上下下、方方面面为实现这一奋斗目标而勠力同心、艰苦奋斗，全省广大职工是实现这一奋斗目标的主力军，责任重大，使命光荣。全省广大职工要进一步增强责任感和使命感，在构建和谐贵州、实现经济社会发展历史性跨越的伟大实践中建功立业。

省工会第十二次代表大会的召开，标志着全省工会工作在党的十七大精神指引下迈向新的征程。这既为全省广大职工和各级工会提供了施展才华、大显身手的机遇和舞台，更寄予了党和人民的无限信任和希望。今后要更加紧密地团结在党中央周围，高举中国特色社会主义伟大旗帜，以邓小平理论和“三个代表”重要思想为指导，深入贯彻落实科学发展观，同心同德，奋发图强，为构建和谐贵州、实现经济社会发展的历史性跨越而努力奋斗。

第四节　贵州工人阶级为实现“六新”工作目标接续奋斗

一、建功立业大竞赛，百万职工大练兵

2009 年 3 月，省总工会第十二届三次全委会（扩大）会议通过《贵州省总工会关于在全省职工中广泛开展“同舟共济保增长，建功立业促发展”竞赛活动的决议》，成立了贵州省社会主义劳动竞赛委员会，由省总工会、省劳动和社会保障厅领导担任主任、副主任，领导小组办公室设在省总工会经济技术部。各市、州、地工会和省产业工会成立相应的组织领导机构。省总工会制订了竞赛活动实施方案，围绕铁路、公路、水利等重点工程、重点项目开展以保安全、保质量、保工期、保效益为主要内容的劳动竞赛；围绕促进经济发展方式转变，广泛深入开展多种形式的职工技术创新活动和节能减排竞赛活动；围绕促进企业提升技术水平和职工职业技能水平，以百万职工大练兵活动为主线，广泛开展大培训、大比武活动；围绕增强企业自主创新能力和核心竞争力，开展工人先锋号创建活动；结合“当好主力军，建功‘十一五’，和谐奔小康”，弘扬和发挥劳模精神，开展竞赛活动。活动要求建功立业大竞赛活动要与“同舟共济保增长，建功立业促发展”竞赛活动融为一体，把群众性经济技术创新活动、节能减排活动和工人先锋号创建活动与“保增长、保民生、保稳定”有机结合起来，引导动员职工立足本职岗位，提高技能水平，打造和谐团队，争创一流业绩，共克时艰保增长。全省共有 14921 家企事业单位开展活动，参赛职工累计

183万余人，共创经济效益31.6亿元。同年，省总工会制定下发了《贵州省总工会2009年“百万职工大练兵”活动方案》，要求全省各企业深入开展百万职工大练兵活动，组织开展职业技能竞赛。鼓励职工“一专多能”，以班组为基础，以岗位为依托，积极参加“一次技术比赛、提一条合理化建议、参与一项技术攻关、实施一项技术创新、参加一次节能减排”活动。有针对性、实用性和时效性地开展下岗失业人员和返乡农民工技能培训。全省共有15238家企事业单位开展活动，149万名职工参与。累计开展专项技术比武、技能竞赛741场次，参赛企业达2035家，27万名职工直接参加了各级职工职业技能系列竞赛活动。举办各种形式职工技术培训讲座5613期，参训职工达65.2万人。

自“十一五”规划后期开始，以高山峡谷桥梁建设为标志的省重点工程建设事业进入了高速发展的新时期。2010年省工会系统的保增长、促发展活动呈现新特点。围绕重点工程项目开展以“比工程质量、比建设工期、比技术创新、比科学管理、比文明施工，创和谐团队”为主要内容的劳动竞赛，在厦蓉高速等2293个重点工程项目建设现场开展了争创工人先锋号等活动；围绕工业企业生产实际，引导广大职工在促进经济发展方式转变、淘汰落后产能、促进节约环保等方面发挥作用，7771家企事业单位的71万名职工投身节能减排达标竞赛活动，聘任节能减排义务监督员7804名，开展节能降耗、“双增双节”活动10255项次；围绕服务行业提高服务质量的主题，发动全省523个较大规模服务业企业的10万名职工参与建功立业竞赛，促进企业经营上台阶、服务质量上水平；围绕全省安全生产年度目标，在广大职工中掀起“安康杯”竞赛活动热潮，6893家企业的162万名职工参赛，评出优胜企业45个、优胜班组53个、优秀组织单位10个、先进个人45名。截至2010年底，16755家企事业单位的200余万名职工参加了不同形式的创先争优建功立业竞赛活动，较上年分别增加了1834家和169863人。2010年职工比武练兵取得新成果。开展了“装备制造业职工职业技能大赛”“环境监测专业技术人员大比武”“电力变电检修工职业技能大赛”等各类技能竞赛1374场次，参赛企业2518个，直接参赛职工38万人次。开展技术革新、技术改造项目3187项；职工提合理化建议87655条，申报技术发明1312项，推广新技术、先进操作法579项，申报职工经济技术创新成果项目1216项，获第三届全国职工优秀技术创新成果一等奖1项（全国仅2项）、二等奖1项、优秀奖2项。

2010年底，省委、省政府提出“工业强省、城镇化带动战略”。省总工会组织开展“工业强省——工人当先——工会组织在行动”六大系列活动，即百个工业园区“五比一创”竞赛活动；党工共建，推进“两个普遍”现场经验交流（观摩）活动；“攻坚克难显身手”劳动技能大比武活动；百万职工安全生产出谋划策和网络知识竞赛活动；“我为企业献一策”金点子评选活动及送温暖工程20周年巡礼。省委书记栗战书对六大系列活动方案作出批示并给予高度评价。全省68个工业园区3509个企业、15.75万名职工参与，评选表彰10个优胜工业园区；246万名职工参与安全生产知识网络答题，评出10个优秀组织奖，抽取1.9万个答题个人奖；1621家企业开展“我为企业献一策”金点子评选活动，评选表彰“金点子”100个；全省168万名职工积极投身“攻坚克难显身手”劳动技能大比武活动，举办技术比武16243场次，涉及工种126个，其中12270个企事业单位参加技能竞赛的职工达71.74万人次；召开党工共建、推进“两个普遍”现场经验交流会和送温暖工程实施20周年暨困难职工帮扶中心成立10周年纪念大会。

2011年，省总工会制发了《贵州省总工会2011—2015年劳动竞赛规划》和《贵州省2011年劳动竞赛计划》，开展了创先争优建功立业劳动竞赛活动。全省1.73万家企事业单位参加了竞赛，参与职工达200余万人次。窗口服务业“提高服务质量、优化投资环境”建功立业竞赛活动参赛面达82.94%。7625个企事业单位6.85万个班组、172.94万名职工参加，参赛职工年均增长10%以上。组织3843名技能人才（劳模）开展师徒结对活动，建立技能人才（劳模）创新工作室，加强职工节能减排义务监督员队伍建设，发展义务监督员7521人。

二、保增长、促发展，保民生、促就业

2009年，各级工会紧紧围绕中心，服务大局，以省总工会十二届三次全委会确定的6项重点工作，省委办公厅、省政府办公厅印发的关于工会工作的4个

文件和省总工会出台的《关于进一步加强非公有制企业工会工作的意见》为重点目标任务，团结动员广大职工积极应对国际金融危机，推动全省经济平稳较快发展，在“保增长、保民生、保稳定”中展现工会的更大作为。

应对金融危机，组织职工开展“保增长、促发展”系列活动。围绕重点工程、项目、任务和企业的健康持续发展，以创建工人先锋号活动为载体，广泛开展“同舟共济保增长，建功立业促发展”劳动竞赛活动。全省1.49万家企事业单位、183万名职工参加，职工参与数同比增加40%。7372家企事业单位的76万名职工参加“我为节能减排作贡献”竞赛活动，聘请节能减排义务监督员8737人。5284家企事业单位6.97万个班组、154.8万名职工参加“安康杯”竞赛活动，职工参与数同比增加12%。1.52万家企事业单位、149万名职工参加了岗位练兵、技术比武活动，举行专项技术比武、技能竞赛741场次；组队参加第三届全国职工职业技能大赛，数控机床调试与维修代表队、钳工代表队分别获团体第3名、第9名，个人分别获第5名、第7名和第19名，取得了历届比赛的最好成绩。组织职工开展技术革新、技术改造项目1656项，创效2.16亿元，提合理化建议10万余条，185项技术发明获得专利，职工经济技术创新项目462项，45项获成果奖与优秀奖；166名个人和36个集体分别获全国、省五一劳动奖章和五一劳动奖状，其中10名个人和10个集体分别获省五一巾帼奖，120个先进班组分别获全国和省工人先锋号光荣称号；建成全国职工书屋示范点15个，省职工书屋151个，进一步丰富了一线职工、农民工的精神文化生活。

按照全国总工会“千万农民工援助行动”的要求，各级工会密切关注就业这个最大民生，结合实际开办各级各类技能培训班、举办专场招聘会、“大篷车”送岗下乡、建立就业创业培训基地、培养选树典型，大力实施援助困难职工、农民工“四个一”帮扶行动。2009年共培训职工、农民工17.22万人，举办或参与举办各种招聘会392场次，为17.07万名下岗职工、农民工提供就业服务，15.11万人实现就业和再就业，其中工会发挥自身优势举办招聘会112场次，提供就业岗位8.64万个，实现就业6.2万人；选树农民工创业典型870名；密切关注国际金融危机影响背景下的企业职工稳岗保岗，“共同约定行动”深入开展，全省有8562家企业参与“共同约定行动”，覆盖职工120余万人；密切关注困难职工生产生活，2009 年“两节”期间，全省工会筹集 5125 万元送温暖资金，慰问困难企业 3125 家、困难职工家庭 15.75 万户；“金秋助学”活动筹资 834 万余元，资助 1.22 万余名贫困学生；“六一”国际儿童节期间筹资 175.65 万元，慰问困难职工子女、农民工子女、留守儿童、汶川灾区儿童共 2.98 万人；核发全国劳模“三金”和省、部级劳模生活补贴 297 万元，组织全国劳模和部分省部级劳模 298 人免费体检、疗休养和参观在建重点工程；建立经审查合格的 22 万名困难职工电子档案，实现了对全省困难职工的动态管理；争取到了全国总工会帮扶资金 1505 万元，下拨给全省 98 个困难职工帮扶中心用于帮扶困难职工和农民工。

2009 年，省总工会女职工委员会与贵阳现代女子医院等单位协同开展“关爱女职工健康援助行动”，向全省女职工发放“女性健康援助免费体检卡”，为女职工提供免费妇检，对有病的困难女职工、女农民工免费治疗，组织医疗队进厂为边远地区的女职工、女农民工服务。2009 年底，已有 3 万多名女职工领到《关爱女职工健康援助手册》。省总工会女职工委员会与省移动通信工会联合开展了省首届“移动通信杯”女职工建功立业摄影展活动，收到参赛作品 500 多张，评出一等奖、二等奖、三等奖和优秀奖共 37 张，摄影展于 2009 年 10 月 1 日在贵阳市河滨公园展出，共展出 200 幅高质量的图片，并将摄影展作品编印成《贵州省首届女职工建功立业摄影展作品集》。

2010 年，坚持用社会主义核心价值体系教育职工，组织职工积极参与“全省道德模范”评选活动，制发《贵州省职工素质建设工程五年规划》；通过集中培训、办农民工夜校、送教到基层等方式，推动培训与就业向纵深发展；组织全民健身活动月、职工体协杯网球赛、“五人制”足球赛等活动，丰富了职工的精神文化生活；建成全国和省职工书屋 189 个；建成全国优秀职工教育培训示范基地 2 个，示范点 20 个；编印下发工会干部培训教材 5 万余册；集中开展“法律法规进万企、全省工会干部大培训”活动，达到县属以上企业工会干部培训全覆盖。

省总工会与省人社厅、国资委、企协、工商联共同起草，省委办公厅、省政府办公厅转发《关于积极推进工资集体协商工作的意见》，与省人社厅、企协联合下发《深入推进集体合同制度实施彩虹计划的通知》，加大了区域性、行业性集体合同试点工作力度，19 个试点单位签订了集体合同和工资专项集体合同。集中开展工资集体协商要约行动；向全国协调劳动关系三方办公室上报推荐了 5 个劳动关系和谐企业和 1 个劳动关系和谐工业园区。大力推进区域性、行业性职代会建设，开展全省厂务公开民主管理调研检查，省总工会获评全国推动厂务公开民主管理先进单位。2010 年度全省公有制企业厂务公开建制率 99. 63%，职代会建制率 99. 49%，分别比上年增长 12. 24% 和 15. 93%。事业单位厂务公开建制率 88. 26%，职代会建制率 86. 14%，分别比上年增长 13. 57% 和 56. 5%。非公有制企业厂务公开建制率 79. 61%，职代会建制率 82. 74%，分别比上年增长 61. 2% 和 93. 73%。

劳动保护实现新提升。参与省政府及省卫生厅等 4 部门组成的联合调查组，以施秉县恒盛公司职工患尘肺病情况为重点在全省开展职业病防治调查，形成专项调查报告。制发了《关于进一步加强工会参与职业病防治工作的意见》，并与省安监局、省煤管局联合制发了《关于在全省煤矿企业开展签订〈煤矿劳动安全卫生专项集体合同〉工作的通知》。各级工会协同各级政府查隐患、抓落实，使全省职业病防治工作逐步规范化。2010 年，1826 家企事业单位签订了劳动安全卫生专项集体合同；签订女职工权益保护专项集体合同 14380 个，覆盖女职工 462551 人，签订率达 97%。针对改制企业的突出问题、职工集体劳动争议、困难职工帮扶、非公有制企业民主管理、职工职业病防治、公交运输职工状况以及民办代课教师状况进行专项调研，形成了专题报告呈报省委、省政府，受到省委、省政府的高度重视并及时推进解决。省总工会 2 篇调研报告在全国工会理论研究优秀论文和调研报告评选中获奖。加强信息报送工作，全年向省委、省政府及全国总工会报送信息 460 条，受省领导批示 8 条，被全国总工会采用近百条。

培训就业工作取得新进展。省总工会加强与省人社厅、财政厅等部门沟通联系，组织省总工会干校等 3 所定点培训机构开办电脑使用与维修、摩托维修、建筑装修、家政服务等培训班 131 期，经争取纳入了省财政经费补贴，7800 多人参加技能培训，并获得技能证书。各级工会帮扶中心通过开展多形式职业培训、职业咨询、职业介绍、送岗下乡、举办专场招聘会等活动，千方百计促进就业，2010年累计培训职工、农民工10.28万人，举办大型招聘会143场，促进就业5.3万人，完成了年初提出的目标任务。

送温暖活动引向深入。“两节”送温暖与日常困难救助结合起来，与送政策、送技术、送信息、送岗位结合起来。2010年“两节”期间，各级工会共筹措送温暖资金5448万元，组织慰问困难企业2259个，慰问困难职工家庭105930户，其中慰问农民工30181户、单亲女职工4152户、计划生育困难户2543户。深入开展“金秋助学”活动，筹集837.35万元助学资金，资助1.24万名贫困学子入学。“六一”国际儿童节期间，筹集慰问资金383.5万元，慰问了近17万名留守儿童及困难职工（农民工）子女。

2010年，全省遭遇百年不遇的特大旱灾，又发生了特大洪涝灾害。面对严重灾情，全省各级工会在同级党委的领导和政府的统筹下，全力投入抗旱救灾。省总工会班子成员分别深入受灾最严重的六盘水等地了解灾情，看望慰问受灾的群众。省总工会本级拿出100万元，多方筹集140多万元，共筹措240多万元抗旱救灾资金，支持基层全力抗旱救灾。省各级工会筹集到抗旱救灾资金近2000万元。省总工会机关全体职工踊跃捐款，支援抗灾救灾。同时，各级工会及时充实完善困难职工档案，把因灾致贫的困难职工农民工作为工会帮扶对象予以重点关注。为表彰抗旱救灾中作出突出贡献的单位和个人，省总工会追授成名尧等5位抗旱救灾英雄为省五一劳动奖章，授予省地质局省五一劳动奖状，命名9个班组为省工人先锋号。

三、民主管理、工资协商、帮扶维稳工作取得新成绩

企业民主管理、工资集体协商工作取得新进展。2009年，为积极应对国际金融危机的挑战，全省工会广泛开展工会与企业、职工的“共同约定行动”，制定《关于开展工会与企业、职工的“共同约定行动”的意见》。全省8562家企业参加，覆盖职工120余万人。广泛深入开展“劳动关系和谐企业”创建活动，起草《关于进一步开展“劳动关系和谐企业”创建活动的意见》，由省委办公

厅、省人民政府办公厅转发。全省公有制企业厂务公开面及职代会建制率均保持100%，在公开的内容、形式、时间上进一步实现规范化和制度化；非公有制企业厂务公开工作重点有所突破，成规模的非公有制企业在工资报酬、安全生产、劳动卫生等方面都不同程度地扩大和规范了厂务公开的内容，公开面及职代会建制率在90%以上。全省已建工会企业中，建立董事会的公司制企业734个，建立职工董事制度的企业295个；工会所在单位建立监事会制度的企业8个，工会主席进入监事会的企业366个。

2010年8月，省总工会召开十二届五次全委（扩大）会议，将普遍建立工会组织、普遍开展工资集体协商工作作为全省工会工作的重点，纳入目标考核体系。会后，出台了贵州省“两个普遍”工作措施，制定“广普查、深组建、全覆盖”百日建会集中行动方案，从2010年9月30日起到12月底，在全省开展百日建会集中行动。省总工会组织了4个督查组深入各市（州、地）进行现场指导和督查，举办县以上工会负责人和工作人员“两个普遍”工作培训班，共培训180余人，做实非公有制企业法人单位数据库录入工作。2010年下半年，以全省调整最低工资标准为契机，大力推进工资集体协商工作。积极争取省委、省政府的支持，起草《贵州省关于积极推进工资集体协商工作的意见》，与人社厅、省国资委、省工商联和省企协联合上报省委、省政府，9月26日省委办公厅、省政府办公厅批转了意见，下发全省执行；同时积极参与省人社厅牵头的《贵州省工资集体协商实施办法》的调研起草工作。全面部署工资集体协商工作，要求各级工会主动与当地人社部门、企业等对接，从10月份到年底集中开展工资要约行动。加大培训力度，编印《工资集体协商工作知识问答》。全省工会举办“两个普遍”培训班30多期（次），培训各级工会干部和协商指导员1000余人。针对不同规模、不同所有制、不同类型企业的实际情况，采取灵活多样的要约和协商方式。截至2010年底，全省已建工会企业签订集体合同11934份，覆盖企业19778个，覆盖职工1554950人，分别比上年增长13.93%、81.17%和37.24%。其中区域性集体合同涵盖企业6370个，比上年增长587.16%；行业性合同涵盖企业381个，比上年增长31.38%。按照彩虹计划规定的目标任务和计算口径，全省已建工会企业26379个，集体合同涵盖单位

19778个，全省已建工会企业集体合同覆盖率为74.98%。全省已建工会企业签订工资集体合同7526份，涵盖单位10456个，覆盖职工1075288人。2011年，全省已建工会企业签订工资集体合同15083份，覆盖企业25589个，建制率73.88%。全省有工资集体协商指导员1100人，近千人参加了业务培训。

帮扶维稳工作取得新成绩。2009年，省总工会积极参与省属国有企业重大改革和企业改制破产工作。参与遵义铁合金公司等企业改制破产工作和省医药卫生体制改革的组织实施工作，并对省经贸实业总公司等单位提交的企业改制方案进行了审查。加强困难职工电子档案管理建设，第一次较全面地掌握了全省困难职工、困难农民工的底数和基本情况。筹集送温暖慰问金5125万元，慰问困难企业3125家、困难职工157520户（其中农民工2365户）。筹集、发放“金秋助学”活动资金834万余元，资助了符合条件的学子12263名，帮扶农民工子女4464人，帮扶单亲家庭和计划生育困难户子女2135人。开展普及法律知识、提供法律咨询、代写法律文书、参与协商调解、仲裁诉讼代理，帮助农民工追讨工资和工伤赔付等法律援助行动，全年共帮助农民工追讨欠薪8128万元，为职工、农民工提供各种法律服务20151人次。建立健全信息信访工作、法律援助工作、困难职工帮扶工作相结合的维稳工作机制，实现了“信访知情，帮扶暖心，维权息诉”。

2010年，省总工会制发了《贵州省工会“星级困难职工帮扶中心”创建评分办法（试行）》，评定出三星级、二星级困难职工帮扶中心16家、47家，有效推进各级工会“四位一体”帮扶维权工作体系建设。以创建活动为契机，健全完善困难职工档案和加强职工欠薪追讨工作。2010年底，全省困难职工在档人数为303491人，全年为661名职工和7304名农民工追回欠薪5168万元。坚持把“两节”送温暖与日常困难救助结合起来，与送政策、送技术、送信息、送岗位结合起来，面对2010年特大旱灾和洪涝灾害，各级工会发动全省广大职工全力投入抗灾救灾，共筹集2240万元资金支持各地抗灾救灾工作。

2011年，省总工会下发了《关于参与社会管理、加强工会帮扶维权服务工作体系建设的指导意见》和《关于进一步加强困难职工帮扶中心规范化建设工作的通知》。当年新建困难职工电子档案12万人，全省困难职工电子档案总数达42万人。63家困难职工帮扶中心通过了三星级考核，全省三星级困难职工帮扶中心总数达到79家。聘请工会法律援助工作者184名。全省工会共筹集发放送温暖资金6151.3万元，走访慰问困难企业1903家、困难职工家庭115866户，其中农民工家庭79576户、困难劳模家庭4095户、单亲女职工及计划生育困难职工家庭5469户。筹集“金秋助学”资金1068万元，资助1.4万名贫困学生入学。全省县以上地方工会劳动法律监督委员会组建率98.9%，已建工会企业工会劳动法律监督组织组建率60%。完成家政培训9638人，创业培训3500人，完成省政府下达的培训1万名城镇就业困难人员和农民工技能的任务。18.47万名在岗职工、农民工通过培训，素质得以提升。全省各级工会共举办就业招聘会175场，帮助8.95万人实现就业，其中困难职工帮扶中心日常介绍就业1.8万人。

四、工会自身建设取得新进展

2010年，以“党工共建创先争优”活动为契机，大力推进全省工会组建和会员发展工作。全省工会会员535.2万人，新增61.59万人，工会覆盖率和职工入会率分别达到75.79%和87.25%。依法在企业组建工会。按照“两个普遍”要求，扎实开展了“广普查、深组建、全覆盖”百日建会集中行动。截至2010年底，企业工会组建率达69.8%，职工入会率达85.17%，分别比百日建会行动前提高了7.36%和7.41%。10人以上非公有制法人单位数据录入及建会工作扎实推进，录入完成100%，预置非公有制法人单位建会率达65%。按照省委“三个建设年”和“四帮四促”活动要求，省总工会副处级以上干部分别与33个企业和党建扶贫点、“双万”结对帮扶点建立了联系点制度。干部定期到帮扶中心接访，设立了“首问责任”和“服务接待”窗口。

针对基层工会干部职工对工会知识和法律法规掌握欠缺的状况，省总工会启动了“法律法规进万企，工会干部大培训”活动；2010年9月1日下发《关于开展“法律法规进万企，全省工会干部大培训”活动的通知》，编印下发《工会知识问答》干部培训教材5万余册。各级工会积极响应，因地、因企制宜，制订详细方案，采取切实措施抓好贯彻落实。以企业为重点，通过以会代训、集中办班、知识竞赛、自学等行之有效的方式进行。以学习法律法规及全国总工会、省总工会重要文件精神和工会工作规范性文件为主要培训内容，全省县以上地方工会和省级产业工会共举办工会干部培训班158期，培训人数14085人次，基本上实现了县属以上企业工会干部培训全覆盖。以提高干部职工队伍整体素质、增强职工核心竞争力为重点，通过职工书屋建设，为职工获取信息、学习知识、丰富文化生活、提高素质提供条件。有针对性地指导各级工会建立和完善各项规章制度，形成职工书屋建设的长效工作机制。全省建立全国职工书屋示范点20个，省级职工书屋示范点413个。

2010年，是工会经费实行税务代收的开局之年。为全面贯彻落实《贵州省人民政府办公厅关于转发省总工会省地税局〈贵州省工会经费税务代收管理办法〉的通知》要求，确保全省税务代收工会经费工作顺利实施，省总工会将税务代收工作列为全年重点工作之一，与税务部门一道制定了一系列保障措施。与地税局联合下发了《关于进一步做好税务代收工会经费工作的通知》，出台了《贵州省地税机关统一代收工会经费和建会筹备金管理实施细则（试行）》，基本实现税费同步申报、缴纳，促进了工会经费收入较大幅度增长。2010年底，完成近9万户税务代收缴费单位基础信息资料录入工作，基本解决了税务代收工作实施中的问题。全年工会经费收缴入库实现了快速增长，取得了历史性的突破。

省总工会机关大院规划建设工作取得突破性进展，省总工会干部学校综合楼和职工住房建设工作有序推进。2010年，《息烽温泉景区疗养院片区修建性详细规划》编制通过相关部门审批，其子规划《温泉疗养院文化纪念区改扩建项目实施性方案》完成了编制评审。花溪职工疗养院“贵州职工医院”项目建设顺利完成并投入试运行。省康复医院（大楼）建设申报列入省“十二五”规划民生工程建设项目。同年，对全省工会办公楼、文化宫、俱乐部等进行摸底统计，制定了《贵州省总工会关于加强工会资产监督管理的实施意见》，完善了工会资产监管流程。

加大信息化建设和新闻宣传工作力度。2011年，筹建了省总工会信息中心，黔工网和省总工会网站改版升级上线运行，作用逐步显现。建立了省、市、县三级工会信息员队伍。新闻宣传力度进一步加大，中央、贵州省主要新闻媒体宣传报道全省工会工作200余次，网络宣传2000余次。

贯彻落实省委、省政府召开的毕节试验区新一轮改革发展推动大会精神，下发了《贵州省总工会关于转发〈实施方案〉支持推进毕节试验区工运事业新一轮改革发展的通知》，从发挥广大职工主力军作用、扩大覆盖面、发展和谐劳动关系、提升职工队伍整体素质、促进社会管理创新和平安创建工程、加强工会自身建设等方面支持毕节试验区工会闯出新路子，推进毕节试验区工运事业上台阶、上水平。

五、发挥劳模评选表彰和巡回宣讲的示范作用

劳模评选表彰和劳模团巡回宣讲活动，激发了全省广大职工学习劳模、热爱工作的热情，取得了较好的效果。

2009年，全省职工经济技术创新项目462项，其中45项获成果奖与优秀奖。166名个人和36个集体分别获全国、贵州省五一劳动奖章和五一劳动奖状，其中10名个人和10个集体分别获省五一巾帼奖，120个先进班组分别获全国和省工人先锋号称号。建成全国职工书屋示范点15个，省职工书屋151个，进一步丰富了一线职工、农民工的精神文化生活。2010年3月初，省总工会向省人民政府报送了《贵州省人民政府办公厅关于做好2010年全国和省劳动模范、先进工作者推荐、评选、表彰工作的通知（代拟稿）》，经省长办公会审议通过后下发执行；4月23日，省委、省政府在省委大礼堂召开了省劳动模范和先进工作者表彰大会，对全国、省劳动模范和先进工作者进行了表彰授奖。同时，按照全国筹备委员会办公室的要求，成功组团参加了全国劳模表彰大会。

为进一步弘扬劳模精神，激励广大职工群众积极投身全省经济、社会建设，营造创先争优的积极氛围，省总工会组织了14名全国、省劳动模范和先进工作者在全省进行巡回报告，近8000名职工听取劳模报告，在全省形成了“学习劳模、尊重劳模、争当劳模”的浓厚氛围。《贵州日报》、贵州电视台等省内主流

媒体对劳模报告团和劳模事迹进行深度报道。为弘扬抗灾精神，省总工会及时追授成名尧等5位抗旱救灾英雄为省五一劳动奖章，授予省地矿局省五一劳动奖状，命名9个班组为省工人先锋号。结合实际选树、宣传、表彰了一批返乡创业先进典型和职工贴心人。2010年命名31个集体为省工人先锋号；表彰了50个女职工建功立业标兵岗和50名女职工建功立业标兵；3个企业班组获全国总工会社会主义劳动竞赛先进班组荣誉称号。

六、重视女职工委员会换届和工青妇工作

2010年7月20日，召开了省工会第五次女职工代表会议和省总工会第五届女职工委员会第一次会议，选举产生了新一届女职工委员会委员78人、常委11人，女职工委员会主任1人、副主任2人。

2011年3月25日，省委召开专题会议，听取省总工会、团省委、省妇联工作汇报并进行座谈。省委书记栗战书出席会议并讲话。栗战书强调，要进一步做好全省工青妇工作，特别注意把握好三个方面：保持清醒的政治意识，坚守组织的性质、定位和职能；把培养人、团结人作为重要工作任务；切实维护好各自所代表群众的合法权益，促进社会和谐稳定。

七、中华全国总工会主席到贵州考察

2011年4月13日至18日，中共中央政治局委员、全国人大常委会副委员长、中华全国总工会主席王兆国到贵州考察调研，强调要抓住加强和创新社会管理的新机调，扎实做好组织、引导、服务职工和维护职工合法权益的工作，组织动员广大职工积极投身社会主义现代化建设，在实现“十二五”规划目标任务中充分发挥工人阶级主力军作用。

王兆国充分肯定贵州省近年来在加快经济社会发展、保障和改善民生以及生态建设上所取得的成绩，希望广大干部职工艰苦奋斗、开拓进取，坚持科学发展、创新发展，努力实现贵州“加速发展、加快转型、推动跨越”。他还对全

省各级工会组织在服务科学发展、服务职工群众、促进社会和谐中发挥的作用予以积极评价。

王兆国指出，劳动创造财富，美好生活归根结底要靠劳动来创造。实现“十二五”规划目标任务，离不开广大职工的辛勤劳动，也搭建了他们建功立业的广阔舞台。要深入开展形势政策任务宣传教育活动，用工人阶级伟大品格和劳模精神引领广大职工，进一步坚定理想信念，切实增强主人翁责任感和使命感，不断提高思想道德和科学文化技术素质，广泛开展创先争优、建功立业劳动竞赛活动，最大限度地激发劳动热情和创造活力，在推动科学发展、促进社会和谐中展示工人阶级的时代风采。

王兆国强调，加强和创新社会管理，既是为了人民群众，也要依靠人民群众。工会作为党领导的重要人民团体，组织和代表广大职工参与社会管理和公共事务，协助党政做好新形势下职工群众工作，为推动社会建设夯实基础，是时代赋予的社会责任，完全能够大有作为。各级工会要坚定不移地走中国特色社会主义工会发展道路，找准定位，拓宽渠道，立足特色，发挥优势，把发展和谐劳动关系作为参与社会管理的切入点和着力点，争取党政赋予更多的资源和手段，扎实推进“两个普遍”重点工作，大力加强新形势下职工思想政治工作和工会帮扶体系建设，推动共建共享和谐社会。

贵州省委高度重视，在常委会会议上专门传达了王兆国考察讲话精神。省委书记栗战书对全省工会提出贯彻落实意见，要求紧紧围绕全省工作大局，扎实做好党政所需、职工所盼、工会所能的工作。要充分发挥自身优势，围绕党和政府的中心任务，广泛开展建功立业劳动竞赛活动，大力弘扬工人阶级的伟大品格和劳模精神，大力提升职工队伍整体素质，大力构建和谐劳动关系，充分发挥工会在加强社会管理、做好群众工作中的积极作用，最大限度地激发全省广大职工的劳动热情和创造活力，团结动员广大职工当好主力军、建功“十二五”。

八、开展庆祝宣传教育系列活动

为庆祝中国共产党成立 90 周年，激励和动员全省广大职工在“加速发展、加快转型、推动跨越”中充分发挥工人阶级的主力军作用，2011 年 6 月 30 日，省总工会举办了“创先争优，咱们工人有力量 全省职工庆祝中国共产党成立 90 周年合唱展演”活动。同时，命名表彰毛腊生等 10 名企业一线工人、专业技术人员为省首届“金牌工人（首席员工）”，省领导为“金牌工人（首席员工）”授牌。来自国防等各行各业的 3000 余名干部职工用《没有共产党就没有新中国》等发自肺腑的歌声赞美党，讴歌党领导下取得的辉煌成就，贵阳、遵义、电力、有色冶金、国防等各级工会组织，以红歌会、文艺展演、演讲比赛等群众喜闻乐见的形式开展了丰富多彩的活动，全省各地不断掀起庆祝活动的高潮。

第四编

中国特色社会主义新时代的贵州工运事业和工会工作（2012 年至今）

以劳动书写精彩，用奋斗镌刻荣光。党的十八大以来，在贵州省委、省政府和全国总工会的坚强领导下，在社会各界的大力支持下，贵州省工会以习近平新时代中国特色社会主义思想为指导，紧紧围绕中国特色社会主义事业“五位一体”总体布局和“四个全面”战略布局，牢牢把握为实现中华民族伟大复兴而奋斗的时代主题，坚定不移走中国特色社会主义工会发展道路，牢记嘱托、感恩奋进，团结引领全省广大职工立足新发展阶段、贯彻新发展理念、构建新发展格局、推动高质量发展，各项工作扎实推进，为贵州高质量发展和现代化建设作出了新的重大贡献。

党的十八大以来，贵州省各级工会认真学习宣传贯彻习近平新时代中国特色社会主义思想，坚决贯彻落实党中央和省委重大决策部署；围绕中心、服务大局，充分发挥工人阶级主力军作用，团结引领广大职工群众建功立业；以民为本、服务职工，不断扩大工会组织覆盖面，努力增强职工群众获得感、幸福感；有效深化维权帮扶，促进广大职工群众共享经济社会发展成果；深化改革，坚持增强政治性、先进性、群众性，去除机关化、行政化、贵族化、娱乐化现象，不断激发工会组织生机和活力。党的十八大以来，贵州各级工会组织引领全省职工群众踔厉奋发、勇毅前行，用辛勤劳动交出了精彩答卷，谱写了新时代贵州工会工作新篇章。

第十四章　贵州工人阶级在决胜全面建成小康社会、决战脱贫攻坚中奋勇前行

党的十八大以来，贵州省各级工会认真学习贯彻习近平新时代中国特色社会主义思想，坚决贯彻党中央和省委重大决策部署；围绕中心、服务大局，充分发挥工人阶级主力军作用；团结引领广大职工群众建功立业、服务职工，不断扩大工会组织覆盖面，努力增强职工群众获得感；有效深化维权帮扶，保障广大职工群众共享经济社会发展成果；全面深化改革，坚持增“三性”去“四化”，不断激发工会组织生机和活力。

坚定不移走中国特色社会主义工会发展道路，紧扣实施贵州省委“三大战略行动”①，在全省工会系统广泛开展“五大行动”②，构建“1234”服务职工新模式，推动工运事业和工会工作创新发展，团结引领全省广大职工积极投身经济建设主战场，涌现出一大批劳模、工匠和标兵，为贵州科学发展、后发赶超，决战脱贫攻坚、决胜同步小康作出了积极贡献。

① 贵州省第十二次党代会提出“全力实施大扶贫、大数据、大生态三大战略行动”。

② 贵州省总工会在第十三届二次全会提出的工作重点，即“建功立业大竞赛”行动、“和谐企业大创建”行动、“职工素质大提升”行动、“维权帮扶大推进”行动、“节能减排大参与”行动。

第一节　强化思想政治引领，引导全省职工群众听党话、跟党走

思想政治引领是党赋予工会组织的重要使命，加强思想政治引领是工会的重要政治任务。贵州省各级工会以职工思想政治工作为抓手，引领广大职工坚定理想信念，自觉践行社会主义核心价值观，牢固树立正确的劳动观和奋斗观，坚定不移听党话，矢志不渝跟党走。

一、学习贯彻党的路线方针政策

贵州省总工会以习近平新时代中国特色社会主义思想为指导，深入学习贯彻党的十八大、十九大精神，认真学习贯彻习近平总书记关于工人阶级和工会工作的重要论述和贵州省第十一、十二次党代会精神，进一步统一了干部职工的思想，激发了广大干部职工为全面建成小康社会、实现中华民族伟大复兴的中国梦而奋斗的信心和决心，增强了做好新形势下工会工作的责任感、使命感。通过辅导讲座、报告会等方式，组织各种宣讲活动 210 场，近 6 万人参加，发放学习资料近万册。召开全省工会学习宣传实践中国特色社会主义工会发展道路交流推进会。完成省委重点课题和省总工会领导班子成员领题调研重点课题 13 项，全省工会形成理论调研文稿 545 篇。集中举办两期 240 余人参加的县级以上工会领导干部学习研讨班，学习贯彻习近平总书记关于工人阶级和工会工作的重要论述以及在同全国劳动模范代表座谈时的重要讲话精神。

党的十九大召开前，全省工会系统广泛开展了“中国梦·劳动美”喜迎党的十九大系列活动，“贵州省工会服务职工中心”正式揭牌，“贵州省工会政务号矩阵”正式上线。党的十九大召开期间，组织劳模、工会干部和职工代表集中收看党的十九大开幕盛况和新一届中央政治局常委与媒体见面会，认真学习了党的十九大报告和习近平总书记在贵州代表团时的重要讲话精神等。党的十

九大闭幕后，全省各级工会高度重视，通过主席办公会、党组会、中心组学习、干部职工大会、专题讲座、专题研讨等多种方式，迅速掀起了学习宣传贯彻热潮，引导工会干部深化对习近平新时代中国特色社会主义思想的理解把握，牢固树立“四个意识”，不断坚定“四个自信”，自觉维护习近平同志党中央的核心、全党的核心地位，维护党中央权威和集中统一领导。全省工会系统学习宣传贯彻党的十九大精神情况被《全总信息》采用后上报中共中央办公厅、国务院办公厅。贵州省委高度重视工会工作，省委书记赵克志、省长陈敏尔等领导就工会工作多次作出重要批示，并给予高度肯定。

省总工会多次召开全委会议，认真学习研究党中央、省委和全国总工会会议精神和工作部署，并形成会议决议贯彻落实。第十二届九次全委会主题是“认真学习贯彻党的十八大精神 团结动员全省职工为贵州与全国同步全面建成小康社会建功立业”。第十三届二次全委会议通过了《关于认真学习贯彻省委第十一届四次全会精神、团结动员广大职工为全面深化改革作贡献的决议》。第十三届四次全委会议通过了《关于学习贯彻党的十八届五中全会和省委第十一届六次全会精神、组织动员全省职工为实现“十三五”规划建功立业的决议》。第十三届五次全委会通过了《贵州省总工会关于团结动员全省广大职工为推动绿色发展建设生态文明建功立业的决议》。第十三届六次全委会议的主题是“维护核心地位 增强看齐意识 团结动员广大职工为夺取守底线走新路奔小康新胜利而努力奋斗”。第十三届七次全委会议通过了《关于学习贯彻省第十二次党代会精神 团结动员广大职工为决胜脱贫攻坚全面同步小康开创百姓富生态美的多彩贵州新未来建功立业的决议》。

二、举办庆祝省总工会成立60周年系列活动

为纪念省总工会成立60周年，2012年，省总工会组织了一系列别具一格、精彩纷呈的庆祝活动：召开工会与社会管理创新论坛，印制《工会与社会管理创新论坛文集》，召开庆祝省总工会成立60周年座谈会，在《劳动时报》开辟“百名工会主席访谈”专栏，汇编成《百舸争流——贵州省百名工会主席访谈

录》出版发行。

2012 年 10 月 29 日，省总工会成立 60 周年纪念大会暨省第四届职工运动会，时隔 17 年后在贵阳开幕。参与职工超过 100 万人次，是历届省职工运动会比赛项目最多、参与职工最广、社会影响最大的职工体育盛会。编印“两册一书”（《辉煌六十年画册》《贵州省总工会成立六十周年纪念邮册》《风雨同舟六十年》），真实再现了省总工会成立 60 年来取得的巨大成就和曲折发展的历史；组织开展“第二届贵州省金牌工人（首席员工）”和“60 年 60 人（职工贴心人）”推评表彰活动。

三、大力弘扬劳模精神、劳动精神、工匠精神

劳模是时代的先锋，是创造活力的代表。省总工会以庆祝“五一”国际劳动节为契机，充分发挥先进典型示范引领作用，大力弘扬劳模精神、劳动精神、工匠精神，营造“劳动光荣、知识崇高、人才宝贵、创造伟大”的社会风尚，进一步调动全省广大职工群众的积极性、主动性和创造性，为实现中华民族伟大复兴汇聚起磅礴的贵州力量。

2015 年 4 月 30 日，贵州省庆祝“五一”国际劳动节暨表彰劳动模范和先进工作者大会在贵阳举行。省委书记赵克志出席开幕式并讲话，省委副书记、政法委书记谌贻琴主持大会。贵州受党中央、国务院表彰的 60 名全国劳动模范和先进工作者，省委、省政府表彰的 325 名省劳动模范和 169 名省先进工作者参加大会。赵克志强调，全省上下要更加紧密地团结在以习近平同志为核心的党中央周围，深入落实“四个全面”战略布局，大力弘扬劳模精神、劳动精神，确保到 2020 年与全国同步全面建成小康社会，为谱写好中国梦贵州篇章作出新的更大贡献。

2012 年至 2018 年期间，评选表彰全国和省五一劳动奖状获得者 163 人、五一劳动奖章获得者 705 人、工人先锋号 533 个、五一巾帼标兵岗（标兵）455 个（名），其中的典型代表有黄大发、何彦南、龚珂、李志瑶、姜涛、孙刚、卢兴福等。贵州乌江水电开发有限责任公司构皮滩发电厂保护班获评 2018 年全国唯

一的“最美职工”集体；傅同良、杨步雷的劳模创新工作室被评为“全国示范性劳模和工匠人才创新工作室”；创建各层次劳模（工匠、技师）创新工作室 887 个。

为规范劳模评选管理服务工作，2015 年，省总工会推动省政府出台《贵州省劳动模范和先进工作者评选管理服务办法（试行）》。办法规定，省劳模表彰大会原则上每五年召开一次，表彰人数及表彰方案等由省劳模评管委拟定后按程序报省委、省政府审定。劳模推荐评选应当面向基层，面向一线，坚持重业绩、重贡献、重先进性和公开、公平、公正原则。

为大力弘扬工匠精神，充分发挥“贵州工匠”示范引领带动作用，2017 年，省总工会制定印发《贵州省工匠（助优）基金管理暂行办法》，设立“工匠基金”，首期为 500 万元，坚持“立足职工、倾斜一线、公平助优”的原则，主要用于工匠培养培育、疗休养、示范引领作用长效机制建设，劳模创新工作室创立和推进，以及师徒帮带、技能竞赛、技术创新、项目扶持、成果运用推广等。

2018 年 7 月，由省委宣传部、省文明办、省总工会联合主办的“明礼知耻·崇德向善”省第五届行业道德标兵评选活动启动。此次选树范围为全省各行各业、各条战线职工，重点为全省产业一线、建设一线的先进典型和有重大社会影响的职工，特别是在脱贫攻坚战场上作出突出贡献的，在公益事业有突出贡献的各行各业职工和立足本岗、无私奉献的优秀劳动者、创业者、企业负责人、管理者。此次活动选树省行业道德标兵 20 名、省行业道德标兵提名奖 30 名，获评省行业道德标兵的人员将同时被授予省五一劳动奖章。省行业道德标兵评选活动自 2014 年开展以来，已连续举办四届，先后评选出省行业道德标兵 80 名、省行业道德标兵提名奖 150 名，其中，在脱贫攻坚战场上作出突出贡献的典型代表人物有黄大发、邓迎香、姜仕坤、杨锡勇、雷鹏飞等。全国劳动模范、“当代愚公”黄大发几十年如一日致力于改变家乡贫困面貌，带领村民在悬崖绝壁上开凿出一条主渠长 7200 米、支渠长 2200 米的“生命渠”，结束了当地长期缺水的历史，极大地改善了当地群众的生活条件，促进了农业生产，使草王坝村于 2019 年底顺利脱贫出列，全村建档立卡人口全部脱贫。他获得了诸多荣誉称号，包括中宣部授予的“时代楷模”称号、省委授予的“全省脱贫攻坚优秀共产党员”称号，荣获全国脱贫攻坚奖奋进奖、第六届全国道德模范（诚实守信类），当选“感动中国2017年度人物”。2021年6月29日，黄大发被授予“七一勋章”。像黄大发这样在贵州决战脱贫攻坚战场上涌现出的优秀代表，用自己的实际行动诠释了共产党员的初心和使命，成为在艰苦贫困山区中苦干实干、引领群众奋力脱贫的模范，成为广大党员干部学习的楷模。

四、开展宣传教育活动，唱响主旋律，传播正能量

贵州省总工会通过开展各种宣传教育活动，展现了广大职工劳动和创造的时代风采，唱响主旋律，传播正能量，同时也增强了工会思想政治工作的感染力、影响力和感召力，团结引领广大职工牢记嘱托、感恩奋进，为开创百姓富生态美的多彩贵州新未来而努力奋斗。

2014年，省总工会与省委宣传部、省文明办联合组织开展了全省“百团千场”劳动模范先进事迹省级巡回报告活动，采取专业演讲员演讲劳模事迹、劳模与主持人现场互动，同时配以宣传片头、同步PPT、“身边的人说劳模”视频采访，最后以诗歌《劳模礼赞》结束的方式开展劳模报告活动，用全新的形式打造职工心中最闪亮的“明星”，展示最真实的劳模。

广泛开展“中国梦·劳动美”系列主题教育、“凝聚正能量·共筑中国梦”职工思想教育主题活动等。2017年，为了让党的十九大精神鲜活地、原汁原味地传达到基层企业职工，让宣讲内容更加入耳、入脑、入心，省总工会设立了100家“新时代工人讲习所”。这些讲习所主要设在国有企业、非公有制企业、重大项目建设工地和工业园区（开发区），依托模范职工之家、职工夜校、职工道德讲堂、服务职工机构等平台和窗口，重点面向一线职工宣传党的十九大精神和习近平新时代中国特色社会主义思想。各级工会干部、劳模先进和“新时代工人讲习所”所在单位的优秀职工代表为主要讲习员。全省各级工会共设立新时代工人讲习所1755家，广泛开展“感恩奋进·走在前列”系列活动。同时，还举办全省工会领导干部轮训班，编印出版发行学习宣传党的十九大精神主题图书《感恩奋进·走在前列——新时代工人讲习所辅导资料60题》25万

册，举办知识竞赛、职工演讲比赛等活动。

2018 年 7 月 13 日，由省总工会主办，劳动时报社、省职工文化体育协会共同承办的全省“网聚职工正能量 · 争做新时代贵州好网民”网络文化主题活动正式启动。主题活动由“职工网络正能量文字作品”“职工网络正能量图片作品”“职工网络正能量动漫音视频作品”“职工网络正能量专题活动”“40 年 40 人劳模工匠网上宣传活动”“工匠进校园活动”“新时代贵州职工好网民推选活动”7 个专题组成。

开展“明礼知耻 · 崇德向善在企业”等主题宣传教育活动，编印出版“明礼知耻 · 崇德向善在企业”主题活动系列丛书，组织劳模先进事迹巡回演出、庆祝“五一”国际劳动节电视主题直播、“培育好家风——女职工在行动”等活动，摄制《贵州工匠》新闻专题片，选树全省职工行业道德标兵，在职工群众中大力培育和践行社会主义核心价值观。

为进一步丰富职工精神文化生活，创建省级职工书屋 1221 家、全国工会职工书屋示范点 119 家，广泛开展“争当学习型员工”全省职工经典诵读大赛和基本职业素质网上培训行动，促进职工科学文化素质提高；广泛开展形式多样的职工文体活动，把“周周有活动、月月有赛事”的要求落到实处。

第二节　贵州省工会第十三次代表大会

2013 年 7 月 24 日至 26 日，贵州省工会第十三次代表大会在贵阳召开。会议正式代表 674 人，代表全省 459 万名会员参加大会。

省委书记、省人大常委会主任赵克志出席大会开幕式并作重要讲话，全国总工会党组副书记、副主席、书记处书记张鸣起到会祝贺并致辞。省委副书记、省长陈敏尔等省领导参加会议开幕式。

赵克志代表省委发表讲话，要求把思想统一到党的十八大和习近平总书记在全国劳动模范代表座谈会上的重要讲话精神上来，在后发赶超同步小康新跨越中充分发挥工人阶级主力军作用，为与全国同步全面建成小康社会而不懈奋斗。长期以来，在党的领导下，全省工人阶级和工会组织坚定地投身革命、建设和改革发展的伟大实践，作出了不可磨灭的贡献。新时期全省各级工会高举“发展、团结、奋斗”旗帜，围绕主基调、主战略，深化拓展“工业强省·工人当先”等主题活动，为推动全省改革发展作出了积极贡献。实践证明，全省各级工会组织不愧是党和政府联系职工群众的桥梁和纽带、职工利益的代表者和维护者，广大职工不愧是全省改革开放和现代化建设的主力军。

张鸣起代表全国总工会致辞指出，贵州省工会十二大以来，各级工会组织在推进贵州“科学发展、后发赶超、同步小康”中作出了新贡献，谱写了适应时代要求、具有鲜明贵州特色的工会工作新篇章。他要求贵州各级工会组织要深入学习宣传贯彻党的十八大精神和习近平总书记一系列重要讲话精神，坚定不移地走中国特色社会主义工会发展道路，切实在全省工作大局中展现作为、体现价值，不断开创工会工作新的局面；要充分激发广大职工的劳动热情和创造活力，团结动员全省职工为实现中国梦发挥主力军作用，为实现中华民族伟大复兴凝聚正能量、作出新贡献；要切实履行维护职工合法权益基本职责，积极构建社会主义和谐劳动关系，使广大职工更多更好地分享改革发展成果；要以改革创新精神加强自身建设，着力打造深受职工群众信赖的“职工之家”，努力把工会建设成为学习型、服务型、创新型群众组织。

省人大常委会副主任、省总工会主席袁周主持开幕式，并代表省总工会第十二届委员会作题为《高举伟大旗帜 团结动员广大职工 为实现现阶段贵州中国梦建功立业》的工作报告。全省各级工会组织高举中国特色社会主义伟大旗帜，坚定不移地走中国特色社会主义工会发展道路，坚持“组织起来、切实维权”工作方针，围绕中心、服务大局、服务职工，团结动员广大职工充分发挥工人阶级主力军作用，为贵州经济社会又好又快发展作出了积极贡献，唱响了“咱们工人有力量”的主旋律，谱写了贵州工运事业创新发展的新篇章。

大会同意报告提出的今后五年全省工会工作的总体要求和主要任务。围绕省委、省政府工作大局和全国总工会的安排部署，高举中国特色社会主义伟大旗帜，以邓小平理论、“三个代表”重要思想和科学发展观为指导，全面贯彻落实党的十八大、省第十一次党代会和中国工会十六大精神，坚定不移地走中国特色社会主义工会发展道路，牢牢把握“为实现中华民族伟大复兴中国梦而奋斗”这个我国工人运动的时代主题，紧紧围绕贵州“科学发展、后发赶超、同步小康”奋斗目标，按照强基固根本、维权建和谐、服务聚职工、创新促发展的总体思路，着力“五个新突破”，全面履行职责，团结动员全省职工，在实现与全国同步全面建成小康社会的进程中建功立业。

大会选出省总工会第十三届委员会委员 99 名，经费审查委员会委员 21 名，参加中国工会十六大代表 31 名。十三届一次全委会选出常委 15 名，并选出主席、副主席。十三届一次经费审查委员会选出常委 7 名，并选出主任、副主任。

这次大会是一次团结的、成功的大会。会议号召全省工人阶级紧密地团结在以习近平同志为核心的党中央周围，在省委和全国总工会的坚强领导下，锐意进取，务实创新，凝聚全省广大职工的力量，努力创造无愧于历史、无愧于时代、无愧于工运事业的崭新业绩，为实现现阶段贵州的中国梦而努力奋斗。

第三节　围绕中心、服务大局，充分发挥工人阶级主力军作用

围绕中心、服务大局是工会工作的核心所在。贵州省总工会牢牢把握时代主题，始终坚持正确方向，坚持主基调主战略，围绕深化改革的新要求、同步小康的新任务、职工群众的新期待，在推动加速发展、保护职工权益、维护社会稳定等方面作出了积极贡献，以脚踏实地、改革创新的精神全面加强工会建设，团结动员广大职工在贵州省科学发展、后发赶超、同步小康的历史进程中充分发挥工人阶级的主力军作用。

团结动员广大职工坚持绿色发展、奋力后发赶超，以转变经济发展方式为主线，牢牢把握“加速发展、加快转型、推动跨越”主基调，充分发挥工人阶级主力军作用，在贵州决战脱贫攻坚、决胜同步小康的主战场，用诚实劳动创造多彩贵州美好未来。贵州省第十一次党代会发出了科学发展、后发赶超的号令，对全省工会系统来说，就是要团结带领全省广大职工，为贵州经济社会跨

越发展，与全国同步实现全面小康而努力奋斗。

一、积极助力脱贫攻坚

省总工会坚定不移服务大局，在引领广大职工建功立业上显现新成效。围绕实施大扶贫战略行动，全省工会开展“拔穷根·助圆梦”“建工会·促就业”集中行动，在易地扶贫搬迁集中安置点建立工会组织236个，发展会员12.3万人；精准培训2.4万人，促进就业2.7万人；组织护工就业行动技能培训21期。

省总工会认真按照党中央、省委、全国总工会决策的部署，把脱贫攻坚作为首要政治责任纳入工会服务脱贫攻坚“十条路径”，与深化改革发展同步推动深化，“帮联驻”[①] 工作扎实推进。2016年4月，省总工会驻村扶贫工作队从普定县猴场乡转移到织金县熊家场镇。为帮扶点安排、协调项目资金1700多万元，实施惠民项目35个。开展驻村扶贫和结对帮扶，形成主要领导亲自抓、带队领导重点抓、驻村干部具体抓的工作格局。贵州省各级工会开展脱贫攻坚的经验做法在全国工会脱贫攻坚工作座谈会上作了交流发言。省总工会被省扶贫开发领导小组评为“全省社会扶贫先进集体”，省总工会直属机关党委被省委评为“全省脱贫攻坚先进党组织”。

“拔穷根·助圆梦”“建工会·促就业”行动启动实施。2017年7月，全省工会服务大扶贫战略行动现场推进会在毕节市大方县奢香古镇举行，“拔穷根·助圆梦”集中行动全面启动。随后，全省易地扶贫搬迁集中安置点“建工会·促就业”行动等全面实施，“护工就业行动”等一系列惠民举措落地生根。2018年，“建工会·促就业”行动被写入省委十二届三次全会审议通过的《中共贵州省委关于深入实施打赢脱贫攻坚战三年行动发起总攻夺取全胜的决定》，明确“发挥群团组织作用，推进‘建工会·促就业’行动等载体作用，聚集社会各方面资源助推脱贫攻坚”。

2018年9月，全国工会脱贫攻坚工作推进会在贵阳召开。全国总工会副主席、书记处书记阎京华出席会议并讲话。省人大常委会党组副书记、副主任，

---

① 指部门帮县、处长联乡、干部驻村。

省总工会主席袁周出席会议并致辞。阎京华强调，各级工会要提高政治站位，牢固树立“四个意识”，切实加强组织领导，进一步完善工会脱贫攻坚工作的体制机制；突出支持深度贫困地区脱贫攻坚、定点扶贫、东西部扶贫协作和对口支援等重点工作，集中力量攻坚克难；整合各方资源，形成助力脱贫攻坚工作合力，积极探索适合工会特点的扶贫工作方式。袁周简要介绍了贵州省省情，重点介绍了脱贫攻坚工作取得的显著成绩。

贵阳市总工会多点发力全面助力脱贫攻坚与乡村振兴。主动融入脱贫攻坚大局，带领百姓创富增收，全市工会累计投入 1200 余万元，在 8 个易地扶贫搬迁安置点、工会联系帮扶村开展定点帮扶、常态化救助、培训巩固就业、服务爱心接力等，助推巩固脱贫攻坚成果与乡村振兴实现新提升。

遵义市总工会于 2016 年在全国率先启动城镇困难职工解困脱困工作，精准识别城镇困难职工 7908 户、24939 人。推动市委、市政府出台了《关于城镇困难群体解困工作的意见》。该项工作得到了全国总工会、省总工会、遵义市委的充分肯定，市委常委会专题听取汇报，并将这项工作命名为“城市解困·和弦行动”。市总工会每年将 50%以上的帮扶资金用于帮扶城镇困难职工。建立困难职工大病救助基金，精准识别城镇困难职工减少到 2644 户、7576 人。

六盘水市总工会深入实施大扶贫工会系列行动，助力脱贫展作为。紧紧围绕市脱贫攻坚目标，沿着省总工会确定的工会服务脱贫攻坚“十条路径”，深度参与脱贫攻坚行动。在全市已建成易扶点普遍建立工会组织，发展会员 12500 余名；为易扶点工会开展工作提供资金支持，在易扶点建成工会温暖帮扶超市 4 个，为困难群众购买生活必需品提供折扣优惠；为易扶点工会会员申请省总工会困难会员福利费，帮助其解决日常生活困难；组织开展“护工就业行动”，积极为易扶点困难群众提供技能培训、介绍就业。各级工会认真开展驻村帮扶工作，访贫问苦查实情、培养致富领路人、扶贫济困解急难、引水修路强基础、种植养殖育产业，投入帮扶资金 2000 多万元。紧紧围绕脱贫攻坚，坚决落实帮扶政策和脱贫部署，2019 年以来投入 241.9 万元开展驻村帮扶工作。2018 年 4 月，全省工会“拔穷根·助圆梦”集中行动现场推进会在六盘水市召开，该市作了题为《凝聚工会力量 助力脱贫攻坚》的经验交流。全国总工会副主席、书记处书记阎京华率队到六盘水市调研工会在脱贫攻坚中发挥作用情况，对该市工会助力脱贫攻坚工作给予充分肯定。

安顺市总工会推动市政府出台《城镇困难职工解困脱困工作实施意见》，对在档困难职工进行精准识别、精准帮扶。2013 年至 2018 年，坚持全覆盖帮扶原则，对在档困难职工按照“一户一策”要求落实解困措施，积极开展“两节”送温暖、国庆慰问、“金秋助学”等帮扶活动，累计筹集资金 3532.58 万元，慰问困难职工（农民工）51409 人次，助学 2518 人，医疗救助 916 人。推动 2711 户困难职工解困脱困。大力开展职工医疗互助活动，累计筹集互助金 838.93 万元，647 名职工成为互助活动的受益者，累计报销金额 464.67357 万元。

毕节市总工会紧紧围绕脱贫攻坚，落实帮扶政策和脱贫部署，2018 年以来筹集发放资金 4721 万余元，帮扶城市困难职工 12130 人脱困解困；深入实施“新市民 · 追梦桥”工程，全市易搬点全部建立工会组织，发展工会会员 6.65 万人；投入 1179 万元开展驻村帮扶工作。广大工会干部和工会会员冲锋在前，以实际行动为助力毕节脱贫书写了工会篇章。

铜仁市总工会围绕实施大扶贫战略行动，把城镇困难职工解困脱困作为工会开展脱贫攻坚的“一号工程”，制定出台《城镇困难职工解困脱困工作实施意见》，通过实施就业扶持、创业发展、教育帮扶、医疗救助、社会兜底、安居工程“六个一批”解困措施，切实帮助城镇困难职工解决实际问题。全市工会精准识别城镇困难职工建档数 1124 户、3772 人。聚焦易地扶贫搬迁集中安置点移民群众就业脱贫，积极实施易地扶贫搬迁集中安置点“建工会 · 促就业”行动，在碧江区召开全市易地扶贫搬迁集中安置点“建工会 · 促就业”行动现场推进会，着力推进全市易地扶贫搬迁集中安置点建立工会组织 16 个，发展工会会员 5048 人，帮助就业 4614 人。

黔东南州总工会围绕打赢易地扶贫搬迁硬仗，在易地扶贫集中安置点实施“拔穷根 · 助圆梦”行动，为 5800 名困难会员发放补助金 290 万元。关心关爱留守儿童，开展工会干部结对关爱帮扶千名留守儿童活动，建成“工会爱心之家”18 个。抓实女职工工作，为 300 名女职工发放“两癌”医疗补助 116 万元。深化“春送岗位、夏送清凉、秋送助学、冬送温暖”活动，举办招聘活动 628

场次，提供就业岗位 3.9 万个，促进就业 2.4 万人，培训职工和农民工 2.6 万人，资助困难职工子女入学 0.32 万人，帮扶困难职工 3.6 万人次，发放帮扶资金 3560 万元，推动 2.7 万名困难职工实现解困脱困，解困脱困率达 81%。推动州县领导干部开展特困职工“五帮扶”工作，投入资金 194 万元，为 1808 名特困职工解困办实事。针对因病致贫、因病致困问题，创新开展职工医疗互助活动，筹集资金 1000 万元，累计参与单位 1726 家、职工 12.6 万人次。2019 年以来，全州选派 68 名工会干部驻村，圆满完成帮扶任务，岑巩县总工会党支部被评为全省脱贫攻坚先进党组织，州总工会 1 名干部被评为全省易地扶贫搬迁工作先进个人。争取杭州工会帮扶资金 1200 万元，资助贫困群众子女入学 3600 人，支持创业 26 人。

黔南州总工会全力攻坚绝对贫困，彰显工会力量。坚决落实脱贫攻坚作为头等大事和第一民生工程要求，动员广大职工参与到伟大的脱贫攻坚战斗中。累计培训 3.58 万人次、帮助 1.53 万人实现就业；向 62 户返乡农民工创业企业投入贷款贴息资金 322 万余元，撬动银行贷款 1.23 亿元；累计争取广州市社会帮扶资金 6900 余万元、物资计 761 万元用于脱贫攻坚。2020 年黔南州总工会荣获“贵州省易地扶贫搬迁工作先进单位”称号，黔南州总工会 1 人获评“全国解困脱困先进个人”，1 人获评全省脱贫攻坚先进个人。

黔西南州总工会组织各级工会开展留守儿童“双万”活动，发放慰问金 90 万余元，帮扶 8000 余名留守儿童。州总工会对党建扶贫、同步小康创建、易地扶贫搬迁和处级领导包保贫困村工作进行了统筹安排，每年选派干部先后在贞丰县者相镇新寨村以及普安县南湖街道云庄村、西陇村驻村帮扶，协调资金 1000 万余元、拨付经费 37 万余元用于联系点发展产业和基础设施建设，慰问当地困难群众、党员、留守儿童，完成帮扶联系点同步小康创建等工作。创新推行城镇困难职工解困脱困“四方共扶”机制，2018 年至 2020 年争取中央财政专项帮扶资金 1912 万元，累计帮助 1.02 万人次，实现 1360 户 4554 人解困脱困，高质量通过全国总工会第三方评估考核。2019 年 5 月，贵州省工会易地扶贫搬迁“建工会·促就业”现场推进会在黔西南州召开，现场观摩州“五建五促”工作成果，省人大常委会党组副书记、副主任、省总工会主席袁周和与会领导给予高度好评。

二、积极开展劳动和技能竞赛

在重点工程、重点项目和重点产业的主战场，组织开展声势浩大的“工业强省·工人当先——工会组织在行动”系列活动和“建功立业大竞赛”行动。围绕实施大数据战略行动，开展多行业多工种“网上练兵”、网上劳动和技能竞赛、法律知识竞赛等，联合省直有关部门举办全省工业机器人技术应用技能大赛等。围绕实施大生态战略行动，开展“节能减排我先行”“节能减排‘金点子’”征集评选等活动。

持续推进“工业强省·工人当先——工会组织在行动”系列活动。制定《贵州省总工会2011—2015年劳动竞赛规划》，2012年全省1.73万家企事业单位，200余万名职工参与活动。窗口服务业“提高服务质量、优化投资环境”建功立业竞赛活动参赛面达82.94%；1621家企业开展了“我为企业献一策”金点子评选活动，职工提“金点子”9.21万个，省总工会评选表彰“金点子”100个；168万名职工投身“攻坚克难显身手”劳动技能大比武活动，涉及工种126个。

2013年，全省1.8万家企业、159.7万名职工参加劳动竞赛，1.76万家企业举办各类技术比武8486场次，参与职工152.14万人，比赛工种1876个，其中省级比赛工种41个，创历年之最。建立技能人才（劳模）工作室599个，职工提合理化建议10.28万条，推广先进操作法803项，申报发明创造2349项，开展技革项目3697项，创效30.86亿元；组织1.29万家企事业单位职工参加“安康杯”竞赛活动，排查安全隐患6.25万项；在全国第四届职工职业技能大赛和全国女职工岗位创新技能大赛中，贵州代表队均取得好成绩，省总工会获得优秀组织奖。

2014年，围绕高铁、高速公路建设组织开展劳动竞赛，179个单位、3280个班组、14.87万名职工参赛，完成投资425亿元；开展以“携手保增长、和谐促发展”为主题的开发区、工业园区“五比一创”建功立业劳动竞赛，120个园区、7015家规模以上非公有制企业的25.77万名职工参赛；1.43万人参加全省烹饪技能大赛，200人次通过竞赛获得技术等级晋升；开展“中国梦·劳动美”女职工家政技能竞赛。

2015年，紧紧围绕省委、省政府的主基调、主战略和“5个100工程”等重点项目、重点工程，广泛组织开展各种形式的劳动竞赛活动，156.22万人次职工参赛。特别是在高铁、高速公路、桥梁等建设工程，组织279个单位、8600多个班组、近13万名职工开展了劳动竞赛，为县县通高速公路和加快高铁建设作出了贡献；扎实开展“安康杯”竞赛和班组安全成果展示竞赛，打造“班组安全建设管理”精品工程，推出一批全省安全建设管理工作先进典型，14个优胜班组在全国班组安全建设与管理成果展示中获奖，其中特等奖1个，被授予“全国工人先锋号”荣誉称号。

2016年，组织开展“践行新理念、建功‘十三五’”主题劳动竞赛，参赛职工达175万人次，特别是12万名职工参赛的首次水利建设工程劳动竞赛，为年度建设任务提前完成作出了贡献；广泛开展“安康杯”竞赛，243.8万名职工参赛，促进全省安全生产形势持续好转；继续开展班组安全管理成果展示竞赛，评出了省级“十佳班组”。

2017年，深入开展“践行新理念、建功‘十三五’”主题劳动技能竞赛，围绕重点工程和重大项目实施，开展了高铁、高速公路、水利建设和农村公路“组组通”三年大决战等劳动竞赛，助推项目提前超额完成目标任务；围绕大生态战略行动实施，率先开展绿色增效劳动竞赛，各级工会及行政投入竞赛活动经费4200万余元；2.1万个企业400万名职工参加竞赛；完成技术攻关1892项、技术革新2156项，收集合理化建议10.31万条，采纳使用8.2万条；建立职工绿色环保义务监督站733个，省总工会主席任总站长，各市（州）、县（市、区）总工会主席担任分支站长，聘请职工绿色环保义务监督员1000多人；推动全省150多家县以上金融行业单位广泛参与助推脱贫攻坚劳动竞赛；全省各级工会广泛开展各类职工技能竞赛650场次，参与职工近百万人次。

2018年，围绕交通水利基础设施建设、脱贫攻坚和绿色增效等广泛组织开展“当好主人翁、建功新时代”主题劳动和技能竞赛、金融助推脱贫攻坚劳动竞赛；组织开展2018年贵州省职业技能大赛及第三届装备制造职工职业技能大赛等12个全省一类大赛。2018年4月，黔西南州工会成功举办全州首届手工制茶技能大赛，优胜者参加同年6月中旬举办的全省技能大赛，在四个选项中有2名选手分别获得一等奖（扁形绿茶、评茶师）；组队参加“劳雷杯”首届全国地质勘察行业物探工种职业技能竞赛，省总工会被竞赛组委会授予“突出贡献奖”；大力开展职工技术创新，完成技术攻关、技术革新4000多项，提出合理化建议10万余条，8万余条被采纳；创建各层次劳模创新工作室200余家。31270家单位的175.2万名职工参加“安康杯”竞赛活动。

三、认真贯彻落实国务院有关文件精神

《国务院关于进一步促进贵州经济社会又好又快发展的若干意见》（简称国发2号文件）下发后，贵州省总工会及时主动与全国总工会汇报，全国总工会办公厅向省总工会复函，从加大对贵州工会资金补助、工会社会化工作者经费安排、困难职工帮扶资金分配、重大项目建设、评选表彰名额分配、工会干部教育培训、鼓励发达地区工会对口支持、工会信息网络化建设等8个方面给予贵州工会倾斜和支持。

省总工会及时召开副处级以上干部会议，组织学习国发2号文件精神。在1月31日召开的省总工会十二届八次全委（扩大）会议期间，专门安排参会人员和省总工会机关全体干部参加副省长作的学习国发2号文件精神专题辅导报告。在认真学习国发2号文件精神的基础上，省总工会要求各部门结合实际提出请求全国总工会支持的意见。按照省总工会的部署，全省各级工会组织和广大工会干部，广泛学习宣传国发2号文件精神，主动研究政策、找准定位、对接项目、狠抓落实。

2012年两会期间，省人大常委会副主任、省总工会主席袁周向中共中央政治局委员、全国人大常委会副委员长、中华全国总工会主席王兆国作了专题汇报。3月21日，袁周率省总工会领导班子全体成员，向全国总工会书记处作了“关于贯彻国发2号文件精神请求全国总工会进一步加大对贵州省工会工作支持

力度”的专题汇报。全国总工会办公厅、组织部、财务部、保障部、经济技术部、资产监督管理部等主要业务部门的负责同志明确表态，在全国总工会书记处的统一安排部署下，根据各自职责最大限度地支持贵州工会。5 月 10 日，全国总工会出台了支持贵州工会发展的文件，明确从经费返还、硬件建设、帮扶资金、项目资金、提高干部素质等 8 个方面支持贵州工运事业发展。

省总工会下发了《贵州省总工会办公室关于深入贯彻落实国发 2 号文件加大与全国总工会对接力度的通知》，明确了与全国总工会对接的工作内容、牵头领导、责任部门（单位）。制定了《贵州省总工会与全国总工会对接工作任务分解表》，要求各部门（单位）及时与全国总工会对口部门对接，注意收集整理相关信息。省总办公室收集、整理对接情况，报省总工会领导班子成员，供领导了解情况，掌握动态。据统计，2012 年省总工会领导和部门负责人共向全国总工会汇报、对接 23 次。

四、召开政府和工会联席会议

工会是工人阶级的群众性组织，是党和政府联系职工群众的桥梁和纽带。随着社会主义市场经济体制的建立，工会作为职工利益的代表者和维护者，其任务和职责更加重大，地位和作用更加重要。为了更好地贯彻落实《中华全国总工会关于进一步推动完善政府和工会联席会议制度的意见》精神，省总工会与省政府密切沟通协作，连续三年召开了政府与工会联席会议，密切了政府与职工群众的联系，畅通工会组织向政府反映职工意愿的渠道，充分发挥了工会组织在全省经济工作和社会管理中民主参与、民主监督的作用。坚持半年、年度向党委汇报工会工作制度，推动落实政府与工会联席会议制度，强化人大代表中职工、工会工作者和政协工会界别委员参政议政职能。会议议题主要围绕职工群众关心的热点问题和工会工作难点等问题展开。

2002 年 7 月 20 日，省人民政府与省总工会召开了第一次联席会议。会议研究了进一步建立和完善各级地方政府与同级工会的联席会议制度等 5 个问题，并形成会议纪要，由省人民政府签发。这次联席会议标志着省政府与工会的联席会议制度首先在省一级建立起来。2009 年 2 月 24 日，省人民政府与省总工会在省人民政府会议室召开了第二次联席会议。会后，省委办公厅、省政府办公厅转发和印发的《关于进一步开展“劳动关系和谐企业”创建活动的意见》《贵州省工会经费税务代收管理办法》《关于进一步加强行政事业单位计拨工会经费的意见》及《省人民政府办公厅关于深入贯彻工会法支持工会工作的通知》等 4 个文件，为推动全省工会工作创新发展从源头上、整合资源上、依法推进上、建立机制上提供了有力保证。2011 年 12 月 29 日，省政府与省总工会召开第三次联席会议，重点讨论关于贵州企业普遍开展工资集体协商、劳务派遣工合法权益保障等议题。2014 年 1 月 13 日，省政府与省总工会召开第四次联席会议，就规范市（州）和县（市、区）行政事业单位工会经费财政计拨、加强农民工工资拖欠清理工作维护好农民工合法权益、贵州省工伤职业康复医院项目立项等事宜进行研究，形成了《关于研究规范市（州）和县（市、区、特区）行政事业单位工会经费财政计拨等有关问题的会议纪要》。2015 年 2 月 6 日，省政府与省总工会召开第五次联席会议，会后印发《关于研究〈贵州省劳动模范和先进工作者评选管理服务办法（试行）〉等有关问题的会议纪要》，明确出台《贵州省劳动模范和先进工作者评选管理服务办法（试行）》，推动基层工会干部编制、农民工工资拖欠等问题的解决措施。2016 年 3 月 29 日，省政府与省总工会召开第六次联席会议，重点研究了健全县以上人民政府与同级工会联席会议制度、解决好省直机关职工加班值班补贴及年休假、支持职工医疗互助活动保障金、增加送温暖资金等问题。

第四节　推进职工队伍建设，提高劳动者素质

工会团结引导亿万职工群众参加经济建设，其中一项重要的工作就是提高职工队伍素质，充分利用好工会“大学校”的功能。

一、积极组织实施“职工素质大提升”行动

2014 年，广泛开展“争当学习型员工”读书行动、职工基本职业素质网上培训行动、职工科学素质提升行动，为职工自学成才和提升素质搭建通道和平台，培育、选树和命名了 51 个省级学习型班组（科室）。推进廉政文化进企业活动。创建了 305 个全国、省级职工书屋示范点和 15 个基层职工教育培训示范点。举办了庆祝新中国成立 65 周年全省职工五人制足球比赛暨省九运会五人制足球预选赛、贵州省职工网球赛暨省第十九届女子网球赛、“中国梦·劳动美——与改革同行”慰问一线建设者文艺巡演，开展了“文化进车厢·春联送民工”活动。

2015 年，深入开展“明礼知耻·崇德向善在企业”全省职工践行社会主义核心价值观主题宣传教育活动和职工基本职业素质网上培训行动，建成 252 个全国、省级职工书屋。职业技能培训职工（农民工）1.26 万人。组织开展全省职工法律知识竞赛、职工文艺汇演等系列活动。经层层比赛，选出 55 支代表队 500 名职工运动员参加省九运会，并取得优异成绩。

2016 年，制定实施职工素质建设工程五年规划。推荐命名全国职工教育培训示范点 6 家，开展职业技能培训 3 万人，帮助 2.3 万名职工提高学历。建成全国职工书屋 25 个、省级职工书屋 232 个。广泛开展读书活动，参与职工达 200 万余人次。举办“劳动模范上讲堂”3900 余场次，选树“行业道德标兵”10 名。开展“培育好家风”等女职工主题实践活动，举办羽毛球、摄影比赛等活动，丰富了职工业余文化生活。

2017 年，继续深化“创建学习型组织、争做学习型职工”活动，创建全国工会职工书屋示范点 25 个、全国职工教育培训优秀示范点 6 个、省级职工书屋 248 个，命名省职工教育（实训）示范基地 5 个。围绕“中国梦·劳动美——喜迎党的十九大”主题，举办全省职工游泳、乒乓球、网球等大赛，选拔组队参加全国职工围棋比赛，数百万职工积极参与各类赛事。组织开展“倡导绿色出行·共建生态文明”全省女职工徒步活动，12 万名女职工参加。全省职工书法大赛评选表彰展览了 200 幅优秀作品，2 万多名职工和市民观展；编印《墨香颂

党恩》图书配发到省级职工书屋。利用"81 号工馆"等新媒体，广泛开展职工网上读书等征文活动。完成了全国学雷锋示范点、岗位学雷锋标兵和职工职业道德标兵等推荐工作；评选出省"行业道德标兵"20 名。摄制 8 集《贵州工匠》新闻专题片进行集中宣传报道，在全省广大职工群众中引发强烈反响。

二、认真开展产业工人队伍建设改革工作

2017 年 2 月 6 日，习近平总书记主持召开中央全面深化改革领导小组第三十二次会议，审议通过《新时期产业工人队伍建设改革方案》（以下简称《改革方案》）。同年 4 月，中共中央、国务院印发了《改革方案》，并要求各地区各部门结合实际认真贯彻落实。

省委高度重视产业工人队伍建设改革。2017 年初，印发《省委全面深化改革领导小组省委依法治省工作领导小组 2017 年工作要点》，提出要"探索加强新时期产业工人队伍建设改革路径"，明确由省总工会牵头，省发改委、省教育厅、省经济和信息化委、省人力资源和社会保障厅共同参与完成此项工作。2018 年初，印发《省委全面深化改革领导小组、省委依法治省工作领导小组 2018 年工作要点》，提出要"制定实施《新时期贵州省产业工人队伍建设改革实施方案》"。后因国家层面的协调小组成员单位在原来 5 家的基础上新增了中组部、财政部和国务院国资委 3 家单位，为更好地贯彻落实《改革方案》，推动新时期贵州省产业工人队伍建设改革工作，参照国家层面的做法，经省委改革办有关领导同意，对省协调小组成员单位作出相应调整，增加省委组织部、省财政厅和省国资委 3 家单位。协调小组成员单位相互配合、积极作为，共同起草了《实施方案》。

2017 年上半年，由省总工会领导分别带队，以深入学习贯彻习近平总书记关于产业工人队伍建设改革重要论述，积极探索加强新时期贵州省产业工人队伍建设改革的路径为主题，深入全省 9 个市（州）、贵安新区、15 个省级产业（行业）工会，通过实地考察、召开座谈会、个别走访等方式开展调研，从工会层面初步掌握了贵州省产业工人队伍总体状况、主要特点、存在问题，提出新

形势下贵州省产业工人队伍建设改革的初步意见建议。2017 年 9 月，协调小组 5 家成员单位起草人员组成考察组，赴四川、安徽、云南了解产业工人队伍建设改革的组织领导机构设置、改革实施方案起草过程和推进产业工人队伍建设改革的主要做法。

《实施方案》初稿形成后，分别书面征求了省委组织部等 39 家省直相关部门的意见建议，反复对接、沟通、协调，形成共识。2018 年 11 月，省级党政机构调整优化后，还征求了更名和职能调整变化较大的 10 家省直部门的意见建议，经反复征求意见，多次修改，数易其稿，形成了提交专题会审议的《实施方案》。2018 年 12 月 12 日，省委常委、省委宣传部部长慕德贵召开专题会议审议并原则通过了《实施方案》。会后，省总工会与协调小组其他 7 家成员单位对《实施方案》进行了再次修改完善，形成了拟报省委全面深化改革委员会审议的《实施方案》。2019 年 3 月 22 日，中共第十二届贵州省委常委会第 97 次会议审议通过了《实施方案》。2019 年 7 月 4 日，《新时期贵州省产业工人队伍建设改革实施方案》正式印发。

第五节　实现好、维护好、发展好职工群众合法权益

维护职工合法权益是《工会法》赋予工会组织的基本职责，要求各级工会组织努力实现好、维护好、发展好广大职工群众合法权益，努力让广大劳动者实现体面劳动、全面发展。

一、深入开展“维权帮扶大推进”行动

2014 年 9 月 29 日，省第十二届人大常委会第十一次会议正式表决通过《贵州省企业工资集体协商条例》（以下简称《条例》）。《条例》规定，工资集体协商双方可进行协商的内容有：工资分配制度；职工年度平均工资水平及其增减幅度的调整；工资支付办法；津贴、补贴标准，奖金、绩效工资等分配办法；

计时工资、计件工资、劳动定额等工资标准；加班工资、医疗期待遇，病假、事假以及带薪休假期间的工资待遇；女职工在孕期、产期、哺乳期的工资、福利待遇；工资集体合同期限、变更和解除程序、终止条件、违约责任等，以及双方认为应当约定的其他事项。对拒绝开展工资集体协商的企业，《条例》明确，不得享受各级政府对企业的奖励和扶持政策，不得参加由公共管理部门组织的评优评先表彰；由县级以上人民政府劳动行政部门列入不良信用企业档案，通过媒体向社会公布，同时对其劳动保障执法年度书面审查不予通过；企业经营者不得参评劳动模范、优秀企业家。

全省各级工会坚定不移维护好、发展好职工合法权益，在引导城乡职工构建和谐社会上取得新进展。增强集体协商实效，坚持开展工资集体协商集中要约行动，全省已建工会企业集体合同建制率达93.67%，工资集体协商建制率达92.3%；签订女职工权益保护专项集体合同2.29万份，覆盖企业5.36万个，覆盖女职工92.11万人。在《全国总工会深化集体协商工作规划（2014—2018年）》推进情况检查中，贵州省名列第五。推动农民工工资清欠工作取得明显进展，仅在2018年，配合有关部门追回拖欠的农民工工资6.49亿元，涉及农民工4.88万人次。组织94951家单位的169.95万名职工参加医疗互助活动，4.37万人获医疗互助金近3亿元。积极推进工会会员服务卡“全省一卡通”“一卡多能”，至2018年底，全省发放服务卡174.15万张。充分发挥“工匠基金”作用，帮助职工成长成才。推动城镇困难职工解困脱困工作纳入各级政府精准扶贫工作部署。

二、组织实施“和谐企业大创建”行动

自2013年以来，省总工会组织实施“和谐企业大创建”行动。组织编印《贵州省劳动关系和谐企业创建手册》，命名省劳动关系和谐企业272家。建立省厂务公开民主管理联席会议制度，制定《贵州省厂务公开民主管理五年规划》和《贵州省企业职工代表大会操作规范（试行）》，制作厂务公开民主管理工作专题片，全省企事业单位职代会建制率稳步提高，命名省级厂务公开民主管理

示范单位 371 家，全省厂务公开建制率逐年提高。积极参与供给侧结构性改革，做好“三去一降一补”过程中职工思想疏导工作，配合做好下岗职工分流安置工作。

加强企业安全生产群监员队伍建设，开展“工会送安全教育进矿山”活动，大力开展“安康杯”竞赛活动，最大限度地保障职工生命安全和职业健康。健全职工劳动争议调处机制，加强工会法律援助队伍建设，推动在各级法院、劳动人事仲裁庭设立职工法律援助窗口，引导职工通过合法渠道表达合理诉求，有效预防化解劳动关系矛盾，促进社会和谐稳定。

第六节　做好“连心桥”，竭诚服务职工群众

工会组织基本职责之一是竭诚服务职工，成为密切联系职工群众的“连心桥”。贵州省总工会坚定不移推动各级工会组织服务全省广大职工，在满足职工需求、推进精准服务上打造新品牌。

一、扎实开展走访调研工作

为巩固和扩大省总工会党的群众路线教育实践活动成果，积极推动工会系统第二批党的群众路线教育实践活动深入开展，充分发挥工会组织服务大局、服务基层、服务职工的作用，2014 年春节后刚上班，省总工会党组 7 名成员和 1 名巡视员、1 名副巡视员带领 9 个调研组，深入全省 9 个市（州）、50 多个企业（开发区、工业园区），开展“查实情、听民意、解难题——新春走基层”调研活动。同时，各市（州）总工会、省各产业（行业）工会、省直管试点县（市）总工会也参照省总工会调研方式开展调研。各调研组通过听汇报与座谈相结合、慰问与个别访谈相结合、查摆问题与现场办公相结合、了解实情与督查指导相结合等方式，了解职工生产生活、企业生产经营、工业园区发展壮大面临的现实问题及工会工作中出新出彩的地方，倾听一线职工呼声、体察其情绪，

掌握农民工工资拖欠情况，送去了党和政府及工会组织的关心和温暖，密切了工会与企业（园区）、职工的联系。

为促进贵州省返乡农民工更好创业、就业，2015年3月中下旬，省总工会组织开展了“查实情 听民意 解难题——2015年新春走基层返乡农民工创业就业情况调研”活动。本次调研活动由省总工会党组成员、巡视员、副巡视员带队，分9个组深入各市（州）和贵安新区，采取深入企业了解情况、座谈交流听取意见、问卷调查掌握实情的方式进行。共深入33个县（市、区），走访各类企业180余个，召开调研座谈会40多次，发放问卷1373份，着重倾听返乡农民工创业就业心声；了解支持返乡农民工创业就业政策措施落实情况；收集返乡农民工创业就业中存在的问题和制约因素；研究提出下一步工作建议。

为进一步了解掌握经济发展新常态下全省职工队伍的思想状况，有针对性地做好职工思想政治工作，2015年6月中下旬，省总工会党组7名成员和1名巡视员、1名副巡视员带领9个调研组，先后深入18个产业（行业）工会，与1000余名企业党政干部、工会干部、职工代表就职工思想状况进行座谈、调研、交流，发放调查问卷1260份，收回有效问卷1240份。同时，各市（州）总工会、省各产业（行业）工会、省直管试点县（市）总工会也参照省总工会调研方式开展调研。

为准确掌握全省城镇困难职工生产生活状况，推动精准做好城镇困难职工解困脱困工作，2016年3月中下旬，省总工会副厅级以上干部带领9个调研组，先后深入全省34个县（市、区）实地走访调研，就全省城镇困难职工的数量、分布、生产生活、困难程度、致困原因、工会和有关部门开展帮扶工作的情况、解困脱困工作存在的问题和困难、进一步做好城镇困难职工解困脱困工作的意见建议等内容，与企业党政干部、工会干部、困难职工代表进行座谈、交流和问卷调查。

省总工会深入基层开展调查研究，形成的调研报告得到省领导和全国总工会领导肯定批示30余次，并为省委、省政府决策提供了重要参考。

二、用心用情做好帮扶服务工作

深化工会服务帮扶工作，持续开展“两节”送温暖活动，筹集资金 3.28 亿元，走访慰问困难企业 8986 个（次）、困难职工 41.7 万户（次）。持续实施“金秋助学”行动，筹集资金 1.36 亿元，资助困难职工（农民工）子女 6.5 万人次。持续推进女职工关爱行动，筹措资金近 4000 万元，走访慰问困难女职工近 10 万人次。持续开展“六一”国际儿童节慰问活动，筹集资金 5142 万元，慰问困难职工（农民工）子女和留守儿童 70.65 万人次。筹集资金 812.43 万元，建成母婴温馨小屋 478 个。连续几年开展“情系农民工·五送进车厢”服务返乡农民工活动，《人民日报》、中央电视台等媒体作了报道。出台《贵州省基层工会经费收支管理实施细则（暂行）》等文件，对职工关注的福利问题作出进一步明确。

按照“六有”标准，推动乡镇（街道、社区）和规模以上企业建立服务（帮扶）职工机构，保障服务（帮扶）职工工作持续有效开展。加快服务职工平台升级改造，围绕推进“1234”服务职工新模式建设，基本完成全省各级工会服务职工中心（站、点）升级改造任务。积极推行普惠服务，发放工会会员服务卡 150 余万张。着力打造服务、政务、商务一体化的“新长征·贵州工会”云平台，建成全省工会高清视频会议系统，开通覆盖省、市（州）、县（市、区）总工会和省级产业（行业）工会的企鹅政务号矩阵，新长征·贵州工会云 App 正式上线运行。

深入开展城镇困难职工解困脱困行动，推动出台并认真落实《贵州省人民政府办公厅关于进一步做好困难职工解困脱困工作的实施意见》，精准识别、精准施策，使全省在档困难职工由 32.6 万户减少到 4.9 万户。广泛开展职工医疗互助保障活动，107 万名职工参加互助，3.3 万名职工获得救助资金 6800 万元。

持续抓好促就业工作，开展春风行动、就业援助月行动、阳光就业行动等促进就业 28 万余人次。实施“雁归圆梦”行动，培育返乡农民工创业示范企业 546 户，省、市、县三级工会发放贴息资金近 1800 万元，撬动银行贷款近 6 亿元，带动就业 2.3 万人；选树返乡农民工“创业之星”1000 余名，促进就业 10 万余人；大力开展“双万”活动，1.6 万名工会干部结对帮扶 2.7 万名留守儿童，投入帮扶资金 1107.62 万元，建成“工会爱心之家”258 个。

2014 年 7 月 7 日至 8 日，由全国总工会和国际劳工组织共同举办、省总工会协办的行业工资政策国际研讨会在贵阳召开，会议通过经验分享、圆桌讨论等形式，围绕制定行业工资政策与行业工资集体协商的议题进行研讨，分享各国工会的探索和做法，提出应对新形势的举措。

三、扎实开展“面对面、心贴心、实打实，服务职工在基层”活动

党的十八大以来，贵州省各级工会结合学习宣传实践工会发展道路，根据实际确定各具特色的活动主题。全省 4 万多个基层工会和 15 万名工会干部，通过宣传政策，走访慰问，发放“服务连心卡”“帮扶联系卡”等方式，走访困难职工和劳模 11.5 万户，服务职工（农民工）300 多万人次，发放各类慰问金和救助金 6500 万余元，为企业和职工群众解决突出问题 1.5 万多件。省总工会机关干部组成 8 个工作组，深入困难企业，召开座谈会 936 次，与 15226 名一线职工、企业经营者和基层工会干部面对面交流，个案访谈 1180 人；发放《职工劳动权益手册》3000 册；走访 5874 户困难职工，与 310 名职工结对，慰问 136 名劳模。总结推广“服务基层十二送”“四访四听，三访三送”等好的做法和经验，初步形成工会联系基层、服务职工的长效机制。

第七节　坚定不移推进改革，全面加强工会自身建设

中国特色社会主义进入新时代，我国社会主要矛盾已转化为人民日益增长的美好生活需要和不平衡不充分的发展之间的矛盾，这种关系全局的历史性变化对党和国家工作提出了更多新要求，工会承担的任务和肩负的职责将更为繁重。各级工会组织要主动适应新形势和新发展需要，全面加强自身建设。省总

工会坚定不移推进改革，在提高服务能力、加强自身建设上增添新活力，结出新硕果。

积极争取党委、政府支持。经过省总工会的积极争取汇报和前期准备，2014年，省委出台下发了《关于加强和改进新形势下工会工作的意见》（以下简称《意见》）。这是贵州省委首次单独就工会工作出台的综合性文件，为推动全省工会工作和工运事业创新发展指明了方向，提供了遵循。《意见》有六个部分、21条刚性规定，明确了50多条推进工会工作创新发展的具体措施。为贯彻落实《意见》精神，省总工会向全省各级工会下发了学习宣传贯彻落实《意见》的通知，对《意见》的贯彻落实进行了总体部署，提出了具体措施，把《意见》精神具体落实到各项工作中去。

2015年7月6日至7日，中央党的群团工作会议在北京举行，中共中央总书记、国家主席、中央军委主席习近平出席会议并发表重要讲话。由党中央召开党的群团工作会议，在党的历史上是第一次。省委随即召开全省党的群团工作会议，省委常委会审议通过了《中共贵州省委关于加强和改进党的群团工作的实施意见》，为此，省总工会制定《关于贯彻落实中央和省委党的群团工作会议精神实施方案》。省总工会牵头负责协调，与省委组织部、省委党校、团省委、省妇联共同举办了县级以上地方党委（政府）分管（联系）群团工作领导干部研讨班。举办全省县级以上工会主要领导干部培训班。

大力推进基层工会建设。超额完成“两个普遍”三年规划目标任务。下发《关于坚持党工共建，进一步加强开发区、工业园区工会工作的指导意见》。以“三结合、两落实”措施推进“公开解难题、民主促发展”主题活动的经验和做法，得到全国总工会的肯定和推广，2个单位获评全国示范单位，14个单位获评全国先进单位。着力扩大工会组织覆盖面和影响力，广泛开展农民工入会和其他新兴阶层人员入会工作。推动一大批乡镇（街道、社区）、开发区（工业园区）、农业示范园区和旅游行业（景区）工会实现规范化建设目标。实施工会组建和会员实名制台账管理。深入开展“职工之家（小家）”创建活动，命名省“模范职工之家（小家）”1290家，其中188家被命名为全国“模范职工之家（小家）”。与省人力资源和社会保障厅联合下发《关于使用公益性岗位安排社会化工会工作者的意见》，明确将社会化工会工作者纳入公益性岗位安排范畴。加大工会干部培训力度，举办各类培训班2000多期，培训工会干部近10万人次。

有序推进工会改革工作。2016年12月28日，省委办公厅正式印发《贵州省总工会改革方案》。省总工会高度重视，迎难而上，动真碰硬，有序有力有效推进各项改革工作。经过多次讨论、反复征求意见，省总工会《改革工作实施方案》《改革推进实施计划一览表》相继制定出台，明确了责任分工和工作进度安排，共同推动改革举措变为现实，提升工会组织影响力和凝聚力。从2017年初全面启动，在改革实施方案及计划的具体设计和推进中，省总工会严格对标全国总工会改革精神和省委印发的改革方案，坚持以职工为中心，以问题和职工需求为导向，梳理出改革工作5个方面17个小项33个子项内容，通过推进改革进一步增添了工会组织和工会工作“三性”底色。

2017年9月，省总工会机关机构改革基本完成，中层干部和工作人员轮岗交流全部到位；安排和抽调部分干部上下挂职锻炼；出台一系列改革配套文件。省级产业工会和省总工会直属事业单位改革工作有序推进。新建、扩建了省总工会大楼、贵州职工之家、息烽温泉疗养院等基础设施，服务职工条件明显改善。各市（州）、贵安新区和59个县（市、区）出台了改革方案，相关工作正扎实开展。建成集“两微一端”、黔工网视、黔工音频、门户网站于一体的网络宣传平台，贵州工会的社会影响力不断扩大。省总工会官方微信公众号“81号工馆”获全国最具影响力工会新媒体称号，省总工会官方微博获贵州十大最具影响力政务微博称号。

深化工会经费和资产管理工作。深入推进工会经费税务代收和财政计拨工作，工会经费逐年保持增长，夯实了工会履行职能、发挥作用的物质基础；建立健全工会经费预算、决算、经费审查审计监督制度，定期报告经费收支审查审计监督情况，接受会员监督，确保了资金安全；突出面向基层、面向职工和保障工会重点工作需要，不断提高工会留成经费下拨比例，保证工会经费取之于职工、用之于职工；积极探索、主动作为盘活工会资产，确保工会资产保值增值，特别是省总工会直属企事业单位资产大幅增值，工会服务大局、服务职工的实力日益增强。

第八节　推动工会系统党的建设

2012 年至 2018 年，党中央开展了党的群众路线教育实践活动、“三严三实”专题教育、“两学一做”主题教育。贵州省总工会强化政治意识，坚持问题导向，认真执行落实，取得了实实在在的成效。2018 年 10 月下旬，中国工会第十七次全国代表大会胜利召开，贵州省工会全面加强党的建设进入新阶段。

党的群众路线教育实践活动。按照党中央和省委的统一部署，省总工会党组聚焦“四风”①，力克“三化”② 倾向，切实改进工作作风。领导班子成员分赴地方工会和省产业工会，面对面征求意见，班子成员之间真诚开展谈心活动，以整风的精神开好专题民主生活会，通过批评与自我批评，相互帮助，相互促进。针对活动中查找出的问题，认真制定整改措施，建立长效机制，巩固教育实践活动成果。认真贯彻落实中央八项规定和省委十项规定，作风进一步转变、文风进一步改进、会风进一步改善。与 2012 年相比，省总工会机关机动车运行经费减少 10.29%，公务接待费减少 14.09%，会议经费减少 27.8%，因公出国（境）经费减少 61.5%。省总工会领导班子成员分别建立了帮扶联系点和结对子帮扶困难户，平均下基层 50 天以上。2014 年，省总工会作为 139 家省直部门中 4 家典型发言之一，在全省党的群众路线教育实践活动第一批总结暨第二批动员部署大会上介绍经验做法。在抓好教育实践活动成果巩固、进一步深化作风建设的基础上，提出“七真”③，指导开展工会系统第二批教育实践活动。省总工会班子成员带队先后 4 次深入 9 个市（州）、贵安新区、省直管试点县（市）、18 个产业（行业）工会调研，转变了作风，掌握了实情，厘清了思路，推动了工作。精准帮扶猴场乡模式在安顺全市推广。

---

① 指形式主义、官僚主义、享乐主义、奢靡之风。

② 指机关化、行政化、衙门化。

③ 指真抓学习，真正提高；真找问题，找真问题；真提意见，提真意见；真抓整改，真整真改；真做好事，真办实事；真抓建制，真正管用；真抓互促，真推共进。

“三严三实”专题教育。认真开展“三严三实”专题教育，组织3次专题学习研讨，班子成员按要求分别讲党课。组织领导干部开展“两个遍访”、邀请专家进行专题辅导报告、举办道德讲堂等，切实打牢专题教育的思想基础。在查找出工会系统11个“不严不实”问题的同时，结合开展“四风”问题自查自纠、党风廉政建设突出问题集中专项整治、全国总工会审计和省委第十五巡视组巡视发现的问题，以及基层工会和职工群众反映强烈的突出问题，以高度的思想自觉和行动自觉认真抓好整改落实。班子成员、机关各部门（单位）负责同志深入省总工会挂帮点普定县猴场乡开展“情系贫困群众、服务同步小康”专题学习调研活动，研究落实帮扶项目，帮助解决实际问题。在全省组织开展一季度一主题调研，形成的调研总报告得到多位省领导的批示肯定。完成省委重大调研课题《以“贵州榜样”为载体 深入推进社会主义核心价值观建设研究》，受到省委领导和专家评审组的肯定。在全省“三严三实”第二次专题研讨评估抽查的197家地区和单位中，省总工会是第30家“做得好”的地区和单位之一。

“两学一做”主题教育。抓实学做结合，注重作用发挥。以“五比五争、三送两请”为载体，与驻村帮扶相结合，组织工会党员干部积极融入“五千行动——支部结对帮支部、党员结对帮农户”“岗位练兵——学做结合、立足本职作贡献”等活动，使学习教育既有“声音”又接“地气”，省委党建办、省直机关工委给予充分肯定，央视《新闻联播》等作了报道，反响强烈。组织开展4次专题大调研，形成的调研报告均得到多位省领导的批示肯定，尤其是城镇困难职工生产生活状况调研成果引起省政府高度重视，2次召开专题会议研究，出台《省人民政府办公厅关于进一步做好困难职工解困脱困工作的实施意见》，使学的结果、做的行动转化为省政府办公厅进一步做好全省困难职工解困脱困工作的具体政策。

全面加强党风廉政建设。中国工会十七大报告指出，“要认真贯彻新时代党的建设总要求，以党的政治建设为统领，加强工会系统党的建设，为做好新时代工会工作提供坚强保证”。省总工会坚定不移加强党建，在推动工会系统全面从严治党上开创新局面。强化学习教育，扎实开展党的主题教育活动，进一步强化“四个意识”，增强“四个自信”，在思想上政治上行动上同以习近平同志为核心的党中央保持高度一致。强化纪律规矩意识和责任担当，层层签订党建工作和党风廉政建设责任书，严格落实管党治党主体责任。认真抓好党内监督，支持配合纪委监委派驻机构履行监督责任，通过开展经常性廉政警示教育、干部廉政提醒谈话等，强化监督执纪问责，切实把纪律规矩挺在前面，扎紧制度笼子。加强巡视整改，省总工会党组积极支持配合省委巡视工作的开展，根据省委巡视组反馈的意见，按照“问题清单式、整改销号制”要求，建立工作台账，逐项进行整改，建立健全各类规章制度，以制度执行的良好成效营造风清气正的干事创业环境，不断巩固和扩大整改成果。配合处理了清镇市总工会严重违规违纪案件，编印近年来工会系统违规、违纪、违法犯罪反面案例，在全省各级工会开展学习讨论活动，认真对照检查，举一反三，引以为戒。

第九节　贵州省工会第十四次代表大会

2018 年 8 月 14 日至 16 日，贵州省工会第十四次代表大会在贵阳召开。大会正式代表 706 名，代表全省 819 万名会员。这次大会是在中国特色社会主义进入新时代，全省决战脱贫攻坚、决胜同步小康的关键时期召开的一次重要会议。大会的主题是：以习近平新时代中国特色社会主义思想为指导，深入贯彻党的十九大精神和习近平总书记在贵州省代表团重要讲话精神，认真落实省第十二次党代会部署，坚持走中国特色社会主义工会发展道路，牢记嘱托、感恩奋进，团结引领广大职工为决战脱贫攻坚、决胜同步小康，开创百姓富生态美的多彩贵州新未来而努力奋斗！

省委书记、省人大常委会主任，全国总工会副主席、书记处书记、党组成员焦开河出席会议并讲话，省委副书记、省长谌贻琴等省领导出席大会开幕式。大会由省人大常委会党组副书记、副主任，省总工会主席袁周主持。团省委书记涂妍代表人民团体致贺词。全国总工会办公厅、组织部，各市（州）、贵安新区和省有关部门负责人，来自全省各地的职工代表、特邀代表、特邀嘉宾 700 余人参加大会开幕式。

省委对省总工会第十三届委员会的工作给予高度评价，认为在过去五年里，全省各级工会组织全面贯彻党的十八大和十九大精神，坚定不移走中国特色社会主义工会发展道路，认真履职、主动作为，围绕中心、服务大局，在凝聚职工思想共识、引领职工创新创造、维护职工合法权益、发展和谐劳动关系等方面做了大量卓有成效的工作，全面落实省工会十三大确定的各项目标任务，为促进全省经济、政治、文化、社会和生态文明建设做出了积极贡献，为推动贵州工运事业和工会工作创新发展写下了光辉的篇章。广大职工以服务大局、推动发展为己任，在脱贫攻坚、经济建设主战场奋发作为，在创新创业、科技攻关最前沿勇攀高峰，在社会建设、服务群众第一线无私奉献，谱写了一曲曲壮美动人的劳动者之歌。全省各级工会不愧为党联系职工群众的桥梁和纽带，广大职工不愧是推动贵州经济社会发展的中坚力量。

焦开河代表全国总工会向大会召开表示热烈祝贺。他在祝词中强调，过去五年，贵州省各级工会忠诚党的事业、竭诚服务职工，谱写了贵州工运事业发展的新篇章。特别是扎实推进新长征·贵州工会云建设，设立新时代工人（职工）讲习所，创设“工匠基金”等工作成效明显，为工会工作创新发展探索了具有示范意义的经验做法。希望贵州工会组织深入学习贯彻习近平新时代中国特色社会主义思想和党的十九大精神，牢牢把握工会工作正确政治方向；紧扣工人运动时代主题，团结动员广大职工在开创多彩贵州新未来中展现新作为；抓实维权服务工作，不断增强职工群众的获得感、幸福感、安全感；深化工会改革创新，全面加强工会系统党的建设，把工会组织建设得更加充满活力、更加坚强有力。

袁周代表省总工会第十三届委员会作题为《牢记嘱托 感恩奋进 团结引领广大职工为开创百姓富生态美的多彩贵州新未来而努力奋斗》的报告。大会认为，报告站在新时代起点上，以习近平新时代中国特色社会主义思想为指导，客观全面回顾了过去五年的工作成绩和主要体会，科学规划了今后五年工会工作的目标任务，贯彻了党中央关于新时代工人阶级和工会工作的一系列重要指示精神，体现了全省广大职工群众的根本利益和愿望诉求，符合贵州实际，是指导新时代全省工会工作的重要文件。

大会同意报告提出的今后五年全省工会工作的总体要求和主要任务，要求全省各级工会以习近平新时代中国特色社会主义思想为指导，深入贯彻党的十九大和十九届二中、三中全会精神和习近平总书记在贵州省代表团时的重要讲话精神，全面贯彻习近平总书记对群团工作的重要指示，认真落实省第十二次党代会，省委十二届二次、三次全会部署和全国总工会工作要求，坚定不移走中国特色社会主义工会发展道路，牢记嘱托、感恩奋进，大力培育和弘扬劳模精神、劳动精神、工匠精神和新时代贵州精神，发挥新长征·贵州工会云网上工会平台作用。切实把广大职工思想和行动统一到习近平新时代中国特色社会主义思想和党的十九大精神上来；聚焦我国工运时代主题，在开创多彩贵州新未来中充分发挥工人阶级主力军作用；聚焦满足美好生活需要，不断增强广大职工的获得感、幸福感；聚焦文化自信凝聚共识，大力培育和践行社会主义核心价值观；聚焦社会主要矛盾转化，全力构建和谐劳动关系。打造学习型、服务型、创新型、智慧型、法治型“五型工会”，全面加强工会系统党的建设，团结引领全省广大职工积极投身大扶贫、大数据、大生态三大战略行动，为续写新时代贵州发展新篇章建功立业。

闭幕式上，袁周代表新一届省总工会领导班子讲话。他表示，将坚持以习近平新时代中国特色社会主义思想为指导，传承贵州工人运动光荣传统，发扬贵州工人阶级优秀品质，在现有良好工作基础上，按照这次大会确定的各项目标任务，旗帜鲜明坚持党的领导，奋发进取展现工会作为，坚定不移代表职工利益，与时俱进深化改革创新，驰而不息加强作风建设，忠诚履职、扎实工作，推动贵州工运事业和工会工作不断迈上新台阶、开创新局面。

大会选举产生省总工会第十四届委员会委员 107 名，经费审查委员会委员 25 名。十四届一次全委会选出常委 19 名，并选出主席、副主席；十四届一次经费审查委员会选出常委 7 名，并选出主任、副主任。选出出席中国工会第十七次全国代表大会代表 32 名。

大会号召，全省各级工会组织和广大工会工作者紧密团结在以习近平同志为核心的党中央周围，以习近平新时代中国特色社会主义思想为指引，在省委和全国总工会的领导下，牢记嘱托加油干，感恩奋进走在前，把全省广大职工组织凝聚到决战脱贫攻坚、决胜同步小康的伟大实践中来，为开创百姓富生态美的多彩贵州新未来创造无愧于历史、无愧于时代、无愧于工运事业的辉煌业绩。

贵州省工会第十四次代表大会的成功举行，对于高举中国特色社会主义伟大旗帜，以习近平新时代中国特色社会主义思想为指导，深入贯彻党的十九大和十九届二中、三中全会精神和习近平总书记在贵州省代表团时的重要讲话精神，全面贯彻习近平总书记对群团工作的重要指示，团结引领全省广大职工积极投身三大战略行动，为续写新时代贵州发展新篇章，决战脱贫攻坚、决胜同步小康，开创百姓富生态美的多彩贵州新未来，具有重要的意义。

第十五章　贵州工人阶级在奋力谱写多彩贵州现代化建设新篇章中的使命担当

2018年以来，在省委和全国总工会的坚强领导下，在社会各界的大力支持下，全省各级工会以习近平新时代中国特色社会主义思想为指导，全面贯彻党的十九大、二十大精神，深学笃用习近平总书记关于工人阶级和工会工作的重要论述及视察贵州时的重要讲话和对贵州工作重要指示批示精神，紧扣全省经济社会发展大局，主动担当作为，团结动员全省广大职工投身推动贵州高质量发展的火热实践，多项工作走在全国工会系统前列，谱写了新时代贵州工运事业和工会工作的崭新篇章。为打赢脱贫攻坚战，摆脱贵州“千年贫困”，同全国人民一道全面建成小康社会；为推进贵州经济社会高质量绿色发展和新型工业化建设作出了积极贡献。

第一节　夯实职工团结奋斗的共同思想基础

一、持续深化思想政治引领

为深入学习宣传贯彻习近平总书记重要讲话、重要论述和对贵州工作重要指示批示精神，学习宣传贯彻党的十九大、二十大精神和省委、全国总工会决策部署，切实抓好中国工会十七大和省工会十四大目标任务的落实，贵州省总工会围绕庆祝新中国成立70周年，在全省广泛开展群众性演讲比赛。省总工会第十四届二次全委会议审议通过了《贵州省总工会关于认真学习宣传贯彻习近平总书记重要讲话和中国工会十七大精神的决议》。决议强调，牢记初心使命，主动担当作为，团结动员广大职工为高质量打赢脱贫攻坚战，全面建成小康社会和“十三五”规划圆满收官贡献力量。

2019年7月16日，贵州省“时代新人说——我和祖国共成长”演讲大赛总决赛暨颁奖仪式在贵阳举行。本次比赛由省委宣传部主办，省国资委、省总工会、团省委、省妇联、省军区、省武警总队、各市（州）党委宣传部、贵安新区党工委政治部共同协办，旨在通过这种群众性演讲比赛的形式，充分展示新中国成立70周年来贵州的光辉历程、伟大成就和宝贵经验，在全省唱响礼赞新中国、奋进新时代的昂扬旋律，激励全省干部群众特别是广大青少年增强中国特色社会主义道路自信、理论自信、制度自信、文化自信，厚植爱国主义情怀。围绕庆祝新中国成立70周年这条主线，聚焦培养担当民族复兴大任的时代新人，在全省广泛开展群众性演讲比赛，讲好中国故事，讲述贵州巨变，讲出贵州精彩，传播贵州好声音，是贵州庆祝新中国成立70周年系列群众性主题宣传教育活动的重要组成部分。

2020年11月4日，省委副书记蓝绍敏到省总工会调研，要求深入学习贯彻党的十九届五中全会精神和省委部署要求，牢记嘱托、感恩奋进、锐意创新、做实工作，不断提升服务职工群众能力水平，在续写新时代贵州发展新篇章中建功立业。座谈中，蓝绍敏对近年来工会工作取得的成绩予以肯定。他强调，工会工作是党治国理政的一项经常性、基础性工作，要坚持党的领导，不断强化理论武装，增强政治自觉，做政治上的明白人；要服务中心大局，建设高素质劳动者队伍，弘扬崇尚劳动和劳动光荣精神，做建功新时代贵州发展的领路人；要把为职工群众服务作为一切工作的出发点和落脚点，最广泛、最紧密地凝聚好职工群众，做服务职工群众的“娘家人”；深入推进改革创新，进一步增“三性”、去“四化”，以扎实作风和突出业绩取信于职工群众，做推动工会事业发展的内行人。

2020年12月3日，省总工会召开加强和改进新时代产业工人队伍思想政治工作推进会，传达学习了党的十九届五中全会精神、习近平总书记在 2020 年全国劳动模范和先进工作者表彰大会上的重要讲话精神。会议强调，要高举习近平新时代中国特色社会主义思想伟大旗帜，加强理论武装，切实增强做好职工思想政治工作的使命感责任感。各级工会宣传教育网络部门要切实承担起举旗帜、聚民心、育新人、兴文化、展形象的重任，积极推进职工群众文化建设，广泛开展丰富多彩的职工文体活动，丰富职工群众文化生活。要以昂扬向上的主旋律振奋精气神，凝聚奋进的力量，团结动员广大职工积极为推动贵州高质量发展建功立业，贡献最大的力量。

2022 年 4 月，省总工会“喜迎党的二十大和省第十三次党代会 永远跟党走 奋进新征程”——全省工会干部学习贯彻习近平总书记关于工人阶级和工会工作的重要论述征文活动正式启动。这次征文活动作为省总工会喜迎党的二十大和省第十三次党代会胜利召开及庆祝省总工会成立 70 周年系列活动之一，旨在深入学习贯彻习近平总书记关于工人阶级和工会工作的重要论述，推动工会工作高质量发展，更好地团结引领全省广大职工为开创百姓富生态美的多彩贵州新未来作出新的更大贡献，以实际行动迎接党的二十大、省第十三次党代会胜利召开和庆祝省总工会成立 70 周年。2022 年 5 月，省总工会印发《关于认真学习宣传贯彻习近平总书记致首届大国工匠创新交流大会贺信精神的通知》，要求全省各级工会把学习宣传贯彻习近平总书记贺信精神作为当前和今后一个时期的重大政治任务，深化学习领会，广泛宣传宣讲，狠抓贯彻落实，在广大职工群众和工会干部中迅速兴起学习宣传贯彻热潮，推动贺信精神走进基层、走进企业、走进职工，团结引领广大职工以更加昂扬向上的姿态为谱写多彩贵州现代化建设新篇章不懈奋斗，以优异成绩迎接党的二十大胜利召开。2022 年 6 月 10 日，省委副书记、政法委书记时光辉到省总工会调研，他强调要深入学习贯彻习近平总书记关于工会工作的重要讲话和指示精神，按照省委、省政府部署，切实提高政治站位，充分发挥桥梁纽带作用，团结带领全省职工群众在高质量发展中建功立业。调研中，时光辉召开座谈会，对全省工会工作给予肯定。他强调，全省工会要切实增强政治自觉、思想自觉和行动自觉，衷心拥护“两个确立”、忠诚践行“两个维护”，团结带领全省广大职工群众始终听党话、坚定跟党走。认真学习宣传贯彻省第十三次党代会精神，把“贯彻党代会、喜迎二十大、建功‘十四五’”作为工作主题，着力推进产业工人队伍建设，大力弘扬劳模精神、劳动精神、工匠精神，努力营造劳动光荣、创造伟大的社会风尚。结合当前实际，聚焦重点群体，尽心尽力为职工群众提供更好服务，帮助解决实际困难和问题，做细做实劳动领域矛盾风险排查化解，全力维护好职工合法权益。切实加强党对工会工作的领导，夯实工会自身建设，强化队伍建设和作风锤炼，保持和增强工会组织的政治性、先进性、群众性。

为深入贯彻习近平总书记对遵义作出的“传承红色基因、讲好遵义故事”重要指示精神，大力弘扬伟大长征精神和遵义会议精神，进一步加强职工思想政治引领，在全国总工会、贵州省总工会和遵义市委、市政府的关心支持下，遵义市总工会于2022年6月启动了“长征与遵义工运”展览馆建设工作。2023年5月5日，全省首家工运展览馆——“长征与遵义工运”展览馆在遵义市总工会开馆。整个展馆建筑面积1040平方米、展线260米，创作浮雕造型2面，添置实物60余件、照片287幅，解说词4.1万余字。省总工会党组书记、副主席向忠雄出席开馆仪式并讲话。遵义市委副书记王宏致辞。遵义市人大常委会副主任、市总工会主席杨游明主持开馆仪式。遵义市政协副主席魏在平出席。向忠雄代表省总工会对“长征与遵义工运”展览馆开馆表示祝贺。他表示，这是贵州省工会系统的一件大事、要事、喜事，标志着贵州省第一家工运展览馆正式亮相、对外开放。遵义市总工会挖掘、保护和运用好红色工运资源，对加强职工思想政治引领，凝聚广大职工团结奋斗的磅礴力量具有重大现实意义和深远历史意义。开馆仪式上，与会领导为“长征与遵义工运”展览馆揭牌。

2023年9月28日，全省工会深入学习宣传贯彻《习近平关于工人阶级和工会工作论述摘编》座谈会在贵阳召开。省人大常委会副主任、省总工会主席桑维亮出席会议并讲话。会议强调，各级工会要旗帜鲜明讲政治，把牢坚持党对工运事业和工会工作的领导，聚焦工会工作正确政治方向，在坚持走中国特色社会主义工会发展道路上见行见效；要凝心聚力促发展，把牢全心全意依靠工人阶级的根本方针，聚焦中国工运时代主题，在巩固党执政的阶级基础和群众基础上见行见效；要榜样引领树标杆，把牢正确价值导向，聚焦弘扬劳模精神、劳动精神、工匠精神，在为经济社会高质量发展汇聚强大正能量上见行见效；要真抓实干重作为，把牢工会基本职责，聚焦维权服务，在不断增强职工群众的获得感、幸福感、安全感上见行见效；要守正创新强担当，把牢工会改革和建设，聚焦增强工会政治性、先进性、群众性，在深化产业工人队伍建设改革上见行见效，以实际行动和优异成绩迎接中国工会十八大和省工会第十五次代表大会胜利召开。

2023 年 11 月 21 日至 22 日，全国总工会书记处书记、党组成员张新武来黔调研新就业形态劳动者建会入会工作，并宣讲习近平总书记同中华全国总工会新一届领导班子成员集体谈话时的重要讲话精神和中国工会十八大精神。他强调，各级工会要把学习贯彻习近平总书记重要讲话和中国工会十八大精神结合起来，团结引领广大职工群众听党话、跟党走，充分总结工作中的经验做法，根据不同行业特点把握规律，形成上下合力，铸牢和谐劳动关系；深刻领会习近平总书记对新就业形态劳动者群体的指示精神，认真履行维权服务基本职责，着力解决关系职工群众切身利益的实际问题，重视维护新就业形态劳动者的合法权益，抓实基层工会组织建设，打通服务职工群众“最后一公里”；坚持党建引领，坚持守正创新，积极把新就业形态劳动者群体组织起来，聚合社会资源，形成合力，做好帮扶工作，共同努力把这支队伍紧紧团结在党中央周围，团结引领广大职工为推进贵州经济社会高质量发展建功立业。

二、持续弘扬劳模精神、劳动精神、工匠精神

2020 年 12 月 10 日，全省劳动模范和先进工作者表彰大会在贵阳召开。省委书记谌贻琴出席并讲话，省委副书记、代省长李炳军主持会议，省政协主席刘晓凯出席会议，省委副书记蓝绍敏宣读《中共贵州省委、贵州省人民政府关于表彰 2020 年贵州省劳动模范和先进工作者的决定》。会上，罗环宇等 330 人被授予“省劳动模范”荣誉称号，黄艳等 170 人被授予“省先进工作者”荣誉称号。谌贻琴强调，要深入学习贯彻习近平总书记在全国劳动模范和先进工作者表彰大会上的重要讲话精神，紧扣贵州“十四五”发展的新形势新任务新要求，

大力弘扬劳模精神、劳动精神、工匠精神，充分发挥工人阶级和广大劳动群众主力军作用，为推动新时代贵州高质量发展再立新功。

省总工会定期推荐评选表彰全国、省五一劳动奖、工人先锋号、五一巾帼奖等。2019 年庆祝“五一”国际劳动节暨表彰大会分别授予 49 个先进单位和 160 名先进个人省五一劳动奖状、省五一劳动奖章，130 个先进班组（车间科室）被授予省工人先锋号称号。在 2021 年全省庆祝“五一”国际劳动节暨表彰大会上，省委副书记蓝绍敏出席并讲话，省人大常委会副主任杨永英、省政协副主席罗宁出席会议。省总工会党组书记、副主席主持会议并宣读《贵州省总工会关于表彰贵州省五一劳动奖和工人先锋号的决定》。大会授予贵州数据宝网络科技有限公司等 49 个单位省五一劳动奖状；授予杜亚军等 160 名职工省五一劳动奖章；授予水城县雁行制衣厂扶贫一车间等 130 个集体省工人先锋号称号。大会号召全省工人阶级和广大劳动群众要永葆工人阶级先进性，深入学习贯彻习近平总书记视察贵州重要讲话精神，在坚定政治信仰中提升思想新境界，为开启全面建设社会主义现代化国家新征程、开创百姓富生态美的多彩贵州新未来贡献智慧和力量，以优异成绩庆祝中国共产党成立 100 周年。

2022 年 4 月 29 日，全省庆祝“五一”国际劳动节暨表彰大会在贵阳召开。省人大常委会副主任、省总工会主席桑维亮出席会议并讲话，省总工会党组书记、副主席向忠雄主持会议并宣读《贵州省总工会关于表彰贵州省五一劳动奖和工人先锋号的决定》。大会授予贵州电子商务云运营有限责任公司等 50 个单位省五一劳动奖状，授予贵州京邦达供应链科技有限公司快递员周怡杞等 160 名职工省五一劳动奖章，授予贵州航天电子科技公司机加车间钳工组等 130 个集体省工人先锋号称号。大会号召全省工人阶级和广大劳动群众认真学习贯彻习近平总书记关于工人阶级和工会工作的重要论述以及视察贵州重要讲话精神，认真学习宣传贯彻省第十三次党代会精神，在省委、省政府的坚强领导下，大力弘扬劳模精神、劳动精神、工匠精神和新时代贵州精神，锚定目标、坚定信心，埋头苦干、勇毅前行，为奋力谱写多彩贵州现代化建设新篇章做出新的更大贡献。

2023 年 4 月 28 日，全省庆祝“五一”国际劳动节暨表彰大会在贵阳举行。

省委副书记、政法委书记时光辉出席并讲话，省人大常委会副主任、省总工会主席桑维亮主持，省领导董家禄、李建出席。时光辉强调，2023 年是深入贯彻落实党的二十大精神的开局之年，全省工人阶级和广大劳动者要衷心拥护“两个确立”、忠诚践行“两个维护”，坚定不移听党话、矢志不渝跟党走；当好主人翁，牢记“国之大者”“省之大计”，立足本职岗位，发挥聪明才智，为奋力谱写多彩贵州现代化建设新篇章贡献智慧和力量；要大力弘扬劳模精神、劳动精神、工匠精神，发挥榜样作用，凝聚起砥砺前行、团结奋进的磅礴力量。各地各有关部门和工会组织要坚持人民至上，探索新模式、拓展新途径，打通联系服务职工群众“最后一公里”，实现好维护好发展好工人阶级和广大劳动者的根本利益，以服务实效打动人心、温暖人心、影响人心、赢得人心。省总工会党组书记、副主席向忠雄宣读了《贵州省总工会关于表彰贵州省五一劳动奖和工人先锋号的决定》，45 个单位和 152 名个人分别获省五一劳动奖状、省五一劳动奖章，118 个集体获评省工人先锋号。

在贵州省委宣传部、省精神文明办、省总工会于 2019 年共同主办的全省第六届行业道德标兵选树活动中，万佳庆等 20 名同志获省行业道德标兵荣誉称号，刀雄英等 30 名同志获省行业道德标兵提名奖。省总工会联合省委宣传部、省人力资源社会保障厅、团省委、省妇联分别于 2021 年和 2022 年举行了两届选树省“最美劳动者”发布仪式。2021 年 9 月，以“中国梦 · 劳动美——永远跟党走奋斗新征程”为主题的首届省“最美劳动者”发布仪式在贵阳举行，省委副书记蓝绍敏出席并讲话，省领导桑维亮、郭锡文、罗宁出席。现场发布了 10007 名“最美劳动者”，其中包括工人、农民、基层党员干部、乡村教师、医护人员、公安干警、科研工作者、工程建设者等。2022 年 11 月，第二届省“最美劳动者”发布仪式在贵阳举行，发布了涵盖防疫、环卫、公安、教育、科研等各领域万余名“最美劳动者”，省委副书记、政法委书记时光辉出席并讲话，省领导桑维亮、董家禄出席。

全省各级工会大力实施“匠兴工程”，推荐选树命名大国工匠 1 名、中国质量工匠 2 名，选树命名贵州工匠 42 名、“黔酒茶绣工匠”120 名，培育选树各级各类工匠 14837 名。其中，中国航天科工第十研究院有色合金铸造高级技师毛腊生作为大国工匠，始终怀揣“匠心”，用满腔热情去“读懂”冰冷的砂子；扎根一线，用勤奋进取书写着航天工人的精彩篇章；执着信念，用聪明才智筑造起强大国防的基石。他参与生产的系列型号导弹，4 次亮相国家阅兵仪式。

为进一步弘扬“三个精神”，省委组织部、省国资委、省总工会、贵州广播电视台联合拍摄制作了 11 集《黔匠》系列片，入选党中央组织部举办的第十七届全国党员教育电视片观摩交流活动，荣获典型事迹片三等奖，这不仅是表彰《黔匠》系列片，也是表彰每个坚守岗位、苦心钻研的匠人“执着专注、精益求精、一丝不苟、追求卓越”的工匠精神。

三、强化践行社会主义核心价值观

广泛开展“中国梦·劳动美”主题宣传教育活动；持续开展“网聚职工正能量，争当贵州好网民”活动；组织庆祝中国共产党成立 100 周年全省职工网络读书征文、“喜迎建党百年华诞 做贵州最美劳动者”——全省职工学习贯彻习近平总书记在全国劳动模范和先进工作者表彰大会上的重要讲话精神研讨征文、全省职工演讲比赛、讲好“劳动创造幸福”的贵州故事、“我身边的党员故事”职工短视频征集等活动；组织拍摄《劳模说党史》系列主题短视频，在“学习强国”、央视频、新华网、抖音、快手等媒体平台广泛推广；开展庆祝新中国成立 70 周年，庆祝改革开放 40 周年劳模座谈会活动；充分发挥新时代工人（职工）讲习所等阵地作用，积极开展劳模工匠上讲堂等活动。创建命名 1351 个全国职工书屋、省职工书屋和省级职工教育培训（实训）基地；广泛开展全省工会干部学习贯彻习近平总书记关于工人阶级和工会工作的重要论述征文和送文艺到基层、玫瑰书香等活动；中央、省级主流媒体报道全省工会工作 2.5 万余篇（条、次），传递工会好声音；全省工会用实际行动进一步夯实团结奋斗的共同思想基础，坚定不移听党话、矢志不渝跟党走。

2019 年，按照党中央、省委和全国总工会的统一部署和要求，充分运用新长征·贵州工会云、新时代工人（职工）讲习所，组织职工群众开展丰富多彩的活动，庆祝新中国成立 70 周年；开展劳模上讲堂活动 3000 余场次，参与职工

110 余万人次；在《贵州新闻联播》连续播出 7 集《贵州工匠》专题片；中央电视台《新闻联播》对“贵州工匠”代表姜涛作了宣传报道；推荐 2 名职工参加“时代新人说——我和祖国共成长 全国演讲大赛之‘建党初心’‘劳动筑梦’”比赛决赛均获铜奖，省总工会获优秀组织奖；“与共和国同行”全国职工主题阅读活动贵州专场暨全省职工网络诵读展示活动在贵州广播电视台大众生活频道播出，并全部上传至“学习强国”，获优秀组织单位称号，并成为全国三个交流发言的省级工会之一；创建全国、省级职工书屋示范点 245 家和职工教育培训示范基地 5 家，在 2019 年全国工会职工书屋建设成果展示交流活动中，全省 1 个职工书屋获全国工会最美职工书屋，1 家读书协会、1 名职工和 8 个节目分别获全国工会职工书屋“优秀职工读书组织”“阅读成长职工”“阅读学习优秀原创作品”等荣誉称号；组织开展庆祝新中国成立 70 周年慰问职工文艺演出，全省职工乒乓球、游泳等竞赛活动。

为认真贯彻落实党的二十大关于建设社会主义文化强国，发展民族的科学的大众的社会主义文化和省第十三次党代会关于繁荣多彩贵州文化特色，凝聚高质量发展强大精神力量的决策部署，续写好易地扶贫搬迁“后半篇文章”，切实丰富搬迁群众的精神文化生活，2023 年 9 月，省总工会启动了以“中国梦·劳动美——凝心铸魂跟党走 团结奋斗新征程”为主题的 2023 年“新市民·追梦桥”工程送文艺到基层慰问演出活动。9 月 12 日晚，首场演出在黔东南州黎平县龙形街道挂榜社区拉开帷幕，为搬迁群众送去了精彩的快板、相声、魔术、杂技、舞蹈等表演，赢得阵阵喝彩。

第二节　切实服务全省工作大局

一、对接落实，见行见效

2022 年，国务院出台《关于支持贵州在新时代西部大开发上闯新路的意见》，省总工会对接请示，积极争取全国总工会出台贯彻的举措，全国总工会明确从工会经费补助、基层工会组织建设、困难职工帮扶和服务职工、劳动和技能竞赛、职工（劳模）疗休养、评选表彰名额分配、工会干部教育培训、工会网络安全和信息化建设8个方面给予贵州工会大力支持。全国总工会批复后及时制订了实施方案，细化责任分工，推动贯彻落实、落地见效，努力实现国务院有关文件政策红利最大化。与广东、山东两省总工会分别签署“十四五”时期东西部协作框架协议、工作交流协作框架协议；加强贵州、台湾两地工会和劳动界友好交流与合作。出台支持毕节、贵安新区高质量发展的一系列实施意见和加大对黔东南州工会工作支持力度的文件。

二、脱贫攻坚，决战决胜

2018年，是全省上下决战脱贫攻坚、决胜同步小康的关键之年，脱贫攻坚进入了冲锋陷阵、攻坚拔寨的重要历史时刻。2018年12月29日，省直机关15家驻村工作队扶贫产品推介会暨扶贫产品体验馆、扶贫产品上线贵州工会云启动仪式在多彩贵州城正式举行。此次活动由省总工会驻织金县同步小康工作队和省统计局驻织金县同步小康工作队共同主办，省人大常委会机关驻兴仁市同步小康工作队等省直机关15家同步小康工作队共同协办，共整合各帮扶点300多家扶贫企业，推出了1000余种帮扶产品。

2019年，省总工会在全国工会系统首创开展“建工会·促就业”集中行动，计划用三年时间实现易地扶贫搬迁集中安置点工会组织全覆盖，下发《易地扶贫搬迁集中安置点工会工作经费补助方案》，每年对每个安置点工会组织补助1万元工作经费，下发《易地扶贫搬迁集中安置点工会困难会员福利费发放方案》，对纳入工会城镇困难职工（农民工）档案管理并进入政府扶贫部门建档立卡台账的困难会员，每年每户发放500元补贴，制定下发《易地扶贫搬迁集中安置点“护工就业行动”实施方案》，以老人、产妇、婴儿等人群为主要服务对象大力开展护工培训，助力搬迁群众尽快力所能及实现就业。召开全省工会易地扶贫搬迁建工会·促就业推进会。在全省易地扶贫搬迁安置点累计建工会746个，建成并已入驻的安置点工会组织实现全覆盖，建立工会服务阵地344个，配备工会工作者 4120 人，发展会员 32.36 万人，开展“护工就业培训行动”“春风行动”等技能培训和就业创业服务，累计培训困难会员 4.2 万人，促进就业 3.09 万人。开展新市民教育活动 486 场、服务搬迁群众 9.36 万人次。易地扶贫搬迁安置点工会组织实现全覆盖。工会出资协同有关单位拍摄脱贫攻坚主题电影《筑梦之路》。全省各级工会助力脱贫攻坚和乡村振兴，仅省总工会就累计投入项目资金 2100 万元，协调资金超亿元。全国工会服务脱贫攻坚推进会在贵州省召开，贵州工会服务脱贫攻坚的经验做法得到全国总工会的高度评价；省总工会在驻村帮扶的织金县熊家场镇 4 个村，以“五千行动”为抓手，扎实开展“支部结对帮支部、党员结对帮农户”活动，先后投入、协调资金 1.28 亿元，实施大小扶贫项目 81 个。省总工会直属机关党委被省委授予“全省脱贫攻坚先进党组织”称号。

抓实挂牌督战和驻村帮扶服务脱贫。按照省委的部署，省总工会牵头整合省、市、县三级督战力量，督促帮助织金县剩余贫困人口按时全部脱贫。全省各级工会落实巩固脱贫成果“四个不摘”工作要求，驻村帮扶工作各尽所能、各有特色、有效推进，为打赢脱贫攻坚战作出积极贡献。工会系统 1 人获评全国脱贫攻坚先进个人，2 家单位和 2 名个人获评全省易地扶贫搬迁工作先进集体和先进个人；1 人被省委、省政府授予“脱贫攻坚优秀驻村第一书记”荣誉称号。

三、竞赛创新，如火如荼

全省各级工会多形式开展职工职业技能竞赛，平均每年吸引 400 万名职工参加。层层比武、月月比赛、人人参与、岗岗练兵，全面开花，也是贵州工会职工技能比赛的最大亮点。省总工会围绕“四新”主攻“四化”主战略和实现“四区一高地”主定位，紧扣重大战略、重大工程、重大项目、重点产业，广泛开展“建设美丽贵州 绿色增效劳动竞赛”“‘百库大会战’水利工程建设劳动竞赛”“建功‘十四五’，聚力强省会”等全省引领性劳动竞赛，并指导推动各地、各产业（行业）工会开展不同层级的引领性劳动和技能竞赛。全省“建功‘十四五’奋进新征程”主题劳动竞赛实现参赛单位 1.7 万余家、参赛班组 8.9

万余个、参赛职工达350.6万人次。

2023年，由省总工会、省人力资源和社会保障厅、省委网信办、省科学技术厅、省工业和信息化厅、省公安厅、省住房和城乡建设厅、省文化和旅游厅、省大数据局、省供销合作社联合社、省通信管理局、贵阳市政府等12家单位联合主办的贵州省第一届职工职业技能大赛拉开帷幕，设15个竞赛项目，10万余名职工参赛，比赛规模、竞赛项目、竞技水平都创造了全省职工职业技能大赛历史之最。2023年6月，全省第一届职工职业技能大赛决赛在贵阳开幕，在前期各地、各产业（行业）工会举办的预赛、选拔赛基础上产生的优秀选手，共有1007人参加省级总决赛。对个人赛成绩前3名的选手分别颁发金、银、铜牌，省人力资源和社会保障厅授予省技术能手称号。在以上奖励的基础上，还授予获一等奖的选手省五一劳动奖章，并纳入贵州工匠评选命名人选名单。

全省各级工会大力实施职业技能提升行动，形成以53所高职院校为骨干，4个世赛中国集训基地、23个国家级高技能人才培训基地和44个省级高技能人才培训基地为支撑的技能人才培养平台，开展多项全省引领性劳动竞赛，1850万余人次职工参赛。命名1000个省级职工“五小”创新成果，其中6项成果获全国职工优秀技术创新成果奖，2项成果分别获中国专利年度奖一等奖和中国专利优秀奖，26项成果获国际创新创业年度双创示范奖。组织61项职工创新成果参加大国工匠创新交流大会成果展示。全省创建劳模和工匠人才创新工作室1970个，命名全国示范性工作室7个、省级工作室512个，37个劳模和工匠人才创新工作室创新项目获全国总工会、省总工会资金补助。全省工会用实际行动营造了学赶先进、创优创新创业的浓厚氛围，谱写了一曲曲新时代劳动者之歌。

四、桥梁名片，享誉世界

世界桥梁看中国，中国桥梁看贵州，世界前100座高桥有近一半在贵州。贵州的峡谷高桥不仅数量众多、类型齐全，而且技术要求高、施工难度大。几十年来，贵州工人阶级以一股人定胜天的执拗劲头，与大山斗，与大河斗，与峡谷斗，在崇山峻岭间，以钢铁水泥为墨，用塔吊锤镐为笔，描绘出万桥飞架、大道纵横的壮美图景，取得了举世瞩目的成就。截至 2023 年，贵州已建成和在建的桥梁超过 3 万座，几乎涵盖了所有桥型，被誉为“世界桥梁博物馆”。一座座高桥既是贵州经济社会快速发展的见证，也是连接贵州未来发展的筋脉。贵州桥梁建设的奇迹，离不开贵州工人阶级的辛勤汗水和忘我劳动，也离不开全国桥梁专家和技术工人的加持和大力支援。如今，在贵州的名山大川中形成的现代桥梁建造技术和经验，正在助推祖国和世界桥梁建设事业蓬勃发展。

贵州的桥梁、洞涵建设凝聚着贵州人民和中国工人阶级的智慧和力量，他们的辛勤付出和卓越贡献正在重新书写人类桥梁建设历史。为了实现就地取材，贵州人民和筑桥工人、专家一道，经过长达 20 余年的技术攻坚，研制出独特的机制砂生产工艺，不仅大幅度降低了建造成本，而且推动形成了新的行业标准，实现了贵州桥涵建设事业超常规的跨越发展。几万座高桥拔地而起，打造了中国桥梁享誉世界的耀眼名片。贵州纳晴高速六枝特大桥，全长 2023.5 米，最大墩高 196 米，主跨跨径 320 米，连续钢构中墩高、跨径、连续长度 3 项指标目前排名世界第一；毕都高速北盘江大桥是世界第一高桥，首创主梁纵移悬拼工艺；平罗高速平塘大桥是世界第一高塔的三塔钢混叠合结梁斜拉桥；贵州 G320 线花鱼洞大桥是世界桥梁绿色建造的典范；在建安龙高速花江峡谷大桥，桥高 625 米，主桥跨径 1420 米，2025 年 1 月主跨钢梁已成功合龙，建成后将成为世界山区峡谷最大跨径的悬索桥，成为世界新的第一高桥。

在众多桥梁建设项目中，贵州桥梁集团六安八标项目堪称范本。该项目部荣获贵州省工人先锋号称号。自项目开工建设以来，六安八标项目部始终坚持党建引领，通过搭建党员先锋队、青年突击队等载体，广泛开展劳动和技能竞赛，大力弘扬劳模精神、劳动精神、工匠精神。这些举措不仅提升了工作效率，还激发了职工的干事创业激情，为项目建设凝聚了强大力量。在大桥的建设过程中，面对复杂的施工环境和诸多技术难题，建设者们边施工、边研究、边解决，展现了极高的专业素养和团队精神。牂牁江大桥作为纳晴高速的重点控制性工程之一，已成功合龙，标志着贵州桥梁建设技术又取得了新的突破。该桥全长 1849 米，主跨跨径 1080 米，桥面至江面最高距离达 380 米，在世界百座高桥中排名第 12 位。贵州高速集团黔通安达公司的桥梁检测团队，运用业界最先进仪器和技术，在极端气候和恶劣环境下，确保了桥梁的安全运行。

事贵合而有恒，业贵精而攻坚。在打造世界名片、造福贵州人民的历史伟业中，贵州工人阶级团结奉献，无论是在烈日炎炎下，还是在寒风凛冽中，他们始终坚守岗位，不懈努力，涌现了无数感人故事和劳动楷模。

张胜林，女，省公路工程集团有限公司副总经理、总工程师。毕业于北京工业大学交通工程专业，第十四届全国人大代表、全国劳动模范、全国三八红旗手、中国十大桥梁人物、中国建筑业协会工程建设质量管理分会质量管理专家委员会委员、中国公路建设行业协会专家委员会专家、省政府特殊津贴专家、贵州省“最美科技工作者”、第四届“贵州工匠”、“国家卓越工程师团队”成员，在30年的峥嵘岁月里，为了让天堑变通途，在高山峡谷中架起钢虹。张胜林坚守铺路架桥初心，勇担科技创新使命，一直致力于桥梁施工技术研发。先后参与和主持修建了江界河大桥等具有代表性的桥梁工程，荣获詹天佑奖、鲁班奖、古斯塔夫·林德撒尔奖等国内国际行业大奖，其著作和主持编制的项目为桥梁建造技术创新贡献了贵州智慧，是贵州交通建设者中最耀眼的巾帼英雄之一。

韩洪举，男，贵州交通山区峡谷桥梁建造技术团队负责人、贵州交通建设集团有限公司总工程师，毕业于重庆交通大学，正高级工程师。参加工作以来，获得专利成果100余项，国务院政府特殊津贴专家和贵州省省管专家；获得贵州省科学技术进步奖、国家级教育成果奖等奖励，获全国公路优秀科技工作者、中国公路学会百名优秀工程师、省劳动模范、省首届“创新争先·科技榜样”等荣誉称号；主持建设的桥梁多次获得詹天佑奖、鲁班奖。作为团队负责人，带领“贵州交通山区峡谷桥梁建造技术团队”荣获中共中央、国务院颁发的“国家卓越工程师团队”称号。由他主持建设的贵州六枝至安龙高速公路花江峡谷大桥，建成后将成为新的“世界山区最大跨桥”和“世界最高桥”，并且融入三叠纪地质元素、红色文化元素、少数民族风情，将成为山区峡谷“桥旅融合”新标杆。此外，他带领团队研发的成果、技艺与工法在贵州、重庆等地峡谷桥梁施工中不断得到应用，正逐步推广至哈萨克斯坦、蒙古国等国家“一带一路”建设中，为中国桥梁建设事业发展作出积极贡献，为世界桥梁建设提供了贵州智慧和贵州方案。

贵州的桥涵建设伟业与贵州人民和工人阶级的卓越贡献密不可分，正是有了他们的辛勤付出和无私奉献，才有了今天遍布贵州的万架高桥。贵州筑桥工人已成为贵州乃至中国桥梁建设领域的重要力量，他们凭借自己的崇高品德、专业知识和技能，在国内外桥梁建设历史中留下了深刻的印记，为当地经济和社会发展作出了巨大贡献。

五、新兴领域，建会凝聚

省总工会深入贯彻党中央关于新就业形态、平台经济的重要决策部署，在省委和全国总工会的坚强领导下，坚持问题导向，围绕党政所需、职工所盼、工会所能，聚焦组织覆盖、思想引领、维权服务、制度机制四个重点，着力创新工会组建方式、活动形式、运行机制，积极推进新就业形态劳动者建会入会工作。

党建引领与灵活建会一体推进。推进新就业形态劳动者建会入会是一项系统工程。省总工会高度重视，坚持强化统筹、把握重点、整体谋划，在共同推进上着力，在一体建设上用劲，有效覆盖面不断扩大。将推动新就业形态劳动者建会入会工作纳入省委党建工作总体部署和考核范围，争取党政支持。充分发挥考核“指挥棒”作用，推动全省上下“一盘棋”同向发力，确保新就业形态劳动者建会入会工作目标任务落实。强化部门联动，在广泛调研摸底数查实情的基础上，与省委“两新”工委、民政、交通、邮政、工商联等建立了数据共享机制。针对新就业形态劳动者数量多、分布广、流动性强的行业特点，坚持分类施策，灵活运用“重点建、行业建、兜底建”三种模式实现突破创新，着力构建点面结合的工作新格局。抓牢“重点建”，以头部平台企业为重点，在贵州顺丰公司试点组建工会，覆盖全省280个网点，推动中通、韵达、美团等平台企业普遍开展建会入会工作，吸纳1.3万余人加入工会；深耕“行业建”，以行业主管部门为支撑，成立全国首家省快递行业工会联合会，推动全省交通运输、快递物流等行业组建各级工会联合会128家，吸纳21.5万余人加入工会；

细耘“兜底建”，着力织密区域（行业）、乡镇（街道、园区）和社区（村）工会组织网络，吸纳3.5万余人加入工会。向上争取支持、向下摸排实情，分类施策、精准发力，省总工会坚持制度保障与机制建设同步推进，确保新就业形态劳动者工会工作蹄疾步稳、有力有序。

宣传教育与典型激励有机融合。省总工会着眼新就业形态劳动者加入工会组织后思想政治引领工作，坚持宣传教育与典型激励有机融合，牢牢守住思想引领制高点，团结动员新就业形态劳动者，为奋力谱写中国式现代化贵州实践新篇章贡献智慧和力量。结合学习宣传贯彻党的二十大精神，组织全省新就业形态劳动者学好用好《党的二十大精神职工学习问答》《党的二十大精神职工学习题库》；组织5万余名职工参加学习贯彻党的创新理论和路线方针政策全省职工宣讲比赛活动；组建省、市、县、省产业（行业）四级劳模工匠宣讲团进机关、进企事业单位、进车间班组、进校园、进新经济组织和新社会组织、进网上云端、进新业态劳动者群体开展党的创新理论异地宣讲活动635场次，覆盖各行各业职工8.69万余人次。强化典型激励。在全省新就业形态劳动者中挖掘培育选树宣传全国五一劳动奖章获得者1人、省五一劳动奖章获得者5人、省“最美劳动者”200余人，进一步激发了全省新就业形态劳动者的主人翁意识，增强了归属感、荣誉感。同时，进一步提高新就业形态劳动者担任工会代表大会代表比例，贵州省选举的中国工会第十八次全国代表大会代表中“三新”组织代表占比为15.6%；省工会第十五次代表大会代表中“三新”组织代表占比为17.3%。忠诚履行政治责任，切实加强职工思想政治引领，省总工会坚持不断用科学的理论武装职工、用先进的文化培育职工、用高尚的精神塑造职工，引导新就业形态劳动者在理想信念、价值理念、道德观念上紧紧团结在一起，实现广大职工建功立业的思想基础更加牢固。

维权服务与关爱保障同向发力。拓展服务内容，把做好维权服务作为新就业形态劳动者工会工作的“置顶”内容之一，坚持维权服务与关爱保障同向发力，努力丰富拓展工会服务项目内容，不断提升职业吸引力，促进新就业形态劳动者拥有更多获得感、幸福感、安全感。加强权益维护，扎实推进新就业形态劳动者权益协商协调机制建设和企业民主管理工作，推动新就业形态头部企业满帮集团旗下贵阳货车帮公司召开货车司机协商恳谈会，签订《服务满帮集团货车司机协议书》。突出帮扶慰问，全省各级工会累计投入资金 568 万余元，开展“新就业形态劳动者温暖服务季”等活动，慰问 2.3 万余人，送出保险 1.4 万余份。深化关心关爱，在具备条件的工会户外劳动者服务站增设骑行换电、补贴午餐、车辆维修、护具配备等项目；适时组织新就业形态劳动者参加疗休养活动。化解劳动争议，充分发挥工会“12351”职工服务热线和劳动争议化解多元机制作用，为 109 名新就业形态劳动者追回经济权益 37 万余元。

制度保障与机制建设同步推进。为确保新就业形态劳动者权益保障更全面、更系统、更有力，省总工会进一步加强顶层设计，联合省人社厅等八部门出台《关于维护新就业形态劳动者劳动保障权益的实施意见》，建立了工作进展情况和信息动态月报制度，确保新就业形态劳动者建会入会工作落地落实。同时，省总工会还联合省人社厅、省工商联等单位共同推进新就业形态劳动者权益保障工作，形成了齐抓共推、合力攻坚的工作机制。

省总工会坚持把工会工作做到离新就业形态劳动者最近的地方，把暖心服务送到他们最需要的地方，用一次次行动、一项项举措，使工会组织在新就业形态领域的号召力、凝聚力、影响力不断增强，让“娘家人”的温暖触达更多新就业形态劳动者。

2023 年 12 月 21 日，省政府与省总工会第七次联席会议在贵阳召开。省人大常委会副主任、省总工会主席桑维亮出席会议并讲话，省人民政府副省长董家禄主持会议。积极推动扩大工会组织对新就业形态行业的有效覆盖，将“关于进一步做好新就业形态劳动者建会入会工作的建议”列为本次会议的议题。会议要求各级各部门进一步密切与工会组织的联系，积极探索政府工作与工会工作深度融合的方法手段，不断提高联席会议制度化、规范化、常态化水平；进一步支持做好工会工作，持续加大政策支持力度，在提高劳动者素质、维护职工合法权益、帮扶救助困难职工等方面支持工作履行职能，齐心协力为职工群众做好事、办实事、解难事。各级工会充分发挥桥梁纽带作用，进一步畅通政府与职工群众沟通渠道，及时了解反映职工群众诉求，帮助做好重大政策、重要工作宣传阐释工作，充分调动职工群众参与推动高质量发展的积极性、主动性、创造性，为谱写中国式现代化的贵州实践新篇章提供坚实支撑。

第三节　强化职工队伍建设

一、产业工人队伍建设改革有序推进

产业工人是工人阶级中发挥支撑作用的主体力量，推进产业工人队伍建设改革是党和国家一项具有战略性、全局性的重大决策部署。党中央、国务院出台《新时期产业工人队伍建设改革方案》后，省总工会认真组织贯彻落实，在总结实践经验的基础上，积极向省两会提出团体提案，推动省委、省政府出台《新时期贵州省产业工人队伍建设改革实施方案》，成立省委分管领导任组长的省产业工人队伍建设改革领导小组，健全完善领导机构和工作机制。制定出台《关于加强和规范优秀技术工人疗休养工作的意见（试行）》，对技术工人疗休养工作提出明确要求，各级工会有计划分批次组织 3 万余名技术工人疗休养。

2019 年 7 月，省委办公厅、省政府办公厅印发《新时期贵州省产业工人队伍建设改革实施方案》（简称《实施方案》）并发出通知，要求各地各部门结合实际，认真抓好贯彻落实。《实施方案》提出，通过建设改革，不断壮大贵州省产业工人队伍、提高综合素质、健全保障制度、更好维护职工合法权益，营造劳动光荣、技能宝贵、创造伟大的时代新风尚，造就一支有理想守信念、懂技术会创新、敢担当讲奉献的产业工人大军。

《实施方案》按照“政治上保证、制度上落实、素质上提高、权益上维护”的总体思路，从 5 个方面提出了 27 项改革举措，涉及强化产业工人思想引领、提升产业工人职业素质和能力、打通产业工人成长成才绿色通道、优化服务产业工人机制、着力保障机制建设等方面，明晰了贵州省推进产业工人队伍建设改革的“路线图”。

在加强党对产业工人队伍建设领导方面，坚持把政治标准放在首位，严格发展党员工作程序，及时把产业工人队伍中的技术能手、青年专家、优秀工人

等优秀分子吸收到党组织中来；在健全保证产业工人主人翁地位的制度安排中，明确“适当增加产业工人在党的代表大会代表和委员会委员、人民代表大会代表、政协委员、群团组织代表大会代表和委员会委员中的比例……涉及产业工人切身利益的重大问题必须经过职代会审议”。

对于如何提升产业工人职业素质和能力，《实施方案》提出了具体举措，包括深化职业技术教育改革，完善现代职业教育制度，探索建立产业工人培养体制和技能人才培养模式；完善职业技能培训制度，建立职业培训补贴标准动态调整机制，适时调整急需紧缺、贵州特色职业培训补贴标准；统筹发展职业学校教育和职业培训，打破职业技能等级、专业技术职务和学历教育之间的界限；改进产业工人技能评价方式等。

《实施方案》提出，把优秀产业工人特别是高技能人才纳入党管人才总盘子统筹考虑；完善技能人才发展保障制度，建立实际技能水平与职业技能等级相联系的发展机制；构建统一规范、竞争有序的人力资源市场体系；制定技能人才激励办法；建立健全体现技能价值的分配制度；健全省、市、县三级职业技能竞赛机制；建立健全与产业工人队伍建设相关的地方性法规规章；建立和完善财政投入、社会多元投入机制；建立健全科学合理的用工制度、分配制度、激励制度。

《实施方案》要求，各地成立以党委分管领导为组长，各相关部门为成员的产业工人队伍建设改革工作协调小组，加强对产业工人队伍建设改革的宏观指导、政策协调和组织推进，并明确牵头单位和各参与单位要根据职责要求，研究制定对推进改革务实管用的措施，加大工作力度，认真抓好落实，确保改革落到实处、实现目标要求。

时任省总工会党组书记、副主席表示，作为牵头单位，省总工会将按照《实施方案》确定的目标任务，主动担当作为，全力推动党中央和省委决策部署落地生根，让广大产业工人在共享改革红利中更有力量、更有获得感。

2022年11月23日，省总工会在贵阳召开全省产业工人队伍建设改革工作推进会。省委副书记、政法委书记、省产业工人队伍建设改革领导小组组长时光辉出席并讲话，省领导、领导小组副组长桑维亮、董家禄出席。会议以电视电话形式开至市（州），领导小组成员单位负责同志在省主会场参会。会上，领导小组办公室通报了五年来全省工作情况和下一步打算，省有关部门作了交流发言。

二、产业工人队伍建设改革硕果累累

产业工人思想引领全面加强。2019 年以来全省共发展产业工人党员 1.4 万名（含农民工、劳务派遣工等）；省管国有企业解决党员空白班组问题 1250 个、“大支部”问题 175 个；建立道路货运行业党委 105 个、货车司机流动党员党支部 187 个；开展劳模上讲堂活动 1 万余场次，参与职工 600 余万人次；开展“行业道德标兵”“最美劳动者”“贵州工匠”“黔酒茶绣工匠”等选树活动，大力弘扬劳模精神、劳动精神、工匠精神，推动形成崇尚劳模、尊重劳动、尊崇工匠的时代风尚。

产业工人建功平台广泛搭建。推动创建国家（省）级技能大师工作室 163 个，创建各层级劳模和工匠人才创新工作室 1970 个，其中获命名全国示范性工作室 7 个、省级工作室 512 个，37 个劳模和工匠人才创新工作室创新项目获全国总工会、省总工会资金补助。开展全省引领性劳动竞赛 10 余项，推动形成省、市、县、行业、企业五级劳动竞赛联动机制，带动 1500 万人次投身竞赛。同时，技能竞赛扎实开展，贵州省首届职工职业技能大赛成功举办，全省职业技能竞赛标准体系进一步建立健全；举办省级一、二类职工职业技能大赛 165 项次，举办各类工种比赛 2.8 万余场次；全省 6.54 万家企事业单位 468.77 万人次职工参加各类岗位练兵、技术比武和技能竞赛。大力表彰职工技术创新。省总工会选评 1000 个省级职工“五小”创新成果，6 项成果获全国职工优秀技术创新成果奖，2 项成果分别获中国专利年度奖一等奖和中国专利优秀奖，26 项成果获国际创新创业年度双创示范奖。组织 61 项职工创新成果参加大国工匠创新交流大会成果展示。

职业技工教育大力发展。教育部与省政府开展共建“技能贵州”试点工作，出台支持贵州省职业教育的 8 项政策清单和 10 项工作任务；出台了《贵州省建设培育产教融合型企业工作方案》等政策文件，培育产教融合型企业，已公示入库企业 21 家；支持技工院校、职业院校面向各类企业大力开展“新型学徒制”培训和高技能人才培训；实施技工培训教育“双证书”“双认证”。争取中央预算内投资 8. 19 亿元支持 30 个职业教育项目建设，安排省属学校生均经费 185. 27 亿元和 56. 16 亿元专项资金加强职业院校基础设施建设。

职工技能培训深入开展。推动形成以高职院校为骨干，世赛中国集训基地、国家（省）级高技能人才培训基地为支撑的技能人才培养平台；投入政府补贴培训、职业技能培训资金 9. 14 亿元，开展培训 178. 92 万人次，培育培养贵州技工、技能人才（含高技能人才）13. 2 万人；设立工匠基金，每年注入资金 500 万元，助推产业工人技能提升传承；全省产业工人开展网上学习练兵，点击量突破 375 万人次。

产业工人地位待遇持续提高。40 余名高技能人才担任县以上总工会挂职、兼职副主席，产业工人在各级党代会代表、人大代表和群团组织代表中的名额比例增加。同时，坚持把优秀产业工人纳入党管人才总盘子统筹考虑，制定《贵州省高层次人才津贴发放实施细则》，明确具备条件的企事业单位高级技师每月发放 500 元津贴补助；建立健全完善技能人才与专业技术人才职业发展通道，打破职业技能评价与专业技术职称评价界限；全省 2000 多家企业落实高技能人员参照企业高级管理人员标准享受经济待遇，40 多家企业进行了试行股权、期权激励和协议工资、项目工资、年薪等薪酬制度；落实劳模待遇、帮扶政策，有计划分批次组织开展一线技术工人疗休养；指导企业建立健全用工、分配、激励等制度 50 多项，提高技术工人工资标准。

全省工会用实际行动营造了学赶先进、创优创新创业的浓厚氛围，正在以更大力度、更实举措把贵州产业工人队伍建设改革推向深入。

第四节　加强维权服务工作

一、促进劳动关系和谐

为深入贯彻落实党中央、国务院和省委、省政府对构建和谐劳动关系工作的重大决策部署，着力创新权益保障机制、劳动关系协调机制和劳动关系矛盾调处机制，最大限度增加劳动关系和谐因素，结合省劳动关系“和谐同行”能力提升三年行动实施方案，省总工会于 2020 年 11 月启动了劳动关系“和谐同行”能力提升三年行动计划，旨在以防范和化解劳动关系领域矛盾风险为主线，进一步畅通劳动关系工作渠道，推动提高劳动者职业素质、依法维权意识和能力，提升企业依法用工、自主协调以及化解劳动关系矛盾纠纷能力，努力构建更加和谐稳定的全省劳动关系格局。三年来，省总工会与省人社厅、省国资委等八单位三次联合下发《关于命名某某年度贵州省劳动关系和谐企业的决定》，共命名 137 家贵州省劳动关系和谐企业，其中 2020 年度命名 35 家、2021 年度命名 45 家、2022 年度命名 57 家。在全省培育打造了 100 名金牌劳动关系协调员、10 家金牌协调劳动关系社会组织、30 家金牌劳动人事争议调解组织，实施了企业培育共同行动计划、服务新企用工计划、重点企业用工指导计划和企业薪酬指引计划。

根据国家协调劳动关系三方《关于推进新时代和谐劳动关系创建活动的意见》文件精神，贯彻落实省协调劳动关系三方四家[①] 2023 年共同出台的《贵州省推进新时代和谐劳动关系创建活动实施方案》要求，进一步促进“企业关爱职工，职工热爱企业”和谐理念的塑造培育，引导企业自觉践行社会责任、团结凝聚职工建功立业。2023 年 5 月 18 日，省劳动关系和谐企业创建活动领导小组办公室印发通知，在全省范围内对 2013 年以来被命名的 447 家贵州省劳动关

---

① 指政府、企业、职工这三方，以及劳动行政部门、工会组织、工商联、企业联合会（或企业家协会）这四家。

系和谐企业进行全面核查；10 月 27 日发布核查结果，对符合继续命名条件的 421 家企业和因破产、合并、企业违规、经营异常等需要取消命名的 26 家企业予以通告，各市（州）协调劳动关系三方对取消命名的企业收回名牌。此次核查工作进一步摸清了劳动关系和谐企业底数，建立了存续台账，实施动态管理，初步建立退出机制，有力推动了企业和职工协商共事、机制共建、效益共创、利益共享，各类企业尊重劳动、造福职工的崇德向善行为蔚然成风。

二、推进企事业民主管理

2018 年 11 月 20 日，全省企事业单位民主管理工作会议在贵阳召开，会议通报第十次全国企业民主管理工作河北、江西、贵州三省交叉检查情况，命名贵州盘江矿山机械有限公司等 30 家单位为“贵州省厂务公开民主管理示范单位”。2020 年，省总工会组织“公开解难题，民主促发展”主题活动，共征集省级优秀提案 45 件，其中 3 件获评全国优秀提案；3 家单位获评全国厂务公开民主管理示范单位、10 家单位获评全国厂务公开民主管理先进单位、2 家单位获评全国推动厂务公开民主管理工作先进单位。2021 年，成立省厂务公开民主管理领导小组，省政府督察室按季度对照工作任务清单进行督促调度。从市（州）和产业工会抽人组成 5 个检查组，开展全省企事业单位民主管理交叉检查。牵头完成第十一次全国企业民主管理工作贵州省、浙江省、西藏自治区调研检查工作。2022 年，向省委报送关于成立贵州省厂务公开民主管理领导小组的请示，推动省政府把“强化厂务公开民主管理工作”内容写入《政府工作报告》，由省政府督查室牵头制定季度推进工作任务清单进行调度督促。严格落实企业民主管理培训规划，明确全省职工代表培训教学示范点 40 家、省级职工代表师资 47 人，省总工会本级开展民主管理业务和职工代表培训 1250 人次。开展全省民主管理知识网上竞答活动，活动累计浏览量 19.3 万人次，参与量 9.08 万人。持续深化厂务公开民主管理示范单位创建和职工代表提案征集活动；评选命名贵州省厂务公开民主管理示范单位 73 家；开展全省优秀职工代表提案和企业民主管理微视频征集推荐活动，共征集推荐优秀职工代表提案 53 个、企业民主管理微视频31个。近五年来，116个单位分别获评全国、省厂务公开民主管理先进单位、示范单位，全省公有制建会企业职代会、厂务公开建制率分别达96.82%和95.69%，非公有制建会企业职代会、厂务公开建制率分别达95.56%和94.21%。“聚合力 促发展”职工代表提案获评全国优秀提案。2023年，推动深化厂务公开民主管理工作写入《中共贵州省委贯彻实施党的二十大重要改革举措分工方案》；进一步健全完善市（州）和县级厂务公开民主管理领导机构，广泛开展“聚合力 促发展”全省优秀职工代表提案征集推荐活动；组织参加全国厂务公开民主管理理论征文活动，1篇征文获一等奖。

三、健全维权工作机制

推动完善“工会+法院”“工会+仲裁”“工会+司法”等劳动争议多元化解机制，加强工会劳动法律监督。建立“1+1+N”工作推进机制，成立维护劳动领域政治安全工作小组，将贵州省“12351”维权服务热线接入全国总工会平台，实现全省一体统筹调度推进模式，共同打造维护劳动领域政治安全工作闭环。深化集体协商工作，开展集体协商春季要约行动，重点推动新业态平台企业开展协商协调机制建设工作，全省集体合同签订率逐年上升。

积极配合政府相关部门做好根治农民工欠薪工作，建立完善职工法律援助、劳动争议调解等工作机制，充分运用服务职工中心、贵州工会云和“12351”维权服务热线，开展线上线下维权服务，保障职工合法权益；全省4个单位被全国总工会、司法部、全国律师协会评为服务农民工公益法律服务行动成绩突出集体。

依据国务院《女职工劳动保护特别规定》精神，省总工会积极推动全省女职工劳动权益特别保护工作。2021年12月31日，省政府令第206号公布《贵州省女职工劳动保护特别规定》于2022年3月8日施行。该《特别规定》旨在减少和解决女职工在劳动中因生理特点造成的特殊困难，保护女职工健康和特别权益，如对女职工劳动安全、职业卫生及健康保护；女职工禁忌从事的劳动范围及劳动时间；女职工婚育用工及劳动合同；女职工孕前、孕期、生育、哺乳、婴幼儿保护及更年期期间的特别假期、待遇等情形进行了具体规定。同时，省政府规章明确了本省行政区域内的国家机关、企业、事业单位、社会团体、个体经济组织以及其他社会组织等用人单位及其女职工，适用本规定；明确了所有用人单位及政府各有关部门、工会、妇联等群团组织的义务及责任。2022 年 4 月，全国总工会出台《加强新时代女职工工作实施意见》，省总工会积极行动，贯彻省政府《特别规定》和全国总工会《实施意见》，2022 年以来，多次召开省总工会第七届女职工委员会全委（扩大）会议，完善具体贯彻实施意见，推动全省工会及女职工维权组织紧紧围绕全国总工会和省总工会重点工作部署，以女职工工作“服务化、体系化、品牌化、创新化、数字化”转型发展为牵引，突出工会女职工组织思想引领、提素建功、维权保障、关爱服务、自身建设，持续推进全省工会女职工工作高质量发展。

四、做实安全生产工作

加强企业安全生产群监员队伍建设，持续开展“安康杯”竞赛活动，积极营造安全生产和职业病防治的良好氛围，最大限度保障职工生命安全和职业健康。推进群众性隐患排查等安全生产、职业健康卫生工作，促进企业建立完善重大事故隐患排查治理“双报告”制度。近五年来，500 万余人次职工参与“安康杯”竞赛，省总工会获评全国“安康杯”竞赛优秀组织单位。全省工会用实际行动以维权促维稳，凸显了维护职工队伍团结统一与社会和谐稳定的使命担当。

第五节　增强职工获得感幸福感安全感

一、服务职工凝心聚力

省总工会始终将维护好、实现好、发展好职工根本利益作为工会的重要职责。投入帮扶资金5.41亿元，全面完成建档立卡城市困难职工解困脱困目标。与民政部门困难职工家庭数据比对和信息共享、政策衔接、机制协作进一步加强。帮扶互助积极推进。累计筹资5.24亿元开展“两节”送温暖、“金秋助学”等活动，慰问困难职工、一线职工67.69万人次，资助困难职工（农民工）子女入学3.48万人次。就业渠道扎实拓宽。以“春风行动”“民营企业招聘月”“金秋招聘月”等为抓手，举办线上线下招聘活动4520场，4.37万家企业参与，提供岗位159.96万个，29.34万人达成就业意向，为稳就业、促发展贡献工会力量。全省工会用实际行动为职工提供贴心、暖心、舒心服务，赢得了社会的广泛认可和广大职工的赞誉。普惠服务提质扩面。累计发放工会会员服务卡293.09万张，1.46万名工会会员办理个人消费贷款8亿元，享受优惠分期利息6070万元；工会会员参加普惠活动消费4287.43万元，惠及职工会员12.25万人，切实助力经济发展。职工生活品质有效提升。召开全省工会提升职工生活品质现场观摩推进会，切实抓好“五创”系列活动，创建命名省级服务职工综合体、职工生活幸福企业、幸福单位、幸福项目部、幸福网点60个。叫响做实“爱在工会·缘来是你”单身职工联谊、“母婴温馨小屋”等品牌，开办工会爱心托管班226个，托管职工子女6630名，15个“工会爱心之家”“工会爱心托管（育）班”分别被评为全国工会爱心托管班、全国爱心托育用人单位。

2019年，认真开展全省困难职工建档情况排查摸底、分析研究工作，专题研究部署全年困难职工档案清理和申报业务培训。连续4年与成铁贵阳客运段联办“接您回家——五送进车厢”助外出务工人员平安返乡活动，中央电视台等媒体作了报道。启动省产业（行业）职工医疗互助活动。积极推进会员服务卡“全省一卡通”“一卡多用”“一卡多能”，办理发放会员服务卡201万张，精选发展优质商惠会员单位1733家，初步形成覆盖全省的工会普惠服务网络。

2020年，省委、省政府把城市困难职工解困脱困工作纳入重点目标考核，省总工会会同省民政厅、省人力资源和社会保障厅印发《关于做好城镇困难职工解困脱困工作的实施方案》。为检验城市困难职工解困脱困工作成效，根据全国总工会《城市困难职工解困脱困工作成效第三方评估实施方案》，省总工会制定下发《困难职工解困脱困工作成效第三方评估实施细则》，委托中国农业大学对全省困难职工解困脱困工作成效进行第三方评估，并接受全国总工会第三方再评估核查。

2021 年，制定下发《贵州省总工会关于预防城市困难职工返贫致困和常态化帮扶救助指导意见》，实施常态化监测，定期检查和动态管理。制定印发《贵州省总工会关于开展服务职工综合体建设和职工生活幸福企业创建实施方案》，建设 10 个服务职工综合体示范单位和 10 个提升职工生活品质示范企业。通过开展线上线下招聘活动，全省各级工会独立组织或参与举办招聘活动 246 场，省总工会本级提供就业岗位 2. 38 万个，线上浏览量达 24. 8 万人次，达成就业意向 1 万余人。开展职工医疗互助活动。开展第二个“贵州职工普惠月”活动。

2022 年，规范资金使用，制定下发《贵州省总工会中央财政专项财政补助资金绩效管理办法（试行）》，重新修订《贵州省送温暖财政补助资金管理办法》，进一步规范资金使用。对困难职工档案实行常态化监测、定期检查和动态管理。2022 年 8 月 2 日，出台《关于支持毕节高质量发展的实施意见》，明确从全面推动乡村振兴、加强工会基层组织建设等 10 个方面，支持推动毕节市高质量发展。

2022 年 7 月 15 日，全国总工会批准贵州成立中国职工保险互助会（简称中互会）贵州省办事处。2023 年 5 月，中互会贵州省办事处正式纳入中国职工保险互助会管理，启动中国职工保险互助会贵州省办事处各项业务，全省 9 个市州都开展了职工医疗互助活动。在省总工会党组的领导下，省总工会职工互助保障管理委员会协助中互会对贵州省办事处行使监督管理等职能，在贵州省范围内指导、协调开展职工互助保障工作。职工互助保障活动坚持“全省统一、分层管理”的原则，依托中互会贵州省办事处以及各级工会成立全省各级职工互助保障经办机构开展业务，实现省、市、县经办机构三级联动。中互会贵州省办事处秉承服务职工的公益属性，坚持互助性、专业性，坚持发挥对社会保障的补充作用，遵循中互会制定的“会员制、低成本、低缴费、非营利”发展模式，依托各级工会组织在广大职工中开展以医疗健康为主要内容的职工互助保障活动，逐步建立起以住院医疗互助为主，涵盖重大疾病、意外伤害等保障服务体系，成为我国多层次社会保障体系的重要组成部分，被广大职工称为

“工会给职工的二次医保”，深受广大企业和职工的信赖与欢迎。自 2019 年 5 月 31 日启动省级职工医疗互助统筹以来，截至 2023 年底，全省累计参与职工医疗互助单位 6. 21 万家 1148. 28 万人次，36. 23 万人次职工受益，发放互助金及慰问金 6. 34 亿元。

省总工会、省民政厅联合下发《关于进一步加强工会组织与民政部门困难职工家庭数据比对和信息共享、政策衔接、机制协同工作的通知》，要求各级工会与民政部门加强工会帮扶与社会救助有效衔接，提升工会与民政组织帮扶救助专业能力，进一步形成兜底保障困难职工基本生活的工作合力。

二、户外劳动者综合服务站成效显著

为帮助全省广大户外劳动者解决长期面临的防寒避暑、休息、饮水、如厕难等问题，省总工会联合省有关部门，积极争取各级党政支持，扎实推动 1 万个城区户外劳动者综合服务站建设。搞好顶层设计，制定《全省城区户外劳动者综合服务站建设工作方案》，明确有统一的标识名称、有合理的站点布局、有健全的服务设施、有完善的服务功能、有规范的管理制度、有地图的查询功能等“六有”建设标准。成立全省城区户外劳动者综合服务站建设工作领导小组，坚持周调度和月调度相结合，明察与暗访相结合，持续抓好对全省城区户外劳动者综合服务站建设进度、质量的跟踪督查及监控力度。整合社会资源，召开全省城区户外劳动者综合服务站建设工作推进会和工作经验交流会，组织全省各市（州）、相关产业（行业）和相关企业现场观摩学习，相互交流经验，充分发挥示范带动作用。2020 年 11 月 13 日，省委副书记蓝绍敏到工会城区户外劳动者综合服务站调研，并为省级示范点揭牌，提出要深入学习贯彻党的十九届五中全会精神，深入践行以人民为中心的发展思想，适应群众需求变化，努力办好民生事业，为广大户外劳动者提供更加便捷、更为优质、更可持续的服务。

2021 年，出台《贵州省城区户外劳动者综合服务站运行管理试行办法》，明确市（州）、县（区）、产业（行业）等各级工会的职责，明晰服务站物资的所有权问题，将服务站管理经费纳入年度预算，要求对服务站实施动态管理等。

出台《关于进一步支持全省城区户外劳动者综合服务站建管用工作的通知》，将服务站建管用工作纳入各级工会年度目标考核内容。面向基层职工开展丰富多彩的创新型活动，着力打造户外劳动者“歇脚地”“加油站”“充电桩”“暖心窝”，拓展建设了司机之家、环卫职工之家等，将“冬送温暖”“夏送清凉”等品牌活动下沉到服务站。中央改革办、全国总工会、省委改革办专门登载了贵州工会的经验做法。10 月 29 日，省委副书记蓝绍敏就此项工作作出批示：“户外劳动者综合服务站是工会打造的一张特色名片，取得的成绩值得充分肯定。”6 月 17 日，中央电视台《焦点访谈》报道中建四局贵安城市花园项目部与盘州市两地服务站建设和使用情况；8 月 3 日，中央电视台《新闻联播》报道省总工会“学党史·办实事”开展服务站建设，为广大户外劳动者提供温馨服务的事迹。同时，人民网、“学习强国”、《工人日报》、《劳动时报》等多家主流媒体均对贵州工会服务站“建管用”情况进行详细报道。该项工作还获省直机关创新目标一等奖，并被评为 2021 年贵州全面深化改革优秀案例。五年来，建成城区户外劳动者综合服务站 10017 个，其中 460 个被命名为全国工会户外劳动者最美服务站点，700 个被命名为省级示范点，选树首届“明星站长”50 名。

第六节　提升工会自身建设水平

贵州省总工会始终将加强基层工会建设作为激发工会活力、发挥工会作用的基础和关键，工会组织吸引力、凝聚力、战斗力更加提升。

一、工会基层组织建设有效覆盖

截至 2023 年底，全省已累计建立基层工会 5. 56 万个、发展工会会员 684. 5 万人。发挥“小三级”工会兜底覆盖作用。持续抓好乡镇（街道）、村（社区）工会和易地扶贫搬迁安置点的建会工作。推动全省新就业形态企业建会 2181 个，从业人员入会 24. 1 万人。培育选树新就业形态区域性行业性工会联合会 35 家，选树42家乡镇（街道）工会创建规范化建设示范点。服务职工阵地建设有效推进。新建全国职工书屋20个、省级职工书屋205个、省级职工教育培训（实训）示范基地5个，选树命名省模范职工之家（小家）59个。遵义市工人文化宫入选48家首批全国标准化工人文化宫名单。全省各级工人文化宫（职工俱乐部、职工文体活动中心）服务职工群众26.27万人次。评选表彰282个省级模范职工之家（小家），96个获评全国模范职工之家（小家）。建成“工会组织信息实名数据库”和“工会会员实名信息数据库”，分别采集组织信息4.04万条、会员信息638.9万条，发放会员服务卡281.59万张，一体推进会员实名制管理与“互联网+”普惠性服务工作。

“两新”组织建会入会和服务工作同步开展。坚持“党建带动工建 工建服务党建”的原则，完成货车司机等八大群体入会工作3年目标任务，全省5357个八大群体行业单位，单独建立工会组织1503个，建立行业工会849个，共涵盖单位3415个，组建率提高了14.13%；从业人员入会189235人，入会率提高了24.69%；从业人员中农民工入会106988人，入会率提高了19.42%；联合省人社厅等八部门出台《关于维护新就业形态劳动者劳动保障权益的实施意见》。全省新就业形态企业建会2181个，从业人员入会24.1万人，建会率、入会率分别为85.85%、86.34%；“两新”组织建会率、入会率分别为85%、84%。

二、“县级工会加强年”专项工作认真落实

按照全国总工会的部署，2022年8月19日，省总工会召开县级工会五强建设动员部署会，强调各级工会要深入学习贯彻习近平总书记关于工人阶级和工会工作的重要论述，推动县级工会努力实现政治引领强、组织功能强、服务阵地强、制度机制强、作用发挥强的“五强”目标；11月11日，召开工作调度会，集中讨论了《贵州省总工会“县级工会加强年”专项工作推进实施办法（讨论稿）》。制定下发《贵州省总工会“县级工会加强年”专项工作实施方案》《贵州省总工会“县级工会加强年”专项工作专班组成及工作规则》，对全省88个县级工会对口联系全覆盖。研究制定《贵州省总工会“县级工会加强

年”专项工作推进实施办法（试行）》，明确以开展“八个一”[①] 举措为重点内容。印发《关于印发“县级工会加强年”专项工作“八个一”举措责任分工方案的通知》，对全省 88 个县级工会对口联系全覆盖，选派 60 名县（市、区）工会干部到省总工会跟班学习培养，举办两轮全省“县级工会加强年”现场观摩推进会，推动人、财、物等资源向基层工会下沉。

三、网上工会建设富有成效

2019 年，新长征·贵州工会云平台组织开展各类网上服务职工活动 18 次，单条信息点击量最高达 25.5 万人次，日活动人数连续超过 10 万人次。新长征 App 下载注册量达 145 万人次，被评为“全国互联网+工会普惠服务”创新型平台。省总工会官方微博获 2019 年贵州省省级政务微博年度十强，黔工网获 2020 年度贵州省绿色网络文化工作室荣誉称号。工会组织信息采集入库 2.3 万个，会员信息采集入库 228 万人。在省总工会官方网站和新长征 App 上普及网上申请建会、入会、转会、办卡 4 项普惠服务。

2020 年，推动新长征·贵州工会云平台融入“一码贵州”信息平台互联互通，实现工会组织和会员实名信息分别入库 2.8 万个、338.18 万人。加强网上涉及“三工”舆情的监测分析，强化职工网民权益维护。制作短视频、H5 、微动漫等，把新长征 App“讲习所”打造成职工群众学习宣传贯彻习近平新时代中国特色社会主义思想的网络学习大讲堂。工会普惠服务网络初步覆盖全省，累计办理发放会员服务卡 220.86 万张，精选发展优质商惠合作单位 2300 余家，初步形成覆盖全省的工会普惠服务网络。在新长征 App“维权站”上传精选案例和法律法规资讯；制作并上传的 30 期职工权益小知识视频，获贵州省第二届网络作品大赛正能量专题奖。报送全国总工会的“爱在工会·缘来是你”和“工会情缘桥”两个视频在央视频 App 上展播。2020 年，线上组织开展各类服务职工活动 30 余次，浏览量累计超过 123 万人次，参与人数累计超过 88 万

---

① 指开展一次宣讲、举办一轮培训、组织一项调研、完善一些机制、建好一块阵地、选树一批典型、夯实一个基础、配强一个班子。

人次。

2021年，成立省总工会网络安全和信息化工作领导小组，突出主职主业，将“新长征·贵州工会云”更名为“贵州工会云”，启动二期服务板块建设，实现工会组织和会员实名信息分别入库3.69万个、562.73万人。推动“贵州工会”App注册人数达160万，日均活跃量1.2万，最高日活跃量14.57万。通过“时政要闻”“讲习所”“工会要闻”等栏目持续深化习近平新时代中国特色社会主义思想、习近平总书记关于工人阶级和工会工作的重要论述的网上宣传教育。在省总工会门户网站开设“党史学习教育”专栏，持续刊发党史和工运史知识文章；发挥劳模先进作用，在网上开展“劳模说党史”活动；开展学党史颂党恩网络征文活动和“我身边的党员故事”微视频网上评选活动，切实发挥好网络学习大讲堂引领作用。通过回复职工群众关于休假、工伤、工资、合同纠纷、工会会员福利等政策咨询，制作维护职工权益宣传视频，发布维权案例，引导职工群众依法维权。紧扣“网络安全为人民，网络安全靠人民”主题，聚焦个人信息保护宣传“12351”计划。组织开展2021年“贵州省国家网络安全宣传周”活动。投入经费120余万元，开展“五一”普惠月，民主管理知识题、“尊法守法 与法同行”知识网上竞答、工匠网上教学课堂、“绿色发展高质量生态文明出新绩——全省职工生态环保安全”知识网上竞答、优秀劳动和技能竞赛成果网上展示，线上线下同步招聘活动、职工医疗互助知识网上答题活动、“女职工维权行动月”知识竞赛答题等多项活动。

2022年，全面推进网上工会平台建设。全面完成省总工会联通全国总工会电视电话会议系统建设。成功申报为“十四五”全国总工会信息化建设工程（一期）10家省级试点单位之一，并完成系统软硬件建设。推进“贵州工会云”服务板块建设。实现工会组织和会员实名信息分别入库4.03万个和634万人。推动“贵州工会”App注册人数达165.75万余人，最高日活跃量7.87万人。开展网上正面宣传引导，利用工会网站、App、微信、微博、抖音等网上宣传阵地，宣传习近平总书记重要活动情况、最新重要讲话、重要批示（指示）等，引导职工坚定信念信心，激发奋进力量。围绕党的二十大和省第十三次党代会精神和工会重要会议、重大活动、重点工作以及劳动模范、工匠、最美劳动者等先进典型开展宣传报道，不断发出贵州工会好声音，传播职工群众好故事。加大网络法治宣传力度，紧扣“网络安全为人民，网络安全靠人民”主题，聚焦个人信息保护宣传“12351”计划，联合省妇联积极组织开展2022年“贵州省国家网络安全宣传周”活动，不断提高全省职工、妇女网络素养和网络安全意识。持续联合开展“网聚职工正能量，争做贵州好网民”主题活动，“贵州工会云”平台获“互联网+工会普惠服务”省级十佳优秀平台称号，省总工会微博号获评微博组十佳微博号。投入经费140余万元，组织开展全省职工线上运动会、第三个职工普惠月、工会基层组织建设及民主管理知识问答、春风行动线上线下招聘会、职工医疗互助知识竞答等多项活动。

四、干部选育管用机制有效健全

严格执行干部选拔政策规定，突出“好干部”标准，树立正确的选人用人导向。认真落实工会干部双重管理规定，选优配强各级工会领导班子。上线运行全国工会干部教育培训贵州分站，投入专项资金支持补助全省各级工会聘用社会化工作者。召开全省工会组织工作会议，安排部署中国工会十八大和省工会十五大组织人事工作。选举32名代表组团参加中国工会十八大，圆满完成了省委和全国总工会交给的政治任务。认真筹备并成功召开省工会十五大，选举产生省总工会新一届领导班子。迅速开展学习贯彻习近平总书记重要讲话精神和中国工会十八大、省工会十五大精神工作，工会领导干部和中国工会十八大代表开展宣讲133场，覆盖工会干部和职工群众3.1万人次。组织全省各级工会主要负责同志110人到中国劳动关系学院开展集中专题学习培训，成为全国第一家专题学习培训中国工会十八大精神的省级工会组织。精心指导各市（州）总工会集中换届工作，严格落实工会组织双重领导制度，加大干部协管力度，以集中换届为契机选优配齐配强市（州）总工会领导班子。

省、市（州）、县（市、区、特区）总工会、省级产业工会改革取得阶段性成果，工会企事业改革工作切实推进。积极探索线上线下融合模式，形成省、市（州）、县（市、区、特区）三级和产业（行业）联动的工会干部教育培训格局。

选派机关干部赴基层蹲点。2021 年至 2023 年，省总工会机关选派 35 名同志 13 个蹲点组分三批到工作比较薄弱、问题较多的乡镇（街道）、工业园区工会和快递物流园区等新就业形态劳动者相对集中的区域进行蹲点，每个蹲点组由处级干部和优秀年轻干部同志组成，蹲点时间为三至六个月。各蹲点组真蹲实干，深入基层一线摸底调研，关心职工生活疾苦，充分发扬工会组织密切联系职工群众的传统和优势，结合“我为职工群众办实事”实践活动，重点围绕工会组织覆盖不全、基层工会工作薄弱、联系服务职工渠道不畅等突出问题，有针对性地因企施策，有效推动蹲点工作走深走实，取得了一定的成效。

五、产业工会改革顺利完成

2019 年 11 月 21 日，省委编办批复了省产业工会机构编制调整有关事项，将省财贸金融工会调整为省金融贸易烟酒茶业工会委员会，省石化轻纺工会调整为省能源化学工会委员会，省有色冶金工会调整为省机械冶金建材工会委员会，省直属企业工会调整为省农林水利气象工会委员会，省煤矿工会调整为省科卫文体旅工会委员会，省公路运输工会调整为省交通运输工会委员会，省建设工会调整为省建设工会委员会。

2020 年 9 月 21 日，省机械冶金建材工会第一次代表大会在贵阳召开，选举产生省机械冶金建材工会第一届委员会；9 月 24 日，省农林水利气象工会第一次代表大会和省科卫文体旅工会第一次代表大会在贵阳召开，分别选举产生省农林水利气象工会第一届委员会和省科卫文体旅工会第一届委员会；9 月 25 日，省能源化学工会第一次代表大会和省金融贸易烟酒茶业工会第一次代表大会在贵阳召开，分别选举产生省能源化学工会第一届委员会和省金融贸易烟酒茶业工会第一届委员会。

第七节　推动工会系统全面从严治党

党建引领是全省工运事业和工会工作高质量发展的坚强保障。坚持压紧压实各级工会党组织书记“第一责任人”责任和班子成员“一岗双责”，落实重大事项请示报告制度。以政治建设为统领，深化模范机关创建，加强基层党组织标准化、规范化建设，提出“六个一”党建工作思路，推动“五个一线”深入开展，聚焦“五比五争”活动。以创建示范基层党组织为抓手，积极打造工会党建品牌，以高质量党建引领工运事业和工会工作高质量发展。持之以恒抓好党风廉政建设和反腐败斗争工作，召开省总工会落实全面从严治党主体责任工作会议、省总工会机关党的工作暨党风廉政建设工作会、全省工会推进全面从严治党工作会、警示教育大会等，组织签订全面从严治党责任书，落实好预防提醒谈话制度。意识形态工作持续强化，认真学习贯彻党中央关于意识形态工作重要决策部署和省委、全国总工会有关要求，健全完善意识形态风险研判制度，强化舆论引导和正面宣传，意识形态风险总体可控，在省意识形态工作专项督查中被评价为“总体良好”。认真贯彻执行中央八项规定及其实施细则精神和省委有关规定，锲而不舍纠“四风”树新风，认真落实为基层减负各项规定，以优良工作作风营造风清气正干事创业环境。开展党员干部违规参与茅台酒经营问题自查清理工作和领导干部违规插手参与茅台酒经营问题专项清查工作及“转作风、解难题、促发展、保稳定”专项行动。认真整改省委巡视和审计反馈的问题，建章立制，明确“四个严格遵守”“四个不准”红线，省总工会本级经费、资产监管取得显著的成效，走上健康发展轨道。全省工会用实际行动坚持党建工作与业务工作一体推进，工会系统风清气正、干事创业政治生态不断巩固拓展。

2018 年以来，党中央开展了“不忘初心、牢记使命”主题教育、党史学习教育、学习贯彻习近平新时代中国特色社会主义思想主题教育，省总工会按照党中央、省委的统一部署，不折不扣做好组织实施安排部署，以党的创新理论滋养初心，党员干部职工理想信念更加坚定、政治品格更加过硬、担当精神更加彰显、干事热情更加高涨。

“不忘初心、牢记使命”主题教育。省总工会紧扣主题深入学习交流，开展专题讲座5场、读书交流会1次、集中学习讨论会5次、读书班1期、党组中心组集中学习暨调研成果交流会1次、专题党课8次；紧扣重点开展调研，领导班子成员带队，形成调研报告6篇；紧扣服务职工解难题，建成综合服务驿站（爱心站点、港湾）450余个，选派工会社会工作者351人、协调西部计划志愿者694人到易地扶贫搬迁安置点工作，解决织金县熊家场镇洗马塘水库建设等民生急难问题；紧扣检视问题整改落实，梳理存在问题35条，班子成员查找问题46个，完善制度8项并开展了革命传统教育、警示教育活动。在省委召开的主题教育部分单位工作座谈会上，省总工会作交流发言。

党史学习教育。2021年2月，党中央集中开展党史学习教育，按照“学史明理、学史增信、学史崇德、学史力行”的目标要求和贵州省“牢记殷切嘱托、忠诚干净担当、喜迎建党百年”专题教育的总体部署，省总工会认真对待，成立省总工会党史学习教育领导小组，坚持把学习教育与中心工作统筹起来，多次召开党组会议、专题会议进行安排部署，形成推动党史学习教育的合力。第一时间召开动员部署会，认真制订实施方案，细化落实责任分工。建立周报、月报制度，定期对省总工会党史学习教育开展情况、重点项目推进情况等进行总结提炼、宣传推广。全省各级工会也相应成立党史学习教育领导机构，学习教育活动扎实开展。在主题教育期间，通过党组中心组重点学、党组会议跟进学、专题研讨相互学、用好载体广泛学、支部引领系统学，及时推动习近平总书记最新重要讲话精神和党中央、省委、全国总工会重大决策部署的传达学习和贯彻落实，做到学习教育常态化、长效化。省总工会专门举办机关处级及以下干部培训班（党史学习教育读书班），扎实开展红色教育和革命传统教育，领导干部带头深入基层工会和广大职工群众中开展宣传宣讲。广泛开展“中国梦·劳动美”庆祝中国共产党成立100周年全省职工网络读书征文、“喜迎建党百年华诞 做贵州最美劳动者”——全省职工学习贯彻习近平总书记在全国劳动模范和先进工作者表彰大会上的重要讲话精神研讨征文、全省职工演讲比赛、讲好“劳动创造幸福”的贵州故事、“我身边的党员故事”职工短视频征集等活动。采取报告会、调研座谈会等多种方式，邀请劳动模范、贵州工匠等先进典型讲党课；组织拍摄《劳模说党史》系列主题短视频，在“学习强国”、央视频、新华网、抖音、快手等媒体平台广泛推广。积极开展警示教育活动，引导工会党员干部严守清正廉洁底线，筑牢反腐拒腐防线。省总工会党组成员带头领题调研，帮助基层和职工群众解决实际困难和问题，积极开展“工会进万家”调研走访慰问活动。从省总工会和市（州）总工会选派27名年轻优秀同志到工作较薄弱、问题较多的乡镇（街道）、工业园区工会开展为期半年的蹲点工作。开展“学党史、转作风、办实事”服务职工健康巡检公益活动，筹资1000多万元组织省职工医院医疗队深入一线为全省21446名公交司机和千名困难女职工免费体检，举办关爱女职工健康知识系列公益讲座；积极拓展职工医疗互助保障工作，成立医疗互助医学专家库答疑解惑，资助在档困难职工参加医疗互助活动；抓实抓好城区户外劳动者综合服务站建设和运行管理工作；通过贵州工会云平台开展“贵州职工普惠月”等网上服务职工活动；深入推进司机之家和一线矿工服务站点建设；积极开展“情系职工送安康夏送清凉”等活动，切实解决了一批职工群众关注的热点难点问题。

在全党开展党史学习教育的同时，全省同步开展了“牢记殷切嘱托、忠诚干净担当、喜迎建党百年”专题教育。省总工会坚持把学习教育与中心工作统筹起来，形成推动党史学习教育的合力。通过党组中心组重点学、党组会议跟进学、专题研讨相互学、用好载体广泛学、支部引领系统学，做到学习教育常态化、长效化。举办党史学习教育读书班，扎实开展红色教育和革命传统教育，领导干部带头深入基层工会和广大职工群众中开展宣传宣讲。采取报告会、调研座谈会等多种方式，邀请劳动模范、贵州工匠等先进典型讲党课。

学习贯彻习近平新时代中国特色社会主义思想主题教育。省总工会始终将习近平新时代中国特色社会主义思想作为新时代工会工作创新发展的理论指导和行动指南，牢牢把握主题教育“学思想、强党性、重实践、建新功”总要求，推动主题教育见行见效。以“六学联动”抓实理论学习，集中学习研讨10次，领导干部讲专题党课21次；以“三个精准”抓好调查研究，省总工会领导领题调研6个课题，形成6篇高质量专项调研报告；以“六个助推”服务高质量发展，制定印发《贵州省总工会关于进一步助推贵安新区高质量发展的实施意见》等6个文件，在全力助推全省高质量发展中彰显工会作为；以“三张清单”抓好检视整改，聚焦问题难点开展专项整治，认真组织召开专题民主生活会和组织生活会。省总工会党组主题教育成效总体评估为“好”等次，全省各级工会在主题教育中，坚持突出“实”字，教育引导工会党员干部坚定理想信念、牢记初心使命，积极履职尽责、服务职工群众，推动主题教育在工会系统向基层延伸、向纵深发展。

第八节　贵州省工会第十五次代表大会

2023年12月18日至20日，贵州省工会第十五次代表大会在贵阳召开。这次大会是在全省上下深入学习贯彻党的二十大精神、深入开展学习贯彻习近平新时代中国特色社会主义思想主题教育、奋发有为谱写中国式现代化贵州实践新篇章之际召开的一次重要大会。大会的主题是坚持以习近平新时代中国特色社会主义思想为指导，全面贯彻党的二十大精神，衷心拥护“两个确立”、忠诚践行“两个维护”，深入学习贯彻习近平总书记关于工人阶级和工会工作的重要论述，深入学习贯彻习近平总书记同中华全国总工会新一届领导班子成员集体谈话时的重要讲话精神，深入学习贯彻习近平总书记视察贵州重要讲话和对贵州工作重要指示批示精神，深入学习贯彻中国工会十八大精神和省第十三次党代会精神，全面落实全心全意依靠工人阶级根本方针，牢记嘱托、感恩思进、感恩奋进，组织动员全省广大职工为奋力谱写中国式现代化贵州实践新篇章团结奋斗。

省委书记、省人大常委会主任徐麟出席开幕式并讲话，全国总工会书记处书记、党组成员邹震到会祝贺并讲话；省委副书记、省长李炳军，省政协主席赵永清等省领导出席开幕式。省人大常委会副主任、省总工会十四届委员会主席桑维亮主持会议。省妇联主席杨晓曼代表人民团体致贺词。全国总工会办公厅、组织部，省有关部门负责人，来自全省各地的正式代表、特邀嘉宾等700余人参会。大会正式代表706名，代表全省693.96万名会员。

徐麟指出，省工会第十四次代表大会以来，全省各级工会深入学习贯彻习近平总书记关于工人阶级和工会工作的重要论述，加强党的建设，深化改革创新，强化职工思想政治引领，履行维权服务职责，动员广大职工积极建功新时代，做了大量卓有成效的工作。广大职工勤奋工作、锐意进取，在脱贫攻坚、乡村振兴、疫情防控、经济建设主战场奋勇争先，在创新创业、科技攻关最前沿勇攀高峰，在社会建设、服务群众第一线无私奉献，谱写了敢打硬仗、勇挑重担的劳动者之歌。徐麟强调，党的二十大鲜明确立了以中国式现代化全面推进强国建设、民族复兴伟业的中心任务，党的中心任务就是工人运动和工会工作的主题和方向。希望全省广大职工增强新时代工人阶级的自豪感和使命感，以更加饱满的热情、更加顽强的奋斗、更加智慧的创造，奋力在推进中国式现代化的贵州实践中再展新风采、续写新荣光。带头做到忠诚可靠，赓续工人阶级政治本色；带头服务中心大局，担当工人阶级使命任务；带头练就过硬本领，展现工人阶级时代风采；带头引领社会风尚，弘扬工人阶级崇高品格，自觉崇德向善。要求全省各级工会始终坚持正确政治方向，持续深化工会改革和建设，广泛凝聚团结奋斗伟力，切实提高维权服务质量，不断增强工会组织的政治性、先进性、群众性，让工会始终成为职工"有事想得起、办事找得到"的职工之家。

邹震代表全国总工会向大会召开表示热烈祝贺，对贵州工会工作给予充分肯定并提出要求：各级工会全面贯彻习近平新时代中国特色社会主义思想和党的二十大精神，贯彻习近平总书记关于工人阶级和工会工作的重要论述，落实中国工会十八大精神，努力开创工运事业和工会工作新局面；强化职工思想政治引领，构建工会大宣传格局，持续唱响中国经济光明论，筑牢全省职工团结奋斗的共同思想基础；不断汇聚广大职工建功立业的磅礴力量，加快建设一支知识型、技能型、创新型产业工人大军；认真履行维权服务基本职责，完善劳动关系协商协调机制，推动构建和谐劳动关系；锲而不舍深化工会改革和建设，全面提升工会组织引领力、组织力、服务力。

桑维亮代表省总工会第十四届委员会作了题为《衷心拥护“两个确立” 忠诚践行“两个维护” 组织动员全省广大职工为奋力谱写中国式现代化贵州实践新篇章团结奋斗》的报告。大会认为，报告站在新时代新起点上，高举中国特色社会主义伟大旗帜，以习近平新时代中国特色社会主义思想为指导，全面贯彻党的二十大精神，客观回顾了过去五年全省工会工作的主要成绩，深刻阐述了新时代新征程贵州工会肩负的新使命新要求，科学规划了今后五年贵州省工会工作的目标任务，充分体现了党中央和省委、全国总工会部署要求，切实回应了全省广大职工对美好生活向往的期盼诉求，符合贵州实际，是指导新时代新征程全省工会工作高质量发展的重要文件。

大会强调，迈上新征程，坚持用习近平新时代中国特色社会主义思想统领工会工作，深入贯彻习近平总书记关于工人阶级和工会工作的重要论述，认真落实习近平总书记同中华全国总工会新一届领导班子成员集体谈话时的重要讲话精神，自觉融入中国式现代化建设大局，组织动员广大职工为奋力谱写中国式现代化贵州实践新篇章团结奋斗，是各级工会肩负的光荣使命和重要任务。

大会同意报告提出的今后五年全省工会工作的总体要求和主要任务，强调紧紧围绕贵州省主战略、主定位，保持和增强政治性、先进性、群众性，把牢职能定位、聚焦主责主业，用“服务化、体系化、品牌化、创新化、数字化”方式，持续提高引领力、组织力、服务力，团结引导广大职工群众坚定不移听党话、跟党走，为奋力谱写中国式现代化贵州实践新篇章发挥主力军作用。要求全省各级工会旗帜鲜明讲政治，突出坚持党的全面领导，在奋力谱写中国式现代化贵州实践新篇章中始终坚持正确政治方向；凝心聚力促发展，突出聚焦主战略、主定位，团结动员广大职工在奋力谱写中国式现代化贵州实践新篇章中挺膺担当、建功立业；真抓实干重作为，突出履行工会基本职责，在奋力谱写中国式现代化贵州实践新篇章中实现好、维护好、发展好职工群众根本利益；预防化解相统一，突出着眼统筹发展和安全，为奋力谱写中国式现代化贵州实践新篇章营造团结稳定和谐环境；数字赋能优服务，突出推动工作提质增效，在奋力谱写中国式现代化贵州实践新篇章中构建工会网上工作新格局；固本培元增“三性”，突出加强工会自身建设，在奋力谱写中国式现代化贵州实践新篇章中充分发挥桥梁纽带作用；自我革命树形象，突出抓实全面从严治党，在奋力谱写中国式现代化贵州实践新篇章中巩固发展工会系统风清气正政治生态。

在闭幕式上，省委常委、省委组织部部长时玉宝代表省委讲话。时玉宝指出，省委和全国总工会高度重视本次会议，充分肯定了五年来全省工会工作取得的成绩，对广大职工群众和工会工作者提出了殷切希望，对进一步做好工会工作提出了明确要求。时玉宝要求，全省各级工会认真落实省委、全国总工会部署要求，围绕中心、服务大局，真抓实干、勇于担当，全力以赴落实好这次大会确定的各项目标任务，推动贵州工会各项事业发展再上新台阶，团结引领广大职工群众奋进新征程、建功新时代。始终坚持党的全面领导，牢牢把握正确政治方向；始终坚持勇担职责使命，在服务大局中展现新作为；始终坚持以职工为中心，在凝聚服务职工群众上取得新成效；始终坚持强化自身建设，不断增强政治性、先进性、群众性。

桑维亮代表新一届省总工会领导班子作了讲话。桑维亮表示，将以此为新起点，知责于心、担责于身、履责于行，以满腔热情和昂扬斗志，同全体班子成员、全体委员和同志们一道，忠实履行宪法和工会法、中国工会章程赋予的各项职责，忠实贯彻省委和全国总工会的决策部署，在政治立场上始终做到高站位，坚定不移维护核心；在服务发展上始终做到高质量，坚定不移紧扣中心；在履职尽责上始终做到高水平，坚定不移守护初心；在工作落实上始终做到高标准，坚定不移团结一心；在锤炼党性上始终做到高要求，坚定不移清廉净心。

大会审议通过了省总工会第十四届委员会工作报告、财务工作报告和经审工作报告。选举产生了省总工会第十五届委员会委员104名、常务委员13名，选举产生了主席、副主席；选举产生了经费审查委员会委员24名，选举产生了主任、副主任。

大会号召，全省各级工会组织和广大工会工作者紧密团结在以习近平同志为核心的党中央周围，高举中国特色社会主义伟大旗帜，以习近平新时代中国特色社会主义思想为指导，全面贯彻落实党的二十大精神，深入学习贯彻习近平总书记关于工人阶级和工会工作的重要论述，深入学习贯彻习近平总书记同中华全国总工会新一届领导班子成员集体谈话时的重要讲话精神，深入学习贯彻习近平总书记视察贵州重要讲话和对贵州工作重要指示批示精神，深入学习贯彻中国工会十八大精神和省第十三次党代会精神，在省委和全国总工会的坚强领导下，在省人大、省政府、省政协及社会各界的大力支持下，牢记嘱托闯新路、感恩奋进建新功，团结动员全省广大职工为推动贵州高质量发展实现新跨越、奋力谱写中国式现代化贵州实践新篇章作出新的更大贡献，创造无愧于历史、无愧于时代、无愧于工运事业的辉煌业绩。

主要参考文献

1. 中央党史和文献研究院编：《中国共产党的一百年》，中共党史出版社，2022 年。

2. 全国总工会课题组编：《深入学习贯彻习近平总书记关于工人阶级和工会工作的重要论述》，中国工人出版社，2021 年。

3. 李玉赋主编：《新编中国工人运动史（修订版）》，中国工人出版社，2020 年。

4. 中国人民政治协商会议贵州省委员会文史资料研究委员会编：《贵州文史资料选辑 第十七辑》，贵州人民出版社，1984 年。

5. 中国人民政治协商会议贵州省委员会文史资料研究委员会编：《贵州文史资料选辑 第十二辑》，贵州人民出版社，1982 年。

6. 中国人民政治协商会议贵州省委员会文史资料研究委员会编：《贵州文史资料选辑 第五辑》，贵州人民出版社，1980 年。

7. 中国人民政治协商会议贵州省委员会文史资料研究委员会编：《贵州文史资料选辑 第四辑》，贵州人民出版社，1980 年。

8. 中国人民政治协商会议贵州省委员会文史资料研究委员会编：《贵州文史资料选辑 第三辑》，贵州人民出版社，1979 年。

9.《贵州通史》编委会编：《贵州通史简编》，当代中国出版社，2005 年。

10.《贵州通史》编委会编：《贵州通史（第五卷）：当代的贵州》，当代中国出版社，2003 年。

11. 《贵州通史》编委会编：《贵州通史（第四卷）：民国时期的贵州》，当代中国出版社，2002 年。

12. 《贵州六百年经济史》编辑委员会编：《贵州六百年经济史》，贵州人民出版社，1998 年。

13. 贵州地方志编纂委员会编：《贵州省志（1978—2010）·卷五·党派社团》，贵州人民出版社，2019 年。

14. 贵州省地方志编纂委员会编：《贵州省志·有色金属工业志》，贵州人民出版社，2002 年。

15. 中共贵阳市委研究室编：《贵阳人民革命史》，贵阳教育出版社，1997 年。

16. 贵阳市档案局编：《抗战时期的贵阳工商业》，中国文史出版社，2015 年。

17. 周春元、何长凤、张祥光主编：《贵州近代史》，贵州人民出版社，1987 年。

18. 王建初、孙茂生主编：《中国工人运动史》，辽宁人民出版社，1987 年。

19. 范同寿、熊宗仁：《贵州抗日救亡运动史》，贵州人民出版社，1986 年。

20. 熊大宽主编：《贵州抗战时期经济史》，贵州人民出版社，1996 年。

21. 苟以勇、田牛、龙海峰：《中国少数民族省区经济史·贵州省经济史》，山西经济出版社，2016 年。

22. 覃爱华主编：《三线建设在贵州》，社会科学文献出版社，2020 年。

23. 田京生：《黔事新语》，贵州大学出版社，2019 年。

24. 成仿吾：《回忆长征录》，人民出版社，1977 年。

后　记

《贵州工人运动史》在多方努力下终于付梓，这是对贵州工人运动发展历程的一次系统梳理与呈现，它承载着贵州工人阶级的奋斗记忆，也见证了这片土地上的社会变革。站在新时代的历史坐标回望，贵州高原上波澜壮阔的工人运动画卷次第展开。从赤水河畔的劳工觉醒到三线建设的机器轰鸣，从改革开放的春潮涌动到脱贫攻坚的壮阔征程，贵州工人阶级始终坚持在中国共产党的领导下，与民族命运共振，与时代脉搏同频。

在编撰过程中，我们深刻感受到，贵州工人运动离不开中共贵州省委和中华全国总工会的坚强领导。在各个历史阶段，省委都敏锐把握时代脉搏，根据不同时期的时代主题，为工人阶级参与经济社会建设提供政策支持与战略引导，让贵州工人运动始终沿着正确政治道路前行。全国总工会将全国工人运动的思想指引与先进经验传递到贵州，使贵州工人运动始终紧跟全国步伐，贵州工人队伍不断发展壮大，贵州工运事业不断创新发展。

在编撰过程中，我们始终坚持以习近平新时代中国特色社会主义思想为指导，力求对新中国成立前的贵州工人运动，社会主义革命和建设时期的贵州工运事业和工会工作，改革开放和社会主义现代化建设新时期的贵州工运事业和工会工作，以及中国特色社会主义新时代的贵州工运事业和工会工作的奋斗实践和光辉历程作较为全面、客观、系统的总结和叙述，达到“留存一段历史，资政服务地方，励志育人创新”的目的。

本书由贵州商学院马克思主义学院副院长、教授庞春祥任主编、执笔人，在其课题组全体人员的倾力付出下，在多方力量的共同努力与协作下，经过两年多的辛勤劳动得以完成。在编撰过程中，我们搜集、整理、借鉴了史志部门和中国工运研究所、兄弟省（区、市）工会提供的珍贵史料和大量公开发表的相关文献资料，征求了有关专家、工会部分老领导、老同志的意见；得到了省委党史研究室一级巡视员覃爱华，省社科院研究员、历史研究所原所长熊宗仁，省地方志办原副主任周声浩，以及省档案馆（省地方志办）省志工作处处长韦广勇、副处长段晓青和地方史工作处副处长车秀琴等的专业指导。在此，向所有关心、支持本书编撰的单位和领导、专家、同志们表示衷心的感谢。

《贵州工人运动史》不仅记录着过去，更激励着未来。我们相信，在省委和全国总工会的坚强领导下，贵州工人阶级必将继续发扬优良传统，在新时代新征程中，为贵州经济社会高质量发展再谱新篇、再创辉煌。

在本书编撰过程中，参考借鉴了大量史料、文献，因体例所限，有些引用并未在脚注中一一标注，只能在参考文献中予以体现，在此特别说明并致以歉意。鉴于编者能力水平有限，错漏欠准之处在所难免，恳请领导、同行专家和广大读者批评指正。本书所含图片若涉及版权，请版权方与我们联系。

本书编委会

2025 年 4 月